上海大學（1922—1927）演讲集

本书编委会 编

上海大学出版社
·上海·

图书在版编目(CIP)数据

上海大学(1922—1927)演讲集/《上海大学(1922—1927)演讲集》编委会编. —上海：上海大学出版社，2021.6

（"红色学府　百年传承"丛书）

ISBN 978-7-5671-4250-3

Ⅰ.①上… Ⅱ.①上… Ⅲ.①上海大学－演讲－文集－1922-1927　Ⅳ.①G649.285.1-53

中国版本图书馆 CIP 数据核字（2021）第 099342 号

责任编辑　傅玉芳　刘　强
封面设计　柯国富
技术编辑　金　鑫　钱宇坤

上海大学（1922—1927）演讲集
本书编委会　编
上海大学出版社出版发行
（上海市上大路99号　邮政编码200444）
（http://www.shupress.cn　发行热线 021-66135112）
出版人　戴骏豪

*

南京展望文化发展有限公司排版
上海颛辉印刷厂有限公司印刷　各地新华书店经销
开本 710 mm × 1000 mm　1/16　印张 41.25　字数 614 千
2021年6月第1版　2021年6月第1次印刷
ISBN 978-7-5671-4250-3/G·3313　定价　85.00元

版权所有　侵权必究
如发现本书有印装质量问题请与印刷厂质量科联系
联系电话：021-57602918

"红色学府 百年传承"丛书编委会

主　　　任	成旦红　刘昌胜
常务副主任	段　勇
副　主　任	龚思怡　欧阳华　吴明红　聂　清
	汪小帆　苟燕楠　罗宏杰　忻　平
委　　　员	（按姓氏笔画为序）
	王远弟　刘长林　刘绍学　许华虎
	孙伟平　李　坚　李明斌　吴仲钢
	何小青　沈　艺　张元隆　张文宏
	张　洁　张勇安　陈志宏　竺　剑
	金　波　胡大伟　胡申生　秦凯丰
	徐有威　徐国明　陶飞亚　曹为民
	曾文彪　褚贵忠　潘守永　戴骏豪

总序:传承红色基因,办好一流大学

成旦红 刘昌胜

1922年10月23日,在风雨如晦的年代,一所由中国共产党与国民党合作创办的高等学府"上海大学"横空出世。而就在前一年,中国共产党宣告成立,揭开了中国历史的新篇章。如今我们回顾历史,上海大学留下的史迹与中国共产党的发展紧密相连。

《诗经·小雅》有云:"鹤鸣于九皋,声闻于野。"20世纪20年代的上海大学,发轫于闸北弄堂,迁播于租界僻巷,校舍简陋湫隘,办学经费拮据,又屡遭反动势力迫害,但在中国共产党和国民党左派以及进步人士的共同努力下,屡仆屡起,不屈不挠,上海大学声誉日隆,红色学府名声不胫而走,吸引四方热血青年奔赴求学。在艰难办学的五年时间里,为中国革命和建设培养出一大批杰出人才,在当时就赢得"文有上大、武有黄埔"之美誉。在波澜壮阔的五年时间里,老上海大学取得的成就值得我们永远记取,老上海大学的办学传统和办学精神值得我们永远继承和发扬光大。

1994年11月,学校党委常委会决定"上海大学成立日期确定为1922年5月27日"。1997年5月,钱伟长老校长在为上大学生作关于"自强不息"校训的报告时指出,"我们学校的历史上,1922年到1927年期间里有过一个上海大学,这是我们党最早建立的一个大学。"他又以李硕勋、何挺颖两位烈士为例讲道:"没有他们的牺牲,没有那么多革命志士的奉献,我们上海大学提不出那么响亮的名字,这是我们上海大学的光荣。"

1983年合并组建原上海大学和1994年合并组建新上海大学之时,得到了老上海大学校友及其后代的热烈支持和响应,他们纷纷题词、致信,

1

祝贺母校"复建""重光";党中央、国务院及上海市委、市政府也殷切希望新上海大学继承和发扬老上海大学的光荣革命传统,时任中共中央总书记的江泽民同志为新上海大学题写了校名,老上海大学校友、后任国家主席的杨尚昆同志题词"继承和发扬上海大学的光荣传统,为祖国的建设培养人才"。

新上海大学自合并组建以来,一直将这所红色学府的"红色基因"视作我们的办学优势之一,将收集、研究老上海大学的历史资料,学习、传承老上海大学的光荣传统作为自己的使命和责任。2014年,学校组织专家编撰出版了《20世纪20年代的上海大学》,这是迄今为止搜集老上海大学资料最为丰富、翔实的一部文献;同年在校园里建立的纪念老上海大学历史的"溯园",如今已成为上海市爱国主义教育基地。

为了更全面地收集老上海大学的档案资料,更深入地研究老上海大学的历史,更有效地继承和发扬老上海大学的光荣传统,我们推出了这套"红色学府 百年传承"丛书,既是为2021年中国共产党100周年光辉诞辰献上一份贺礼,也是对2022年老上海大学诞生100周年的最好纪念,并希望以此揭开新上海大学"双一流"建设的新篇章。

是为简序。

前　言

　　重视演讲,是20世纪20年代的上海大学办学的特色之一。

　　演讲又称讲演、演说,是传播思想、理论、学术、知识的重要手段,也是一个学校办学水平的一个重要体现和检验。上海大学在演讲方面,最值得称道的一点就是通过演讲,来传播马克思主义,也成为上海大学通过课堂、自编教材和演讲来宣传普及马克思主义的三大渠道之一。这在当时的其他高等学府是绝无仅有的。

　　收录于本书的演讲稿和演讲记录稿,总计55篇,其中有一半以上出自中国共产党创始人、中国共产党早期领导人、理论家的口中和笔下。根据现有资料可以看出,中国共产党的创始人李大钊,在1923年4月到11月,先后四次来到青云路,在上海大学作"演化与进步""社会主义释疑""史学概论""劳动问题概论"等专题演讲,他还专程参加了上海大学美术科学生的毕业典礼,应邀在会上发表演讲,阐述了美术在现代社会肩负的使命;其他如邓中夏、瞿秋白、恽代英、萧楚女、李季、施存统、董亦湘等,也从不同的角度和方面,阐述了马克思主义。其中既有马克思主义的革命思想、阶级斗争理论,也有历史唯物主义、辩证唯物主义的世界观、方法论,比较全面地体现了马克思主义的基本理论和基本原理。本书与上海大学出版社出版的《上海大学(1922—1927)师生诗文书信选》《上海大学(1922—1927)师生回忆录》等资料集,共同展现了上海大学在马克思主义理论的教学、传授、演讲和革命实践等方面取得的成就。

　　2009年2月,上海大学出版社出版过一本《上大演讲录(1922—1927卷)》。在这本书的编委会的领导下,通过上海大学文学院教授张元隆的

倾力搜集编纂,使20世纪20年代的上海大学演讲集,第一次以比较完整的面貌呈现在读者面前;2014年4月,在上海大学党委的领导下,组成编辑委员会,又由上海大学出版社出版了上下两卷的《20世纪20年代的上海大学》,在上海大学演讲史料的搜集方面又有了新的补充和进展。本书就是在《上大演讲录(1922—1927卷)》和《20世纪20年代的上海大学》这两本资料集的基础上编纂而成。

相较上述两本资料集,本书在编纂时主要做了以下两个方面的工作:

一是对所选篇目作了必要调整。在《上大演讲录(1922—1927卷)》中,选录了蔡和森的《社会进化史》、瞿秋白的《现代社会学》、施存统的《社会问题》、安体诚的《现代经济学》等,考虑到以上四部作品为教材和讲义,因此在这次编纂演讲集时,就将这些著作调整收录到《上海大学(1922—1927)教材》中。邓中夏的《上大的使命》,是邓中夏发表在《上海大学周刊》第一期上的文章,现已另收录到《上海大学(1922—1927)师生诗文书信选》中;邵力子的《宜一致拥护学术自由》也出于同样原因作了调整。在《上大演讲录(1922—1927卷)》中,将施蛰存的《上海大学的精神》和孔另境的《梦般的回忆》作为"附录"入选,现将这两篇文字分别选入《上海大学(1922—1927)师生诗文书信选》和《上海大学(1922—1927)师生回忆录》中。

二是根据本书收录原则增加了一些作品,有李大钊1923年12月在上海大学所作的"劳动问题概论"演讲、胡适于1923年11月16日在上海大学所作的"科学与人生观"演讲、李春涛1925年4月在上海大学所作的"殖民政策"演讲。此外还有上海大学的教师和来宾在上海大学办学过程中,在不同场合所发表的演讲,其中包括李大钊在上海大学美术科学生毕业活动仪式上的演讲、上海大学校长于右任在上海大学横遭租界反动当局封闭后对全校师生的演讲、中国近代民主革命家周道腴(即周震鳞)在上海大学追悼著名爱国将领胡景翼大会上的演讲等十余篇,这些演讲对于我们更加深入全面地了解上海大学的办学历史和情况,提供了第一手材料。在新增加的篇目中,还有一篇是美国社会学家华德博士1925年5月应邀到上海大学作学术演讲的新闻稿,这次演讲分4天完成。现入选的是华德演讲的要点,篇幅虽不长,可以看出华德演讲的主旨和要点,同时也可看出上海大学办学所具有的国际化视野。

  本书入选作品的排序,按照演讲者姓名的拼音来排,同一个演讲者,其作品则按演讲或发表时间先后为序。

  上海大学教授胡申生,上海大学出版社编审傅玉芳、编辑刘强组成本书编委会,具体负责本书的编纂工作。

  在本书的编纂过程中,编委会成员虽颇尽心力,但难免存在编选不当、考订不确、注释标校失误疏漏之处,敬请读者批评指正。

本书编委会
2021年5月

凡 例

一、本书收录20世纪20年代上海大学（1922—1927）的演讲稿和演讲记录稿，总计55篇。

二、为便于读者查阅，本书所收的演讲稿和演讲记录稿，按演讲者姓氏的音序顺序编排。同一演讲者的演讲稿或演讲记录稿，按演讲时间编排。

三、对于编入本书的演讲稿和演讲记录稿，均在每篇篇首简要介绍演讲者、演讲时间或演讲稿发表的时间及原载刊物、报纸或图书名称等，同一演讲者收录多篇演讲稿或演讲记录稿时，只在首篇简要介绍演讲者。

四、为了尽可能地展现演讲稿和演讲记录稿原貌，除必要的文字订讹以外，本书原则上不逐一考订原文疏误。对难以辨认的字用□代替。

目　录

安体诚　经济思想史 / 1

曹　刍　艺术之趋势 / 30

陈德徵　本校毕业生对社会责任尤重大 / 31

陈望道　绘画当求适于人生 / 32

陈望道　美学纲要 / 33

陈望道　妇女问题 / 40

戴季陶　东方问题与世界问题 / 56

邓中夏　假艺术手段以从事革命其收效亦大 / 62

董亦湘　唯物史观 / 63

董亦湘　人生哲学 / 81

董亦湘　民族革命讲演大纲 / 115

郭沫若　文艺之社会的使命 / 121

韩觉民　科学方法论 / 126

何世桢　全民政治 / 155

胡　适　科学与人生观 / 170

〔美〕华　德　想达到为人类谋幸福的目的，先要除去为金钱的动机 / 174

李春蕃　帝国主义 / 175

李春涛	殖民政策 / 196
李大钊	演化与进步 / 239
李大钊	美术应将现代社会之困苦悲哀表现出来 / 240
李大钊	社会主义释疑 / 241
李大钊	史学概论 / 244
李大钊	劳动问题概论 / 249
李　季	我们应用辩证逻辑来研究社会科学 / 255
马君武	国民生计政策 / 256
瞿秋白	社会科学概论 / 257
瞿秋白	新经济政策 / 298
瞿秋白	国民革命与阶级争斗 / 304
瞿秋白	现代民族问题讲案 / 311
邵力子	切切实实地多求几年学问 / 330
邵力子	诸同学须注意于开新路 / 331
邵力子	以读书与革命二者融合为一 / 332
沈雁冰	人生艺术底趋势 / 333
施存统	劳动问题讲演大纲 / 334
施存统	研究中山主义应取的方法 / 338
孙祖基	比较婚姻法 / 341
吴梦非	音乐大意 / 353
萧楚女	中国底"农民问题" / 368
萧楚女	外交问题 / 383
萧楚女	中山主义与国家主义 / 394
许绍棣	信用与信用合作 / 406

目录

杨贤江	教育问题	/ 409
杨贤江	青年问题	/ 424
杨杏佛	劳动问题	/ 438
杨杏佛	从社会方面观察中国政治之前途	/ 607
叶楚伧	人生是社会全体之一小段	/ 615
于右任	予乃愿为小学生以研究教育	/ 616
于右任	诸君年富力强,其奋勉毋怠	/ 617
于右任	上大反抗强暴之外人统治最勇猛	/ 618
恽代英	孙中山先生逝世与中国	/ 619
恽代英	孙中山主义与戴季陶主义	/ 624
曾伯兴	离却人生,便不能有艺术	/ 633
张　继	个人与社会	/ 634
章太炎	中国语音统系	/ 635
周道腴	天才难学,努力易学	/ 641

安体诚
经济思想史

> 这是安体诚1924年7月在"上海夏令讲学会"上的演讲稿,讲题为"经济思想史"。原载《民国日报》副刊《觉悟》1924年11月29日、30日,12月2日、5日、7日、8日、10日、11日、12日、13日,由梅电龙记录。
>
> "上海夏令讲学会"由上海学生联合会组织,时间从1924年7月6日至8月31日,由上海大学、复旦大学、南洋大学等学校为主承办,会址设在上海大学。
>
> 安体诚(1896—1927),字存斋,笔名存真,直隶丰润(今属河北唐山)人。1922年加入中国共产党。1924年春任上海大学教授,1926年夏任黄埔军校政治教官,1927年5月被国民党当局杀害于上海龙华。

第一章 经济思想史之意义及范围

第一节 经济思想史的意义

无论研究那一种科学不明白它的意义是不行的,我们研究经济思想史,自然也不能例外,故首当述其意义:

（一）经济　经济是人类在自然界,和共同组织中获得物质的手段,而致用于生活之维持,和发展的行为；换言之：即创造人生物质幸福的一种关系。

（二）思想　思想是指人的思想,有了人才有思想：人是自然界有机生物之一,有神经系统,——大脑外皮质,是一切意思作用的主司关。因此思想的意义,简单说：就是神经细胞的活动,而且不是机空灵的,是由肉体的物质作用上发生出来的。

（三）历史　普通所谓历史,都是引用梁启超所下的定义,他说："史者,记述人类社会赓续活动之体相,校其总成绩,求得其因果关系,以为现代一般人活动之资鉴者也。"这样的定义,我们虽不能认为完满无缺,但亦有相当价值。因为无论那一种学问,都是为着现实社会应用的,研究历史,自然也是将过去演成的许多事实,寻出它的原理法则,以供我们现在人生的实用,且准此法则,以推测将来。——推测将来也是为着计划现世的努力,历史有普通历史与特殊历史之别,普通史序述一般过去事实,特殊史只研究其一部,如政治,宗教,经济——等。经济思想史,当然属于特殊历史。

（四）经济思想　人类思想是由简单而进于复杂的,有人类便有思想,有人类即与经济发生关系,因此我们可以断定,有人类便有经济思想。思想之发生,必为某件事实的反应作用,而此思想,又将影响到别一件事实。又人之思想,常影响于我之思想,而此人之思想,亦必来自事实的反映。总之,事实是思想的源泉,是思想之祖,思想对事实生影响的,只是前事实产生的思想对以后的事实,故经济思想之成立,是当时社会经济生活的反映作用。任何人都离不开经济生活,故任何人都有他的经济思想。因为大部分都是平凡的片断的经济思想,凡不是关于全社会的,我们可不去管它,只将比较能代表一代而有系统的思想,拿来研究。

（五）经济思想史　总合以上的定义,可将经济思想史的意义,分作下列四点说明：

一、经济思想既是自有人类以来就有的东西,则人类自有历史以来,就有了经济思想史,此今日所以有经济思想史之可言。

二、经济思想史是研究人类经济思想进化发展,即往察来以致用于现世人生的。

三、经济思想与经济生活经济，故研究经济思想史，不可不知经济史。——经济史乃考各时代之人类生活于如何制度习惯之下，而如何进化了，又正在如何进化着的系统的思想，可成学说，而为着研究经济学，上的思想又不可不研究经济学史。

四、经济为社会组织的基础，经济学之研究，既占重要地位，则经济思想史亦当占重要地位，而有研究之必要。

第二节　经济思想史的范围

经济思想史既与一切学问相同，是为人生致用而研究的，则可以重近世而轻古代，重复杂有系统之思想，而轻散漫断片之思想。故梁启超曾说："事实之偶发的，孤立的，断灭的，皆非史的范围"，我们讲经济思想史，也可以这样说——若讲"事实之偶发的"史，自然当别论。讲经济思想史，本应将世界全部来讲，中国为开化最早之国，自应占全史之一大部分，不幸中国的经济思想，都是零零碎碎，散见于各书之中，没有系统的整理，讲来殊不容易，且费时间，故略而不述，仅随便举其一二：

（一）道德经中之："生而不有"与"邻国相望鸡犬之声相闻，民各甘其食，美其服，安其俗，乐其乐，老死不相往来。"——老子的经济思想。

（二）礼记礼运篇："大道之行也，天下为公。……故人不独亲其亲，不独子其子，使老有所终，壮有所用，幼有所长，鳏、寡、孤、独、废疾者皆有所养，男有分，女有归；货恶其弃于地也，不必藏诸己，力恶其不出于身也，不必为己，是故谋而不兴，盗窃乱贼而不作，故夜不闭户，道不拾遗，是谓大同。"又论语："丘也，闻有国家者，不患寡而患不均，不患贫，而患不安，故均无贫，和无寡，安无倾。"——孔子的经济思想。

（三）孟子梁惠王篇："若民则无恒产，因无恒心，苟无恒心。放辟邪侈，无不为矣……制民之产，必使仰足以事父母，俯足以畜妻子，乐岁终身饱，凶年免于死，然后驱之为善，故民之从之也轻。"又"五亩之宅，树之以桑，五十者，可以衣帛矣；鸡……之畜，无失其时，七十者，可以食肉矣；百亩之田，勿夺其时，八口之家，可以无饥矣。"——孟子的经济思想。

此外管子、商鞅等的经济思想，均略似个人主义，多半零碎不全，可以

置之不述。经济思想之最发达而有系统的组织与整理者为欧洲,且其思想学说为正在支配着我们现代经济思潮的。故本篇的范围,仅限于欧洲的经济思想史之概要。

第二章　欧洲古代的经济思想

第一节　希腊的经济思想

溯自欧洲古代直至希腊,尚无系统组织的经济学说之存在,同为当时经济生活,十分幼稚,像现在这样产业发达的欧洲,自然是做梦也想不到的,其时没有系统组织的经济学说之发生,自是当然之理。但是片断的经济思想,也常散见于各书,但仅于政治问题中,有时附带一点而已。从他方面言,当时经济思想之不振,亦别有原因。盖此时学者的脑筋,完全受军国主义和国家万能的思想所支配,自无暇注意于经济生活了。兹试就当时思想的代表学者述之:

(一)柏拉图

柏氏曾在他的名著共和国中描写他的理想国家,更于法律论中,述其实际主张。以上两书,都曾明白表出他的经济思想,不过他的经济观终不免带着伦理,道德色彩的见解。

他对于富的考察,以为善人不必致富,即有财,亦是有限的少量之财。生产并不是为满足个人所感的一切欲望,却是为的使个人的趣味上有差别,技能上有不同的原故。适才用于适地,则各得其所,个人为协同的生产,则个人可互满其欲望,因之,可以得到高尚的道德生活。

他主张分工协力,可以说是亚丹斯密斯分业论的先驱。他说:"依分业的协同以满足欲望,就是国家成立的原因。"可见当时已有国家发生,基于经济前题之见解。

他承认商业之必要,但以农业为真实的生产业,较其他实业为重视,亦当时风习使然。

他对于个人之经济活动,虽主张分业,但反对应用之于国际间。他以为一国要自给自足，与外国交易，反将不免破坏内国的制度组织，且扰害国中的善良风俗。又对于个人的经济活动，主张国家干涉。以为不如此则个人常因利己心之冲动，而为不正不义之事，倘任其放纵，足使健全的国家发达无望。故国家对于个人，应有绝对的干涉权，如人口减少，则奖励其增加，多则禁止早婚，或移之于殖民地。但是以上的思想，都是基于政治的、道德的见地，与马尔撒斯人口论不同。

他有一特殊的思想，就是他的共产主义。他为国家生活全体计，主张废止私有财产，和妻子公有，谓不如此，不足以助长个人义务和公益的观念。我们于他所描写的理想国中，看到那最高执行官之守护者，一点儿财产也没有，可见其共产思想之一般。不过他的共产主义范围很狭，只适用于希腊的支配阶级，被治者不得同享共产的平等权，可见他的主张并不彻底，正和中国古昔所谓"君子劳心，小人劳力，劳心者治人，劳力者治于人"的学说无甚差别。有人称之为贵族的共产主义。他承认奴隶制度将人类分为支配和被治两阶级，以为支配者须为大哲学家，农夫、工人，不配当支配者，总之，他的共产主义，并不是真实的共产主义，不是他具不人道的思想，都是因为逃不脱当时生活环境和固有思想之支配的原故。

他排斥过度的贫富，而主张中庸之道。承认货币在一定程度为交换之媒介物，且有相当价值；但主张收国有，家庭间只许使用辅助币。至于认贷货币与人而收取利子为罪恶，则与希腊一般哲学家相同。

（二）亚里士多德

亚氏的经济思想多表现于所著政治学和伦理学中。他的经济思想，在希腊当时，最为普遍，简直可以说：希腊时代的经济思潮，完全可以拿亚氏的经济思想作代表。

他把人类之经济活动分为二大部：一部是为满足人之欲望而获得及消费外界之自然物，属于此类的狩猎、渔业、畜牧、农业，是人类生活上最必要的自然行为；一部是包含生产物之交换，并营利的经济行为。他主张自然交换而反对营利交换，其嫉恶所谓商人，而以农业为最正当之业务，此与当时一般思想如出一辙，固为受了那时代伦理观念影响的原故。

他也认货币之必要，而且更作货币与富之区别之一文，谓富之获得，

其本身不是目的,乃是满足人类欲望的手段,而人类之最终的目标,在乎达到哲人的生活,因此乃有余裕之必要。因求余裕,乃以某程度之富为前提,所以富是手段,富自身不是目的。他认货币之必要,只在其为交换之媒介物,有价值,而绝对否认其具有生产力。因此他极端反对货币以获利子,而作出有名的所谓货币不胎论。

他承认奴隶制度,较柏拉图尤为明显,他说:"奴隶非奴隶,乃自然命之于人者。他们是因为自身没有独立的意志,须倚赖他人而发生,不过是一种活的器具罢了,那里是人?"至于对于私有财产的见解,他与柏拉图完全不同。他不赞成妇女儿童之公有,更反对私有财产制度之绝对废止,主张有条件的财产私有。他关于土地之意见,可分下列三种:

一、私有土地而共有生产物;

二、共有土地而私有生产物;

三、土地和生产物皆共存。

以上三项:第一项因私有观念为人类之本性,既私有土地,而共有生产物,似乎不易办到;第三项易起争议,因其制度之下多劳少得,与少劳多得的现象,是均不能免的,故他主张第二项,以财产私有为原则但其使用可共有。他对于财产之收得不反对,惟个人蓄财过多,则非所许。他以为贫富悬隔不平,按国之危险,曾有"贫困者,革命之母也"的一句话。要之,他原则上肯定,私有财产而以为所生弊害,不是制度的罪过,乃是人类性之弱点所致。

(三)宰我峰

宰氏的学说,主为家庭经济虽困不似柏、亚二氏之多方考察,然其思想很近于实际。他说:财物是指人生必要的东西;其思想与亚氏不同的地方,有下列二点:

一、承认工商业之必要,但同时认农业之更重要,可助长爱感心、宗教心。

二、承认工商业之必要,且进而论说国际贸易之效果,以为输入外货,输出其对价之货币决不是使本国贫困的事。且主张厚待外商。

至关于奴隶制度,他亦主张承认,唯以为应以人待遇,比较亚柏二氏稍为进步。

第二节 罗马之经济思想

罗马人的经济思想,极为贫弱,在历史上没有什么多的贡献,大体不外将希腊柏、亚二氏之主张,反复讨论之而已。他们主张:经济的活动,隶属于政治,军事;轻工商而以农为纯正生产业,且加尊敬,认为救罗马腐败唯一之道。其学可分二派:

一、哲学派 提倡禁欲主义,恶奢惰,重自然的农业生活,反对奴隶制度,主张劳动自由,且反对征收利息,此派以西雪罗(Cicero)氏为代表。

二、法学派 尊重个人之权利,唱自由契约说;知货币禁、利子禁之不可能,乃以法规制利率。

三、农学派 反对大农制而称颂小农制;主张自由劳动,反对奴隶劳动,此派以加图为代表。

第三章 中世纪之经济思想

第一节 中世纪之经济的及社会的环境

所谓中世,系指从罗马帝国之崩坏的四七六年至一五〇〇年中之一千余年间。本世纪的初期,因为民族之移动,蛮人之侵略,帝王权力和教会权力之轧轹,封建诸侯之斗争,遂至当时的经济生活颓废、紊乱至于不堪,一直到十二世纪的前后,才渐渐开始恢复,而有所谓经济的活动。十字军的发生,使欧洲各国人民,多所接触,得增进许多实际的知识,又因交通运输之日便,生产业亦有长足之进步,生活既已安定,思想的研究也就因此复兴起来。到了十三世纪,柏拉图,西墨多德的著述,大家都很高兴研究,尤其是当时居于智识指导地位的圣法学者,一方受教于希腊哲学,一方讨论当时许多经济上的紧急问题,双方融合,遂创成了一种所谓经院哲学的特殊学派。

当时经济生活,有种种新兴的活动。例如:商工业之发达,外国贸易之兴隆,因而引起都市的发达,所谓市民阶级,就是此时起来的。这时可说是由从来孤立的经济生活向都市的经济生活过渡的时期。此等都会的商人,在一切方面,都采独立的手段,而排斥竞争,因此发生基尔特的组织。不过基尔特之发生,并不是以满足管利心为目的,而以社会全体利益为前提,它的最大使命,是谋实业道德之向上,和生产消费之调和。

中世纪的经济思想,受了基督教的影响很大,——当时著名的圣法学者艾奎纳,就是很有锐敏的经济眼光的。——如"不劳勿食","自食其力"的劳工神圣论,都是他们所主张的。又基督教之"神前同一观念"之下的人类平等博爱说,对于罗马的差别的人性观,亦予以很大的打击,是当时奴隶制度进化到农奴制度的主要原因,虽曰经济上必然的事实,究竟也是受了基督教徒呼求,解放的影响。他们本于人类平等之主旨,亦曾唱财产共有之说,因为实施上为不可能,又改为劝人善为使用财产,提倡宽容性及慈善心。对于货币之使用也是不赞成征收利子的。

第二节 中世纪经济思想之问题

(一)利子授受是非论

中世纪的经济环境上边已经简单说了大概,其时在经济学者意见上有重要争论的问题,就是利子受授之是非论。当时基督教是反对利子之不当的代表者,三二五年顷,曾禁止僧侣贷款取利,到了十二世纪末叶,此禁例竟为社会一般人所公认了。他们禁止利子的理论根据是圣经,旧约中的出埃及记说:"汝贷与我贫民以货币时,汝勿为债权者,亦勿课利子于彼。"又新约中之路加传说:"基督说:'贷与之时,勿求何等回报',"就是他们的根据。至利子论由神学的考察成为深刻的经济理论,乃在十二世纪以后,到了十三世纪代表的神学者艾奎纳,乃算达于绝顶了。他反对利子收得的理论,一方是基于亚利斯多德的货币不胎论,他方又不尽然,因他又是承认货币依其使用如何而生利益者。故艾氏又认在某种情形——

如贷与期内损失,或海运危险等——之下,也肯定利子之收得。

(二)正当价格论

这也可说是圣法学者议论的中心点,是根据当时价值观念而生的,要言之:无论什么财物,本来都具备一定真实的价值,这是可以依它的生产费而决定的,国家可以依此真实价值,公定正当价格。使买卖当事人须绝对依此价格买卖之。此种由国家必定价格之主张,结局与利子说相等,也是由正义的观念发生出来的。

艾奎纳说:若是价格超过其物之价值分量,或物之价值超过价格,都不合乎正义,所以在物之价值以上卖出,在物之价值以下买入,这事本身,都是"不正"而且"不法"的。故由国家依照生产费公定正当价格;而公定价格之际,也不是以生产费为唯一的要素,供需的程度,生产的难易,危险之大小,都要由立法者观察周到,以公定此正当价格。

到后来因时代之推移,圣法学者以生产费为价值之基础的思想又有了改变,而主张物之价值,是依靠它的满足人的欲望的性能而决定的。但是所谓满足人的欲望的性能,这句话,不是说各个人欲望满足的意思,乃是说满足社会多数的个人之平均的欲望。

第四章 近世的经济思想
——重商重农主义

第一节 重商主义

(一)重商主义之发生

自十六世纪至十八世纪末叶思想的趋势,可以重商主义为代表,因为大家都以富国强兵为目标,政治家遂发生了重商主义的经济思想。但是,此种思想,并不是有组织有系统的一种经济学说,仅为由自然经济时代进化到货币经济时代的过渡思潮,因为从来物物交换的社会,至此已变为货币交换,国家为谋货币之增加,不能不采取一种必要手段,是为商业政策之由来。当时各国大概如是,而极端实行此主义者,为英之寇伯提氏

(Colbert),因此重商主义又名寇伯提主义。

（二）重商主义的特征

重商主义既代表一定时代之经济思想，又具有一定的意义，绝不是说注重商业，就叫作重商主义；它又被人叫作重金主义，但也不能说拜金主义者，就是重商主义。所以非举出它的特征来，不能明了它的性质。据德国学者饶息尔所著德国国民经济史研究中所说，重商主义之特征，有下列四点：

一、重视领有多额贵金属之必要。

二、视国内贸易地位高出于国外贸易地位之上，且视精制品工业，比材料制造，更为重要。

三、过于看重国力要素之人口稠密的价值。

四、为达到所志愿的目的，而人为地采用若干手段，在贯彻这种手段上，过于信国家之活动。

因为他们绝对主张禁止国内金银流出，力谋外国的金银流入，故近日有一般人且名重商主义为重金主义。他们吸收金银的手段是国际贸易，尽力谋国货之输出，抵抗外货之输入。为与各国竞争，凡与输出贸易有利的方法，他们没有不想到的。保护关税，就是此时极发达的一种政策，互相以关税对抗报复，遂发生所谓"关税战争"。同时又有输出奖励金制度，和保护金制度，更对于本国人民，亦加干涉。故当时国民自由活动，是不可能的。因此有人曾把政府干涉与重商主义作同意之解释。在此点也可以说重商主义简直是一种产业的国家万能主义。

（三）各国重商主义思想的代表者

一、英国　麦恩、裴提

二、法国　梅郎

三、德国　宰肯道夫、尤斯提

第二节　重农主义

（一）重农主义之发生

十八世纪以前，重商主义，风靡一世，遂发生了许多弊害，如官僚腐败,欺压平民,皇家贵族,大恣专横,弄得民不聊生,大家遂渐注力于反抗了。反抗的代表思想,就是重农主义。

(二)重农主义的根本思想

重农主义的根本思想是自然哲学论,他们以为:自然界受自然理法的支配,同样人类社会,也须准据自然法则,才可与神意合致。立法者须将社会造成成文的秩序,假使不就此自然的秩序而调整成文秩序,必致社会紊乱不堪。为求人类的幸福,决不能不讲求自然法则。人类虽有贤愚不肖之别,但对于自己的利益,比谁都看得清楚,因为人是有利己心的。为求自利,就感到有与人类协同工作之必要,故个人本其自利益而活动,结果就是全社会利益活动之一部;个人得利益,即国家得利益。国家对于个人,不能加以限制,只应保护,个人活动的结果。故重农主义者,都以"自由放任"为口号,这即是重农主义的社会哲学。因此对于一切限制干涉之事,皆主张排斥,个人的经济活动应自由,国家只可保证其活动的成绩。而劳动自由,交换自由,市场开放,特权独占之废止,皆为重农主义者所主张。他们的思想较有系统,故通称为重农学派。

(三)重农主义的意义

就是说:只有农业能创造纯生产物,只有农业是国富的根源。因为其他的生产事业,都免不了生产费,换一句话说:就是须先有消费而后能生产,工商业不能独创纯生产物,只是农业的附属品而已。具体来说:食物为人类最要的东西,农业是生产食料的,当然占重要的地位,故农业学者将社会划分三个阶级:

一、生产阶级——农人

二、所有主阶级——地主

三、不胎阶级——工,商,政治家,教徒——等,不过就现在生产的意义讲来,其实并不尽然。

(四)重农主义思想的代表者

第五章 近世的经济思想（二）
——个人主义的经济思想

第一节 亚丹斯密斯

（一）近世经济学之成立

近世以前的经济思想，差不多都是片断的，没有系统，没有组织，且非本于科学，只可称为一种思潮而已。到了十八世纪，才有人把这些零碎思想，系统地整理起来，这个人就是亚丹斯密斯。一七七六年，他公布了他的名著富国论，此书即其整理经济思想的结果，故我们奉亚氏为经济学的开山元祖。而经济学之成立是始于一七七六年。——乾隆十年——亚氏的主张，是个人主义的经济思想□人说他的思想，已经前人说过，并非独唱的学说。但是，亚氏在经济学上的价值，并不在于他的思想主张，他的丰功伟业，乃在于系统的整顿工夫。犹之乎片断的砖块，不可认做房屋，必待工匠经之□之，方可以住。亚丹斯密氏，就是能把他以前的经济思想，结构□科学的一个工匠。

亚氏是个人主义的经济思想者，因其思想学说系赞美资本主义□世又称他为资本主义的经济学者；又因他主张自由放任，更有名之□自由主义的经济学者的。后之赞成他的主张的学者，如马尔撒斯，芮可度，米尔等，都为个人主义经济学派，又名英国学派又名古典学派或正统学派。此派思想风靡一时，曾支配欧洲近世经济思想，□现在全世界以重大影响。

（二）资本主义经济组织之确认

亚氏是主张个人主义的，这个人主义经济的根本思想：第一□□理论上承认资本主义的经济组织，又承认个人之利己活动，以为个人自由活动可以不期然而然地增进全体社会之幸福。第二在政策上主张自由放任主义，以为国家不可干涉个人的行动，应当听其自由发展。兹将此二项分别细述如下：

一、理论上资本主义之确认　资本主义的经济组织，是以资本□□

资本家利益为本位的经济的社会组织,把谋社会全体利益的资□□手段,不归之社会全体,而归诸少数资本家所有,遂形成劳资□□阶级对立的形势,而且生产品都由资本家造出,社会必需品的□□给权,完全操于资本家之手。资本家以得利润而生产,劳□□□卖力于资本家以图食,两方利益既相冲突,其结果资本家必□□□劳动者利益而肥己,因此劳动阶级对于资本阶级,决无自由竞争之希望和调和之可能,唯有或听其掠夺凌虐或不断地反抗其掠夺凌虐而已！亚氏见不及此,独谓个人活动,即社会活动,个人利己心活动而得的利益,即社会全体的利益。资本主义是由历史进化而来的,是适应社会的,苟人人都惟自身之利益是图,国家必不能干涉,而任其自由发展,是即国家之利益。"利己心"是人类的天性,又名"自受心",或名"个人欲改善自己生活状态之自然的努力"。故以人类的自然性为基础而发生的社会制度,是必要而有益的,不能认为不对的。亚氏赞美确认资本主义之理论,大意如此。

二、实际上资本主义之作用　亚氏谓资本主义经济组织,是自然而来的、个人自由活动的结果,自不期然而增进社会的福利。其作用有下列两点:

A. 因为个人自由活动,可使生产增加。

B. 因交换自由,使大家可得平均之分配。

（三）自然的自由主义

自然的自由主义,即自由放任主义,国家对于个人,绝对许其自由,而不加以干涉,使之争先恐后为个人之经济活动,——自由竞争,——亚氏此种自由主义的经济思想,也是当时环境促成的。因其时保护政策盛行,人民苦于不自由,而当代学者如卢梭、洛克之流,高唱人权自由之说,一七七六年,美利坚革命军突起,德谟克拉西运动潮流所激,又成功了一八七九年的法国革命,都给亚氏以不少的影响。

（四）富国论

富国论分五编:第一编论劳动、价值、价格,所得之原理；第二编论资本;（以上为关于原理者）第三编详述各国富力增进史;第四编根据第三编的历史而加以评判;（以上政策）第五编论国家经费、岁入、公债……等。(财政方面)

第二节 马尔撒斯

（一）马尔撒斯与分配论

马氏继承亚氏思想,而阐述綦详;于分配方面,讲释尤多,□氏所未道,可称为分配论之建设者。他关于分配论方面的最有名的著作,要算一七九八年匿名公布（第一版的）他的《人口原理论》了。他说:"为求人类的进步,应不平等的分配;换一句话,就是不平等的分配,是人类社会应有的事实;贫穷为不可避免之物,我们应不□去管的。"于此可见他拥护资本主义,主张资本主义,较之亚氏□为激烈。

他的人口论,也是因为受了当时社会的影响而著作。其时高□文、孔道西等的空想社会主义宣传颇盛。因□当时的法国革命以后所得的自由,几尽为第三阶级所独占,第四阶级丝毫不能享受,遂一变而趋于社会主义的思想。马氏的文章,便□对此空想的社会主义而发的,空想的道德的社会理想当时溃散不能□持,根本上就是受了马氏的实际的科学的人口论重大打击的原故。

（二）马尔撒斯的人口论——人口原理论

人口原理有两大前提,即:

一、食物,人所必要。

二、两性间情欲,乃必要,而大体当维持其现状。

马氏根于此二前提而讲人口论,乃发见任何动物的增加,超过□用以维持生命的营养品。换言之:即人口之增加速率大于食物之增加,食少,人多,贫穷,罪恶,痛苦,之发生,势将不免。换言之即谓人口的增加,按照几何级数（等比级数）而增加,食物的增加,按照算术的级数（等差级数）而增加,因之人口之增,二十五年,可增一倍以上;人多于食,自不免发生贫穷,贫穷之人,更难免不论于□恶。他由此断定贫穷是属于自然法则作用与社会制度无关。他所主张的政策是贫乏必要论,同时他又是一个自由放任主义者。人口论第二版,马氏的思想稍变,承认道德抑制有相当的力量,在未具有维持家庭生活能力以前,应自行限制结婚。此说与前第一版所说不相同之处,即已认为尚有办法,可以改良社会,不似从前之过于悲观了。但是他所谓道德抑制,是主张个人自动的,不是干涉的。国家对于贫穷的人民,不可加以救济,因为慈善行为是使人民陷于偷懒的。由此,可见马氏的自由主义,仍然始终没有变更。

自有了马氏的拥护主张后,资本主义进步更急。亚氏主张,尚有反对独占,思谋社会经济平衡的倾向,又承认资本主义是进化来的,而可向前进化。马氏则竟认资本主义为"天经地义,万古不磨"之原则了。

第三节 芮可度

(一)芮可度与分配论

芮氏更补充马氏关于分配论之说,使资本主义的壁垒益坚。如马氏的意思是说:人类与贫穷是结合在自然法则上面的。芮氏却进而更主张:贫穷加在大多数无产阶级上面是对的。他于所著经济学原理中,说明地代和利润之必要,以为资本家辩护,且说劳动工钱所得至少也是应该的。

(二)芮可度的地代论

芮氏学说,以地代论为最有名:依氏所说,地代就是"由土地之生产物中对于土壤上原有的不可破灭的力之使用而支给地主那部分的东西"。地代发生的原因,是:

一、优良土地有限——即指地味丰饶位置便利之土地有限;

二、土地受收获递减的法则支配。申言之;

从来人口少,土地多,大家都有良田可种,自无地代问题之发生。但人口日多,农产物的需要也增多,因此次等地,及劣等地不得不渐渐都种植起来,然其收获受自然递减之限制,终于不得自由生产,故农产物(谷物)价格不得不腾贵起来,优良土地所有者,因其土地可以得高价生产物,故当然可以收取那较劣等地所高出之差额以为代。若不取此地代则相当于此地代之价额,也必归为良地耕作者之不当得利。所以芮氏谓:"谷价之腾贵非因地代之支出,地代之支出乃因谷价之腾贵,纵使地主抛弃全部地代,这也决不能使谷价因而下落。"这个结论就是说:一般消费者毫不因地主之取地代而受何等损害,地主之取地代乃基于自然法则之

事实而属正当的所得,不容非议的。芮氏替地主辩护地代的话,要点如此,地主真是可以高枕无忧稳收他的不劳而得的地代去了!芮氏真是提倡地主掠夺农业劳动者替资本主义张目的好大辩护士了!然而也作了大罪恶了!

（三）芮可度的劳赁论

芮氏谓劳劳价格（即劳赁）与一般物价是一样的,也有自然价格和市场价格之别。劳动自然价格也是由生产它（劳动）所要的劳动分量而定的,换言之,就是在劳动者人口不增不减之范围内足以维持其生活及繁殖子孙所要的价格,此食物之价格为主要部分。至于劳动之市场价格,是现时对劳动者所支给的报酬,它也和一般货物的市场价格一样由供给需要关系直接决定。然而决定劳动的需要的是资本的数量,决定它的供给的是劳动者的人口数,所以若打算求劳赁（劳动价格）腾贵,只有增多资本和减少人口二方法。但是人口的增加有比资本增加速率大的倾向,所以名义上的劳赁虽然因食件价格之腾贵而多少有些腾贵,而实货上的劳赁则常有下落的倾向,所以劳动的市场价格常是不免有在自然价格以下而决定的倾向。结果等于指示劳动者除了行劳动阶级的人口制限（不婚或晚婚）外,简直没有求永保安乐幸福的第二方法了。这样论证,简直是他造了一托名为经济法则的铁锁把劳动阶级和困穷锁在一起了。

（四）芮可度的利润论

依他所说,生产物之分配可分三部：一、地代,二、劳赁,三、利润。从全体的生产物中除地代之支出,其余部分再除了劳赁,则统作为利润,归资本家所得。所以劳资双方共分一部至少必有一方蒙其不利。盖此增则彼减,彼增则此减,双方利益,自然是相冲突的。解决之法,芮氏主张为资本家谋得利润,可以牺牲劳动者利益,因为没有资本家则无人投资营事业,不但社会不利益,即劳动者自身亦无工可做,将处于更不利益的地位。为社会计,为劳动者自身计,自然是应当拥护资本家而牺牲劳动者了。这就是他辩护利润之非不正当的说法,是极不彻底的说话。

（五）芮可度之劳动价值说

马克斯与芮可度不同,一个是社会主义经济学者,一个是个人主义经济学者,但马克斯的剩余价值论,则本于芮可度之劳动价值说。这是很可注意的一件事。

亚丹斯密斯氏在原富上曾谓:"劳动为一切货物交换之真实尺度。"这也就是说,物之价值依其生产所要之劳动分量而定的意思,是这样一种劳动价值说。他又谓:"在土地私有,资本集积以前之原始状态,劳动之全生产物,是归属于劳动者所有的。"又说:"劳动者享受自身劳动之全生产物的原始状态,到了开始土地私有资本集积之后就不行了。"这话他止于事实的记述,未曾说及理由。到了芮氏乃为之发挥说明,依他的意见劳动为交换价值之本源,物之价值的大小,以其投用于生产的劳动之大小而决定。劳动本身之价值(劳动者所得的劳赁)与劳动生产物之价值决非相同。换言之,劳动者所得,不能以劳动所生一切生产物为他的报酬,仅能享受其一部而已。劳动价值与普通货物价值一样,其价格中有所谓自然价格、市场价格之别,前边劳资论已说过可知,劳动价值当由劳动之生产所必要的劳动分量而决定——就是由生产那维持劳动者及其家族生活必要的货物所必要的劳动分量而决定。如此说法,与马克思的劳动价值说和剩余价值说所说,很是相同。但劳动者仅把自己生产出来的价值在劳赁名义下受取一部分,其余都归资本家,这层,在芮可度竟以为是根据经济上法则不得已的现象,从而承认拥护之。而马克思则说明这是根源于阶级社会特有的掠夺关系的资本主义经济组织代以共产主义的经济组织。这是他们二人始同而终不同的意见所在。自亚丹斯密斯而马尔撒斯而芮可度这三人已将个人主义(资本主义)经济思想理论,发挥得详尽无余,世人称之为个人主义经济学之三大建设者。

第四节 边沁 哲本司·米尔 宅·爱斯米尔

以上所讲三人,对于个人主义经济学的建设,已十分完成。以下当述边沁、哲本司米尔,及宅爱司米尔的经济思想,以明个人主义经济学之哲学上,伦理学上之基础,和个人主义经济学之改造,及其向社会主义经济学之过渡之代表的学说。边沁年龄长于马尔撒斯及芮可度,但他的思想在社会上发生影响,则在他们二人之后,故依思想之发生次序列于马尔撒

斯、芮可度之后。

（一）边沁

边沁是哲学家和法律家，而非经济学家，但他所主张之根本思想对于经济思想——个人主义经济思想——之发展上，实曾予以重大之影响。他是以功利主义主张者而为英国法学的创始者，正如亚丹斯密斯以个人主义主张者而为英国经济学之创始者一样。即他二人有同等势力于社会，且经济思想之影响于实际社会必有赖于法律，边氏为法律学之指导，凡边氏思想之可应用于经济上者，关于经济方面之法律制度的废止改订，或制定种种方针，边氏无不为助，故亚氏得力于边氏者颇多。到了一八三〇年以后，两思想遂互相溶和，边氏乃于经济思想史上，占一重要位置。边沁主义即功利主义就成为经济学上的意味了。

斯密斯亚氏认"利己心"是发展人类利益的武器，边氏更从理论上建筑了"利己主义"的基础，故有人说边沁是个人主义经济思想之最后完成者。边沁的思想有二前提：

一、功利之原理，又即最大幸福之原理。

二、自利选报的原理。

（一）是说：无论个人行为或政府行为，凡增加社会利空，非减少社会利益，而增加较减少大者，即为合于功利主义。（二）是说：快乐痛苦，各人自己都是知道的，所以无论何人，他自己就是幸福的最上判定者，自爱心是绝对占优势的。无论何人，都以追求他的最大幸福为目的，都有这种人类性。因此在经济方面他主张自由放任主义，重个人之自发的活动，反对政府之干涉。以为自由放任政策在生产方面可以得到最富的生产结果，在分配方面，维持财产安固不干涉分配，社会自然渐至平等的分配。他以为分配，固然愈平等愈好，但又以为因求平等而妨害财产的安固，是不可以的。他将财产安固放在最重要的地位，而将分配平均放在次要地位，这种不一贯不彻底的思想，乃是受了当时环境——正统派经济思想——影响的原故。

（二）哲本司·米尔

哲本司米尔是边沁的朋友，从学问上言又是边沁的弟子，同时又为芮可度的先生，可知他于功利主义哲学者，和个人主义经济学者之间，是大有关系的,且为宅·爱司米尔的父亲,在经济思想史上,当然也立在重要地位。

氏曾在所著政府论中,依功利原理主张劳动全收权。他说,我们为获得幸福的手段,以劳动为必要,故应奖励生产上不要的劳动,对个人保证其劳动生产物,若是有得了他的劳动生产物以上的东西,不定是掠夺了他人的劳动的结果,所以我们为社会谋最大幸福,不可不使各个人之劳动生产物尽量归各自所有。氏之如此主张劳动全收权照正道理说结果总该主张废止资本家掠夺剩余价值的关系,主张生产手段社会公有才是。但是竟大谬不然,他也和芮可度主张平等分配忽然归到使有产者财产安固的结论一样,他由主张劳动全收权竟归到财产保护论,所以资本他终是一个拥护主义经济组织的个人主义经济学者(他在经济学上的地位)。这自然也是因他受了当时环境支配的原故。

氏在经济思想上虽无甚新发见,但对于经济学分别部门,确与社会以极大影响。其名著经济学要义分类如次:

第一章 生产

第二章 分配

第三章 交易

    第一节 地代

    第二节 劳赁

    第三节 利润

第四章 消费

以上的四分方法,可谓当时经济学界的创举。不过经此一分,遂使支配商品交换价值之决定的法则(氏列在交易论而将劳赁列在分配论中)与支配劳动力——商品——之交换价值之决定的法则,两者全不相关了。马克斯派学者,后将此分类法完全打破,因为资本经济的组织中,劳动力买卖,与商品买卖一样,所以资本家能买劳力以赚取剩余价值。米氏如此的分法,简直是遮盖了资本主义的缺陷,而延长个人主义思想之滞留。要之,看作"正统派经济学之一模型"的哲本司米尔的经济学要义创始把分配由交换论中分离为一独立部门,愈见个人主义经济思想之完备发展了。

(三) 宅爱司米尔

米尔求学为最虚心,能采众人之长,而总合之,以成他的学说。他可算是一过渡人物。在他之前,个人主义经济思想已完成,从他以后,便新生了社会主义的经济思想。米尔氏虽是一个集个人主义之大成的经济思想家,但他又兼有了反对个人主义的思想,换言之,他在青年时代,曾极端信奉边沁主义,自经过他的"心上之危机"——他二十岁后——他的思想上一方加了人道主义的要素,一方加了社会主义的要素,他遂由看作正统学派的宠儿的性质转变为叛逆者的性质了。但他直到最后,并未成为一个彻底的社会主义者,大体言之,无论如何,他总不外代表由个人主义经济学过渡到社会主义经济学的思想者,也就是代表个人主义达于最高潮而同时社会主义渐次得势力的这样思想史上的转换点的学者。他的过渡性质思想,可由他的名著经济学原理中见其一斑。我们试略述其要点:

(一) 他对于社会主义的态度 由经济学原理看来,最初在一八四八年公布的第一版中,固然多有对社会主义批驳反对的论调,但翌年公布第二版、一八五二年出第三版,各版皆有改订,结果第一版反对社会主义的大部分都已抹杀,后版变为对社会主义表同情好意的了。他对社会主义虽然表十分同情,但他以为实现的条件,至少人心之改造是必要的。而且以为一定的条件实现时,虽在现社会经济组织(资本主义的)之下也能把贫困根绝,也就是说社会主义不一定是解决现代社会问题的唯一的手段,这一点是他对社会主义不彻底的见解,但确是代表过渡时代的思想。

(二) 他对于社会法则之永久性的见解 主张资本主义经济组织下所行的种种法则有永久性或主义没有永久性,这是资本主义经济学和社会主义经济学区别的标准之一。主张其有永久性所以主张社会主义经济组织没有实现的可能,马尔撒斯人口论实开其端,以为资本主义组织关系是天经地义莫可动摇的自然法则的产物,非维持不可,但到了社会主义经济学的创立者马克思以唯物史观为其出发点,认一切社会制度组织都是进化的,过渡的历史的性质,绝对否认其永久性。然则米尔之见解何如?他乃是傍徨于这二者之间的态度。在经济学原理中,颇可见出他以为现在的经济组织不是永久的这样思想,但是他认为生产的法则和分配的法则性质不同，只把分配的法则看作一时的历史的，把生产的法则仍然看作永久的自然的，这一点又是他的不彻底的见解。依马克思的社会组织进化论的说明生产力有了发展的变动则生产关系分配关系，都跟着变化，生产法则焉有永久不变之理？但是这又正可见是他代表过渡时代的性质了。

（三）他的"静止状态"的思想和人心改造论　他既然仍把生产法则作永久不变的，所以他不能十分置信将来生产力的发展，反倒置重"依事物的性质而有一定的限界"。他以为"社会人员之适当的限制"这个条件，不论什么社会组织都是必要它的，所以他赞成社会主义而不认为解决社会问题的唯一方策，所以他以所谓"静止状态"——生产及人口停止其增加之状态——为经济社会之穷极状态，也是持之有故。他重视人口增加之限制，也就是轻视基于社会组织改造的生产力之增加的反证，这一点也是他对于社会主义不彻底的态度。所以他以为与其重社会组织改造，无宁重组织社会的个人之精神的改造，他的主张的重心，不在"社会革命"而在"道德革命"。所以他有的地方已经有些唯物史观的思想，但是卒不彻底，这都是他一方启新一方承旧的过渡性质使然。但是（一）氏时代社会实际运动上也已有了反对个人主义的倡导了，随着时代思潮而改变自己的旧主张的也不止米尔一人，（二）米尔过渡思想，就是在旧思想中产新思想，在旧社会中有新社会之孕育的例证了，思想是随事实而变化的了；事实无永久性性，思想也是无永久不变性的。这两层是要知道的。

第六章　近世的经济思想（三）
——社会主义经济学的思想

第一节　由空想的社会主义，到科学的社会主义

我们尝见尝闻的社会主义若以它的思想全体之学问的性质为标准时，可将它分为：

（一）空想的社会主义；

(二) 科学的社会主义。

空想的社会主义,可叫作感情的社会主义。十九世纪以前的社会主义,差不多都是空想的社会主义。到了过去的六七十年间,才渐次有了科学的基础,于是空想的社会主义,乃进化到科学的社会主义。

初期的社会主义,都是空想的感情的,只是将主观的、要求的理想社会,在自己的脑筋里,自由描写出来罢了。至于实现此理想的条件,在现社会中果存在与否,他们是不过问的。因此他们的理想虽高,却有不根据现实的。科学知识之缺点,实现上之可能性极薄,而且他们的理想,不仅专为阶级要求解放,乃是为全人类要求解放的。此种思想弥漫之原因,乃由于十八世纪末至十九世纪初,在英国发端的产业革命,一方自然引起了国富之增进,和产业的发展,他方又招了人类未尝经过的许多祸乱。以财产私有,自由竞争为基础的资本主义经济组织的弊害,已完全暴露于社会,大多数民众不堪贫穷压迫,困惫之苦,对于资本主义经济组织,遂发生了反抗思想,而想到社会生活之改善。考究而主张之,遂形成了最初的空想的社会的主义。现在可以举出那时期的代表思想者:

(一) 欧文

欧文曾做过纺织公司的经理,目睹工厂劳动者困苦的状况,极思谋救济的方法。他具有使一般人类都能得最大幸福的理想,但是实际社会确离他的理想太远。所谓互相倾轧、互相争斗、贫富悬隔、弱肉强食等现象,在在皆是。他说:这些都是已往的习惯所养成,和人类性格不良所致,但人类的性格,仍是受了环境的影响而成的。所以他以为:不但人性应改造,并社会组织亦有改造之必要。他极愿有一个他的理想的环境,使大家都到那里去生活。

一八二四年的时候,他听说美洲有广大的土地出卖,遂往美购地三万坪(每坪合中国二十四方尺余)招集八九百人到那里去住,以创立他的"理想之乡"。但是那些跑来就他的人,强半是为好奇心所冲动而往的。分子复杂,一八二一年所制新宪法之六执行委员会制度实行困难,乃改以欧文为全体社会之独裁者。一八二六年又改订宪法,此时正值美国举行五十四周独立纪念,欧文登台演说,预言其理想之可以实现,但不数月间,内部自起纷乱,意见冲突,而分裂起来结果终于失败。

欧文可谓空想的社会主义之代表人物，狠能了解近代社会主义之根本理想，但实现的手段没有讲到好处，因他过于主观的相信人类性，不甚重视社会进化之理法的原故。

（二）傅瑞业

傅氏是法国的空想社会主义者，主张用法兰吉制度组织社会，将全国分作许多单位——法兰吉——各部分有一定的人口，——四百家族，千八百人——自给自足，以营生活。分配方法，除将共同生产物保证各个人相当生活的最低限度外，残余的以十二分之五给与劳动者，十六分之四给与资本，十二分之三给与技能，又主张男女绝对平等。

他的组织，似乎像地方分权制度的组织，与圣西门的集权主张大不相同。他的理想，最初非常之空泛，后渐进于实际渐引起社会一般人之注意，然而终难完全脱离于空想。他的理想，曾试行之于法，又试行之于美，结果均归失败，因空想去实际太远，故不能行于实际。

（三）圣西门

圣西门氏是贵族子弟，十九岁即入美助独立事业，有大志，常想开一大运河，联络太平、大西两洋之交通。他的社会思想的目标是：以近代科学为基础，以工业立国。他以为人类经济活动，在于开发全球，而人类社会精神的管理，要以科学的智识而具优秀的人格者当之。他主张打破罗马教会之支配势力和废除君主及封建的贵族制度。产业事，则以卓越之手腕家负其责任。但他尚未脱宗教之观念。欲使科学、宗教融合一致，以创造新社会组织，故力倡基督教之改造。又以为人人皆兄弟姊妹，宜利用文化使人人皆具人类相爱之观念，废止互相侵夺，而协同努力于开发自然之事业，以为建设理想社会之基础。然以实际方面无严密的注意与计划，终于抵不住旧社会几番运动，终归失败，他也是误于过信"人性本善"之一点，与一般空想社会主义者犯同样之毛病。

总之空想的社会主义的思想是重理性的，是理想的，是讲Sollen的，是主观的"发明"，不能适合于社会进化的理法，不有改造社会组织之必要的可能性。反之，有所谓科学的社会主义的，乃是重实在的，是历史的，是讲Sein的，是客观的"发见"，对于资本主义组织的祸害和缺陷，以科学的研究指摘出来，他方又对人类性之现实的环境作社会组织革新的企图。

这样科学的社会主义的理论的代表者就是卡尔·马克思！次节就讲他。

第二节　卡尔马克斯

第一款　绪言

近世的社会主义经济学,创始于马克斯氏,与个人主义之亚丹斯密斯,在经济思想史上,同占重要之位置。不用说,马氏思想之成,生于其前学者们,当给与他以不少影响,而当时环境的情形,也给与以不少的反应,使他把资本主义经济和社会主义经济的关系看出,知道按照科学的历史的法则,资本主义的经济组织,势必走向社会主义的路程。

从来社会主义的经济思想,都是零碎、片断的,马克斯始将它用科学的方法系统地组织起来。他于经济学上的发见,最有名者为剩余价值论,而其经济思想的根据,是唯物史观。此外尚有许多创见,均见于名著资本论中。兹因讲述之便,分别将剩余价值论和唯物史观、阶级争斗提出来讲。

第二款　剩余价值论

一、价值论　马氏的价值论,不是他自己独倡的,是根据芮可度的劳动价值说而发挥的。但两人结果意见不同,他以为财物是外界存在的东西,此种东西,按照其性质以满足人的欲望,而生两种价值,即使用价值和交换价值。财物所有的价值,是抽象的,是由生产这物所费人类劳动的分量而定的,所以某物之价值,乃是以劳动所费的时间而测定的劳动分量。然在此发生了一个问题,就是在同一时间的劳动,是否能生同一价值的生产物呢？因为怠惰者费去三时间而得工作的效果,与勤劳者所费一时间的价值可以是相同的。岂能说这怠惰者劳动价值(时间大)是大于勤劳者吗？但是上面这疑问并不是对的,因为劳动价值,不是就每个人说的。如果就每个人说,同时间劳动的价值,彼此或有不同。但是按照社会一般劳动平均说,时间多则价值大,是无可疑义的。因为生产上所必要的劳动时间是按照平均的生产条件计算的。平均劳动费去多,其价值必大,费去少,其价值必小。故马氏又说:"决定财物价值之大小,在它的生产上社会的必要的劳动之分量,或社会的必要的劳动时间。"

二、剩余价值论　芮可度说劳力的价值与生产物的价值不同,劳动者不能得其全部价值,只能得其一部分价值,其余的一部分,因为受经济自然法则的支配,应当归诸资本家。马氏则大反对其说,谓其余的一部分,并无所谓受经济自然法则之支配,是少数人凭借生产机关私有,而掠夺去了的。此残余之部分,就是劳动的剩余价值,此剩余价值,即是劳动生产物的价值与(为生产而费去的)劳动报酬的价值之差额。资本主义的存在,即是于资本家掠夺劳动者的剩余价值。兹举例来说:劳动者一地做五小时工作,可得五元报酬,而资本家必使工作十时,仍给以五元工钱,本来十时内五时的工作已与五时间所造出的价值相等,其余的五个时间,便是被资本家掠取去了的劳动剩余价值。资本家为谋自己的利益,势必拼命地增加时间,减少工钱,而劳动者方面,为求生活之满足,乃要求增加工钱,减少时间了。这个地方,就是两阶级冲突的症结所在,在掠夺剩余价值关系中,劳资阶级那有调和之可能?资本主义学者瞎唱"劳资协调",真是自欺欺人之思想。

第三款 唯物史观

唯物史观并不是马克斯主观创造的,乃是他根据历史进化法则而研究出来的。本来唯物史观的名称,非马氏本人所定,——是后人加于他的——唯此种思想的精神,多散见经济学批判、资本论、共产党宣言等书中而已。据唯物史观的指示:(一)物质生产力,是社会组织和人类精神文化存在的基础,(二)物质生产力的变化是社会组织和人类精神文化变化的根本原因。社会历史的变化,人类意识的成立和变化都是社会物质生产力的关系和变化的结果。申言之,人在社会生活不能不结成人与人的必要而可能的生产关系,这生产关系之总和就组成社会之经济的构造,这构造是社会之真基础法制政治等都立在这基础上,而社会意识也必须与此相应。物质生活的生产方法是造成生产力的东西,所以生产方法是一切社会的政治的及精神的生活过程的根本条件;不是人类意识决定其社会的生存,乃是社会的生存决定人类意识,所以社会生产力和社会组织和精神文化有必须密接适应的关系,但是社会生产力一变动,自然社会组织和精神文化也必然跟着变动。旧社会组织中生产力发展到一定程度受社会组织拘禁时,其组织必然崩坏而产出新社会组织与之适应,精神文化亦随之革新,这样必然的变革就叫作社会革命。有这革命才能解放人类

生活之困苦矛盾而为进步发展。生产力譬如气候,社会组织和精神文化譬如衣服和衣服的装式色彩,衣服要与气候适应,要跟着春夏秋冬的季节而变革,生产力譬如房屋之基石,社会组织和精神文化譬如房屋上层和屋内设备装饰,倘基础陷落,什么人都必陷落的。现在可把日本河上肇先生作的一个表解拿来说明:

"社会物质的生产力"		"物质的生活之生产方法"		
"适应"				
"人与人之生产关系"				
"总和"				条件
社会之"经济的构造"		"社会的"		
"法制上及政治上之上层建筑"		"政治的"	"生活过程"	
"社会的意识形态"		"精神的"		

　　比方近日机械发明,生产力的进步日大,就道理说,应当全社会的人们皆蒙其利。但是近代的生产不是为全社会的需要而生产,乃是为营利而生产,所生产出来的是商品不是用品。而且他们的生产,是以购买力为标准,劳动者,工资既少,购买力弱,遂致生活艰难。资本家又因生产过剩,不能不停止生产,劳动者更有了失业的危险,社会上便起极大的恐慌,久而久之,身受痛苦者,势不得不起而反抗革命一起,资本主义社会的经济组织,遂势不得不崩坏了。革命的结果,资本主义经济的生产,自然进化于社会主义经济的生产,那时候,社会上已无今日之劳动问题,法律上更无私有财产制度之存在,政治已由第三阶级把持的政治,变而为无产阶级专政(以后阶级消灭也就无所谓阶级专政了),所谓宗教、伦理、道德等观念,更不是今日保障拥护资本阶级的宗教、道德、伦理了。要之马克思唯物史观的经济思想,是根据科学的历史的观察,指出社会组织是进化的一时的,不是天经地义一成不变的,指出资本主义必然有崩坏的末日,必然继以社会主义的组织。这是对个人主义经济学者思想加了很大的改正,又不主张个人放任的人心改造的和劳资协调的方法,也不是想另造"乌托邦"的新村,只是主张依历史的可能不得已的阶级斗争,努力于必要的社会组织之改造的实现,这是与一切改良主义、空想社会主义和现在的无政府主义都不同的。

第四款　阶级斗争说

马克思的"阶级斗争"说是和唯物史观相关连的。因为自古至今社会组织的改造不外依阶级斗争的形式而实行。共产党宣言中说："一切过去的历史都是阶级斗争的历史。"因为自从人类有了"剩余劳动"后,遂有剩余劳动被掠夺的事实,掠夺者们和被掠夺者们经济利害发生冲突,所以成立了阶级的社会。这阶级也就是压迫阶级和被压迫阶级。压迫阶级独占了社会的生产手段所以握有经济势力,因而自然握有政权,被压迫阶级因压迫的不堪,有了阶级的自觉,已看清与压迫阶级利害决不相容斗争为决不可避之事,于是大多数人类被压迫着共起抵抗而谋解放压迫,势不得不联合而团结以与树立的阶级相争,阶级斗争于是乎起。阶级斗争第一期常是经济的斗争;而第二期必是政治的斗争,历史上这一类的事实,都是历历可数的,斗争的结果,如果被压迫阶级获胜,便变换了一种新的生产局势,创出进步的社会,如果两阶级共倒,就是社会之破灭。资本主义经济组织造出有产无产两大阶级的敌对,已是社会生产方法上所采的最后的敌对形态了,既有这敌对的阶级,必不得不斗争,"劳资协调"乃是有产者的骗话,不过这劳资的斗争却已是人类历史最后的斗争了。将来由无产者斗争握得政权把社会生产手段归社会公有,消灭掠夺劳动的关系,经济上的阶级区别全无有了,阶级斗争都没有了,那时把阶级斗争的已往的历史随着这资本主义的社会组织一齐葬去,社会主义的组织树立起来,才有了人类真历史的第一页的史料呢!所以"阶级斗争"是现世不得不行的,是以消灭阶级斗争为目的结果的。

第三节　社会经济组织上个人主义与社会主义
根本之差异(本节可参看(一)河上肇资本主义经济学之史的发展附录,(二)新青年季刊第二期页五五至六三)

(一) 经济法则之性质不同

(一)资本主义受无意识的法则支配,(二)社会主义受有意识的法则支配。

（二）道德原理之原则不同

（一）资本主义是利己主义，（二）社会主义是利他主义。

（三）经济政策之原则不同

（一）资本主义之经济政策主放任，（二）社会主义之经济政策主管理。

（四）对生存权之态度不同

（一）资本主义否认人类平等之生存权，（二）社会主义确认人类平等的生存权。

（五）支配生产手段之原则不同

（一）资本主义生产手段归个人私有，（二）社会主义生产手段归社会公有。

（六）生产目的之原则不同

（一）资本主义是营利的生产，（二）社会主义是自足的生产。

以上六项，两相比较，可知资本主义经济组织的社会是对社会全体分子不负生活之责的，就是不能负责而保障全社会必要且可能的物质生活，社会主义经济组织是有意识而依共同目的作计划的，是谋全体利益的，是对人人负责而为适当的生产分配的，不但保障物质生活并增长精神文化，不但是救今日无产阶级的，而且是救今日有产阶级得善其人生的，究竟那方面的社会经济组织最适合于近代的社会，不待言而可喻了。

第七章　结　　论

我们读了经济思想史，当知：（一）有了社会的事实，自然产生相当的社会思想，思想是脱离不了环境的，脱离不了生活之必要关系的，而且我们的思想也正是应当为应付环境改造环境供生活之必要，谋生活之解决和向上而运用的！但是思想的错误，是因为观察事实不真切而不免的，人类的生活关系是遗传下来的，生今之世应该利用先知先觉的研究经验和眼前的大势，帮助我们思想的减除错误而进行较善的人生！空想的社会主义不但近世曾发生即在上古也已发生，然因物质条件不备，成了无用的思想了！资本主义不但社会主义经济学者证明其不容于人类共同生活，即在资本主义经济学者，也已认出它是有害思想了！所以我们要知道"前事不忘，后世之师"，思想前史，用亦如斯！经济思想由资本主义到社会主义，由空想的悬拟到科学的证辨，已经是进步的了，我们再因为"前事不知，盲无所师"，遂重去承认而主张那人家自己已认错的错误思想，不知道利用人家已经证明的合理的思想以解决自己必要的思想，那不是太"其愚不可及也"吗！（二）我们现在正处在资本主义经济组织最盛而不久将必然崩坏的时代，除资本主义本身也正在预备社会主义的物质条件外，我们当然都有一种历史的使命：要努力在同胞的生活上觉悟上把社会经济组织之改造的必要和可能关系使大家认清，把唯心的改造论和个人主义，和反对被压迫阶级对压迫阶级的斗争反对社会组织之改造的误谬思想，一概打消！要从经济关系上使大家都负责任进行不可避的反抗的奋斗：与殖民地半殖民地的弱小民族的同胞共作国民革命，而反抗资本主义发生出来的帝国主义和作帝国主义爪牙的军阀主义，再进而与世界一齐作社会革命而扑灭一切资本主义和资本主义的复兴思想，而建设自由平等的社会主义的社会！到那时我们经济生活上人对人的压迫都没有了，经济思想史也许失去"后世之师"的作用了，人们当然也不是今日这样思想了；经济思想史的作用本身，也是时代的经济的产物，它本身也是历史的过渡的呢！但是，师前虑后，皆是图今！我们照今日以前的历史教训和今日以后的实际理想，定准我们的方针，作现今必要而可能的努力吧！必须这样努力吧！

附言：这次经济思想史的短时讲述，多取材于下列三书，可参照：

（一）河上肇资本主义经济学之史的发展

（二）同氏近世经济思想史论

（三）北泽新次郎经济学史概要

曹 刍
艺术之趋势

> 这是曹刍1923年7月1日应邀在上海大学美术科图音组、图工组毕业欢送会上演讲的新闻稿。根据《民国日报》1923年7月3日的报道《上海大学毕业之盛典》辑录。题目为编者拟加。
> 曹刍（1895—1984），别名守一、漱逸，江苏镇江人。

艺术之趋势有二：一曰纯艺术，一曰人生艺术。纯艺术，对于个人，自然有陶冶性情之能事。但艺术之急切，其原因尚不在此，吾人必须将民众痛苦之呼声，假艺术以宣泄之。

陈德徵
本校毕业生对社会责任尤重大

> 这是陈德徵1923年7月1日应邀在上海大学美术科图音组、图工组毕业欢送会上演讲的新闻稿,根据《民国日报》1923年7月3日的报道《上海大学毕业之盛典》辑录。题目为编者拟加。
>
> 陈德徵(1899—1951),浙江江浦人。1923年3月任上海大学中学科(后改为中学部)主任兼图书室主任。

毕业生一出校门,便直接和社会接触。本校毕业生,对社会责任尤重大,望本校毕业生此后对于病的社会,下一番救济和安慰的工夫。又毕业生对于母校中,亦负有重大责任,望本校毕业生于救济社会之余,尽力扶助本校向上发展。

陈望道
绘画当求适于人生

> 这是陈望道1923年7月8日下午在上海大学美术科图音、图工甲组召开的毕业辞别会上演讲的新闻稿,根据《民国日报》1923年7月10日的报道《上海大学前日之盛会》辑录。题目为编者拟加。
>
> 陈望道(1891—1977),浙江义乌人。中国共产党上海早期组织成员。1923年夏到上海大学任中国文学系主任、教授。

绘画当求适于人生,与其闭门临一裸体美人,不如在田间写一裸体农民。

陈望道
美学纲要

> 这是陈望道1924年7月在"上海夏令讲学会"上的演讲稿,讲题为"美学纲要"。原载《民国日报》副刊《觉悟》1924年7月15日至16日。发表时题记"上海夏令营讲学会讲稿之一",由徐恒耀记录。

一、绪言

美学底历史很少,不过才发生了一百多年。中国之有美学,实以蔡元培先生提倡为最早。中国人素讲智、德、体三育;近人更倡群育、美育,而并称为五育。美育即蔡元培先生所主倡。

谈美育必先知美学。美学底发生虽很迟,但美底价值早已为世人所重视,世间有最高价值者三:真、善、美。无论何人,莫不承认这三种最高价值,即恶人亦服善。道德、伦理,皆所以究"善",科学所以求"真"。至于"美",却随时随处存在,常人不察,每轻视之,实在大错。这正是他们未习美学之弊。

国人研究美学者很少;除蔡元培外,尚有吕澂,算于美学还有研究。

在这讲学会的短期间内,关于美学,不及多谈,惟有稍微讲述其大概,在引起诸位研究美学之兴趣。

美底学问,随处可以研究,如:

西湖底风景美,

女子底服饰美,

房屋底建筑美,

园中底花草美,

即情即景,随在都可以审览。

但知"美"必知"丑",有丑始有美,因形容词无不由比较而成立。辨别美、丑之学,因名为"美学";即名之"丑学",亦未为不可。

普通人使用"美"字,往往误错;这错的观念,应该除去:

(甲)美——不该用而用的,如"价廉物美",物未必即美,至多只不过可说"好";譬如木器店中有粪桶出售,若定说粪桶美,那美应何来?

"多承美意",此为感谢之辞,美必有形、有声,可以观听触觉,意为人所不能视、不能闻,故不当用美以形容。

(乙)美——该用而不用的,如音乐声调底动听,可以说"美",而普通人不说它"美",偏说"好听"。图画底美观,因图画有形可见,应说它"美",普通偏说"好看",不说"美",也是错的。

二、美的要求

人生必有所要求:物质的,如求衣食底充足,体力强壮,以维持生命底存在,精神的,如名誉、宗教、道德诸要求。

美底要求,不独有智的成年人有之,即儿童、野蛮人也秉有审美的观念。美底要求,试分别列证如下:

(一)野人底美底要求:从前达尔文偶遇几个野人于途,达氏给他们红布一方。他们并不将那红布团在手里,却撕裂为数条,各取一条挂在身上,以为美观,于此可见野人的爱美。

前几年,国中有人提倡女子不搽粉,但从人类学和社会学上调查起来,历史上各国人就有搽粉的爱好,试一读亚东图书馆出售的《美术的起源》一书,便可知道。

华人、西人搽白粉,黑种人却涂黑粉,也有涂黄粉的,就用黄泥代粉。

耳环为华人装饰之一,西人有穿耳环的,穿耳以外,又有穿鼻穿唇的,美洲土人往往坠一大圆环于下唇,并以木塞使唇孔日益穿大。又有类此者,如刺臂绣花,或饰贝壳于肉上以为美观。凡此种种牺牲体肉以求美,俱足证明野人亦有美底的要求。

（二）儿童底美底要求：试披绿色底衣服于小孩身上,那小孩并不见若何欢跃,如披以红衣,那小孩必狂喜跳跃以为荣。因小孩和脑筋简单者每爱"红"色；试购色盒给小儿,他必涂红色先画。

（三）成人底美底要求：常人用物,每多说只要合用,不求其美；此证之价值不同之用物,人取不美者,因此价廉之故,若于价值相同之两物,那人自取其美者,而置其不美者无疑。可见人底本性即有美底要求。香烟为一食即尽之物,然人往往喜吸烟卷上有花纹者。

人生观中,以衣食住诸事为最要,此诸事之中,每每含有美底意义,不过常人多不留心,因而每无审美的观念。

三、美的机关

美从何处入人底感觉,这已成为美学上的一大问题,耳、眼、鼻、口、皮肤虽同为美底机关,但其意不同,可别为三种：

（一）美从各处皆可入。看画为美,但温泉浴也不减于看画底美。是皮肤对于美之感觉,亦不减于眼对于美之感觉。

（二）美从耳、目两路入。美底机关亦可称为美底感觉,此感觉有二：

高等感觉——耳、目；

下等感觉——鼻、口、皮肤。

高等感觉底机能,胜于下等感觉多多；如目所见、耳所闻之各种事物,往往事过情迁,历久而不忘,唯嗅觉和味觉却无此灵敏。主此说——（二）——者,盖即只承认高等感觉为美底机关。

我们平心而论,虽不必尽行否认下等感觉为美底机关,但其于感受美底效能,却与高等感觉大大不同：

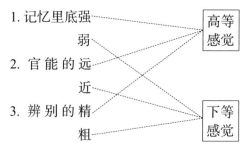

（三）美从耳、目、鼻三路入。这实为调和以上两派——（一）（二）——底一种调和说。主此说者谓耳、目固为最要，但"鼻"也未见其机能较次，如在花园中看花，若是伤风，鼻子失其嗅觉的本能，则不能闻花香之美。

总之，美底机关，以耳、目为最要，次为鼻，口及皮肤实为最下。因此，亦可见前述"美意"底"美"字，在美学上讲来，实为不通。

虽然，美究从何而来？我们不可不寻其所在之处。——在美学上，称为"美底寓所"。欲知美底寓所，当先考察美底种类。种类既分，即其寓所之所在可见。

美：

一、自然的（天然）｛风景等等
　　　　　　　　　…………
　　　　　　　　　等等

二、人为的——艺术｛（一）文学…………耳[①]
　　　　　　　　　（二）音乐…………耳
　　　　　　　　　（三）图画…………目
　　　　　　　　　（四）雕刻…………目
　　　　　　　　　（五）舞蹈…………目
　　　　　　　　　（六）建筑…………目
　　　　　　　　　（七）演剧…………目、耳（歌剧）

---

① 用耳听辨其文字的音韵，以别其美丑，不必见于纸上。

四、美底形式

美底形式,随时可以审览,不过普通人多不留心,故遇美亦不知其为美。美底形式,略可分为以下各种:

(一)反复:例如有多数女子于此,排比成为行列,或如树木底行列,衣饰的花纹底起伏都可以显为美观。反复即仿佛,这就是一种的仿佛美,反复底感觉——壮大幽远无穷,如天空底星辰,地上底草平铺,江心底波平浪静,都含有幽远、无穷的美意。

仿佛亦有不好之处,如中国音乐底锣鼓喧天,一片的闹声,此或为仿佛太过限度之弊。

(二)均齐(相称):即利用几何学上的对称方法,均齐可分为二种:上下均齐,左右均齐。上下均齐不常见,平常所见者每为左右均齐。如人体底手、耳、目均为左右均齐。普通用具如桌、椅各物上的花式,亦多左右均齐,何以左右均齐多于上下均齐?其故有二:一由于便利,如目视物,必左右两旁注视较上下视为易。二凡一物必有同样相仿佛之他物,空间中横的仿佛物最多。均齐的感觉——静默庄严;如大门必开于房屋正中;寺院、礼堂之有庄严气象,皆因建筑均齐。

(三)配称(比例):适得其可,才是配称。从前宋玉说"加之一分则太长,减之一分则太短;涂粉则太白,点朱则太赤,……"此最可以形容配称。希腊史上有三个有名的建筑:

一、Doric style ………… 刚健,

二、Inoic style ………… 优雅,

三、Corinthian ………… 细巧。即因其各各配称底好处。

要配称必有规则,此规则在美学上称为黄金率。凡物可分为二者,必有比例;如:

"大"比"小"等于("大"加"小")比大。设大＝A,小＝B,则 $A : B = (A+B) : A$

长＝2寸,短＝1寸2分五厘。

大＝2,小＝1.25

2∶1.25＝(2＋1.25)∶2

4＝4.062 5

黄金率为经常的配称。如稍加变化,可以生出他种的秀巧。

(四)统一:凡物如全体不统一,那局部号如何秀美,总是不行。《儒林外史》虽为讽刺小说中之最佳者,但以其零碎、散漫,各成小篇,乏统一性。《红楼梦》则不然,一气呵成,所好就在于统一。如上衣庄重,下衣花巧,即不雅观。考衣服不必问质地好丑,如穿着时能够配合匀一,乃佳。

统括言之,美底形式,可以归纳成一大规则,即:

"统一而有变化",

"变化中也要能统一"。

五、美底体性

美底体性,各不相同。就颜色的方面讲,其所表现亦不一:白——纯洁,黑——悲哀,红——危险,绿——平和、安稳,黄——威严,紫——烦恼、恋爱。

凡观看一物,不稍见其形式,亦可从而发生其意义。此种意义,即美底体性,此又可分为种种:

(一)悲痛:悲痛,常人以为不是美,实则不然。如发现于戏剧中的家庭悲哀,或好人被害,此种悲痛,我们对之,一面流泪,一面又不愿不看。于此,即可见悲痛亦有美底存在。

此种美底成立,有二大条件,即一为剧中主人翁底失败,又一为赏鉴者的同情。越悲痛,越足发生同情。

(二)滑稽:常人总以为滑稽是下等,这是我中国人底偏见,滑稽与"笑"有关系,柏格森所著《笑之研究》,可以参看。

滑稽底成立,也有二条件,一起于不调和、矛盾;二起于由束缚中而得解放。滑稽参加他物,则变成他种的形式:

滑稽 加爱等于诙谐(?)
　　　加恶等于讽刺。

(三)崇高——恐怖。吾人当登高之顷,往往易于发生恐怖,如在崇山之巅,即怕倾跌山下。

六、美学底变迁

美学起于一七五〇年,至今才有一百七十四年的历史。在前,哲学者亦多研究之。哲学底初期为思索的,思索宇宙问题、人生问题等。随后有思索的美、想的心理学。德国人费希纳研究学术重客观,主实验,一面为心理学问题底研究,一面攻击美学。

美学最有关系的,有两种学科:

（一）心理学;

（二）社会学。

而社会学之中,又可分为种种:从历史上以考察各时代的美术;从地理上以调查各国的美底实际的状况。美国如何？日本如何？欧洲各国如何？青年如何？老年如何？男性如何？妇女们如何？野蛮人如何？文明人如何？随时随处的风俗、习惯不同,于是从美学上研究、观察,也可以见到其特殊优越之所在。故研究美学,实为最有趣之事。

七、美学中文的参考书

（一）近世美学　商务书馆出售,日本高山林次郎著,林仁航译。

（二）美学纲要　商务书馆出售,日本黑田鹏心著,俞寄凡译。

（三）美学概论　商务书馆出售,日本阿部次郎著,吕澂摘译。

（四）美学原理　英国 Mashall 著,泰东书局有译本。

陈望道
妇女问题

> 这是陈望道1924年7月在"上海夏令讲学会"上的演讲稿,讲题为"妇女问题"。原载《民国日报》副刊《觉悟》1924年7月23日至30日。发表时题记"上海夏令营讲学会讲稿之一",由唐公宪记录。

一 发端

今天和诸位讲的是"妇女问题";这个问题,一般人以为完全是女子的问题,男子来讲,未免滑稽。其实不然,"妇女问题",决不单是女子的问题,实在也是男子的问题。

我们知道现在有些男子,看见了女子性情柔弱,便要欺弄伊,看轻伊,从此便可知道,女性底柔弱,实是男子残暴底导线。有了柔弱的女子,男子何等的危险!再如在上海或在别处,都有许多卖性的女子,因此就有许多男子去嫖、去逛,这件事情,从一方面看当然是女子的羞耻,同时从另一方面看便是男子的陷阱。一切都可作如是观:女子有问题,男子方面也就有问题。知道这层道理,"妇女问题"不单是女子的问题,实也是男子的问题,便该明白懂得了。

我底研究"妇女问题",已有多年了,原来我并不是格外欢喜研究"妇女问题",但因了种种的事实和四周的环境的牵缠压迫,使我不得不研究，不得不想出一个比较妥当的解决方法。因此就稍稍地留心它。现在得到这个发表的机会，使我底意见能得多人底指正，或竟替我输运到各地去，我实在很欢喜。因为天热而又繁忙，不能说得精密处，倘承质问，自当逐一详细答复。

二　妇女问题底发生及其解决方法的派别

"妇女问题"从何发生的呢？这是一个应有的疑问。我们要明白答复这个疑问，其实等于答复一切"社会问题"如何发生的疑问；因为"妇女问题"是"社会问题"里边的一个问题。一切的"社会问题"怎样发生，"妇女问题"也就是怎样发生。

凡是社会问题的发生，必有二个要素：（一）客观的不平；（二）主观的不安。没有不平，当然不生问题。单是不平，"社会问题"也还不会成立，——主人对于奴隶，总算不平的了，在奴隶并不觉不安时，也就不会起来反抗。所以一个"社会问题"的发生，必须在"不平"之下觉得"不安"，才会起来；"妇女问题"，也是如此。

男女不平等，女子没有自由，原不是近年来才有的，实际上却在近代才有了"妇女问题"。这就因为从前只有"不平"，并未感觉"不安"。从前的人们对于男女底不平等，女子底无自由，不但不觉"不安"，还以为是当然的事情。那时自然没有问题。近年来却大家都觉得女子为什么无自由了？男女为什么不平等了？对于无自由、不平等，都已深觉"不安"，于是"妇女问题"便发生起来了。所以"不安"的心理，实是点引问题爆发的火星。没有这种火星存在处，就是那一般不懂的人，就在现在也还可以作从前那样想，所以在那班人还是没有这个"妇女问题"。——男女不平等的事，实不但是中国如此，世界各国也一样，外国早已发生"妇女问题"，中国却到现在才发生。也就因为觉得"不安"太迟了的缘故，并不是"不平"不存在。

我们中国人待遇女子的不平，处处可以看出。现在我把它分为：（一）法律上，（二）政治上，（三）经济上，（四）道德上，（五）风俗上五方面来讲，略略画出一个男女不平等的简图。

法律上——女子在法律上的不平等,已达极点,诸位只要一读"六法全书",就很明白。法律上的"夫妻"两字简直龌龊极了,我们极端地憎恶它,非取消它不可。例如:

(一)民法——我们看"民律草案"总则,什么把妻列入"无能力者"。无能力者,有四:(一)禁治产者,(二)准禁治产者,(三)未成年者,(四)妻,这样看来,女子如在二十岁便出嫁,那就是终身成为"无能力者":因为二十岁以前是未成年者,一成年又为妻了。再看婚姻法里面:"夫须使妻同居,妻负与夫同居之义务"——一三五〇条——这样,如有一男子,他因事赴北京去了,其妻必随之,否则,便违法的了。而夫却无与妻同居之义务。又那离婚法的规定:"妻与人通奸者"——一三六二条——夫就可提出离婚;妻要提出离婚,却须"夫因奸非罪被处刑者"——同条——两相比较,相去何远呵?

(二)刑法——在"民法"里的不平,已不必说了。在"刑法"里,更当女子为男子底所有物。看那"暂行新刑律"二八九条:"和奸有夫之妇者处四等以下有期徒刑,或拘役,其相奸者同"。再看二九四条里规定:"第二八九条之罪,须本夫告诉乃论;但本夫事前纵容或事后得利而和解者,其告诉为无效"。律文上显然认妻为夫底所有物!至于"有妇之夫"底不规定,还算小事。

(三)宪法——虽则正式宪法还没有,那临时"约法"上,明明规定了"凡中华民国人民都有选举权",但那国会议员的选举法就变了什么"凡二十五岁以上之男子有选举权"。可见他们是不当女子是"人"看的。什么天赋人权,简直只有男权是了,所以我常说:辛亥革命时死了的那班女革命者,实是冤枉,完全是为男子而牺牲!

(四)国籍法——凡甲国女子与乙国男子结婚后,女子当然丧失其本籍,随从男子的国籍,这是很奇怪的,为什么男子又不随从女子的国籍呢?这是谁也要反对的,尤其是头脑清醒的文学家。英国有一位文学家,小泉八云,他到日本和一个日本女子结婚后,他当即废去自己的姓,而用妻的姓,——小泉即他妻的姓。这虽是一件小事,我觉得很有意义。总之:法律上男女是很不平等的,上面还不过是几个例,其他还很多呢。

政治上——政治上男女的不平,总括起来共有两点:(一)女子没有执掌政治的权利,(二)没有享受政治设施的幸福。中国的女子,向来就没有执掌政治的权利。倘借孟轲的话,把人民分为两种:(一)"治人者",(二)"治于人者"。女子便永远属于"治于人者"一种,即为被治者。所有的一切官吏,绝对没有一个女子完全为男子独占。再那现社会里的一切设施,又哪一种不是为男子便利而设的吗?——全国为男子而设的国立大学多少,女子的有多少?就是各省县为男子而设的中学、小学有多少,女的有几个?这是一端,其他一切也是如此。

经济上——经济上的不平,可分三种来讲:

(一)工作机会少——现社会里,女子可工作的机会绝少;即有,也受许多无理的批评或诬蔑。前几年,我在杭州看见开了一女子成绩晶的店,当开幕的那天,外面聚满了都是男子,以为这是奇怪的事,并说出种种无谓而又轻薄的话。

(二)报酬少——同是一样的工作,而女子的报酬——工资——特少。有许多的职务——如学校会计、事务员、电话局接线生等——教女子做实格外的好。可是伊们不论怎样适当勤劳,所得报酬总少于男子。

(三)没有处分权——女子在家庭里,差不多完全,或百分之九十多为男子的附属品,没有处分一切的权,尤其是经济权。像那些姨太太、奶奶们,一天只是吃、穿、逛,而不干一点事的,那还可说。但是大多数的妇女是很勤劳而有能力的,却也没有处分权,这实在是不平得很!

道德上——男女的道德,现都采用一种"跛脚主义"。即男子这一只脚,可以特别的短,对于女子却责备特别的严,要女子的道德特别的高。这"跛脚主义"的道德,最重要的有下面四点:

(一)单独守贞——男子可以嫖娼妓,吃花酒,女子连与男子说一句话也要小心,所以一般人说女子妒忌,我总始终不信。女子如若真的是妒忌,男子该早没有现在这样的放荡了。而男子却确是很妒忌:不信,只要在实人生或是文艺上,看一看,他的爱人和别的男子认识了,或真爱了别的男子,他们如何的处置,便可了然。此后觉悟的男子,实在该减几分妒忌才行。

(二)片面守节——我们常见各处祠堂里,悬着的扁额,什么"节如松柏"等,都完全为女子题的;那如果是女子的荣耀,便该是男子的大羞耻,

因为男子的绝对没有,这就是片面守节的结果。又如一结婚未久的夫妻,如果死了一个:男的死了,女的便要终身守节,不得再嫁;女的死了,男的便可立即再娶。如白乐天《妇人苦》的诗所谓"妇人一丧夫,终身守孤子。有如林中竹,忽被风吹折。一折不重生,枯死犹抱节。男儿若丧妇,能不暂伤情?应似门前柳,逢春易发荣;风吹一枝折,还有一枝生"。这是一种"跛脚主义"。

(三)一味服从——中国这个礼义之邦(?),有所谓什么"三从":"未嫁从父,既嫁从夫,夫死从子"。女子是一味服从。未嫁时是父亲底女儿,出嫁后是丈夫底妻子,夫死了是儿子底母亲。终生没有自由独立的一日。我原不绝对反对服从,但却主张互相的服从:如有A女士与B男子结婚后,就应当A、B互相服从,不能单强A专服从的。

(四)终身幽禁——女子终身幽禁在闺房里,不得外出一步。从前有位贤人先生,简直和人讨论到照礼既该"男女授受不亲",嫂溺要不要用手去捞的愚问!又礼上有甚么"七年男女不同席不共食"的话,我颇怀疑,难道古人也像现在报纸所载七岁便会强奸了吗?现在各女校中,什么"查书信","领对牌","跟姨娘",简直都是幽禁女子的方法,不准伊们交际出外;男子却可以满天的飞。总之,完全取的幽禁女子主义。

风俗上——风俗上最坏的是:(一)溺女,(二)卖女。一般的人,以为女子还不是别人的人,养伊什么,不如生下弄杀为妙;儿子将来可养我们的,所以生儿子是很欢喜。老实说,中国人的养儿子,实是"放债主义"。什么"养儿防老,积谷防饥"简直把生儿子当作掘藏看!卖女的风俗也很通行,真是岂有此理!去年我曾回到故乡——浙江义乌——去,乡间有许多把女儿出卖,只要三块钱便可买一个,真如卖小猪一样。有些买去做丫头,或童养媳;更凄惨而可怜的,是买去做娼妓。他们这样的卖女,大家都觉得很平常,如说是卖儿子,那就不是这样了。——讲到这里,我有一种感想:觉得中国人平常总说做子女的,应该怎样孝顺父母,为什么不说父母应该怎样慈爱子女?像什么溺女、卖女等行为,照普通习惯说,简直比强盗、骗子还要忍心害理:强盗、骗子所杀的所拐的还是别人家的儿女,他们却是自己的儿女。如此的父母也配得上子女去孝顺,那真奇乎怪哉了!

以上五种的不平，现在我们知道了，并且感觉着"不安"了。于是"妇女问题"就成立了。这种问题实不是我们在坐几个人的问题，实是全中国、全世界的问题。现在倘还有以为不成问题的人，那真真配得称为醉生梦死一流人了。

我们知道而明白了"妇女问题"的发生，那必须要想出解决这问题的方法。我们要解决这个问题，要点自在除去那五种——法律、政治、经济、道德、风俗——的不平。而解决的方法上，共有二个特须注意的着眼点：

一、必须找得几个提纲挈领的办法；

二、解决时应该随时留意新不平的发生。

因为有了这等着眼点上注重方面的不同，解决"妇女问题"，便生出派别了。各种派别虽很多，但是普及于世界而又绝对相反的两派却是：

一、重经济派——有美国的纪尔曼为代表。

二、重道德派——有瑞典的爱伦凯为代表。

现在有许多人的解决"妇女问题"，实在很奇怪。像有几处的人，简直只开几个会，跑到讲台上去骂几声男子，那等方法，当然于实际无补，不过借此泄泄积愤罢了。我以为最重要的解决方法，约有两种：（一）婚姻问题，（二）经济问题。像上面所说许多"不平"，都和这两问题的解决有很大的关系。以上所说的各种"不平"，如果把婚姻和经济两个问题妥当地解决了，虽不能说就可以完全解决，但总可以由这两问题而解决了一大半。

三　婚姻问题

我固然不赞成那"父母之命"、"媒妁之言"的旧式婚姻，但也不敢赞同那一见面便订婚的所谓新式婚姻。那旧式的固然野蛮，这新式的也未必适合。我说野蛮，并不是有意骂人，实由于我很认识了这问题的内容；如是骂人，便连我自己也骂在内。我是一个曾经过旧式婚姻痛苦的人，当十五岁时便被强迫结婚。因此，我十六岁入学校读书——以前是请人在家教读——，常住校中，不愿回家，校中教员、同学，都以我是一个极端用功的学生，其实不然。后来我觉得这样还不是根本的解决，非再走得远一

点,直到外国去不可。就一直在外国住了十年,除了父母生病及别的紧急事不曾回家一次,他们以为我也是用心求学,其实一半便是逃婚罢了。但是我和伊并不是不好,从姊弟的情感上讲,实在是很好的,在我们乡间,谁也说我俩是很好的一对!可是不知怎的,心里总觉彼此不安。这样地不安,前年才完好的解决,各人各走自己的路。这是我的过去一段婚姻经验的简史。

诸位,我的婚姻问题底主张,并不是完全学外国的新思潮,实因经历十余年来的经验,认清楚了婚姻问题的本身才有的解决。我对于婚姻问题:

第一,反对用聘金;

第二,反对父母代定;

第三,反对媒人。

为什么反对用"聘金"?现在一般人,都把女子当作物品的卖买,定婚要先议定"聘金"若干。什么"聘金",实是卖买女子的"价钱"罢了。对于处女还特别的客气,顾全体面,有时称为"彩礼",或别的美丽的名词,对于寡妇便老实不客气的叫作"身价"。无论是"身价","彩礼",总之是卖买女子的"价钱",所以"聘金"也像"漫天讨价,就地还钱"的商业习惯一样,总想越多越好,有时简直双方做起价钱来,真是笑话!还有男家没钱,付不起"聘金",便叫他到女家去做三年或五年的工,以工金代"聘金",做足了工作,才可以结婚。我很希望大家去鼓吹,这卖身价钱,所谓"聘金",非根本取消不可。如其打破了"聘金",不相卖买,只是两方互相的帮助,以表情义,那当然是可以的。

第二我们为什么要反对父母代定的婚姻?父母总是很爱子女的,不过因为种种的原因,老年人的思想,总不能和青年人的思想相同,所以我们虽然承认他们的爱,也不能不反对他们代定。无论是童养媳,或是指腹为婚,以及临年下聘等各种形式,凡是父母代定的,我们都觉得不安,我们都应该反对。因为婚姻,实有不许任何人越俎代庖的道理。约略说来,就有下面的三大理由:

(一)因年龄的不同,爱好的对象也就不同。如父母已四十岁,子女还只二十岁,相差二十年。佢们的欢喜、赏鉴等等,一定不同!这只要略知赏鉴心理的人，都很能知道趣味因年龄而不同，实是科学上不可磨灭的事实。以趣味不同，强要以父母爱好的东西，叫子女也爱，这是野蛮的。例如青年大多数是好活泼，老年大多数是好庄重；硬要青年去俯就老人的选择如何可能呢？刚刚相反的两面，还是不要侵犯的好呀。

（二）夫妇是一个最亲近而密切的人，怎能听凭他人代为择定？不要说是配偶，便是一个普通的朋友，也因各人的爱好不同，不能以与我性情相合的人，去强他人交游。普通朋友如此，何况最亲近而密切的配偶？父母与子女，血统上虽然有些关系，但是父母和子女的年龄不同，趣味不同，总不能以血统关系，父母资格来撤销它的。

（三）年长人所看见青年人行为，往往都是假的，因为青年的那种活泼性情，大多数不能在年长人前面充分流露出来；青年一见老年人，立刻可变成恭敬、奉承。所以父母鉴定的青年，以为那青年的性情、行为可以和自己的子女相配，这是很靠不住的。

这样看来，父母不能代定，有了以上三个理由，已很明白，其余还很多的原因，也可不必说了。因此，定婚的事，究竟是要让同辈的青年男女自己决定为最妥当而又最合理的办法。——这样，才可免了不少家庭的冲突、父母子女的离散等等的悲剧。

第三我们为什么要反对媒人？假使父母也不代定了，聘金也不用了，但男女仍不见面，凭媒说合，这样就对吗？现在定婚，虽然多半如此，我以为这种间接的手段，皮相的看法，还是不对得很。我生平最可恶的是"媒人"，他的话是很不可信的，真所谓"媒人嘴"。如吴敬梓在儒林外史里所描写那位沈大脚，替一个戏子做媒，骗那王太太是一个举人，结婚之后，才知被骗。于是王太太很恨沈大脚，一天沈到伊家去，王太太"一眼看见，上前就一把揪住，把他揪到马子跟前，揭开马子，抓了一把屎尿，抹了他一脸一嘴"。以那么一位辣燥的王太太，也无法吓退沈大脚一般的欺骗。不过世上女子没有几位有王太太的辣燥，那些媒人不致常吃许多屎尿罢了。而且他们欺骗所据以配偶的条件：什么相貌美丽！财产富有！房屋高大！门庭阔绰！一切都是表面的、物质的，而最要紧的性情适合与否却倒置之不问，所以决然要不得。

我们已反对聘金、代定、媒人，当然由自己主张了。自主的婚姻，当

然要以恋爱为基础,并以恋爱为界限,恋爱问题讲起来很长,让明天再讨论吧。

现在我们再把结婚仪式问题,来讨论一下。当男女两性结合时,所行的一种仪式,就叫作结婚仪式。这种仪式的式样很多。从前旧式的是拜天地。新式的是现在所谓文明结婚式。现在还有一种最新式的,是只印一种信片寄给亲友,报告俚俩将要结婚。其式如下:

```
A
  我俩定于  年  月  日开始共同生活,特此奉闻。
B

                                    A
                                      同   启
                                    B
```

诸位,你们对于这些仪式赞成哪一种?或者是赞成最后的一种形式罢。

但我却也不赞成,这几种简直都是一种"性交广告"。本来接近,很有趣的一对青年男女,俚们第一次共同生活,要说要谈的有多少事?却要大家去看俚们结婚,使得恒们觉得脸红,耳赤,很难为情的样子,这是什么道理?我以为男女真正以恋爱的结合,其开始共同生活的日子,尽可自由不必通知任何人,也无通知的必要。倘必要行婚礼,也应改为一种招待亲友的性质,过了几月,或一年,或竟生了子女以后都可以。这时男的可以介绍自己的朋友给女子,女的也可介绍许多自己的朋友给男子做朋友,大家互相谈谈,倒也不是绝无意味的事;但决不能在同居之前举行。

总之:男女的结合,不重在仪式的如何严肃,应全以恋爱为基础。无恋爱的结婚,总是奸淫,不管它是"百年偕老",也不过是长期的奸淫;真正的恋爱婚姻,无论形式如何简便,总之是神圣的婚姻。所以我们不必管形式,只须问实质。如果必要说形式,那老实不客气,中国现在的婚姻,形式都是不完备的;因为法律上规定:"婚姻须呈报于户籍吏。"试问现在有谁是呈报过的?

我希望以后做父母的,切不要再压迫子女,代恒定婚,在未婚的青年,快从自己做起,实行以恋爱为中心的婚姻。

解决婚姻问题,实在太困难了,所以有许多青年,用了消极的方法,去做和尚、尼姑;这如同一个题目做不出,索性把题目都涂抹了,完全是一种滑稽的办法。即不如此,却又标榜"独身主义",我也以为不很妥当。现在还有些聪明的女子,解决这个问题的方法,常用一种很巧妙的办法——独身主义。现在独身主义有二种:(一)拿来做盾牌的,这倒也可以用;(二)真的独身,这却有可以商量的地方。我以为一个人急于火燃眉毛,到处去找恋爱,也是笑话,一定要关上大门,自绝于性外,似乎也可不必。除了另有特别理由或趣味的之外。

诸位呵,大家不要怕。困难罢!越是困难,越该努力的!

四 恋爱问题

诸位,昨日我已说过,恋爱问题应该特别提出来讲一讲,今天就让我们来静静地谈谈微妙的恋爱问题罢。恋爱的问题,实在很微妙,所以现在不懂它的人还很多,不但不懂,甚至咒骂它、禁阻它的人也很多。但那咒骂禁阻,却像盛传白日见鬼一般,除了表明自己无知,再无别的意义。像我自己,也不能说十分的懂,但自信已经见得它的重要的了,而且或者已经能够见到它微妙的性质的几部分,所以在此还可谈谈,请贤明的诸位加以批评指正。

说到恋爱,我们第一个浮出的概念,觉得女子在一切上面都被压迫、轻蔑、摧残。不过在这恋爱上却是一个最完全最能干的人。伊们不像男子那样的调和,二面把情欲不能自制地燃烧着,而一面又只把它看作一种慰安、顽耍。伊们始终也不像男子手忙脚乱,急于要得爱者,也永不把恋爱玩弄,把恋爱当作一时的一种的顽意儿。伊们在一生中,大抵比男子先知道了爱底真谛,大抵能够毫不冲突地运用伊各种的注意,各式的聪明,来表现爱情的真意义。不像男子的冲突,矛盾、浮躁、急进,而又轻薄、浮浅。因为如此,所以有些新式女子在这一点上常不免看不起男子。然像这样,也不免太不运用广大的爱了。

女子在爱情上是一种最能干的人类。在做母亲的时候,固然能够在

缄默里时时咀嚼伊们对儿子的希望、喜悦、忧愁的妙味。能够有为儿童而努力，而牺牲自己，为儿童安排现下琐碎的事情，为儿童图谋将来永久的计划。儿童一旦离开自己，身体虽然离开了，心里仍然全心地牵挂着他。伊们是十分慈悲的，是十分伟大的。对于儿童如此，对于自己的爱者，正亦如此。伊们对于爱者也多是爱他心多于利己心——在男子或者是为爱我而爱伊，在女子却大抵是为爱他而爱我。伊们固然不懂得甚么是炫耀爱情的手段。往往在暗地运用伊们爱对方面的细察的心情，不但不使别人知道，乃至连对方面也不使他知道。有时甚至因为伊暗地用爱的缘故，连对方面也不了解，甚而至于误解了，伊们也大抵并不尽情分剖。在此等爱而受诬的苦境，大抵以一哭了之。那哭是人间寂寞的象征吧。总之，伊们是以市爱为耻的。在男子是有"爱呀爱呀"的诗，伊们大抵不会有，不愿有，不屑有，伊们"爱呀爱呀"的诗，是灵魂做的，不是笔墨做的，是以诗的心境表现在人生上，不是用人生的情境表现在诗上。

诸位，女子的爱是广大的，是深刻的，虽然伊们在一切的事体或者不能一概的广大深刻，可是伊们在爱上却真是广大的、深刻的。诸位即使不曾尝到爱者的爱，也应该已经尝到母亲的爱了。诸位只要平心静气，一回想从小到大，从会面到分离，从奖励我们到惩戒我们，——大小的事情上一回想，便该知道女子的爱是如何伟大、精深的吧。这种回想最要紧，若要真切知道女子的爱，这种回想是最要紧的。譬如说喝水，说尽万千的话，还不如取一滴的水来喝一喝，更能知道水的真味，要知道爱的真体，也以回想爱经尝爱为最要紧的一件事。能回想的，能反省的是幸福了。因为他们已经和爱会面！

以上我阐发了几段女子的爱的伟大，似乎离题太远了。其实正是本题最切要的话。因为我仔细观察许多的实例，觉得在爱情上实无法隐讳，要算女子的爱为最精纯。而且一切恋爱的破裂，大抵由于男子不能向女子学些爱的教育，甚至不但不学，而且完全不解。所以几年来对于恋爱常有怪怪奇奇的议论，乃至也有怪怪奇奇的行为。可怜多少无知的人们，到现在还丝毫不知这问题的真相：都把这个高尚的问题看作猥亵的问题，把这个严肃的问题看作游戏的问题。所以诸位，所以我希望诸位，我深切地希望诸位，凡是讲这问题，都先把爱的深刻性、严肃性、高尚性先宣传给人们听,先洗净了他们历来不净的思想与感情,然后才能告诉他们造就人们乐园的恋爱哲学。不然,我们要他从此上进,他倒利用新说从此堕落,不但我们徒虚精神,也太和我们苦口婆心阐明爱情的本意大相违背了。以上是说讲恋爱问题的注意。

我们已经明白了讲恋爱时的注意,现在就可以讲到恋爱的程序,和关于恋爱的几个重要问题。恋爱不是一见面便成功的,要从朋友的友谊做起,一般人不懂得男女的友谊,以为异性只有夫妇,没有朋友。我们对于异性的朋友,也要和同性的一样;交际完全为交际而交际,不可先存一种他或伊将来可为我的配偶,或是别种的利用,这都是不对的,这种错误的观念应该完全除去。

恋爱是有一定的程序的,总是渐渐接近,从互相客气到互相批评,互相铸造,然后智情互相融合,双方得了深刻的了解,彼此感着非同居不可。这是经常的程序。恋爱是缥缈的、纯洁的、无条件的:大抵恋爱者自身,也不能划分何时为止是友谊,何时起始是恋爱。恋爱又是整个的,全人格的。譬如我们爱电灯,专爱它的亮,也不专爱它的暗,不是爱哪一部分,是爱全个的。

现在有几个和恋爱问题相关连的问题很重要,趁此说一点:

(一)男女同学问题——我上面已讲过,恋爱的基础是建设在交际上,男女同学也是一种交际的机会,当然也有发生恋爱的可能;不过如以为男女同学定要恋爱,却是错的,说同学绝对不能恋爱也错。现在有许多反对男女同学的人说,男女同学是学校做媒;好像到了毕业,个个都要成为夫妇,那更错了。不过由同学而成朋友,由朋友而成恋爱,这是会有的事。现在因了各种的误会,对于男女同学的进行很有妨害。其实男女同学实有许多的好处。我是曾在外国经过男女同学的,但并没见到一般所料想的坏处。——我同班的有三位女同学,女同学第一次来上课,恰正是实践道德的功课。那先生很有趣,就以男女同学为题。他第一句就说,"你们要互相爱",男生全笑了。他又说:"你们大家要爱这三位女同学,三位女同学也要爱你们",男生更大笑,女生脸也红了。但他接着却说:"还有一个字'敬',你们大家要敬三位女同学,三位女同学也要敬你们",于是大家才肃然了。后来总算很能相敬。起先,我们也觉得有点不习惯,

后来习惯了,便一点不觉什么,大家互相的敬爱了。一班男同学的能敬女子,实在得学校的益处不少。再还有在教育平等上说,也非男女同学不可。因为现在有许多的女校实在太不行了,所教的程度多比男校低一些,一时无法改变。

(二)两性互助问题——从前旧式的无恋爱的卖买婚姻,我们是反对的,可是近年来有种人以帮助学费而造成妻子,实也无异于卖买。因为如此,所以有些纯洁的女子,绝对不受人帮忙。但我以为绝对的不受人帮忙也可不必,如真有友谊的男女,互相帮助是可以的。以帮助为恋爱基础固然不对,但以真爱而拒绝帮助也错。真正的办法,是不要通过了帮助来讲恋爱,却把帮助放在一旁。明白了这个道理:交情还交情,帮助还帮助,二个问题不致混为一谈,那就对了。

(三)离婚问题——现在主张以恋爱而结婚的,都以为离婚当得双方同意,这从实际上讲,自是合理。但从纯理上讲,结婚自由,离婚亦应自由。二因为开始婚姻既须双方愿意,继续婚姻也要两方愿意才好,如有一方不愿,爱情已经没有,那还是分开好,省得吃苦。即以有小孩的而论,如两方毫无爱情,勉强住在一起,也不会注意小孩,在这种不和的空气里,也于小孩的教育不利,也还不如爽快离去为妙。以有小孩说不能离婚,那算还有一点理由;至于有许多老先生简直没有一点道理反对离婚,那就我们不屑置辩了。

(四)生育节制问题——最后还有这个生育节制问题,也很重要。恋爱的结果,或者会有生育的事情。像过去现在的生育,女子不知吃了多少苦,男子也吃苦。所以我希望这个问题,应该普遍的研究。我的意思,是希望大家用了这种研究,能够造成"女子有生育与否的自由"的公论,不是一定要节制生育。现在有许多家庭,对于媳妇娶来后一年不生小孩便不高兴,二年便要咒骂,三年苦不得了,有些简直不许伊再住在家里了;所以这在女子是一个很大的问题。女子的义务,并不是专为生子女,而且愿生与不生,伊也当有自由,不得强迫。像从前的什么打胎、溺死,那是不对,也等于杀人。现在我们是用科学的方法来节制,就是先事预防,并无甚么不对。至于这预防的方法怎样,我不是内行,诸位如要研究,可向中华节制生育会去询问,或买桑格夫人的各种节制生育的书籍去看。

五　女子经济独立问题

我前两天说过,解决妇女问题的方法,一是"婚姻问题",二是"经济问题"。婚姻问题已讲过了,今天就和诸位谈谈经济问题。谈女子经济独立问题,第一要先确定经济独立的前提。这前提有二个:

一、认识女子并非没有劳动能力智识能力,

二、主张除去女子不劳作不学习的习惯。

一般人以为女子的身体比较柔弱,就说女子没有劳动能力,没有智识能力,如这话是对的,那这问题就根本取消。实在不然,因为他们没有研究过妇女问题,或只看见自己家里的几个女子不能工作,不会读书,便拿来包括一切的女子。我们只要放开眼睛一看,女子能劳动的很多,还有许多男子不劳动,专靠女子工作,而男子却如镜花缘里所描写的,女子都去劳作,男子却只涂粉,裹足在家吃喝一般的实例也有。还有女子帮助战争的也有。所以说女子没劳动能力完全是靠不住的。再讲知识能力,我记得苏曼殊曾说:"女子求学等于学髦儿戏",那真是瞎眼的说话。女子那会没有智识能力?在文学上尤其可见,随便举个例,像李清照做的词:"寻寻觅觅,冷冷清清,凄凄惨惨戚戚。"那种创造力,便很不易及。不过现在平均起来,女子却也真的比较没有能力。这话好像自相矛盾,其实不是的:因为这里有一个重要的问题,就是"机会"。女子因为得智识和劳动的机会少,做父母的只给儿子读书,社会上只给男子做工,女子的机会,实在太少了。所以我们现在不能说男女底能力根本不同,只能说得到能力的"机会"不同。所以我们是认定女子不是没有劳动能力和智识能力的,这是第一个前提。

第二,女子是不应有不劳作、不学习的习惯,专依赖父母,或丈夫的钱财,以做工为可耻,自取消其劳动能力。如这不劳作不学习的习惯是对的,那经济独立问题好不要讲了。人类之有男女,是性的不同,因性的不同而生出事业的差异,那是自然的。如养育小孩,男子总不及女子。但不应就说女子只能生小孩养小孩,其余的事都不是伊们能够做的,如把这样的区别男女两性,在生物学上看起来是很奇怪的。一切生物只在生育时,

要雄的去找食物,也是应该的,平常是一样的。所以女子应该要劳作的能力和学习的习惯,这是第二个前提。

确定了以上两个前提,现在我们可讲经济独立的真义——非绝对的——怎样了。有些人把"独立"二字误解了,以为经济独立了,你我可以丝毫不相来往,那是错了。经济独立的真义只是二个条件,如下:

一、生产方面——有所取也有所与(责任),

二、消费方面——得筹划也得处分(幸福)。

经济独立的生活就是具备这二个条件的生活:原是相对的,不是绝对的。一般的太太、奶奶们只有取而无所与,那是寄生的生活,不是独立的生活。经济独立的一方面,就是要改正这样只有取没有与的生活,并非说绝对不应取。再如现在有些做女工的,得来的钱,都归丈夫处置,这是只有生产而无处分,也不能算是经济独立。如这样可算独立,那么那些勤劳操作的牛马也可算是经济独立者了。所以一定一面有生产力,一面还要有消费权,这样才算真正的经济独立的生活。但是这里有些例外,就是有时女子虽不能生产,只要得筹划也得处分,便可算是独立,这样的例外约有三个时候:

一、正在学习工作技能时;

二、疾病,损伤,衰老,不能工作时;

三、孕育儿女时。

这里或者有人要说,我为什么定出这三个时候?这实不是我个人武断,现在最进步的俄国法律已规定这三个时候,女子仍可照常领取薪金。如有人再不服,我可反问一句,男子在求学时,或疾病,损伤,衰老,不能工作时,也能生产吗?

现在我们再谈谈经济独立的要点。经济独立的要点,最重要的,总括起来有四点:

一、取得家庭里男子一样的教育期间——男子十年,女子也十年。

二、取得社会上男子一样的劳作机会——凡一切可以工作的地方,女子也要进去。

三、取得社会上男子一样的劳作报酬——现在女子工资总少于男子,应即改正。

54

四、取得家庭里男子一样的处分权利——男子可以怎样,女子也应该可以怎样。

这样,女子的经济才算真正的独立。

六　结论

我第一天讲,提出了五种的不平:法律、政治、经济、道德、风俗——后又讲了二次特别问题——婚姻问题、恋爱问题——我以为前面不平的问题,只要后面两个特别问题和今天讲的经济独立问题解决了,在个人间的两性问题,就大概可以解决了。不过这个经济独立问题,尤为重要。近来发生许多离婚事件,大半是为经济的关系,有些不近情的男子说:"我并不是爱你,我是可怜你。"这是多么苦痛!如女子经济独立了,这种苦痛自然烟消云散了。所以为了婚姻的安宁起见,也非女子经济独立不可。可是婚姻的改革,经济的独立,谈何容易!但是我们只有希望大家起来鼓吹、运动,一方面希望有格外聪明的法律出来,像苏俄新法律一样。否则零碎的解决,个人的牺牲,实在太不经济了。

总之,对于妇女问题要彻底的,根本的解决,非"革命"不可。但又不能因此,就把妇女问题不谈。如有人说"好,你们既然说,妇女问题须革命后才得完全解决,那你们好不要讲妇女问题,尽管去干革命好了"。说这话的,或太聪明,或太不聪明了。我们不能说现在把妇女问题不管,等革命后再来解决,当然现在也要努力进行的。我以为现在的问题,应该现在就去解决,不过眼光应该远,不要只顾目前不管将来罢了。

此外还有什么参政问题(除是广义的政治运动),我以为不是解决妇女问题重要的方法,所以我向来是不多谈的,现在也还是不多谈了罢。

最后,我再要对诸位说几句我的理想:我们现在讲妇女问题,总不免带有一些反抗性,反抗不合理的一切。但我们实希望和平,我们实想达到一个很和平而优美的境界,实现了真正的男女平等、自由,大家看见时,都亲热地握手的理想境界。我们为这理想境界而呼号、奋斗,我希望诸位,也都为了我们的优美理想底实现而努力,而奋斗!满堂冒暑来听的诸位,我们分头做事去,我们须索暂别了!

戴季陶
东方问题与世界问题

> 这是戴季陶1924年3月14日下午2时在上海大学所作的演讲稿。原载1928年由广州民智书局出版发行的《中国独立运动的基点》第47—58页。标题下括注"十三年三月十四日午后二时在上海大学的讲演"。
>
> 戴季陶(1891—1949),祖籍浙江吴兴(今属湖州),生于四川广汉。国民党元老。曾任黄埔军校政治部主任、中山大学校长、国民党中央宣传部部长、考试院院长等职。

(一)东方问题之意义及名词之由来

(二)本讲演之范围及论点

(三)英国的传统政策

(四)俄国的求热海水政策及大斯拉夫主义之活动

(五)英俄两国在亚洲之冲突

(六)日英同盟之意义

(七)从日俄战争到英俄协约

(八)世界大战前后

(九)俄国革命之世界的意义

(十)土耳基革命与东方问题之前途

今天蒙校长于先生的招待,得着一个机会,和诸君见面,这是我所最欢喜的事情。所讲题目,定了"东方问题与世界问题"。这个题目是很广泛的,如果要细细的阐明这个问题,至少我们要把十七世纪以来的世界历史,做一个总结算。不但是两点钟的随意讲演做不到,便再加十倍的时间,也不容易完全说明的。所以今天的讲演范围,是缩短到极小限度。单就最近三四十年间由欧洲国际关系,就是由欧洲列强帝国主义的竞争,所显露出来的东方问题,大略替诸君讲讲。因为在旅行中,没有带参考书籍,而且事前也没准备,所以关于人名、地名、年月等等,都不能详细,这一点自己非常抱歉。不过我讲这一个题目的意思,目的只是在促起诸君研究东方问题的兴味,不是在述说个别的历史事实。倘若诸君能因此得着多少兴趣,我也就很满足了。(关于这一个问题的参考,我所知的,有下列几篇文字:① 民国三年《民国》月刊第三四期所载拙作《依兰高原之危局》。② 朱执信著《中国存亡问题》。③ 徐朗西著《对德参战与中国之国是》。②③两种都是民国六年发行的单行本,并有日文译本。)

"东方问题"这一个名词,是欧洲人用出来的,而且欧洲几个强国的人用出来的。从巴耳干半岛起,一直到渤海湾头,都是欧洲列强所谓东方问题的对象。不用说,关于中国的问题,也是这东方问题当中的一大部分了。他们一般的又用"近东""中东""远东"三个概括的名词,把所谓"东方"分为三段。近东问题,就是指巴耳干半岛和土耳基;中东是指波斯阿富汗俾路支等;远东问题,为主的就是指中国和日本。所以"东方"这一个名词,并不是地理学上的名词,并不是有一定的地理上的界线,仅仅是欧洲各强国的政治家、工商业者、军人,在政略上、商略上、军略上所惯用的"方标"。我们听见这一个名词,就引起许多历史的恶感来。因为东方问题的内容,都是东方民族种种失败、屈辱、痛苦的惨史充满了的。欧洲人脑子里的东方问题是甚么呢?我们如果细细的审查起来,就可以晓得,如何扩充欧洲人在东方的势力,如何吸收东方人所生产的原料品,如何扩张欧洲工业制造品在东方的销路,如何覆灭东方各民族的国家,如何侵略东方的土地,这些问题,就是他们研究东方问题的子目,就是他们东方政策的意义。除此之外,更无所谓东方问题了。

欧洲列强,既然是这样猛力的向东方发展势力,他们何以尚不能够完全把东方收在欧洲列强"平和的专制"的下面,依然留着若干不完不全的东方民族国家,生存在世界上呢?比如就中国说,中国政治的腐败、文化的衰微经济的幼稚、人民风习的颓败都是达到极点了的。如果就政治、经济、文化以及个人的智力、体力种种来比较,欧洲任何列强之一的实力,已经尽可以覆灭中国,把中国作为第二印度了。何以到现在依然容忍中国保存一个半殖民地的状态呢?又如波斯,事实上已经完全入了欧洲强国的势力圈内,何以依然保持着地图上的颜色,还没变成安南、缅甸呢?这也就是欧洲有"列强"的原故。倘若是"一强"东方早已不成问题,或者我们今天早已不能在上海大学讲东方问题了,所以"东方问题"这一个名词,是由欧洲列强帝国主义的竞争上面生出来的。几个欧洲的强国,各自抱持着一个统一世界——以军事的经济的威力支配全世界——的野心,拼命向外发展。而发展的方向,都是向着东方。物理学上的原则,同一个时间在同一个空间里面,不能有两个物质的存在。现在欧洲列强,在同一个时间里面,都一致对着东方发展,当然是互不相容的。所以"东方问题"这一个名词里面,又是包含着欧洲列强争霸的问题。换言之,就是欧洲列强东方政策的冲突。

因此之故,所以我今天所要讲的东方问题,并不是叙述东方各民族各国家的政治、军事、经济、文学、美术、宗教种种历史现象,是仅就欧洲列强在东方角逐的事实上着眼,观察国际问题的变迁和趋势,由此点显明东方问题在全世界问题里面的意义。看我们自己的国家,自己的民族,乃至我们个人自身,在今天这个国际竞争的舞台上面,占的是甚么地位?负的是甚么责任?这一个问题的范围,既如此之大;国际的关系,异常复杂;历史因缘,极其深远。我们用甚么方法,从哪一点着眼,方才能够在很短少的时间里面,说明这一个论题的要领呢?我想第一先述英俄两国在东方争霸的历史,将这一个事实作骨干,显明东方问题的意义。第二叙述日英同盟为东方形势变迁重要关键的理由。第三叙述德国东方政策之猛进与世界大战发生的关系。第四叙述俄国革命和土耳基革命及于世界前途的影响。我所以如此处理这一个问题的缘故,因为英国是今天世界争霸战上第一个劲卒,是国际舞台上第一个主角。而俄国是自西至东的一个最大的大陆国，在东方问题上面，占最重要的地位。只要了解了这两个国家过去的政策，和他们两国竞争的历史，不但是东方问题的意义，我们了解了大半，连今天一切世界问题的意义，我们也都明白不少了。

英国是欧洲大陆旁边的一个岛国，近数百年来，靠着海盗和商人两种势力之世界的发展，加上工业革命以来机械的力量，好像巴克特利亚一样，在全世界发展开来。他的领土，遍于全世界，真是太阳照得到的地方，就是英国国旗所树立的地方。欧洲、亚洲、非洲、澳洲、美洲这几个大陆，以及大洋洲里岛屿，差不多都在"大英帝国主义"这一个怪物的笼照里。伦敦的银行，是世界金融的中心；伦敦报纸的言论，是左右世界舆论的指导者；伦敦的政府，一举一动，都关系着全世界的治乱兴衰。这一个大帝国的威风，真是洋洋大观，空前绝后了。这一个世界的强国，帝国主义的代表，他所持的国际政治主义是甚么呢？我们研究英国的政治史，看到十九世纪一期当中，英国学者政治家所自负而各国学者及政治家也都承认他的"百年政策"是甚么呢？我们就他的要领，分别察观，便有下列几点：

（一）海洋主义　英国是海国，他的武力，是以海军为主力，他的一切国家的民族的发展，都是在海上。所以英国的政治家、商人、军人，都标榜着海洋主义。这海洋主义，便是大英帝国主义重要内容之一。但是他们并不是靠海洋来生活的，并不是要在茫茫大海的水中央，去建设大英帝国的。他们的海洋主义，就是用威力绝伦的战舰，保护着大而且速的商船，载着英国的货物和人，向全世界的一切大陆和岛屿发展开来。所以他们的海洋主义，明明白白地解释起来，就是由海洋侵略大陆的主义。全世界的陆地，是他的目的；全世界的海洋，是他的手段。现在全世界的发展地最有希望的，换言之，就是人口和财货最多的地方。而且英国的势力，尚不能完全占领做到像澳洲一样的，就是亚洲大陆。英国原料采集和制造品的贩卖，也是要靠着亚洲大陆。英国最重要的殖民地，也是在亚洲大陆。所以亚洲大陆，成为英国海洋主义的唯一重要目的地。从地中海经红海过印度洋、马拉甲海峡，直到渤海湾头，这一带的港湾，都是他们发挥海洋主义本领的所在；这些港湾背面的腹地，都是他们海洋主义的目的所在。"印度是大英帝国现在的生命"这一句话，是英国一切政治家、军

人、商人所虔诚信奉的。"兼印度皇帝"这一个头衔,是大英帝国的名实的出处。所以离了东方,便看不见大英帝国;离了东方,英国的前途,也就失去了目的了。

（二）孤立主义　这也是英国从前一般政治家所标榜的。"荣誉的孤立"这一个熟语,成为十八九世纪英国外交史上一个重要的原则。就是对于国际问题,英国始终独立不羁,不和任何国家结同盟的条约。他这荣誉的孤立,是龙行虎步,不是踽踽独行,是对于一切国际问题,自由为适宜的处分。不是离开了国际的舞台,是表示英国人在世界的最高地位,同时也是表示英国人外交手段的敏捷,随时可东,随时可西。可是他这荣誉的孤立,到了东方问题,发生最重要的事件的时候,到了英国在东方地位,有摇动的时候,他就不惜弃之如敝屣了。他不单是能和他国缔结同盟,他并且能和他们向来认为应受欧人支配的东方国家同盟。这就是一千九百零二年二十一日的日英同盟条约了。我们如果了解英国历史的政策的意义,我们就可以想到倘若没有重大的死活关系,英国这传统的孤立主义,是决不会抛弃的。月晕而风,础润而雨。二十世纪开篇的这一件大事,不单是告诉我们说"东方的情势变了",并且是告诉我们说,"世界的大势变了"。

（三）平和主义　大英帝国主义的内容,有一个最要的意义,就是平和主义。他这个主义,和他的"荣誉的孤立"是不能相离的。他是以保持欧洲平和为己任,他以为保持欧洲的平和,就是保持世界的平和。他保持欧洲平和的方案如何呢？就是保持欧洲大陆的均衡,不让欧洲大陆生出绝对优胜的强国。因为欧洲如果有了绝对优势的强国,以支配全欧的势力,作世界的发展,英国的海洋主义,就保不住了。所以英国对于欧洲大陆,唯一的政策,就是用他缜密的计算和操纵市价的本领,随时监视着全欧洲。任何一国,倘若要强盛起来,占欧洲的支配地位,英国便联了其他第二、第三、第四等的国来攻击他。并不要打灭了这个强国,只要挫灭了他争霸欧洲的势力,能够保持欧洲的均衡,英国的目的就算达了。当法国最强的时候,英国便联了欧洲许多国家把拿破仑打了下去。当俄国野心勃勃,想要统一巴尔干吞灭土耳基的志趣,正一步高一步的时候,他便联和了欧洲各国,帮助土耳基,把俄国的威风,挫了下去。最近对于德国,也是如此。这一种扶弱压强的精神，真是大英帝国主义最特殊的色彩。因为只有这样，方才能够持保欧洲的平和，并且才能够使英国平和统一世界的目的达到。要不然，在东方市场上，说不定有强敌发现，比如从前英国硬用鸦片烟输入到中国来的时候，倘若同时在中国市场上，有和英国势力相等或者超过英国势力的强国，英国的鸦片烟，也许是卖不出的。平和之神啊，大英国主义，真是你的护法帝释天啊！

邓中夏
假艺术手段以从事革命其收效亦大

> 这是邓中夏1923年7月1日应邀在上海大学美术科图音组、图工组毕业欢送会上演讲的新闻稿,根据《民国日报》1923年7月3日的报道《上海大学毕业之盛典》辑录。题目为编者拟加。
>
> 邓中夏(1894—1933),原名邓隆勃,字仲澥,湖南宜章人。中国共产党早期党员。1923年4月,经李大钊推荐,任上海大学总务长兼教授。

革命之手段不一,而假艺术手段以从事革命,其收效亦大,在目下无产阶级被压迫之时,吾人尤不能不以艺术宣泄和安慰被压迫者之痛苦。

董亦湘
唯物史观

> 这是董亦湘1924年7月在"上海夏令讲学会"上的演讲稿,讲题为"唯物史观"。原载《民国日报》副刊《觉悟》1924年7月25日至28日。发表时题记"夏令讲学会讲演稿之一"。
>
> 董亦湘(1896—1939),江苏阳湖(今属常州)人。中国共产党早期党员。1924年7月到上海大学任教。

第一章 唯物史观的发见

现在稍微研究社会科学的人,即知道唯物史观的一个名词,并知道就是加尔·马克思所发明的社会进化论,也就是马克思主义惟一立足地。普通对于唯物史观的观念,不过以为即是:人类社会一切的进化原因,皆存在于物质的经济关系的环境。这个意义是何等的明显而切近,何等的易于了解!

但是这个学说,为什么要到十九世纪后半期的开始才能发见呢?为什么只有马克思才能发见呢?记得考茨基对此亦曾说过:

"使在十八世纪尚未有一切新科学产生许多充分的新结果之时,纵有马克思亦不能收此奇功。反之,设使在康德及希佛歇时,科学的条件已十分具备,就像他们那样的天才,亦一定能发见唯物史观。"

"然使马克思不立于无产阶级之见地上，又不为社会主义者，那就在十九世纪的四十年中，无论其自身有如何的天才，无论那时新科学所已成的为如何的事业，他亦不能发见这种学理。所以，这个无产阶级的见地，为发见唯物史观所绝对的必要物。"

照了考茨基的说话：（一）唯物史观被发见的时代，必须以自然科学充分发达为条件；（二）发见唯物史观的可能者，必须以立于无产阶级的见地，同时又为社会主义者为条件。

（一）为什么唯物史观被发见的时代，必须以自然科学充分发达为条件？原来西欧自中世纪以后，在固有的农业、手工业里头，渐渐发见了新技术，生产上平添了新力量。于是从事工商业的中产阶级，得到了向前发展的趋势。到法兰西大革命以后，自然科学负历史的使命，受时代的需要，得有长足得进步，而与资本主义的发展，更有密切不可分的关系。资本家因为他的大工业上，渐渐借着科学的应用，享受科学的利益，于是以助科学的发明，促科学的进步为己任，而供给科学以人材及资料，这也是必然的结果。从科学改良或发明了近世的技术，大大的增加了生产力，变换了工商业的方法造成现代的文明，构通了世界的交通，结了国际的关系，为实现世界主义的倾向。一方面，近世技术和世界的交通，亦给科学以活动的新材料及新方法（器具），引起其新目的。至此，科学已得了种种的势力，不期然而然普遍到全世界去了。

但所谓精神科学如哲学、法学、史学、经济学之类，在中世纪时，与自然科学一样的消沉。及中世纪末叶，因技术不断的发达，孕育了工商的资产阶级。自然科学得工商业者的应用，得有如前述发达得结果；于是同时，哲学、法学、史学、经济学等，亦突然冲破了旧范围，获得新意义。

哲学上之唯物的一元论与经验论，反对为宗教辩护士的唯心论之"天赋观念之神权说"，已得了势力。精神发源于物质，物质与精神，是一非二，已经非常明白。

自法学上法律史之研究（更特别有兴趣于罗马法），而知法律变迁之所由，至十七世纪末自然法学派起，对于法理益有所发见。

历史上之研究，一面渐趋重于现代史的说明，一面更研究初民时代的历史，因而引起对于古代社会之研究热。又因而引起对于现存的未开化民族社会之研究热。结果,古代的村落共产社会制,初期的农耕社会,私有财产的起源,家族、国家的起源,以及各社会的生活情形,渐有具体的翔实的叙述。十九世纪的开端,借世界之构通,言语学之及时当行,又起始为比较言语学之研究。从这个研究中,发见古代民族的武器、器具,及其发达之经过,以前史学的研究上所有的许多缺陷,至此,亦得到了补充的材料。

史学的观念,自然亦渐与从前不同。从前的历史,通部都是描写些英雄豪杰不出世的伟人,此外,更记载些政治上的一二大端,又对于伏尸百万流血千里之险恶的战争,亦很高兴地描写得淋漓尽致。现在,史家已看不起那些了!倒是关于日常的生活为以前史家所视为琐琐屑屑的事情,不惮烦的记述。同时,新兴的有产阶级的学者,亦竞力排斥那些英雄,而厌恶险恶的战争。

由种种新科学的发达,造成了不少的新事业。发荣滋长的资本主义,打破了旧的经济制度及社会组织,建立了新政体,开辟了殖民地,吞并了弱小民族,奴使了世界上一切的无产阶级。结果,必然的把产业集中了,把社会组织得严密起来了,把无产阶级养成了;劳工的无产阶级的阶级意识,阶级势力(团结力)也就成熟了。阶级战争的战线也接近了(在马克思那时,事实本已明显得如此)。

于此,在历史的经济发达的必然进程上,已显示着社会进化所必至的不变的(没有例外的)原则,从其他已发明或已发达的学术上所得的实证,亦一样的没有例外。

所以,一定要新科学(或新技术)发达到那时,始成为发见唯物史观的必要的根本条件,而唯物史观才有发见的可能性。然而谁是发见它的工具呢?

(二)为什么一定要以"立足于无产阶级之见地,又为社会主义者"为唯物史观发见者之必要条件呢?这是因为社会进化的根本动因,既在于生产方法,从生产方法决定了人类的物质生活。一切政治文化,更是建筑于这个物质生活的关系上面。这本来是很显然的。然而一般人为什么竟不能发见呢?因为一般学者,多是生长于资产阶级的,多是绅士阀,他们的物质生活很是优越。他们常常不要关心到所谓"衣食住"。他们得以很高尚地修养其精神,覃思其哲理,悠游涵泳于自由自在的世界。他们因祖

上专有了侵略了优越的物质生活,养成了苦工所没福分的精神生活,当然对于最下层的最基础的物质生活,不屑一顾它了。即使有时俯加考察,也同隔雾看花,模糊不明了。这样,教他们怎样会去发见唯物史观?连别人发见了,都不配他们懂得。至于立在有产者的阶级上去维护自己,当然更不能发见唯物史观,因为唯物史观是证明无产阶级必然的最后胜利的。

所以,只有立于无产阶级之见地上、而与无产阶级同情之社会主义者,才能批其枝叶,得其根实。于是马克思和昂格思竟成为发见唯物史观的惟一的工具。

第二章 唯物论与唯物史观

现在国内往往有称为一时的高等学者,而对于唯物论、唯物史观、机械主义,率混同而杂举之,此正如菽与麦之不辨,笑话未免闹得太大了。所以不能不为之分别,并以示其绝对的不可混同。

唯物观念之起源,远在哲学有史以前。因为荒古时期的初民,破题儿的张目来认识外界的事物,他们止觉有一个个的草和木,或土或石,并不知道有什么高深玄妙、不可思议的意义。他们每天除了做一些简单的生活所需要的工作而外,有时觉得不必再做别的事情了。趁着空闲,也追求些自然界的智识。这种习惯,古代很流行,一直遗传到希腊的初期,还是一个样子。

希腊哲学史的初期,约一百五十年间,为唯物论最有势力之时期。如泰利士研究算学、天文学,曾预言过一次日蚀。他以水为宇宙的本质,水是流转不息,所以宇宙及宇宙内的一切,也无穷的不息的运动。安纳西米尼斯亦因宇宙变化无穷,而以空气为其本质。黑拉客力都(Heraclitus)又以火为宇宙本质,火变化而为万物,万物复变化而为火。他又以灵魂为宇宙之火变成,而被禁于有土有水有气的身体中,人死则火的灵魂解脱而返诸宇宙。观此,他已以物质变为"玄化"了。恩披图利更以地、水、气、火为一切事物的元素。特莫额利得士建立元子论,以为宇宙间一切物体,都由元子构成,元子本质轻微,流动变化,所以宇宙现象亦变化无常。元子不但构成物质,并灵魂亦由元子构成。宇宙之真实存在，不外太空运动之元子。这是古代唯物之大概。

后来天文学、地质学、物理学、化学、植物学、动物学等渐各成为独立科学。于是古代的哲学上的唯物论，已失其研究的对象。在他方面，学术思想上经过宗教的征服，唯物论几不能重整旗鼓。直到近世纪之初，唯物论得了时代的要求，得以复兴，然一因大部分的对象已失去，一因被唯心论者的攻击，逼住了走到争论物质与精神的路上去。

英国霍布士以机械的世界观，将心理归并于物理。宇宙中一切存在的物质都是体，其一切现象，都是体之运动。他最大的功劳，就是向来为神学所把持的心理学，被他取回成为独立的科学。意识、情绪是脑的运动或是神经系中原子的精微的运动，记忆与想象是"感觉的退隐"，思想是各种感觉的总和，经验是一切感觉成为固定的联想律之结合者。他因此创造了联想的心理学。又得洛克、休谟之感觉主义的经验论为之继，而联想的心理学遂大光明。二人的思想，又输入法国。一时如禄特尔、孟德斯鸠皆为唯物论之有力者。而拉米脱利竟以机械论者自命。以为一切心理作用，皆物质的变化。思想贮在脑中。物质产生精神。脱离身体，精神必同时消灭。所以人亦不过为一机械的物质。

嗣后实验心理学发达，更夺去了哲学上的许多论点。近年心理学上新派的行为论者，积极的谋建科学的心理学，将从前一切哲学家、心理学家的所想象而臆造的许多模糊影响的名词及意义，为根本的革命。

所以哲学上的唯物论，很早就消灭而变为各种的自然科学。只剩了心物的争论，尚在哲学上占有地位。现在，科学的心理学渐有成立的希望，而各种自然科学，成绩又斐然可观。自然，哲学的唯物论已死亡，而自然科学的唯物论产生了。

然而心理科学，应归于社会科学。因为人的一切思想行为，都是建筑于物质的经济关系上面的。那么，所谓唯物论，在现代，不过是自然科学研究的结果而对于唯心论所下的攻击罢了。

唯物史观与此完全不同。它是说明人类进化的原因，说明社会组织变迁的原因，指示政治文化，所从建立的基础，哪里有一些儿可以与唯物论同举而互用。我现在立下一个简明的对比表，以示二者的不同。

（一）唯物论讨论宇宙的问题；唯物史观讨论人生的问题。

（二）唯物论研究自然界的物体；唯物史观研究人类社会的动象。

（三）唯物论止说明自然物所构成的本质；唯物史观重在说明人类社会于历史上演进的根本原因。

（四）唯物论泛论一切物体之真实存在；唯物史观总纳一切人事之变化于必然的惟一的历史进程上。

（五）唯物论包含许多不同的学说而莫能折衷；唯物史观绝对的不许有例外的议论。

（六）唯物论在哲学上始终不曾有成熟的时期，是对于物的本质等于没有说明；唯物史观从事实上得到这个结论以来，更增加了许多新事实，一一为之证明。

（七）唯物论止有在近代各种自然科学上得有确实的结果；唯物史观的原理为历史的哲学，其应用为历史的哲学。

所以现在可以坚决的断言：

（八）唯物论为研究各种自然科学所得结论的总和；唯物史观为研究社会科学所必具的原则。

我想看了上面的对比表，至少可以明白：唯物论与唯物史观之不可混用，正如自然科学与社会科学之不可混用一样。而自然科学的（非哲学的）唯物论与唯物史观的学说在现时皆为绝对的必要物，也正如自然科学与社会科学皆同为现时所绝对的必要物一样。止有顽旧的、复古的、反动的不识顺逆的玄学，为自然科学的唯物论所反对，同时亦当然为唯物史观所屏斥。

第三章　进化论与唯物史观

自柏拉图、康德之说深中于人心，虽至十九世纪初叶，各种自然科学，已得了荣光。而一般人总以为科学只能解说自然物，决不能引以解说"灵长万物的人类"。他们仍旧以为人的行为、感情、物质生活是存在于现象的感觉的经验的世界，而灵魂、良心、义务意识则存在于超时空的可了悟而不可感觉的世界。好容易,生物进化论的研究者从黑暗中发现光明来,研究得稍有系统,于社会上亦起了一部分人得信用。至达尔文得其说大备。心物二元论得残破,卒无可弥补了。

关于生物进化的议论,到现在已是千头万绪,很不容易为简括的叙述。所以在此只好举出数要端说一说:

(一)从前总以为一切生物,尽由上帝个别创造的。生物学家却搜集了许多生物,各以其特征之类似或差异的程度而为之分别"门"、"类"、"种"、"族"。如哺乳类中又分食肉类与草食类等十余目。而食肉类又分为水栖陆栖,食草类又分为反刍不反刍。其同类之形体上各有共同之特征,而同类之中稍有差异者,又各因其族而聚。一切生物都可成为一分类的系统。从这整然不紊的系统之内,都可寻出其相互关系之痕迹,而知各种生物最初有一共同祖先。从一共同祖先所遗传而得的特性,又加以环境所授与的新影响,发生了新特性。历久变化而差异之程度遂益高,成为繁复的生物世界。同时又得古生物学、分布学、胚胎学、细胞学、遗传学、比较解剖学上之证据。于是生物之自单细胞的变为复细胞的,自腔肠的变为体腔的,自无脊椎的变为有脊椎的,自阿米巴而水母、珊瑚、而节支类、而蠕形类、而介壳类、而棘皮类、而软体类、而头索类、而鱼类、圆口类、而两栖类、而爬虫类、而鸟类、而哺乳类,其在自然进化途程上所经过的遗迹,尚有很可追寻的。

(二)然而生物究竟怎样会变异而来的?进化论者常常做实验的工夫,结果,谓动物发达,是机械的作用。某种动物,只要具备一定的条件,其发达结果,就有必然的变异。拉马克以为生物进化,不外(一)因感受环境所引起的变化而发生新要求;又(二)因新要求而学得新习惯,弃其旧习惯,在身体上即产生新器官;(三)器官经使用而发达,亦以不用而萎缩或消失;(四)生物个体的器官以使用或不使用所得结果,遗传子孙。而卫斯曼则以遗传为仅限于生殖细胞(胚种原形质),其变异亦在胚种原形质,环境及习惯,决不能遗传。戴佛理更立进化突变渐变之说。要之,变的原因,总不外存在于生物的本身。

(三)进化论者研究生物进化的结果,觉得生物有惟一的目的,就是:使其个体生存,并有益于个体。自然界继续不绝的运动,以变化其形态,

就寓形于自然界的一切生物,要保持其生存,自不能不发达其各种特殊的器官以适应其变化。其防卫之武器,致食之器械,最能适应者,必最能维持其生存。马尔塞斯的人口论,影响于进化论者亦不小。谓因人口增加的速度,比较生存所必需的资料之生产速度要快得多,于是又不得不为求食而竞争。各类动物中,尚以其特具得武器(器官)及性质而吞噬异类的动物。有时且为同种类的竞争,其竞争而获胜的即能生存,失败的即为淘汰。

(四)生物于要求自体生存以外,又有保存种族的要求。在比较高等的动物中于其个体发育到某种程度,即能发生性的作用。但在雌雄相求时,往往因选择其"适者",而淘汰其"不适者"。有时且因同性中互求一异性之"适者"而竞争。

(五)进化论上以生存竞争立为原则后,世人常常误解或利用其说。至克鲁泡特金出,遍游俄国的森林,北部亚细亚平原,考察动物世界,发明了动物中自蚂蚁、蜜蜂、鸟类、猿猴类以至栗鼠、雕、马,猛兽如狼、如狮,猛禽如鸢、如鹰,都有社会,相互扶助以营共同生活。于是所谓社会本能、道德、良心、义务之感,不专属人类,即动物中也一样有的。康德以动物仅为感情所统御而无良心,只限人类有理性、有道德,请看,究竟还成什么话!

生物进化论,于时代上非常的需要。在达尔文时,工商业的第三阶段,颇引用进化论,以反抗统治阶级的王侯、贵族、僧侣。可是同时的无产阶级亦起而反抗资产阶级。于是保守阶级即大声疾呼,以为进化论即社会主义,累得热心拥护进化论的赫克尔,只得连忙辨白,并说在进化论上,社会主义是不可能的。他说,社会主义以人类为自然的平等,所以要实现社会的平等。但进化论适然与此相反,证明人类不能平等,其发达的程度愈高,其不平等亦愈甚。赫克尔拥护进化论的苦心,是很可原谅的,但此言实荒谬。

(一)社会不是个体。大家知道有许多动物,因生活的必要,遂不能不合群。所以有个体很微弱的动物,竟因合群而存在。这种事实,赫克尔不能谬为不知。

(二)人类社会不是有机体。机体一成即不可改组,除生殖细胞外,一切身体细胞不能移殖;而社会适相反,所以不能以其他动物之例,完全的说明人类,正如不能以植物之规律完全的去规定动物一样。像赫克尔那样的演绎法,不是科学家的态度,未免太主观了。

达尔文在一八四九年十一月出版了惊人的著作名《物种由来》。刚巧,马克思在同年的一月,出版了《资本论》的前身的《经济学批判》,在自序中,说明社会进化的必然法则,此即所谓唯物史观。

我们因在唯物史观上所得的教训而可以推知:人类与其他的动物,人类社会与动物社会,其进化有根本的不同点。

(一)动物感受着自己机体内部或环境的刺激,即发生反应的动作,于是习得了单纯的一定的行为,然而就此终止了。但人类因在社会生活内营共同工作的必要,就发明言语。自一种简单的仅仅表示感情的声音,进而谋交通彼此间从动作结果所为的概念,规定出声音的符号。所以在言语上先发见动词,次之为名词、形容词。人类发明了新技术的言语,进化上就加了速度。因为有了言语:(A)使社会的结合更为亲密;(B)以言语作记忆的符号,过去的经验,愈益保存;(C)以言语为区别的符号,就发生了思想(如我们在思考时,常常觉得我们默然自语,拿言语作符号,暗自排布)。动物只得了简单的动作及不能持久的概念,人类得了新技术的言语,马上又从而产生了更新的技术——思想。更由思想而产生别的新技术——器具、武器,以适应其生活的需要。由新技术不绝的发达,生活亦随之演进;一方面亦因以时时更新其思想所必具的对象而思想本身得为有规则的发展。

(二)动物只有天然的器官备使用,人类却能使用人为的器官,即器具、武器。人为的器官,在身体以外,可以随时变革;动物天然器官,却不能脱离机体而独立,所以不易变化。人类的技术继续发展,于是社会的组织、生活的情状,也就会进化。动物中的猴类,虽也能使棒弄石,然却终不过以使棒弄石了事,教他怎么能随着我们携手而行。

(三)人类社会的分工,与动物社会细微的分工,全然不同。动物社会虽分工,各分子尚须具必要的器官,为独立的个体。而人类社会分工愈进,则因谋社会的生活之方法而所使用的器官亦愈增。社会必要之器官愈增,则为个体所支配的种种器官,愈不独立,脱离社会即不能生存。

(四)人类进化史上,社会的遗传,亦非常重要。人类所有的经验、思

想、智识,及所发明的技术,也幸而有不死的社会为之遗传,为之继续发达,玉成了文明,而在动物社会中,却未见有继续发达的行为。

于是可以明白:进化论是说明生物机体之如何发达、如何生存;唯物史观史是说明人类社会之如何进化。

第四章 唯物史观的根据(社会进化的史实)

我深信思想是行为的结果,理论由事实而产生。所以我们要易于了解唯物史观,就最好先对于社会进化必然的行程得了一个概念,然后在下章所述之唯物史观的要旨,不难明白了。

社会的历史,只能以部落共产时代为始,以前的史迹,就不能有具体的追寻了,故略而不叙。

(一)部落共产时代 此时代,土地尽为部落公有。只有石斧弓矢等之简单的武器,或为个人私有。工作生产品,全然归公而各取其所需。但因共同工作,直接取得生活费。故智力不发达。又无奴隶制度,故财产无剩余。如此的社会,存在了十余万年,使生活情形不生变化,或可延长至今。但十余万年以后,耕植畜牧之事渐兴,土地渐有变为私有的,生产品超过所需,得有一部分的积贮。以前,战争胜利品的俘虏,尽行屠杀;至此,不杀而用为奴隶,使服务于耕植畜牧,奴隶制度始此。

奴隶制度及私有财产必然发生的现象,是部落间的相互贸易。商业最发达的几个部落,常合并成一国家,以攻取不发达的部落。又因商业兴盛,部落间的血统只得混合,取消其特号,而各以地域为界,于是奴隶国家时代到了。

(二)奴隶国家 在历史上看来,古代自有了奴隶制度,才有创造文明之可能。若尽人终日劳动,即不能为思想之生活。自有奴隶,一部分人即有闲暇为智力上的探求,从而创造文明,供献人类以艺术、音乐、文学、哲学等各种文化。所以奴隶制度,在那时是必要而且必然的。

后来新的生产器具又发明了,而罗马统治阶级又不能导社会适应其使用。其时农业、手工业的器具已形复杂,已不适合于奴隶社会制,所以商业、艺术反因而堕落。罗马从此不振,新社会亦于以产生。

（三）建大地主及农奴时代　（A）罗马专制政策倾覆及旧奴隶制度取消以后,以时代的扰乱,农民不能生产,而觉其托庇于有力者为必要。遂竟以其土地售诸军士的领酋。（B）这些武人竟变为大地主,令农民为之耕作。于是农民尽变为农奴。（C）农奴以耕作之暇,从事技术之改良,以助其工作。因而又引起手工业之发达,生产器具也日就进步和复杂起来。（D）手工业愈发达,都市及行会又盛行起来。又以分工愈细,生产器具成为极复杂；手工业者亦因而一面从事小商业。（E）行会的行东不久就发明了收买劳工的工钱制度,一面因生产器具之繁重,致个人的生产,成为不可能。于是工厂制度是不可避免的了。（F）工厂制及工钱劳动制产生,农奴制渐就消灭。工商业的资产阶级勃兴,卒之颠覆了统治阶级的封建制度以及适应新的生产方法及生活情形。教会曾因指教统治阶级以神权约束及侵略其工人,至是亦完全推倒。

（四）资本主义及工钱奴隶　自中产阶级推翻了贵族的封建以后,使社会进而适应新的生产方法。此新社会制度就是适应社会去利用机器及工厂的生活。古代畜奴的主人以奴隶的身体为其私有物,地主则以土地为私有物而强迫农奴为其耕种,而现在的资本主人则以生产机器为其所有物,收纳工人为其生产,仅给工人以只够生活的工钱,以维持工作情形之平静。从前主人为地主,现在主人为机器所有者的厂主。因为生产的方法变了,所以掠夺的方法也变了,可是依然是主奴阶级制。古代奴隶以其生产品除仅供自身衣食外,尽归其余于主人,农奴亦然,近代工钱奴亦然。然而近代机器的生产力增加,远非昔比,而工奴所得不增加,自然机器主所得之多为有史以来所未有。

各时代的制度,都负有一历史的使命和历史的必然的要求。要求得达以后,发达到一定限度不能延续时,就有新势力起来颠覆旧制度,如部落共产制之要求,在使各人有公共的社会关系。待其要求实现后,在它内部发生崩坏它的势力。古代奴隶制度,其要求在使一部分人起来创造文化。要求实现后,马上又崩坏。农奴制度的要求,在使手工业有发生之机会,使生产器具逐渐发达,为工厂制度的预备。要求实现后,工厂制度果然起来了。工厂制度的要求,在利用机器生产,以少数工人,产生量多而价廉的货

物,胜过手工生产方法。结果,当然手工业悉被吞并,手工业者变为工钱奴隶;又继续发达而吞并了小资产阶级,于是在世界上止剩了少数的大工厂,且均立于相等地位,遂联盟而为托辣斯。资本主义真实诞生的一个倾向,就是生产事业之集中。同时,工厂的生产器具已完成,分工已精细,劳工数量已减少,生产品已推行到全世界,此种制度,遂无延长的可能性了。

资本主义因发达结果,也一样的自己造成了崩坏自身的势力。(A)专利权:以一切生产品及生产事业,垄断于少数人之手;甚至大多数人之生死也被其操纵。大多数人安能因失去生存权而甘心待毙。(B)世袭的阶级:过去历史上,凡世袭阶级一发达,工作制度必破坏。如畜奴时代之治者阶级,创造文化以后,即成世袭阶级,而奴隶国家终于推翻。封建时代之统治阶级,以保障农奴为事。其初,尚可由此阶级转移到彼阶级,但后来终于成为两个世袭阶级,封建制度卒被推翻。今日的资产社会,其一切社会资本,都集中于少数大资产阶级,渐渐组成托辣斯,联合了国际。一方面,分工已分到极细,资产家与劳工两阶级的界线,分划得非常严明,利害恰恰相反,工人万万不能变成资产阶级的人,于是两阶级又成世袭了。然阶级一成世袭,就无论如何终已失去了存在的可能性。(C)机器替代了劳工:大生产的机器发达以后,代替了人力的生产事业。且利用机器,生产率较速,生产额较增,生产品又精良,人力无可用,止须少数工人管理机器而已。又因工作时间不减少,有时且增加,少数人又代了多数人的工作,因而大多数工人,失业而陷于困苦颠连之境。此种情形,何能继续。生产机器必依然不绝的发达,工人不但不能享受其替代的福利(在共产时代,生产机器为一度之发达,工作上即减去其一重困难,工人即蒙一度的福利),反无限止地向"饿乡"进发,社会哪里还可维持?(D)世界商场有止境而资本家之发展无限制:因生产额增加,在国内之商场,不够行销时,不得不为国外贸易,开辟世界商场,以国内过剩地生产品输入工业不发达之外国。但工业不发达之国,自国外生产品输入后,亦必自行建筑工场,造就运输机关,马上也一样成为工业国。如日本从前为美国的贸易场,加拿大为英美贸易场。现在,日本早已成为工业国,与欧美共相竞取国外市场了。加拿大近亦成立为工业国了。至此,世界市场,已扩充到不能再行扩充。在世界市场已尽,资本家不能推销其过剩的生产品时，看有什么事情发生？当资本数量扩充到极大致全世界劳动者，不复能产生利益时，看要发生什么现象？大经济学者将怎样去维持现存制度？所以必然发生——（E）工业上的危机：国外市场既尽，而生产额超过消费量，市场必至窒息，资本不得流通。结果，则工厂停闭，非货品行销后不能再开。同时，必停止购买原料及生产机器，而原料厂、机器厂，亦只得连带停闭。工人当然也停止工作，一面也就停付了维持工作力的工钱，同时即不能购买生产品，市场又只得减退。这里有生产机关及满贮着过剩的生产物，那里却有与饿殍为邻的失业工人，求为乞丐而不得。（F）资本社会因生产制度的必然倾向，致一切资产集中，收纳了生产机关、劳工以及运输机关等；生产事业上，无意识地养成了社会性。所以发达结果，"继之以托辣斯，终之以国家。产业阶级，成为一种无用之阶级。一切社会任务，皆由工钱劳动者为之。"这亦是崩坏资产阶级之一种重要势力。（G）一切生产关系已变成社会性的，而仍为私人所占有，这是绝对的矛盾，绝对的不合理。所以必然要发生无产阶级的革命。

由上述看来，资产社会已万无继续存在之可能，所以一定会产生新社会制度——共产社会。

（附记）以上所言社会进化史略，是根据 Mark Fisher 所著的 *Volntion and Revolution* 一书的。此书后面还有讨论新社会一定是怎样达到的许多话。我现在姑略去不述。有暇当将其全书译出，因其书用为通俗读物，颇觉适宜。

第五章　唯物史观的要旨

看前章所叙述，对于社会进化的大概情形及其重要原因，已稍可明白了。现在，我们再请马克斯出来，看他怎样分解。

马克斯在未着手做《资本论》之前，先出版了一部《资本论》的雏形，即《经济学批评》。于此书出版时，作一自序，用最谨严最有组织的文字，说明社会进化的原则，后人奉为唯物史观的公式，我现在且先引出序文中重要的几段，并加以解释。

"在人类营他们生活的'社会的生产'上,他们互相结纳了'必然的、离他们意志而独立的'一定的种种关系;这些生产关系,就是适应他们的物质的生产力所发展的一定程度的。这些生产关系的总和,构成了社会的'经济的构造';这经济的构造,是真实的基础,在这基础上面,起造了法制的及政治的上部建筑,而又适应社会的意识之一定形态。物质生活的生产方法,决定了一般社会的、政治的及精神的生活过程。不是人类的意识决定了他们的存在,倒是他们的社会的存在,决定了他们的意识。"

这是唯物史观公式的第一段。此段第一句是论社会组织的原则。人类离社会,不能生活,其生活所凭借,为物质资料,所以一定要共营生活所必要的物质之"社会的生产"事业;同时,他们就不得不为了"社会的生产"而结成种种关系。这些生产关系中,当然包括交通、交换及分配的关系,所以这是事实上必然的结合,而不是人们意志上要不要的结合。马克斯所谓物质的生产,是对着精神的生产而言,是产生人们生活上必要的物质之生产。物质的生产力发展到一定程度,就是生产技术及工作方法发展到一定程度,那末,在社会的生产上,也就结一定的种种关系,所以生产关系,必然是与物质的生产力之发展的程度相应的。

他下面的三句,是社会文化之物质的说明。种种生产关系的总和就是交通、交换及分配关系的总和,合成了社会的"经济关系"。在这经济关系上面,又建筑了政治、法律,适应于社会的意识状态,这是说得何等得信而可征。日本马克斯学者河上肇曾以此段文字构成一公式如下:

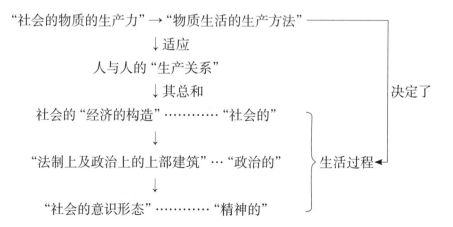

从上列公式看来，可以知道：

物质生活的生产方法——社会的存在，更用以决定了社会的、政治的及精神的生活过程——社会的意识。

马克斯在此一段所以说明社会文化的次序当如此：

（一）生产力的状态。

（二）由生产力决定的经济关系。

（三）在经济的基础上发生社会的、政治的关系。

（四）社会的人类心理，一部分直接由经济而规定，一部分由建筑于经济上面之社会的政治的秩序而规定。

（五）为这些心理性质所反映而为各种精神的文化。

我现在更从马克斯在《共产党宣言》中关于说明精神生活上的物质性及阶级性底话，录出一二，以示其互相发明之处。他在宣言第一章说：

"……无产阶级，并没有财产；他和他妻子的关系，并没有有产阶级那样家族关系，近世资本的逼迫，英国同法国一样，美国同德国一样，无产阶级都没有丝毫国民的特性存在。法律、道德、宗教在无产阶级看起来，都是有产阶级底偏见，背后都藏着有产阶级利益的伏兵。"

他在宣言上本来说："有产阶级发达一步，他们政治上的权力，也便跟着发达一步，……那近代代议制国家的政权，都被他们一手把持；国家的行政机关，只算办理他们公共事务底一个委员罢了。"资产社会的政治上是这样，那就从这样的社会及政治的生活过程所决定的文化，当然是不出前面所说的话。他又在宣言第二章中说：

"非难共产主义物质的生产物到底占用及生产方法的人，又用同样的笔调来攻击共产主义精神的生产物底占用及生产方法。在有产阶级看来，正如阶级的财产消灭，就是生产本身消灭；阶级的文化消灭，也就是一般文化消灭。"

"你们用那关于自由、文化、法律等等有产者的解释做标准，来攻击我们主张废止有产者的财产，是没有用的。你们想一下罢，你们的思想本身，不过是你们有产者的生产状况及你们的财产关系底产物。正如你们的法理，也不过将你们阶级的意志定位普天下底法律。这种意志的本质和倾向，也就是跟着你们阶级的物质生活条件而决定的。"

"从宗教、哲学及一般精神的见解来非难共产主义的话,是不值得严密讨论。人的理想、意见、观念,简单说,就是所谓'人底意识',是跟着物质的生活状态、社会的关系和社会的生活变化而改变,岂不是什么人都晓得吗?"

"古来思想底历史所可证明的,不都是精神的生产随着物质的生产而变化吗? 支配各时代的思想,总就是那时代权力阶级底思想。"

以上的话,都可说是马克思自下的注解。尚有许多话,现在不及备述了。我们现在且看《经济学批评》上第二段唯物史观底公式:

"社会的物质的生产力,发展到某种程度,就会与现存的生产关系发生冲突,这些生产关系,在法律上表示出来的仅仅是所有权关系,那些物质的生产力,是原来在这些生产关系里头活动的。本由生产力所发展而形成的生产关系。至此,变为束缚生产力的桎梏。于是社会革命的时期就到了。随着经济基础的变动,那浩大的全盘的上部建筑物,也就或疾或徐地变革了。"

这公式的第二段是一个社会组织变化的原则。也可以说第一段是社会组织论或社会常态论,第二段是社会组织进化论或社会变态论。合前后两段而言,更可指为应用辩证法说明历史进化底物质的原因的。(一)人类的机体已发展到不能孤独生活,就当然为求物质的生活而谋社会的生产。同时,以物质的生产力的发展,必然形成种种生产关系,而那些生产关系的总和就成为社会的经济的构造,在这个上面更建筑了政治、法制,因而又酿成了文化。这是一个社会全体的组织。(二)那么,可以明白,社会的组织底基础,就是经济的构造,就是生产关系的总和,所以社会的组织一定要与物质的生产力,存着适应的关系。(三)我们从历史上的经验,知道社会是常常进化的,所谓进化,不外破坏了旧的社会组织而代之以新的社会组织罢了。但是新的社会组织是基础于什么东西上发生的,旧的社会组织为什么又会破坏。原来我们前已知道,社会组织,本由物质的生产力之发展而形成的,那末,新的社会组织当然也是形成于物质的生产力之发展。至此,可以晓然明白:由物质的生产力之发展形成了适应的社会组织以后,社会组织即有固定性,但生产力必然的继续发展,就不能不渐次与社会的组织不相适应,经济的基础(构造)遂动摇了。于是就攻破固体的旧社会,产生了新社会。(四)社会组织既然在一定时期内有固定性,而物质的生产不断地发展,就与社会组织自适应渐趋于不适应。所以,社会的物质的生产力与社会组织的关系,在社会组织的固定性所能维持的一定时期内,又可分为前后两期。前一期是社会组织与社会的物质的生产力正相调和,社会组织正是适合生产力之发展。后一期,社会的物质的生产力已发展到一定限度以上,与社会组织的调和次第破裂,从前由生产力的发展而形成的社会组织,现在反而变为束缚其发展的东西了。(五)在后一期的社会组织里底生产关系,既与生产力的发展不相适应,那就在公式第一段的第一句中所用"适应"一词,终有于一个时期中不能切当了。其实不然!马克思的话,一些儿没有错。我们从上面看来,就知道在后一期的社会组织里,物质的生产力,已经得了新发展。这个物质的生产力底新发展,随时酿成了适应的新社会组织底胚胎。孕育到一定的限期,新社会组织于是诞生,旧的就破坏了。所以上面所谓不适应,是仅仅说生产力之发展,渐渐与后一期的社会组织不适应(且必然在同时,与适应的新社会组织,次第交替),并不是完全不适应,如果完全不适应,旧社会组织就全行破坏了。这就是社会组织进化论的大意。《共产党宣言》大部分的话,好说是马克思对于公式第一、第二两段所预下的自注。此处不及引,请诸君自行参考。

现在再录出唯物史观第三、第四、第五,三段公式:

"我们观察这种变革,非把物质的变革和精神的变革分别清楚不可,就是说:非把那自然科学所能精确论证的'经济的生产条件'的物质变革,和那由人类意识了这个冲突而要与他决战的心理所反映于法律上、政治上、宗教上、艺术上、哲学上的变革——简单说,即观念上的变革——分别不可。我们不能用那种变革时代的意识来判断那变革时代,正与我们不能根据个人对于自己的如何思想来判断那一个人一样。反之,我们必定要用物质的生活的矛盾,就是,用当时存在于社会生产力及生产关系间的冲突,来说明这种意识。"

"当一切生产力在社会组织的限度内,尚有发展的余地时,这社会组织,还决不会颠覆;而新的、程度较高的生产关系,在这些关系底物质的存在条件还没有孕育在旧社会母胎内的时期中,也不会发现的。所以人

类常以自己能解决的问题为问题的;因为我们所见的问题,严密地观察起来,必对于解决这问题所必要的物质的条件,在已经存在或至少也已将近成立时,才会发生的。"

"大概说来,我们可以把亚西亚的、古代的、封建的,及近代有产者的生产方法,看作经济的社会构成底进步的许多时代。而其中有产者的生产关系,为社会的生产过程上最后的敌对形态——这里所说敌对的意义,并不是个人的敌对,只是由社会的各个人底围绕其生活的条件而发生的敌对;并且同时,在资产社会的胎内发展起来的生产力,创造了解决了这个敌对所必要的物质条件。至此,人类社会以前的历史时期,随着这种(资产)社会形态的终结而完篇了。"

以上三段,不过是补足第一、第二两段的意义。唯物史观有了此五段,可以说,历史上社会组织的进化底原则,已完全说明了。

董亦湘
人生哲学

> 这是董亦湘1924年7月在"上海夏令讲学会"上的演讲稿,讲题为"人生哲学",由徐恒耀记录。1925年12月上海新文化书社将此演讲稿出版单行本时,书名为《唯物的人生观》。

第一章 引 论

夏令讲学会邀我来此讲演。我讲人生哲学,人生哲学是研究人生问题的一种学科。凡研究一种学科,必须对于与此学科有关系之诸种学科亦有相当的研究。所以真正要研究一种学问,一定要费很多的工夫。我不敢说讲学;不过易经上说:"君子以朋友学习";又"同道为朋,同志为友",我们大家和朋友一样,彼此谈谈学习的方法,这也是应有的事。学问不当说有什么深浅好歹,不过各人所见不同,各述意见,共同研究。以期发明新理,才可以算是学问上的进步。与诸位共同讨论研究,不过我先来开口罢了。

人生哲学在英文称之为Ethics,但实际与Ethics的原意并不甚相同。Ethics本译为"伦理"。试问人类结合的社会中的各种行为,其基础究何在?并不专在伦理学上,故研究人生问题或人生哲学,必非仅仅伦理学所能包含。虽人生哲学的来源单为哲学,但哲学自古即包括甚多,不仅为伦

理。如问：何谓人生学问？实即不易分别。

从前的人，感觉不清，只有直接与其接触的人或物——多为宇宙间自然之接触——的接触之感。以此接触之感的智识应付到各方面，于是"爱"和"智"即因而发生。爱是发生于情感，智是发生于理智。在"哲学"未成立以前，人类的思想即已甚密，人类普通的观念即早形成。此种普通的观念，即人类应付一切事物之智识。此种智识，都由经验中得来。如登高山之巅，而惧倾跌，于是知登峰造极的危险，以物而食，食可充饥，于是即知其物之可食；反是，如某人食某物而病，而死，则他人皆知某物为不可食，而不敢食之以送死。由此可见古时并无所谓"天纵之圣"，人类一切的观念都由经验而生；经验又系从自然和行为得来，并无什么奥妙，以此证之考古学，即可明了。

哲学的名称，究发生于何时虽不甚明，但确定此哲学之意义，而使之成为一种有系统之学科者，当推希哲柏拉图为第一人。就所能考究者言，希腊宇宙学家苏格拉底、柏拉图诸人，当时即有 Philosophyn 之称，而哲学 Philosophy 之名亦于是确立。但是古代研究哲学的人，各凭主观，伸张己意，往往彼此各走极端，成功了种种各别的主义。哲学在古代本为从自然得来的经验，从经验上而更加以事理的探求，以寻其真相，此即为哲学之研究范围内所有事。故哲学亦可称为爱智之学。所谓爱智，盖已超过普通之所求的智识以上。其后，哲学渐变而成为"形而上学"，直至于今，而有所谓"精神科学"之名。实则此名很为不通，因科学处处重实验，事事与人以共见共闻，精神何物？视之无见，听之不闻，欲接触之而无所感觉。更何有精神科学之可言？

人类从何时起而有思想和观念？人类有语言时即早有思想和观念。有思想，有观念，语言即不啻思想和观念的符号。世界上无论何国，其记数中之基本数莫不为一、二、三、四以至于十。因各人两手的手指为十，最简便的即是数手指以记数，遂以此十指之数为基本数。语言为思维之符号，语言为声音。既而又有文字出，文字出而又可为语言声音的符号。声音不过为一时的言谈以表示意见，而文字却可书于纸面、传之久远，其功用便更大了。后来，颜色分，因而创出形容词来，动作种种不同，因而创出动词来。人之行为动作的表现分别了越清楚，于是他的思想和观念亦越有秩序。

　　语言为意想之表现,但语言又何从而发生?要明白这一层,应先知古代人类生活的状况。人为一种有群性的动物;人所营的生活并非孤独的,乃是共同的;若非共同的且将无生,更何能过活?人需此物,我需彼物,人所寡,为我所多,我所短,亦有为人所长;彼此交换,分配,在在无不须语言做标准以说明各各的意见。意见决定,不能不发生动作和行为,追想往事,因有记忆;凭今昔以测将来,由甲物而推及乙物,因而又发生思想和观念。观念有大众的意义;思想是自发的,有特别的见解。思想必有对象,见草木而想草木,游山玩水,而思及宇宙间山水自然的风趣。山水属于地质学研究的范围,草木属于植物学研究的范围,因山、水、草、木,而联想及地质和植物诸学科。且而,一山,一水,一草,一木,皆不外宇宙间一种自然的物质,因思想、观念,又可认识宇宙之自然。认识问题,在人类进化的历史上有重大的意义。因认识宇宙间一切的物,而后始自知我身为别于一切的物,因而才知宇宙间也有个"我"的存在。假使以"我"别于一切的物,而以宇宙代表一切的物,以与我相对称,则是我与宇宙为判然不同之两物。实则此观念乃为错误。因我与一切的物同为一个宇宙,是合笼的,并非可以分开。盖我与草木山水皆有关系,否则即不能有认识。见草木,始知其为草木,见山水,始能认识其为山水,有关系始能认识,认识亦正所以明关系。故"认识论"在哲学上很占重要。

　　在最近的将来,恐哲学必将衰退,科学必大兴盛,将一同上心理学的路来那时关于人生问题的探求,必将有更新的意义发现。

　　照唯心派的心理学者说:譬如,有桌于此,我心上以为无之;或虽以为有,但不视之以为桌。又如此色红,但亦可视之以为黄,或绿,且而光线变则其色亦变,故事物皆无一定,唯我心以为然而然,不以为然则不然。但是谈到哲学上来,物、我显然有别,而物亦不能随我心理上而妄加以改变。在人类进化上,人所营的无不为共同生活,不独与人共,亦且与他种生物共之。我以外有"物",又有"他",物即自然,可以用自然科学研究之。"他"为"我"之对称,有"他"即并见出"他们"来,他们就是社会。——实则我和他们并称为社会,不过我对社会说,除我在外,就称社会为他们——研究社会,是属于社会科学的事。总括一句说:社会就是

"我和他们在必要的关系上所结合成功的组织。"

有人在"自然科学"以外,别立"精神科学"的名称。不知精神从我而生,只有我之存在,更何必有什么精神的特立?什么精神科学的创号,真是多此一举。研究学问的人,万万不好有这种错误的观念。如走上了这条错路,便是很危险的了。

人生哲学是社会科学的一种,和自然科学亦有密切的关系。我们认识宇宙间一切的物,实则我们亦与物相同。"人为万物之灵",实即人为万物之一,此于动物学、发生学、遗传学、普遍生物学上皆可以证明其不误。人生本应有共同的行为,但实际有好人恶人的不同,因而全社会的行为必不同一。各人的意识不尽一致;因环境的不同,亦易生出各别的态度。为欲从经济、政治、劳工、妇女、青年以及社会一般的诸种问题上,以论究人生的行动,而欲确定一正当的目标,以使人生准此以进行。此皆在人生哲学所欲研究的范围以内。

人生哲学在英语虽即称为Ethics,但已和Ethics的原义不同。它原来的意义,决不能包括现今所谓"人生哲学"全般的意义。Ethics我国旧译为"伦理学"。伦理学亦不能概人生哲学,故Ethics在今日的时代讲来,其字形虽仍旧,但字义必不能不有变更。人生哲学现今既无确切的名词以当之,则用Ethics亦未始不可,不过必当从新义解释。

旧时讨论人生问题者有快乐说、痛苦说,又有利他说或利己说。此在哲学上讨论起来,还觉重要,但在今之人生哲学上看来,殊无讨论之价值。古今人对于认识事物的观念不同。古代人认识力弱,见解短浅。故对于种种自然现象,每不易了解。比如:地震、大风、雷电等等,昔人往往不知其何自起。毒蛇猛兽,他们亦不能识别,而加制服之,有时反觉吾人能力乃不如虫兽。又如寒带地方有时气候而忽热;又如树木入冬而叶落,鸟兽夏来而脱毛羽,人之由幼而壮,而老、衰、病、死,在在皆不能明了其原由,总以为自然界中各事都不易懂;怪异奇妙,以为冥冥中必有神灵上帝做一切的主宰,而有统治人间一切事物的大力。最奇怪的,他们又以为神是"人化",以为神亦如人然,有饮食男女,有善有恶,神力亦有大小,但总比人力为大。模糊影响,全由幻想而成。岂非神为"人化"吗?

古代科学未曾昌明,有此迷信,尚有可说,不图今之玄学家仍不能脱此幻想，说物质以外另有什么精神，有神，有灵魂。神在外主宰一切，灵魂存在于内心，隐隐与神相通。他们以为人的社会以外，又有神的社会。人的社会，即我人自己，神的社会，即支配我人的一切之神的区域。玄学家即生活在这种神的区域内生活。不然，我们和玄学家谈话，明明谈清楚了，何以他们还是弄不清楚，竟和那些"神乎其神"的所谓上帝神灵一样？德儒康特(Kant)说神起于时间和空间，而为人类的主宰。也正可算是个过时的老玄学家了。

科学越昌明迷信越可破除净尽。将来我们可以不讲"人生哲学"，而创立新的"人生科学"。那时却可算是人的全胜时代了。

试一读古代希腊哲学史之初期：其第一时期即讲宇宙论，第二期即讲人生问题，第三期就渐入于衰危，因其时宗教大盛，于是罗马遂起而代之。先是罗马未曾兴起以前，波斯与希腊争地中海沿岸之霸权；希人奋起，卒胜波斯。因而社会，也大生变动。旧道德、旧习惯，都起动摇，于是新道德、新习惯递嬗而发生。生活上发生变动或反动，处处感觉旧的生活之不安适，因是人人起而讨论人生，皆欲得一新生命。当时希腊的新政治产生，商业上的势力澎涨，新思想新思潮因亦蓄殖。

希波战后，伦理学上先后约可分为数大派别：（一）柏拉图为唯心哲学的鼻祖，其后（二）斯多克派起，主刻苦，大倡禁欲主义，既而（三）依必鸠派声势大盛，于是前两派皆渐衰。及至罗马势盛，利用宗教以伸张其威权，一切思想，遂莫不带有宗教的色彩。寖盛寖衰，继起的各种派别尤不少，其最著者，如英人倡功利论，法人倡唯物论，德国学者康特氏虽非绝端否认心物二元，但观其立言持论，实不外仍为一唯心主义者。及至近世纪以来，马克斯学说大兴，用科学的方法，根据于历史的事实，和社会的现况，以推论人类社会一切之变迁。以定改造社会之方针，于是各国思想界，几无不受其学说之影响。

第二章 自我与社会

自我与社会，换句话说，就是我与我们。我到何时才知有我们，才成

为我们？欲明此间，当先研究我在孩儿时初步的认识。我们须知凡是一个人，其最初所认识的，并非其自己；其所识者乃为"他"。他之中实即包含"他们"。儿童心理学证明儿童的初期，他自己并不知有"我"，有"自己"；其所知者，仅为吃乳。吃乳实则亦非其所知，他只是不知受了饥饿的赖激而使其要食。其自手自足亦往往取以入口，可见其并不知仅是乳为可食，或何者为可食、何者为不可食也。

儿童不自知有"我"，其父母为之命名，而呼之为"某某"，然后他自己始认"某某"即为其自己，注意人呼其姓名，给以暗示，始知此名即为呼我，始知有"我"。故人之认识，其初仅知"他"，而后才认"我"，于此即可以证明。

由知"我"而知"我们"，知"你"而知"你们"，知"他"而知"他们"。此种分别，都因讲话时的便利而成。实则你、你们，和他、他们皆可没有，并且"我"也没有，只有"我们"。例如，我将往博览会，而问于人说道："我将去看博览会，你们去吗？不知他们也去不去？"及至于所称为你们、他们的同到了一起，还不是只说一句："我们同去罢！"可见只有"我们"，更何有你我彼此之分？

既知"你们"、"他们"皆同为"我们"，亦可知"我们"并非别物，即为社会。我看了背后的事实和当前的对象，因而从我们中，又分出自我与社会二者来。但这不过仅为说话时的便利罢了，其实我们是万万不能分开的。

人类进化的历史很长，假定一百万年。这一百万年中，经社会学家的证明，古代确为村落共产的社会。德之马尔，美洲的士人生活，南洋群岛的野蛮人生活，皆不外这种共产的状态。

古代村落共产社会何自起？起于势所必然的人人互助猎取野兽，不能以个人的量力取回寓所，必合多人，然后才可以转运。又猎取之物，一二人食用不能尽，久藏而又将腐坏，势必大家分割食用之，才是得当的办法。凡是一种事物的发生，必各有其对象。如多人于此事此物所认定的对象相同，那在势自有所不得不共同进行，而其所享受者，亦自无过于参差之弊。这就是形成古代村落共产的原因了。

礼记上有礼运一篇，言大同之世。康有为即据之以创大同之说，其实在昔之所谓大同岂是社会进化后至于今日,以至于未来的大同。吴稚晖先生所谓"共产的大同世界",乃在社会十分进化以后,真实的可以发现,并非如昔人幻想中的大同之世。若果到了共产的大同时代,则财产皆非各人私自所有,而各人却非各能生产不行。所谓"货恶其藏于身也,不必利于己;利恶其不出于身也,不必为己。"各人自己做事,不一定即为自己做,可算是为他人做,为社会公共所做。

观古代社会进化史,我们可以知道人类最初的社会,人人各自力作。后来,人人一方面须构思发明,一方面又须做其他种种的工作。社会现象既日益繁复,因而力役之事遂渐渐发生。牛马耕田即为人做工作的奴隶。人之畋猎所获,不能自己尽量舁回,亦须借牛马的力量为之搬运。既而因有多种劳役,非愚蠢的兽类所能任,遂雇人为役,而奴隶制度即缘是发生。奴隶制度为彼时代必有之事实,此制在历史上甚关重要。苟无此制,则社会无进化。精神上如无空想,则思想不能进步,而社会上一切创作皆无从发明。奴隶制兴:于是奴隶工作,主人自己可以优游遐想。因而几何学、哲学,以及科学上种种的发明皆出,无不影响于文化之演进。有思想、学识而有发明,于是智识阶级的地位必增加,至少至少总比为奴隶者高尚多多。

但是,奴隶制度既盛行,而私有财产制亦缘以发生,主人不独用奴隶以殖产,且真视奴隶即为其所私有,亦为其财产之一部。由是可知在共产共作的时代,人人只知为公共做事,不知为我;但在奴隶制发生以后,则自我的观念渐浓,这是我的,那是你的,事事俱有彼此之分。其后私有制度大盛,无论在农业社会或工业社会——亦称为产业社会或资产社会——之中,无不形成资本主义之色彩,于是人我分别之界限愈益显明。资本主义以个人自由主义为根据,凡是我个人自己之权利,无限度的向外发展,只恨不能吞并各人的所有以为我所独占。而帝国主义亦遂从此产出。

自十七世纪以至十八、十九世纪以来,资本主义逐渐蓄殖,皆根源于个人绝对自由之所致。倡个人主义者如斯丁拉,倡自我主义的实现之观者如英之格林那、德之尼采等,风起云涌,均甚烈。及至共产制兴,劳动者奋起而反抗资本主义之压迫。实则亦资本主义者自身有以促成之。亦即自我主义实现之极至之所致。

虽然,所谓资本家,资本主义者或称财阀,亦非可以泛泛而成。如若

没有其精密的资本制度,则财不足以为福而足以为害。即就我国社会言,多金财富之家,往往家政腐败,无足光荣其门楣,其子孙又每多不肖,一二传以后,不难举其所有财产而尽归消亡。颠沛流离,卒至失所,欲比一赤贫之家而不如。故资本主义之完成,实类有各种之方法;现代各国资本家所办之事业,大多互相联络,如一公司中之有若干之股份,大公司又为结合各小公司而成。此种公司既合多数资本家所共举,内部办事,自非任何一人所能操持,因有股东会、董事会、委员会种种的制度,以共同维持其事业,庶可维系于不败。否则资本家各立门户,互相斗争,一方虽有独占之形式,而他方则必至于失败。彼此递演,既无共全之理,岂非资本家因自相残杀将卒归于俱伤而皆败。况如吾人所习闻之所谓钢铁大王,煤油大王,虽其资本如何雄厚,也不过限于一种的企业,而不能同时兼执世间各种事业之牛耳。于是各业大同盟的制度亦由是而发生。不许多数人分散小资本以经营各种之事业,必将资本集中于少数人的大资本家之手,以举办富有独占性质的大事业。

最近,资本主义,亦带有国际主义的倾向,将使世界各国的财产集中。全世界的财产集于绝少数的大资本家之手,其余大多数的人皆变为无产者,于是世界各社会的分子,皆变为共产社会的"成员",到了那时的社会,多数人的生活俱显有不安,生活状况将生极大的变动,那资本家的地位,亦必动摇,于是无产者翻身勃起,驱逐资本家而使之屈服,即可改组为共产主义的社会。共产社会制度下亦有委员会一类的合议制机关,不过并不同于资本制度下的委员会乃为几个少数的特权者所把持,共产制下的委员会是以人民中选出代表,以取决其自身一切的问题。在此种制度之下,乃实如吾前文所写,只有"我们"而无分我、你,他们之社会即可发生,这就是真正的社会主义的实现。

观以上所言,我们可知:

> "自我"只存在于"私产制度"之下,而"共产制度"里,我们将不知有其他,而只知有"社会"。

则自我与社会的来源的分流已清。

宇宙之始以迄于今,虽不能确知其究有几百万年,但以人类社会的进化论,实以近二千年中的变化力最多。我于前面已有言,人之最初是有他,宗教之本质,即不外利他主义。故宗教之发生,渊源极古。道德家亦带有宗教的性质,他们讲如何为道德,要不外以有利于群生为主。所谓道德,必社会人人所共认,合于道德的行为,在社会上必有普通的势力,以这种普遍力约束人人,使彼行为乖谬者亦必服从之,如不服从,则斥之为不道德。

利他主义之根据,有种种立说,兹介绍如下:

(一)必利他始能利我;往古以来,只有历史上有多数"他"之力,而始有"我"今日之生存,故有时亦不惜牺牲自己以利"他"——或为同时代之他或为后来之"他"。斯多特派、基督教派、儒家、墨家、佛家皆主此说。

(二)因为要利他始要有我;世界各国有不少民众的领袖,其牺牲自己以救助群众的精神,真不啻为众人而生,普通宗教家即带有这种色彩,但道教不然;道教多为利己者。

(三)因为随在不含有个"他"所以要利他;如有一物,属我,属你,或属于他,而彼物之本身,亦即是一个他。我有他,我即他之他。随处莫非他,故有所利莫非利他。

(四)有一种人的见解短浅,判断力不强,对于一切的事理非常迷糊。进而求其原因不得,因而常说自己的利益皆不外为他人而牺牲。且而若果能舍去一切自己的利益,而为他人则为社会所赞赏。如有人斥某人为无人格,则某人必怒形于色而争辩之,争辩不得,亦不惜加以辱骂,这乃因为社会上即早有"人格"一词所与之暗示。不利他,即失人格,即无"人格的价值"。故人人为争人格而利他。

(五)又有人说,为何利他?因有同情的本能——本能二字为神秘的词调,姑且用之——我喜,人亦喜,快乐是大家共之。人苦,我亦苦,我自己虽平安,而感觉他人的不安,同情心于我就起来了。我的感觉如此,大家有同样的感觉,我如此说法,大家皆以为然,这也称为"同情之言"。美国学者节林氏谓此同情的本能之说"为同类的意识"。

（六）人类皆平等，人我同一，故利我亦应利他；你的事即为我的事，我的事即你的事，亦即天下人大家的事，换言之，他人亦无非皆是我的事。此说在政治上，即引起民权主义之发生，反对专制而并反对封建制。由少数而入于多数视人若我自己，视人类皆为同胞，此固思想界进化的历史上必然的趋势。但决不可借口人类同胞，处处视人若己，多存依赖他人之心，而不求自己的努力上进，结果无益于己而有损于人者也。

利他主义基督教倡之甚烈，此主义因名目好听，故在社会上势力伟大。

功利主义本为利己主义，后来也有一部分为利他的思想，如在共产社会中即可见得。

私有财产社会中，主人与奴隶有别，奴隶往往要反抗主人。此种状况，为社会幼稚的状况，主人只顾自私，不恤佣奴的痛苦。社会进化，被压迫者感受不平，社会主义日兴，将来且必大盛。这实因人们的利己主义过甚，如有产之对于无产者之虐待，有似促成之。

守旧的贵族派在第三阶级——工商阶级——之上，以压制第三阶级。其自己之势力有不足，又往往借基督教的势力以作恶。

利他主义和利己主义根本上的意义，既绝对不同，于是利他主义盛而利己主义之势衰。后来利己主义又起，但为主人者有时每加以掩饰，并不十分压迫奴隶，尤其是口头上最不愿说如何虐待奴隶的狠话。

利己主义从何时发生？虽不确知，但在古代村落共产时代并未见有此主义之存在。其后手工业兴，家族制度起，基尔特社会在中世纪尤兴盛，利己主义因社会组织变迁而产生变化，而其意义亦不一，但不外有六种之要素：

（一）人只须使自己生存快乐，即在生物学上，各种生物，亦莫不皆然。不过我与人有时亦发生关系，亦不妨有时顾及他人。

（二）惟我为文明，视他人皆为野蛮，故我不妨侵略他人，压迫他人，一视我力之如何，惟我心之所欲为。

（三）社会因有我才能繁荣，若社会上人人无我，则一切皆虚空。如鱼虾蔬果，为何生之？皆为我欲食之而生。其视他人亦然，视人皆不过为我之欲使用之而生。

（四）有时似亦须利人，实则皆为我自己打算，为利己始利他。但犹有不如此想象者，如丁拉则为绝对的个人主义者，中国列子书内有杨朱一篇，——列子非战国时人所作，当系晋人伪托，晋时社会不靖，人多消极气概，——杨朱之意：徒然刻苦为人牺牲，实太无谓，为人早迟一死，一死之后，所谓有名与无名，好人与坏人莫不同然。与其刻苦，不如享乐，欲朴实以保健康，其实寿命何能较长，故不如纵欲以求一快之为愈。如此极端的持论，不免生出各弊，因而有一种社会道德家起而创利他主义。

（五）以情感为主，谓情感为我自己所有，我之感情移入，称之为"感情的移入"，使他人发生同情。此种情感为各人自己的。故人人只各有为己。但是利他论者驳之，说：吾人同观艺术品，莫不皆赞美其精良，岂非有共同的观念而发生同情。利己论者答之曰：此仍不外"感情的移入"的作用，人的感情移入我，我的感情亦移入于人，而始发生的同情。

（六）利他论者说一切平等，利己论者则根本上不承认有平等。他说：人生即有智愚强弱的不同，从何可讲平等？及至进化起论，创说生存竞争。一切事物，莫不出之以战争的形式。战胜即为最高道德，因能竞争者才为尽量发展天赋的本能，大大发挥其个性。但有非生存竞争主义者，如俄之托尔斯泰，人击其左颊，他更施以右颊。至如德之尼采，则为一完全利己主义者，他和人一无所同情。如有人倒卧于路旁，他将足蹴以死之。

十九世纪以来，资本主义大盛，皆以达尔文的进化论为基础，不顾一切，勇往直前，实即极端的利己主义之表现。此种主义在于社会进化殊为必要，因各人尽力去做，越是剧烈，进化愈快。

利己主义和利他主义性质上有分别：（一）禁欲主义，主刻苦，（二）快乐主义，主纵欲。禁欲主义在昔甚盛，今已稍衰。宗教家和道德学家皆主

禁欲，如毕太哥托司初为道德学家，后成为宗教家，康特本为宗教家，后乃成为道德学家。分析言之，禁欲主义有数要点：

（一）人类社会的罪恶，皆由于任凭情感之放纵所致，好恶贪欲，自私自利，莫不由是发生。基督教徒，虽主此说，但甚浅薄，惟康特氏主此最力。他假定情感以外，有理性代为本体。罪恶之作，皆由肉体的情感而来。欲免罪恶，必消极的以压迫情感。中国儒教道教亦多主此说。此即一种之刻苦主义。

（二）理性能分辨善、恶，人之行为当秉理性而加以辨别。道德即发生于理性，要得行为妥当，必当克制嗜欲。

（三）理性既有判断力，即有防闲罪恶发生的功能。若以欲望做理性的牺牲，未免太不值得。人类虽为情肉的动物，但究与他种动物异，因人有理性，始有道德。其他动物无理性，因无道德，故人超出他动物。

吾人观以上诸说，殊有觉其不然者：其实道德并非由于甚么理性而发生，道德不过以现实社会的状况为标准；适合于社会即为善，为道德，否则即为恶为不道德。现状为变动不居的，故道德亦无永久不变之理。且而吾人读互助论，即可知他称动物，亦有道德。固不独人类为然。

人之肉体既为情感的，即不能无欲望。理性压制情感，即不免发生弊端：有口讲道德，而行为不道德者；又有口言道德，心想道德，而行为乃适得其反者，可知理性有难控制情感之处。

人类有二欲：一为生存的欲，即衣食以维持生活；二为两性的欲，即为种族的传衍而起。享乐主义者谓人生必得充分的满足要求，衣食住必求其佳美，性欲务必放纵。禁欲主义者却不然，如斯泡特说人生须劳苦，可以使身体康强，安闲则怠惰生，务求快乐，而适以戕贼其身体。

至论及快乐主义，则当先定苦乐之界说，蔡子民曾有"善恶的究竟"之探求。此所谓究竟，当系就根本的即最后的意义而立言。善恶的究竟，以苦乐为判断。何谓善？何谓恶？彼非，此亦非，即无定论。据享乐者言：善即乐，否则为恶。他们这派的主张有两种：（一）道德家说，以良心安否为善恶之判断。良心过不去,便是恶。(二)注意别人,我乐,人亦乐,即善;否则我乐人不乐,或人我皆不乐,即为恶。

快乐又有精神的与肉体的之别。宗教派和绅士派皆不外注重精神的快乐,肉体的快乐则为一般人的衣食口体之欲,皆是。

希腊哲学学说最流行的时候,正因其工商业繁盛,大家歌咏自然之美,说快乐为肉体的。十九世纪的王尔德亦主此说。

但心理学者,则谓不知何为快乐,他说只不过有心理上的适意与否罢了。

此外又有以个人快乐为目的的,即为利己主义。有以多数人的快乐为快乐的,即乐利主义者一派之说。他们说要做事,必使人乐,换言之,即为欲使人乐,始行为做事,又有就对待而言者:分为目前的快乐,与将来的快乐。法国柏格森说:无过去和未来,只有现在乃为其实存在,甚么过去?只凭模糊的记忆,岂不空虚?甚么将来?有无不能确定,只在想象中,这又何异于空中楼阁?假使今夜死亡,哪知明朝的事?明日的事,今夕为之规划,但未来的变化正多,甚不可测。故人必尽力于现在。将来的快乐说,古来即有主张者,基督教及佛教,皆不外此。佛家轮回说,即刻苦目前,以求来世的幸福。现今一般的人也有如此说的:现在的作为,为的是将来的福利,欲达将来的目的,即求将来的快乐,才也现在的奋斗。

进化论者亦主张快乐主义,生存竞争,即所以为自身的生存和享乐而奋斗。

快乐固不独限于个人而止,又须要求团体的快乐。不独仅仅维持团体的现状,并须图其将来的发展。惟其图将来,才有新的希望、理想,有更好的新生命实现,故有人视现在之苦即为乐。

以上系讲明利己、利他主义在历史上的意义。以下说明我们自己的主张,我们要研究自我和社会的真义究何在。自我与社会,常人每每别之为二物,他们说这二物如视为一个,则不能分我、他,又有人以为圣贤之徒,做人们的领袖,以改良社会,若只有此社会,而无我自己,以为之改善,则社会永无振兴之望。其实自我脱离社会,即无人生,社会若无各各的自我,那将成何社会?因为"社会"这个名词不过是抽象的。社会究能代表何物?社会不过是许多的"我"所组成,即是人类共同所组成,这是很显

明并且是很浅近的。遂改常人读阅鲁宾孙漂流记,都说他的孤独生活。实则哪有那回事,不过那荒岛上的野蛮居民,他没曾统统见到罢了。不过那著漂流记的人,文笔弄了好些,格外形容得如何的孤子罢了。

一二十年前,同人盛倡"自立"说,一般迂腐者流,以为我们总宜各自清高,不必营共同的生活。其实不必论人类,即是他种动物,也何尝不有共同生活的必要。我们一读克鲁泡特金的互助论便可知道了。人类之初,即有结合,如村落共产社会的互相扶助,即是共同的生活,虽在大树林中,偶有一种听凭自然派的独居营话,但不过是极少极少的一种暂时的现象,决不可以为例。

小孩初生即须人与以食物,最初以母乳,则其母即为其社会,其家人亦即其社会,盖自我与社会,二者,虽二而实一,必非可以分离,自我即不外社会之一员。人类社会,初为无数的小结合,既而结合扩大。再后行分工制,犹之乎一大团体中之分部办事,愈分工乃愈显有结合的精神。故自我与社会必无可分之理,玄学家不悟此,一般人亦然,他们说这有心理上的关系,人人各为社会一分子,而各人的个性亦彼此不同。比如说,我喜科学,而他喜图画,但我要反问,个性究从何来?所谓个性,还不是即因我身感受客观的刺激,除由"反应作用"而起。人有直觉的感触,何处来,即何处为真。凡生物中无论动植物或是人类,受了激刺,莫不即生反应,小儿或脑经衰弱的人思想简单,其反应作用亦较简单。

刺激有内外之分,外的刺激,凡吾人耳目手足之所触者皆是。至如脏腑的刺激,则为属于内的了。小儿不适意即哭,即是发生了饥饿的反应,其母知之,给以食料,母乳入儿口,儿即饮乳而止哭。这是受了身体内部的刺激,发生反应,而得乳后即习能收吸,在心理上这类的实例甚多。由刺激而生反应,如此经验既久,习惯成自然,常人称之为本能,其实弗当,各人所感受的刺激不同,反应作用,各各亦微有不能无异,常人以此微异之点,即称为各人的个性,实则乃为不通之论。

吾人再从遗传学、解剖学、细胞学上立说,皆谓只有细胞肉体的遗质,至如感情意志等等,则皆由刺激而生,随时变化而成。

我有时观青年学生研究学问,问其所好。他们有的说喜文学,有的说喜科学,总以我之所喜,为我之个性如此,必不可迁就,此亦为一种之误解。我有一小弟，他爱读文艺的书籍，自述不能研究数学，我知其亦如普通人之误解。促令改习数理，今年读数理科毕，又将研究经济学，相对论等。决无意再读文艺，于此亦可见所谓个性必以环境做成分，无环境即无个性，环境异则所谓个性亦因之而异。此层在以后讲第三章习惯与风俗时即可明了。

关于个性之说，又可分为两派：一派以为个性自由，否则天才不能发现。社会制度之下，人们互相束缚，不能尽量发表思想之自由，世事亦无进化。要进化必有天才能尽量发挥其个性，要得发挥个性，必须完全自由。其实此派的说话，并未明个性之真义；所谓个性不过受环境的刺激而发现。天才之士，身处社会的环境之中，自能运用其天才，必能干事，说话，以救社会之急。社会情形常变化，有几部分甚陈旧，有几部分则甚新。凡人从其习惯的社会而转入一新社会，其初虽觉束缚，习久相安，已不啻易换一新的个性。又如在学校里的个性，一入家庭便不适用。或因职业的不同，改就一业，便觉另成一环境；及久刺激频来，习与性成，亦能相安。又一派主人格说。他们以为常人既受环境束缚，欲为一非常之士，则全在个性的超脱，不同流合污，不随波逐流，保全个性，即保全人格，此种人格即含有反对流俗的抵抗性，其实这一派人，他何尝能抵抗流俗的环境，不过他自己所处者，盖已造成一更好的环境，他自己亦即受这环境的刺激而不自知，比如旧社会中，新思想忽起，在新者观之，亦即感受旧环境的刺激而致然。

有人说孔子的"不患寡而患不均"之说，合于今之社会主义。但那时何以社会主义不发现？可见其为，妄谈实则在孔子当时，不但不能实行这种社会主义，恐怕他就连这种思想也没有。我尝欣羡在空中飞翔，但人并无飞的习惯，又无必飞不行的刺激，哪能会飞？不过我们曾见鸟飞，因发为飞的幻想耳。由此可见：凡一事一物的发生，必各有其对象，从物质的环境上而来。故个性即系从社会的环境而来。亦可证明自我与社会必不可分。凡是多言、多思想，皆有其环境为对象，草木禽兽，人类社会，莫不成为环境。

人的行为何以发生？因两人或多人有关系始发生行为。何以有关系？因两方各为其他一方之刺激物之故。我审你言，你知我意，我们一方

演讲,一方静听,彼此注意与否,即可测知。

"行为"即"动作"之意,行为有内外之别:外的行为即一切动作之表现于体外者;内的行为即思维、想念等等。比如,一人坐太史椅上,默默沉思,或如研究几何学,费很多思想,思想太甚,有时气息频促,此即内的行为。

我们既知若无社会做对象,我们即不能发生思想或动作,故自我的行为,实即社会的行为。社会与我,又称"大我"与"小我",小我为"我",大我为"社会",实则即为"我们"。我们欲明小我与大我,即当知行为上所表现者,有公事和私事之别:公事亦可用社会全体的事来解释;私事即社会的事由个人分担处理者。合作即为公事,可见社会事和我自己的私事有所不同了。

自我何以不能取消,只因人,现今一般人对于我之义不明,而妄定其界说之所致。中国未能有好政府,以致自我和社会不能化成一片。无论甚么好人政府,甚么无政府,或是共产社会,必须各种条件具备而后才能成功,中国今日所需的是民治的社会,欲达此目的,必须经过国民革命,这也是中国的环境有所不得不然,不然就不能自强。

从上面看来,可知自我即在社会之中,而社会亦非自我以外之物,社会与自我同此责任,社会上的事,就是我们的事,我们必将努力去做。吾人若非明了这层的意义,就不免走上利己的路,视一切皆为我之所有,于是种种的错误都无不做出来了。

我和社会既不能分离,有了社会才有我,我非上帝所有,我也不是从天上来,不过一方是父母所生,一方尤赖社会养育我,以全吾生。举凡政治、经济、文化等等无非为对我所有的条件。有这种种的东西,才可养成了自我,合成许多的自我,成为社会,所以社会之意识,即我之意识。我们第一所要明白的,就是社会的真义如何,尤其是我所处的现在的社会是如何。现社会不能离我,我亦何能离社会?于是我们就不当忘掉我们的责任了。

尤其要紧的就是要知道我们所处中国社会以外,还有世界的社会是如何,时代的潮流如何。我们中国必如何适应之,才可以自立于不败。若是不懂了世界大势,那我们又何尝不可幻想去过森林的生活,或是和野人

□□一样，围了个大圈子，作为我们的区域，而与外人隔绝不通。梦想的人们应该醒悟，世界是不容许我们这样的，甚么宗法社会、农业社会，都已成为过时代的产物了。我们当明了国际帝国主义如何的向我们进攻。我们不可以忘了人生的工作；必须意识了或觉悟了这社会的改善，不仅是"要"的问题，而实已成了必然之势了。既然明了了这层，然后我们的学问和行为才有标准，才不致走入错路，利己主义也应不能成立，庶几才有了个确当的人生。

第三章　习惯与风俗

习惯与风俗的意义：习惯本为心理学上的名词，近来颇有人将它用以代替从前心理学上所谓本能情感、意识、思想等意义的倾向。心理学上有联想观念论，如美之节姆斯等，他们一方重"联想率"，一方又重视习惯，杜威说行为完全是习惯。他将习惯分得很为详细。胡汉民先生称个人的习惯为习惯，而称社会的习惯为惯习，这并不妥当，实则个人的可称之为习惯，社会的则不妨称之为风俗，凡是一种动作，在于个人习之既久，即成习惯，在于社会，若是个个人如此，或是某一阶级如此，或同一部分的社会如此，或同一时代的人如此，大家共同行之，即成为社会的习惯，也就可称之为风俗，少数人行为所同的不占势力的习惯，即不能成为风俗，所谓风俗，必为大多数人造成的最有势力的才是。然在此，有一要义必须明白的：即无论习惯与风俗在个人身上——即习惯——或在社会上——即风俗——皆有规定了一种制度或系统的意义和力量。

习惯的养成：我们既知个人的为习惯，社会的为风俗，而风俗亦即各各自我的习惯。吾人欲寻人生真义，必当明习惯之由来，因感情、思想、行为等皆根于习惯而发生。习惯的养成，约可分为三个段落：

（一）我们的环境的刺激物，刺激了我们，发生反应，渐次熟习。这种环境，如(a)经济的状况，(b)教育如何，(c)社交关系，而社交关系中，与政治和礼法均有影响。从我们的环境说，可见习惯就是个人自己一生的经过；风俗乃是社会全体的永续。

（二）我们对于环境刺激物的反应。比如身体内部的刺激：饥渴、性爱等等，色线发达，内部发生不可压抑的刺激，便生出反应的情形。何以要有适当的刺激物，因为不适当便不能感受。我们听讲、说话、用心的时候往往外面的一切都不知道，即因为对外不生反应。环境给我们的刺激最初为"学习"。学习到一次两次三次以后，便发生他种的刺激即是"模仿"：人笑我亦笑，人哭我亦哭，这说是有同情，实则就是彼此同样的反应，不过或是有意的或是无意的罢了。再次便是"推移"，就别人所动作的，而推移我的一种新动作，或是从这种动作推而为别一种动作。此外便是"交替"，详说见第四章论社会本能的里边。

（三）整理所感受的刺激物：（1）选择；（2）淘汰；（3）编制秩序，这和学习有关，能自然发生反应而不紊乱，从有秩序而又加以（4）变化，在遇着特别的刺激的时候往往如此。

有了上面这三种的成分，便可养成习惯。而习惯表现于行为方面的，又可分为种种。（一）显著的：发现于身体外部的一切动作，如饮食起居工作之类；（二）隐潜的：身体内部的动作，如思想及好恶的感情之类。

习惯的利益：（一）能有合理的动作，没有习惯，行为多不见适当，如一个人从习处既久的社会偶然到别一个社会，因不知那社会的习惯，不免惹起许多的笑话。现今我们中国人和外国人的接触多，到外国去不致有笑话，在乾隆的时候，中国人到西洋去，往往做出不少不合西俗的举动。又如学生新入一学校，必多用心，谨守校规，处久以后，不必很注意，也就没有妨碍。（二）省却注意的应付，习惯成自然，便不必处处费心。（三）省动作的疲劳，凡做事如其随处留心，精力必易疲劳，因有不须用心的，那精力才可以集中于一事。这（一）（二）（三）三项总是普通心理学书上所讲到的，此外还有（四）个人与个人间的习惯即为信用，普通说某人某人如何。不足信任，就是历来看到他的行为不好。反是，伟人名流之被人崇拜，就是因为他有坚强的社会性的习惯。

习惯的弊端：（一）一成不变的保守性，一事如永久不变，便无进步可言。虽有于事情起初是很好，但时势变而它不变，成为保守的局面，便不行。譬如人必有死，也正是人的变。人死，在进化的意义上也很必要。孔孟若至今存在，而不变其头脑，不知影响到如何，其思想影响于后世，已遗害不浅。(二)怠惰的不进步性。习惯越深,怠惰性越甚。年青的人习惯未十分固定,故多有勤勉奋发的气概。(三)抗拒反对新潮流,不能迎受新变化,有碍于进化。(四)不良的学习之感受已深,即不易自新,这种顽固的人,人人都晓得他不对,他自己也并非不自知,不过因为他自己的信用和地位的关系,不肯悔悟自新。

习惯与风俗的关系:习惯与风俗应该一致,但是何以往往不能呢?只因为习惯是个人的,风俗是社会的。社会上的事情有时必各各分工去做,一人一家的私事,果能与社会不发生冲突的时候,必非社会人人所能管得到它。但是个人究不能与社会不生关系,所以大多的习惯必受风俗的制裁约束。又如一社会的人偶入他一社会,习惯亦易改变,乡间的人惯早起,城市中人则多迟起,乡人入城,早起无法取水洗面,要买东西店铺又多未开市,也只有夜睡稍迟,早晨起身也稍迟,可见风俗可以吞并了习惯。但是习惯亦自有其作用,不尽受风俗所摇动,习惯得了新的根据,也能反抗风俗,如学生由学校回到旧式的家庭社会,往往以新知去改革家庭的旧俗,颇有反抗的精神。推广去说,这实亦有时代的背景为根据,有经济的原因,凡是习惯得了事实的根据,就不易动摇。但就一般说,习惯与风俗较,习惯容易变化,风俗不容易变化,因习惯是个人的,风俗是社会的很多人共同的。故个人虽有如何深的习惯,如一旦进入一新的境界,或是返归到陈旧的故乡,其间的风俗,我一人颇不易加以动摇,历久只有我的习惯变而同化于其风俗,否则就必不能容于彼社会。这是与社会制度有关,非个人一旦可以任情改易。又习惯多为有意识的,因事前每多加以选择而成,风俗即不然,只要大家心向如此,自然趋势,共同的习惯了便成为风俗。

风俗成立必要的根据:(一)第一位是最初的基础,即是社会上经济的状况:(1)生产的关系,看是在农业社会,还是手工业社会,还是机器工业社会。(2)地理的关系,近山的便于猎,近水的便于渔,工作行为都可于以决定。地理的关系视交通的便利与否又有莫大的影响。(二)第二位是基础上的基础,即是建筑在经济的关系上的政教的关系,社会制度如何,政治状况如何,教化普及与否,都不可忽视。风俗之成立,就是根据这两个条件而顺应这情形的环境的结果。

风俗的成分：风俗的成分是在于社会上各人互相为环境，互相刺激、反应。又同在一种经济的基础上，历史的情形下面，社会传遗下来的所共守的诸种事实的大端。所以风俗必非断片的。

风俗在社会组织上和秩序上的功效：这种功效就是能使得社会的共同生活，共固工作，各人的分工适宜，安心操作。这不是强制而行，乃是自然而成的。风俗又能使人的行为不致漫无标准，因为风俗不易当时变动，如其常变，即不易得标准，风俗的功效，在指导群众一条很正确的路途。所以风俗在历史上的价值即是在社会过程上收得普遍的一致进化的效果。

社会上一般普通的人不能引导风俗前进，苟安屈服于现社会的状况之下，有志的人们便不然了，他们立在社会的前面，创造新的社会，而后才觉着生活的意义，必使得社会有普遍的进步，改变了陈旧的风俗成为新局面。比如我们现在看到农业社会是落后的，是不进的状态了，就要使他们来到工厂，兴办工业。如此逐渐改变了坏的习惯和不合宜于现时代的风俗，使从前的那种孤独的状态，变成进化一致的倾向。

但是风俗在社会上收到这种效果以后，不久它在进化上也就发生了几种不好的情形，分述如次：

（一）社会大部分的生活多成为无意识的，都不知不觉的跟着它的势行进行，一切行为都不加考虑，人这样行，我也这样去行，各人连了行为的观念都弄不清楚。这就成为完全机械的生活了。

（二）从机械的性质，变成了法律的权力。一如金科玉律，不许有所侵犯或变易。这行为完全变了一种简单的反射作用。

（三）不许有不合于风俗的思想发生，各事都成为因袭的、专制的、单纯一致的，遏制了人的思想的发展。其实思想是根据行为而来，行为随时代而不同，社会以经济状况为基础，经济状况既变，要得风俗不变那能行呢？

（四）养成了保守性，已有的风俗不许改去，未有的不许产生。这是伴于上面一条的意义而来。

（五）无意识的一味崇拜古人，死守旧礼法，只以为过去的总是光荣,没却了现在,视现在的都是堕落。

（六）没有合理的行为,只是守着虚伪的繁文而不肯改。

（七）风俗的权力足以杀人,新的潮流暗被阻止,社会无从进化。

（八）新势力养成,新的行为已经得了改变社会的力量,一般旧人物仍然极力反抗,做时代革新运动的反动,虽有时他们自己也立于必变的地位,但是往往至死不悔。然而只要风俗的必要根据完全改革,也不怕他们不变。比如宗法社会的伪道德到今日自然必受淘汰。

我讲到此处,须插入两点,这是于中国现社会最关重要的:

（一）风俗习惯在小范围内(即可能的范围内)的变化,但是决非无因果律的。如近人章行严,他的道德和历史固是可佩,但他以衣服的变迁证明社会进化循环说,实是一种误解不可通。他说巴黎的女子起初以短衣服为时髦,后来改为长的,中国衣服先是以大袖子为时髦,后来改为小的,近时又作大的,这却何能证明循环说？要是说循环,除非以人类原始是用树叶披身、结茅为屋,现在也连布衣都不穿、瓦屋也不住,仍旧用树叶披身、茅草盖屋。因为这样兜大圈子,才可说是循环。单是这样很可能而极易做到的小圈子,还不仍是在大圈之内旋转,哪可以说是循环？衣服要在能于适体,大小本可无定；况且就是现今衣式的宽大,也必不像二三十年的那样的格式。而且在现时的社会又有一种关系,使得服饰的变化,就是大商店公司从中操纵,才可以做好生意。一种样式推行既久,不觉新奇,价值遂跌。若是从而翻新,作出新样式,有一二人动了好奇的心,争来购用,竞尚时髦,不久群趋若鹜,于是这公司利市百倍,然而这也必在可能的范围内,因为这类新奇品物,买它的必定是富有的人,或则是非常爱好时髦者,但如索价太昂,他们或是仍不购买。至于没有闲钱的人,他不独不买,甚且厌弃之,以为不适于用。可见这其中也有一定的因果关系。

（二）风俗习惯在偶然律上的解释,一事突然发生,出于意料之外,普通人对之往往便无从索解。如上述大公司操纵衣服制度之类,

不过是造成机会从中图利，然而也还有它经济上的原因。凡事并非可以凭空而来，古时并没有甚么黄金世界；今人的道德比之古人也并没有甚么堕落的可忧。因为各有其当时社会状况做背景，都不外一时代的必然的现象。

习惯及风俗在有普遍改革的倾向时所发生起来的改革运动，当然以智识阶级为重心。我们虽浅陋，也不能不算作智识阶级，对于大多数的农民和工人，他们不明了社会现状的所以然，如何从而改革，我们应该指导他们，来解除现状下的压迫。故我们有最重大的工作，便是促进国民革命的成功。农民、工人，并非不要革命，只苦于不知用甚么方法，怎样去革命。我们趁假期内，应该到民间去，努力工作。这皆与人生哲学有关，因为"动"才是"人生"。

总结起来说，风俗和习惯二者，为："社会现象的总和"，"文化的实证"，"生活的表现"。

第四章　社会本能与阶级斗争

这一章里所讲的是很要紧的，有许多人谈人生观，而不明了进化论的意义，以致弄出很多的错误。进化论者谓从古以来就分生物为二大部分：（1）有发达的自动机关的就是动物，（2）没有发达的自动机关的便是植物。动物都有自动力；自动力为生存竞争的武器，用以"求食"、"避害"、"自由进退"及"养育子孙"；但同时也必然含有"智力"的意义。如只有自动力而无智力，则遇着食物，也不能辨其究竟可吃不可吃。谁是仇敌，谁是朋友，也必将认识不清。譬如鹿类，有自动力，也有智力，否则虎豹来吃它的时候，它便不能知觉而逃遁。一方面，他看见青草之类，也不知道是可以吃的了。反过来说，我们假定青草是有智力的，但是它听到牛马的脚步的声音，便是牛马要来吃它了，它只因为没有自动力，就不能举步脱逃。故智力与自动力二者缺一不可。不过智力与自动力发生的结果，自动力一贯反应成为习惯，机体发达，自然渐能发生智力。孩子出生母胎,起初先有自动力,但无思想,后来渐渐长成,思想起,便有了理解的力量。于此可见,思想感觉既然伴随着反应作用及习惯而发生,就是智力本来跟了动力而来,并且这二者在实际上是不能分开的。

进化论者以为有了这两种能力,不但能(1)认识或区别了空间的事物,同时更能(2)认识或区别了时间的事物,比如说某种事在从前是怎样,在现今又是怎样;或是鸟雀出巢,即可以预测天将放晴,鸟雀飞归,将有阴雨。

动物有自身及种族保存的本能:

（1）生存欲——饥——自身
（2）生殖欲——爱 $\begin{cases}两性爱\\母子爱\end{cases}$ ——种族

这两种本能完全与动力及智力相依为命。此外还有一种重要的本能,就是:

（3）社会的本能

这第三种(社会的本能)虽后于前两种,而实际上较前两种更为重要,因其于进化上有非常的关系。社会的本能,虽然有多人不承认这个说法,但这实是由习惯成功,不可为讳,今不妨变其意义,说本能就是习惯的结果。本能这名词不妨仍旧暂用,我们只须认清它的意义。下等动物,起初只有自生的欲望,后来生活复杂,也必营群的生活。但动物中也有专营孤独生活的,如猫藏匿在暗处捕鼠,若是有两三个猫同在一处,一猫叫,鼠即遁去,很不方便。不过照克鲁泡特金的互助论考察起来,大多数动物都须营合群的生活,而况人类,自不必说,于是便发生社会本能。

社会是以许多个体结合,经分工而成为各种不同的机关的集合体。如农、工、商各阶级,他们的关系本来各有不同,但亦有其共同利益的一种共同关系。如系没有共同关系的各机关,便难能聚合为一个集合体。普通人常说社会为有机体,但社会与动物的有机体绝对不同:

（一）社会中个体可以迁移，而有机体的细胞却不能离其全体而单独移植。（二）社会可以新旧代谢，变易其形式（如机关组织），而不变其原质（分子），而有机体却又不能。如有二十人组成一个团体，将这变为另一个团体，这团体内的二十个人可以原样不动，若是动物的有机体，即如个人，这个人死，另生新体，已不是原来这个人的细胞。总之：动物有机体里的各个细胞并不能如社会里的各人的个体可以自由移动，故社会为有机体之说不免有些错误。

社会本能的起源：由于许多个体共栖息于同一社会的当中，这社会的各个分子——属员——从小时起，渐渐对于同类发生感情；最初便是孩时的爱他的母亲，推而至于家庭、戚友，而后及于社会的思想，发生了社会的感情。社会本能便从此而起。

社会本能发生的原因：由于交替刺激及交替反应；幼少的时候，一家的人为刺激物，彼此发生感情，入了学校里十几年，或是多年在社会里办事，和家庭渐离，而对于学校里或社会里的人发生感情。刺激不同，反应亦异，各有交替的关系存于其间。我们在同种工作的同志之间，彼此相处，这种交替的意义很为重要。有种人，他能牺牲自己，去卫护社会国家，照进化论讲来似有不通，说是各人竞争生存，何以又牺牲自己而去保卫社会国家，不知他自身也是社会里的一员，能自己牺牲而为群众，这正是交替刺激和交替反应的作用，并无足惊奇。人在幼少的时候，唯一的要求，便是吃乳，后来代之米饭，逐渐推广扩充，对于学问思想和各种事实，无不初由其小的刺激而日渐扩大其范围。比如创作一种有功绩的事实，不独自己发生光荣，也就是社会上的光荣；对于足以为社会进化的障碍，若自己不起而反抗而加以铲除，便觉可耻，于是非出而努力为社会驱除障碍不可。保护自己的生命的事小，保卫国家社会的事重大，国存己存，国亡则自己便无所托庇。所以遂一变为己的本能；而代之以为国的本能。

人类的思想丰富，对于社会观念应当充分。于此，要请大家仔细想想：自己与社会的关系如何？自己在社会是怎样的地位？所应负的义务如何？有一种专是自私自利的人，他不以社会国家为刺激物，所有的感情便不免褊狭；但有时他也能打通这种障碍，对于社会的感情热烈非常，他的思想也倾向于社会,到了那时,他自己也交代不出这是甚么理由来。所谓高尚的道德,即如伟人的行动,他为社会尽力,他何以要如此?这是很要紧的一层意义,可惜常人多不能明了。这都不外是社会本能的作用。若是人人都明白了这层,将莫不以社会为刺激物,知道努力为社会是万不容已。

社会本能成立的条件:利害的一致是最要的一个条件,你这样做,他也这样做,社会的利益就是你我大家的利益,彼此的举动一致,大家感情沟通,才可以不断的为社会尽力。有种社会里,各分子初时很能固结,同生同死,都可不问,及至办理一事成功,于是此争彼夺,各竞好的位置,这原因是起初并无何种权利关系,彼此可以通融,后来利害不一致,因而行动也各分歧。常居家庭之中,对社会不常接触,对社会的感情亦每每淡漠,不免有消极的意义。一旦身入社会群众的当中,团体既结,忽觉兴致勃发,一人独处往往冷淡寡欢,若在多人群处的时候,便觉非常高兴,一哄而起,运动既能一致,感情便加强烈。所以运动的一致,利害的一致,组织的严密和团结力的坚强,果能如此,而后则社会才能强固,无论怎样的攻打,也必不能破坏,于是社会本能就完全表现。

社会本能所表现的约略的种类:

(一)爱他之情,为他人而牺牲自己。

(二)团体爱情,一面很柔顺的服从意志,一面却很刚勇的保护团体的利益。这就是对于本团体,非常服从,使内部意见融洽,外侮不易侵入,但对于危害本团体的敌人者,则非常勇猛坚强,而与以抗拒。故真能爱国,必不固执成见,勇于私斗。

(三)以社会的生死存亡为个人的生死存亡,献身社会,毫无吝惜。豪杰之士,与社会国家同其生死,当国家危亡的时候,粉骨碎身,所不敢辞,所谓"宁为玉碎,毋为瓦全",这种忠实诚恳的气概,令人景仰不止。

(四)社会毁誉褒贬的情感:社会上的名誉,足以促使个人对于团体的努力,这种名誉的成立,就是从社会感情而来。尽力于社会,为群众谋幸福,社会群众便从而褒扬他;反是,遗害于社会的人,群

众便从而攻毁他,如无社会感情的冲动,则名誉便无从发见。

上面这四种都为社会本能的表现,而非产生社会本能的原因。此处讲社会本能,又不能不插入两层意思来谈谈:

(一)社会本能强烈时容易陷入错误,如看事看了过大或过近,那所愿望的就易成信仰,比如一般人看中国人不惯有组织,以为便可行无政府主义;所恐怕的就易起夸张,比如说军阀借武力作恶,一般人便视军阀为非常利害,以为必非人民的力量所能打倒的。这种错误的观念,必须加以智识的涵养和科学的锻炼。

(二)当个体的饥与爱的刺激强烈时,社会本身会暂时退隐,如所谓恋爱问题、饭碗问题,人到了失恋或是职业位置不稳的时候,易流于消极,不顾社会,但遇到饥与爱一有满足,社会本能必然复现。

我们更进一步去说明社会本能变为强烈的原因及应用,就要说到阶级斗争。或者有人以为讲人生哲学,不应谈到这层,那他们便实在过于主观了。因为"一切过去的历史,都是斗争的历史",像自由民和奴隶,贵族和平民,封建大地主和农奴,行东和佣工,有产阶级和无产阶级,他们各各两阶级的利害都正相反,所以他们就或是明显的或是不显明的彼此永远的反对。但是在各个同阶级里的利害还未能完全一致的时候,那阶级战争便不能十分剧烈,甚至有反叛同阶级的,如劳工当中有时有的不独不为其本阶级而反资产阶级,反而倒甘心做资本家的爪牙。所以必须进到两个相对的阶级界线分划得非常明显,各个同阶级的利害完全一致,纪律严明,运动一贯,那时他们的社会本能的强度已发达到最高度了,然后阶级斗争的事实才非常显明。

社会本能到了很强烈的时候,所表现的是:(1)克制了一切的私有冲动,有时连了饥与爱的本能也为所不顾;(2)成为与自我一致的社会,也可说是与社会一致的自我;(3)那时的行为在同社会同阶级内实为最高尚的道德。

讲到这里,又当插入说几句,就是现在时论有三大错误点,不可以不为辨正：

第一点，有人以为阶级战争是于社会的进步有障碍的；他说，各不同的阶级，彼此战争，各不相安，社会紊乱，何从进步？其实他不知社会进化，正是必须同阶级中的运动一致，有严密的组织，各与其相对不同的阶级相竞胜，彼此争强，各不退怯。

第二点，有人以为动作源流归并在一条路上是不可能的。其实进化的路程只有一个，只要大家认识清楚了，自然便觉进入必然的唯一的路程。

第三点，调和阶级，免去战争。其实阶级本为调和，工人做工与雇主本有结约，资本家日日压制劳工，劳工甘心屈服于压迫阶级之下，岂不是一个调和的现象？这现象果真是对的吗？法国的社会党，德国的社会民主党，英国最近的工党内阁一派的人，及中国江亢虎等，都不免有主张调和阶级的倾向。这实在带有一些工团主义的色彩，工头容易和资本家接近，他虽也处于被压迫阶级的地位，但较一般劳工优越得多，他容易和资本家妥协，每倡为劳资调和说，实则还不是助桀为虐，不能促使阶级的觉悟，彼此只是姑且容忍，这岂是根本上解决社会问题的方法？

以上这三种误点，是完全由于他们不曾明白阶级间的意义。以下我们再来说明达尔文的生物进化论和马克思的社会进化论在阶级斗争上的应用。

第三阶级（即从事工商业的资产阶级）在社会已占有重要的地位的时候，觉着旧的统治权力及统治者（即保守阶级）阻碍其产业的发达，于是便起了竞争。保守的统治阶级就引用古代神权说及因袭的道德规范来反抗，利用宗教、僧侣等压制第三阶级的群众。

第三阶级应用达尔文的进化论为武器，他们不相信基督教所说的，"人类都是上帝的子孙"，他们承认达尔文说："人类都是下等动物的子孙"，他们本着这个进化说，努力奋斗，推翻守旧的贵族的统治阶级，一方面得了经济政治上的实力，一面又利用科学上的新发见，终究得到了胜利。

然而大工商的资产阶级虽得了胜利，但是一面无产的新兴阶级又起来了。新兴的无产阶级即应用了马克思的阶级斗争说去积极的向资产阶级备战和进攻。

阶级斗争就是社会本能在历史进化到某种时斯所必然发生的一种作用；这是资本家所引起的，因为他们统统将社会上的资本集中到他们少数私人的掌握中，以致能多的人都不能聊生，那反动自然而然的便发生了。社会上资产阶级总是少数，多数很是无产者，所以阶级斗争的最后胜利属于那方是不难推知的。

据此看见，社会既不能否定，那社会"本能"——这名词虽或是可以变易的——亦不能否定，社会本能不能否定，那阶级斗争也同样的不能否定。这是在事实上的必然性，不比是空论可以随便批评，随便推翻。

第五章　道德律及其作用

道德律有两种含义，第一就是有普遍的妥当性，第二就是有判断力。妥当性中可以生出一种强大的力量，这种力量施于随处，无不适宜，并可准此以判断是非，古来的人因为不明道德律之所原由，以致于常常发生误解。到了十七世纪的时候，德国康德氏对于发生疑问，便欲加以具体的解释。他怀疑人人各个的行为何以会有不同？良心与感情何以不能一致？他觉得良心不但能判断，而且有遍效，但是他推寻其故而不得，于是便假定：（一）人类有一共通的世界；（二）此世界为起时空的，无一切障碍；（三）此世界为灵魂、理性、良心、意志之存在处，所以为本体世界；（四）人类对于现象世界可以感觉、经验，但不能理会其本身。譬如，此处有桌子，说桌子的颜色是黄的，这名之为"桌"，和颜色的"黄"，但这是否便为其本体，吾人还不能明了，这也犹之乎常人论是非善恶都难评定，就因为说是本体没有一定，其所仅能感觉的，不外（五）现象世界为因果律的必然世界，人人不得不服从；（六）现象世界却完全不能一致；（七）所以道德律存在于本体世界而推用于现象世界；（八）现象世界的一切人类，其良心意志既同存于本体世界，而良心意志又为一切行为的规范，所以道德律有妥当性和判断力，可以普遍适用，无论何人，不向贫富老幼强弱，皆有良心，皆可合于道德律，故社会一切，都可互相调和。

康德的这种说法，颇多错误，因为他的母亲是个教徒，康德哲学，不免为一种维护宗教的哲学。康德以为道德只是人类有，并非普通生物所同具。自从生物进化论发明以来，康德的学说遂为所推翻。进化论又说明普通生物亦有道德。康德学说既倒，代之而起的为：（1）自身及种族保存说，（2）社会本能说。到了后来，社会进化论发见，而道德律的意义格外显明；所谓道德律，不过是：

（一）适合于共同生活及共同工作的必要，

（二）适合于经济状态的习惯，——即共同生活所得的结果。

至于讲到道德律的作用，应当明白判断力是甚么，并且是从何而发生。这就是从自己生活的经验上感觉客观的社会有所不合理处，觉其条理不对，就想有以整饬之，所谓判断力，便是如此的意义。当此判断时，又发生遍效性，如见别人的错处，便希望他照我们的不错的去做。若在一政党里，便希望我党的政策实行。这就是道德的目的。虽有时当前的事实并不如此，但莫不要使其如此，成为未来的事实。宗教家也有如此行为的……要求别人，同时必有一种方法，以实现其判断。我既感觉社会有新的需要，但普通人仍然守旧，便须促使之以同入于新，虽在事实上似不易行，但必用适当的方法，以实行这道德的判断。这就是革命。

革命是使现今不良的社会，变为较妥当的良好的社会，这种革命的愿望是目的，实际革命工作是方法，革命并非永久的行为，是社会必不得不改革，不改革便将破碎毁坏，至于不堪的状态。这种改革不良的而使为良好的道德行为，就是革命精神。从前的人有种怠惰的心理，就是怕说革命，真是奇怪得很，岂然要做改善的运动反觉不好，甘心退化吗？

革命运动对于个人或社会都是一样，个人不好，便个人革命；朋友不好，规过劝勉，便是向朋友革命，社会不良，就应当向社会革命；一国的政治紊乱，以致凡百事业，皆莫能与，国民就应当起而革命，推倒恶势力，证请政治，建设新国家。

第六章 道德律在历史上变迁的原因

一般宗教家和哲学家常说道德是亘古不变的,康德亦赞成此说,中国的先哲也往往说时代变,道德不变。实则这是很不对的,道德律各时代不同,不但不同,有时并且相反。如宗法社会的道德与资产社会的道德就完全不同。从前野蛮社会里,有人活到五六十岁的时候,筋力衰弱,不能自营生活,那他的子孙便要将他打死。这样的事情,在当时社会算是道德的,因为他不独不能生产,且而还要消费,像这样的废人,他占了青年们的食量,青年们能为社会尽力的,反而为这种老年人所累,所以必定要打死他。这种事实,在现今南洋群岛的野人中还有,在他们以为是道德,若在我们中国社会能说这是道德吗?道德既因时代而不同,所以一时代便有一时代的新道德,不合时代精神的,便不成其为道德,在宗法社会里,除了在家言孝,对君王言忠以外,人民间没有甚么团体。论语上说:"其为人也孝弟,不好犯上者鲜矣,不好犯上,而好作乱者,未之有也。"孝子不会造反,没有反抗压迫者的勇气,必须没有反抗的精神,循循物谨,才算是孝。在资产社会里注重劳资斗争,明明是宗法社会的道德,在资产社会里便万万不能行。

道德律为甚么会各时代不同呢?因为各时代的生活情形、经济、政治等关系各各不同。如上所说的宗法社会与资产社会,其一切社会组织绝对不相因袭。在专制政体之下,国家大权,集于君主一人之手,人民不问政治,毫无组织团结的机会。中国从前一向倡"群而不党",在旧社会里常是如此,如有结党预闻政治的便视为大逆不道反之,在民治主义的社会里,民众必须贵有组织,结为团体,预闻国事。有了团体,事业才容易举办,在团体内办事热心,努力从公,遂视为最高的道德。

至于生活情形的不同,也可以决定道德律的不同。现在可引下面的话来证明:(一)道德律在各社会中的不同;如本国与敌国,甲地方与乙地方即常不相同,如闭关时代中国的道德,和外国相异甚远。或江苏人和湖南人或与山东,贵州的野人,所各视为道德的自然也不能一致。(二)道德律在各团体各阶级中的不同；如各职业团体及有产与无产阶级，如农村和工厂组织不同，所视为道德行为的，自不能一致。有在同是工业社会中亦有各各不同，又如在公司组织法的大商店和单独经营的小商店里，一则各店员受公司各股东的待遇尚平等，一则在小商店的学徒便受店主的专制式的待遇。这无论在店东或店员方面所视为道德的又皆不同了。总而言之，这都是因为生活状态的不同而生出来的。

但是道德律在历史上怎样会变迁的呢？

第一步：生产技术的不断发达，达尔文生物进化论证明，人类是从四足的动物变来，后来前面的两足变成了两手，为的是当时攀树取果的便利，在从前农耕时代，耕具没有像今日的完备，用人力多，有了新式机械，人力可省，而收获反可加多了。

第二步：生产技术发达到一定的限度，即须打破旧时的经济关系，而造成新的经济制度。

第三步：生活情状改变。

第四步：道德律改变。

这样看来，所以我们可以知道：

（1）哪里有永远不变的道德律？

（2）道德律哪里是超乎时定以上的？

（3）精神生活，哪里是与物质生活对立，或起乎物质生活以上的？

第七章　变易时代的人生哲学

在经济制度的变易时期，如中国近数年来，对于人生观问题，报纸上各人发表议论，到了结果各是其是，闹个不清。但这问题并不是没有解决的，不过那班玄迷者，还没曾觉悟，好为拘执成见罢了。注重科学的人，说明科学可以解决人生问题，他方的玄学者不肯承认自己持论的失败。他们不知人生观不过是思想上的意义，当然不能脱离实际社会上人生事实，

所以讨论这问题是不用凭意气,不当一任主观的。旧进步党中不少不能觉悟的人,往往陷于错误而不自知。这是由于他们不曾看清现社会所致,但他们自己或未尝不说他们自有根据。

时代何以改变?新的何以发生?都是由于经济制度改变,一切都不能不变,因为一切是不能起于经济生活以上而独立。生产上的发明不同,生产状态因亦变易。棉纱工厂创立,内地妇女手工纺纱的工作就减少。汽船发明,帆船渐被淘汰。新的日进,旧的便退落;必适合新的,生活才可满足。在经济制度的变易时期,生产关系上的冲突,经济关系上的冲突,新旧社会的冲突,因而学说,道德都发生冲突;这种状态,在普通人看起来,以为社会乱糟了,不知如何是好。但这并不必惊异,这正是过渡时期所不能免的现象。

像这样因生活状况的混乱而造成的思想界,各人因其所处地位的如何而决定:(一)职业的不同;阶级的不同;年龄的不同;如老年对一般生活的观察,和我们少年或壮年人自有所不同;贫富的不同;教育的不同;地域的不同;空气——复杂的意义——的不同,如或在军界,或在政界,或为洋行的买办。(二)常常游离不定的,前后变更的。如张东荪君,他忽而倡贤人政治,忽而谈社会主义,忽而专主张基尔特社会主义。进步党的遗裔,只知保守着绅士派的面孔,改革不来,要保皇,保皇不成,倡贤人政治。我不是好于此处对他们作深刻的批评,不过只见在中国的现状之下,不应有这样模糊的人生观而已。

无论在某时代某社会的人,大概总可别为:(甲)保守派,(乙)中立派,(丙)激进派。保守派始终站在旧社会上,无论如何,终落在人后一步。中立派虽有意前进,但有力或可进上去,若是无力的时候只得落后与保守派相合。激进派抵死反抗旧社会,创造新社会,始终不变的做个革命者。但激进派也不一定全然成功,看他们的判断力如何,意志坚强与否,至少可分为二种:

(1)不明白历史进程的必然因果律,一味仗着盲动、野心、投机去做的,是谓主观的革命者;是没有根据的。所以必研究社会进化上的历程,认识清楚去工作,不可糊涂地只凭着自己的意气,因为革命不是自己要不要的问题,须看社会要不要革命。

（2）认清楚社会的前途,负着历史使命作进化的工具去努力的,为客观的革命者。这就是真能改造社会的人。

总结起来说一句：变易时代所当持的人生观,不是浪漫的,乃是科学的,不是单独的,乃是有社会性的,更不庸弱的,乃是发奋有为的革命的。

第八章　新道德的产生及成功

道德是社会生活的结果而不是成因。新道德一定要在新社会已萌芽而将代替旧社会时才产生。并不是没有基础即有道德,这犹之乎革命事业也不是凭空而起。并不是我要新道德,实是这社会不能不有这道德。如其没有基础,哪一般人何所依据？所以说道德是社会生活的结果。

然则要有新道德,必先有新社会,在旧社会里想产生新道德,岂不和前说矛盾吗？这是不然的。我们应该明白,在新社道未全实现时,这所谓新道德在旧社会里已有了一部分的势力,而后便根据这势力逐渐发生。

新道德对于新社会的努力：

（一）大雄无畏的打破旧习惯；

（二）团结新势力；

（三）扩大自我为社会的,不单使我为新的,更扩大新的自我至全社会。

（四）从特殊的以至普遍的。

要得这种努力的成功,必须严密的前进,不可一刻放纵。生活的要求是怎样？哪种生活才为必要？我们当看清了。所以新道德的成功有必不可少的条件,便是：

（一）适合新社会"生活的必要"；

（二）一社会内普遍的和谐（恰当各个人的共同要求）：——这和谐并不是调和有劳资阶级之分，便不是普遍的和谐。

我们怎样去创造新的人生观？在解答这问句以前，应有两个研究：
（1）历史进程即进化史上所必要的是什么？
（2）历史进程上所必然要实现的是怎样？

时代的必要，将来事实的必然，既能观察明白，自然必能明白新的人生观。尤其所当注意的：这不是个人的要不要的问题，因为不是我所得要或不要，而是社会的要不要的问题。所以这是必然的。上面已说过，自我和社会不能分离，所以社会的要求，亦即我自己的要求，人生哲学非哲学，可成为人生科学，那全在我们的努力！

董亦湘
民族革命讲演大纲

> 董亦湘的《民族革命演讲大纲》，原载1925年8月6日出版的《上大五卅特刊》第7期。现选自黄美真、石源华、张云编《上海大学史料》（复旦大学出版社1984年版，第519—524页）。

一、发端

（一）研究民族问题的需要

民族问题之发生——民族问题之重大——要彻底了解民族问题才能正确的从事于当前的民族革命的运动。

（二）民族问题之复杂关系

历史上民族问题之质与量之变迁——现代民族问题的新意义——掠夺民族与被掠夺民族——一切资本帝国主义与一切被压迫人类。

（三）民族问题研究的困难

民族关系与阶级关系之不易明了——历史上之种种蒙蔽——解决困难之必要条件。

（四）民族问题上错误的解答

第一，以为民族间的冲突由于族类的不同——第二，以为由于文化的不同——第三，以为由于政治力之发展而互相冲突。

（五）民族解放运动上之歧路

甘地主义（不合作主义）——妥协主义与机会主义——国家主义。

二、历史上之过去的民族斗争

（一）民族之构成

自原始的血族团体进而为耕牧的民族部落之形成——部落间之攻守同盟与交易——同化与排外——封建制度之弊端。

（二）民族与国家

王侯的权威——封建领土——国防军队——战争——掠夺土地、奴隶、农产物——人民——主权的意义。

（三）封建时代的民族斗争

强盗、武士、王侯——王侯贵族利用民族间的隔膜引起民族间仇恨与战争而从中掠夺——民族间仇视之养成与流传的影响。

（四）精神文化在民族斗争上之作用

道德风俗、政、教因民族的区别而不同——仇视异族文化的宣传——民族性——封建阶级之利用民族性。

三、资本帝国主义之向外发展

（一）资本主义之产生

技术之进步——生产力之增加——社会关系之变革。

（二）帝国主义之形成

资本主义生产之必然的过程——资本主义演出之最高的形式——资本之集中与积累——各个企业之膨胀、联合，企业间之分业，企业之合同，世界的混合经营。

（三）帝国主义必要的手段

向外吸收原料，向外销纳商品，向外投资——尽量开拓殖民地——压榨殖民地民族——在特殊情势下不能由任何一国单独完全侵占之殖民地，便割取重要口岸及财富所出的或集中的区域，强订各种用此榨取利益的条约——最后,更以各种险毒方法制御殖民地民族,借以延长其寿命。

(四)帝国主义间的竞争

扩充海陆军备——纵横捭阖之外交政策——资本国际之分赃会议——战争。

四、殖民地民族解放运动

(一)帝国主义侵略弱小民族的方法

政治的如以武力强辟商场,强订条约等——经济的如以廉价工业货品压迫殖民地的工业,把持海关权,移植资本等——文化的如派遣教徒传教,强设学校,传习其诚言文字等。

(二)非资本主义国家之沦为殖民地

农业手工业之经济组织与大工业的经济组织——资本主义第一步吞灭国内的手工业,第二步向外发展复破坏了手工业的国家——弱小民族被迫履行的义务……

(三)殖民地民族之经济、政治、文化

家庭手工业之破坏——都市手工业之衰落或破坏——农业受战争、工业受利权外溢及手工业破坏之影响——农民一部分之变为廉价劳工、失业、兵、匪、乞丐。

政治上主权之被夺——政府变为帝国主义附属的代买的机关——法律、军队都变为直接或间接强迫人民为帝国主义履行义务及约束反抗运动之工具——在半殖民地或尚未完全侵占和共管之前,用各种方法行起其内乱,一则使其政治经济无自动□发展的机会——一则得所借口而施行其劫掠——在各帝国主义者相互竞争之半殖民地变为他们分赃或互斗的场所。

殖民地固有的道德、学术思想、文字,逐渐衰替,固有的风俗、教育、宗教、艺术根本发生变革,固有的社会制度如家族、学校等亦完全破坏——不得不接受资本国家的文化——在文化上失去民族的独立性——文化受经济枯涸的影响而破产——失去自由的奴性教育——殖民地文化自然的破坏与意识的破坏。

（四）民族之解放的要求

第一期的反抗运动——政治上的冲动——商业的冲突——文化的冲突——教会的冲突——外侨与土人的冲突。

第二期的反抗运动——自部分的反抗渐至于普遍的反抗——幼稚的资产阶级之要求——小资产阶级之要求——无产阶级之要求。

（五）帝国主义与殖民地之生死关系

帝国主义唯一的生存要素——帝国主义之初期与晚期即世界上殖民地丰余期与缺少期——帝国主义之窘态——致帝国主义于死命的殖民地民族独立——帝国主义末日之预测。

（六）解放运动之困难

帝国主义用全力制压殖民地民族运动——在社会进化上帝国主义是先进的社会组织之产物，而殖民地社会尚停滞于农业手工业时代，是一个落后的社会组织——前者掌握的生产、交通、金融各机关，成为一有系统的世界的整个的组织，后者是非社会的经济组织，是一片散沙的社……经济组织相适应，远非后者所能认识和企及——以先进的社会组织压迫落后的社会的社会组织，解放运动等于不可能——殖民地民族大团结之困难——不能正确的认识敌人——革命军之妥协与投机——帝国主义者奴才与奸细——世界被压迫民族运动之过去的事例。

五、民族运动之中心势力

（一）殖民地民族与世界无产阶级之革命的关系

同在帝国主义压迫下之两个被压迫人类（无产阶级与各阶级之弱小民族）——无产阶级与帝国主义——无产阶级及其运动之策略——无产阶级之世界性——殖民地民族与世界无产阶级联合之必要——民族革命之世界的意义——民族革命之得有可能性。

（二）殖民地民族各阶级的分析和各不同的革命目的

大商人买办阶级的产生——大商人买办阶级与军阀官僚政客——反革命之各种势力——封建阶级号召民族运动之目的——资产阶级号召民族运动之目的——民族主义（国家主义）——小资产阶级民族运动之意义和目的——无产阶级参加民族运动之意义和目的——空想的民族革命

和科学的民族革命。

（三）民族革命之资产阶级

民族运动是须革命的全民族协作，不是任何一阶级单独的工作——民族革命在政治革命的进化上只是一个德谟克拉西的革命——解脱帝国主义的经济的压迫——自由发展民族自己的资产——各阶级不同的胜利。

（四）各阶级的革命性之分析

革命性表现之经济的基础——新兴的工业资产阶级表现的革命性——落伍的小资产阶级表现的革命性——新兴的产业无产阶级表现的革命性——妥协与彻底——一致的必要和困难（民族革命是全民族的，如止剩得任何一阶级之彻底，结果必成孤单，孤单便仍要中道而废）。

（五）阶级意识之冲突与怎样使各阶级联合战线

阶级的构成，由于经济上之利害相反即一方面有剥削者，一方面有被剥削者——经济上利害相反便不能不冲突——承认社会上有阶级的存在，便不得不承认有阶级的斗争——历史上一切革命都是一阶级斗争——民族革命实际便是一阶级斗争，即被压迫民族之各阶级都为了自阶级的利益反抗帝国主义的资产阶级——联合战线的各阶级的阶级冲突之绝对不可避免，可以过去的事实证明之——资产阶级的阶级意识之分外显露——空想的使各阶级联合战线——科学的使各阶级联合战线之可能。

（六）战线上之先锋队与督战队

革命是一件最吃紧的工作——必要有勇敢的先锋队，才能领导到最革命的路上去——必要有誓不反顾地督战队才能逼上战线——无产阶级特有的任务。

六、民族革命与世界革命

（一）民族革命与世界革命之关系

民族革命绝对不是封建阶级之国家性——国家性革命之幻妄——世

界上之总皇帝——世界上两个被压迫人类解放之关系。

（二）中国民族运动在世界革命潮流中之地位与使命

中国民族要求革命之强烈——世界革命潮流之高涨——形势严重之远东——世界革命爆发期之迟早与中国民族独立相关系。

郭沫若
文艺之社会的使命

> 这是郭沫若于1925年5月2日在上海大学演讲的记录稿。原载1925年5月18日《民国日报》副刊《文学》第三期。发表时题记"郭沫若讲,李伯昌、孟超合记",文末署明"五月二日"。
>
> 郭沫若(1892—1978),四川乐山人。诗人、作家、历史学家。

  我不会讲话,又没有预备。今天上午我特意走到法国公园,本想预备一点材料,但是恰遇两位朋友,谈谈笑笑,所以又没有机会。我许久未到法国公园去,现在美丽的花都开放了,黄莺儿和许多不知名的鸟儿歌唱得特别好听,春风轻轻地拂来,那稀疏的几点雨珠儿跳在池中,做出几个波圈又渐渐消灭了。呵!烂漫的春!一切都使我感觉着说不出的美!春天是最快乐的,倘若没有和暖的春日,只有冷酷的冬天占领着宇宙,则我们只能披着很笨重的衣,囚困在房子里。偶然走出门外,也只有灰色的天空,板起那无情的面孔:这样还有什么生趣?我们还能生活下去吗?只有美丽的春天是我们所欢迎的!历来描写仙境总爱说"有四时不谢之花,百世长青之草"。这是世人所希望春的常在,就是但丁在《神曲》里所想象的"地上乐园",也不过是一年四季都是春天罢了。

  要讲的稿子虽没有预备好,但已带来了春天的消息。文艺也如春日的花草,乃艺术家内心之智慧的表现。诗人写出一篇诗,音乐家谱出一个

曲,画家绘成一幅画,都是他们天才的自然流露:如一阵春风吹过池面所生的微波,是没有所谓目的。我还可举几个例子来证明:小孩的游戏乃成人艺术的起源,一种内心智慧表现的要求,从孩子们的用小石建筑、唱歌、舞蹈等可以看出。他们将全个自我关注于游戏,有时甚至跌伤流血,还是不休止不退缩;但他们并没有所谓目的。婴孩每天吃着母亲蜜甜的乳,睡在温暖的摇篮中,不饥不寒,生活是很满足的了,但那红嫩的小口中仍要不时发出呀呀的歌声,但他有什么目的呢?

所以艺术的本身上是无所谓目的。

我们人类的原始时代的文化艺术的生活,现在虽不能十分证明,但我们可以从遗留着的原始民族的特质的现代野蛮民族中考察出来,知道他们是特别注重艺术的,除却艺术则生活一天也难维持下去。达尔文氏曾到一种野蛮民族中去考察他们的生活状况,那种蛮民还不知道穿衣服,达氏赠他们一块红布,他们却拿来撕成小条分赠同伴作装饰品,并不拿着做衣服穿。这很可相信人类的婴孩时代,就有美的要求。

不过凡是一种社会现象发生,对于周遭必生影响;比如一池平静的水,投进一颗石子,——不管那石子是怎样小,水面必生波圈,而且波及全体的水面。文艺乃社会现象之一,故必发生影响于社会。

有人说文艺乃有目的的,此乃文艺发生后必然的事实。为艺术的艺术与为人生的艺术这两种派别,大家都知道是很显著的争执着。其实这不过是艺术的本身与效果上的问题。如一株大树,就树的本身来说并非为人们要造器具而生长的,但我们可以用来制造一切适用的器物。科学亦如此:如自然科学,纯粹科学的研究,是在探讨客观的真理,人类即使不从而应用之,其所研究之真理是仍然存在的。

艺术对于人类的贡献是很伟大的,我今天就想专讲这个问题。现在举例来说明艺术的力量:

楚霸王兵败被逼垓下,张良一枝箫在清风明月之夜吹出那离乡背井的哀怨凄绝的调子,霸王的兵士皆思乡念家为之感动泣下,终至弃甲曳兵而逃散。呵!音乐的势力是多么伟大!汉王兵多将勇,而最后的成功乃是一枝箫!

还有日本古时候有一个妙年的尼姑,名字叫作慈门,有一次群盗掩

入,缚之柱上,抢劫财物,慈门不能反抗,很超然地唱出一首和歌:

"Yashikaki mo moto wa Nahiwa no
Kshi rareba
Kosu mo Kotowari naru
Yoru no Shiranami"
"编织就的篱栅,
本来是难波地方的芦苇,
逾过来也是当然的道理呀,
夜里的白波。"

白波在日本文又是强盗之意,这首和歌的表面虽是指波浪逾过芦草,真意是说:庵中所有的东西都是从外面取来的,强盗来拿去也是当然的道理。这几句诗所生的效力怎样?把她从柱上解下,财物一点不拿,那几个强盗各自逃走了。这完全是因慈门超然的情感而引起强盗们超然的情感。我们可以知道,艺术可以统一人们的感情,并引导着趋向同一的目标去行动。此类的事实很多,一时也说不完。如意大利未统一前,全靠但丁一部《神曲》的势力来收统一之效果;法国革命以前福禄特尔、卢梭的著作影响很大;从前德国帝国之成立,Treitschke说,歌德的力量不亚于俾士麦;俄罗斯最近的大革命,我们都晓得是一些赤诚的文学家在前面做了先驱的呢。

本来艺术的根底,是立在感情上的,感情是有传染性的东西;中国有句话,"一人向隅,满座为之不欢"。这完全是受感情之传染而生的同情心。大人向小孩假哭,小孩却真哭起来;我们看电影看到悲惨处,亦为之挥泪。这样看来,这从心理学上也可找得出证明来的了。

再从个人方面来说,艺术能提高我们的精神,使我们的内在的生活美化。比如法国大戏剧家Moliere每完成一部戏曲,便念给家中老仆妇听,仆妇听了总说很好,Moliere以为她的话是不大可靠,有一次乃以他人所著的不成功的戏曲念给她听,孰料仆妇听了说这不是他自己的著作。这老仆妇是平日受了Moliere的感化,无形中养成了批评的能力。又比如

我国郑康成研究《诗经》,他用的使女皆知道《诗经》,一次有个使女被罚跪,其余的使女拿《诗经》中的"胡为乎泥中?"来嘲笑她,她却也用《诗经》中的"薄言往诉,逢彼之怒!"来回答。这段雅事至今还流传着。艺术既能提高精神、美化生活,所以从历史上考察,艺术兴盛的民族必然优美。如欧洲的雅典便是个适例。再就我国讲,周朝是我国文化史上的一个黄金时代,那时的一般平民皆会作诗。一部《国风》就是民间采集的无名诗人的作品。唐代是文学最盛的时期,比如我们常说的白香山的诗,村妪能解。这在一般人以为是白诗易懂,其实也不尽然。假如我们把白诗念给现在的村妪听,恐怕不会懂吧,就是研究诗学的人也不见得能够完全了解。这在我看来,是因当时代一般人对艺术的了解力很高,浓厚的艺术空气已充满了社会。又如温飞卿的诗,妓女都能暗诵,这要求诸现在的妓女,岂是能够的吗?

艺术有此两种伟大的使命——统一人类的感情和提高个人的精神,使生活美化——已经够有永远不朽的价值了,哪怕一般头脑简单的人盲目地向它下攻击,说它是装饰品,是无用的。而且将来只有一天一天发达。

欧洲各国的政府,想许多办法来提倡议书:如文学奖金,如美术陈列馆,如建筑国立戏院等,一些也不遗余力。就是受人误解为暴徒的俄国,自革命以后亦极力提倡,艺术家由政府特别供养。回头看我们中国:古时候倒还好些,譬如周代有采诗之官,采集民间的诗歌,政府得以明了民间的疾苦。而且对于音乐也特别注重,利用音乐来统一天下。汉唐之世,艺术的空气也还是很浓厚。不过到了现在呢?政府固不顾及,社会上对于艺术也看得很轻,古乐古舞都已失传,存留者都是些粗俗不堪,如各舞台上所演奏的,几全失了艺术的真价值。即就建筑上说,已全失却了美的意味,试走到上海华界去,空气的恶臭、房屋的杂乱,几乎可以说是一些垃圾堆。

我们中国现在弄得这般糟,大局不能统一,一般的国民,无论哪一阶级的分子,都怀着自私自利、因循苟且的精神。我们中华民族实在是丑化到不可思议的地步了。政治的不完美、科学的不发达……固然是很大的原因,不过艺术的衰亡、堕落,也怕是最大的原因之一。美的意识麻痹了的,世界上无论哪一种民族,无论哪一种民族的哪一个时代,都怕没有我们现代这样厉害的罢。

我们知道艺术有统一群众的感情使趋向于同一目标的能力,我们又知道艺术能提高我们的精神,使个人的内在的生活美化,那在我们现代,这样不统一、这样丑化了的国家之中,不正是应该竭力提倡的吗?我觉得要挽救我们中国,艺术的运动是决不可少的事情。我们希望于社会的,是要对于艺术精神的了解,竭力加以保护、提倡。我们应该使我们日常的生活、日常生活的用具,就如一只茶杯、一张邮票,都要具有艺术的风味。至于艺术家的本身,我们也希望他要觉悟到这种艺术的伟大的使命。我们并不是希望一切的艺术家都成为宣传的艺术家,我们是希望他把自己的生活扩大起来,对于社会的真实的要求要加以充分的体验,要生一种救国救民的自觉。从这种自觉中产生出来的艺术,在它的本身不失其独立的精神,而它的效用对于中国的前途是不可限量的呢。

韩觉民
科学方法论

> 这是韩觉民1924年8月在"上海夏令讲学会"上的演讲稿,讲题为"科学方法论"。原载《民国日报》副刊《觉悟》1924年8月10日至14日。发表时题记"上海夏令营讲学会讲稿之一"。
>
> 韩觉民(生卒年不详),湖北黄安人。1923年秋到上海大学任教,1925年2月任总务主任。

一、绪论

自从瓦特发明蒸汽机以后,科学的进步,就一日千里兼程并进了。但还有人以为科学的价值,完全是一种浅近的功利,就是十六七世纪中著名的哲学家培根对于科学,也曾有偏而不全的评判;他以为科学和人类的权力,互相依附,并且趋向同一的目的,就是说知识即权力。笛卡儿对于科学的评判,他以为从科学之中,我们可以取得最有益于人生的知识。至于近世一般普通的观察家,看见飞机可以升入天空一万多英尺,电极炉可以热到三千六百度,他们都惊骇称奇,以为这些事业,就是科学的唯一出产品了。其实科学的进步,不仅是在应用一方面进行,也不仅是在理论一方面进行。若是单在一方面进行,那么,科学决不能发达到现在的这步田地了。埃及的古科学,因为他们单在量地、数星上做工夫,没有理论上的综合;希腊的古科学,因为他们单在他们所叫做理性的学术上做工夫,于人类生活太不相关，所以他们的古科学都是中途断绝了。照这样看来，应用和理论两方面，须要同时并进，若没有应用方面的利用厚生，则理论家不能有药品仪器等试验室的材料，和工厂商场等社会的材料以供研究。而且决不能永远受社会上的欢迎和辅助，于是本身不能自立。要是没有理论方面的搜求新理，则应用的知识，每天照旧演习，其来源之涸竭，是可立而待的；并且人民的思想，永远不能逃出于原有的范围以外，而社会的罪恶，也永远不能洗除，就是轮船、火车、大炮、飞机，也都变成了制造奴隶的东西了。

科学在十六七世纪的时候，所标的旗帜，本来是对于考察宇宙间的事物，先必须用五官的观察，想证明这个观察所得的事实，是不是真确？再须必用精确的实验，根据实验所得的合理的结果，然后才承认是真理。到了后来，科学的意义，渐渐的扩张，所以科学的范围，也渐渐的推广。到了现在，我们以为：凡是确切的、明晰的、有系统的学术，都可以叫做科学。伍耳夫说："凡有系统而探其真实的教训，我都叫做科学的。"换一句话说，凡是经科学方法研究出来的，都可以叫做科学。因为科学之所以为科学，并不是它的资料的不同，只是它的方法的不同罢了。宇宙间的资料，总不外乎天地日月、草木鸟兽、政教风俗、爱憎苦乐，等等；就是在非科学的学术当中，所用的也是这些资料。从这些资料之中，若是探求真实出来，那就成为科学了。科学方法，就是探求真实的工具哩。

自孔德提倡实证主义、穆勒实行逻辑革命以来，科学方法的重要，渐渐为公众所承认。究竟科学方法是什么呢？换一句话说，就是实质的逻辑。形式的逻辑重推论、定律、理性、传衍、证明，实质的逻辑重试验、事实、直觉、创造、发明。科学之所以能有进步，就是因为它处处是用这个方法，处处具有这种精神。这个方法和精神的影响，在人类思想上，非常的重要。所以科学不但是改变人类的物质的生活啊。

科学对于人类，不单是在物质的方面有利用厚生的利益，就是在道德方面，也能使人深辨是非，而改变物我的观念。因为科学所贡献于道德界的，最重要的有两种：（一）真实的意义；科学不以从前遗留下来的真实算真实，是要从自己的鉴别得来；换一句话说，科学的真实，是要随时进步的。（二）因果的秩序；科学以为：我是物的分子，物是我的环境，若

是要有好果,一定要我去造个好因。这不是科学对于道德方面很有利益吗!此外科学还具有秩序与谐和两个原素。这两个原素,就是美中之不可缺乏的。秩序的反面是紊乱,谐和的反面是冲突,在科学之中,绝对没有紊乱和冲突的地方。所以科学对于美的方面也是大有利益的。

科学是人类智慧的出产品。在心的方面,和思想律相符,在物的方面,又适宜于外界的。心的方面的动作,有思想律去管理它,物的方面的动作,有天然定律去管理它。这两方面都是有定的,然后科学才能构成。

我们生活于宇宙之间,当然和外界的环境相适应,不独肢体的生活是这样就是精神的生活也是这样的。譬如我们的手足耳目,若不能和环境相应,必不能发达到现在的这步田地。即我们审度的权能,若不能和外界之物相符合,也是不能发达的了。我们再从经验方面看来,可以知道外界的物是有一定的秩序,经由定律而进行的,而我们的智慧,如果是经由思想律而审度,可以逐渐的寻出这个秩序,用定律去管理它。科学的真实,是把智慧的我,和天然的物,放在一个不可分离的圈子里,并不完全是客观的态度了。

再就概念一方面来说,当我们和外物接触的时候,我们察见这些外物有两种原素:一是客观的原素,如密度坚度等等,是外物所自有的;二为主观的原素,如物与我之距离,和我所用以窥此物之角度等等,是由我所定的。这些原素,是无限的。我们只能选择这两种原素之若干保存起来,叫做概念。所以概念之成立,有强订的性质。换一句话说,就是由我的选择而定的。物之概念既是强订的,那就有修正的余地。所以科学的真实,仅有逼近的性质,既是逼近的,就可以进步而无穷了。

总而言之,科学的真实,是用简约的方法求出来的。就是说在异之间求出同来。所以我们能用过去预测将来,因为过去的现象,和将来的现象,只要有重要的同点,我们就可以预测。这种方法在那些繁复情境之下,总不免有些牺牲的地方,然而必定要这样做,我们才能走到较紧而较有定的界线之中,使我们所研究的较为确定,而在较稳固的基础上面,于是我们才能和真实相逼近。科学家用这个方法,在永增不已的繁复之中,按步进行,且相信科学之各部,都有同一的趋向,终久总能找得出一个和一。但是我们用简约的方法,层层前进,只能说方法愈好,失望愈少,决不能因失望我们就停止前进了。

二、现象界的复杂

宇宙间的一切现象,都是由物质改换能力表现所生出来的。质和能力这两样东西,本来是不能分开的。物质要借能力才能改换,能力也要靠着物质才能表现。改换前的物质就是因,改换后的物质就是果;表现前的能力就是因,表现后的能力就是果。因为物质和能力这两样东西,都是不灭的,所以因果必定相等。不同的物质,如水、石、木、空气等等。不同的能力,如声、光、电、热、思想等等。这些不同的物质,改换不息,这些不同的能力,表现不息。所以在这个无限的时间空气之中,生出各种不同的现象。有一些现象,同时间不同空间而发生的,例如我现在在这里讲书,而天空中有雀叫,这样的符合,不必有关系的。有一些现象,同空间不同时间而发生的,例如我们学校的门口,今天有一辆汽车在这里撞死一个人,明天有两只狗在这里打架,这样的接续,也不必有关系的。科学的关系,就是要找出这些现象的确切的关系。在这个无限的时间空间之中,无时无处没有现象,因为无时无处没有物质改换和能力表现,换个名词来说,就是无时无处没有变迁。

现象就是变迁,无变迁就不能有现象。现象也就是异,无异也就不能使我们觉得有现象。天然界中的异,究竟是从什么地方来的呢？大半都是由少(原数)变成多(合物)而来。譬如我们拿数学的原理来表明他；只要有少数的原数,经过联合和换合的支配,就可以生出许许多多不同的合物来。试看英文二十六个字母,可以造成千万无数的字,常见的二十几种原质,可以化成千万无数的化合物,就可以知道天然界中异的可能了。

联合和换合的意义：

设有 ABC 三个字母,现在我们要从其中选取二个字母联合起来(每个字母不能全同,但是次序无关紧要),我们可以造成三个不同的字,这个三,就是联合数。若是用公式来表明它,拿 X 代分个的总数,拿 Y 代每次取出的字母的数,它的联合的公式,就是：

$$\frac{X(X-1)(X-2)\cdots[X-(Y-1)]}{1\times 2\cdots\times Y}=\frac{3(3-1)}{1\times 2}=3$$

一	二	三			
B	C	C	（AB=BA）	（AC=CA）	（BC=CB）
A	A	B			

设有ABC三个字母，现在我们要从其中选取二个字母换合取来（每次字母无妨全同，但是次序须得不同），我们可以造成六个不同的字，这个六，就是换合数。若是用公式来表明它，拿X代分个的总数，拿Y代每次取出的字母的数，它的换合的公式，就是：

$$X(X-1)\cdots[(X-(Y-1)]=3(3-1)=3\times 2=6$$

一	二	三	四	五	六
B	C	C	A	A	B
A	A	B	B	C	C

据以上的榜样看来，可见得换合数比联合数更大。然而这不过是三个分个在那里支配。若是分个的总数增加，则联合数和换合数又增加得非常的快了。

天然界中的现象，有含具联合的原理的；例如造土火药，先放炭，再加硝，再加硫黄，或是先放硝，再加硫黄，再加炭。又如制人造石，先放西门丁，再加卵石，再加沙，或是先放沙，再加卵石，再加西门丁，只要各部的分数不差，无论次序如何，结果的现象总是同的。天然界中的现象，又有含具换合的原理的；例如生电机用动力变成电，电动机用电变成动力，生电机和电动机的现象，是不同的。这是原于时间的原故。又如地球在日月之间，就有月食，月在地球与日之间，就有日食，日食和月食的现象是不同的，这是原于空间的原故。我们研究外界的实在，思想于时间之中，动作于空间之中，同换合原理相遇的时候，比联合的原理更多，可见得天然界中的异，简直是无穷的，在这个无穷的异中，我们要找出各现象的彼此一定的关系，然后制出定律来管理它。再进一层说，我们遵守天然界的定律来统辖天然界。这就是科学家庄严尊贵的劳动咧。

三、因果律和穆勒的五律令

前面我们已经用联合换合的公式,表现现象界的异。现在我们所要研究的,是怎样从现象的观察,可以前进到定律的规定,以备预测将来之用。预测将来,本是我们唯一的目的,然而我们所有对于外界的知识,最初都是从经验得来,要是对于未曾接触的将来,那就非从审度而知道不可,因为审度的功用,能够告诉我们在一定的情景当中,有一定的现象必将发现。然而我们要问:如果我们可以拿器官去观察这个现象,那就用不着审度了。要是我们不能拿器官去观察这个现象,又凭借什么去审度呢?这样看来,在归纳的审度之中,必定用"已知"去推"未知"。但是把"已知"和"未知"摆在一块,用一个定律去统辖它俩,那么,我们的知识之中,好像是加了若干新材料了。然而没有新接触,不会增加新材料于知识界。凡推论的审度,无论是演绎的,是归纳的,都不过是拿出我们经验的内容,揭出而整理之罢了。

用科学方法整理现象界的繁复,最重要的根据,就是因果律和穆勒五律令现在分为两节说:

(一)因果律 凡现象都有因,我们就呈具于我们面前的现象逐件研求,知道既往将来之中,因必有果,果必有因。因曾为果,果又为因,这因果的关系,是有定的。这就叫做因果律。

我们为真正认识因果律起见,再把它分作两段来说:

(甲)激力和置境 我们观察现象,有时似乎有极大的果从极小的因生出来的:其实因果仍然是相等,不过这个因可以分析为两项:一是激力,二是置境。例如用一粒盐加于过饱和点的盐溶液之中,这溶液中所有溶解的盐,马上就全体停积为固体。加一粒盐,不是狠小的因吗?全体停积为固体,这不是很大的果吗?然而我们要知道:加一粒盐,不过是这个现象的激力,另外还有盐的过饱的情形,是这个现象的置境。如果没有这个置境,那加一粒盐的激力,绝对不能生出全体停积的大果了。此外社会的现象,彼此互相影响的很多。要是仅仅靠着表面的观察,往往有因果不相等的表见，这都是因为置境里面，我们没有懂得清楚的地方。如果我们懂得清楚这个置境，拿他和激力合起来算，因果没有不相等的。

（乙）偶然的符合　天然界中，现象的复杂，前面已经表明了。我们观察现象，难免不遇见同时间，同空间的符合，或者同数目的符合，似乎具有直接的或间接的因果的关系。我们遇见这类的符合的时候，纵然以为这些现象是有关系的，也得要持研究的态度。研究的方法有二：（一）归纳的；就是多集举例，详加考察，可是每次都是如此。（二）演绎的；就是用已知的明晰确切的天然定律去解释它。若是用这两个方法所得的结果不良，我们只能判定这些现象是偶然的符合，不能承认这些现象是同出于一因的，或是此因彼果的了。

（二）穆勒的五律令

（甲）合同的方法　在二个或二个以上举例之中，有一个同一的现象发现，倘若在另外二个或二个以上举例之中，又有一个同一的情境，在这现象之前，这情境就是这现象的因。

再用符号来表明它：在第一举例之中，有ABC各事实，又有PQR各事实随着它。在第二举例之中，有ADE各事实，又有PST各事实随着它。那么，A就是P的因，P就是A的果。

	因	果		因	果
第一举例	C（养少）（淡多）	R（有光焰）	第二举例	E（养气充足）	T（微燃而放火星）
	B（淡）	Q（气体上腾）		D（录酸）（钾）	S（留有白灰）
	A（养）	P（燃烧）		A（养）	P（燃烧）

例如烧一块净炭于空气（淡四养一）之中，那炭就发生燃烧的现象，有光焰，净炭变为气体而上腾，这是一个举例。又把炭末和绿酸钾（钾绿各一）相合，用火烧它，那炭也发生燃烧的现象，但是它燃烧的时候，微炸而放火星，燃烧之后，留有白灰，这又是一个举例。在这两个举例之中，只有AP是相同的，我们就可以断定A就是P的因，P就是A的果。换一句话说，养气就是燃烧的因，燃烧就是养气的果。至于BC是否为QR的因，DE是否为ST的因，在这两个举例，是各不相同的，应该另取别的举例来比

较,方能断定。

（乙）正负合并的方法　在某第一组的二个举例之中,有一个情境相同,于是发生一个同一的现象；其余的,因为情境不同,所以现象也都是不相同的。又在某第二组的二个举例之中,没有发生第一组的那个现象,因为不是第一组那个情境。并且在这第二组里,所有的情境和现象,通通没有相同的地方。那么,第一组的相同的那个情境,便是那个相同的现象的因。或者是那现象的因的不可缺少的部分。

现在再用符号来表明它：第一组的举例,都有情境A,都有现象P；第二组的举例,都没有情境A,都没有现象P；那么A是P的因,P就是A的果。

第一组的举例
（一）A（终年有雪）　　P（终年白色）
　　　（他因例如冰滑）　Q（他果例如足有柔毛）
（二）A（冬季有雪）　　P（冬季白色）
　　　C（他因例如温度低）S（他果例如身有绒毛）

第二组的举例
（一）F（树上生活）　X（褐色）
　　　G（他因）　　　W（他果）
（二）H（须认同伴）　Y（褐色）
　　　K（他因）　　　Z（他果）

先就第一组举例说：从达尔文发明"动物用颜色保护它的安全"的理论后,华烈司就用这理论,解释北冰洋动物的颜色。北冰洋有终年雪不融化的地方,所以就有终年颜色皆白的动物。如北极熊和美洲的北极兔,……就是很显明的例子。北冰洋又有夏季无雪、冬季有雪的地方,所以有些动物的颜色,冬季变白,夏季变为别种颜色,如北冰兔、北冰狐,……都是可举的例子。因为动物的颜色,要和它的外界的颜色一样,那么,肉食的动物,借此易于攫食；被食的动物,借此易于避祸。这样,就第一组的举例看来,达尔文的理论是完全靠得住的。但是华烈司又寻出有生于终年有雪的地方的动物,而其颜色不是白的。例如冰貂终年是褐色,貂羊终年也是褐色（第二组举例）,依表面看来,似乎达尔文的理论,是靠不住了；然而华烈司详细考察,才知道冰貂是生活在树上的；它的褐色,正和树皮的颜色相同,貂羊生命的安全,是要速认同伴而归群的,所以它需要有可辨的颜色。这样说,它们的褐色,仍然是一种保护色,和达尔文的理论,毫无冲突,不过是另外的一个因果关系罢了。

(丙)差别的方法 有两个举例;在第一举例之中,有一个现象发见,在第二个举例之中,这个现象不发见;但是在两个举例之中,除"有一个情境见于第一举例,不见于第二举例"之外,其余情境都是相同的。这一个不见于第二举例的情境,便是不见于第二举例的这个现象的因,或是这个现象不可少的部分。

再用符号来表明它:第一举例之中,有情境A、B、C,有现象P、Q、R,在第二个举例之中,有情境B、C,有现象Q、R,独没有情境A,又没有现象P,我们就说A是P的因。

$$\text{第一举例} \begin{matrix} C & R \\ B & Q \\ A & P \end{matrix} \qquad \text{第二举例} \begin{matrix} C & R \\ B & Q \end{matrix}$$

例如加里里的用试验证明空气是有重量的,他把一个瓶装满空气,用天平戥它,再把瓶里空气吸出,再用天平戥它,则重量减少,他就证明空气是有重量的。又如物理学家,用试验证明空气传声,把一个表振动的声音,渐渐薄弱;这样,足见空气是传声的原因。上面两个举例,都可以证明空气有重量,这一部分,是相同的,而后例多一个空气传声的因果关系。

(丁)同变的方法 若是有一个现象,增减递变,又有一个现象,也跟随它递变,现象必为彼此现象的因或果,或是这两个现象之间,必有间接的因果的关系。

此节分作子丑两段说:

(子)有二或二个以上的举例,其中现象"A和P"同时递变,其余的现象,B和Q永远不变,则A是P的因或果。

$$\text{第一举例} \quad B(温度不变) \quad Q(体积不变) \\ \qquad\qquad A(压力变) \qquad P(体积变)$$

$$\text{第二举例} \quad B(压力不变) \quad Q(体积不变) \\ \qquad\qquad A(温度变) \qquad P(体积变)$$

例如鲍以尔的定律说："凡在温度不变的时候,气体所受的压力愈大,它的体积愈小。"所以压力大小,就是体积大小的原因。又如格罗撒克的定律说："凡在压力不变的时候,气体的温度愈高,它的体积愈大。"所以温度高低,就是体积大小的原因。上面两个定律表明温度和压力,都和体积有因果的关系,并不是AP和BQ各自为因果的。换一句话说,如果某种气体温度较高,而它所受的压力特别的大,它的体积有变小的可能;如果某种气体所受压力虽大,而它的温度非常的变高,它的体积亦有变大的可能。

（丑）有二个或三个举例,其中的现象A和P同时递变,然而其余的现象BC、QR、DE、ST等,也屡次不同。这样,若要断定A是P的因,那就比较的难得多了,因为P的变,或者是由BC的原故。

第一举例
C（他因变） P（他果变）
B（他因变） Q（他果变）
A（收获增） P（刑事犯）
（加）　　（增）

第二举例
E（他因变） T（他果变）
D（他因变） S（他果变）
A（收获变） P（刑事变）

例如费利研究法国刑事犯案和法国的出产,找出葡萄收获的增加,和刑事案的增加成正比例。葡萄是造酒的原料,所以他推论酒是犯罪的原因。若拿符号来代表,A是葡萄收获,P是刑事犯。但是在那时候,也许有别的社会变迁,如生活艰难,繁华增盛……等情境,如B、C、D、E所代表,是犯罪的原因;或者有他项情境,逐年递变,是那现象（犯罪）的共同原因。然而我们如果要承认这种推测,必须在各处统计表里,搜集举例来证明它,方能下"取而代之"的结论,否则我们只有承认费利的那种理论了。

（戊）剩余的方法　如果有一班现象,已经定了它们的因果的关系,现在有一个现象,其中有一部分是此果,将此果减除于此现象之中,其剩余的现象,就是这一个情境减除因的剩余的果。

再拿符号来表明他:现在有一个举例,他的前引是ABC,他的后随是

PQR，我们已经知道QR是BC的果，于是将BC减除于ABC之中，将QR减除于PQR之中，第二层所剩余的P，必定是第一层所剩余的A的果。

例如淡的性质，我们已经知道得很详细；那就是说关于淡的大部分的因果的关系，都是定了的。但是劳列把淡合物里取出的淡（纯粹的淡），和空气里取出的淡相比，寻出它俩的光分、密度都不同。那么，必定有一个另外的因，才能生出这个不同的果。兰姆塞跟随这个指导，就寻出最初在空气中所取之淡，不是纯粹的淡，因为空气中除淡和养气之外，还有氩类气体。那么，氩类气体，就是这个现象剩余的因了。

此外还有历史的方法和物理的方法，很可以帮助我们应付现象界的复杂的，所以我们在这里特别提出来附带的讲一下。历史的方法，就是要搜集同类的事实，研究它有没有可较的同点，如果有可较的同点，就没一个经验的定律来统辖它，然后再从这些事实的本性，推求一个理性的解释出来。物理的方法，就是用一个已知的定律作前导，来研究呈具于我们面前的现象，推论一个结果出来，然后再拿试验来证明它。总而言之，用历史的方法，必有理解，否则没有预测的价值。用物理的方法，必有试验证明，否则就落于虚妄了。

四、知识的类别

我们用已知推论未知，就是预测。这个预测，究竟准到什么地步，那就要靠我们已有的知识之价值而定。照前面历史的方法和物理的方法来说，凡用历史的方法，仅由经验得来的知识，叫做经验的知识，先由经验得来，而又寻出因果的理由来的，这就叫做理解的知识。凡用物理的方法，仅由假定构造得来的，叫做引申的知识；先由假定构造得来，而又由试验证实的，这就叫做证实的知识。在历史的方法一方面，经验的知识之价值较低，理解的知识之价值较高，在物理的方法一方面，引申的知识之价值较低，证实的知识之价值较高。经验的知识，是知其当然的，理解的知识，是知其所以然的；引申的知识，是知其应然的，证实的知识，是知其果然。有的时候，我们把已有的知识合拢在一块，构造一个假定，去预测将来，若是这个假定的内容，都是很有价值的，都是和我们所预测的问题是紧接的,那么这预测虽不能说是必然的,可是其或然的等级也就很高了。

经验的知识

经验的知识,由征集事实得来。人们对于日常见闻的事件,顺着习惯经验下去,久而久之,便得了一些知其当然、而不知其所以然的知识,这就是经验的知识。这种知识,有时虽能构成一个经验的定律,然而究竟不能用理论去解释它的理由。它只是同不成篇幅的地图之碎片一般,甲片有山,乙片有河,丙片有城,丁片有野,从这断片里面,不知道山河城野,彼此的关系;若要知道这样的关系,均将这些碎片聚成一幅大图方可。

"蟛蜞在东,朝霁于西。"是说一方有日光,一方有雨泡,则有蟛蜞,这是一个经验的知识。然而这也就是仅知其当然、不知其所以然的一个知识。必待光学家拿折光的理论,把它解释之后,我们才能得着一个靠得住的定律。又如以一竹竿,半没于水中,而水下之半段斜折;日光穿过三棱镜,而分为光分,这仿佛是不相联属的现象。然而自笛卡儿、牛顿由试验之表明,而知光自疏物至密物中,或自密物至疏物中,必起屈折的现象,然后知道凡以上不同的现象,都是折光在不同的情境之中所生出来的。总之经验的知识,虽是极初步的,究竟胜于无知识万倍,因为这些知识,可以供给我们研究的材料,而且在实用的方面的功用也是很大的。

理解的知识

理解的知识,先由事实之归纳得来,再就此事实之本性,用理论或假定解释出因果的理由。这种知识,又可以叫做推寻的、说理的、联属的知识。从经验的知识,进而为理性的知识,必须要经过以下的三种方法,至少要经过三种方法之一。

(甲)多因之分析 一个事实的成立,往往不只一个单纯的原因,分析的方法,就是要求出一个事实的几个原因。例如我们知道地球绕日而行,这算是一个经验的知识。若要使它成个理解的知识,须分析地球绕日而行的原因。如地球旋转,有离心力,在每切点均欲依照圆径之引伸线而直行,地球和太阳互相吸收,太阳吸力大,故地球欲向太阳而前行,二力相持,于是地球绕日而行于其所行的轨道。这样,便成理解的知识了。

(乙)鸢远的因果之接续 寻常经验的因果之间,有多数因果关系,从表面看,是不相联属的;我们要把这多数因果,联成一线。例如"无猫

即无橄榄",这是一个经验的知识。若要使它成一个理解的知识,须将此隔远的因果之间的因果联续起来。无猫则有鼠,有鼠则毁坏蜂巢,蜂巢毁坏,则花之雌雄蕊不能媒合,雌雄蕊不能媒合,则无橄榄之收获。有了这样理解的知识,然后可以推求其他植物之收获,和媒合的关系了。

(丙)分个之综合　宇宙的现象,有许多貌似不相联属,而实际却是极有关系的,用一个普遍的定律把这一类的现象贯穿起来,这叫做分个之综合。倒如水流就下,水上有木则浮,空气中之轻气球,可以上升,……这都算是经验的知识,似乎是不相联属的现象。若要使它成个理解的知识,须用地心吸力的定律,把它们综合起来,然后知道水之就下,是因为地心吸力之吸引;水上之木能浮,是因为木所受的吸力,不及水所受的吸力之大;空气中轻气轻,可以上升,是因为轻气所受吸力,不及空气所受吸力之大;原来都是"吸力"这位先生在那里主持啊!

证实的知识

证实的知识,是先由理论,或假定,演绎得来,再用事实证实的。大概科学中的知识,多半是由预测而后证实,预测是理论一方面的事,证实是试验一方面的事,理论和试验相符,就是真实。孔德说:"预测之准确,是理论之真实的证据。"要这预测准确,须要有严密的方法和充足的材料。方法之严密,莫过于科学中所用的方法,增加材料,更有借于科学,所以科学,就是增长我们预测之本领的工具。

从一个确切的因果关系利用外因的搀杂,或因果的反行,往往可以预测一个"可以拿试验来证实"的结果。例如我们已经知道热为固体膨胀之因,我们可以预测,若使固体受热,而周围逼塞,无自由膨胀之路,则必内部互相撑挤,而破裂。又如热为气体膨胀之因,我们可以预测:若使气体自行膨胀,则必吸收热,由此推究下去,于是证明"使气体变为液体"的气液机。科学上像这样的事实正多,但是凡这样的预测,都要拿试验来证实,才算是靠得住的。

引申的知识

引申的知识,是由纯粹的推论,或推较得来,无从用试验证明的。此种知识,本身尚待证明,若用它做推论的张本,往往可以生极大的错误,所以它的价值不高。例如电学家因铁有磁性,别的金类,也有些带弱磁性的,于是引申而说凡物都有磁性,不过铁之磁性最大,所以我们可以察觉它,他物只有甚弱的磁性,都不能为我们所察觉;但是这种引申之论,在未证实以前,我们是不必轻易相信的。若是徒爱其思辨之有趣,不但不证实它,而且引申不已,即不流于虚妄,亦必陷于诡辩,那就不是科学家正当的态度了。

五、观察和试验

知识缘于经验,以前已经略略说过。经验最初的起源,往往由于无意的接触,由这无意的接触,再用假定经验,双方进行,于是成个有统系的科学。例如牛顿无意看见苹果落地,而发见普遍吸力定律;瓦德无意见壶盖被蒸气冲动,而发明蒸气机关……但是无意的接触,不过是发起兴趣的起点,从此往下,若是没有眼光和有统系的研究,仍是没用。这研究的方法,在科学上最重要的,就是观察和试验。

在天然的情境之下,记录现象之进行,叫做观察;用人力改变天然的情境。然后记录现象之进行,叫做试验。简括一句说:试验就是观察和天然的情境之改变之总数。所以赫切耳说:"观察和试验,统统可以叫作观察,不过观察是被动的观察,试验是主动的观察罢了。"试验的结果,比观察的结果,较为确切,而且判断真实和错误的本领,试验也比观察高得多。我们试举个例子来说:地球是圆的,这个理论,在文艺新生时代的天文家,已经由很精详的观察证明了。然而倘若没有哥伦布麦哲伦之亲身环行地球;恐怕欧美的人民,也还有相信地是平的咧!

以上所说的,只是观察和试验的概念,现在再把它俩分开讲。

甲　观察

天然界中的现象,往往甚缓而柔,容易逃出我们观察的范围。例如日热可以使水变成蒸气,气候的干燥,可以使动物觅水于他方。这两样现象都是甚缓而柔的,不易入我们的观察界。若要研究这种现象,必须注意下面两个方法。

(一)观察时间的延长　天然界的现象,虽甚缓而柔,然日计不足,月计有余,只要时间延长,耐心观察,总可以看见它的结果。例如江河的两

岸,当浪的处所,必定逐日侵削,避浪的处所,必定逐日增长,不过这样的侵削增长,都是极缓而柔,不易使人注意。然而数十年后,侵削的处所,必定成港。增长的处所,必定成滩,这个结果就是很大的了。

(二)原动力的增加　天然界中的现象,虽甚缓而柔,但是我们增加它的原动力的分量,也可以较易的考察其结果。例如以灰石放在浓炭酸中,立刻溶解,那么,天然界中雨所含的炭酸,也必定能够溶解灰石,和他种可溶解于炭酸的崖石,不过较缓而柔罢了。

当我们观察的时候,有许多情境,足以为我们观察错误的来源;所以我们如果要得一个确切的结果,必须留意以下三种情境:即是(A)心理的情境,(B)器官和仪器的情境,(C)外界的情境。

A. 心理的情境　我们观察的时候,若要得确切的结果,切不可有主观的偏见,因为主观心理的情境,是各人不同的。例如甲见猫而欢悦,乙见猫而恨恶,甲见红色而愉快,乙见红色而郁闷,这是因为他们生理组织不同,生出不同的反应,所以他们主观心理的情境,也就不同了啊。

历史上遗传的误信,最足以使人存主观的偏见,在社会学的各部,固然是如此,在物理的科学中,也曾有此种误信。如日绕地球之说,在古昔简直成了一种普通的误信,直到哥白尼方才破除,这就是个显著的例子了。

B. 器官和仪器的情境　我们观察现象,以公众的器官所能观察,和我们所有的仪器所能观察的为凭,那是不待说的。至于器官必不能有缺陷,仪器必需能合用,也是必要的条件。但是我们要知道器官和仪器的观察,也有一定的限制。天然界中有许多微细的现象,不是器官所能观察的,例如音度高于每秒三万八千次的声,不能为耳所闻,过紫和极红以内的光,不能为目所见。就说到仪器,也有些微细的现象,不是我们现在所有的仪器,所能观察的。例如望远镜不能窥见暗于第十二级(无病的肉眼可以窥见第六级的星)以上的星,极端显微镜,不能窥见小于十万分之一米里密突之物。但是此种现象,既未入观察界内,除非另有方法,能证明它的存在,我们不可轻易相信它为事实,因为恐怕流于虚妄的原故。

科学中的观察,大概注重仪器,过于器官,因为器官观察,纵然确切,有时仍然不能得真实的结果。例如手执一火,在暗室中摇成一圈,以裸眼观之,乃是一个火圈,然而实在是一点的火接续旋转,印于眼珠甚快,故成一圈。影戏的活动,实在是无数相片接续射影而成幻象,都是一个道理。

C. 外界的情境　就令心理公平和器官准确,然而还要考察外界的情境,是否尽为观察界所收罗。因为天然界所呈的现象,有易为我们所观察,有不易为我们所观察的,还有竟直不能为我们所观察的。我们对于第一种的现象,必须详考当我们观察的时候,是否为主观的偏见所驱使,或为外界的貌似所蒙蔽。如忙觉时短,闲觉日长,重物下坠似速于轻物之类。对于第二种的现象,必须用精巧的仪器,来辅器官之不足。如水和空气中的微籦,非显微镜不能窥见,分量甚少的物的存在,非精细化学分析,不能发见之类。对于第三种的现象,必须用旁证,推较之法,以证明之。如原子的重量,我们无法可以直接去戥量它,必须用分析的结果,成蒸气之密度去旁证它。

外界的情境,不为我们所观察的,在历史学里极多。如天文学中的彗星,依历史纪载的,不过四五千之多,然而据拉布拉司的测算,说天空中的彗星多如海中之鱼。地球上所见的陨石,历史所载的有限,然而据天文家的测算,每二十四小时,当有四百兆陨石,见于地球的空气围之中。但此种测算,在该科学之中,民有确切的张本,方有可信的价值,并且由各不同的张本,而测算所得的结果,都能互相符合,我们方能承认它是真实。若是不能到这地步,我们只能给予各不同的结果,一个比较的或然数罢了。

乙　试验

我们研究现象,有时可以(或必须)改变现象发生时的情境,如温度、压力、电之扰动、光之浓度、之等等,再考察这些现象的相随的变迁,这就叫做试验。

在作一个试验的时候,情境是极多的,简直可以说是无限的。试就一个简单试验而言,如"以二木摩擦生热",情境也就不少了啦!二木的形式,坚度和它的化学的组织,化学的性质。摩擦的压力,及其速率。周围空气的温度、压力,及其化学的成分。二木和地面的距离,及地之吸力,和摩擦人的温度,……种种情境。这些情境究竟哪是和摩擦生热是有关系的?哪是和摩擦生热没有关系的?我们在那时候,直是无从断定!

试验的方法就是取出"似乎"和这现象有关系的情境,加以一度试

验,而在每次移去一个,"似乎"和这现象有关系的情境。即以二木摩擦生热而言,周围的空气,"似乎"和生热有关系,于是我们在真空之中,以二木相摩擦,若是二木仍能生热,我们就知道空气和生热没有关系了。又周围的热物件,也"似乎"和生热有关系,于是我们用一器,周围用冰围之,使器中之温度,永在冰点,然后以二木摩擦于此器之中,若木仍然生热,我们就知道周围的热物件和生热没有关系了。……如此进行,每次移去一个"似乎"和这现有关系的情境,到最后的结果,然后知道摩擦的能力,——仅此摩擦能力——和生热的现象有因果的关系。那么,我们才能决定摩擦的能力,就是热之因了。

但是一个现象发生,外面的情境是很多的,我们作试验时,要把所有的情境,一个一个都试验一番,那实在是不胜其烦。设有一个现象,P,当发现的时候,有情境A、B、C、D,我们不知道哪项情境是这现象之因。若依联合的原理作试验,则有ABCD,ABC,ABD,ACD,BCD,AB,AC,AD,BC,BD,CD,A,B,C,D,十五个试验,若是这个现象发现的时候,有十二个情境,则须做的试验有四千〇九十六个之多,若情境更多,则须做的试验,更其多得吓人了!那时我们若要一一加以试验,恐怕一百年也不能成功啊,然则我们究竟用什么做指导呢?有人说,在这样地方,惟有经验可做指导,因为有充足的经验,才有深切的眼光,由这眼光,可以猜度哪项情境和这现象有关系,然后再拿这些"考取"的情境,试验一番。有人说:这还不是探本穷源的说法,在这地方,惟有志愿可做指导。因为我们有想化繁为简的志愿,所以我们有综合的直觉,这个直觉,可以告诉我们那项情境,大约和现象是有关系的,决不至于拿那些完全牛头不对马嘴的情境,来作那些烦杂无所归属的试验。这两种说法,都是不错的,总之我们对于一个现象,应当留意的有以下的三事,现在分述于下。

A. 无关的情境之移除　无关的情境,若不能移除,往往误认为有关的情境。例如珍珠壳之光泽,从前的人,都以为是原于珍珠壳之化学的成分。自柏罗司特无意之中,以松脂印珍珠壳,看见松脂之印面上,也有光泽和珍珠壳一样。随后他又以珍珠壳印于坎拿大胶和黄蜡的面上,看见这些物件之印面上,也有和珍珠壳一样的光泽,然后知道化学的成分,是和光泽无关的情境;和光泽有关的情境,乃是珍珠壳表面一层的特别组织。又如声之尖度,从前的人,都以为是原于乐器之材料,现在我们寻求声之尖度,以其音度(振动次数)为数,无论乐器是什么材料,只要音度是一样的,它们的尖度,也是一样的。总而言之,如果我们疑心那项情境,和这现象有关,就要去试验,如移除那个情境,还有这现象,那么,那个情境便和这现象无关了。

B. 特别情境之创造　地球上天然情境的变迁,是很小的,若是我们仅在这些天然情境之中,研究物的现象和这些情境的关系,我们所得的知识有限。例如空气的温度,常在二十度上下,若我们要研究一物,在高温度时的行为如何。例如要研究淡气在高温度时,是否仍是轻气;或我们要研究一物,在低温度时的行为如何。例如要研究轻气在低温度时,是否仍遵守鲍以午定律。则我们必须用"电弧炉"制造高温度,用"液气机"制造低温度,然后试验才可进行。科学的进步,大半都由于特别情境之创造,因为天然的情境,往往甚缓而柔,不但供给我们知识有限,并且很难使我们有增进知识的机会,这些特别情境之创造,也就是人类战胜天然的方法咧。

C. 外搀的情境之访求　试验的时候,或有外搀的情境,和我们研究的现象有关,因为我们不知道这种的情境的性质,所以最容易发生错误,亚拉伯点金化学家,"贱金可变贵金"的谬说,大半是由于外搀的情境;因为金类矿储中,多半杂有少量的黄金,铅矿中,杂有银,若将这些不净的贱金类,用法化炼,可得少许金银,所以古化学家,以为这少许金银,是由铅铜等变来的,这就是外搀的情境所生的错误。又如古人以电析水,屯轻之极,有碱,屯阳之极有酸,他们就以为电可以生碱和酸,德斐以玛瑙池贮水,电析之后,碱和酸格外减少,他又用最净的蒸溜水,碱和酸更减少,他再做试验的时候,就特别小心,不用手沾仪器,又把仪器摆在一个盒子里,将盒内空气抽出,于是电析之后:屯轻之极并无碱,屯养之极并无酸,他然后知两极所生之碱和酸,不是电生的,乃是外搀的情境所生的。因为水中有少许盐,玻璃中有碱,手上和空气中都有垢腻,垢腻中也有盐,虽为量无多,然而有时生出错误。

这样看来,我们做试验的时候,首先必定要知道仪器和药品之性质,又要研究药品是否纯净,并且要改变试验之做法,期望可以发见错误的弱

点,使我们寻出错误的来源。就是同一的仪器,同一的药品,同一的做法,而所得的结果完全同一切,莫自许权量之确切,因为试验错误的来源,是很难捉摸的。

六、逼近之理论和假定的用法

甲 逼近之理论

科学的真实,可分三种:一为经验的真实,是由直接的观察试验得来的;二为方法的真实,是由推论得来的;三为擅定的真实,是意从证明而我们必须擅定的。这三种真实的价值,据科学家唯物的无见,以第一种为最高,然而这些经验的真实,仍是逼近的,不是绝对的。

经验的真实,其所以仍是逼近的道理,有两个原因:(一)凡与我们相接触的物,无论是天然的,是人为的,因为受了多数的因,——大的小的极小的——同时对于此物发生的影响,决不能有个完全的性质,和恰如一定的数之分量。(二)纵然有物有个完全的性质,和恰如一定的数之分量,然而依我们的有限的器官机器,也没有方法可以寻得出来。现在我们再拿一个举例来说明一下。

几何学中常常的说完全的点、完全的直线、完全的圆球,都不过是假定的、是逼近的。其实宇宙之间,客观界里并无"完全"之存在。完全的点,是不能有的,点一着迹,便有体积,就不成其为完全了。客观界里也没有完全的直线,就是陨星向地球陨落的时候,因为旁的星球的吸引,空气各方面抵抗的不同,空气流动的挽扰,也不能成其为完全的直线。客观界里,也没有完全的圆球,例如水和酒精互交溶液中的油珠之动,不能同时各方皆等,因为溶液之流动有偏向,也不能成其为完全的圆球。纵令天然界中有完全的点——算学的点,完全的直线,完全的圆球,然而我们所用的显微镜,无论如何精巧,决不能察见完全的点;我们所用的绳尺,决不能辨别直线究竟是否完全;我们所用的量圆表决不能辨别圆球是否完全。

据以上所说的看来,在理论的方面,既没有完全的真实。现在我们再在试验的方面考察之。凡我们所有的仪器,以备观察及试验之用的,都没有完全的性质。例如以一线悬铅锤,是我们所用的垂直线。然而此线既不能为完全的直线,此锤又不能为完全的各面皆称的锤。况且地面不平,若是此线之左有一山,此线之右有一洼,则此锤各方所受的吸力不等,于是此线之引伸线,不能恰抵地球之中心,就不是完全的垂直线了。照这样看来,试验所得的结果,也不是完全的真实哩。

乙　假定的方法

以上所说的观察试验,究竟怎样可以算得确切、真实,都是完全从事实一方面着手。但是我们研究真实,不是仅此事实之纪录所能了事的。在根本的方面说起来,知识最初的起源,都是无意的接触和乱碰的试验。然而若要使这些无意和乱碰之所得,成一个有系统的理论,必得有假定做指导,接续下去,做些选择的观察试验,才能达到这个目的。况且宇宙间的情境极其复杂,若是不把无意的观察和乱碰的试验,当作正当的研究的方法。那么,研究人的心中,更必须有预期的假定,来做探海灯。就是在每天的生活当中,用假定的地方,也是很多的;例如我们要做一件事情,必定预拟一个做法,而期望事实的结果,和我心里的目的相符,这就是假定。他的用意就是"非由事实直接归纳而成的定律"。当我们构定假定的时候,也许把各科科学的知识搜来,用作解决问题的补助。例如拿水推较电,拿空气推较以太,这个假定,究竟真实不真实,全靠它将来和事实相符不相符而定,全靠它能够解释事实圆满不圆满而定,全靠它能够进行不能够进行而定。决不能先存一个一定不移的态度。这样"试试看"的态度,就是科学家在试验室的态度。

假定的构成,有些是有理论的根据,或以事实逐层相比较而得来的,还有些是全由悬想的思辨而得来的,这样很容易陷于"随意所之"的虚妄,要限制"随意逞力"的思辨,必有一定条件,使假定必须经过。这些条件就是:

（一）必为我们所能思议的,而非无意识的奇怪。

（二）必能应用于事实的解释。

（三）必不和已承认的定律相冲突。

然而这三个条件,还不能十分确当。若没有附属的详细条件,仍不能如具体的方法。例如吸力的假定,言二星球之相吸,即有亿兆里之距离,

亦几乎不须时间；光动之假定，言光浪每秒钟内摆动七百兆兆次，都似乎出于心意所能思议之外。然而没有他项假定，来解释我们所观察的吸力和光之现象，则此种假定，仍为科学中的真实。又必不能和已承认的定律相冲突一层，也有使人拘泥成见的弊病，我们研究天然界的现象，固然不可陷于虚想，也不可笃信旧假定，——已承认的定律——而不信用新假定，因为旧假定，也许是不对的。科学发达史中，新假定推翻旧假定的地方狠多，例如天文学中"日中"之假定，推翻"地中"之假定，化学中"养化"之假定，推翻"火质"之假定，这样看来，以上所说的条件，并不是绝对的必须遵守的。现在总括一句说，就是假定必与事实相符。

有时有两个假定，都能"持之有故，言之成理"，都能和一定的事实相符，我们如何能辨别它俩的真实非真实呢？对于这样的辨别，培根发明了一个方法，就是寻出一个，或多于一个的事实，和甲假定相符，和乙假定不相符的，可以证实甲假定，又可以否证乙假定，来判断它俩，而定其去取这个方法，叫作判断的试验。例如当天文家测算未准，窥探未精的时候，"地中"的天文和"日中"的天文，都可以解释太阳系中一部分的现象（就是和事实相符），如每日太阳必出没，每年有四季之类。然而哥白尼测算，依"日中"说而推论水星、金星，绕行于地球轨道之内，可以见其各面之不同。依"地中"说而论，没有这个现象，到了一千六百十年，加里里约用望远镜，果然窥见水星、金星各面之不同。这就可以判断"地中"说是不对的，而日中说是对的了。

七、现象的权量

宇宙内有许多微细的现象的区别，非精确的分量的权量，不足以表现出来，迦太基底天文家，以在"某小时之内有日食发见"，为精确的时间的权量，现在的格罗维基把一秒钟的百分之一，都算作不可忽的时间了。埃及的量地家，以"用码计算地之长短"为精确的空间之权量，现在的测量家，便把一寸的十分之一都是必算的数了。西拉伯的化学家，以一钱为精确重量的权量，现在的化学试验室中，一格兰姆的千分之一，都是狠大的数了。但是要得这样精确的权量，不是我们的器官所能奏效的，必须有精确的仪器来辅助它,所以在科学之中,一个新仪器的发明,往往是一个新时期的开始,因为我们人类工作的进步,原于裸体的智识,远不及原于人为的方法,和原于人为的材料之多。大概我们想求现象权量的精确,必须留意以下的数事。

甲　确切权量之必需的情境

我们要求确切的权量,有两个必须的情境。第一,是界线之清晰。若是一事,或一物的两端,浑沌不分,则权量甚难确切,例如月食的影子,颇难断它何处为端、何处为末,然而用屡试的方法,可以减少此困难若干度。又如一事一物之中,联续不断,没有可较的点,则权量亦难确切。例如光份自紫至红,联续渐变,毫无间断,若是没有日光光分的黑线,和一定的盐所发的单光分,那就无从得确切的权量了。便是历史中的纪事,也必拿数项大事,作为参考点,以明前后,都是一样的理由。第二,是标准物和所量物之可等,有时我们把标准物的分量不动,而增减所量物之分量,使它俩相等。例如量一灯光之浓度,把一个标准灯不动,而移动所量灯,至所量灯光的浓度,和标准灯光的浓度相等的时候,然后计算。有时把所量物的分量不动,而增减标准物的分量,使它俩相等,例如我们用天秤称物重,递加法码,到法码的重量,和所量物的重量相等,然后计算。至于究竟能否精确,须得标准物之单位,能屡次试验而不误,又须得所量的得数,确是标准单位的倍数,或分数。依这两层说来,我们又须得考较仪器之精良了。

乙　权量的仪器

依上面所说看来,所谓权量者,即是设法使标准物的分量和所量物的分量相等而已。现在我们可以换一句话说,权量,就是寻觅一个标准物的分量和一个所量物的分量之中间的比例数。要寻觅这个比例数,不能不倚靠仪器来辨别它,因为我们的器官的辨别力有限,并且易于发生错误。但是就便我们用仪器了,最终的辨别,还须得用器官来判断,如以听官断二声之相等,以视官断二长之相等,以触官断二味之相等,不过仪器的用处,能够叫外界的现象,呈具易于辨别的性质,所以我们用器官去判断它,不至易生错误罢了。现时科学中的权量,渐渐趋入"用空间的权量,代替各种的权量"之途径,例如水银寒暑表之量温度,以其狭管中水银之上下为凭,天平之量重物,以其针之左右为凭;就是时间之长短,也可以用一

筒纸卷上的墨线为凭；有若干时间之流行，就有若干空间之越过；这是因为空间之现象，易于接触知官，而空间的概念，又易成立于精神界的原故。

上面所说的权量时间、空间、体量，只是就直接权量而言。此外尚有间接的权量。有时我们所量的分量A，和另外一个分量B之间，有一定的算学的关系，我们只知道B，就可以知道A，这叫做间接的权量。科学之中，采用这个方法的时候，也极多，例如法来德权量金叶之厚，他积二千方金叶，量得它的总重量是二四点八九公钱，量得它的面积是二一点四五平方公寸，他知道金的比重，是一九点五，所以他算得这金叶的总厚，是〇点五三〇公寸；但是金叶共有三千张，所以每张的厚，是四〇〇〇〇分之一公寸。换一句话说，我们直接的量得金叶的重量，就可以间接的量得金叶之厚了。

丙　单位之选订

权量的方法，既是以二量相较，那么，我们必得一个标准的分量，经公众所承认的，才能进行哪！这标准的分量，就叫做单位。科学中的分量，只有两种题目，是不要单位的，第一是抽象的数目，第二是周天的度数。因为抽象的数目，不沾物质，不用有具体的单位去计算它；周天的度数，是一周的分量，只要是一周，无论是地球赤道处的一周，或是网球联迹处的一周，度数都是一样的，不须有此周为彼周的单位，其余的权量，都要有标准的单位去驾驭它。现象是发见于时间、空间之中的，所以我们记载现象，首先要定时间和空间的单位，现象因为物质改换而发见，依科学实用的方面看起来，至少有物质之体量，是物质所自有的。所以其次要定体量之单位。这三项叫做基础的单位。有了这三项做基础，然后可以积次而定其他各项分量的单位了。

时间之单位——时间之流行，毫无间断，无从知其始修，凡各种动作生活，都发见于其中。然而时间究竟是甚么，仍无人能说得出。从前有人问圣僧奥格司丁道："时间是甚么？"奥格司丁答道："你若不问我倒明白。"亚里士多德说"时间乃是用前后记动数目"；康德以为时间、空间是先天的，不是由经验得来的；波格森以时间为实证的存在。但是这些辨论，都不能增加我们的知识。我们只知这时间流行，是有定的，是可量的，并不是对于甲是"从容缓步"，对于乙是"马上加鞭"哪。我们既是要量时间,必得有个单位,最初的时间单位,自然是以一日为方便。以后因为一日里动作太多,所以又用一日的二十四分之一,叫做一小时。以后又用一日的八万六千四百分之一叫做一秒。一秒再可分为若干等分,现时普通科学上的试验,大概是以一秒为标准单位了。

空间之单位——空间究竟是甚么？亦有难言之处。依哲理说起来,空间是相对的,不是绝对的。譬如我们今天在这里讲书,下星期一我们还在这里讲书,今天的"这里"和下星期一的"这里"并不是绝对同一的空间。因为地球天天旋转,太阳天天旋转,到下星期一,不知道又转到哪里去了。我们只能说我们今天在离某处若干尺（或丈）的地方讲书,下星期一我们还是离某处若干尺的地方讲书,这样拿空间的一点,作标准,其余空间,是和这标准相对的。不过在初步科学里面,把空间当作绝对的,并无妨碍,不但无妨碍,并且可以砺助力学的进行,因为我们只要可量在二点之间空间的分量,这分量不变迁,就够了。纵然这分量变迁,只要别的空间的分量,也同时变迁,到同一的地步,仍是无妨碍的,我们仍然可以得确切的权量。譬如我们拿尺量布,得若干尺,明天布变长了,只要尺也变长,我们的体干以及各物都变长了,那有什么关系呢？所以在实用的方面,我们尽可断言空间是可量的。现在我们所定空间标准,是一根白金杆,藏在巴黎记录院里面,在零度时,它的长算作一米达,科学上所用空间单位,就是以这米达为标准,以一米达的百分之一为单位,叫作生的米达。

体量之单位——依放射的试验而言,物质体量之大小,依其中电子速率之大小不同,不过在一定的速率限制以内,不至发生体量的变迁。所以我们也可以说体量是有定的。现在我们就以此为界限说,体量是可量的,这体量的标准如何定呢？我们取一立方公寸（生的米达）的之水在四度时的重量,算作一公钱（格兰姆）,这就是现时科学上所用的体量的标准单位了。

以上选定的三个单位,适宜于多数权量之用,然有时所量物的分量,过大,或过小,我们也可以用这些单位的分数或倍数,但是这些附属的单位,和基本的单位,必定要确切。以量长而言,密达之上,有启罗米达（一千米达）；密达之下,有生的米达,米里米达；这些单位都是与基础单

位有确切的关系的。其余的附属的各种单位甚多,不过是由这三个基础单位引导出,那些单位又叫做引伸单位。

八、错误之免除和减少

现象界的复杂,前面已经说过了。然而我们须得生活动作,决没有畏难而退的道理。所以不管怎样复杂,我们还是要研究的。我们研究现象,理想的最好的方法,是每次提出一个现象出来研究之,权量之。但是我们为什么要权量呢？是因为要找出现象之因果的关系,而发明现象界的定律。既是要找出因果的关系,最好是变换因的情境,而考求果的现象之变换。倘若我们每次能够变换一个情境以考求之,则试验并非难事。然而每次变换一个情境的时候,不能撇开少许外搀的情境之同时变换,所以结果的现象,也有少许外搀的现象杂在里面。这些外搀的现象,在另外一个范围之内,每每能供给发明之材料；然而从我们所要权量的现象的方面看来,这些外搀的现象,乃是扰乱的分子,就是错误的根源。科学既是要求真实,自然是要免除错误,纵然不能免除,也得要减少到最低的限度。

现在我们举一个例子来说。如我们用气压表去量空气压力的变动,温度也在里边扰乱,因为表管里汞之升降,一由于空气压力之变动,(压力大则汞升压力小则汞降)一由于空气温度之变动(温度高则汞升温度低则汞降)。所以管里汞之升降,实在是这两个原因所生的结果之总数。就是拿空气压力来说,又有一小部分,是空气中所含的水蒸汽的压力,并不是空气本身的压力,所以我们所量的空气压力,又是空气本身的压力和空气所含的水蒸汽的压力之总数。所以记录气压表的人,要把当时空气所含的水蒸汽压力和当时空气的温度找出来,以便更正气压表的数目。

又有外搀的现象之分量,比欲量的现象之分量还大的。例如二物化变的速率,往往甚小,然而有时可以化变甚速,因为有第三者外搀物接触的原故(例如轻和养在燃点下,化合甚缓,若有外搀物,如玻璃金类等接触类,来促进他,则化合甚快)。诸如此类的问题,必须先考定外搀的现象之分量,方能谈到权量我们所要量的分量。

照此看来,我们权量现象,随处都可以发生错误,因为随处都有外搀的现象的原故。顶好是能够把它免除,就是不能完全免除,也要想方法把它减少。现在我们依照揭芳斯的方法,把物理学里所用免除和减少错误的方法,分为六项,逐一研究如下:(一)免除;(二)常定;(三)更正;(四)赔偿;(五)反复;(六)平均。

(一)免除的方法　我们观察试验,如果没有外搀的现象发见,那就更好,假使有外搀的现象发见,也可以设法免除。例如航海家用指北针去定方向,他所遇的扰动的分子,是浪动和船上的铁。因为浪动使船不平,而罗盘也因之不平,指北针和吸铁石同性,铁可以改变它的方向。这两项所生的错误,都是很大的。要免除这种错误,法以罗盘浮在一盆汞的面上,如此则船虽不平,而汞面总是平的,可以免除第一错误;再把这个罗盘的仪器,放在一个大铁环里边,使指北针各方所受的吸力,都是相等,可以免除第二错误。

(二)常定的方法　我们观察试验,有时可以制造一种情境使外搀的现象,当观察试验的时候,常定而不变,所以我们做二次或多于二次的权量,受它的扰动,都到同等的地位,所以得数可免错误。例如我们用天秤戥物,左盘有A,右盘有B,两边如果相称,则AB的重量,必定是相等的了。然而我们恐怕天秤的横竿、尖架、法码,各处稍有缺点,而AB的重量,究竟相等不相等,还是一个疑问。若是取去B而以C代之,如C仍和A相等,则C和B之相等,必是一定的。因为凡有外搀的情境,使B的分量,生那么多的错误,必定使C的分量,也生那么多的错误,两下相消掉了。

(三)更正的方法　我们观察试验,有时可以另外权量外搀的现象的分量,由此可以更正我们所要量的分量。这样的更正,往往可以靠科学中已定的常数而做到的。例如气压表,无论在何温度时的数目,可以更正为在零度时的数目。又如化学定量分析里的空白试验,也是更正的方法。如像我们要量一肥料中淡的分量,恐怕我们所用的化学品中,杂有淡合物,又恐怕当试验的时候,有从空气中或从水中来的淡合物,搀在里边。所以我们做定量分析的时候,另外用一个空瓶,用真试验里所要用的化学品,照真试验的方法一样的做去,看它的结果,究竟有淡没有。如果有淡,这淡就是从化学品或空气或水里来的,不是从肥料来的(因为空白试验

里没有用肥料)。把这个淡的分量,从真试验的得数中减去,则剩余的得数,就是肥料之淡的波生的了。

(四)赔偿的方法　我们观察试验的时候,如果知道外掺的错误之性质和分量,有时可以用一个相等而相反的去消除它。例如用天秤戥物,此物必占据空间,则此空间之中之原有的空气,必为此物所代替;那么法码所记载的重量,乃是此物的真重量减少此物所代替的空气的重量,就有错误发生了。不过所戥的物,若是固体液体,由此发生的错误极小,可以不必计算。若是气体,这错误就狠大,不能不设法免除了。所以我们权量气体的分量,要用两称的方法:法以两个同体积的玻璃泡,悬于左右二盘之上,以右泡储空气(右盘上摆法码)将左泡抽成真空,看两盘相等的时候重量多少,再将我们所要量的气体,装在左泡之中,再看两盘相等的时候,重量多少,两下相减,才能得在泡里气体的真重量了。

(五)反复的方法　我们观察试验,有时可以反覆仪器的秩序,或反复试验的次第,使所有外掺的扰动,在顺行的时候生自此向彼的错误,在逆行的时候,生自彼向此的错误,再取二法所得的平均数算做得数,就可以准而不误了。例如我们用天秤戥物,若是天秤的横杆,尖架,稍有缺点,则得数必有错误,这种错误,可用反覆之方法去免除它。法以物置右盘,以法码置左盘,戥之,再以物置左盘,以法码置右盘,戥之,那么所有外掺的错误,在这两次里,方向必定相反,而且分量必定相等。若是我们取二次的平均数做得数,就没有错误了。

(六)平均的方法　上段反复的方法,也是用平均得数为凭,所以也可以算得是平均的方法。现在所说的平均的方法,专是就得数的平均来说,至于怎样得着这个得数,那就在所不计了。这是平均的方法本身的用处。因为到了我们不能知道外掺的扰动是什么,又不能用反复的方法去免除它的时候,只有多集得数取其平均,可以逼近于真实。从实际方面讲起来,我们研究现象,无论如何权量,总不免有微细的错误发生,这种错误,乃是我们权量里面必有的,而且不可少的事情,所以我们对于小有不合的得数,除非有专门长久的经验,或可凭他的眼光去判断这些得数之是非,否则没有以此为真实以彼为错误的理由;惟有平均之一法,可以使我们较逼近于真实了。

九、结论

我们在上面已经把科学中所用的方法,大概的讨论过了。从这些节数里边,我们可以看得出:科学方法,就是实质的逻辑。这个逻辑的用处,就是叫我们如何制造真实的适用的知识。它的特点有以下四种。

(一)张本的确切

知识最初的起源,都是由于器官的感触,不过当感触的时候,有个主观的"我"在里面认识罢了。这些感触的所得,叫做感触张本。我们所有的不真实的知识,有许多都是由质这些张本之不确切,前面所说的各种减少错误防备错误的方法,都是叫我们如何能得确切张本的利器,而况各种科学的仪器,不但能帮助我们得确切的张本,并且能使我们可以观察我们裸体的器官所不能观察的东西。

(二)事实的分析和选择

当我们研究外界现象的时候,这现象必定呈具复杂纷纭的状况,我们必须把它分析到最小的部分才能着手。并且像这样分析之后,就是有了什么错误,也容易发见出来。分析是智慧的能事,科学中智慧发达很强,所以科学擅长于分析。化学中之原子论,力学中之微力,都是用这个方法的。但是如此分析还不能算完事,我们必定从过去的经验之中,选择那些和我们现在研究的东西相紧接的观念,综合起来,然后能够得着一个结果。这综合一层,若是靠智慧理性,是没用的,我们只能靠直觉去选择。但是既靠直觉,就不是方法所能范围的了。不过这样的直觉,可以培养得来。无论什么问题,我们总得要自身研究一番,使我们自身常有比较创造的机会。这就是自动的教育的原理。

(三)推论的合法

寻常的逻辑,是专门讨论这个问题的;对于这一层,科学方法和它有什么分别呢?科学方法和寻常的逻辑,都注重界说的清晰,都注重概念的确定,——赫胥黎把它叫做物理的概念,这是它俩相同的地方,然而寻常的逻辑,把这个概念看做具体的,把它所推论的对象和这个概念看做同一的东西。科学方法把这个概念看做抽象的,我们所推论的对象,不是界说

里纯净的假定不过是这个概念的影子,也许有大同小异的地方。所以推论的结果,若能满足一个界说,都是一个新真实。

(四)试验的证实

科学知识,不是纯净的经验——个体的记录所能了事的,必定有选择和推论。但是选择是一种简约的方法,由简约得来的不是真实的本身,如何能断定它是真实呢?推论的时候所推论的具体的东西,和用以推论的抽象的概念,因为有时间空间之不同,不是同一的,怎样知道推论所得的是真实呢?而且概念之成立,也是由选择而来的,概念不能将它所代表的东西的表德,完全包在里边。所以真实之最后的判断,还要靠着试验。如果没有试验证实一层,这知识里造法,并没有完事;试问制造法半途中止,哪里能够有良好的产品呢?实验派把实行看做思想的一部分,正是因为这个道理。从前的人说,知而不行,知是无益的;现在我们说,知而不行,并知也不能算作知啊。

何世桢
全民政治

> 这是何世桢1924年7月在"上海夏令讲学会"上的演讲稿,讲题为"全民政治"。原载《民国日报》副刊《觉悟》1924年7月19日至22日。
>
> 何世桢(1895—1972),安徽望江人。1922年获美国密歇根大学法学博士学位。1923年12月任上海大学教务长,1923年秋至1924年12月兼任英国文学系主任。上海持志大学创办人。

在未讲全民政治以前,必要先知道:

(一)政治学是什么?

政治这个名词,是由希腊政府之名脱化而来的。考当时希腊国家之组织,是由市政府集合而成;而希人不明市府与国家之别,就称研究国家性质之争,叫做政治学。不过现在人们研究政治学必该知道:政治学是整理人群生活之手续,因为国家的政治,是利用他来处理全国人民生活的事务,并不能把他当作目的。又是我们研究政治组织和施行的方法,而达到美满结果的一种学术。但人们研究政治学,又应该知道政治学对于各种科学很有关系的:如一国之人种、风俗、习惯、思想、法律、宗教和教育……等问题,就必须知道人种学、历史学、地理学、经济学、心理学和伦理学……各种关于人类组织的科学而研究之。这是研究政治学的基础。

（二）国体是什么？

国体是国家形式，因主权之所在而分君主与民主。主权在君主，则君主为主体，民为客体，反是，则民为主体，君为客体。

（三）政体是什么？

政体是执行主权的形式。君主专制国，执行主权依君意而行。民主立宪则依宪法而执行主权。执行主权机关叫做政府。执行主权的形式叫做政体。

（四）宪法是什么？

宪法是立国的根本大法。分为成文和不成文：美国是成文宪法，国家组织大纲皆有条文规定；修改时必须国会议员三分之一的人数提议，三分之二的人数可决，或者，州议会之提议方有效；手续严密，变动艰难，是以又称为"刚性宪法"。中国的临时约法，也是刚性的；它第五十五条上说："本约法由参议院议员三分之二以上或临时大总统之提议，经议员五分之四以上之出席，出席员四分之三可决得增修之。"这就是仿效美国的。英国呢？是不成文的宪法，它国家政事，是根据国民相沿的风俗、习惯而转移或变动，修改较易，所以又称"柔性宪法"，但是有人把Magna Chater译作大宪章，真是离奇！我们要知道Magna Chater本身并非宪法，他不过是英国臣民同英王定的契约，并不是有什么离奇的地方。全不过将英国人当时理想同习惯上以为神圣不可侵犯的权利，加一种保障罢了。

市民政府是什么？

市民政府以本地机关，统治全市民。统治的主体，是市民全体，统治的客体，是市府及市民。市民政府在上古以希腊、罗马为最早，中世就散于大陆诸国事。他的基础，建设在市民共同意思上面；这思想中最要的，就是各个市民的事业，可供共同事业而牺牲。

我们明白了上面几段，现在讲到全民政治的本身，就容易了解，兹详述在下面：

全民政治，我们从理想上推它的定义：凡是这一国底人民皆有直接参与政治之可能。不过从实际上看来，就有不能不自完其说的地方了：未成年的人和有精神病的人，或者犯刑事剥夺公权的，都没有参政权，所以全民政治实际上的范围和理想上要缩小多了。但除去这种例外，人民皆有参政权的。

我们再考全民政治之由来：现代政治号主权在民，但实际只在几个代议士的掌中；而这些代议士又不能真正代表民意，人民就有直接参政的动机，于是全民政治就由代议制度而起。人民直接参政，从前在罗马时代就有的，当初罗马的立法院是人民全体组织的，他所立的法案公布后如果人民公共遵守，法案就有效；如果人民都不遵守，这个法案就无效。换言之，人民可以依习惯撤销立法院的法案，因为立法院是人民所组织，当然人民也可以无形的撤销他们自己所立的法。但是等到后来，罗马的立法院是人民代表所组织的，因为立法权在代表所组织的立法院，所以罗马末叶，人民就不能依习惯撤销立法院的法案。美国立法院所订的法律，无论何人，皆应遵守，是不能由人民的习惯撤销的。英国在十六世纪时，法院禁止人民决斗，如有犯的，除罚若干金镑外，并须割肤；此法可谓不人道至极。后来虽然这种法律有许多年没有采用过，但是就法理讲起来，这条法律仍是有效。因为人民习惯不能不能撤销立法院的法案。这以上不过讲立法权在人民同议会不同的地方。

讲到最近全民政治的定义，可以分做三项来说：

一、复决权　立法院订的法律或议会通过的法案，经人民表决通过方能成立。

二、创制权　人民因自身幸福的关系，经若干人的署名可以提出法案于立法院；立法院如不通过，人民可自订之。

三、召回权　人民举的代表或官吏，有违民意或不法行为时，人民能撤销重选。

上面说的非常简单，现再详述三种权的意义及各国的施行。

（一）复决权

瑞士十六世纪就有了；以 Erisons、Volsis 两州最早。十六世纪末叶，Bern 和 Zurub 两地亦有了。瑞士的联邦组织，就是一个复决制度；各州代表不过到会旁听或提议，还要各州民表决才有效呢。

最近的复决制度，发源于 St Gall 州，在一八三○年。这制度可为十九世纪的光彩；他的最重要点：（一）议会提议，（二）通知选举人，（三）人

民复决。有此制度,换句话说:人民就有 Vcto 权。所以瑞士行政与立法,没有冲突的弊病。

复决的施行分两种:(一)宪法和宪法的修正呢,凡没有选民会议的州,均用之。(二)普通法案,均用复决。

宪法的复决,美、奥、德、法都有的;并非瑞士所独创;普通法案的复决,以瑞士为先进,此为真正全民政治和代议制调和而成。除 Freiburg 外,均用之,有十一州强迫施行此制。换言之,如人民要求复决,则不经过此项手续,法案就没有效力。

至于复决之思想,在英国,一九一〇年之前就有了,议院权限太大,人民心理多趋向复决,上院在一九一〇年,自动的改造上院了。

英国在一九〇九年下院(急进派)所提出的议案,完全为上院(缓进派)打消,而下院就以三四九对一三四票通过一议案,以为上院不通过下院所议决之度支案为违法,同时 Lord Rosebey 之议决案颇有复决的性质。

一九一一年后,复决成为两党相争之大问题了;Mr. Balfour 与一九一〇年就有同样之主张;Unist 主张宪法问题用 Ref,普通立法就不主张。

瑞士联邦国施行复决,他的运用:(甲)强迫,在一八四八年宪法订的;(乙)Optinal 任意,在一八七四年修正案上订的,并由宪法案推及法律案。

宪法的修改,亦分三种办法:(一)如立法机关决定完全另订新宪,他的手续与普通法案的复决相同;(二)如立法院内人意见有不同的或有五万选民主张完全修正,则由人民复决后遵行;(三)部分的修改,可由立法院提出交人民复决,或由人民提议修改。

从一八七四至一九一七年宪法修正案,由联邦议院提出的,只有五件,由人民复决的,只有六件,大概因为宪法不能常变动的意思犹存脑中,近年来就常采用了。所有法案如非紧急的(不过除关系国家之存亡外,皆不能认为紧急问题)。其余各种问题,必予人民相当的时间,得以提议复决;此时期内,有三万人民或八州以上的提议复决,政府就应提交人民复决。

(二)创制权

复决能打消议会通过的议案,创制能通过议会的不通过的议案;

是以有很密切的关系,不过性质不同。Vene州在一八四五年,Aorgan在一八五二年,就有创制权,当时复决权,尚没有呢!

宪法修正案和普通法案的成立,均可由人民创制;选民创制要求的人数,和要求复决的相同;但同时议会亦能提出相当的或反对的议案,不过原案要由人民公决罢了;议会也可以将他的意见付予人民参考。瑞士用创制权极少,二十年不过两个议案;联邦政府的法案,由人民创制的,也是两个。至于州政府更少不可言了。十八州只有十五个创制法案;由此看来,瑞士人民对于创制法案,不及美人之有兴味多了。

一八四八年,瑞士宪法的规定说:凡有一万五千人民的提议,即能完全改变宪法。但是这种规定太不切实用,后经过极长时间的讨论,在一八九一年修正此种规定了,人民有局部修正的立法权。并且一万五千人不但能提议可以修改宪法,还能立迫政府交人民公决。议会如不同意,只有反对的提议罢了,别无他法制止。

最初这制度的实施,人民就得了一大反感。在一八九三年这一年,有一种宪法修正案,禁止犹太式的宰杀兽类,以十九万一千五百十七票对十二万七千一百零一票通过,要知道这是反对希伯来属的偏见呵!一八九四年的两大法案,人民很满意的,但不能通过,就是民生问题和度支问题。所以政治学家常说:复决案议会能通过的就能通过,创制则反是;盖瑞士虽行直接民权制,仍不能不以议会做标准;换句话说:议会仍能代表民意。不过这种议会,有不尽然,要看当时的国民程度问题如何,并非议会一定能代表民意。

自一九〇〇年后,创制法案成立者,其理由很充足。遇过后即见其利益。近又有扩充创制的范围和强迫复决的研究。但这制度过繁,人民要于职业以外,兼顾政事和法律,这是最苦恼的。

(三)召回权

召回和复决、创制不同:复决、创制是立法问题,而召回则为行政问题。此制最先实行的是瑞士 Bern Angeles Argan 和 Schaffausei 三州;在美实行的是一九〇三年 Losanneles 的地方市政机关,后来 Oregon Lowa S. Dakotr Washington Oklahn ma and Californan 等州宪法,也规定人民有召回权了;而各地方市政府 Charter 有此项规定者亦不少。

召回只能用在民选官吏,如非民选官吏,除一二特例外,不能由人民召回。

召回的手续:先由选民若干人以上的提议,述明理由请开召回会议;但此案必须官厅慎审的考察签名人数,复核后再行召回会议;同时将候补及被召回人名也交召回会议内决选。如仍当选,则召回议案打消;否则新选的继续任事。为防止人民滥用召回计,在法律上规定:官吏就任不满六个月的,不能受召回的处分,并于一个任期内,不能有两次召回。但被召回的官吏可以用二百字书面辩护,或当即辞职,加入下次竞争选举。不过前面说的,政府任的官吏,此理似乎有点不通。

(一)美国的复决

美国的复决实行,可以分做三个时期来说,但此三时期互相交错,实不能分开,仅为便于研究起见,不得不如此。

(甲)第一时期 未独立前,新英伦各州,殖民地代表会议的代表,必将所有的提出议案报告选民,并由选民指导或命令代表遵照何种意见之表示。

独立后各州制宪,将宪法草案付人民研究后,再来表决通过。在一七七八年,Masscharsetts州宪法未能通过,一七八〇年重制新宪(即今之宪法)始为人民通过。以后New Hampshire州亦于一七七九年将宪法交人民复决了,至一七八三年就通过一新宪法。四十年后,各州制宪者日多,一八二〇年,宪法由人民复决,成为一个当然的手续。不过其中有两种意外的间断:A南美各州改造时代;B南美各州设法剥削黑人政治权时代。

此种复决的使用,不但用在各州制定宪法时,而宪法修正时亦可以用。修正宪法用复决的规则,最先在一八一八年的Connection州,以后各州也渐成为普通的手续。

我们研究复决的好坏,和国民公意是否有实现的可能,必先解决下列四问题:

一、复决是否形式而无真正实效?关于宪法之复决,不能谓无真正的结果,如麻省等州宪法即由复决而打消的。然有人说议会中遇政治极复杂,对于重要问题,个人多不负责,而用复决手续交人民负责了。但此论有不尽然,美政治家Dr. Cherholtzer的New York州调查议会报告:自一八九五年至一八九七年全州共有一百一十修正宪法案,由人民复决通过者五十,否决六十。而在此以前,自一八八六年至一八九一年共有一百十六修正宪法案,人民可决五十四,否决六十二。前后二百二十六案,可决一〇四,否决一二二;否决较可决多十八案,可见人民尚有辨别力,并非一味盲从,确有真正效果。

二、复决究竟能否代表民意?此问题非可轻易解决,因复决投票每较选举投票为少,放弃权利不到会者只好不加入计算;否则复决实无法实行:例如美之Massachusetts州。自一七八〇年宪法实行后,交复决问题有五八案,而可决三九,否决一九,可见自有一种民意在;有两法案,为四千五百人可决,而选举时投票总数为十万人;有十法案为选民通过,而其人数尚不及选举人数五分之一,由此可知复决对于议案的可决较否决为少。

三、复决的表示是否妥善?此问题观察不同,亦难有圆满解答,若以政治家眼光观察,美之律师公会调查结果,否决案有十之八九是应否决,而可决案亦多合法理。亚里士多德说:人为政治动物,利害关系人之本身,故信复决必自谋利益,必系妥善。

四、复决试验结果人民是否认为重要?如试验结果不良,人民当然不实行,不认为重要了;全既实行至今,且认为重要,无人主张废弃,则人民认为重要,可无疑义。

(乙)第二时期　普通的立法复决,起自代议制的退化;故用复决以钳制会议的专制。是以各州宪法重大法案有关地方的,皆用复决制;如各州债额,不能过于若干;税额不能过于某种限制。其他普通法案交人民复决的,法庭若认为违宪,即不生效力;究竟是否违宪,尚有讨论的必要。

(丙)第三时期　宪法规定:无论何种法案,如有一定数目的人民要求复决,必交人民复决。此实效法瑞士,而同时瑞士之创制,并为采用。此制度先规定于一八九八年South Dahota州宪法中;以后Utah Oregan Nevads Mantanr Oklahama Msine Misauai Orizana Arkansas Calorado New mesico各州也都有了。

最近主张对美国联邦政府也实行复决的颇多,但短时间内,恐未必能实行。

(二)美国的召回

美国之竞争选举者,事前多发表其政治主张,并声言必能代表民意的言论;都市街镇,随地可以见着"你们要自由?""提高工人生活"……等号召民意的广告。但政权得着后,就抛弃以前号召民意的主张而不顾了。官吏任期多为一年至五年,此时内,任何卑劣行为如不违刑犯法或特别罪案,人民无法弹劾。

我有个最确切的比喻:经理人受雇于公司的契约上面,必有经理人,如有不利公司行为或违犯规约,公司得解约斥退的规定;官吏受雇于人民,和公司雇佣经理无异,亦应有斥退召回之权利无疑。美国召回制有谓早见于盟约中,但只是空论:见于实行者在一九○三年 Los Angels 州。

我们研究此制度的真谛,必先了解下列诸问题:

A. 召回为人民需要否？人民对于官吏,必有直接召回权。否则任其作恶,无法召回,受害匪浅。

B. 人民召回官吏常公允否？ Los Angeles 州规定须百分之二五签名,宣布官吏罪状;再经国家调查签名人数和罪状确切,得召集召回会议召回之。且有一惯例,赞成选举者签名易,反对官吏签名难;故定全民百分之二十五签名即为有效。官吏于召回会议中既可辩护,复能连选,两方最为公允。

C. 人民能滥用召回否？百分之二五的签名,手续慎重;官吏果可尽职,终有公论可凭,虽有人利用颇难得百分之二五的同意。

召回为人民直接监督官吏最善之策。Los Angeles 地方的 Alelr 因惧人民召回,将河流中特别利益与私人者,皆尽取消。又在 Zes maincs 地方,警察长禁赌甚严,嗜赌者给以恫吓信谓将提议召回,警察长将原函登诸报端,召回之举亦不能成立。Zallas Jex 学校校董二人,以政治关系撤换教员,即被召回。Seattle 市长,因留容罪犯逃避于境内,亦受人民召回。于此,足见召回者实有充分理由,并非盲从。至于滥用召回一层,实为过虑。盖野心家和选举失败者若利用召回,而所控不实且受刑法上之处分;即幸而成立,当避继任,不过至原任期而止。此短期内,亦断难实行其野心伎俩；且新官吏就职未满六个月不受召回；而一任期内，不能受两次召回，人民亦不敢不审慎考虑出之。

召回法定人数的多少，各州不同。有数州百分之二十；有数州百分之三十五；不采取委员制的地方有增至百分之四十、五十或六十。

下面将对于三权的正反面理论，分条陈述。

甲　复决、创制正反面理论。

子　正面理论：

一　代议制退化，应代代议制而起，并纠正之。

二　提高人民政治教育程度，以后政府施行能与民意相合；人民对于立法负直接责任，就直接受他的利害，可知决不会受人利用或操纵；并可证明国权之在民，非虚语妄诞。

三　与议会制或代表政治，并行不背。

四　屡借此制谋私利不遂的人，自然本着良心主张而谋国家社会幸福；人民的公决，亦决不会不审慎而加以考虑，并能调和劳动者与资本家冲突，天下断没有为自己谋利益而不忠者。

五　可以预防或制止议会专制与舞弊。

六　能使议会不受任何人何派的操纵。

丑　反面议论

一　违宪的问题。因立法权据宪法规定在立法院，立法院不应再委托于人民。此点实为大谬。

二　人民为最后立法机关，将减轻议会的权限和责任，久则藐视代表，无人愿任议员，致议员程度日低，议会日益无用。

三　消耗选民时间，责任过重，而宪法时时修改亦不相宜。

四　群众无组织，每日复决百余案件甚易，太草率，易盲从，不如议会手续完备，且常易为有组织之政党所利用。

五　美国Massachusetts州自一七八〇年至一九一一年有六十法案，内由人民复决通过的四十一案，而每次到选民极少，有十一案且不足五分之一的选民，如何能代表民意。

六　人民对于普通法与宪法一体看待，减少宪法威严。

七　倘发生特别临时事故，必候全民复决，时间不经济。

八　不时轻动，劳民伤财。

乙　召回制的正反面理论

子　正面理论

一　强迫官吏尽职。

二　可以延长官吏任期，人民可无须屡次选举，而官吏亦不至有敷衍的心理。

三　官吏和雇员，没有什么分别。

丑　反面理论

一　群众心理无一定是非，官吏可以迎合似是而非的人民心理。

二　野心家得乘时而起，恐吓民众，压迫官吏，为国家最大危险。

三　选举运动失败的人，可以滥用召回以期当选。

四　审判官也随群众心理作用，不能根据法律判决。

以下，再述美国各大政治家对于全民政治的批评和意见。

子　麦克卡儿

一、创制　麦克卡儿说：代议制是最新发明，直接民权是古代实验失败的制度，今恢复直接民权制度，确是退化的明证。昔日部落时代，自订法，自执行，今日时期不同，人民的罪恶由人民判决，失却代议政治的意义。还有无组织的全民立法，究以何人负责，实是重要问题：议会的法案，必加十分审慎和研究，再经审查会的审查，大会的考虑，可决否决尚不免有流弊，何况全无组织的全民立法。

Oregan的创制实行，签名人数限制和无限没有差别；签名在攻击人的文字是最容易的，许多事前毫无准备的山中乡居人民，政府召集他表决，是无主张的；大会中如有少数人的动议打消，很易通过，流弊如此，何谓民治。

Oregan在一九一〇年的年会，一日间通过二百余章法案，其中疏忽和敷衍，必定很多；议会遇一重要问题，有讨论数日或数星期的才表决，而表决时的赞成人和反对人的姓名都记入簿册，使他负责何等的慎重，并且有的法案，大学教授、牧师和律师都不能完全明了；这般全民会议的普通人民，如何能了解。该州有一很可笑的法案，就是哥仑布的渔业问题，上游捕鱼用刺轮，下游用网，相互创制法案禁止，互有势力；上游禁止下游用网,大会通过;下游禁止上游用刺轮,大会也通过,结果哥仑布上下游渔业都停止。这皆是创制权的流弊。

二、复决 复决较创制为佳,盖以议会之法案再交人民表决,供议会之参考则甚善。但设人民判决法案最后成立权,则不赞成。退一步说:自治的地方行复决,确有益的,不过到了全国的大问题,这班群众是不能解决的。如公司组织,股东选举职员,负经理公司的全责,股东不可随意参预;国家如公司,人民既直接干预国政,一切的代表和政府等都可废止。并且人民选举议会代表且不知审慎,或受运动和诱惑,而谓其直接立法,能为国家谋利,岂不可笑。

议会将立法的责任,完全交与人民,就无异将代议制优点抛弃。我深知道:有时议会代表通过法案,随从盲目的聚众心理,放弃自己良心主张;是以政治上勇气结果等于零,而此种法律敷衍通过,成了一部害多利少的法律。议会流弊在议会代表无勇气,人民弱点在淡视政治;使淡视政治的人解决法案,是不可能的。

三、召回 我说召回制度很坏的,官吏违法有法律裁制的议会监督,召回徒使官吏百般迎合人民心理,不敢尽力服务,养成官吏一种鹜虚的假伪的行为。并且那种紧急时局,格外危险;南北战争时的美洲,全国一致反对林肯的政见,内阁人员都不赞成,Spward说林肯患精神病,他愿做保护人;Stanton以林肯为疯狂,Chase他愿取而代之;当时若有召回制度,林肯必被召回无疑,而美国没有今日一部光荣灿烂的历史了。至于司法官吏受召回,尤为非是,数千年来司法权本来是君主独断的,好容易才从专制君主手中夺下来使司法独立,现在又要将人民做司法官的主人,岂不是失了司法独立的精神吗?再则今日主张直接民权的人,都根据瑞士,不知瑞士是一个极小的国家,极少的人数,与合众美国不能比拟的;况且召回规定人数太少,并为政党操纵和利用。

四、结论 创制、复决、召回,皆不能实用在美国;补救代议制的方法,只有以教育提高人民程度罢了;这就是我的主张。

丑 Ianthan Bearne的驳论

各人嗜好心是不同的,自利心却是同的;个人自私的利益,战胜不了公共的利益,这是很鲜明的理论。因是,群众对于公共事业没有不抛弃自

利心而谋公共利益的。复决创制属立法性质，人民决不会故意自制一部有害的法律而使自身受害，亦决不会知法律有害而赞成，或无害而反对的。总之，民众为本身谋幸福是可靠的。召回属于行政性质的，官吏如各尽厥职，决无受召回之理。

麦卡克儿论哥仑布河渔业问题，武断地证明此制度不良，实不明当时两方创制禁止渔业的细情。盖哥仑布河上下游设不禁止渔业，则鱼将竭尽；是以为鱼的孳生，两方的调解和公众利益计，实有禁止的必要。且议会订立法律案不能代表民意而加制裁，故人民自动的创立此法案。麦氏提出的事实，适足反证。

复决与创制的性质相同，人民皆有直接的立法权，因为议会常受资本家的运动，凡不利于资本家的法案，则贿纳巨资，使其打消，或竭力与之为难；有利的法案，则更进一步，求达其欲望；苟无复决，则议会代表借其地位，徒自谋利益，不复顾公共的幸福。故人民有复决权，可以否决其受运动的法案。

麦卡克儿完全未能了解宪法立上规定的法权在立法院，但是同时宪法上明白告诉人民保障修正否决可决权，是与代议制相辅而行。人民固未弃代议制而直接立法、司法、执法，看Oregan的全民大会，共表决三十二法案，宪法修正案十一，修正案中可决四，否决七；余二十一法案，可决五，否决六，结果可决仅九案。议会正月开会时可决案二七五，全民大会与议会比较为九与二七五之比，于此可见代议制固依然存在，况且Oregan的人民，除公众官吏外，何尝皆执法、司法；执法、司法有，自负责之官吏管辖呢！

麦氏攻击一日通过二百余章的法案，实不知事前的情形，要知全民大会预备时间百倍于议会，讨论研究的普遍亦百倍于议会。假如提一宪法修正案，创制的人必先将原案在大会四个月以前交州长；该原案的成立已经过若干人非正式的公开讨论研究；以后提案的或反对的，均可据理研究，而州长亦必先将议案印刷散布于人民，至少人民有五十五日的预备，而后又召集会议表决；议会讨论法案，则无如此的充分预备。

或谓创制法案交州长后不能修正，是其弱点，不知此正其优点。议会中徐徐引出极多极完善的法案，几经修正，就完全失去了原案本意，创制不能修改就在此。况预备时间多理论一说,亦无须修正的必要。一个创制法案,必据事实上的调查,并由多人的批评,再交州长,更何必修正呢!

麦氏常想召回的官吏仅有二百字的辩护太少,不知官吏交大会辩护当有限制。他在报纸或传单辩护并无限制。麦氏谓被召回的官吏,必在五日前自行解职,此实大谬,只须看Oregan官吏受召回的,五日前或解职,或辩护,或不辩护,而静候新职员就职后再解职。

我们当明白:好官吏不怕召回,况召回复有限制:(一)至少就职六个月;(二)至少须大会前两月提出;(三)一任内不得有二次召回。

寅　罗斯福

罗氏以为召回制的确是有流弊的,并对于短期官吏亦无甚功用,不过对于展期或终身为官吏,不可少的。

复决创制是好的,不过常用使人民厌弃而漠视,或为野心家乘机利用。最妥善方法,将少数重要问题,由人民解决,但会议手绩宜预防滥用,人数的限制宜加高,以后遇到重要问题就注意了。

不善用的流弊必多,就是瑞士也不免有流弊。瑞士有一次创决法案,当时全国一致的主张议会通过,投票结果,仅有一个议员反对。于是受全国人民的百般吐骂、殴打和侮辱;不几时复决,全国又一致的否决了。如此看来,一种法制决不能说全无流弊,不过补救方法去提高人民的教育罢了。新英伦的市政完善,实行此制,尚无大弊。其他城市人民程度过低,流弊甚多,且实行之人、实行之法,均不得其道,故其弊于代议制相等。总之,制度无罪恶,人才问题罢了。

卯　威廉逊

代议制试验至今,结果不良,有改造之必要,观察各国治国制度,惟直接民权较代议制进步,是可采择而代的。况且以前的人民,程度很低,只知做被治者;今日人民程度进化,知国家主权在各个国民,是必要实行全民政治以救济,这是从人民方面说的。再从官吏方面说,以前的各种舞弊等情形程度,尚不如此之高,尤且不能负责,事前允诺人民的条件,事后又不能实行,如有召回制度,则不成问题了。并且现社会的领袖人才缺乏和这种选举制不良,倘再不设法以改良,的确是很危险的,这种改良的方案,只有实行全民政治。

新近欧战后,各国宪法起一大变更,除新俄外,以德为最。今述于次,以作结论。

波兰的下议院和政府冲突时,能以三分二的同意票,自行解散,请选民在选举时候解决此案。在捷克斯洛伐克国会否决政府提出议案,政府能召集人民,复决大会,决定议案的取舍。

德国的宪法复决,联邦政府和下议院,皆有提案权,不过法案要众议院提出,如政府提案,必经参议院的同意,参议院倘不同意,必将不同意的理由,移交下议院。参议院与内阁意见不同时,亦可将其理由移交众院,人民对于立法有创制权和复决权,公民十分一以上的提议案,政府须付众议院审查,众院如能完全通过,即无问题;如有修正或否决,则须付人民复决;下院通过的议案,上院亦能否决,由政府交下院复议,如复议结果,仍与上院不同,即交人民复决,如不交复决,法律上不生效力;但下院通过法案,大总统不同意时,亦可交人民复决或颁布法律。

众议院可行使宪法修正,但须三分二以上出席,出席三分二以上表决;参议院如不同意,可由大总统交人民复决,人民对于宪法,亦可自动的修正。

联邦组织,采内阁制,与法国相似。行政上总统不负责任,总统任期七年,可以连任,由人民直接选举,选举法尚未规定。任期未满时间内,倘有过失,众院能以三分二以上表决,再交人民复决,若人民同意行去职,否则等于新任。德国新宪法七十三条,议会议决的法案,总统在一月内决定提交国民公决时,必在公布前交人民复决。

法律由议会议员三分一要求展期公布的,或占选民二十分一的提议交国民公决的法案,应即交国民公决。选民十分一的要求提出某项法案,亦应交国民公决。

普鲁士新宪法内中有几条说:人民能自动的创制法案或修正宪法。人民建议呈达政府,政府必收受,并加意见书交议会取决。议会倘否决,应由国民总投票解决。议会与众院冲突时,议会亦交人民复决。

普鲁士解散议会法有三:(一)自行解散;(二)议长阁揆参院长的议决;(三)由参院召集或自行召集人民复决会。

奥国新宪法四十四条规定,上院对下院通过的宪法,修正案不同意时交人民复决。

孙中山先生之意见

五权宪法是孙先生独创的，他的全民政治主张在各县施行。因为一县地方狭小，彼此相知，选举自能公正无私；而官吏就职后，人民亦能随时监督，且本县的人，一定熟悉本地方的利弊，使他们用创制复决去立法，用召回裁判官吏，实行起来，非常之便当，比较上也可以减少流弊。孙先生参考各国施行全民政治利弊，并观察中国的国情，才有这种主张。中国现在除孙先生外，几乎无人谈到全民政治，更无人谈到全民政治如何运用，这是我们不能不佩服孙先生的地方。

胡　适
科学与人生观

> 这是胡适1923年11月11日在上海大学所作的演讲，由周白棣记录。原载《民国日报》1923年11月16日，发表时题记"十一月十一日胡之先生在上海大学演讲"，并附有周白棣小记："此稿听时匆匆记录，归后，晚间始整理出之，但又未有机会得胡先生之校正，故恐不免有错误或脱漏处，只得请阅者及讲者原谅并指正。棣记。"
>
> 胡适（1891—1962），祖籍安徽绩溪，生于江苏川沙（今属上海浦东新区）。1962年2月在台北病逝。

这个问题是丁文江先生于今年三月份在《努力周报》上提出，以后竟惹起了一次大战争，战期的时期，竟绵延至六个月。我那时在山中养病，虽有些手痒，但终究做了一个旁观者，不曾参战。

丁先生提出这个问题的重要点，是欲以科学的武器打倒模糊影响的玄学。我个人方面，自无容讳言，属于丁先生一方面的。我观察这场战争的过程，觉得破坏的方面多，建设的方面少，你说我不是，我说你不是，那么究竟怎样是呢？现在破坏的战争期似乎告一段了，我们须从建设方面一讨论人生观这个问题。究竟人生观是什么，科学人生观又是什么？首先从这建设方面着想的，要推吴稚晖先生。他在《太平洋》发表一文，题曰"一个新信仰的人生观与宇宙观"（此文甚长连登一、三两期尚未登完)。我们现在继续讨论科学与人生观有何关系。原来科学的定义:凡是用科学方法去研究的皆是科学。这个定义就有毛病,就是"什么是科学方法呢?"我们可以说:科学方法是"根据事实,观察事实搜索证验来研究"的方法。再说到人生观。什么是"人"?吴稚晖先生说人是用手、用脑的动物。什么是"生"?吴稚晖先生说:"生者演之谓也。所谓人生,是两手的动物在演剧一般的□之谓也。"所谓人生观便是一个人对于人生的态度,一个演员对于怎样演的态度:或者跑龙套,或者去扮大花面……。吴稚晖先生的说法,最使我满意。但是我们讲人生观,不能单从人生来讲,因为人生不是离开了他的环境所能讲得明白的,正如演剧员须懂得其戏台、看客及同演者,然后能得个人应有的态度。

所以人生观,可以说是对于世界万物,同人类的态度。这次大战的争论之点:一边说人生观是最不统一的;但反对方面根据科学院统一的原则,说人生观应得是统一的。现在我们说:现在的不统一是一件事,将来的不统一又是一件事,而永久的不统一又是一件事。个性之不同毫无容讳言,但比较地统一的人生观,实在可以由教育的功能而办到。为什么?因为科学可以使我们承认水为轻、二养一所成的真理,何以不能使我们承认同样的事实?所以不统一或者因为教育的差别;或者因为成见的缘故;没有胆量去承认事实。我们所谓做到比较地统一的地步,如常人承认鬼,我们要使他承认上帝的不存在如承认鬼一样的普遍。这些是教育的能力所能做到的事。——那怕他是成见可以想法破除的。在现在的中华民国用教育的工具,至少普及几条科学人生观:

(一)二十世纪受教育的最低限度的基础人生观。

(二)以科学的方法和精神应付具体的人生问题。

第一项约包括最低限度的四点:

A 自然主义的宇宙观,

B 机械论的人生观,

C 进化论的历史观,

D 社会化的道德观。

A. 自然主义的宇宙观

吴稚晖先生说得最好,他说宇宙始自"漆黑一团"。这个便是自然主

义的说法。不自然主义的说法,大都说宇宙神造,宇宙的起源是有神的意志的。而自然主义则说一切天然界完全"自己如此"的,无人主宰无人安排,只是偶合的缊主义。我们以科学的证明,宇宙经过很长很长的时期而成,决不是神造的一指顾之间而成的。果如神造,神既仁慈,为何到处又发现弱肉强食的现象?足见一切自然现象只是自己如此。又各以其天然的惰性而成律,而生自然主义的"常"度,本无所谓神与主宰,更无所谓天人感应等事。

B. 机械论的人生观

自从生理学心理学进步以来,一切生理与心理的关系,多得了解释,虽尚有不能解释的部分,但就可解释的部分,已能使我们信这机械论。所谓人,是一副最灵妙的机械。从前的人说人为万物之灵,他们很不高兴机械两字,其实机械也并不是坏的,有许多人还及不来机械呢。如承认其是机械而研究之则就有着手之处,否则仅管请人为万物之灵还是讲不出什么东西来。董仲舒以天、地、人为三才而立感应之说,王充击之,说人在宇宙,如裤裆里的虱子,虱子要鼓励裤裆里的空气是不可能的。其实王充还是太慷慨了,人在宇宙远比不上裤裆里的虱子。

C. 进化论的历史观

宇宙是演进复演进来的。进化论是有科学的根据。以前的进化论为何不能成立,何故定要到十九世纪达尔文之后才能成立,这就在乎达尔文得科学的根据。进化论在科学上所站的地位,如地质学,古生物学发见一层层的地层,察知过去一步步的进化,又如比较解剖学,发见蝴蝶的翼子与人类的手臂有相当的比较,使我们相信进化之迹,又如胎生学,告诉我们人自下等生物进化而来之步骤。即制度的演进亦如此,所以进化的历史观,说过去是现在的父亲,将来是现在的儿子。变迁的形迹起初很微,不过是一点特性,是一点个性的差异:如一鸡长尾经人为淘汰的结果,乃有特别高尾的一种鸡。所以个性和特性是不宜摧残,因为他是进化之父。又抱了进化论的历史观,对于现存的不必需的遗迹,自能加以相当原谅,原谅他在过去有存在的必要。

D. 社会化的道德观

既无宗教、上帝和灵魂,那么道德将无所立足。于是有创造新宗教、新上帝、新灵魂的必要，社会即新宗教，社会即新上帝，社会即新灵魂。如我们不去杀人放火，非为上帝，为社会的制裁。上帝是不能存立的，灵魂有否亦毫不重要，宗教家"洋洋乎如在其上，如在其左右，"其实地质学上教训我们：世间无不毁灭的团体，而不易毁灭的只有群体，只有类。小我的行为不论善恶，处处影响着不朽的大我，那么我们以社会为上帝，真是洋洋乎如在其上，如在其左右，非但洋洋乎如在其上，如在其左右，是真的在其上在其左右！

以上已讲毕第一项。兹再讲对于以科学的方法，科学的态度，科学的精神，应付问题，解决问题最低限度的要求：

（一）怀疑

在人生问题，有笛卡尔的方法论，为近世哲学第一部。他说人因从小到大，理智没有成熟；得了许多经验和智识，这种经验智识的来原，多从阿毛、阿狗、阿金、阿银、老妈子、顽孩子，这些地方来的，不是先生父母这里来的，所以都是不真的经验和智识，装满了我们的脑子，我们受他的病。所以他说装满在脑子里的腐败智识没有审查过的都是迷信，每个人必须有一天关起门来把所有观念怀疑一番；末了到了一个怀疑而无可怀疑的基础点，再建筑起可信的智识经验来。虽然他后来自己建筑的并不高明，不必说他。但这种"个人经过思想革命"的事，实很重要。糊里糊涂的相信只是奴性的相信，只是迷信罢了。

（二）拿证据来

我们建设方面，可用拿证据来四个字。试举一例：达尔文物种原始之书出后，社会反对极烈。达氏有病，医生禁止他作笔战。于是他的朋友赫胥黎为达尔文打仗者垂三四年。赫胥黎打仗的武器，便是这"拿证据来"四字所向无敌。有一次他的儿子死了，牧师对他说灵魂有的吗？他说我的儿子的灵魂不朽，我所喜欢的，但须拿证据来，……你这么一点证据都拿不出吗？牧师便没有话说了。所以我们对于新来的经验，没有充分的证据 Suffioient evidence 应得不能使我们相信。

这样的去建设新人生观，便虽不中亦不远了。

〔美〕华 德
想达到为人类谋幸福的目的，先要除去为金钱的动机

> 这是美国社会学家华德博士1925年5月11日至14日应邀在上海大学演讲的新闻稿，根据《民国日报》1925年5月15日的报道《华德博士在上大演讲纪》辑录。题目为编者拟加。
>
> 华德，美国社会学家，1925年应邀到中国北京、广东、上海等各大学作演讲。

人类行为之动机，有的是为金钱，有的为社会服务，就是为人类谋幸福，但是想达到为人类谋幸福的目的，先要除去为金钱的动机，因为这两种动机是相冲突的，前者不但障碍后者，妨碍它的发展，并且减少人类的幸福，就是造成社会的不平等。为人类谋幸福这件事，是要全人类合作。想人类合作一种事情，必先使人类都立于平等地位，就是废除现在的经济制度。因为现在的经济制度，是为金钱的动机的结果，现在想废除现有的经济制度，使人类立于平等地位，先要把所有感受现在经济制度痛苦的人（被压迫阶级）联合起来，才能做到。因为现在享受经济制度特殊权利的人（压迫阶级），常常用很大的力量，维持这种制度。现在最要紧的事情，就是西方的无产阶级（被压迫阶级）应该合东方的弱小民族（被压迫阶级）联合起来，向他们（压迫阶级）进攻。

李春蕃
帝国主义

> 这是李春蕃（柯柏年）1924年7月在"上海夏令讲学会"上的演讲稿，讲题为"帝国主义"。《民国日报》副刊《觉悟》1924年10月分期连载，发表时题为《帝国主义概论》。此处辑录第一章至第四章（部分）。
>
> 李春蕃（柯柏年）（1896—1939），广东潮安（今潮州）人。1924年进入上海大学社会学系学习。

我今年在上海夏令讲学会，讲了八小时"帝国主义"。因时间太少和图表不便口述，不能畅所欲言。在演讲时，打算讲后再编一较详细的讲义，以补演讲之缺点。因事务不断地缠住我，致没有功夫执笔；且自思研究还少，也没有勇气编完。但在这二三个月中，反帝国主义的呼声已遍全国，很需要着解释这举国所反对的帝国主义之论文。我所译的列宁底《帝国主义》（登于五月份《觉悟》），虽为研究帝国主义极好的一本书，可惜太专门，我的译文又拙劣，读时很缺兴趣。我很感觉得有将我所搜集的材料编为一比较浅易的论文，以贡献给国人的必要。明知做不好，但在没有对这问题较好的论文之前，还是极需要这不好的论文，使国人对于帝国主义都有相当的了解。因而对于反帝国主义运动，越发努力，越发持久。再，我所做的，只是概论，并不是专论；能贡献给读者的，单是帝国主义之概念，高深的学理和详细的材料，还是让读者自己去研究寻求。这篇

论文,分为八章:

 第一章 导言

 第二章 资本主义的社会

 第三章 工业集中与独占

 第四章 资本主义下的银行

 第五章 资本主义与帝国主义

 第六章 帝国主义底结果

 第七章 帝国主义与中国

 第八章 结论

做这论文时参考了好几本书和好几篇文,最主要的是:

 1 Bau Foreign Relations of China

 2 Bebel Woman and Socialism

 3 Bukharin A B C of Communism

 4 Cahu Collapse of Capitalism

 5 Ely Evolution of Indusitral Society

 6 Hobson Evolution of modun Capitalism

 7 Krebbiel Nationalism War and Soceity

 8 Leuin Imperialism

 9 Loria Economic Causes of War

 10 Marshall Readings in Industiual society

 11 Marx Capital

 12 Marx Va'ue Price aud Proit

 13 Muir Expausion of Euroke

 14 Neari b Amerjcan Empire

 15 Reinsch Co'onial goverumeut

 16 Reinsch Woreds politics

 17 Viallate Economio Imperialism

 18 Webbs Deoy of capitalist civiliratiou

 19 Willoughby Foreign Rights aud Iuterests in Cliua

 20 刘彦:中国外交史

21　库里塞尔：现代世界经济大势
22　华盛：会议（晨报社丛书）

文中如有错误之处，望随时读者指出。

第一章　导　　言

我们为什么要研究帝国主义？自然是为要了解帝国主义而研究帝国主义。我们所以要了解帝国主义，是因：现在的世界，没有一时一刻不直接地或间接地受帝国主义底影响；中国自鸦片战争以后，就在外国帝国主义压迫之下过生活，受尽了帝国主义之支配、压迫、掠夺，食不尽帝国主义之所赐——内争、工业不发达、手工业者失业……我们是世界的人，同时是中国底人，对于与我们有切身关系的帝国主义，不能不研究，求相当的了解，而想法推翻之。

什么是帝国主义？英国缪尔教授说是："欧洲底文明，扩张到全世界去"；是"欧洲底文明，变成为世界底文明之一种历程"。这个定义完全是不通的，我们以一例来证。日本原来是和中国一样，后来伊努力采用欧洲底物质文明，模仿着德国，不数十年，就成为世界底一等国。欧洲底文明，已扩张到日本，但我们不能说日本是为欧洲帝国主义所征服。所以，这个定义不适用。

中国《申报》底记者心史说：帝国主义就是帝国的主义。这个定义，也是不妥的，因为帝国主义这个名词，已从政治的变为经济的。在二十世纪以政治的见地来解释帝国主义，一定不对。《时事新报》底记者却说："帝国主义就是工业主义。"这个定义，真是岂有此理！工业主义，不过是工厂机器生产，并没有一点帝国主义的意味。资本主义固然包含有工业主义，但在社会主义下，共产主义下，工业主义依然存在。在社会主义下共产主义下的工业主义，决不能说是帝国主义。不知时事新报记者底脑子，何以糊涂至此？

在广义上说，凡一切这国家侵掠别国家的政策，都是帝国主义。这广义的定义，因资本主义进化的结果，渐不适用。我们现在所要研究的帝国主义，并不是广义的，并不包含着罗马帝国时代的帝国主义，而是二十世

纪的帝国主义。狭义的定义,就是:资本主义极发达的国家,因资本主义发达底结果,生产品过剩、原料缺少,一定要侵掠工业后进国。使后者为前者底工业制造品底市场,工业所需要的原料底供给所,和过剩的资本投资处:这种侵掠政策,就是帝国主义。

我们应注意的几点:帝国主义,是资本主义发达底必然的结果,帝国主义所争的,是市场原料供给,和投资场所。

第二章　资本主义的社会

帝国主义既然是资本主义发达底必然的结果,那么,我们若要了解帝国主义,一定要先明了帝国主义所从生的资本主义,而研究出"必然"底原因来。

资本主义是建筑在私有财产这制度上。设若在共有财产制度上,就不能发生出什么资本主义了!为什么呢?因为在共产制度下,什么东西都是社会所共有的,没有什么叫做资本。资本既然没有,资本主义就根本不能成立。固然,奴隶制度、封建制度,也建筑在私有财产制度上,不是单一资本主义;但资本主义,离开了私有财产,就不能存在。

资本主义底特点有三:(一)为赢利的商品生产;(二)生产机关集中于少数资本家之手;(三)工钱劳动。

在资本主义之下,资本家开设工厂,所为的是什么?是为要生产他所要用的东西吗?美国煤油大王底美孚煤油公司,每年生产成千成万罐煤油,不论煤油大王要烧几多灯炉子,总用不着这许多。美国汽车大王底福特汽车公司,每年制造出成千成万辆汽车,不管汽车大王底家庭有几何人,总乘不了这许多。从"量"上看,就晓得不是为"使用"而生产了!有许多工厂,制造材料极低的布,一看就晓得是不好穿的。这些布是厂主自己要穿的吗?不是。从"质"上看,也晓得不是为"使用"而生产了!!究竟是为什么!是为赢利。为赢利而生产,所生产出来的东西,一定是要卖给别人的。这种为要卖给人家以求得赢利而生产的东西,就是商品。这为赢利的商品生产,是资本主义的社会制度之第一特点。

资本主义底性质，不单是为赢利的商品生产。因为为赢利的商品生产，不必是资本主义。譬如，手工业制度，也是商品生产制度；手工业者为贩卖而生产，售去他们底生产品。但是不过是商品生产制度，并不是资本主义制度。这种制度若要为资本主义制度，一定要生产机关为少数富有的资本家所占有。生产机关集中到哪地步呢？

我们从财富底集中，可以推想到生产机关底集中来。斯巴尔（S. pahr）博士调查美国财富底分配情形，得着下列的结果：

等阶	家庭数目	百分率	平均财富	财富总数	百分率
富人	一二五〇〇〇	一.〇	二六三〇四〇美金	三二八八〇〇〇〇〇〇美金	五四.八
中等	一三六二五〇〇	一〇.九	一四一八四美金	二九三二〇〇〇〇〇〇美金	三二.二
贫人	四七六二五〇〇	三八.一	一六三九美金	七八〇〇〇〇〇〇〇美金	一三.〇
极贫	六二五〇〇〇〇	五〇.〇			
总计	一三五〇〇〇〇〇	一〇〇.〇	四八〇〇美金	六〇〇〇〇〇〇〇〇〇美金	一〇〇.〇

我们看上面这表，就晓得分配是极不平均的。我们举一个具体的例子，譬如有一乡村有百亩田、百只牛，人口是一百。若是平均分配，每人有一亩田、一只牛。但在资本主义制度之下，不会平均分配，因为一平均分配，资本主义就不能存在。分配是：有一人得五十五亩田、五十五只牛；又十一人共有三十二亩田、三十二只牛；又三十八人共有十三亩田、十三只牛；又五十人一点都没有。在资本主义下，不论哪一国，所有的财富，都集中于少数人底手里。

结果，生产机关——工厂、机器、铁路、矿场、田地、船只、轮船这些东西，都握在少数的资本家之手。这就是资本主义底第二特点。

生产机关既为少数资本家所独占，大多数平民，一定没有生产所必需的生产机关。这些平民，就是劳动者。劳动者除了劳动力之外，一点东西都没有。一定要将劳动力卖给资本家，换得工钱，以维持生活。在表面

上，资本家与劳动者是平等的。资本家不能打劳动者,将劳动者卖给别人,而不过是雇用他们。资本家对劳动者说:"若你不要做工,那么,就勿做工,没有人来强迫你。"但是,劳动者若不代资本家做工,没有机器,没有土地,没有……哪能生产?不能自己生产,又不肯为资本家生产,就只有饿死。饿死吗?不甘!食色,性也!没有法子,不管工作条件怎样苛刻,总是要为资本家做工。所谓自由,是劳动者售卖其劳动力的自由,是资本家购买劳动者底劳动力的自由。但劳动者若要避免饥饿,唯有为资本家做工,获得工钱。这种工钱劳动,为资本主义底第三特点。

我们晓得在资本主义下,资本家有许多钱,要来进行生产,就跑到市场去,购买各种原料,设置机器,建筑工厂和雇用工人,工作就开始。所有原料,机器磨损的一部分和劳动力都变为商品。商品拿到市场去售卖,将商品换成货币。但是,在生产之后资本家所得的货币底数量,大于在开设工厂之前的货币底数量。这是什么缘故呢?这增加的数量,马克思告诉我们,就是剩余价值。换一句话说,资本家之所以能赚钱,就是归功于剩余价值。

我们要了解资本制度,一定要了解剩余价值论。要了解剩余价值论,一定先要研究价值论。

在市场中,不论哪种商品,都有一个价钱。这价钱并不是固定的,是跟着供给和需要的相对的关系而变动的。若供给多于需要,价钱就便宜;若需要多于供给,价钱就昂贵。但是,若供给等于需要,那就怎样呢?可知供给和需要,只能规定市场价钱的一时的变动,可以说明一种商品底价钱,为什么高,为什么低;但不能说明需要和供给相等时的价钱。需要和供给相等时的价钱,就是等于那商品底价值。价钱底高低,并不是随便的,而是紧附着价值的。海涌有高有低,但可以求出一水平线来。价钱也是如此。价钱底历史,如波纹。但平均起来,是等于商品底价值。

商品底价值,是怎样决定的呢?

商品底价值,是那商品所含着的劳动量决定的。譬如说,十磅面包,可以换一丈棉布。因为它们底价值,是相等的。这就是说,生产十磅面包所需要的劳动量,与生产一丈棉布所需要的劳动量相等。劳动量相等,价值就相等。价值相等,就可互相交换。

可是，有人说，愚笨的人，生产一商品，其所需要的劳动量，一定是比聪明的人所费的来得多。这样，笨人所生产出来的商品，所含着的劳动量，一定多于聪明人所生产出来的商品所含着劳动的量。劳动量既然多，价值就一定大了。其实不然。我们所说的劳动量，是"社会的"劳动量，不是各个人的劳动量。"社会的劳动"，就是：在一定的社会，在一定的时期，那社会所流行着的各种差异的生产力和技能，平均起来，生产某一商品所必需的劳动量。

资本家卖去商品，是照着商品底价值的。价值既是劳动所生的，那么，资本家之所得，一定是从掠夺劳动者得来的。

譬如说，工人底生活必需品，是值六角钱，而他每小时的劳动所生出来的价值，是一角钱。那么，那工人每天只要做六小时工作，就够获得生活必需品了。这六小时的劳动，就是必要的劳动。但是，资本家不叫他做六小时，因为这样，劳动者所生的，将全为劳动者所拿去，资本家将无所得。资本家叫劳动者做十二小时的工作，那么，劳动者就多做六小时工作了。这多做的六小时工作，就是剩余劳动。剩余劳动所生出来的价值，就是剩余价值。这种由延长剩余劳动时间所生出来的剩余价值，就是绝对的剩余价值。

除了绝对的剩余价值之外，还有相对的剩余价值。我们晓得人底精力是有限的。资本家虽然要延长时间，以多得些剩余价值，但不论如何，劳动者总不能全天做二十四小时，不睡眠，不吃饭，不休息，不……。延长到一定限度，总不能够再延长下去。这样，资本家若要增加剩余价值，只要缩减必要的劳动时间。我们以图来解说。

```
(第一图)  甲_____乙_____丙
          |_____|_____|

(第二图)  甲___乙_____丙
          |___|_____|
```

从甲到丙，是十二小时。甲到乙为必要劳动时间，乙到丙为剩余劳动时间。在第一图，甲乙和乙丙，各为六小时。在第二图，甲乙缩减为三小时，而乙丙则增为九小时。这样，每日工作的时间，虽没有改变，剩余价值

却增加了。减少必要的劳动时间之方法有二:(一)减少工钱:譬如说,工钱是六角,他六小时的劳动所生产出来的价值,等于六角,那么,必要的劳动时间,就是六小时了;现在工钱减为三角,必要的劳动时间,也就减为三小时。(二)增加生产力:譬如使用机器,使生产力增加,从前一小时劳动所生产出来的价值,只值一角钱,现在因使用机器,所生产的东西,比前加倍,值二角钱;这样,工钱虽依然是六角,但生产这六角的时间,却从六小时缩短为三小时。必要的劳动时间一短,剩余的劳动时间就延长,资本家所夺得的剩余价值就越多。

劳动所生产的剩余价值,完全为资本家所得吗?不是。资本家没有土地好建筑工厂,一定要向地主租借得来。租了地主底土地,是要付地租的。有时,资本家底资本不够,是要向银行去借的。借银行底钱,定要付利息。所以,资本家若不是同时为地主、金融家所掠夺得来的剩余价值,一定要分一部分给地主、金融家。这种分配,美国金教授(Prof King),将调查的结果,制成一表,说明美国生产品分配之情形。

年	工钱和薪金	利 息	地 租	赢 利
一八五〇	三五.八	一二.五	七.七	四四.〇
一八六〇	三七.二	一四.七	八.八	三九.三
一八七〇	四八.六	一二.九	六.九	三一.六
一八八〇	五一.五	一八.六	八.七	二一.三
一八九〇	五三.五	一四.四	七.六	二四.六
一九〇〇	四七.三	一五.〇	七.八	三〇.〇
一九一〇	四六.九	一六.八	八.八	二七.五
平 均	四五.八	一四.九	八.〇	三二.六

劳动阶级所得着的,是百分之四六;资本阶级所得着的,是百分之五四。不过,我们要记得,劳动阶级底人数是很多的,资本阶级底人数是很少的。劳动阶级各劳动者不过获得极低限度的生活必需品,而资本家、地主、金融家,却得超过其生活所必需之千百万倍。有产阶级不论他怎样用法,总用不了他所得那一部分生产品。于是,有许多毫无用处的职务起

来，位置了许多人，来帮忙有产阶级消费。美国在一九〇〇年，有十一万个律师，十万名海陆军，许许多多的用人，来消费有产阶级所得的那一部分生产品。另外还有许多消费。单就广告一项来说，美国每年所费的广告费，就有六万万美金。不论如何，有产阶级所获得的劳动生产品之一部分，他们自己总不完全消费。这一点为帝国主义之发生点。

第三章　工业集中与独占

资本主义底进化，可分为三个时期。第一时期，为家庭工业。在这时期，基尔特底组织已崩坏，许多工人，为一主人所雇用，以劳力换取工钱。资本大都是投于原料和制成物品，而不是投于生产工具。第二时期，为机器生产。工业的资本——工厂、机器、运输机关……这些东西，比商人底资本，还要要紧。自由竞争为这时期底规律。第三时期，为工业集中和竞争消灭。工业底非常的发达和生产极快地集中为天天加大的组织，是帝国主义底特质。

资本主义底前半部，是自由竞争统治的。亚丹斯密，主张放任主义，说让资本家自由竞争，各为自己底利益而活动，则社会全体底财富，必自然而然增到极点。当时经济学家，大都是和亚丹斯密一样，以为自由竞争，是天然定律之一。但马克思却说这毫无限制的竞争，一定引到工业集中，集中到一定地步，就成为专利。现在底事实，证明马克思是对的。但是，为什么毫无限制的竞争，一定引到工业集中专利呢？

自由竞争，是无计划的生产制度。资本家不能估定需要是几何，因而生产几何。每一工厂，就是知识需要几何但不知道需要之几分之几，是要它供给的。且资本家是为赢利而生产，只要民众对于某种货物的需要略多，价钱略高，每一工厂就拼命生产。结果，"供"过于"求"，价钱就跌低，甚至低于生产费。资本家本来是为要赚钱而生产的；现在价格低于本钱，非但没有钱可赚，反要赔本。所以，将货物都放在栈房里，不肯卖出。但是，大资本的工厂这样办，小资本的工厂，若不将货物卖去，资本就疏通不转来。所以，无论如何，总要将造成的品出卖。结果，小资本的工

厂,必因亏本而倒闭,而大资本的工厂,乘机就扩大起来,集中到一定地步,就变成为专利。

集中有三方面可以看出来:(一)生产集中;(二)资本集中;(三)劳动集中。

资本主义先进国中工业集中的情形,是很明了的。我们先看普鲁士(德)工业集中之趋向。

工厂等级	数 目		雇 用 人 数	
	一八九五	一九〇七	一八九五	一九〇七
极小的(只有一人)	一〇二九 九五四	九五五 七〇七	一〇二九 九五四	九五五 七〇七
小的(二人至五人)	五九三 八八四	七六七 二〇〇	一六三八 二〇五	二〇三八 二三六
中的(六人至五十人)	一〇八 八〇〇	一五四 三二〇	一〇三九 〇七四五	二一〇九 一六四
大的(五一人至五百人)	一〇 一二七	一七 二八七	一二一七 〇八五	二〇九五 〇六五
很大的(五〇一至千人)	三八〇	六〇三	二六一 五〇七	四二四 五八七
极大的(千人以上)	一九一	三七一	三三一 五八五	七一〇 二五三
	一七四三 三三六	一八九五 四九七	五八七六 〇四三	八三三二 九一二

德国独立的小制造家,数目一天比一天减少:

一八八二年	一八七七 八七二
一八九五年	一七一四 三五一
一九〇七年	一四四六 二八六

从一八八二年到一九〇七年,共减去了四三一五八六,差不多要有百分之三十。小制造家既然减少,大的自然也要跟着增加。雇用五十人以上的,每千个字号中,有:

一八八二年	三　个
一八九五年	六　个
一九〇七年	九　个

大工业底数目增多，其所雇用的工人，所使用的汽力、电力，也是极快地加多。德国大小工业底相对的比例在一九〇七年是：

小	三 二三五〇三五
大	三〇 五八八
总　共	三 二六五 六二三

大工业不过占百分之零点九，与小工业之比，却是一与一百。但是，大工业所有的人类劳动力、汽力、电力，却占极巨大之一部分。

	总　　数	大公司所用	占总数百分之几
工人	一四 四〇〇 〇〇〇人	五〇〇〇 〇〇〇	三九.五
汽力	八 八〇〇 〇〇〇马力	六 六〇〇 〇〇〇	七五.〇
电力	一 五〇〇 〇〇〇 〇〇〇瓦德	一 二〇〇 〇〇〇 〇〇〇	八〇.〇

在几种主要的工业，劳动底集中，还要明显：

大工厂所雇，占总数百分之几

矿 …………………………………………………… 九六.六
制造机器 …………………………………………… 七〇.四
化学工业 …………………………………………… 六九.八
纺织工业 …………………………………………… 六七.五
制纸工业 …………………………………………… 五八.四
陶业 ………………………………………………… 五二.五
肥皂，油工业 ……………………………………… 五二.三

我们这样一片一片地观察，有些太零碎。不如拿一二种主要的工业，来做全部的观察。我们先看德国底矿业。

年	厂数	雇用工人	生产品（以千吨计算）
一八七一——七五	三〇三四	二七七 八七八	五一〇五六.〇
一八八七	二一四六	三三七 六三四	八八 八七三.〇
一八八九	一九六二	三六八 八九六	九九 四一四.〇
一九〇五	一八六二	六六一 三一〇	二〇五 五九二.六
一九〇六	一八六二	六六八 八五三	二二九 一四六.一
一九〇七	一九五八	七三四 九〇三	二四二 六一五.二

看上表就可晓得：厂数虽然减少了百分之三五点五，而所雇用的工人，却反增加百分之一六四点四，生产品也增加百分之三七四点五。

我们再看美国情形：

年	厂数	工人人数	资本（美金）
一八八〇	六三 二三三	一〇八 〇二〇〇	一二七六 六〇〇 〇〇〇
一八九〇	五一 九一二	一六一一 〇〇〇	三三二四 五〇〇 〇〇〇
一九〇五	四四 一四二	一七三一 五〇〇	四六二八 八〇〇 〇〇〇

在一八八〇年到一九〇五年这二十五年中，资本增加了四倍，工人人数也增加一半，可是，厂数非但不增加，反减少了二万。可见，工业是集中了，但，集中到哪地步呢？

我们将一九〇五年美国制造工厂，按照资本，分为五等：

（一）五千美金以下
（二）五千美金以上二万美金以下。
（三）二万美金以上十万美金以下
（四）十万美金以上一百万美金以下
（五）一百万美金以上

这五种工厂底厂数，是怎样的呢？

（一）	七一 一六二	三二.九百分
（二）	七二 八〇六	三三.七百分
（三）	四八 一四四	二二.二百分

（续表）

（四）	二二 二八一	一〇.三百分
（五）	一 八八二	〇.九百分

上表告诉我们，十万美金以上资本的工厂，只占总数百分之十一点二。至于资本总数底分配，是：

（一）	一六五 三〇〇 〇〇〇美金	一.三百分
（二）	五三一 一〇〇 〇〇〇美金	四.二百分
（三）	一 六五五 八〇〇 〇〇〇美金	一三.〇百分
（四）	五 五五一 七〇〇 〇〇〇美金	四三.八百分
（五）	四 七八二 三〇〇 〇〇〇美金	三七.七百分

看上表就知占工厂总数百分之八十八点八的资本在十万美金以下的小厂，只共有二.三五二.二〇〇.〇〇〇美金，占总数百分之十八点五；而占工厂总数百分之一一点二的资本在十万美金以上的大厂，却共有资本一〇.三三四.〇〇〇.〇〇〇美金，占总数百分之八十一点五。我们再看工人底集中：

（一）	一〇六 三〇〇人	一.九%
（二）	四一九 六〇〇人	七.七%
（三）	一 〇二七 七〇〇人	一八.八%
（四）	二 五三七 五五〇人	四六.四%
（五）	一 三七九 一五〇人	二五.二%

小工厂只占百分之二十八点四，而大工厂却占百分之七十一点六，可见是集中得很利害了。

德美是这样，各资本主义先进国也是这样，我们若有时间，顶好是将各国底工业统计，罗列出来。但我们不是专门研究"帝国主义"这题目，不用这样废时；就是将各国底统计引用出来，也未必有什么兴趣。所以只能举一隅以三隅反。

工业集中，使工厂底数目减少。厂数一少，各厂就可互相了解，合组

做托拉斯或加德或沁提加,而成为独占。

独占底历史,有三个时期:第一,从一八六〇年到一八七〇年这十年间,为自由竞争之末期,独占在这个时期,不过是在胚胎时代。第二,在一八七三年底恐慌以后,托拉斯就起首有,但还不过是暂时的现象,不是已成立的制度。第三,在一九〇〇年到一九〇三年底恐慌后,托拉斯才成为经济生活底基础。

托拉斯虽然成立,但有许多小组织,还不肯加入托拉斯。于是,托拉斯就用许多方法,使小组织不得不加入。它们有极巨的资本,可以将所有的原料,都收买起来,使小工厂没有原料可供给制造,不得不加入托拉斯。此外,托拉斯也可由垄断劳工,垄断运输机关,垄断贩卖,垄断借贷,减价格,同盟抵制,使小工业不能独立经营,一定要加入托拉斯,受托拉斯之节制。

托拉斯有许多利益,最著的,就是增加赢利。为什么会增加赢利呢?因为在独立小公司生产制之下,每一个小公司都要在各城市,设立经售处。若组合成为托拉斯,从前在一地方要有十个经售处的,现在只要设一经售处就好了。这样,就可以雇减几百人,少用些钱,赢利就可增多。还有,托拉斯是许多工厂组合成的,所需要的原料极多,可以一气买;比每个工厂各自零碎买,经济了许多。且,托拉斯资本极大,对于副产物,可有较好的设备。煤油托拉斯,除了生产煤油之外,还有汽油、柏油,副产物可以不会浪废,赢利可以因之增加。

托拉斯可以免去恐慌时的竞争。在恐慌的时候,大家都要争先将其生产品卖出,结果,使供越过于求,价格越低。工业也不得不因亏本而倒闭。但是,若各公司组成为托拉斯,生产品虽然生产得太多,托拉斯可完全不卖,使市场上没有那种生产品,"求"过于"供"——或只卖其一部,"供"不十分过于"求",价格不会低于成本。这也是托拉斯之一大利益。

托拉斯是许多工厂组成的。从前在独立的工厂,常做几种关联的工作。譬如,独立的纱厂,当时是纺纱和织布,同在一厂中进行。若在托拉斯就不然。工厂分工,各工厂专门从事于一定的工作,使技术能进步。还有,托拉斯底资本极大,可以设备极新式,极昂贵,极好的机器,使生产力增加,同时,也能够雇用许多专门艺术家,来研究改良生产的方法,使成本能较低。

上面所说的话，都是极简略的。因为列宁底"帝国主义"，说得很详细，有许多的举例，这里用不着重复说出，请诸君买一本五月份的《觉悟》，读一读我所译的列宁底《帝国主义》就好。

我说了一大篇工业集中和独占的话，究竟和帝国主义有什么关系呢？

工业集中，至于独占，使资本集中。大工业具有巨大的资本，自然能使用机器。所以，机器底增加，是跟着工业底集中。我们看普鲁士的情形，就可晓得：

年	固定的汽机	搬动的汽机
一八七〇	八八八〇〇〇	四七〇〇〇
一八九六	二 五三四 九〇〇	一五九 四〇〇
一九〇〇	三 四六一 七〇〇	二二九 六〇〇
一九〇五	四 六八四 九〇〇	三一五 二〇〇
一九〇六	四 九九五 七〇〇	三三四 四〇〇
一九〇七	五 一九〇 四〇〇	三六三 二〇〇

机器增大生产力，使一小时的劳动，所生产出来的生产品，千百倍于从前，相对的剩余价值，随着增加。机器一发达，熟练的劳动就成为不需要的。从前一定要雇用工钱每日一元的熟练劳动者，现在只要用一个工钱每天二三角钱的不熟练劳动者就好了。这样，必要的劳动时间就减少，剩余的劳动时间就加多，相对的剩余价值，也大大地增高。还有，机器底生产力，比从前手工底生产力，多千百倍，剩余价值底生产，就一定比从前多——且快——千百倍。同时，再加工业集中，省下各种浪费。资本家所不能消费完的那一部分劳动生产品更加大起来。帝国主义——侵掠市场，以消纳过剩的生产品，越成为必要的。同时，所需要的原料增加，不得不到他国取求。要使原料供给安全，就要想法支配这供给原料的国家。

第四章　资本主义下的银行

银行最初的职务，不过是为付款之中间人和将死的资本，变为活的资

本。但资本主义一进化,银行却一变为极有势力的独占的组织,支配着一切企业底资本。

银行也和工业一样,从许多小的银行,集中为少数大银行。大银行具有极巨的资本,很得人家底信任,所以,存款也特别多。我们看下表就知。

德国底银行,我们可分为三种:

等　级	资　本	行　数
极大的	一百万万马克以上	九
大　的	十万万马克以上	四八
小　的	百万万马克至千万马克	一一五

存款底分配,是:

	一九〇七一八年	一九一二一三年
极大的	百分之四七	百分之四九
大　的	百分之三二点五	百分之三六
小　的	百分之四	百分之三

这样看起来,九个极大的银行,就支配了存款总数之半,再加上它们自己底资本,你想大不大？这九个柏林底大银行与它们底联号,在一九一三年,就共支配着一百十三万万马克！诚然是可以左右实业了。

大银行不单是资本巨大,存款极多,而且是在各处设立分行。例如英格兰和爱尔兰这两个地方底银行,在一九一〇年,共有分行七千一百五十一个。其中有四个银行,各有四百个以上的分行。这些分行,在各地支配着各地底企业,而各地分行又为总行所支配。所以,大银行家安坐纽约,就能够左右各地底企业。

银行之成为极有势力的独占的组织,实有赖于"参加"这制度。关于这一点,下面才详细地讨论。

除了通常的银行之外,还有储蓄银行。储蓄银行有二种,一为普通的储蓄银行,一为邮局储金处。普通的储蓄银行,有的是独立的,有的是附设于通常的银行。邮局储金处,都是附属于邮政局,但功用是一样的。

储蓄银行因为所达到的地方较多,且存款又较便当,不论是一元一角,都可存进去,所以,发达极快。我们看英格兰底储蓄银行底存款之增加,就可晓得。

英格兰底储蓄银行底存款

一八八〇年	一六〇〇 〇〇〇 〇〇〇
一八八九年	二〇〇〇 〇〇〇 〇〇〇
一九〇八年	四 二〇〇 〇〇〇 〇〇〇

但是,我们要知储蓄银行,结果还是为大银行所支配。储蓄银行,不过是将中等阶级以下的银钱,收集起来,以备资本家之用而已!

我们将研究现在的银行,就可以发见出在资本主义下的银行,是有一种趋势,要与工业发生关系。不但是要发生关系,而且要使这种关系成为永久的,有效力的。所以,银行不断地将银借给工业资本家,经营工业。银行的资本,一变而为金融的资本。金融的资本,就是为银行家所支配而为工业资本家所用的资本。

银行不单是将资本投入工业,而且要支配工业。所以,使用各种方法,来达到它们底目的。

银行支配工业底方法,第一,是收买工业公司底股票。如英 Iulims Kalm 叙述一公司底管理情形,是很有趣味的。他说:有一企业,资本为五百万美金,半为优先股,半为普通股,都有表决权。组织成功一年后,共有一万四千个股东。公司要开年会,就发出了一万四千封信,召集会议。但到会的,不过十二个股东。这可说是一特殊的例子。

我们再看纽约底人寿保险公司,也是为少数人所支配的。

年	拥有保险券者	投票之票数
一九〇八	约九〇〇 〇〇〇	六二
一九〇九	在九〇〇 〇〇〇与一〇〇〇 〇〇〇之间	三二
一九一一	同上	四一

到会投票的不到万分之一。互助人寿保险公司,也是如此:

年	拥保险券者	投票之票数
一九〇八	约六〇〇 〇〇〇	九三
一九〇九	约六〇〇 〇〇〇	一三〇
一九一一	在六 〇〇〇与七〇 〇〇〇 〇〇〇之间	一三 五二七

比较纽约人寿保险,略好一点;但还是不到千分之一。一九一一年,是竞争选举,才到有一万多人;依然是不过百分之二。

总之,不论哪一个股分公司,只要有那一公司底股票之半,就能够支配那公司。

银行支配工业之第二种方法,就是参与制度。参与制度,就是银行底理事,为工业公司底理事;工业公司底理事,为银行底理事。据德国经济学家耶德尔底调查,柏林六大银行底理事员,代表着那些银行,为三百四十四个工业公司底理事。

银行支配工业之第三种方法,就是改组。工业公司若是失败,要改组起来,一定是靠着银行。银行就要求了各种条件,使那公司,完全在其支配之下。若公司不肯接受这些条件,则无从恢复。旧股东要不完全将本钱失去,那么,没有法子,只好吃点亏,屈服于银行势力之下,所以改组一次,金融资本底势力,就扩大一次。

我们举一具体的例子来说。马更公司、第一国家银行和国家城市银行这三大银行。马更公司底资本,没有晓得;但其存款有一六三〇〇〇 〇〇〇美金。第一国家银行底资本是一五〇 〇〇〇 〇〇〇美金;其分公司——第一安全公司底资本,顶少有三五 〇〇〇 〇〇〇美金。国家城市银行底资本,是二七四 〇〇〇 〇〇〇美金;其分公司——国家城市公司底资本不可知,但假定如一〇 〇〇〇 〇〇〇美金。这样,我们将这许多不晓得的不算,单将所知的加起来,就在六三二 〇〇〇 〇〇〇美金以上。此外还有马更、柏克和斯蒂孟底个人的资产呢!

马克公司、第一国家银行和城市银行,在纽约城中,支配下列这些银行和托拉斯公司:

（A）银行家托拉斯公司　　　　　资本二〇五〇〇〇〇〇〇美金

（B）保证托拉斯公司　　　　　　二三二〇〇〇〇〇〇

（C）阿斯德托拉斯公司　　　　　二七〇〇〇〇〇〇

（D）国家商业银行　　　　　　　一九〇〇〇〇〇〇

（E）自由国家银行　　　　　　　二九〇〇〇〇〇〇

（F）查士国家银行　　　　　　　一五〇〇〇〇〇〇

（G）农人借贷托拉斯公司　　　　一三五〇〇〇〇〇〇

上列七个公司银行共　　　　　　九六八〇〇〇〇〇〇

加马更等三公司已知资本共　　　一六〇〇〇〇〇〇〇〇

受其支配的纽约城的银行公司　　五〇四〇〇〇〇〇〇

共计　　　　　　　　　　　　　二一〇四〇〇〇〇〇〇〇

马更公司、第一国家银行和国家城市银行，又再支配着下面这些大运输公司：

（a）亚当快车公司

（b）英特拉赛煤车公司

（c）亚、屠、圣、铁路公司

（d）吉乌铁路公司

（e）芝加哥大西铁路公司

（f）芝、密圣铁路公司

（g）芝加哥和西北铁路公司

（h）芝、卢、太铁路公司

（i）大北铁路公司

（j）万国商船公司

（k）纽约中央铁路公司

（l）纽、新、哈铁路公司

（m）北太平洋铁路公司

（n）南方铁路公司

（o）南太平洋铁路公司

（p）联合太平洋铁路公司

马更公司、第一国家银行和国家城市银行，又支配着下列这些大的生

产和贸易公司：

（a）杂铜公司

（b）美国罐头公司

（c）开斯打禾机器公司

（d）威廉油船和汽机制造公司

（e）普通电气公司

（f）万国割禾机器公司

（g）勒加文拿钢铁公司

（h）普尔孟公司

（i）美国钢铁公司

它们——马更公司、第一国家银行和国家城市银行——又支配着许多公众事业的公司：

（a）美国电话电报公司

（b）芝加哥空中铁路公司

（c）纽约煤气公司

（d）哈孟铁路公司

马更等三人有一百十八个经理在四个银行和三个信托公司；这四个银行和三个信托公司，共有资本二十六万七千九百万美金，存款共有十九万八千三百万美金。

马更等三人，又有三十个经理在十个保险公司；这十个保险公司，共有资产二十二万九千三百万美金。

又有百零五个经理，在三十二个运输公司；这三十二个运输公司，共有资本一百十七万八千四百万美金，共有路线十五万英里。

又有六十三个经理，在二十四个生产的和贸易的公司。这二十四个公司，共有资本三十三万三千九百万美金。

又有二十五个经理，在十二个公众事业的公司。这十二个公司，共有资本二十一万五千万美金。

总算起来，马更公司第一国家银行和国家城市银行，共有三百四十一个经理，在一百十二个公司；这些被支配的公司，共有资本或资产二百二十二万四千五百万美金。

我们看上面这个例子,就可以晓得金融贵族政治,是何等的利害了!

金融贵族统治,既然完成,种种由竞争所生出来的浪费,就随之消灭。这就是说,金融家所夺得的剩余价值之一部分,就增大起来。资本底集积,因此就加快。我们晓得一国国里投资地方,是有限制的;而资本集积是没有限制的。以限制的投资地方,来容增加没有限制的资本,当然有一天容不下,而生出资本过剩的现象,利率跌得很低。金融家要保持高利率,唯有想法将这些过剩的资本,投于工业后进国。这种资本输出,为资本主义发达之必然之结果,同时,为帝国主义底特质。

李春涛
殖民政策

> 这是李春涛1925年4月在上海大学的演讲稿,讲题为"殖民政策"。原载《民国日报》副刊《觉悟》1925年4月20日、23日、28日、30日,5月5日、6日、8日、9日、12日、14日、19日、26日、27日。
>
> 李春涛(1897—1927),广东潮州人。国民党左派。东京早稻田大学经济科毕业。1925年4月应上海大学社会学系系主任施存统邀请到上海大学作"殖民政策"演讲。1927年4月27日,被国民党反动派杀害。

第一讲 殖民之概念

一、殖民之语源

"殖民"一语,含有"殖民者之一团"及"殖民者之定着地"二义。然自来关于"殖民"即"Colony"之音义,众说纷纷,莫衷一是。故欲明晰其意义,当先溯述其语源。

"Colony"源于拉丁语之"Colonia","Colonia"本义为"耕地"。渐次扩张其用语之范围,遂至"凡以农耕之目的移住于母国以外土地之民团",皆为"Colonia"。同时,"殖民者"(Colonist),即拉丁语之Colonus。初虽仅指"农夫",其后亦渐次扩张其语义,"凡居于殖民地之住民",皆为"Colonus"。

希腊语之"APoikia",虽亦指"殖民",然其本义则为"离去家乡",与罗马时代之"Colonia"及现代之"Colony",其实质上实大差异。

考希腊时代之殖民(Apoikia),系因希腊诸国国土狭隘,人口过剩,民之健者,遂自由渡海移住于意大利、西西里、小亚细亚、爱琴海诸岛。然是等殖民地与母国间,虽有血统之关系,及互惠之贸易,而政治上则完全离母国而独立,不受何等之羁绊。反之,罗马时代之殖民则为欲保新征服地之安全,及救贫政策之实施,故移民其地使之从事于农业。是等殖民地,虽得采用自治制,然政治上则常隶属于母国罗马市之下。要之"Apoikia"完全离母国之政权而独立;"Colonia"即常隶属于母国:是其差异。至其因人口过剩而殖民,则相同焉。

虽然,希腊罗马之殖民,虽亦以经济为目的;然较诸近世各国之殖民,于经济的目的之外,尚含有政治上军事上种种目的者,则又迥然不同。

二、殖民(殖民地)及殖民政策之意义

然则殖民之意义维何?

从来学者间所下殖民之定义,所以不适合于现今之实际者,皆由于太重视殖民之历史的事实及殖民之固有的本义。至晚近学者,遂始有依政治之标准以下殖民之定义。故"殖民者,一国家新领有其国土以外之土地,从而统治经营之,以与本国发生政治的隶属关系者"是也。依此定义,则"凡对于本国有政治的隶属关系之新获得领土",概得称为殖民地。至于该领土——殖民地——土民人口之密度及文化之程度如何,本国移住民之多少及该领土经营之目的如何,皆在所不同。

殖民(殖民地)之意义既明,则殖民政策之意义,亦因之而明。即"殖民政策者,一国领有殖民地而统治经营之之政治上经济上财政上文化上军事上一切设施的政策之总称"是也。

三、殖民与移民

顾于此有一不可不注意者,即殖民与移民——英语"migration"(移住),源出拉丁语之:migratio,即动物迁移住地之义。其往外移住(Emigrer Emigration)亦称往住外来移住(Immigrer Immigration)亦称来往,盖拉丁语"Emigrer"之"E"有"出"义故称往住,"Immigrer"之"Im"(In)有"入"义故称来往,然普通所谓"移民"及"移民者"则概指英语之"Emigration"及"Emigrant"来往国方面观之则"Immigration",(来往)亦移民也——二语之区别。此二语,自来学者间,不少混淆转用之者。盖因殖民与移民两者,有极相似之点。兹试举其形式上相同之点:殖民,有国内殖民,国外殖民之分——凡国内土地因交通不便及异族蟠据迄未开拓今始移殖者为国内殖民,其向新领土移殖者为国外殖民——然现今实际上所谓殖民,则不含有国内殖民。而移民——移民者一国之人民长时间或永久移往于他国或本国领殖民地之谓也——亦有国内移民及国外移民之别:然现今实际上所谓移民,亦不含有内国移民。由是以观,殖民(国外殖民)与移民(国外移民)之区别,果何在乎?

区别之标准点有二:

(一)以文化为标准。此说以移住者之出发国及其到者国之文化为区别标准。凡由文明国往来开化国或半开化国之移住民,从事于物资之开发及文教之传布者,为殖民;反之,移住于文明国者,为移民。

显然,此所谓殖民,与现今实际上所谓殖民不合。其说不足取。

(二)以政治为标准。此说以移住地与母国之有无政治上关系为区别标准。凡所移住地为隶属于本国政府之新领土者,为殖民;反之,所移住地与本国无何等政治上之关系者,为移民。

上说,即今日一般学者所采用者也。

四、殖民与帝国主义

殖民与帝国主义有极密切之关系,尽人所知。虽然,非同一义。帝国主义，非唯在保全其国家之独立及扩张其国家之领土已也，且进而常以参与世界的文明及政治为其特有之信条者焉。故帝国主义，于殖民事业之外，尚有其他之种种政策。而殖民政策，亦有时与帝国主义完全不关系。

近代之帝国主义，所谓民族的帝国主义是也，其发动常在政治。现代之帝国主义，所谓资本的帝国主义是也，其发动常在经济。顾民族之膨胀，资本之增殖，皆必有待乎殖民事业之发达，否则不能达其目的。故殖民事业与帝国主义之不能相离以说明也。其理由正在乎是。

帝国主义，非晚近之产物也，古代诸国——如罗马——已有实行之者。然古代的帝国主义，与近代的及现代的帝国主义，其性质则大异。古代罗马之帝国主义，在于建设一世界的帝国，以支配全世界之文明国民，近代民族的帝国主义，在于建设一民族的帝国，以对抗全世界之一切民族。现代资本的帝国主义，在于建设一资本的帝国，以掠夺全世界之余剩价值。放古代如亚历山大，如成吉思汗，如拿破仑，皆欲建设世界的帝国而未成者也。十九世纪德意志及意大利之统一，以至奥匈之分离，巴尔干半岛诸国之分裂，则民族的帝国主义之发动也。及至现代，如世界大战，如对俄经济封锁，如向德索求赔偿，如列强之压迫我国，则皆资本的帝国主义之掠夺的征候也。

五、殖民地名称之适用

各国殖民地统治上，其名称之适用，皆有特殊之惯例，如英国，则有印度帝国、帝领殖民地、半自治殖民地、自治殖民地及保护国之别。前三种殖民地，当然属于殖民部统辖；保护国则或被辖于外交部。或与帝领殖民地等同被辖于殖民部，或从属于印度政厅。至于印度，则英国之立法及公文书上，皆不呼为殖民地，而称为印度帝国（Indian Empire），即其事务，亦脱离殖民部统辖，而特设印度事务大臣以专掌之。诚以印度之气候风土，不适宜于居住英人，而且土地广大，人口稠密，又为古代文明之发源地，故事实上决不能以普通殖民地之统治方针统辖之。虽至现在，政治上之实权，固由英人掌握；然视其最近之非协同运动，已可想见其反抗英人

统治而谋独立自治之精神矣,故昔之英人所以不呼印度为殖民地而称为印度帝国者,即为弃名取实之政策,冀可免挑拨印度民族之愤感也。然从印度皇帝之由英王兼任之一点观察之,则印度固英国之殖民地也。

此外,如法国,除突尼斯保护国及亚尔日利亚州之外,概称殖民地。至于战前德国之用例,则颇趋于极端,不称殖民地而称为保护地。其故,因德领概在热带国内,其气候风土,不适于德国民之永住,而德国殖民事业之发达,实较列强为缓,又乏可以占领殖民地之口实,遂不得不以保护商业为名,以避去列强之抗议焉。

然而其名虽异,实则皆殖民地也。

第二讲　殖民地之分类

殖民地之分类,于殖民政策上诸般问题之研究,实有重大之关系。盖由此可以明了各殖民地之政治上及经济上地位,以供殖民国决定其殖民政策之方针也。自来学者,对于殖民地分类之研究,依其标准之不同,而类别亦异。要而言之,盖有二派:凡依殖民地之实质以为分类者,谓为实质上之分类;反之,依母国对殖民地之统治的形式以为分类者,谓为形式上之分类。

以下,首述形式上之分类,次述实质上之分类。

一、形式上之分类

凡一国家领有其国外土地(殖民地)之形式,常不一致。盖因领有之原因不同,故其形式亦异。日本山本美越乃氏依此标准,分殖民地为殖民地、殖民的保护地、租借地,而以势力范围附焉。

殖民地 { (甲)殖民地　(乙)殖民的保护地　(丙)租借地 } (候补的殖民地) } 势力范围(历史上过去的意义)

（甲）殖民地（Colony）

殖民地者，一国家于其固有国土外领有新土地，而以特殊方式统治之者也。析言之，殖民地之成立，有必要之二条件：

（一）国家于固有国土外领有新土地；

（二）国法上不得与本国同一看待，而以特殊方式统治之。

一国家之领有其国土外新土地也，或在于先占时效等原始的原因，或基于卖买、交换、割让、赠与等继受的原因。而先占、卖买及割让三者，尤为自来各国领有殖民地之最大原因焉。虽然，原因虽有不同，而事实上，领有一定地域以延长其母国主权，则一也。

至于国法上所以不得与本国同一看待而必以特殊方式统治之者，则因其文化程度之低下，历史发达之落后，民情风俗习惯之远异，地理上风土位置以及气候之关系，社会的或经济的组织之不同，故不得不然耳。假使无是等原因，则殖民地在国际法上及国法上，固可与母国同视焉。

是即殖民地与殖民的保护地及租借地之主要区别点也。

（乙）殖民的保护地

殖民地在国法上及国际法上之地位，虽比较简单；而保护地及租借地则常发生许多复杂的问题。即使实际上与殖民地的有同一状态，但法理上终不免时时引起疑问，兹就历史上发生保护的关系之原因考之，约有四端：

（一）对于虽有完全主权而国力微弱之国家，为保持势力均衡起见，于不害及其独立自主之范围内，起而拥护之者，如意大利之于圣马利诺，美国之于古巴。

（二）虽有完全主权而无行使能力之国家，由利害关系最深之强国，代行其关于外交军事及财政等主权之一部者。如从前法国之于马达加斯加，日本之于朝鲜，及最近法国之于突尼斯

（三）强国，于事实上完全握有弱国之主权，唯政务上则仍使从来主拥有其虚位者。如英国之于印度。

（四）对于未有国家组织之野蛮未开化地，初则置于保护的名称之下，以扶植自国之势力，渐次遂成为自国领土之一部分者。欧洲各国之于非洲蛮民栖息地之保护关系是也。

以上四种保护关系之中，第一种乃列强出于保持势力均衡起见，苟非有战争及特别事变，则此种保护关系在殖民政策上，固无发生问题之余地。反之，第二、第三、第四三种保护关系，则迟早必变为殖民地，终受保护国之支配。然亦有因政治上及其他种种关系，实际上虽与殖民地无异，而形式上仍以之为保护地，以置于自国势力之下者。故在殖民政策上，除纯粹殖民地外，此种保护关系实占有重要之地位。在殖民政策上，概称此三种保护关系曰"殖民的保护地"，或"候补的殖民地。"

要之，殖民政策上所谓殖民的保护地，即指一国家或一地方——未有国家组织之未开化野蛮民族栖息地——对于强国发生从属的关系，自外交军事以至内政，概受该强国保护者，是也。

殖民的保护地，其保护之程度，系根据于条约或协约所规定，不可一概而论。然其程度之如何，实非重要问题。其重要之点，即为某一国家对于他一国家或他一地方加以保护，其施政之结果，则为扶植自国之势力，终至使被保护者渝为自国之殖民地是也。虽然，殖民地本无有国家的存在，而仅为所隶属之母国之领土之一部分，故于国际法上毫无独立之主权。至殖民的保护地则不然，纵极受条约或协约之制限，而其固有主权究未尽丧失也。大抵殖民的保护地对保护国权利义务之关系，虽情势各有不同，而除特别情势外，通常共同的关系有五：

一，殖民的保护也对于保护国以外之他国，不得直接为外交上之交涉；因之，对他国不得有宣战媾和之权。

二，殖民的保护地内政机关及法律习惯制度等，务必保存之；惟与保护国之利益有冲突时，须变更之。

三，保护国政府得置代表于殖民的保护地，以掌理外交；遇必要时，并得干涉内政，而尤以财政为着目之焦点。

四，殖民的保护地军队之编制，须受保护国之指挥；故保护国对于保护地之外敌，有防卫之义务。

五，殖民的保护地，遇必要时，得受保护国财政上之援助。

殖民的保护地，虽如上述，纵受他国保护，而主权究未尽丧失，故理论上不得以殖民地统治机关管理之。然实际上，则又与纯粹殖民地无大差异。且有经以殖民地统治机关管理殖民的保护地之政务者，如法国之于安南及马达加斯加是。

且保护国之于殖民的保护地,亦非尽欲其成为殖民地也。盖从保护国之财政上负担及政治上责任与乎殖民的保护地之住民二方面观之,则有时宁愿存此保护者名目,以博政治上诸多利便。此先进殖民国之所以至今仍存续殖民的保护地之名称,以掩有其广大的殖民地域也。

(丙)租借地

租借地者,一国家依据条约以借受他国领土之一部分,而以自国统治机关统治之地域是也。其租借期虽有长短——短者如一八九八年俄国之于我旅顺口、大连湾其租借期限为二十五年,长者如一八九八年德国之于我胶洲湾其租借期限为九十九年——而在租借期间内,租借国得利用该地域,为将来发展之根据,以置于自国统治权之内;同时,贷与国对于该地域之主权,即受其限制。盖相借地者,对地主权之限制也。此等制度,自中世以来,久经废绝。及至近三十年来,欧洲列强对我国竟复活此制度,以逞其野心。如英之于威海卫及九龙,法之于广州湾,俄之于旅顺、大连。——日俄战争结果俄人复转让于日本——德之于胶州湾,——欧战期内至一九二二年止复转为日本所占领——皆我国之痛史也。今者,胶州湾已父还;威海卫之交回,正在开议,旅顺、大连租借期至去年三月二十六日止,国人现方运动收回;逆料此等限制地主权之租借地,不日将必绝迹于地上矣。

按:考世界殖民史,甚少有所谓租借地者。若求其先例,实始于一八八八年,桑给巴尔国王以其领土租与东部阿非利加公司。初时,契约定期限为五十年;其后,更订契约,定为永借地。如是以一公司租借一国土地,即为租借地之滥觞。然此等事实,盖全属于民法的契约;且其租借权,犹是属于一公司,而非属于一国家。至若现代之所谓租借地,实始自吾国。其最先者为德国之租借我胶州湾。考一八九八年二月六日中德条约第二条云:"大清国皇帝陛下特允将胶州湾南涯地域之永借特权租与德国";又第三条云:"大清国政府在此永借年限间不得有行使主权的权利",其次为我国之租借我旅大。

考一八九八年二月二十七日中俄条约第一条云:"大清国皇帝陛下特允将旅顺口大连湾二处及邻近相连之海面租与俄国,惟中国帝权不得损破",又第二条云:"(前略)惟租界域内俄罗斯应全享租主权利。"由上二种条文解释之,中俄条约则注重于保全中国权利;中德条约则注重于表示德国权利。于是遂不免发生种种议论。有谓依中德条约解释,则租借实无异于领土割让。有谓依中俄条约的解释,租借实为让与国委任一地域之统治权于租借国而自保留其主权。议论之纷歧如此。虽然,吾人观于后日日俄战争结果朴次茅条约第五条所云:"俄国政府以清国政府之承诺,得将旅顺大连湾并其附近之领土及饮水之租借权,移转让渡与日本政府。"则是租借地实根据条约关系而定。且关于日俄之移转其条约上的权利时之必有待乎让与国之承诺,从可知租借地实非领土割让,而仅是限制地主之领土权焉。

(附)势力范围(或利益范围)

势力范围者,强国对于野蛮无主之土地,有欲使之成为自国先占地或保护地之希望,而恐与他国势力相冲突,遂向他国退告或宣言该地域为自国势力范围者是也。然因其尚非实际上之占领,故其宣言之效力,止限于承认其宣言之国家。由是观之,势力范围与殖民地实无何等直接之关系。然势力范围之所以成为殖民政策上之问题者,则因欧洲列强分割非洲大陆之时,势力范围与占领实行,同时并施;故殖民政策上所谓势力范围,非指与既占地域全无关系之孤立地域,乃指既经扶植自国势力之地域的周围及背后等地域之谓也。即国际法上所谓背后地主义(Hinterland doctrine)是焉[①]。然此主义,初无共通之标准,而各国又各自主张其利益,

---

① Hinterland doctrine 者:"先占沿岸一地方而其效力并及于其背后地之谓也。"故亦称背后地主义。此主义当在关于占领土地的一定准则未曾规定之前,凡对于占领土地之实行,皆依此主义,单以形式的或行为的一种口头的宣言占领之。例如一四九六年英人Sebastian Cabot 上陆于北美沿岸之一地方,而遂自谓为发见全美,并主张有先占权是也。又如西班牙之占领南美,依其形式的行为,竖一国旗于南美沿岸之一地方,而遂宣言先占。是亦一好例也。其后,因欧洲各国竞欲获得殖民地,当其发见一地方时,即使事实上未曾深入内地,而亦宣言同时占领有其内地。于是各国在非洲竞争获得殖民地之结果,遂惹起纷争。因此,乃设立有关于占领土地之一定准则,即孔戈条约是也。

李春涛　殖民政策

以致时相冲突。直至一八八四、五年间,遂因孔戈问题①,开柏林会议,订定孔戈条约,有后势力范围之意义乃明。该条约第三十四条云:"纽约国中,而将于非洲大陆海岸扩张其原有领土,或取得新领土,或设定保护权者,须向其他纽约国通告。如他缔约国对于同地域有所要求时,则须应其要求,使亦有实现其要求之机会。"自有此条约,于是列强遂得以平和的手段宰割非洲大陆。后复适用于南洋群岛。然犹仅限于野蛮无主之土地也。不意"势力范围"一语,愈用愈滥,乃竟适用于有统一主权之我国,是诚我国之羞矣!大凡"学术语"之恶用,学者多能辨之;顾无如当世之学者,类多囿于褊狭的国家主义之偏见,而忘其应对学问忠实之良心,是诚可叹!例如,日本斯学之研究者山本美越乃氏(Yamamotomikono)所谓:"列虽对中国之势力范围(Sphere of Influencle),无宁谓为利益范围(Sphere of Interest),名实尤为适当。"②氏之意,以为称势力范围,近于侮辱中国;而利益范围则否。虽然,其实固无以异也③。要之,势力范围一语,在殖民史——过去的殖民政策——上,固有重要之关系;而在现代,则已全无意义。盖现代已不复有所谓无主之土地存在故也。

二、实质上之分类

殖民地实质上之分类,以德国Kobner博士所分者为最完备。兹特以博士之说为根据,制表如下:

---

① 非洲大陆自葡萄牙殖民其地之后,英法两国继之,至一八八零年前后,比利时、德意志、意大利、西班牙相继加入,各竞创设殖民地,各根据背后地主义,以扩张其势力范围关于内地,于是遂大起冲突。一八八二年万国孔戈公司姓设孔戈国,其结果与孔戈接境之英葡二国,遂提出抗议,不与承认。反之,德国方面则准先承认之。两方各持其论议,终莫能决。其后,遂从德国提议,自一八八四年至一八八五年,开万国会议于柏林,以解决关于非洲称权之纷争,是为孔戈条约。此条约之内容,不特解决孔戈国之存立及境界问题,且亦连带议定各国将来在非洲占领土地之国际的必要条件。即条约第三十四条之所云云也。
② 由本美越乃著殖民致第研究第七九页。
③ 按日本同文堂版经济大辞书对于Sphere of Influence及Sphere of Interest,二语俱议作"势力范围",即其一证(同书一九五三页及三二四二页)。又按德语势力范围为Interesteus pharen即英语之Sphere of Interest可见势力范围与利益范围名虽异而实则同。

殖民地 {
　原始生产殖民地（或称独立经济殖民地） {
　　移住殖民地＝农业殖民地
　　采取殖民地（又称投资殖民地） { 栽培殖民地 / 矿业殖民地 / 其他 }
　}
　根据殖民地 { 商业殖民地 / 军事殖民地 / 其他 }
}

（甲）原始生产殖民地

富于自然产物之原始生产殖民地，因其足以经营独立的经济之故。亦称独立经济殖民地。是年殖民地，每因气候上之关系，有适宜于本国民之移住者，有不适宜于本国民之移住者。前者称为移住殖民地，后者称为采取殖民地。

（一）移住殖民地。移住殖民地者，地理上气候上适于多数本国民之永久地移住生存，且适于本地移住民自行耕作之领土是也。若就现代所谓文明国的移住地观之，则几全为气候温和之温带地方及适于耕作之农业地方。故移住殖民地，普通亦称温带殖民地或农业殖民地。例如英领加拿大，澳大利，南部非洲之全部，及北部非洲暨东部亚细亚之一即等殖民地是也。抑虽在热带地方之殖民地。苟其地土高燥，水源利便，则有时犹得供移住农耕之用，旧德领东部非洲及西南非洲殖民地之一部。其原例也。

（二）采取殖民地。采取殖民地，类多在热带地方。因其建于栽培甘蔗、咖啡、可可、橡皮、香料、蓝、麻等农产物，富于热带动植物及金刚石、金、银等贵金属，故虽其气候不过宜于现代文明国民之移住。而尚可供投下资本，利用有色移民之劳力，以开发采取其富源，并从事于启导土人。如是之殖民地，谓为采取殖民地，亦称热带殖民地或投资殖民地。例如，荷兰东印度、中部非洲、中亚美利加、西印度群岛、南亚美利亚及南洋各殖民地之大部分，皆属之。复就其主要产业之性质区别，皆适于栽培者为栽培殖民地，适于采矿者为矿业殖民地。

虽然，此等理论的区别，盖完全基于非洲人之主观的标准。若由吾人观之,则此等区别,无有是处。何以言之？所谓不适于欧洲白色人移住之地,而于有色人则适焉。不宁唯是！虽等是欧洲人,而因民族之不同,故其移住能力亦异。例如西班牙、葡萄牙、法兰西南部、意大利南部等拉丁民族,因其向来已含有亚非人种之血统也,故不似北欧民族之嫌弃与殖民地土民通婚姻；又因本国国土南面地中海,横于感受热风也,故较诸北欧民族为能堪耐热带生活。是故此等区别,在拉丁民族观之,亦无有是处。不宁唯是！虽即北欧民族,然因人类智识之发达,避暑方法之讲究,又因自国人口之增加,各殖民地对于外国移民限制之严密,则将势不获已,而忍耐苦热以移在于自国领热带殖民地矣。于是两者之区别,遂愈益暧昧。故由今日实际上观察此等区别,固非尽确当。

顾移住殖民地与采取殖民地之理论的区别,虽非确当,而在殖民政策之研究上,则决不容轻视。苟无论有色人种本无所谓移住与非移住之别,然在欧洲人观之,则此区别尚感必要。且现代诸殖民国,除日本为有色人种之外,其余皆为白色人种。故欧洲各国殖民地,因其特质不同,随而政策亦异。大概移住殖民地,因社会上及政治与本国无大悬系,故得享受与本国平等之权利。且有时,其国民性渐次发达,训至不甘接受本国干涉,而要求自治。如今日英领加拿大、澳大利、南非等自治殖民地是也。反之,采取殖民地之住民,半为本国移住民之资本家企业家,半为殖民地土民之劳工。民族既异,能力亦殊,于是遂有专制的必要；且永续的与本国是为政策上国法上的隶属关系焉。

（乙）根据殖民地

根据殖民地者,不问殖民地自身之经济的价值如何,而惟求其可供商业上之根据地或转运地,及供政治上军事上之根据地或策源地。故是等殖民地,不必如移住殖民地或采取殖民地之要有广大的领土,而但有可供商品转运及军舰淀泊煤炭贮藏,军队驻屯等设备之相当地域与利便水源,斯足矣。然根据殖民地,亦非无同时具有经济的价值者。

根据殖民地,又分为商业殖民地、军事殖民地二种。

（一）商业殖民地。商业殖民地者,在各地方经济尚幼稚交通未发达时代利用其地域以供转运商品根据地是也。盖移住殖民地及采取殖民地之目的,为经营独立经济；而商业殖民地之任务,则为媒介殖民地附近生

产物与本国或他国生产物之通商贸易。例如古代腓尼基、迦太基希腊诸国之地中海沿岸各殖民地,或如近世葡萄牙荷兰英吉利诸国最初活动于东洋方面时之殖民地,又如现代英领殖民地之香港、新嘉坡,皆商业殖民地。顾商业殖民地亦有同时兼为政治上及军事上之策源地者;如欧战前德国之于胶州湾,平时虽以商业为主眼,及一有机可乘,即借以为军事上之根据地。又有同时兼为移住或采取之殖民地者;如晚近英荷对于东印度所取之政策是。

(二) 军事殖民地。军事殖民地者,本于政治上及军事上之目的而领有之殖民地也。是等殖民地,大概使用为舰队之根据地,煤炭之贮藏地,海底电线之联络地。如直布罗陀半岛、马耳他岛、圣赫连拿岛、亚先逊岛、亚丁、关岛等殖民地,皆属之。然如旧俄领之中央亚细亚殖民地,因其地域广大之故,同时亦兼为农业殖民地。则此等分类,亦非尽确当。

要之,近时各国殖民的活动,已不复似从前之熟中于获得广大领土,而咸注意于得适合为商业上或军事上根据地等沿岸机要地点,盖世界上既经发见之土地,已被列强宰割殆尽;此后苟非依战争或条约之割据,则必不能获得广大领土之殖民地;且即获得广大领土之殖民地,而初时常苦统治之困难。反之,若萃一国之势力,以扶植根据殖民地,然后徐图扩张,每较为有效。故近来列强几全放弃殖民地扩张主义而采用势力扶植主义。此则殖民地分为研究之发达,从而影响于殖民政策之一明证也。

第三讲 近世各国殖民活动之诸因

近世各国殖民活动之原因,约举之,有以下四端:

(一) 人口之增加;

(二) 海外之投资;

(三) 通商之进步;

(四) 交通之发达。

然此等原因,决非单独的存在,而实有相互之关系;本不宜强为区别。兹为便于说明起见,特分项论述之。

李春涛　殖民政策

一、人口之增加

　　大凡人口增加，每易刺激产业之发达；而产业之发达，复易促进人户之增加。然国土之面积究属有限，故产业之开发有时或竭。假使一旦人口增加达至某程度而地力不能再为无限之容纳时，则一部分国民，因失其生活根据之故，势不能不求诸人口稀薄富源未开之国，于是遂开海外移住之端。盖所谓自然法则之支配，势不获已。同时，国家因为保护海外移住民起见，遂渐次伸张其势力于该移住地。终焉，竟占领为自国之殖民地。因此，遂有以人口之增加为殖民活动之主要原因者。夫人口增加为殖民事业发展之原因，固无待言，然决不能谓人口增加为殖民之主要原因。盖因诸过去历史，人口之增加，实非殖民之主要原因①。而所谓殖民国之富源，亦无有完全开发无余者②。故可知人口增加，虽多殖民之一原因；而此

---

① 据一九一五年Statistisches Jabrbuch fur das Deats che Rejch 所载德国各地人口之密度与移住者人数之关系，计如下表：

联　　　　邦	每方哩人口之密度	人口十万人中移住者之数
Posen（波森）	七二.四	三〇
Sehleawing Hostein（石勒斯维洛疴斯德音）	八五.二	二八
Hanover（哈路威）	七六.四	二三
West Prussia（西普鲁细亚）	六六.七	一七
Pomerania（颇明亚尼亚）	五七.〇	一三
Silesia（细勒细亚）	一二九.六	五
Hessen Nassau（墨森拿萨）	一四一.四	八
Rhine Land（莱因兰德）	二六三.七	九
Saxony（萨克逊）	一二二.三	一三
West Pnolia（西菲亚利亚）	二〇四.〇	一五

人口密度最稠之地，其海外移住民反比较少数。可见人口之增加，实非殖民之主要原因。
② 最近日本每借口人满地狭，以为其殖民移民之口实。然实际上日本之富源，非无尚可发展之余地，据大正六年农商务省刊行《本邦农业要览》所载：日本全国农耕地面积大正三年度（一九一四年）计田二百九十六万一千町步余，烟二百九十一万六千町步余，合共五百八十七万八千町步余，约当日本国土总面积三千八百九十一万七千町步余之十分之一点五。此外，未耕地及荒无地尚有百三十二万七千町步余。然近年来，因（转下页）

原因之外，尚有种种外的及内的原因存焉。抑安土重迁，人之常性。故虽有人满之现象发生，而大多数人则宁愿忍饥捱苦，少肯离乡别井者。所以古代移住殖民多由于政府强制，或由于特别的诱导，甚且以罪囚为移住民之先驱，且移住民类多为国中之壮男子①，故殖民地之占领，除古代因受领

（接上页）是等未耕地荒无地之施耕及湖泊池沼填垦之结果。农耕地遂逐年增加。计自明治三十八年至大正三年之十年间，平均每年田之增加为一万三千町步余，畑之增加为四万一千町步余，合共每年增加五万五千町步余。因之，农产品亦随而增加。依此，可见日本地方实尚未尽。又据大正四年农商务省刊行《关于米之调查》所载：自明治四十三年至大正三年之五年间，日本全国米之消费额平均每年五千三百二十七万石余，麦之消费额平均每年二千三百〇六万石余。同五年间米之生产额平均每年五千三百〇二万石余。麦之生产额平均每年二千二百九十六万石余。计米之不足平均每年约二三十万石，麦之不足额则出一万石左右。依此，若再合上述未耕地计算之，则今后日本之粮食，尚能自给自足。故日本农事博士古仕由直氏于所著《五十年后之农业》(见帝国农会报第七卷第七号所载)中谓："我国(日本)产业中有最古的历史之农业，尚有其发达之余力。"

① 依 Report of the Commissioner General of Immigration for 1916, U.S.A. p.22. 所载，则一九一六年度各国往美国移住之移住民，以十四岁至四十四岁之壮年为最多。

移住人	男子数	女子数	十四岁以下者	十四岁至四十四岁者	四十五岁以上者
英国人	一八七二七	一七四四一	五六八三	二四八三三	五六五二
南部意大利人	二〇五二一	一三三八八	七三四四	二二一九八	四三七六
希腊人	二一〇九三	五六九九	一九六〇	二二五二	二五八〇
爱尔兰人	一一二五八	九三七八	一九二一	一六四七五	二一四〇
法国人	一一六二四	七八九四	三七三〇	一三二二一	二五六七
斯干的那瓦人	一一五二七	七六四五	二一七〇	一五六四五	一三五七
墨西哥人	八三二	八四六六	五四五九	九九五八	一七八一
希伯来人	九三九一	五七一七	三五二一	一〇六二二	九六五
苏格兰人	六七七一	六七四四	一九〇六	九四八七	二一二二
葡萄牙人	九〇一〇	四一九八	一五六三	九七二五	九二〇
德国人	六一二九	五四二六	二三七五	七七七一	一四〇八
西班牙人	七七六八	一四九一	五七五	八〇六九	六一五
日本人	四〇三三	四六七八	五〇四	七六九六	五一一
荷兰人	三九四五	二四九八	一三四五	四四八〇	六一八
芬兰人	三四七九	二一七〇	七五〇	四七四〇	一五五
俄国人	四〇五七	八八〇一	四三八	四二二三	一九七
中国人	一九六二	二二七七	一四九	一七三七	三五三

土扩张主义之刺激,不惜奖励移民牺牲国富以经营之之外,实少有专因移民而占领殖民地者。即如近世英德俄三国之殖民,一见似全因人满而始移住者,顾若细按之,则将发见其他种种原因。举其大者言之,如英国移住殖民之多数受荷兰人,与其谓为人满地隘而始为殖民的活动,则孰若谓为基于政治上经济上及社会上之原因。又如德国,则多为宗教的原因及国民之经济向上心所刺激,亦非尽由于人口之增加。至于俄国殖民之非由于人满之原因,而为政治经济宗教之原因,尤为尽人所知,无容赘述。要之,人口问题与殖民问题,固有密切之关系,然若因见人口稀薄之国家不有殖民的事实,遂遽以为人口之增加即殖民的活动之主要原因,则未免太速。

二、海外之投资

自十八世纪末叶产业革命以后,英国遂率先为世界第一工业国,以握有制造工业之霸权。加以,航海运输之发达,通商交通之频繁,一时全世界之富力,几尽为英国所吸收。于是,各朝为自卫故,遂以保护产业为名,借以防压英国商品之输入。其后十九世纪各国之保护政策,实胚胎于此,然英国资本家,亦遂翻然变策,放弃向之商品输出策,而采用海外投资策。其结果,见奏大效。英国遂复由世界第一工业国一变而为世界第一资本国。然此外各国——如德如法如美——既一度利用英国资本以开发其制造业及完成其交通通信机关之后,资力渐次充实,因亦师法英国,竞投其余自于海外。于是所谓群向世界各处谋求安全有利之放资地,遂成为近世各国殖民活动之一原因①。

---

① 按资本之输出,实为高度的资本主义——金融资本主义——之必然性,依 N Lenin 著书 Impe Rialiam the Latest Stage of Capitalism 所举例,自一八六二年至欧洲大战止,凡五十年间,英法德三强国在外资本额之增加,有如下表:(单位十亿佛郎)

年　　次	英　　国	法　　国	德　　国
一八六二	三.六	—	—
一八七二	一五	一〇(一八六九年)	—
一八八二	二二	一五(一八八〇年)	?
一八九三	四二	二〇(一八九〇年)	?
一九〇二	六二	二七—三七	一二.五
一九一四	七五—一〇〇	六〇	四四

(转下页)

资本之移动，虽无国境之障别，然苟非有安全有利之保证，则资本之拨放，终难望其自由。故资本家之投资于海外事业，常冀有自国努力为后援；而国家亦因欲谋自国国民投资之安全，势必注意及放资地政治上、经济上及社会上之诸种设施，有时且迫于必要而进于——直接间接——干涉。盖海外投资之自然结果，遂使投资国与放资地之关系，愈益密切。是故假使放资地而尚未有完全之政治组织，或虽有政治组织而国力薄弱，则将不免为列强领土获得之竞争场。过去欧洲各国依此法以获得其殖民地，其实明证。

盖在上古及中世，殖民事业皆纯粹为商业殖民，故其资本之需用不大。及至近世，殖民事业，日臻进化，对于原始单纯之方法，已不能满足，乃宁尽力以谋企业止之发展，例如开垦、植林、矿山、制造等事业，以及道路、铁路、港湾等交通通信机关之设备，在在皆需巨大之资本。然欲期投资之安全，则必先有以谋土地所有权之确固，生命财产等之保障，金陵机关之完备，及其他各种文明的设施之移植。近世国家所以汲汲谋扩张其政权于放资地，实以此故。

抑自近世资本的帝国主义猖獗以来，虽在安在之放资，而资本家亦必竭力谋有以扶植自国政治势力，使放资地遵行自国之风俗习惯，使放资地永受自国之直接监督，以达于可以垄断这种事业经营上之利益而后已。至若放资地为属于自国领之殖民地时，则又为确保自国民之土地所有权起见，而限制其他一般外人享有之。前者谓之侵略的帝国主义殖民政策，后者即保守的帝国主义殖民政策。

要之，如果欲使殖民地之能遂其有秩序的发达，及能沐浴母国之文化，则必努力于殖民地有益事业之投资。盖商业的活动，虽能抉植

（接上页）上述三国在外资本之国别概略如下：（一九一〇年调查单位十万马克）

洲	英 国	法 国	德 国	计
欧 洲	四	二三	一八	四五
美 洲	三七	四	一〇	五一
亚非澳	二九	八	七	四四
计	七〇	三五	三五	一四〇

母国势力于沿岸及市场附近，而顾不能深入内地。宗教的活动，虽能支配人心威化土民，而顾非一朝一夕所能奏效。他如探险的活动，虽亦有时能深入内地，而顾缺乏感化土民之能力。至于企业的活动，即投资以开发殖民地产业之活动，则不但能使母国与殖民地间之关系成永久的密接，且因各种文明的设施之直接映于土民耳目，易使彼等思想上因刺激而感受母国之文化。由是观之，彼领有殖民地而缺乏开发富源之必要资本。或虽有资本而不知所以利用之国民，固不足与谈殖民地经营之道。

三、通商之进步

同是通商事业之扩张，而古今实大异其趣。古代及中世之通商，主以获得他国之产物——尤以非自国产之贵重品——为目的。至于近世通商之目的，则一方固在于获得他国之物产，而他方尤注重于扩张自国商品之贩卖市场。故通商事业，近世实较古代及中世为大进步。盖自产业革命以来，大规模生产组织勃兴及各种发明发见继续出现之后，生产之供给遂超过于国内之需要额，同时复有专为扩张国外贩路而特从事于某种生产事业者，于是遂不得不极力以发见海外市场。此通商进步所以为近世殖民活动之一因。

近世诸殖民国中，如葡萄牙之殖民，虽富有商业殖民之性质，然不一世纪而努力失坠。次如荷兰，虽亦极力以经营商业殖民，然因统治之失宜，致失去其重要之商业根据地（如锡兰岛、好望岬）。法兰西之殖民，虽亦如葡萄牙荷兰之具有商业的特质，然其殖民活动，迂腐怠惰，终趋微弱。至英国，则于完成其产业革命之后，遂即竭力从事扩张海外市场，以输出其自国产品，如放印度，则聚法葡二国商业活动之忽略，遂派遣商业探险者潜往经营，卒竟囊括印度而有之。于锡兰岛及亚非利加沿岸，则终夺荷兰之商权而垄断之。于加拿大，则乘法政府虐待新教徒（Huguenots）及法国本国政治混乱之际，而扶殖其势力。由是观之，英国能以商业征服法荷各国多年经营之殖民地，实完全是随产业发达通商进步而起之商业探险者之力。

四、交通之发达

近世各国因扩张通商上之利权而遂汲汲焉以谋获得殖民地,具如上述,然苟母国与殖民地间不有迅速安全可以通达之交通设备,或因交通不便致不能扩张市场于殖民地内地,则与古代及古世之沿岸商业殖民,固无以异。且母国对殖民地之关系,亦永不能密切。于是交通机关之完成,成为获得殖民地之重要问题[①]。

盖殖民地之领有,固易促进交通机关之发达;而交通之机之发达,尤易诱起殖民地之占领。如近世殖民史之所明示,随通商交通之发达,而担任保护之者厥惟海军,有了海军,又非有海军根据地不可。顾一朝既获得有海军根据地,则又每资之以为占领殖民地之准备。若英若德若美,皆其显例。英国既得印度为殖民地之后,遂苦心以经营英印间之通路,于是先夺得好望岬于荷兰之手(一七九五年),好望岬为当时东西洋交通之冲点。次则开凿苏伊士运河(一八六九年十一月凿成),以扶植其势力于地

---

① 近二十年,全世界铁路之延长如下:(单位千基罗米突)

	一八九〇年	一九一三年	增　加
欧　　洲	二二四	三四六	一二二
美　　国	二六八	四一一	一四三
诸殖民地	八二	二一〇	一二八
亚美诸半殖民地	四三	一三八	三四
合　　计	六一七	一一〇四	四八七

统中诸殖民地及诸半殖民地路线之延长最为急激。若单就美英俄德法五大国所有铁路统计之,实占全世界路线百分之约八十。列表如下:(单位千基罗米突)

	一八九〇年	一九一三年	二十二年间之增加
美　国	二六八	四一三	一四五
英　国	一〇七	二〇八	一〇一
俄　国	三二	七八	四六
德　国	四三	六八	二五
法　国	四五	六三	二六
合　计	四九	八三〇	三三九

中海非湖之北东岸。而后英印间之交通密切。此外，如英国之于我威海卫，德国之于我胶州湾，美国之于夏威夷及菲律宾，虽或为租借，或为占领，然其所以谋通商交通之发达，以为扩张殖民地之准备及巩固母殖民地间之结合，则用意皆同也①。

第四讲　殖民地创设之方法

殖民地创设之方法有三：第一，基于个人之创意者，谓之个人的殖民；第二，基于特许公司之计划者，谓之公司的殖民；第三，基于政府自身之企图者，谓之政府的殖民。

一、个人的殖民（殖民地创设之基于个人之创意者）

个人的殖民，如古代希腊之殖民：一六二〇年英国清教徒之上陆于北美洲科特岬创设新英格兰州，一六三八年东印度公司人Zames Brooke之单身渡入婆罗洲助其土王平乱而卒获得萨拉瓦克统治权，皆其显例也。他如□国诸先民之殖民，若梁道明、张琏之于巴邻旁②；郑昭之于暹

---

① 交通发达之为殖民活动之一原因，关于英国在非洲之态度，最易明了。考英国之经营其非洲殖民地也，一方希望完成自开罗达好望岬之纵贯非洲铁路，他方仍欲保全好望岬为东洋航路之一要冲。然恐南非土民Roets八之侵入扰乱也。遂借故征服之，以占领有非洲南北交通要道之地。
　　又如其占领苏丹也，亦然。假使Kitchener将军之占领苏丹不成功，则阿比西尼亚之俄人及非洲中部之法人，势必协力以妨害英领非洲及埃及之交通。故英国为欲达其保护交通要路之目的，遂起而占领之。(Reinsch Colonial Government 73)
　　要之，近世各国随其国力之雄大，而殖民活动愈益发展。故近世各国殖民活动之原因，可以一言蔽之，曰"经济的原因"是已。
② 明史之三佛齐国，亦称旧港，梁任公郑和传云："旧港亦名渤淋邦。明史称三佛齐。六朝时称干陀利。今荷属苏门答拉岛之东北部一大都会"——新民丛报第三年第二十一号。自梁天岛唐天祐宋太平兴国以来，屡通中国。(日本同文堂版经济大辞书第三一〇页，"三佛督宋建隆以来即与中国相通。太平兴国五年，其商人李甫晦，搭载香药犀角象牙等归国，遇风，泊于潮州。因以其香药送于广州。又雍熙二年，其舶主金花茶来航。其地产红藤诸香槟榔子珠玑犀牙阿魏番布等。")明洪武中叶，其邻爪哇人入侵，三佛齐旧王朝亡，国因大乱。时闽粤人旗其者已千数。广东南海人梁道明，乃等召（转下页）

罗①；叶来之于英属海岸殖民地②；亦皆基于个人之创意而创设殖民地者也。然殖民事业之完成，终必赖乎国家势力之扶助，否则少有不半途而废者。彼鲁滨孙之独居孤岛，吾人固不能谓之殖民。然使当时英政府果扶助而保护之，则鲁滨孙所占领之岛地，将成为英国政府役治下之领土，而小说之飘流记亦将变为殖民史实矣。故古今各国初期之创设殖民地，几无不基于个人之创意。其所以成者或不成者，则本国政府之扶助与否系

（接上页）部勒之，保国北境，以拒爪哇，爪哇终不能有也。梁道明遂为三佛齐国王。不十年，闽粤军民渡海从之者数万人。永乐三年，明成祖以行人谭胜受与王同邑，命偕千户杨信等赍敕诏之。王乃与其臣郑伯可入朝，贡方物。有陈祖义者，亦粤人，本海盗，王抚之，使为旧港头目。而序义盗行未改，郑和从好望岬过航归国，祖义谋要之。事泄，被戮。自此与上国绝（据明史）。张琏，广东饶平人，本剧盗。明嘉靖末作乱蹂躏广东江西福建三省，势极猖獗，合三省会剿，议兵二十余万，凡三年乃平之。官军报捷，谓已获巨魁就戮。万历五年，在商人诣旧港者，问其王，则琏也。盖败后潜逸，复以力据有此国云。旧港，即三佛齐。当爪哇灭三佛齐时，更此名。故外至者两称之。自梁王距张王，凡百余年。张氏果取诸梁氏欤？抑梁张之间，更有他姓欤？不可考也。（据明史及通鉴）

① 暹罗王郑昭，广东潮州人。随父流寓暹罗。仕焉一位至宰相。暹罗与缅甸密迩，世为仇视。明永历中，李定国尝遗部将江国秦约暹攻缅，共分其地。会吴三桂弑永历帝，事乃寝，以是缅人益憾暹。清乾隆三十六年，缅王孟驳遂攻暹，灭之，前王遗族，悉歼焉。王时已罢相，居南部，年五十余矣，国变后，乃卧薪尝胆，阴结国人，国恢复。乾隆四十三年，遂起义，与缅人三战三破之，尽复故地，暹民戴昭为王。明年，复大举征缅，破之。时缅方与中国交兵，前此一切饷源，半取诸暹，至是益窘蹙。乾隆征缅之役，所以卒获奏凯者，王犄角之功最高云。乾隆五十年薨，传位于其坦华策格里。华氏者，暹罗士人。王早年之养子，而复以女妻之者也。以骁勇著。建国时，战功第一。王无子，故袭位焉。五十一年，遣使北京告丧，表文称郑华。即华策格里以子坦袭先王姓，而以本名之首字译音为名也。于是册封华为暹罗国王，传至今未替焉。（据魏源著圣武话日本北村三郎著暹罗史久保得二著东洋历史大辞典）

② 叶来，广东嘉应人。当前清嘉庆二十四年，英人始以资购新嘉坡于柔佛，是为英国在南洋海峡初得势力之始。然初仅列于海岸，未敢深入也。时我华人以采锡之利，相率营矿业于今之新嘉坡槟榔屿一带，旧集者日众，与土蛮时有冲突。嘉庆末，柔佛王下令迁华人。时叶君之族在柔佛者三百人，乃议与之抗战，推君为统帅。初战胜之。知其必将报复也，乃更遣子归嘉应，购军械，募义勇。叶氏举族万余人皆渡海助战，而邻近村落应之者亦多。他邑之流寓其地者，皆从。凡血战八年，卒定柔佛全境。已面槟榔屿复与土蛮冲突，乞援于君，复提师助之。三年遂定槟榔。凡所得者，皆蛮王地，与英人通商口岸不相属也。而英势骎骎东渐，旭日方升，伏我军威，如鲠在喉，以感相恫吓，以利相诱胁。彼有强大之政府以盾其后，而我方严海禁，出疆者以海贼论，安望其一为援手乎。君知不可敌，乃以领土主权归诸英，而仅自保其土地所有权，纳租税于英政府。至今叶氏犹为彼中望族云。（据口碑）

焉。此吾国先民殖民事业之所以终归于失败，而欧洲各国殖民事业之所以卒成其大功也。

二、公司的殖民（殖民地创设之基于特许公司之计划者）

公司的殖民，其初亦有由私立公司单独从事于殖民地之创设者。如英国之塞拉勒窝公司及联合阿非利加公司。塞拉勒窝公司于一七九一年为Oranville Sdarpe氏等所设立，其设立之主旨，为保证塞拉勒窝地方之平和，及开发产业，防御边围，以扶植英国在非洲之势力。联合阿非利加公司成立于一八七九年，其创立之主旨，为保护英人在尼日尔河流域之利益。然此等私立公司之殖民地创设方法，其成功殊属例外。盖殖民事业之完成，必有赖于国家势力之扶助，且当殖民事业初创之际，不但须有莫大之费用，且因时有土民袭击，及与他国冲突之故，遂于费用巨额之资本外，又须备有强大之大军队，以资捍御；若全任个人或私立公司经营，则将不能免于失败。例如前述之塞拉勒窝公司，其初虽以镇抚土民开发利源为目的，然以屡受法人及土民之侵袭，终至不能维持，遂尽举所经营之全部，以让于英政府。又如联合阿非利加公司，亦至一八八六年改为罗耶尼日尔公司受英王特许之后，其经营始能进步，领土亦日渐扩张。由是以观，近世各国殖民地之创设，其先多以得有政府特许之商人公司间接经营之，及后乃由政府自身直接经营之。至于不有政府特许之公司，则必待殖民地之确定设立后，始能从事于内部经济之开发。

欧洲各国创设殖民地，何以不由国家直接经营之，而必先假手于特许公司。盖当时欧洲各国，方各从事于国内之统一事业，故遂无暇经营远在海外之殖民地。且其时国内方倚重兵力，故亦不能派遣军队远适异地以保护殖良地人民；于是遂不得不假手于公司，使之经营。考其特许制度，初尚承袭中世封建制度之制，特许私人有支配一定殖民地之大权；故当时各殖民地最初受特许之人，皆为其国王之重臣。然殖民事业之经营，须常生活于不习惯之风土气候及须常从事于未开地之垦植耕凿；而此等巨大困难之业务，私人实有所难任，王公尤其不称职，乃遂不得不委任商

人所组织之公司，使肩任之。诚以商人公司之目的，在于实利之追求；因之，其殖民事业之经营，常较其个人之经营为活泼而有效。故如荷兰之东印度公司，东自印度，西至好望岬，所有荷领殖民地之行政权课税裁判权货币铸造权要塞建筑权宣战媾和权，皆特许委托，使之握掌施行而卒不陨厥职。于此，可想见当时特许公司在殖民事业上之重要。

特许公司最繁盛时期，在十七世纪之世。当时在东洋方面之英国及荷兰二国殖民史，不啻即为英国东印度公司及荷兰东印度二公司之历史。然一至自由贸易主义勃兴以后，此种特许公司之行动，遂大受本国政府之严重监视。其独占权之范围，亦渐次减缩。其结果，至十八世纪之末叶，遂与重商主义同时绝迹。然至最远十九世纪末叶，因有下列数种原因之刺激，既经死灭之特许公司制度，遂再兴起，占有殖民史上之重要地位。兹考其原因，约有五端：

一　交通通信机关发达，各地往来便当，因之，对于世界之智识，日益丰富，遂诱起殖民地经营之兴趣。

二　殖民地所发生之一切事件，皆须经过国会之通过，故虽付与公司以行政权，而不难监督之。

三　其时欧洲各国已完成其国内统一事业，故随商业之发达及资本之增殖，顿感殖民地有创设之必要。

四　使特许公司统辖经营殖民地，则不至使本国纳税者过于增重负担，且可达到开发殖民地之目的。

五　尤以广大无主之非洲发见之后，愈受刺激。

于是特许公司遂复活。例如：

英国：

一　英国北婆罗洲公司
　　一八八一年成立

二　罗耶尼日尔公司
　　一八八六年成立

三　英领东阿非利加公司
　　一八八八年成立

四　英领南阿非利加公司
　　一八八九年成立

德国：

一　德领新几内亚公司
　　一八八九年成立
二　德领东阿非利加公司
　　一八八九年成立
一　葡领摩萨米克公司
　　一八九一年成立
二　葡领尼亚萨公司
　　一八九一年成立
孔戈
国际孔戈协会
一八七九年成立以比利时国王为会长

皆其最著者。就中，尤以英领北婆罗洲公司为近世殖民活动中最有成绩之第一特许公司。此公司在其领土内，为维持其秩序及促进其发达起见，得发布法律及任命官吏；为整理财政增加岁入起见，得赋课租税及征收关税，盖除去非得有本国政府同意不能缔结关于让与土地权于外国政府及外国人等契约，及非得本国外交总长同意不能任命殖民地太守二种限制之外，其他一切问题，靡不由公司决断处理之。故当时之特许公司，实无异独裁君主之有其特权。

要之，在国家无暇力可以占领或开拓殖民地之际，而特许此等公司以当其冲，其为利益，实无待论。然至最近代，反对特许公司之说又兴。其最有力之学说，则德国学者 Alfred Zemmermane, Zemmermane 反对特许公司之理由，约之凡得四点：

一　使私人的营业机关与国家的政治机关混并，及使以私

经济为目的之营利事业得受国家之特别保护,实有违反近世之学理。

二　公司既为政府所特许,则凡由公司行为引所起之一切国际关系,不但须由政府负责,有时或竟惹起非常的国际交涉,则政府必至与外交上及军事上之援助,如此者,以有重大关系之事业而委一公司任之,实为危险政策。

三　商人公司之目的,在于营利,故其当然之结果,势必至于过行剥夺土民之利益及迅速开发土地之利源,其结果,必易引起土民之反抗,及损害殖民地经济生活之发达,或消耗土地之永久的生产力。

四　特许公司之有商业上及企业上独占权者,其结果,必妨害及非属于该公司之移住者之经济的活动;即虽在无商业上及企业上独占权之特许公司,其结果亦必滥用其征税上及行政上之特权,以压倒其他公司之竞争。故特许公司之存在,实有碍及由本国往住之一般住者之殖民的活动。

自此等确当之反对论出世之后,德国遂首先收回特许公司之特权,如德领东阿非利加公司于一八九一年奉还其特权于德政府,几内亚公司亦因财政困难之故,于一八九九年奉还其特权于德政府。自是以后,各国之殖民事业,遂先后由特许公司经营移为国家直辖经营。

三、政府的殖民(殖民地创设之基于政府自身之企图者)

由政府自身而创设殖民地之方法,约有九种:

一　征服　即所谓强者之权利。其敢于征服之理有二:一,借口镇压野蛮人或未开化民族以杜绝国境扰乱之过程,二,乘他民族之扰乱,遂假设口实以起问罪之师。

二　占领　即所谓无主土地之先占。其占领之形式,依时代而不同。第一期之占领形式,为发见的占领,或符号的占领:如一四九六年英人Cabat之占领自北纬五十六度至三十九度之北亚美利加金土,一五〇〇年葡萄牙人Vmason之误至巴西,遂谓自亚马孙河以南皆为其所占领地,其显例也。计此种占领形式,自一四九三年经罗马法王谕令之后,遂生效力。其后,因分割非洲大陆致惹起纷议之背后地主义,实滥觞于此。第二期,为一八八五年孔戈条约所规定之占领形式:即须具有三种要素:(第一)有表示延长对于无主土地之占领之意思,(第二)其意思表示得有关系各国之承认,及(第三)有保证其所占领地域之秩序之实力,而后方能实行占领。

三　割让　一,任意的割让:如一八六三年英国割让伊奥尼亚群岛于希腊。二,强制的割让:如西班牙割让菲律宾于美国,我国割让台湾于日本,割让香港于英国,割让安南于法国。

四　买入　即以一定之代价买受一定领土之主权。依国际法所规定,凡土地之买卖不及于该地之住民,故其住民,得依自己之意志于一定期限内自由离居其他。至殖民史上以买入方法而创设殖民地者,当推美国为最多。如一八〇三年五月,以八千万法郎向拿破仑第一买入路西亚那。一八六八年,以七百二十万金圆,向俄国买入亚拉斯加。同时,以七百万金圆,向丹麦买入圣多马、圣周安二岛。

以上几种方法,谓之绝对的创设。

五　保护关系　是为殖民的保护地之创设。保护关系创设之初,保护国仅掌握有殖民的保护地之外交权,其后乃渐进而握有其内政权,终乃并为自国的殖民地。例如日本与朝鲜之保护关系,其最初保护条约之内容如下:

"日本国政府与韩国政府,为欲巩固两帝国间结合的利害共通主义,特本此目的,迨韩国真能富强之时止,缔结下列条约。

"第一条　日本国政府在东京外务省,得监理指挥今后韩国对外关系及事务。又本国之外交代表者及领事,得保护住在外国之韩国臣民及利益。

"第二条　日本国政府担任实行韩国与他国间所结现在之条约。但韩国政府今后,如不有日本之媒介时,不得与他国缔结含有国际的性质之任何条约或协定。

"第三条　日本国政府得置代表者一名即统监于韩国皇帝陛下之阙下。统监为便于管理一切外交事项,得驻在京城,并有亲谒韩国皇帝陛下之权利。又日本政府对于韩国各商港及其他各地,认为必要时,有设置理事官之权利。理事官在统监指挥之下,得执行从来在韩国日本领事所属之一切职权,并掌理为完全实行本条约各条款必要时之一切事务。

"第四条　日本国与韩国间现存之条约及协定,限于不与本条约各条款相抵触时,继续有效。

"第五条　日本国政府保证维持韩国皇室之安宁与尊严。

"上约经各本国政府委任代表署名盖印。

"明治三十八年十一月十七日　特命全权公使　林权助

"光武九年十一月十七日　特命外务大臣　朴齐纯"

其后,朝鲜志士,群谋脱离日本之保护关系,一九○七年(明治四十年光武十一年)夏,朝鲜遂自派密使出席于海牙万国会议,于是日本谋灭朝鲜益急。同年七月二十四日,日韩二国遂缔结新协约,其内容:一,韩国一切施政之改善须请统监指导;二,韩国立法上及行政上之主要案件须预先得有统监之承认;三,韩国高等官吏之任免须得统监同意;四,统监得推荐日本人请韩国政府任用;五,不得统监同意时韩国政府不得佣聘外国人。迨一九○九年(明治四十二年光武十三年)七月十二日,日本驻韩统监,复获有管理韩国司法及监狱事务之职权。一九一○年(明治四十三年光武十四年)六月二十四日,日本统监复获有韩国之警察事务权。同年八月,朝鲜遂为日本所灭,完全沦为日领殖民地。

六　租借　是为租借地之创设。例如一五五七年(明世宗嘉靖三十五年)葡萄牙租借我澳门,年纳租金五百两,其后一八八七年(清德宗光绪十三年)葡萄牙与我国重缔条约,澳门遂永租与葡萄牙。此外如(一八九八年三月六日)德国租借我胶州湾,期限九十九年(现已收回)。

(同年三月二十七日)俄国租借我旅大,期限二十五年。

（同年六月一日）英国租借我威海卫，期限二十五年（去年到期）。

（同年六月六日）英国租借我九龙，限期九十九年。

翌年（十一月十六日）法国租借我广州湾，期限九十九年。

（一九〇五年十二月二十三日）日本继租我旅大。

七　委托统治　基于国际联盟约章第二十二条所规定而得有旧德领殖民地之委托统治权。如日本之得有旧德领殖民地马利亚纳群岛、加罗林岛、麻绍尔群岛等委托统治权。

以上三种方法，谓之假定的创设。

第五讲　殖民地领有之目的

一、殖民地领有之经济的目的

一国家之基于种种殖民的活动原因，及种种殖民地创设方法，以领有其殖民地，必有其目的。换言之，即一国家领有其殖民地，对于母国之利益如何，对于殖民地自身之利益又如何，所谓殖民地领有之利益问题。盖必有利益可求，而后乃有目的可言。故殖民地领有之目的问题，同时即为殖民地领有之利益问题。

顾自来学者，对于殖民地领有之目的问题，多不注意。如亚丹斯密"原富"谓："近世欧洲各国之殖民于美洲西印度等处，其利益即利害关系，不似古代希腊罗马之显而易见。"故近代学者，对于殖民地领有之目的，即殖民地领有之利益问题，每略而不论。

依吾人所观察，及殖民史所明示，凡一国国民之向外发展，皆必有其活动之诱导原因。断无不有原因与目的而能贸贸然从事殖民活动者。姑不论近世之殖民活动，即在古代及中世，其殖民活动之诱因，虽不易研索探求，至其欲领有殖民地以获得及增进其经济利益，则几成一致。而此等欲获得及增进经济利益之目的，即为其欲领有殖民地之目的。西班牙及葡萄牙二国，亚丹斯密所称为近世殖民事业之先驱，然依殖民史之所明示，则二国殖民活动之目的，几全在搜集贵金属及输入香料品。如 Vasco da Gama 初上陆于印度时，宣言"吾辈为求基督教徒及香料而来此"。此

言即当时殖民地领有之真目的。他如英荷法美诸国之殖民活动原因,虽或为扩张通商贸易,或为普及文化,或为传布宗教及教育,或为扶植民族的势力,或为建设殖民的帝国,其称说虽非一,而其究极之目的,则全在获得及增进其经济利益,可无容疑。是故近世殖民地领有之目的,盖在乎获得及增进其经济利益。

殖民地领有之经济的目的说,盖至最近而始阐明。溯自亚丹斯密谓近世殖民目的混而不明之后,后之学者,虽亦有注意此问题,而率皆偏重于政治上及外交上之利益目的,少有论及经济方面者。国家领有其国土以外一定区域,使果占有政治上或军事上之重要地位,则其领有之目的,固无须问及其是否有无经济上利益;否则,徒知贸然从事于海外领土之扩张,驯致母国财政上感受过重之负担,则殖民地领有之利益目的,不能不成为问题。又使果能尽如英国之能实现其殖民地自足经济主义的殖民地财政政策,则此点亦可不成为问题;否则,如德国战前之年年费用巨额国库金以营其殖民地,究又何为而出此。是盖一极可研究之问题。然则殖民地领有之目的,必非仅限于政治外交之目的可知。此盖经过现代学者继续研究之结果,而后殖民地领有系为经济的目的之说,乃始论定。而政治外交之目的说,则已成为过去历史上之目的。此与殖民活动由政治的原因进化为经济的原因,全然相同。

然则殖民地领有目的之经济的利益内容,究若何?

约而举之,计有四端:(一)食料及原料生产地之增加;(二)放资范围之扩张;(三)劳动效程之增进;(四)通商利权之确保。

二、食料及原料生产地之增加

殖民地之产业性质,适于原始的生产(即食料及原料之生产);而不适于加工的生产(即制造工业品之生产);已尽人知之。盖殖民地之土地利用,常较母国为自由,且未垦之荒地,随处皆是,而人口稀少,土民游惰,因之,富源尤多未尽开发。于是而拓殖开垦,以从事于原始生产事业,遂为增进母国及殖民地间经济利益之一要图。当十九世纪末叶武装平和论唱道极盛时代,欧洲各国群力于保护内国产业,以冀战时能自给足,故当时因各欲谋其食料及原料之给足,遂极感殖民地领有之必要。然此等基于一时之必要者,尚未可谓为殖民地领有之真正目的。殖民地领有之真正目的,固非仅限于战时,而尤须着眼于平日。溯自近世资本主义经济日益发达,母国人口之增殖,产业原料之缺乏[①],逐使有殖民地者竭力以谋食料及原料之给足,无殖民地者因感其必要而竭力以谋创设殖民地。此无他,食料及原料之供给增加,随而经济利益亦愈增大。此即殖民地领有之真正目的。

计既制品增加一倍半,食料品及嗜好品增加二倍,原料品增用三倍半,依此可以窥见工业发达国缺乏原料之大概。

殖民地之地力丰厚,劳动力之供给充实,故其富源之开发,极易实现以最少劳费得最大报酬之经济主义。而其结果,不特母国得有经济上利益之援助,即殖民地住民亦可增进其经济生活之幸福。盖殖民地土地之利用,使一依自然状态而放任之,则其所生产者,必仅限于欲望简单之住民所需要之日常食料品,地力遂成滥费。反之,若得母国移住民之协力,以最新之复杂耕作法,代旧时之单纯耕作法,又知适应气候土壤之差异而利用之;则土地与劳力之收益必大;而殖民地住民之经济生活亦从而进化。

现代各国,为欲增其国富,一方倾全力以扩张自国生产品之贩卖市场,一方萃心思以探求自国所缺乏之食料品及原料品之确实供给地。然能达此目的,则必有待于殖民地之领有。故殖民地因领有之第一利益,即

---

① 例如德国自一八八五年以来输入额中原料品及食料品之增加有如下表:(单位一亿万马克)

	一八八五年	一八九〇年	一八九五年	一九〇〇年	一九〇五年	一九〇九年
工业用原料品(半制品在内)	一二.〇	一七.七	一八.一	二八.〇	三四.六	四六.九
既制品	八.三	九.八	九.三	一二.〇	一三.三	一二.八
食料品及嗜好品	八.九	一四.〇	一三.九	一七.六	二三.四	二四.六

为食料品及原料品供给之增加①,而殖民地因殖民国提携协力之结果,亦遂渐由孤立的一小经济单位进于与母国合成为一大经济团体,然后方能巩固其生产地位。例如印度及埃及所以成为安全之棉花生产地,爪哇及西印度群岛所以成为有利之甘蔗栽培地,澳洲所以成为卓越之羊毛供给地,无不由于母国移住民之开发。再从殖民国方面观察之,在食料及原料须常仰给于他国之国家,其商品之生产费,常较他国为高,故其商品贩卖市场之扩张,遂不免受其限制。即使幸而免受此等限制,然较诸其他各国之能于自国领土内自由供给其食料品及原料品者,其现金之流出常较频繁,因之物价及工钱,不免时受影响,易生危险,②是故由此点而观察殖

---

① 例如英国自一九〇三年至一九〇七年五年间外国产原料品输入额与殖民地产原料品输入额之增加的比较表如下:

	一九〇三年	一九〇七年	增加率
外原产原料品输入额	一二四 九九七 〇〇〇镑	一六九 七三一 〇〇〇镑	三五%
殖民地产原料品输入额	四八 五一三 二四一镑	七一 八六三 〇〇〇镑	四七%

又如德国战前自德领多哥兰(Dogoland)输入各种主要原料品其增加之著大如下:

	一九〇三年	一九一二年	增加率
椰子核	四〇 〇四四镑	一六八 九七八	三二一.九%
椰子油	一九 八三二	七〇 六四二	二五六.二%
橡 皮	三一 三二八	四八 七八六	五五.七%
棉 花	一 八五二	二五 七四四	一二八八.八%

② 例如战前德意志殖民地经济委员会调查书中,关于棉花一项之报告云:
"一九〇八……九年,全世界棉花之总收获额为二千二百五十万Ballen。(德国Ballen即英文Role,系用以计量棉花者,一Ballen约五百镑)。内计美国产一千三百八十万Ballen,印度产四百七十万Ballen,埃及产九十万Ballen,余额三百一十万Ballen,则为其余各国所产。就中,美国实为棉花最大生产国,故输入于德意志之棉花,亦以美国产为最多。德意志棉花输入总额中之属于美国产者,常占十之七八。如遇美国棉花凶年减收,或政治混乱时,则德意志棉花之输入,势将杜绝。同时,德意志之棉纱及棉布等制造业者,亦将必受打击。如一八六一……六年间,因美国南北战争,致素仰美国南部原料棉花之英国织物业者,竟因原料缺乏之故,致工厂多数锁闭。其结果,五十万劳动者,竟因此失业,骤失其扶养家族之能力。"
抑自晚近以来,因棉花生产国类皆极力以奖励自国棉纱及棉布制造业之(转下页)

民国对殖民地之关系,则殖民地领有之目的,在于获得及增进其经济之利益,更可无疑。

棉花生产地制棉业之发展如此急激,故其棉花之消费额,当然随之日益增大。于是,棉花需要国遂不免受棉花生产国之独占的压迫。就中尤以美国为现世界棉花行市之支配者。故美国国内棉花生产者之独占的态度,极易使棉花需要国之产业蒙受不利……依美国国势调查局棉花行市表所载,美国棉花一磅之平均行市,在一八九七年至一九〇六年十年间为八仙又三之二,约合德币三十五分尼。其后一九〇六年至一九〇七年间,棉花生产虽丰,然自一九〇七年九月以来,仍抬高至每磅十五仙,即德币六十分尼。据专门家所判断,则同年度棉花之平均行市,最高只能每磅十仙,即德币四十分尼。但理论虽如此,而实际则尚复继续腾贵。至一九〇九年十二月三十一日止,即虽中品棉花,每磅亦须德币七十九分尼半。兹假定每磅价格约腾贵十分尼,则就德意志每年棉花需要额一百六十万 Ballen 计算之,约共腾贵八十万马克。若以此八十万马克配分于制棉业者,则每人支出额须增加八十马克,如斯状况,其结果遂使德意志劳动者工钱及一切劳动条件,骤蒙不利。

三、放资范围之扩张

一国之国富增加,则资本充溢,因而金利低落[①]。于是不特可资以促

(接上页)发展,驯致凡棉花生产国所产出之棉花,逐渐归其本国消费,不易供给他国。兹试列举各棉花生产地近二十年来纺锤数增加之统计,当可间接窥见该地制棉事业发展之趋势。

区　　域	一八九〇年纺锤数	一九一〇年纺锤数	增加之百分率
美　　国	一四.六(单位百万)	二八.〇	六一.八
东 印 度	三.四	六.一	七九.四
欧洲大陆	二六.〇	四〇.二	五四.六
英　　国	四四.八	五三.七	一九.九

① 例如英国公债在一八八七年以前,其利率平均为三分,同年遂低落为二分四之三。及一九〇三年,更低落为二分五厘。又如法国公债,历来平均利率约三分,至战前竟骤降为二分四之一。(转下页)

国内产业之发达,助通商贸易之扩张,且又可投之于海外有望事业之图资本之增殖。此第四讲所述海外投资所以为殖民活动之一原因。然当将投资于海外时,关于放资地之选择,实为重要问题。并虽其地多有未开富源及缺乏必要资本,而颇费高利以欢迎外资之输入,然尚不能遽谓为适当之投资地。必也,其需要之资本额巨大,其本金之偿还及金利之交纳安全,而后资本之投放,方不至发生危险,是故放资之有利及安全,实为放资地选定之根本要件。

惟然,则殖民地实为最有利及最完全之放资地[①]。盖对于多有富源而缺乏资本之放资地投放资本,固为有利,然而尚非安全。果资地之文物制度民族习惯全与投资国异,则其资本之放下,必较诸放下于与本国政治上及经济上有密切关系之放资地为危险。由是观之,投之于本国统治下之殖民地,其为安全有利甚明。是故在国富增加而又苦无安全有利之放资地之国,则殖民地之领有,实为必要。此放资范围扩张所以为殖民地领有之一目的[②]。

（接上页）又如德意志帝国公债,其初虽利率四分,然至一八八六年亦降为三分半。至一八九〇年复改为利率三分,重新发行。

又如美国公债,迄一八九八年止,利率凡四分。同年,即改为三分利率发行。一九〇〇年,更改为二分利率发行。此外一般债券及股票之利息,亦皆为同样之低落。于是资本家遂竞向海外寻求有利的放资地。

① 据一九〇九年出版 The Economist 所统计,到一九〇八年末止,英国对殖民地投资额如下:

殖 民 地 名	一九〇八年投资额
印度	四七〇 〇〇〇 〇〇〇镑
澳洲	三二一 〇〇〇 〇〇〇
加拿大	三〇五 〇〇〇 〇〇〇
德兰士瓦及河自立国	二二〇 〇〇〇 〇〇〇
好望岬殖民地	九八 〇〇〇 〇〇〇
罗特西亚及英领东部亚非利加	五九 〇〇〇 〇〇〇
直布罗陀	三〇 〇〇〇 〇〇〇
其他各殖民地	六三 〇〇〇 〇〇〇
合计	一 五六六 〇〇〇 〇〇〇

假定上表统计属实,其平均利率,以每年四分计算,则年可得利金六千二百万镑以上。
② 考英国一九一〇年上半年海外投资额共一亿一千一百万镑,对内殖民地投资（转下页）

四、劳动效程之增进

近世以来，殖民事业日益发展，殖民地富源开发之劳动供给愈益不足，故殖民地劳动供给之不足，遂成为殖民国一大问题。然在中世，则因劳动供给不足之故，每至于公然采用奴隶卖买制度，甚至当时在殖民地最热心宣传基督教者，亦皆推奖此等奴隶制度。

盖在文化程度幼稚社会之住民，其欲望本极单纯，绝不有有规则之劳动习惯；故苟欲要求彼等从事劳动，非出于强制不可。故近世殖民活动先驱者西班牙，曾采用奴隶特别分配制度，分配土民于各种业主，而强制其从事劳动。

然强制劳动制度之劳动效程，实远不及于任意劳动制度。因我人之劳动，若能任我人自由选择，听我人各事所好，则劳动效程，当能卓著成效。故苟欲期产业上开发之进展，不可不采用任意劳动制度，使能各举其最大之劳动效程以开发一切富源。

然一国家领有殖民地而欲实现劳动效程之增进，每因国因地而不同。有殖民国及殖民地之人口皆稠密者，有殖民国及殖民地之人口皆稀少者，有殖民国人口稠密而殖民地人口稀少者，有殖民地人口稠密而殖民国人口稀少者，故劳动效程之进步，因此大异其程度。虽然，若从劳动程效与文化程度之比例而观察之，则殖民地土民之劳动效程，实远不及于殖民国国民。故在此等文化程度幼稚劳动效程低下之殖民地，即使其人口稠密，

（接上页）额及对外国投资额之比例如下：

放资地	投资额	对总额之百分比
英领殖民地	五二,三五七,五〇〇镑	四七.一六
中美及南美诸国	三六,六四二,三〇〇	三二.八四
北美合众国	一二,二九八,七〇〇	二.〇七
欧洲诸国	二,八七七,〇〇〇	一一.六〇
亚洲诸国	四,四九八,四〇〇	四.〇五
其他各国	二,五八六,〇〇〇	二.三二

对殖民地之投资额，约占总额之半。

而对于富源开发上必要劳动之供给,仍不充足。

故苟欲增进殖民地土民之劳动效程,则必时时与以新刺激,使其生活状态,能日臻向上,文化智识能日渐启发,而后乃有可望。然欲达此目的,尤非先奖励母国国民之移住,乃密接母国与殖民地间之交通不可。盖交通频繁,文化输入,土民感受刺激,而后劳动效程,遂因而增进。

至殖民国国民之劳动效程,亦因殖民地之领有,受有同一之影响。在殖民国人口增加率迟缓或人口比较稀少时,其领有殖民地,虽不过仅因对殖民地输出货物之生产额增加而劳动所得亦随增加,是其影响于殖民国国民之劳动效程,固属不大。然若殖民国人口增加率急速或人口比较稠密时,则殖民地之领有,不特可调剂殖民国过剩之劳动,以间接增加劳动效程。且又因殖民地土民劳动力远不及于殖民国国民之故,殖民国国民在殖民地之劳动,遂可多得比较高额之工钱,或竟因是而得渐由劳动者地位进侪于企业家之列。故殖民地领有之目的。固在于增进殖民地土民之劳动效程,同时,亦在于增进殖民国移住民之劳动效程。

五、通商利权之确保

通商利权确保之为殖民地领有之一目的,证诸近世各国殖民活动之史迹,即可明了。最初,各国通商之目的,皆在减少输入,增加输出,故咸极力保护本国通商,以与外国竞争,是即所谓重商主义之重商政策。此等重商政策,由现代观之,固极易指摘其错误,然苟试一观察近世各国殖民活动起始之时,其政治思想方由褊狭的地方主义及封建的分立主义进于国家的及国民的统一主义,同时,其经济政策亦方由地方的领域的经济利益问题进为国家的国民的经济利益问题,故此等重商政策,实为应于时势所必要而生。即 Schmoller 所谓为"废去地方的领域的经济政策而树立国家的国民的经济政策。"

然在当时,重商主义的政策,仍不能扩张应用之于殖民地,是其一大短处。考当时之为政者,反施设种种限制以束缚殖民通商之自由,如殖民国有对殖民地输出入货物之独占权,如殖民地贸易商船之必限于殖民地所属,如阻碍殖民地产业使之不得与殖民国竞争,皆其秕政也。苟无论如是人为的制限,是否有效？但由今日观之,则其无形之结果,必将害及殖民国与殖民地间之亲交及协同的精神。故在当时殖民地实不过为殖民国之掠夺地,欲望其经济上及社会上之发达,必不可得。

其后,遂果引起事实上及学说上二种有力之反动。事实上之反动,即一七七六年北美十三州之独立宣言。学说上之反动,即亚丹斯密之"原富"。亚丹斯密之意,以为"英国对于殖民地通商独占所得之利益,不过较其他各国稍立于有利之地位而已。若单就英国一国而考虑之,则不如放弃是等政策。盖殖民之通商,若自由放任之,其利益虽不能预计,然必可免去此等人为的独占制度之损失。"结果,英国遂首先确立其对殖民地通商自由主义。

及至近时,殖民地与殖民国间之经济的结合,日益巩固。凡殖民国与殖民地及殖民地相互间之一切通商上障碍,尽行撤去。于是通商利权之安全确保,遂为殖民地领有之一目的。

通商利权确保之利益,可细分为二:一,对殖民地贸易之利益;二,商业根据地领有之利益。以下试分述之。

一,对殖民地贸易之利益。自来论者,每谓殖民国领有殖民地究无何等商业上利益;其实不然。殖民国对殖民地贸易之利益,盖可依各国统计数字证明之。

例如,一九一二——三年英领殖民地输出入额:

总 输 出 额	对英本国输出额	对总输出额之百分比
五四一·八二四千镑	二二三〇八九千镑	四一.二三%
总 输 入 额	自英本国输入额	对总输入额之百分比
五六六·三九二千镑	二三一·八四五千镑	四〇.九六%

是英领殖民地输出入额之四分以上系与英本国贸易。若再加进殖民地相互间之贸易额,则必可占总输出入额六分以上无疑是不独英国为然,其他各国亦然。

如,一九一九年(大正八年)日领殖民地输出额:

殖民地名	总输出额	对日本输出额	百分比
台　　湾	一七七八三〇千元	一四一八八五千元	八〇.一六%
朝　　鲜	二二一九四七	一九九八四八	九〇.〇二%

同年日领殖民地输入额:

殖民地名	总输入额	自日本输入额	百分比
台　　湾	一五四七〇五千元	九〇五二六千元	五八.七五%
朝　　鲜	二八三〇七六	一八四九五九	六五.三八%

此外,如荷领殖民地及美领殖民地,其输出入额之大部分亦皆属于对荷对美贸易,依此,可以想见殖民国对殖民地贸易之利益。

抑殖民国对殖民地之贸易输入品,除非其本国之特产品不能完全独占外,其对殖民地之总输入贸易必常优越于他国。

二,商业根据地领有之利益。商业根据地领有之利益,可以英国为证,英国既占有地中海西口之直布罗陀,复占有地中海中部之马耳他岛及地中海东端即濒近于小亚细亚之居比路岛。自以埃及为保护国以后,遂制有苏伊士运河之通行权。他如在红海南口即阿拉伯沿岸之亚丁港,附近非洲沿岸之丕林岛,在阿拉伯湾苏马利兰附近之苏科多岛,亦皆先后归英国占领,此皆为由英国至印度沿途必要的商业或军事根据地,所以保持英国对印度贸易之安全。又Reinsch"殖民地统治论"中,评论英国对德兰士瓦战争之役,谓"英国恐一旦失去苏彝士运河之通行权,则由英达印度之通路,不可不遵由阿非利加,因故,为确保好望岬之占领起见,遂不得不征服德兰士瓦,以统一南非。"本此计划,故英国遂先后占领非洲西海岸冈比亚、塞拉勒窝、南大西洋亚森逊岛、圣赫连拿岛、好望岬东北之纳塔耳及由好望岬至日度间之麻里求斯、桑给巴尔等群岛。他如印度以东之锡兰、新加坡、香港等,亦皆英国对东方贸易之商业根据地。至于陆地亦然,一八九八年英军攻占苏丹一带地方时,其目的尽在建筑一由好望岬达埃及开罗间纵贯非洲大陆之铁路。又再由亚历山大港建筑一经过努米亚地方以达红海岸之铁路。盖亦恐一朝海权丧落之后，英国尚可依此铁路以确保非洲埃及印度暨东洋间之贸易商权。

以上所论，系由经济上考察殖民地领有之目的，至于政治上及外交上之殖民地领有目的，因常为野心政治家及军国主义者所持以为扩张其领土欲之口头禅，且在学理上亦无可研究之价值，故不论述。

第六讲　最近各国殖民政策之变迁及其趋势

殖民政策者："一国领有殖民地而统治经营之之政治上经济上财政上文化上军事上一切设施的政策之总称。"经言之，即"殖民国对殖民地之政治的支配政策及经济的榨取政策之总称。"故殖民政策者：殖民国——若英法日本诸国——之殖民政策，非殖民地——若印度埃及朝鲜台湾诸殖民地——之殖民政策。若从殖民地方面言之，则应言"反殖民政策"，即如何反抗殖民国之政治的支配及经济的榨取之一种反抗的政策。虽然，兹固宜先研究现代各殖民国之如何支配其殖民地及如何榨取其殖民地，而后乃得借以说明现代各殖民地反抗其殖民国——即独立运动——之原因及其趋势乃至其结果之如何。是盖在无有殖民地而又沦为"半殖民地"或"次殖民地"之中国国民所应有之态度及觉悟。

一、近代各国殖民政策之变迁

今日地球上，沦称为殖民地或隶属之土地，计占世界全面积约五分之二；今日地球上，沦称为殖民地或隶属国之人民，计占世界全人口约三分之一：故殖民国对殖民地之政策如何，盖不仅为一殖民国或一殖民地之利害问题，同时，亦且为世界全人类之利害问题。然因时代不同，政策随异，吾人欲评述现代各殖民国之殖民政策，固不可不先明近代各殖民国殖民政策之变迁。

近代各殖民国殖民政策之变迁，可分为三期：一殖民国诛求殖民。然其必以殖民国文明为本位而冀灭绝殖民地固有之文明，必以殖民国经

济利益为本位而不惮牺牲殖民地人民之经济利益,且又因欲维持殖民国在殖民地之政治的权力而必压迫钳制殖民地人民之种种自由,则此种文明的灭绝政策,实较诸身体的残杀政策,盖犹虐酷。现代各殖民国,虽亦多已觉悟到此等同化政策之有逆于世界大势,而先后放弃其欲同化其殖民地之野心。然如日本之于台湾朝鲜以及法国之于安南,则犹执迷死守而不悔悟。

二、最近各国殖民政策之趋势

由上所述,殖民国之对殖民地的政策,换言之,即殖民国榨取殖民地的经济利益之一切政策,实依时代而大异其趣。当在北美合众国独立以前,殖民国之于殖民地,宛如牲畜家之于母牛,殖民国对殖民地之榨取其经济的利益,盖全同乎牲畜家对母牛榨取其乳,是即所谓殖民国本位政策,固无须问其为诛求的政策抑,为同化的政策,其为榨取盖一也。迨十九世纪末叶以至本世纪初年,乃始有所谓殖民地本位政策,即上述所谓统一政策。是盖自自治殖民地创设发达以来,凡自治殖民地,不特内政上已完全具有独立国之形态,即外交上亦已享有独立的条约缔结权。例如,欧战讲和会议席上,加拿大、澳洲、南非同盟、新西兰、纽芬兰等英国殖民地,皆得派代表列席会议,签字于议和条约上,盖已不啻有完全主权矣。故苟欲明最近各殖民国殖民政策之趋势,须先明近代各自治殖民地之发达。

甲、近代各自治殖民地之发达

现代殖民国之最大者,厥推英国。缘英国不特供给吾人以过去种殖民政策的材料,而在英国统治下各自治殖民地之如何发达,尤可供吾人研究之好题目。依吾人所知,在欧战勃发(一九一四年)以前,英本国与各自治殖民地间,固不少不能圆满解决之难问题。然一旦英本国向德宣战,而各自治殖民地竟即参加战事以忠于其母国,是即英属殖民政策运用之得宜及因其能较他国先着一鞭,故特能奏此大效,夫英国人之热中于获得殖民地,亦犹西班牙人法兰西人也;英国人之榨取其殖民地,亦犹其他各国人之榨取其殖民地也;美国之独立,加拿大之叛乱,澳洲之不稳,亦与其他各殖民国所遭遇者相同也;乃至一八五二年前后之群主张放弃殖民地,亦与其他各国无不同也;虽然,自此种反动思想发生以后,于英国本国则采用自由贸易主义,于殖民地则放任之使得渐次发达为自治殖民地;于是,加拿大以一八六七年成为自治殖民地,澳洲及南非亦于入本世纪后成为自治殖民地,而纽芬兰及新西兰则早于一八三二年及一八五三年成为自治殖民地,是等自治殖民地,可无须为其母国图计利益,而自制定其殖民地本位的产业制度,时且制定对于母国非利益的法律,此外如财政行政司法以及其他殖民地一切特种问题,亦全然不受母国之干涉,乃至不许其母国与外国缔结有反于殖民地人民的意思之条约(例如通商条约)。结果,殖民地遂竟发达至于得与外国缔结条约(例如加拿大与法国美国日本缔结通商条约)。甚至最重要之国防问题,殖民地有时亦与母国异其意见,至于主张母国政府虽布告宣战,而殖民地政府固不防宣言中立[①],是即战前英领自治殖民地对其母国英吉利之态度也。

虽然,上举二例,尚不过言论上的理论而已也。及至一九〇九年加拿大 S W Loria 拒绝出席于英国国防之议后,遂更由言论的进为实行的焉。Loria 之所以不肯出席于英国国防会议者,因恐一经出席于此项会议,则英国从此所有之宣战的布告,加拿大实无异承认之,而须担负战事,故惧而不敢出席。Loria 复尝主张:"英国之对加拿大,宜放弃'加拿大即英国的领土'之观念,而另易以'加拿大即英国的伴侣'之新观念。不唯此也,同时英国尤须放弃对于散在世界上诸殖地之领土的所有观念,而惟以一大国家之首班自待焉可。"及一九一〇年十一月,加拿大议会关于国防问题的讨论时 Loria 复力说加拿大切不可参加英帝国之国防防备,谓:"吾人参加英本国之战争与否,宜一听诸加拿大人,即加拿大议会之意思;虽然,加拿大要不可不忠于加拿大自身主人之事。"翌年,一九一一年,伦敦开帝国会议,讨论外交方针,Loria 复拒绝出席,其理由为:"凡重大的外交

[①] 当一八九九年英国与其保护国德兰士瓦及橘河自立国将开战时,好望岬殖民地惧被牵入战争漩涡,因之,当时好望岬殖民地宰相,遂宣言:"英国果与南非开战,我好望岬殖民地必不愿投入战争漩涡,故吾人宜极力防止战祸之波及于其殖民地。"是即极端的固守中立之态度也。

又一九一〇年布勤多利亚有一新闻,亦尝揭载与上述同一之论调,即谓:"因英国之宣战而使自治殖民地全部同时混入战争状态中,实不合理。总之,本国政府在布告宣战之前,要须先得殖民地之同意承认。否则南非同盟,只有严守中立态度而已。"

问题,既须预先得殖民地之承诺后,始能决定,则综括之外交政策的讨论会,吾人自不能出席。"一九一三年四月,Loria 复本此意,申言于加拿大议会,略谓:"以殖民地费用所维持之军队,供本国政府之征发,实无异加重本国之负担于殖民地人民身上。"

然一至欧战开始,各殖民地对英国之态度,竟尔一变,皆相率加入战争,以效忠于英国。如一九一七年三月下旬开会至五月二日闭会之帝国军事会议,其所解决之问题,为帝国内特惠关税问题印度问题及国防问题等问题之圆满解决,而各殖民地所企踵希望之关于联邦组织的宪法问题,则反让诸他日,皆属吾人意料之外。又一九一八年七月十二日,复在伦敦开第二次会议,凡自治殖民地及印度各内阁总理总长,皆为代表,出席于会议。虽第二次会议所议之问题,无甚重要,而在战争期间英国各殖民地之能与其母国合作,则真出于我人意料之外。然而,此不过因一时的利害而合作,非殖民地果甘为其母国效忠也。

乙、最近殖民政策之趋势

欧战期内各殖民地效忠于其母国之出于一时的利害之合作,可以欧战休战后最近六年来各殖民地之独立运动之急激的发展反证之。故最近各殖民国,遂不得不腐心一意以更张其对殖民地的政策,冀殖民地之得永远统一于本国统治之一,以维持本国在国际上所已获得之政治的及经济的优越势力。然殖民地方面之所要求者,固非甘长受母国之统治,而愿进为母国之伴侣,以与母国联为联邦,此即英本国与其殖民地间所悬而未能决之联邦组织的宪法问题也。

于是,兹所欲问者,即现代各殖民国(例如英国),能否容许其殖民地进而与本国联为联邦?

此问题若以英国之往事证之,可决其无望。

英国最近对于各殖民地,固皆许其完全自治;而对于各殖民地之联邦运动则自来当取反对态度。一八八七年四月五日第一次英国殖民地会议,虽由当时殖民总长召集开会;然其后,一八九三年,帝国联邦同盟会要求当时内阁总理克兰斯顿再开殖民地会议,竟被拒绝,结果第二次殖民地会议,遂不由英国政府召集,而径由加拿大政府招致,开会于鄂大瓦,终竟议决为英政府所不能同意之议案;一八九七年第三次会议,一九〇二年第四次会议,亦皆不以英政府名义召集;至一九〇七年第五次会议,一九一一年第六次会议,乃始称为帝国会议,以英本国内阁总理为议长;第六次会议席上,虽亦有关于帝国中央机关创立之提案,然卒因英本国政府及加拿大不赞成,遂不实现。

盖英国各殖民地,无论为自治殖民地抑非自治殖民地,皆不能左右英帝国之政策。以故英国实为以十二万方哩地域四千五百万人口支配九百万方哩地域四亿五千万人口之国家,此等在九百万方哩地域居住四亿五千万殖民地人民,盖不特不有任命行政首领的权利,不特不有左右帝国之政策的权能;反之,在伦敦开会之内阁会议,实握有足以左右彼等数亿生命之权力。设一旦英本国政府对他国宣战,则此九百万方哩地域将同时成为交战地域,此四亿五千万人口将同时沦为交战人员,而究其实际,则彼等对部此等足以诱致战争之外交政策,盖全无有指导权。此则各殖民地所不能苟安容忍之重要问题也。要之,英国之殖民地,——尤其是自治殖民地,——在经济上固不啻已被视为英帝国之一部,而在政治上则犹是英帝国之附属物。然则又安望共能许各殖民地进而兴本国联为联邦哉!

如上所述,殖民地发达之处,势必要求得与母国立于对等地位,而其方法,则舍与母国联为联邦之外,无别善策。苟母国并此而不许之,则殖民地为自身计,将不得不起而自谋,是即所谓民族自快主义。近来各殖民地之独立运动,盖正此主义之表现为事实者也。埃及之运动独立,印度之实行不与英合作,其著者也。

去英国之殖民政策,较他国常能先着一鞭,而其所属殖民地,犹且日谋脱离其羁纠;何况他国!夫在英国统治下之殖民地,多半已完全为自治殖民地,较其他殖民地之属于他国者大有不可同日语之势,犹且日谋脱离英国这羁绊;何况在他国之同化的乃至诛求的殖民政策下之殖民地,如朝鲜及台湾者乎。"朝鲜有一千五百万人口,有四千年之文化,且自有其文字语言,乃一朝鲜并合于日本之后,日望必欲其同化于己,从世界殖民史观之,可谓失策。故日本今后之统治朝鲜,要宜力避同化政策,改采用朝鲜本位政策。此外,对有台湾,亦宜然。"日本学者之所以警戒其政府者若此。

故现代各国,盖莫不方在腐心讲究,冀有以改善其对殖民地的政策;庶殖民地不至离叛而独立。然依历史所明示于吾人之前大势观之,则殖民地发达之终极,必至冀得与母国立于对等地位。殖民政策虽有时或能稍缓和之使不急变,而要不能挽回此等大势,则可断言!

李大钊
演化与进步

> 这是李大钊1923年4月15日在上海大学所作的演讲,讲题为"演化与进步"。根据《民国日报》1923年4月16日的报道《上海大学昨日之演讲·李大钊讲"演化与进步"》辑录。
>
> 李大钊(1889—1927),字守常,直隶乐亭(今属河北)人。中国共产党的创始人和早期领导人。

演化是天然的公例,而进步却靠人去做的。我们立足在演化论和进步论上,我们便会像马克斯一样的创造一种经济的历史观了。我们知道这种经济的历史观系进步的历史观。我们做人当沿着这种进步的历史观,快快乐乐地去创造未来的黄金时代。黄金时代不是在我们背后的,是在前面迎着我们的。人类是有进步的,不是循环而无进步的。即就文艺论,也不是今下于古的。所以无论如何,应当上前进去,用了我们底全力,去创造一种快乐的世界。不要悲观,应当乐观。

李大钊
美术应将现代社会之困苦悲哀表现出来

> 这是李大钊1923年7月9日下午在上海大学召开的美术科图音、图工两组毕业典礼上，应邀发表的演讲，根据《申报》1923年7月13日的报道辑录。题目为编者拟加。

美术勿专供贵族阶级之所赏，应将现代社会之困苦悲哀表现出来，企图社会全部之改造。社会改造家大分为三派：一为理想派，以人道主义为徽识，如托尔斯泰便是代表；一为科学派，以社会经济改造为目的，如马克斯便是代表；一为趣味派，以精神改造为归宿，如拉斯琴便为代表。第一派至今已证明其徒为空想，试验失败，姑置勿言，第二派与第三派乃相需为用，庶可使社会改造易为完成。一般谓马克斯派绝对屏弃精神方面，实乃误会。不过欲图社会之彻底改造，惟有赖于社会经济之彻底改革也。而启发及鼓舞人精改造之精神，则有待于趣味社会改造家之努力。诸君为美术科毕业生，应特别注意于此。

李大钊
社会主义释疑

> 这是李大钊1923年11月7日在上海大学所作的演讲，讲题为"社会主义释疑"。原载《民国日报》副刊《觉悟》1923年11月13日。发表时题记"李守常先生在上大社会问题研究会讲"，由陈钧、张湛明合记。在演讲稿末，有"一九二三年九月七日下午于上大"字样，对照演讲稿中"今天是苏维埃俄罗斯革命成功的六周纪念日，又是本校的'社会问题研究会'的成立日"这段文字，俄国十月革命胜利是公历11月7日，而上海大学"社会问题研究会"成立于1923年11月，故可推定此处的"九月"应为"十一月"之误。

今天是苏维埃俄罗斯革命成功的六周纪念日，又是本校的"社会问题研究会"的成立日，所以我在此要与诸位作几句谈话。

现在社会上有许多人，对于社会主义不明白，有许多怀疑地方。这种怀疑，实在是社会主义进行上之极大障碍。现在所要说的，就是要解释这几种怀疑。

一、社会上有些人，以为在社会主义制度之下，是穷苦的，不是享福的，因此他起来反对社会主义。不知道在资本制度之下，我们永远不会享福，不会安逸；能够安逸幸福的，惟独那少数的资本家。资本主义制度能使社会破产，使经济恐慌和贫乏，能使大多数的人民变为劳动无产阶级，而供奉那少数的资本家。社会上到了大多数是穷的，而那少数的富人也

就不能永久保有他的富了。

社会主义就是应运而生的起来改造这样社会,而实现一个社会主义的社会。社会主义是使生产品为有计划的增殖,为极公平的分配,要整理生产的方法。这样一来,能够使我们人人都能安逸享福,过那一种很好的精神和物质的生活。

照这样看来,社会主义是要富的,不是要穷的,是整理生产的,不是破坏生产的。

二、有些人以为社会主义制度成立之后,人民就要发生怠工的现象,因此他说社会主义制度是不能施行。他不知道在社会主义制度底下做工,是很愉快的,很舒服的,并不像现在资本主义制度下的工作,非常劳苦,同那牛马一样,得不到一点人生的乐趣。从前乌托邦派托莫斯·莫阿,他描写了一种理想的社会,他认劳动是最苦而可怕的,所以主张强迫工作。因他目睹资本主义制度底下的劳动者的生活状况,是那样黑暗,所以发生这样的观念。一般人以为工作是苦事,亦是拿现在生活下的眼光,去观察那将来的社会。其实社会主义实行后的社会的劳动,已和现在的社会的劳动不同了。

如莫理斯所主张的社会主义,是一种美感的社会主义。他常说,工作能使精神感觉愉快,这就是"工作的喜悦"。即我们日常生活上的喜悦,也多从工作中来。比如烹调,自己弄的东西,总觉比别的好吃,倍觉津津有味。这都是因为自己经过一番工作,含有一份愉快之故。但是在资本主义社会的人,是永享不到工作的愉快的。

莫理斯最赞美的,是欧洲十四世纪的艺术品,而最鄙视的是现代的艺术品。因为十四世纪的艺术品,都是那时代能感觉着"工作的喜悦"的工匠作出来的。艺术家最希望发表的是特殊的个性的艺术美,而最忌的是平凡。所以现在有一班艺术家很怀疑社会主义实行后,社会必然愈趋平凡化,在平凡化的社会里必不能望艺术的发达,其实在资本主义下,那种恶俗的气氛,商贾的倾向,亦何能容艺术的发展呢?又何能表现纯正的美呢?那么我们想发表艺术的美,更不能不去推翻现代的资本制度,去建设那社会主义制度的了。不过实行社会主义的时候,要注意保存艺术的个性发展的机会就是了。

由以上所说的看来，我们的工作是要免除工作的苦痛，发扬工作的喜悦的，哪里有像现在劳动的劳苦，有怠工的现象发生！

三、又有一班人，以为在社会主义制度底下是不自由的。他不晓得经济上的自由，才是真的自由。现在资本主义制度的底下，哪里有劳动者的自由，只有少数的资本家的自由，高楼、大厦、汽车、马车全为他们所占据，我们如牛马的劳苦终身，而衣食住反得不着适当的供养。所以我们想得到真的自由、极平等的自由，更该实现那"社会主义的制度"，而打倒现在的"资本主义的制度"。

我们要改造这样的社会，是寻快乐的，不是向那穷苦不自由的地方去，前面已经说明白了。

但是社会上人有一种惰性，这也是我们讲社会主义的人，不可不先注意的！

一九二三年九月七日下午于上大

李大钊
史学概论

> 这是李大钊1923年11月29日在上海大学所作的演讲,讲题为"史学概论"。原载《民国日报》副刊《觉悟》1923年11月29日。发表时题记"李守常先生在上海大学讲演",由张湛明笔记。

我们研究史学,第一先要研究的就是,什么是史?

在中国能找出许多关于史的材料来,什么《史记》咧、《汉书》咧、《三国志》、《资治通鉴》、《念四史》……,在西洋也可以找出什么《罗马史》咧、《希腊史》咧……等等的书。这类的书,就是史吗?

这类的书,固然浩如烟海;但这不是史,而是供给吾人研究历史的材料。从前许多的旧历史学家,都认为这是历史。其实这是研究历史的材料,而不是历史。历史是有生命的,活动的,进步的;不是死的,固定的。

吾人研究有生命的历史,有时需靠记录中的材料。但要知道这些陈编故纸以外,有有生命的历史,比如研究列宁,列宁是个活人,是有生命的。研究他,必须参考关于列宁的书籍。但不能说关于列宁的书籍,便是列宁。

明白了这点,那历史和历史材料的异点,便可以知其大概了。

我们再讲历史学的发展。历史学是起源于记录。英文的史字(History)是问而知道的意思;德文的史字(Geechichte)是事体的意思。发生事件而记录起来,这是史学的起源。

从前历史的内容,主要部分是政治、外交,而活动的事迹,完全拿贵族当中心。所以福理曼说:过去的政治就是历史,历史就是政治。他把政治和历史认成一个,不会分离。

这样解释历史,未免失之狭隘。历史是有生命的,是全人类的生活。人类生活的全体,不单是政治,此外还有经济的、伦理的、宗教的、美术的种种生活。他说历史就是政治,其余如经济、宗教、伦理、美术的种种生活,能说不算是人类的生活吗?可以把它们放在历史之外吗?

及后到了马克思,才把历史真正意义发明出来。我们可以从他的唯物史观的学说里看出。

他把人类生活,作成一个整个的解释,这生活的整个便是文化。

生物学当然是研究生物的,植物学当然是研究植物的,人类历史也当然是研究人类的生活,生活的全体——文化的了。但文化是整个的,不可分离。譬如这座楼,可以分出楼顶、楼身和基础来。假使基础摇动,楼身、楼顶全得摇动。基础变更,楼身、楼顶也得跟着变更。文化是以经济作基础,他说有了这样的经济关系,才会产生这样的政治、宗教、伦理、美术等等的生活。假如经济一有变动,那些政治、宗教等等生活也随着变动了。假使有新的经济关系发生,那政治、宗教等等生活也跟着从新建筑了。

他不但发明文化是整个的,他并且把历史和社会的疆域分开。他说:人类的社会,按时间的,纵起来看是历史;按平面的、空间的,横起来看是社会。他又说历史是"社会的变革"。不但过去的历史是社会的变革,即是现在、将来,社会无一时不在变革中。因为历史是有生命的、活动的、进步的,而不是一成不变的。历史的范围不但包括过去,并且包有现在和将来。

至于什么是历史学家的任务,希腊的历史学家后世称为"历史之父"的希腊托德已经告诉过我们:

一、应当整理记录,寻出真确的事实。

二、应当解释记录,寻出那些事实间的理法。

据此,历史家的任务,是在故书簏中,于整理上,要找出真确的事实;于理解上,要找出真理。但同是一个事实,人人的解释各异。比如实在的

孔子过去了,而历史的孔子,甲与乙的解释不同,乙与丙的解释又不同,昔人与今人的解释又不同。人人解释既然不同,他整理以后,找出来自以为真确的事实,当然又不同了。

须知历史是有新鲜的生命的,是活动的、进步的,不但不怕改作和重作,并且还要吾人去改作、重作。信手在我们中国历史里边找出几个例来看:

一、在中国历史神话期中,说我们的衣服器具有许多是半神的圣人,给我们在一个相距不远的时代,一发造出来的。这样记录,我和在座诸君在十年或廿年的,或者都以为真实的。现在我们若拿新的历史眼光来看,知道那些记录完全是荒谬的。现在借着科学的知识,发明一种新机器,也得费若干年月;在那蒙昧时代,怎能这样迅速!

据人类学家,考察人类的起源,是因人从前有四条腿,和别的动物一样。女性的人,怕她的孩子被他兽残杀,乃习用其前足抱子而奔。人是这样渐渐的进化,才成了用手用胸用两足走路的动物。人类渐渐的站起来用足走路以后,腹部因蔽体的毛稀薄,感畏风寒,乃渐取树叶遮盖;后来旁的地方怕受风寒,也会想法去遮盖了。这就是衣服的起源,由树叶到衣服的进步更不知道经过了多少年月!

由茹毛饮血的生活而渐进于游牧的生活,由游牧的生活而进于畜牧生活,而进于农业的生活,手工业的生活,机器工业的生活;这里边有很悠久的历史,并不会一时得到的。我们现在根据进化论去解释这些记录,比在数十年前的观念已大不同了。

二、中国古代的姓,如妫、姞、姬、姜等字,都从女旁,这些字何以都从女?前人的解释,多谓人因地而得姓。例如某某的母居姜水,故姓姜;某某的母居妫水,故姓妫。但由我来解释,不是这样。我以为妫水、姜水的地方,是因人而得名的。因为有姓姜的在那里居住,所以名为姜水;有姓妫的在那里居住,所以名为妫水。姜、妫的姓都从女旁,是因为那个时候,是母权时期,所以子从母姓。我们再就社会的现状观察,姓张的村子叫张家村,姓李的庄子叫李家庄,都因所在的姓氏而得名,决不是因为住在张家村才姓张,住在李家庄才姓李的。那些妫水、姞水、姬水、姜水的名称,是因为古代的人好临水而居,那水也就各因其姓氏而得名了。

我们拿着新的历史眼光,去观察数年前的故书陈籍,的确可以得着新的见解,找出真确的事实。

三、就近二十年来,河南所发现的古物,更可以断定旧日史书的虚伪。中国经济学上的名词多从贝,如货字、买字、贾字等都从贝。按历史学家考察,最古的时期中,经过一种靠贝为生活的时期。中国旧史的记录的:中国在太昊、神农时,已有金属铸造货币。但现在按河南发现的龟板文字,一为考察,那些上面所刻的字,并无从金边的字,而只有从贝的字。果然当时已是用金器时代,何以不能发现一个金字?

中国古书固然伪的很多,然在较为可靠的《书经》的《商书》篇,亦是说"具乃贝玉",当时贝玉并称,而不说当具乃贝玉。果然当时已有金属制造品,何以在殷代以前,不发现一个金字?

到了后来《诗经》上才发现许多"金"字,往往金、玉并称,便有"金玉其相"一类的话了。

就此可断定,旧史所记是虚伪的。在殷代以前,这是靠贝的生活,这是石器时代;殷代以后到了周朝,才入了铜器时代,才有金属的制造品了。

这样的例举不胜举,我们按这许多例,可以断定往日记录有许多错误,是可以改作、重作的,是必须改作、重作的。但我们所改作的、重作的,就敢断定是真实的、一成不变的吗?历史是有生命的,僵死陈腐的记录不能表现那活泼泼的生命。全靠我们后人有新的历史观念,去整理它,认识它。果然后人又有了新的理解、发明,我们现在所认为新的又成了错误的,也未可知。我们所认为真实的事实,和真理的见解并不是固定的,乃是比较的。

希腊历史学家格罗忒出,又有人说,他的希腊史比希罗陀德的好,第一因为希氏缺乏批评精神;第二因为希氏喜欢什么,便注意什么真实。但我们要说公平,他所注意的未必是,在希罗陀德时代,能够得到那样结果,已经很难了。我们不能因见了格罗忒,便来菲薄希罗陀德。格罗忒的《希腊史》,果然就是最完全的吗?这也不过是比较的真实的罢了。

所以历史是不怕重作、改作的。不但不怕重作、改作,而且要改作、重作,推翻古人的前案,并不算什么事,故吾人应本新的眼光去改作旧历史。

很希望有许多人起来,去干这种很有趣的事,把那些旧材料旧记录,统通召集在新的知识面前,作一个判决书。

从前的孔子观念,是从前人的孔子观,不是我们的孔子观。他们的释迦观、耶稣观,亦是他们自己的释迦观、耶稣观,不是我们的释迦观、耶稣观。他们本着迷信为孔子、释迦、耶稣作传,辉皇孔子、释迦、耶稣为亘古仅有天纵的圣人、天生的儿子,说出许多怪诞不经的话。我们今日要为他们作传,必把这些神话一概删除。特注重考察他们当时社会的背景,与他们的哲学思想有若何关系等问题。历史原是有生命的,不是僵死的;原是进步的,不是固定的,我们本着新的眼光,去不断的改作、重作,的确是我们应取得途径了。

以上的话,归结起来:记录是研究历史的材料;历史是整个的、有生命的、进步的东西,不是固定的、死得东西;历史学虽是发源于记录,而记录决不是历史。发明历史的真义的是马克思,指出吾人研究历史的任务的是希罗陀德。我们研究历史的任务是:

一、整理事实,寻找它的真确的证据。

二、理解事实,寻出它的进步的真理。

李大钊
劳动问题概论

> 这是李大钊1923年11月在上海大学所作的演讲,目前留存的原始文字只有演讲中的第一章第二节,题为《劳动问题的祸源》。原载《民国日报》副刊《觉悟》1923年12月4日,现选自《李大钊文集(下)》(人民出版社1984年版,第679—686页)。

第一章 绪论(续)

第二节 劳动问题的祸源

劳动者为什么发生问题呢,凡是发生问题的,一定是知道不对了,须要设法改良的。譬如说,火车发生问题了,那一定是出轨了,或是两辆相撞了;否则,火车好好地在轨道上施行着,说它有问题了,那不是笑话吗?所以劳动者倘使生活安宁,那就没有问题了,现在为了有意外的事,有病了;但既有病,它的病源在哪里呢?

现在且把劳动问题的祸源详细地说一说:

(一)工银制度 工银制度就是卖买劳力,资本家是买主,劳动者是卖主;工银是价格,劳力是商品。固然,卖买劳力,要是双方平等的,那也没有什么反对的,因为互相平等的,可以卖,可以不卖;可以买,也可以不

买的。譬如到商店里去买东西，他们的商品和价格相等，那我是可以买，可以不买的，这些平等的卖买，我们原是不反对的，但是为什么要反对卖买劳力的工何等制度呢？因为在它制度下面，有（一）经济自由，（二）个人订约，两个要素的。因为在工银制度上有经济自由的，所以倘使有了一百万的资产，他就要了不得的；那政治法律又是帮助有产者，保护资本家的，因此，无产的劳动者受到莫大的毒害。因为在工银制度下有个人订约的，不承认团体的，所以一个无财无力的劳动者和一个拥有百万财产的资本家订起合同，哪能够平衡？劳动者哪能不吃亏？一个劳动者不过是一个资本家的千分之一，万分之一，和那资本家相比较，不相等劳力的订约，结果，都是把劳动者劳力的报酬减削下去，由几千元减至几角钱也有，还有减到不能维持生活的！譬如一个二十岁的工人，他在二十年内至少是要用去二千元吧，倘使每年以一分利率计算，那他也要有每月二十元的工资，可是现在只有二元！这是何等的苛虐呵！劳动者其实，只要做六小时工作就可生活了，但资本家要他作十二小时、十四小时的工作，才给他生活费，勉强的能够生活，并且资本家有时竟可使劳动者不能生活，因为资本家可以不买劳动者劳力，而劳动者却不能不卖劳力的。所以在工银制度下的劳动者，简直不如牛马！牛马有了疾病，主人还要设法去医治的，因为牛马是主人财产的一部分，失去了牛马，就是失去了他产财的一部分；但是对于劳动者呢，一些没有什么顾惜的，合则留，不合则去，随你有什么病，什么患难，和他是没有关系的。劳动者的价值，真是牛马都不如呀！在工银制度之上。

社会主义者，不论最激烈的到最和平的，都反对工银制度，但是有些实际的改革家，好像霍勃孙这些人，以为工银制度可以奖励人类向上和进取的精神，倘使没有了奖励，人们就不做工了。要增加人们的工作，不能不实行奖励的工银制度。工银制度是有许多坏处，但有一个最有益的好处，就是行奖励作工，使社会上的文明，也一天一天的进步。霍勃孙又主张由工银制度变成合作的性质，这个不是社会主义的主张，社会主义者主张统统合而为一，由国家管理的，那主张合作的不过把工厂内合而为一罢了。但是这个仍是不能算彻底的办法。

补救工银制度的祸害，只有二个方法：（一）兴奋的鼓吹；（二）劳动者的团结。这是无论对付什么问题所必需的方法。罗素在他底《宣传的文化》里,他主张以舆论来改造一切的制度的,那舆论的力量的大,也可想而知了。美国工人不但和资本家发生卖买关系,并且还要被迫信仰他们所信仰的宗教,赞成他们所赞成的党派;在入一工厂做事的时候,他们有一张表格,内中开列许多问题,强迫你要答出来的,倘使你和他们的信仰不同,意见不同,简直不能作工的。这种不正当的干涉,也惟有靠舆论来改革!

现在那些资本家对于劳动者有些畏惧心,完全是为了劳动者还有一些团结力罢了。劳动者合了几千个或是几万个去和一个资本家争,那也可得到好的结果。譬如上面的天平似的,百个劳动者不及一个资本家,那可加到千个,倘使能够再加到万个,终有平衡的可能了。"合则存,散则灭",真是宝贵的格言呀。倘使许多团结的劳动者和一个资本家争,那社会必能表同情于带动者的;因为社会是以多数为是的,一个和许多,许多的终容易得到社会的同情心的,为了得到社会的同情心,更容易和资家相争得胜了。倘使一个工人和一个资本家争,那资本家在社会上势力当然比劳动者要大的多,社会当然容易同情于资本家了。所以劳动的团结,实是不可忽略的。

舆论的鼓吹是社会的外力的补救法;劳动者的团结是内力的补救法。这两个方法,都是非常重要的。

(二)资本调度　二十世纪的文明,是从资本制度产生出来的,它的有益于社会,固是很大;可是照现在看来,它的罪过于功了,我们再也用不着它了。资本制度是科学家和劳动者所造成的,它的资本是什么地方来的!简单地说,就是"生之者众,用之者寡"罢了。自从产业革命后,资本主义勃兴,到现在,在这三百年内,大部分的劳动者生产的很多,在用去的却很少;自然,少数的资本家常常浪费浪用,但终比不过劳动者生产之多。好像一个劳动者,他有十分的生产,他自己只用去零点五分,余的九点五分被资本家拿去,但是资本家也不过用了一点五分,还有八分余下的,这个余下的,就是资本,造成资本制度的原素。科学家利用劳动者造成的资本,尽力地去研究、发明,造成现代的文明。

但是资本制度越发远在资本制度下的,文明越进步,劳动者越受苦痛

呢。资本制度发达了，各种大规模的组织，日渐增加，各种机械也是一天一天的新发明，于是从前要十百人在长时间内做成的，现在只要一二人在短时间内做好了，无数的劳动者都因此失业了；就是有不失业的，也不能不迁就资本家的意志了。不但劳动者受害，就是小资本为了无力购买机器，也不能不附和大资本家了。这样，资本只是集中于少数的大资本家手里了，其余的人，都是生活漂摇不定呢。

从前在独立工作的时候，劳动者非常利便。好像一个皮匠，他挑了一付担子，在人家门口来住，倘使有人要他补双皮鞋，他就停下来，讲了价钱，倘使价钱讲不对，他就挑了担子到别处去了，这是何等自由。但是后来渐渐扩大了，开皮匠店了，……设立了工厂了，到时候就不能随皮匠的便了。资本家说，你要来作工，每天二角五分，你不愿意就不必来。但是他不能不到工厂里作工了，否则便可饿死！就是开学校，现在也不容易。从前蒙馆的时候，一个先生随便弄间房子，教教书，可是现在不能了，小学教员要检定，教员要有资格，学校要有设备，而且还要有基金，倘使不能合式，就要勒令封闭呢！现在再说，劳动者生产的资本，被资本家收括去，现我们果然要反对的；但又有些人说，劳动者的生产，不是属于资本家，是属于社会的，我们人类是社会中的一分子，那何必去反对自己的社会有资本呢？但是这也不对的。社会，横的方面有许多阶级，纵的方面有许多职业；现在的资本，不是在全社会手里，而在少数的高阶级的某种职业的资本家手里罢了；所以我们也不能不反对的。为了资本集中于少数人手里，就成了利害截然的劳资两阶级的仇疾，酿成现在很难解决的劳动问题。

（三）工厂制度　工人制度是资本制度下的产物，既然知道资本制度的罪恶，那又何必再说工厂制度呢？不过工厂制度实有特别的罪恶的，不能不详细地说一说：

一、儿童和妇女的工作问题　儿童不去工作，也是要在学校里读书的，现在不得不去读书到工厂工作；妇女在从前的时候，在家庭里也有许许多多的事情要做，忙得一天到晚的，现在有了工厂制度，不过舍了家庭里的工作去到工厂工作，他们的工作仍是一样，那有什么问题呢？可是儿童们为了要工作，失去读书的机会，失去预备将来的大事业的机会了，而且他们身体没有发育完全,劳力过度,妨碍了身体的康健,妇女们为了要工作,失去家庭的快乐,在家庭里虽是也工作的,但都是互相帮助,快意的;而且为了生活所迫,在学育期内也不能不去工作,因此有流产的,甚至伤及在命,那不是悲惨的景象吗?儿童们妇女们,自从工厂调度勃兴了,劳动者失去了讨价的能力,收入骤然减少,为维持家庭经济起见,不能不也到工厂里去作工,但是他们的体力哪能及得男子和成年人呢?那些男子和成年人无论什么粗力的,污秽的事都能够做的;但那些微小而瘦弱的儿童和妇女们要去和他们比较,哪能及得?在学校里读书,同学们是和善的、愉快的、相爱的;在家庭里作工,家人是互相帮助的;可是一到了工厂,和善愉快的空气散去了,相爱相助的精神淹没了,只是满布着刻薄,相竞,……的厉气,洁白的儿童,柔弱的妇女,哪能够接受呢?于是他们精神上都受到不可言状的痛苦了!

二、工业上之危险　工厂里作工比从前家庭工业危险得多,意外的生命危险,在工厂中常常听得的,机器是无情的,一个不留心,就可送命,开矿的也常常有死了许多许多的;化学工厂中的许多药品,都可使人们的生命危险的。不但这样,那些儿童和妇女,常常为了空气的不流通,食物的不卫生,……使他们生命发生危险。大概自然的工作是很好的,而那超过人力的工作是容易使人生病的。工人的寿命比农夫要短三分之一呢。在工厂里,四十岁的或是五十岁的工人,很少很少的;田家的白发老农夫,是常在每一村子里能找到的。——中国人常称农夫叫老农的,那可见农夫寿命的不短了。在工厂里的工人,固然为了机器的,空气的各方面,以致危及生命;但工厂设备不完善,也是一个原因。

三、失业问题　资本家只以赚钱为目的,所以有不能赚钱的工厂。不讲这工厂需要不需要,就关起门来,去做别种事了。这样,工人们忽然失业了。上海纱厂工人近来有十几万失业;日本大灾后中国要想运华工去做工,可是他们却不要我们去,他们说,食粮也好,衣服也好,却不必运工人来;可见日本虽受了大灾,死了许多人,但还没有缺少工人之患,这全国原来失业者太多,工人过剩的缘故。工人过剩了,失业者多了,社会秩序因之愈为紊乱。欧洲有人以为劳动者失业问题,应由政府去负责的。

四、工厂规则的严苛　工厂规则完全是保护资本家的利益的;对于

工人们底幸福方面,剥削殆尽!工人的独立人格,工人的自由权,在工厂规则里,完全淹没了!不愿意做的,也要做;有些完全无关于他的工作的事,也要叫工人做;甚至在工厂亏了本的时候,也要在工人身上想法。所以工人在工厂不感觉什么乐处,只是觉得不自由!行动不能自由,衣食也不能自由,吃亦是不准的,于是有些人渴得不开交;吃烟也不准的,于是有些人带了烟草来吞下,结果成了肺痨!工厂规则,真严苛呢!

(四)社会上少数人的统治权　商业渐渐地发达了,资本家操纵社会经济权,同时,一切的政权也被他们少数人握住了,因为政治是跟从经济状况而变更的,政权只是有经济权者所执的。

经济阶级是直接的或间接的也可以控制我们政权的。中国所以十二年还没有革命成功,因为经济阶级没有受到痛苦,不想去革命;他们——握有经济权的商人——只是唱着和平,所以革命终不能成功。好像辛亥革命时,全国经济阶级都相助了,便能成功。经济阶级可以左右国家最高议会的;一切的政治,都是经济阶级造成的。大家想,美国钢铁大王,在什么选举,他手下常有一百多万的票子;所以选举大总统的时候,只要几个实业大王不愿选的人,那人就不能当选大总统了。在实业大王下面的人,政治能力都失去了,只是唯大王之命是听的,在资本制度下面的劳动问题所以成为世界上难解决的问题,就是为了资本家有政治上的势力的缘故。

李 季
我们应用辩证逻辑来研究社会科学

> 这是李季1925年10月21日在上海大学社会科学研究会新学期年会上发表演讲的新闻稿,根据《民国日报》1925年10月23日报道《上大社会科学研究会》辑录。题目为编者拟加。
>
> 李季(1892—1967),湖南平江人。中国共产党上海早期组织成员。1925年到上海大学任教,1926年任社会学系主任。

中国人现在研究社会科学最缺乏的是一种逻辑,是一种辩证逻辑,我们应用辩证逻辑来研究社会科学。

马君武
国民生计政策

> 这是马君武1923年5月13日在上海大学所作演讲的新闻稿,根据《民国日报》1923年5月15日的报道《上海大学之演讲会·马君武博士讲"国民生计政策"》辑录。
>
> 马君武(1881—1940),原名道凝,号君武,广西桂林人。国民党元老。获德国柏林工业大学工学博士学位,曾任广西省省长。

就欧亚两洲政治历史看来,国计民生的方针,有重农重商之分,而在中国并没有良好政策以实施其重农的方针。亚丹斯密士的原富论,在国家统治之下,主张自由竞争,结果却引起了阶级斗争,于是有社会主义之说兴。俄国现在便是实行这主义的模范,将来的结果,很有供我们研究的机会。不过欲实行社会主义,先须问根本条件即"政治道德"具备与否。中国政府简直以卖官鬻爵为常事,当然无政治道德之可言。我们知道海关很有关系于一国之生计政策的,而我国海关权,操纵于外人掌握中,国际竞争,何等吃亏。在降伏制度的海关之下,徒然说抵制外货,终不能持久的,所以我国非赶早收回海关权不可。但以这事望诸现在的北庭,太不成话,所以我国很迫切地需要一有政治道德的政府,这是我国民应有的觉悟。

瞿秋白
社会科学概论

> 这是瞿秋白1924年在"上海夏令讲学会"上所作演讲的讲稿。选自黄美真、张云、石源华编《上海大学史料》(复旦大学出版社1984年版,第447—499页)。
>
> 瞿秋白(1899—1935),学名瞿双,后改名霜,改号秋白,江苏常州人。1922年2月加入中国共产党。1923年7月应聘任上海大学教务长兼社会学系主任。

一 总论

社会科学之对象

社会科学是研究种种社会现象的科学:譬如社会学、经济学、政治学、法律学等。社会现象是人与人之关系及互动——父子、君臣、雇主庸工之间,各有一种特定的关系;买卖、劳作、征兵、审判、罢工、战争等,各是一种人与人之间的互相影响或互相动作。这些关系和互动便是社会现象:既不是什么化学作用,亦不仅是物理或生理的动作,而是社会的人与人之间的现象。现代的科学已经渐渐能够对于这些现象加以有系统的研究。

所谓科学是什么?宇宙间及社会里一切现象都有因果可寻;——观察、分析、综合,因而推断一切现象之客观的原因及结果,并且求得共同的

因果律，便是科学。自然科学用这种方法去研究自然界物质的相互关系或动作；社会科学便用这种方法来研究社会里人与人之间的相互关系或动作。社会科学与自然科学的区别在于研究的对象不同，而不是性质相异——决不能说"自然现象有因果，社会现象却没有，因此，社会科学不是研究因果律的"。这是因为人亦是自然界的一部分，人的本身亦是物质，人与人之间的关系也要有自然界的物质做中介。假使自然界现象都有因果，独有人的现象没有，那么，岂非人是一个大怪物，说好听些，"人是万物之灵"？

社会现象与自然现象之异点

社会现象与自然现象，有些地方是很相同的：自然现象有许多种，社会现象也有许多种；自然现象相互之间有联系——化学的、物理的、生理的、心理的各种现象都互相牵涉；社会现象相互之间亦有联系——经济的、政治的、法律的、道德的各种现象也都互相牵涉。然而社会现象比起自然现象来，却亦有不同的地方：各种自然现象虽然互相联系，他们的联系方法却与社会现象不尽相同，物理现象之中各个互动的分子（物质）都是不自觉的、无意识的；社会现象之中各个互动的分子（人）是自觉的、有意识的。因此，自然现象之间的联系不能以自力变成有规划的；社会现象之间的联系却能以自力变成有规划的，例如物理作用影响到化学作用上去，完全是"任其自然"的。经济关系影响到政治制度上去，却可以有意作为的。可是，这种"有意作伪"仍旧遵循着客观的因果律。

社会现象与自然现象之联系

不但社会的各种现象之间，自己相互都有联系，而且社会现象与自然现象之间还有联系。人类所组成的社会生长在自然界之中，必须以劳力采制自然界的物质以为营养，人类社会方能存在。这种"以劳力采制自然界的物质"之过程便是所谓生产；社会中既有一种生产方法，各人分配在这种生产过程里，变成立某种的物质关系。因物质的经济关系之需要，社会中便渐渐发生各种精神关系（政治、道德等）。这些精神关系当然受那物质关系的支配。——这是研究社会科学方法中之"不二原则"——因为"人生长在自然界（物）之中"是一件绝无疑义的事实。既然如此，当然：物质的经济关系（生产）完全停止，则社会立即灭亡；物质的经济关系变。则其他社会现象亦变……

社会现象及社会科学之种类

经济关系之发展既然能生种种精神现象，那就社会的组织跟着经济发展一天一天复杂起来；社会里的各种"职能"或增或减，日益进步。正像生物在生存竞争的过程里，时而应环境之需要，生鳍生腮或生足生翼；时而应环境之逼迫，有目鱼变成盲鱼，有尾猿变成无尾猿。所以所谓精神现象——社会之种种职能，很不容易说定，究竟有多少种。大致而论，经济是社会的基础,此外有：政治、法律、道德、宗教、风俗、艺术、哲学、科学。社会便是这种种社会现象及其联系之总和。研究这社会现象之总和——是社会学。经济以及其他是社会的某一种职能，研究某一种的社会现象（职能）的——便是经济学、政治学、法律学等。每种现象之中又可细别：如经济学中有财政学、货币学等；法律学中有民法、刑法等。我们的概论只能及其大概。

二 社会之意义

自然界与人类

人类的生活资料必取之于自然界。最初，人类本其生物的生活需要，采取自然界里现成的物产，以供营养，——这最简单的"生产"方法，其实还并没有生产什么东西。可是，人类因此与自然界接触，实行生存竞争，力求战胜自然。人类的战胜自然的方法，本在于结合互助。既有结合，则个人劳动同时就是社会劳动：一个人的能力很小，许多人的能力便大，因为可以从生存竞争的经验里发见种种分工协作的方法——人类社会的生产量便能增加起来。禽兽每日劳力所得只够一日的消费，人类却渐有多余；于是人类除生物的需要（饮食男女）之外，渐渐发生繁复的需要（并不是因为人类的需要多所以努力去多生产，是因为生产多了，所以需要增加起来）。需要既然增多之后，人类要应付自己的日渐变易的天性，便渐次能以人力改变自然界的产物——取材于自然界而加以劳力；从此便不仅采取现成的东西，而且开始制作——生产

方法便日益复杂起来。总之，人与自然相斗，因经验渐多而改进生产方法，生产方法变而需要增多；需要既多，又不得不再改进生产方法以求适应。况且自然界变易而人类亦随之变易；人类自己的天性（亦是自然界物质的一部分）既因此而亦变易，则人类的适应方法更不得不变易了。

劳动与智识

人类既然能改变自然界，以求适应自己的日趋繁复的需要，那么，他必定运用自己的体力——劳动。劳动的过程里，人类积聚许多经验，渐渐能改变劳动的方法。人类原始状态之中，都是共同劳动的；最初只在无意之中遇见新的劳动方法或修改旧的劳动方法——必定要有了一种特别工具来记忆这些经验，那时才能有意的去改变。这种特别工具——便是智识。原来人类共同劳动的时候，各人最初先有互相招呼的声音发出来（"亥育，亥育"的劳动声）；因此，随着工作性质渐渐繁复起来，这种劳动声才变成动词、名词……而有言语。言语成立，然后人类才从动物式的浑噩心理（感觉）里分析出个别的概念来，那时才开始思想，——思想是无声的言语；没有个别的概念，就是没有组成思想的分子，便只能有生理上的感觉，而不能"知觉"。思想却要根据于知觉而有所推断。只有这种知觉发生，思想开始之后，人类的劳动经验才能渐次整理起来，鉴往知来，以渐改革。换句话说，便是智识至此方才开始发展。劳动发生智识，智识又助劳动，以渐改进其使用之方法。总之，人类因求生而劳动，即使用其体力之一部分以采取或制作自然界的物质——取得生活资料；这一部分的体力便是所谓工力。又因使用工力，必定有一种方法及工具，这种方法及工具便是技术。可是技术的进步，根本上却仍旧是由劳动过程里发生言语、思想、智识而来。所以人类改变自然界的"工具"，虽说有劳动及智识二者，其实只有劳动是人与自然界相接触的焦点。

经济行为及经济

人类使工力通过技术以达自然界，以此经常的满足自己的需要，即取得生活资料，——这种行为叫做经济行为。通常不施以人力（制作）的物品只有"自然价值"，譬如日光；施以人力的结果，而发生自然界所没有的,人造的新价值——便是"经济价值"。经济行为必定是造成经济价值的行为。最主要的经济行为便是生产。此种造成经济价值的行为——生产,必须有:(1)人所自有的体力及智力——就是上面所说的"工力";(2)生产工具——最简单的便是手、足、指、爪,以至于最复杂的机器,所谓"技术";(3)生产资料,自然界的产物、原料以及一切其他,凡是劳动的对象,都归入此类——"自然"。这三件名为"生产三力"——生产力。人类创造经济价值以适应自己的需要——从事于经济行为,必须经常使用及储蓄这些生产力(生产资料及工具),因此人类便有所谓经济——一切经济行为合成整个儿的生产过程之总和。

社会的人类之生存竞争

人类既有经济,那么,他经营经济的方法便是共同生活。这种共同生活性是人类社会的根本意义。原来人是"社会的动物"("群兽"之一种);决没有个人独立经营经济的可能。(《鲁滨孙漂流记》是小说家的空想,况且鲁滨孙是从社会里带着几千年历史的遗传性及现代技术智识到荒岛上去的;假使他生育在荒岛或自幼被弃于荒岛,他必定不能生存)人类相结合而互助是他的生物的根性;决不是先有独立的个人而后有意的由分而合的结成社会。——虎豹的锐牙利爪是"天赋"的生存竞争工具;人的共同生活性,亦是"天赋"的生存竞争工具。所谓生存竞争的共同生活,大致都有三种作用:(1)繁殖而同居(母子养育关系);(2)共同御敌;(3)经济协作。首二种(繁殖及御敌),人类和其他"群兽"(如蜂、蚁、象、猿等)相同;第三种——经济协作,却是人类社会与禽兽社会差异的出发点。普通的群兽固然也有经济协作,可是禽兽没有选择工具的自由:爪牙喙翼,都只是天生的——有待于生物学上自然的演进,方能改变。人猿类已经渐渐的能应用身外的物品(树枝、石块等);人类则更进一步,能改制自然界物品以为劳动工具(树枝+石块=石斧)。所以能制造工具与否,便是人与禽兽的差别点。而制造工具的能力,却是人类经济协作的产儿——社会的劳动过程里的经验。人类既能改制自然产物为工具,他的生存竞争的方法便渐与禽兽不同;禽兽只能以"我"适应自然(保护色等),人类却能使自然适应"我"(人无爪牙,制斧刀弓箭以为爪牙)。禽兽之适应为消极的,人类则积极的。

人类社会之协作与分工

人类的适应环境既然是积极的,那么,社会内部的分工协作的方式便很容易变易。凡是劳动,必定有所生产。可是劳动的生产量却随劳动工具的性质而变:虎豹每日所得与人类每日狩猎所得比较起来,人类的获得,数量必较大;猿猴要起一块大石,必定要四五个猿猴同时用力,人类知道杠杆的作用及所谓"支点律",便只要一个人用力(四五个猿猴的劳力与一个人的劳力,所得结果相等)。——正因双方所用工具不同。人类既然能自觉的变易工具,他的劳动生产量也就能起变化(增加)。于是人类对自然的关系,因此就时有变化。人与人之间的关系,因为人类对自然的关系变,必定也跟着变。人对自然的关系是劳动方法及其生产量(技术);人与人之关系便是社会内协作及分工的方式。社会之劳动方式及生产量(手艺、机器等工具,此等工具生产物品之多寡)如果有变动,那么社会内协作及分工的方式(无阶级的或有阶级的社会;把规划的生产及分配或无规划的;各阶级的性质及其人数的多寡)也就直接的间接的发生变动:无人造的工具时(原始共产制度之初期),社会里只能行最简单的无分工的协作(共同拔树、采果、捕鱼、猎兽),生产量当然极少,既无储蓄,更无交易,分配方法极为简单,决不能有私产制度;手艺生产时代,社会之中便有分工——智力与体力、农业与手工等,分配方法中便有交易,以至于商业,生产量较丰富,私产制渐发展;机器生产时代,分工至为繁复,分配方法又从小商业变成托拉斯、大公司等的垄断独占的局面,个人私有制便开始崩坏。再则,工具的性质,必定使占有方式随之变更:小手艺的简单工具,便于个人小生产所有;大机器及工厂等,便于大资本家或团体所有。总之,社会内人与人的关系,都是跟着社会对自然的关系而变的。社会可以是非分工的协作,因为工具简单,生产量少;社会亦可以是分工的协作,因为工具进步,生产量多——要社会内分成几种人,各司其事;社会内之分工的协作可以是各占一种生产工具,合成社会的经济,如小手艺时代;社会内之分工的协作亦可以是一部分人完全占有大生产的工具,别部分人替他们做工,如资本主义时代。工具的性质变,劳动的生产量亦变;工具及生产量变,占有方式(私有生产工具,或者公有生产工具)及分配方式(各取所需,物物交易或货币交易)亦变;占有及分配方式变,社会内"人的结构"当然要变:公共占有及各取所需时,必无阶级;私人占有及交易分配时,必有贫富;私人占有生产工具者为资本家,绝无所占有者为工人。然而只有人类社会内的人与人之关系,所谓"阶级结构"能变,因为只有人类能自己制造工具。人既能自己制造工具,不待天然的变化,当然工具的性质便容易变。动物社会就不然了。动物社会对于自然的关系不容易变:因为他们的劳动工具(爪牙喙翼)不是自己造的,而是天生的;十年前用爪牙喙翼所取得的食物等于A,十年后仍旧等于A——他们征服自然的力量(生产量)不容易增加。因此,假使动物而有社会,他们亦有协作,亦有分工;可是动物社会里的分工完全由于各个所具有的劳动工具不同,他们的劳动工具既然是天生的,他们便不能改变他;因此,不但各个动物不能变易他在"社会"里的地位,并且整个儿的社会结构也不能变动。譬如蚁,因为各种蚁所具有的喙及肢体有异,分成雌蚁、雄蚁、工蚁、兵蚁,各司其事;工蚁不能变成雌蚁,蚁的社会便永久如此组织——永久是有阶级的。人类社会便不同,因为工具是人造的,人是"占有"(取得)工具,而不仅赖"具有"(天生)的工具(手、足、头脑),——所以人类社会能从宗法社会制变成资本主义制,能从有阶级的社会变成无阶级的社会。动物社会之分工协作的方式不易变,人类社会却不然。

社会阶级及阶级斗争

人类社会是一种经济协作的组织——劳动结合。那协作的形式随着生产方法而变。当生产方法极简单的时候,还没有分工。劳动工具进步,社会之中势必至于有分工的必要。可是分工其实是协作的一种形式:人类社会里因分工而分成许多种人,有农夫,有织女,有铁匠、陶匠、会计员、管理员、军事专家、学术专家,……凡此种种都不过是职业的分别,并非阶级。享有生产工具者有多少之别,所以有富人及贫人——这也只是资本数量上的差别,并非阶级性质上的不同:几十元资本的小铺主人和几万万资本的煤油大王,同是享有生产资料,同是资产阶级;纯粹小资产阶级社会里——小农、手工、商人等阶级界线还是极模糊的。只有技术程度(劳动工具)发展到一定的时期,社会上发生两种人:一种是占有生产

资料及工具的人，一种是丧失生产资料及工具的人；前者得以购买后者的工力，后者的劳动生产品之一部分为前者所夺——那时，这两种人以及他们之间的种种过渡者，方成"社会阶级"。社会里既有阶级之后，从全社会立论，各阶级的分工（地主与农奴，贵族与奴隶，资本家与工人）虽然仍旧成就全社会的经济协作，可是从受剥削阶级立论，这种协作已经不是自愿的，而是迫于威权或是受经济的及政治的强制。各阶级虽同处于一社会内，而目的和利益各不相同，于是不免要发现阶级斗争。阶级发生之后，享有工具者与工作者分为两种人；必须全社会里能恢复享有工具与使用工具之人为一，阶级才能消灭，阶级斗争才能终了。原始共产制及小生产里享有工具及使用工具的本是一个主体；可是这里面已经有一点大差别：小生产里享有工具同时又使用工具者是个人，共产社会里享有工具同时又使用工具者是社会。个人享有工具时，各个人间之生产品交易（商业）里不免竞争，竞争之结果便是阶级分化、阶级斗争。所以必须社会公共享有生产工具，社会共同使用工具，——阶级才能真正消灭。然而要社会进化到这一阶段，必须社会里的工具，性质上可以共同使用及公共享有（大机器），生产量上可以供给全社会的消费而饶有余裕，分配上可以消灭私人交易，——那时才行。社会里仅仅占有生产资料及工具而不工作的一阶级（现代便是资产阶级）决不愿意轻轻放弃特权；那仅仅使用工具而丧失生产资料及工具的一阶级（现代便是无产阶级）便不得不反抗。反抗的结果，无产阶级能夺回生产资料及工具，归之社会公有，仍旧去使用工具从事生产（所以他仍旧是无产阶级）。不过旧时的资产阶级虽然丧失工具占有权，以及政权，还能以余力谋叛，此其一；旧时资本主义之下许多小生产仍旧存在，小工具只能私有，此其二；所以阶级还是存在，阶级斗争还是继续。只有无产阶级以已经公有的大生产征服一切小生产，改良生产的劳动工具——提高技术程度，使全社会一切工具都能共同享有，共同使用，分配上自然就可以各取所需，——那时阶级斗争方终了。

阶级斗争与"社会的工具"

人类共同生活于社会里，因与自然竞争而经营经济：分工的协作的取得全社会的生活资料。因求取得生活资料以对付日益繁复的需要，于是劳动的方法(技术)日益发展,工具的形式日益复杂,种类日益繁多,生产量日益增多;而且这些工具都是从流转不息的劳动过程里经验得来的,从这过程里直接间接流露出来的。从最简便的工具进步到较复杂或完美的工具;从物质的工具进步到精神的工具:言语、智识、艺术、习惯都是组织劳动的方法,辅助共同劳作的手段。精神的工具不但是个人劳动时所需要的一种手段,而且必定是团体劳动或社会劳动的产物——同时亦就是维持当时社会共同生活和分工协作所必需的方法。所以精神的劳动工具必定是社会的。可是等到社会里发现了阶级,这些"社会的工具"便成了治者阶级剥削受治阶级的种种手段:于是发现宗教、政治、法律、道德等现象。甚至于智识、艺术、风俗、习惯亦变成治者阶级压迫受治阶级的工具。总之,治者阶级不但以经济力量(占有生产资料及工具,因而占有受治阶级劳动的生产品之一部分)剥削受治阶级,并且用政治、法律、宗教、道德、风俗、艺术、科学、哲学来辅助他的剥削行为。这些社会现象便成治者阶级的阶级斗争的工具,可是受治阶级亦往往攫得社会共同劳动所产生的这些工具,来防御治者阶级的进攻,继而反守为攻,以至于颠覆治者阶级为止。只有阶级消灭之后,这些精神工具才能成为纯粹的社会工具,以为征服自然之用。

社会之定义

从上述的看来,我们便可以综合而得一个社会的定义:"社会者能制造工具的人类之劳动结合也。此劳动结合——'经济体'之演化,乃生政治、法律、道德、宗教、哲学、风俗、艺术、科学等现象,以应组织劳动之需"。

三 经济

社会之基础

人类社会既然是劳动的结合,那么,社会的基础一定是物质的生产力之状态;社会变易的根本原因必定是生产力之发展。生产力就是物质生产过程之中有作用的种种力量:自然界、工力、技术——他们是人类应用势力之实行的结果。人类的势力必定为当时当地的环境所范围,为前此已有的生产力所限制,为前此经济关系所造成之社会组织所束缚,所以在每一阶段里,人类不能以主观自由选择生产力。人类社会的发展每时期每地域总只能从现有的生产力之状态着手。虽然如此,自然界、工力及技术若不使用,便不成其为生产力;他们本来就长在动作的过程中——因为人类只能经过他们以取得生活资料,以行生存竞争。这种流转不息的过程里,技术尤其容易变革——就是生产力之发展。生产力是劳动的必要元素,所以生产力之状态是社会的实质、社会的基础;生产力的发展是这社会实质的根性,所以社会能变动,而且他的变动的主因便是生产力的发展。

经济关系

生产力的状态是人对自然之关系的标准,社会内人对人之关系却依人对自然之关系而定。所以社会内人对人的关系,根本是经济关系。——因为生产力的使用便是劳动,便是采取生活资料的经济行为。人类使用工力及技术对付自然界,人类自己之间便能发生某种经济关系:社会之中供给工力,占有工具的种种方式自然而然形成种种经济的关系——或者社会全体供给工力,或者一部分供给,别部分剥削工力。于是适应这种种经济关系而发现各种社会制度。生产力是人类从事于经济行为之物质基础;所以生产力的状态变,经济关系也就变。社会制度是表现经济关系的形式,所以经济关系变更,社会制度也就变更。而且社会的范围也随生产力及生产性质而变。生产力——工具的性质及技术程度,足以规定生产的性质——渔猎采果或耕种田地,或以手艺制造,或以机器制造;生产的性质又足以规定劳动之生产量——用白手扑取或用弓箭,采取现成的植物或自己播种收获,所收的效果必定大相差异;生产量的多寡又足以规定经济关系——生产量少,分配及占有的方法简单;生产量多则复杂。生产量不能预见,分配便无规划;生产量可以预见,分配便有规划。经济关系又足以规定社会内共同生活的范围。这五方面间接的或直接的互相联系,可以用下列的表表示之("生产力"、"生产性质"及"生产量"三方面就是表示生产力之状态;"经济关系"及"共同生活之范围"两项便是表示经济对于社会的最简单的影响)。

	生 产 力	生 产 性 质	劳动之生产量	经 济 关 系	共同生活之范围
自然经济……（直接分配，不经市场）	（人）+（最简单之工具）	技术甚简；只采取，不制造	无剩余生产品	氏族的原始共产制度，无剥削，故尚无阶级	小群——四五十人一族
家庭自然经济，各村舍间开始交易……	（人+畜）+（工具+机械）	原始农业及畜牧	余剩生产品始发现	氏族公产制崩败；家庭共产制形成；家庭子弟尚如奴隶	三五百人之村社成部落
封建国内自然经济，封建国间行交易……	（人+畜+风水力）+（机械）	农业及畜牧业较进步，手工业发达。奴隶及农奴的劳动	有余剩生产品	奴隶或农奴制度；阶级；军人，儒牧（士），农奴，商人	封建国度，已至数千人以上
交易经济……（市场发生，以买卖为分配）	（手艺机械）	城市中手艺技术大改良		交易的小资产阶级社会；自由农工业者及自由农民	城市及市镇，大者已至数万人
纯粹交易经济……（商业大发展）	（人+畜+汽力）+（复杂的组合的机械及机器，自动机，此期之末人力及兽力渐可不用。人大半仅任指拨机器之职	农业改良生产方法。大机器工业，资本主义式（雇用）的劳动（无规划的生产及分配）	余剩生产已甚多	资本主义的制度；大、中、小资产阶级；无产阶级。贵族资产阶级化。农民则破产或无产阶级化	社会联系广度几千百万人，始则成所谓"民族国家"，继则以世界市场经济上统括全人类。资产阶级力求以市场联合全世界，根据此市场以立大生产
高等自然经济……（商业消灭）	一切机械动力（电等）。人仅任指拨之职	农工业之结合；智力与体力之结合。自由的，同心协作的劳动（有规划的生产及分配）	"社会必需劳动"减少至于极点。生产量甚高	共产主义的社会，无阶级	全人类组织于统一的规划的世界经济机体

社会制度之形式

经济关系受生产力状态的规定，——从上表看来，已经可以明了。这种种经济关系立刻便表现种种相当的社会制度：原始共产制、宗法社会制、奴隶制或农奴制（封建）、资本主义及共产主义（表顶注分配方法）。这些制度的内容都是经济关系；可是他们的形式便极为复杂。原来生产力之中包含着自然界（表中所列仅有工力及技术两项），自然界的条件各处不同。人类生产力——技术不发达时，社会的发展很受自然界（地理、人种等）的限制。所以原始共产制的形式往往到处不同：北美土人、非洲土人、古斯拉夫族、古日耳曼族等的共产村社或共产部落的形式很相差异——渔猎或农业畜牧都随地理环境而定其性质；因此，其他社会现象，如言语及宗教（所拜之物）等，更不一致。就是宗法社会及封建制度，甚至于资本主义时期——这种因地理环境而成就的种种差异的历史条件，依着惰性律的作用，处处都可以看得出来，不过影响逐渐小下来罢了。可以说："生产力是发展社会的原动力，可是三项生产力之中，自然界的作用和技术及工力的作用，在生产发展的过程里，适成反比例。"——生产愈发展，则自然界限制技术及工力的影响愈小；生产愈不发达，则自然界限制技术及工力的影响愈大。同时，亦可以说"一种社会制度之形式上的差异程度和生产的发达程度适成正比例。"——各种野蛮社会之形式，差异得很；各国宗法社会或封建制度之形式，差异便少些；各地资本主义的形式，差异得更少些；共产主义时期，人类已形成一完全整个的社会，无所比较，更无所谓差异了。可是，应当特别注意：这里所说差异仅仅是形式上的和外表上的，决不是内容上的差异——"天下的老鸦一般黑"，资本主义到处都是一样的根性。

过渡形式及复合形式

上表所列原始共产制、宗法社会制、奴隶或农奴制度（封建）、资本主义及共产主义五种经济关系之社会制度，仅仅足以举其大凡。每一制度不过是整个儿的历史过程里之一阶段；各阶段内既有许多小阶段，各阶段之间又有种种过渡形式：譬如资本主义之内有商业资本、工业资本、财政资本三阶段。其中商业资本是封建制度与资本主义之间的过渡形式。财政资本（帝国主义）是资本主义与共产主义之间的过渡形式；不过每一大阶段之终了及开始时,社会制度必需经过一种突变(革命),所以革命的突变是各大阶段之间的界线。再则,社会之现实状态——因自然界(地理)条件之不同,地球上各部分发展有迟有速,未到资本主义之前,各地域每每自成其为一社会;资本主义发展开拓之际,各地域的"独立"社会已经变成整个儿的世界社会之一部分;各部分互相接触的过程里,必定演成种种复合形式:譬如澳洲原人社会里忽然遇见白种的资本主义侵入,便成一种复合形式;中国的宗法社会与小商业社会(表中名"交易的小资产阶级社会")遇见国际帝国主义的渗入,便成"新封建军阀加帝国主义经济"的一种新复合形式。每一阶段都是前一阶段发展之果,后一阶段发展之因;这种发展可以名之曰"进化过程"。每一低等社会都要受高等社会的同化:始则侵入或被侵入,继则互相勾通,终则化之使与己同;这种过程,暂名之曰"同化过程"。哪些过渡形式及复合形式都不过是这进化过程及同化过程里的步骤。这步骤的迟速依当时生产力的状态而定:技术愈低,进化及同化的过程愈缓;技术愈高,进化与同化的过程也愈速。

(附注)社会发展到资本主义时期,已成世界的。这世界的资本主义发达到极点时,必然有无产阶级革命发生,——一九一七年已见之于俄国。俄国革命仅是世界社会革命的开始。诚然不错,社会主义革命必发现于资本主义最发达之时。如果说社会革命必发现于资本主义最发达之处,那么,必定要他发作在伦敦或纽约某街、某巷、某工厂,——这真是刻舟求剑。诚然更不错,社会主义的实行在资本主义最发达的地方最容易。所以俄国革命本来还不是社会革命的完全成功;英美革命后实行无产阶级的国家资本主义时,其中所含的资本主义成分,必定比俄国现在的无产阶级的国家资本主义("新经济政策")里少。可是应当知道:俄国革命是英美德法等(世界)革命中的第一步而已,——世界有一无产阶级国家,其他国家里的无产阶级革命进行起来快得多;而且各国无产阶级运动是世界革命的各部分,每部分的胜负就要算在全体的胜负之中。所以可以断言:俄国革命是世界资本主义发达的结果;俄国本国资本主义的程度虽低,并不足以证明唯物史观的错误。俄国这一部分无产阶级为什么先胜利?这就是上述的地理及过渡的原理:(1)俄国无产阶级因地理

关系,既胜之后容易得守;(2)俄国无产阶级因世界资本主义有复合过渡的形式,而恰好处于世界的资产阶级最弱的地方。凡是资本主义较弱的地方容易开始社会革命,而胜利后难于社会主义之实行;凡是资本主义较强的地方难于开始社会革命,而胜利后容易实行社会主义。——这是应用唯物观时:综观全社会(世界)种种复合的经济关系及全历史种种过渡的社会制度之原则。

四 政治

政治与阶级斗争

生产力之状态及受这些生产力所规定的经济关系是社会的基础。社会基础之上,应那些经济关系的需要,自然要发生种种社会的"建筑"——最先当然便是上节已经述过的社会制度。可是社会制度里有所谓"政治制度"。原来社会里发生阶级之后——一部分人占有生产资料及生产工具,要强逼别部分人替他们去做工——使用工具,以便占有他们劳动生产品的一部分(剥削他们),于是需要所谓政府。政府的意义就是"强制机关"。这种强制机关的发生,必在阶级发生之后:阶级分化愈清晰,强制力量也愈大且多,强制组织也愈完密。可是强制机关也可以转移于受剥削阶级之手,以为限制剥削之机关,消灭剥削之工具。政治发现才有所谓国家,——政治的基础在阶级上,所以阶级消灭(剥削消灭)之后,国家也要消灭的。政治不但是阶级斗争的工具,而且是最重要的工具;阶级与政治不能相离,有阶级即有政治。其他社会现象(科学、艺术等)未必全赖阶级制度而存在,所以只有政治是阶级社会的标志。因此,一切阶级斗争,无有不反映到政治上来的,一切政争亦无有不含阶级性质的。根本上说来,阶级斗争是争政权之斗争,目的总在于取得政权以改造经济关系;因经济发展到一定的程度,新阶级便非取得政权不能往下发展。因此,一切部分的日常生活里的小斗争,直接的间接的都是阶级斗争。

统治机关及统治阶级

社会里有阶级,便有治者与受治者之分,政府便是统治机关之总称。社会之经济关系的进化过程里,"阶级社会"自成其为一大阶段,与政治制度相终始。这一大阶段里,统治阶级更换过好几次;这种统治阶级更迭的过程便是政治制度的历史,其中有种种复合过渡的形式——也与经济关系的变易相应。总之,政治制度是社会内阶级关系的表现;政治制度的流变,就是社会内历史上各阶级之此进彼退或犄角相持的种种斗争阵势之反映。现在举代表制及元首制的变迁为例。

(1) 代表制:

氏族的原始共产主义时代,还没有阶级;当时的氏族集会是全体参与议事的——并且所议的事大半是"怎样处置事物的办法,怎样共同劳动的计划。"(当然是很幼稚的蠢笨的办法及计划)却不是"怎样治人"的问题。所以那时其实还没有政府,没有政治制度,没有所谓政权,——只可以勉强称之为"直接民权制度"。

封建制度之下,农奴或奴隶便"丧失"了政权;只有贵族、诸侯、武士各自代表自己的经济力量,获得多少的政权——代表制度方才发现。贵族有选举权便是大家商量怎样统治奴隶的政权;农奴和奴隶当然没有选举代表的资格。再则,贵族的代表会议同时就是自己之间的竞争"比武"的场所——各个诸侯自己都有经济,这是他们自己之间的经济竞争的影片(因经济竞争而分割政权)。

商业资本兴起,代表制的意义渐次消失。——这期的资产阶级刚刚发生,还很幼稚脆弱,那散漫零乱的小市场生活反映到政治上来——可以无为而治;同时,资产阶级的交易经济势力逐渐膨胀,君主(国王)便隐约代表这小资产阶级(小农及小商),渐次扼制诸侯贵族——他们的自然经济已经失势。所以君主一尊的官僚制度便渐发展。

工业资本发展,代表制的作用又恢复。——这期的资产阶级经济力大增,大资本兼并小生产的过程表现于政治,资产阶级式的农业与工业竞争,资产阶级各部分的力量要表现、要互争、要联合,于是国会制巩固。同时无产阶级开始发生,加入政争,资产阶级与无产阶级的斗争日益激励,国会便成压迫劳动的工具;而且资产阶级不得不时时联络小资产阶级以抵制无产阶级、蒙蔽无产阶级,所以选举权时有扩大。因此种种手段,而资产阶级便在国会里保障并且巩固自己的政权。

财政资本形成,代表制的名称与实际日益相远。——这期的资产阶

级兼并(托辣斯)垄断(新狄嘉)愈趋愈甚,势力集中于少数人而日益增大;政治上往往一二大工业或大银行,经过政党及报纸操纵一切政策及选举。小资产阶级及无产阶级虽得选举权,而实际上受压迫更甚;即使国会里劳动阶级能占优势,大资本家往往指使军队警察以武力镇压(戒严等手段);甚至于使用"法外"的手段,如法西斯、三K党等暗杀暴行机关,镇压无产阶级的经济斗争及政治斗争。选举权之有无已经无关重轻,因为选举权已经不等于政权了。

无产阶级革命,取得政权。——这期的资产阶级突然失去政权,必定假借种种手段,如"民治""自由"等空谈号召,力谋资本主义复辟,反对无产阶级国家之经济规划政策。实际上私人托辣斯等大生产发现之后,所谓"自由"贸易完全名不符实;经济上的发展要求根据这些大生产制度,渐次实行有规划的经济。可是有规划的分配及生产直接侵害资产阶级的生存权,所以资产阶级决不肯为社会上多数人福利而容忍无产阶级政府和平进行这经济改造事业。因此,无产阶级必然行独裁制——剥夺资产阶级之政权及一切公权,只有劳动者享有代表制的权利——苏维埃制。

共产主义随无产阶级之国家经济政策而渐形成:大资本家既在革命时受没收,小资产阶级又因公有大生产之极端发达而消灭,全社会皆成自由的劳动者——阶级消灭,国家政府亦随之消灭——无政府。

(2)元首制:

元首制最早发现于宗法社会之家长。人类劳动生产的过程,渐渐得经验的(偶遇的)智识——新式的劳动工具。老年人的智识既纯由经验得来,还不能分析,只知其然而不知其所以然,因此只能托之神秘祖德——便渐成传授智识的专利者。再则,生产量既增多,生产工具又进步,便因分工协作及储蓄生产品而社会需要集权的"生产劳动之组织者"——家长。这时期大家庭或村社的共产制还存在;所以家长或社长的统治还不是纯粹政治的,而是靠年老尊长的威信(孟轲所谓"曰德、曰齿")。

家长因为操有分配族中生产品之权,渐能享有余剩生产品——初与他族交易;再则,各族或部落互相接触,各求扩张土地或争夺土地,遂有军事发生，熟练军事技术。因此，交易及战争便增高家长的权力，渐渐变成所谓酋长。管理生产及组织军事的技术亦都是根据于偶然遇见的经验及天生的壮健肢体——族长及酋长每每自以为是神或神子，受部下的敬礼尊崇；其实是大家因同处一经济单位内，智识技术既不及他，要进行生产及防护自族又不得不服从他；所以元首制便渐渐的有神权的色彩。

酋长制之下生产渐发达，农业渐固定；农奴制度日渐形成，战争俘虏对于生产已经有用；土地占有既渐确定，手工业及商业交易也有发生的机会。于是封建制度兴而成阀阅制的社会：土地的占有形成贵族阶级，智识上宗教与军事的分化形成僧侣或儒士阶级，脱离农奴地位的手工业者及商人小农已经形成"原始的"资产阶级（"第三阶级"）。——其实贵族、儒士及商贾、工匠、农民的相对关系并非严格的"社会阶级"的意义，而是阀阅——身份不同。当时经济上占优势的始终还是贵族之农奴制的农业经济（非自由的小农）。此种农业经济当初全赖贵族（以前的酋长）以武力掠得土地。然而技术程度还很低，不得不将夺得的土地分裂成许多小生产来经营（分封土地）；或者虽然征服别人，而经济上不能兼并，只能行政治上的辖治。因此，一方面封建制度成立，贵族之间出现君主——做诸侯的元首；别方面各贵族诸侯在自己的"采邑"或"国度"内做农奴及士农工商的元首。

商业资本时代，贵族衰落——许多小元首渐渐消灭，君主一尊的制度出现，以个人代表全社会的小资产阶级，所谓"民族的资产阶级"（上面已经详论，不再重复，下同）。

工业资本兴起——君主受大资产阶级的限制或颠覆，于是代表制与元首制渗合，成所谓君主立宪制或总统立宪制。其实君主或总统自己也渐成公司股东或者大企业家。

财政资本发达之后——君主或大总统成了大银行家或投机事业家，或者呢，做大资本家的"最高佣仆"。

资本阶级的社会永久不能抛弃形式上的个人元首制；资产阶级革命（英一六四八年、法一七九三年）曾斫掉过"元首之首"，然而资产阶级的国家始终保存这元首制。这是因为资产阶级内部必然自相竞争，大资产阶级要"挟天子以令诸侯"，使元首做傀儡或做调人。无产阶级革命方才

永绝个人元首制,而以无产阶级的集体独裁制。

共产主义的发展必定完全消灭阶级及政治制度,更不用说个人的元首制了。

那时的社会里,绝对用不着治人的机关,而只要治物的机关。

政治制度变更的形式大概如此:无处不和社会的阶级关系相适应;而社会的阶级结构又为经济关系及生产力的发展及变更之结果。生产力及经济关系变易的影响,使各阶级在社会生产里的作用及优势互相更迭;于是发生革命而政治制度变革——统治阶级相更调。

政制变革之动力及民权之意义

资产阶级的学者往往以为政治制度自成系统,和物质的经济基础绝无联系;即使承认政制变革有动因,也先向所谓"政治理想"、"社会心理"里去找。其实政治理想及社会心理虽然是政制变革的"助缘",却不是"动因"。旧社会里新阶级的势力膨胀,自然创造自己阶级斗争的"精神工具":发现新政治理想,鼓励群众的社会心理;凡此一切都不过新阶级取得政权的预备,——革命工具不完备,当然革命难以成功,所以政治理想及社会心理当然是革命及其他变革的必要的助缘。然而这种社会变革的动因——根本动力,在于物质生产所涌出来的新阶级;假使没有这物质条件,什么新政治理想也不能有。资产阶级的学者及"准学者"因不懂得社会是什么,所以说:(1)教育程度对于民主制度是必需的,教育可以转变社会;(2)民主制度会生流弊的,所以要想出种种防弊的制度。

这两句话都可以算对的,可是没有见根本原因。实际上民众若真能革命,认识在自己的阶级利益,他们的教育程度可以在参加政治的革命运动的过程里渐次增高的,决不在于坐在教室里才算受教育,况且在旧统治未崩坏以前,一切教育机关都在旧治者阶级手里,受着教育同时就受着蒙蔽,不能有正确的政治观点,旧统治未崩坏以前,社会的生产量,因治者阶级只顾竞争私利及经济上的无规画的状态,决不能达到当有的发达程度,所以虽愿受教育而为经济所限的总是大多数民众。至于制度问题,固然一种组织自有他的技术,好像机器一样,要配得得法,方才合用,然而根本问题不解决,剥削阶级不受镇压辖治,无论什么创制、复决、召回、监察等办法里,他们有经济力量及政治组织(党),又有历史上遗传下来的旧观念及"舆论"足以蒙蔽群众——无论怎样防弊，弊根不去，利于作弊的人总找得着作弊的新手段的。资产阶级的学者及"准学者"又以为政制史是民权伸张史——"你看，参政权一天一天扩大了！"这都是当面说谎，看上文已很明了，不再重复。所谓民权，当然不错，是在扩张。然而扩张的原因在于阶级力量；假使资产阶级的国家内无产阶级的政党选举能以偶然得利，那么，这是阶级斗争的胜利，而不是阶级妥协。民权的伸张对于资产阶级，往往在初期只要限制王权，随后限制总统，限制内阁，一切复决等制完全是枝枝叶叶的限制方法。真正大多数劳动民众的政权，第一当从那种消极的限制办法进于积极的建设办法：议事机关当渐变成办事机关——处置一切，规划经济政策；第二当根本扫除弊端的主要根源——剥夺资产阶级（民敌）的一切公权。或且有人以为那些枝叶的防弊办法想周到了，便可以变成"全民政治"；其实"民"是对政府而言，假使绝对全体社会都成劳动平民，都成治者，那时所治的已经是"物"而不是"人"——根本上已无政治可言。政治和全民二者，根本上不相容。只有大多数劳动这对少数资本家之独裁制，能以政治能力改造经济、普及教育、提高技术；如此改进生产组织，使机器大生产遍于各业，——私有生产资料和工具决不可能；同时运输技术日益完善——分配极容易：各业各地的生产都受规划，使社会生产与社会消费相适合——分配时当然不需商业，不需交易。那时文化艺术尚且充分发展，教育学术等当然极其完美。每人只按照统计局分配的劳动时间到大工场、大农场及电气站或运输机关去，平均每天做三四小时指挥机器的工作，其余的时间可以用之于艺术及科学生活。那时的生产量非常增多，人人"各尽所能，各取所需"。人类都成智力体力兼备的劳动者——没有阶级，没有国家和政府，便无所谓"民"，当然更无所谓政治了！真正"平等，自有，博爱！"

五 法律

法律之意义

法律是政治的附庸，没有政治决不会有法律。资产阶级的学者往往说：一部历史的进程是法律（"正义"）之渐昌。——其实是资产阶级式

的法律之渐次形成、巩固及消灭的过程罢了。历史的进展，几千年来只是种种奴隶制度及剥削制度的更替，法律是不平等的产物，用以维持这种种奴隶制度的工具。社会里阶级间的经济关系及政治关系若要巩固，必要有法律；违背这种经济关系及统治关系的便受镇压（处罚）。法律不过是组织劳动、维系不平等的经济之工具而已。

法律之变迁

经济关系时有变迁，法律当然大有变革，——统治阶级更换，法律的根本概念自然更换。

家长及酋长制度之下，不平等的形式有二种：（1）同族的人以年齿辈分为尊卑，所以只有"礼"而没有"法"——礼是组织社会的一种工具，已经含着法律的种子。（2）异族的俘虏，当生产量不充裕的时候，只知道杀戮或者烹食，还无"法"可以治他们；等到生产充裕的时候，便可以使用他们做工，才以治牛马的"法"治他们。

交易关系发生，渐渐有商业，债权和产权才成问题；最初只有逐次积集的种种冲突和争执的经验，渐成习惯法，经好几百年才形成法律，商业的发展往往和封建制度的发展相复合，所以封建制度的法律每和原始的民法相错综。可是封建法律大半都是土地占有的确定方法——所以拥护贵族的利益或限制农民，此外便是关于农奴买卖的规定。这时期两阶级的法律若同时发展，社会里便没有统一的法律原则。资产阶级学者以为民法是正义，封建式的法律是野蛮——其实是他爱他自己的"皮肉"罢了。商业及私产的发展里，契约借券等的习惯日益积累而成资产阶级的法律。社会里并且因此另成一种职业之审判官、法律家、律师。古代独立的商品小生产者及商业发达之处，民法也很发达，而且很精细——因为这是商品小生产者的社会所必需的（罗马法）。

封建制度势力初定的时候，商业还没有发现，那时民法便不能有作用，所以虽然欧洲中世纪在罗马之后，而中世纪初期简直把罗马法束之高阁，"忘掉了"。直到商业城市发展，这种法律又出现：封建时代的武力掠夺渐渐代以资产阶级市侩式的契约。资产阶级的法律实在是商品经济的社会的秩序维持法。拥护这种法律，决不单靠法律条文、正义观念，而是以强力制裁的：士兵、城垒、军队、监狱。法律观念既成了一种力量之后，资产阶级的发展也就使法律渐渐详密；本来法律的执行、秩序的整齐是资产阶级市场生活的副产物。

资本主义之下，使大部分人丧失私产，或是市场的诱惑力大而工厂的生产量小，当然破坏私产的"法理"的现象层出不穷；既成经常的破坏现象，便要有经常的维持方法——便是法律。所以资产阶级的法律有一总原则："拥护私产"。无产阶级革命之后，阶级没有骤然消灭：国家保护劳动，经营生产与国外交易等——资产阶级也在日谋破坏，所以仍旧要法律来管辖他们。不过无产阶级的法律总原则，便是"消灭剥削"。

以上来说，不过单就民法而论；刑法上的关系何尝不是如此。经济的不平等可以生出种种罪恶——都成经常的现象；况且受剥削阶级或受治阶级无意之中也在处处反抗现存制度——怎么不要法律来维持。治者阶级更迭之后——一切法律的总原则都是随着变的。

法律之消灭

无产阶级国家的法律适应他的经济改造政策，等阶级完全消灭，政权尚且消灭；那时私产既无，各得所需；文化极高，应用科学方法组织经济，并施教育；群众受社会生活的熏陶，心理上生理上的病状尚且日益减少，人人能以自力调节自己的欲望，罪恶决难存在——法律当然消灭。

六　道德

社会心理与社会思想

社会心理，一部分直接受经济关系的规定，别部分受生长于经济关系上的社会政治制度的规定，社会心理同时又是物质生产的"精神工具"。无阶级的社会里，社会心理是共同组织劳动时的副产物，亦是组织劳动时的手段；有阶级的社会里，社会心理是治者阶级指挥受治阶级的催眠术，或者是受治阶级反抗治者阶级的兴奋剂。各种社会思想都是社会心理的反映综合而成较有系统的。每一时代之社会思想往往代表社会或阶级综合当时技术程度、科学成绩及社会关系之宇宙观及人生观。可是应当注意，此地所用"社会思想"及"社会心理"两术语和通常所用的不同，这里是最广义的。社会心理是指每一时代普通民众所认为当然的及美好的

(不得不做的及愿意要的)种种观念。社会思想是指每一时代普通民众的思想方法("时代逻辑")以及他们对于宇宙现象及社会现象的解释(宇宙观及人生观)。这种观念及解释在每一时代的"中期"(发生之后已经确定而尚未开始崩坏时)大致必有统一的现象。张君劢说人生观是至不统一的，——这是他寄生阶级的闲想。

社会心理与社会思想之变律

每种社会思想无不根据于当代的社会心理(时代的人生观)。然而社会心理随着经济动象而变，于是在这流变之中可以发现一二伟大的个性，代表新的社会心理之开始，确言之，综合已有的新的社会心理而成一派新社会思想。每一期人与自然界的斗争，由于自然的适应而生技术上的变革；在这斗争的过程里，综合技术的成绩而成系统的智识(科学)。然而技术变革，必定影响于经济关系；经济关系又渐渐确定新的社会制度，新的社会之阶级结构，变更人与人之间的斗争阵势。于此新社会制度渐确定时，新兴阶级要巩固当时所已得及已承认的新智识及新观念——与旧社会心理相冲突的，因此，综合这些新智识新观念以及新的情绪而先假手于个人"创造"新的社会思想。可见，新的社会心理及社会思想，都是从社会里发展出的新阶级关系而来的；那么，新社会心理及社会思想必定是代表新兴阶级的。新旧阶级的思想斗争不过是他们政治斗争的一部分。思想的冲突是革命的先声。革命之后，至又有新技术、新科学、新社会阶级、新斗争时，——便又要发生新变更。社会常在如此流变之中，所以很难以看见绝对统一的人生观和宇宙观，正如难以遇见绝对同样的雷声电闪一样(自然界里天生的现象也决不雷同，不比在化学实验室里)。

道德之意义

道德便是社会心理的一方面，暗示民众以"行为的标准"，——亦是组织劳动的一种工具。资产阶级的学者及"准学者"以为道德是超越时空的永久真理，善恶的绝对标准，——人类悬这真理做最高鹄的，渐行渐近，便算是社会进化。善恶既是永久的范畴，所以就有"无上命令"(良心)的说法。其实近代道德家的规律，专为适应资产阶级式的社会关系而设。古今社会组织的形式不同，道德也就绝相违异；"永久的绝对的善恶"决没这么一回事。原来道德总带有一点约束的意义，资产阶级要使他的道德——约束无产阶级行为的道德变成固定持久的规范，所以他们要理想——至高无上的绝对真理。

社会道德及阶级道德

道德既有约束的意义，那么，社会里人人的经济利益及目的相同的时候，无所用其约束——经济上的协作及分工制度，劳动的编制方法，合乎人人的心愿——那时人人的行为都是自律的；这是至高的道德，便等于无道德。社会中发生阶级之后，所谓"大道废有仁义"，——剥削制度之下，受治阶级的利益目的都和这制度冲突，他们的行为往往反抗现在秩序——"不道德"变成经常的现象；于是治者阶级不但要用强力制止（法律），而且要事前谆谆劝告，造作道德规范——实是治者阶级的道德。同时，受治者阶级处于剥削制度之下，他们反抗这制度的斗争里锻炼出自己的阶级道德——以为阶级斗争得工具。可是一种社会制度里，治者阶级的道德必然取得优势——才能蒙蔽民众的心理，使习久而自忘阶级利益，甘心受剥削，以为是当然的。社会的阶级关系发展，新阶级渐成一种物质势力，他的道德才能起而反抗旧阶级的道德。所以有阶级的社会，道德总是阶级的，而非社会的。新旧社会制度更迭的过渡时间，必然有相异的道德观念之争（旧礼教与新思潮之争），其实是阶级斗争反映到社会心理里来罢了。旧阶级处于剥削者的地位，——那种经济发展到一定程度的时候，阶级的暮气自然增长，政治斗争及经济斗争的败势影响到心理上来，便有"不道德化"的趋势（悲观、保守、狠戾、堕落等）；所谓"世风日下"实即旧阶级垂死时自己的道德程度（如现代中国的军阀、政客及买办式的智识阶级及欧美的资产阶级），却不是当时发现的新阶级道德。新阶级正在兴起的时候，伟大的斗争里需要自律的道德以为工具，发见真实的，因而有益于社会的道德——革命的道德；所以新兴阶级的道德必定是很高的。

道德之变迁

道德根据实在经济。经济——社会的协作及分工的方式，随着生产力而变更，组织劳动的方法当然亦在变更——道德因此流变不止。原始共产主义时，生产量非常之少，生产工具非常之简，人人自为工作，合力御

敌；人与人之间的关系很确定而且统一；当时若有人不肯工作只想坐食，或不肯助人只想自利，团体必定摈弃他；不能工作的，团体必定消灭他，吃掉他（杀老、食人）。此等摈弃或消灭的手段，简直是真正的从"社会"里"开除"出去，减少食指的自然办法，无所谓善恶，并非制裁或约束——所以其实还没有道德。宗教社会的家庭经济制度发生，已经需要生产及分配的管理者——家长；个人都是家庭经济里的一员，不容他不服从家长。所以以"孝悌"为天经地义，灭汩一切个性；社会既有约束的需要，便有道德发生。封建制度，以大小贵族及农奴佃人层层垒积而成；是一座极繁重的极压迫的生产机器，要维持这种强制性质极强的劳动组织，便需要尊卑的名分及温情的欺罔；所以以"忠君爱主，仁慈恭顺"为道德。资本主义社会，以商品经济为基础——初期的资产阶级便反抗封建的名分主义；人人只要会经商会剥削，——这叫做"机会平等"，——所以尊崇"独主性"，"不依赖"；而"有钱买货"成了金科玉律，"欠债还钱"竟是人格标准；守契约，不偷盗，尤其是资产阶级拥护剥削制度及私产制度的工具：没收资产及罢工违约算是极不合理的行为。资产阶级社会里同时又有无产阶级发展，最初因资产阶级思想的传布方法极为周密（学校教育、报纸舆论等），无产阶级的道德心理也很受他的蒙蔽。后来资本主义的发展使无产阶级的社会力日益增长，新的物质关系自然造成新的社会心理——社会主义的宣传：打破思想界的旧偶像，以此增长阶级斗争之心理上的助缘，旧道德渐渐不能立足。无产阶级既需道德上的工具，在阶级斗争的过程造出新道德：以团结力、奋斗力为德行。破坏罢工或工会者必定视为"工贼"；托言和平以献媚资本家者，始终要被群众所唾弃。新阶级也必定采取旧社会里确系多数人共同生活的良好道德，使社会生活有规划的良好习惯，以为现时阶级斗争及改造经济的工具。新社会从旧社会演化出来，并非从天而下的，将来的公产主义是社会几千年进化，积累共同生活之组织习惯的总成绩。所以新阶级的道德并非与旧社会绝对相反的，不过可以同一手段而目的根本不同罢了。譬如社会主义的道德亦并不许偷盗，不过不是拥护私产，却是因为劳动者若行偷盗，他便不是和资产阶级去斗争，而是"临阵脱逃"：各人偷盗，——无产阶级个人想占有私产，无产阶级便解体了？

道德之消灭

无产阶级要求社会公有生产资料及工具,以团结的伟大力量,经过自己的政府,行施经济政策,使全人类都成无产阶级,全社会都成大生产的经济。那时阶级消灭,政治消灭,一切约束消灭;各取所需之后,虽偷也无处卖钱;技术科学充分发达之后,教育及文化程度增高。那时的道德才是社会的而非阶级的,才是超阶级的道德——人人有道德,道德的名词也就消灭了。

七 宗教

宗教之意义

宗教最粗浅的意义便是信仰鬼神及天堂、地狱。然而宗教是社会劳动的产物;人类协作劳动的初期,既然要与自然斗争,便要解释自然的疑谜,造成对于自然的概念。残酷的自然界和繁复的自然现象,在原人时代既不能知道他的必然因果,便不能自由应付他,只靠宗教仪式的概念以自欺(信仰),方能鼓起勇气,激励情绪,以从事生产;因此,要固定这种概念及情绪,便有一定的行动仪式,使有所尊崇敬畏。尊崇和敬畏固定人对于事物爱好或憎恶的共同情绪;这种情绪是共同劳动之中所必需的。所以宗教又是一种劳动过程里的工具。

宗教与阶级斗争

社会里发生生产的总管理者,或统治阶级之后,宗教的作用便渐起变化。原始时代的宗教,往往兼有现代是科学、艺术、风俗、道德、哲学的职任,混成一隐约的系统,以为社会适应自然的工具:传授经验,整齐情绪,练习共同劳动(仪式)。阶级发生之后,随技术而增高,那传授经验(智识)的作用渐渐消失,练习共同劳动的作用也是如此。可是整齐情绪的作用,因阶级统治而增大:治者阶级借以恐吓受治阶级,使之驯服,镇慑他们的情意,以供驱使。

宗教之变迁

宗教的发生很早,最初是所谓"万物有灵论":原人劳动的时候与自然接触,求解释他而智识经验不足;每每以自身劳动之例妄相推测,以为

风水雷电之后也有一个东西在那里推动,又不可见、不可闻,便以为是心灵。渔猎社会前后,人每受禽兽的迫害——与禽兽接触多,分别出强弱善恶。于是对于某种禽兽特别加以敬畏;各部落氏族相遇时,已经各举所敬畏者做标志,因此而有图腾式的"拜物教"。

宗教社会里长老智识最高,生产管理生产,事事只有遵循祖训(智识经验的传授),死后子孙又尊崇他的遗教以组织劳动,因此便发生"祖先教"。"祖先教"发生时,人才看见死人带着对于活人有用的智识而去,活人与死人之间,亦发生了联系;设想生前和祖父的共同协作及共同消费,因而制作祭祀等仪式;鬼神的概念发生,万物有灵论才能变成"万人有鬼论"——不但认每一物质都有心灵,并且认每一个人(物质)死去之后,心灵仍旧存在,并且监视着自己的子孙(鬼神),——心灵才变成灵魂。所谓:"非其鬼不祭","如在其上,如在其左右",——就是宗法社会里利用自己的祖先,整齐社会情绪、组织劳动的证据。小农经济里技术甚陋,难以敌天灾,自然力量在在都是"神道",所以有简陋的多神教。封建制度的社会关系形成之后,贵族、巫祝、儒士或官僚之下有奴隶、农奴及贱民等的阶级或阀阅制度,于是多神教渐变而成"等级教":鬼神之中也分等级,递相辖治。不但如此,政治制度发现之后,人间有军队、监狱、审判,天上或地下就也有天堂地狱的"政府"。万物有灵论及图腾拜物教时,人类对自然的权力很小——神的形象大抵是禽兽。祖先教、多神教及等级教时,人类技术已经部分的征服禽兽——自然界的疑谜渐渐的不成重要问题;可是社会关系复杂起来,社会的疑谜又起重重孽障,须得猜度推测,有一个信仰概念以自欺欺人——于是"人才按照着自己的形象和情状制造出神来"。资产阶级兴,技术进步而有科学或哲学,经济关系里是"个人自由发财制",已经渐脱封建宗法的束缚——个性主义发生,于是才确立严格的一神教。技术、科学及哲学,既因复杂的生产需要运用抽象的观念,方得处置当时的"人事物情",当即制造或分析出新式的思想方法;宗教的神方才渐渐隐去"人形"的面目,而以"仁""慈""爱"等抽象观念代替。其实唯心论式的宗教根底,仍旧是非分析的乱猜测的信仰;物质之外有此等抽象玄虚的"道"支配社会及历史——仍旧是社会之疑谜。资产阶级要用这些宗教信念及教会宣传去蒙蔽民众,消磨他们的革命情绪。

况且纯正严格的科学因果律如若用到社会现象上去,必定证明资产阶级的社会并非仁爱的结晶,乃是剥削的机关;必定证明资本主义的社会制度之发展,势必至于引起无产阶级革命,颠覆资产阶级。资产阶级学者,因此对于社会现象,不敢用亦不肯用科学方法去研究;宁可用宗教制造对于社会现象的信念——种种神秘学说、精神文明、自由意志等:"病人不敢听医生说他要死,虽听也不肯信",——宗教的作用本是自欺欺人。

宗教之消灭

无产阶级生长于高等技术里,对于自然界的疑谜早已不成问题;阶级斗争的经验又能使渐渐了解社会现象的因果,不用猜度,却要真正的解释现象;他又绝对无需乎剥削制度,不但不用自欺欺人,而且要力求免除别人的欺罔——所以必然反对宗教,廓清一切对于自然及社会的迷信,根据科学的人生观,自然可以鼓励自己的情绪,坚定自己的意志,无所顾忌,从事于阶级斗争及改造世界社会的伟业。人类社会改造之后,一切剥削制度及阶级斗争消灭——宗教更无存在的余地。

八 风俗

风俗之意义

社会既是劳动的共同生活的组织,那么,个人的行为,应当与社会的需要相适合;不然呢,各个人都"立异以为高",这一劳动结合早就不存在了。所以社会进化之每一阶段里,必定造作种种道德律,维系当有的社会秩序,以为个人行为的标准。然而人与人之间的经济关系影响到个人的行为上去的,除开道德之外,还有风俗:道德风俗比较起来,可以说,道德对于经济关系较有积极的效能,风俗便是消极的。社会里的"庸众"——阶级、身份、职业或地位相象的人,他们的日常生活及行为,往往很相同,稍有出入,必定大家引为怪异。这是经济生活的结果,可亦是维系当有的秩序,以利当时社会中生产分配方法的进行之手段——是一种惰性的表现。

风俗之变迁

原始共产主义时代,人与人的劳动关系非常密切,互相依赖;分工没

有发现,个性当然不能表见,一切"奇技淫巧"都是怪现象,风俗当然浑朴如鹿豕,——此中的经济原因,显然可见。宗法社会之中,经济组织以家庭为单位,除父子兄弟夫妇之外,不知有他,所以皇帝也要拟以"天子";行政长官是"民父母"。妇女是生产子孙(工人)的机器,所以是家族的私有物品;又因家族根本是血统,所以重贞节。封建贵族制度之下,儒士神甫阶级独占智力劳动,社会里的各阶级便有种种相异的风俗:仕宦贱视市侩;乡民和市民互相讪笑;贵族骑士以尚武为高,以强暴为豪;妇女等于贵族的肉欲奴隶,甚至于以见"幸"于贵族为荣。资产阶级的社会以私产及买卖制度做基础,所以奢侈竞富的心理成了一切风俗的根本原则,而且一切都成"卖买风俗"。妇女淫纵,只求代价,生殖器中发现"价值";——或者工业资本主义需要工力,妇女的体力及智力也可以买卖,于是妇女要求经济独立,可以"自由"出卖劳力或"自由"雇用劳力,"自由"发财,而以依赖男子为耻。资产阶级需用劳力——强健的职员及工人,就盛倡运动会的风俗,并且将竞赛虚荣的习气从市场上移至运动场里,资产阶级要竞争掠夺殖民地,巩固扩大他们的国家,所以提倡爱国尚武。无产阶级处于资产阶级之下,当然染习许多资产阶级的风俗;然而他们阶级斗争的经验,使他们互相团结——相视如"伙伴",患难相助,娱乐相共;总之,有一种集体主义的精神,与资产阶级的个人主义不同;他们的妇女不但是生活的伴侣,而且是政治斗争及经济斗争里的战友。

风俗与社会改造

每一时代治者阶级的习俗,往往凌驾其他的阶级:他的经济上政治上的优势反映到风俗上来,使民众模仿以为荣,因而忘记自己的阶级地位;如此消灭他们的反抗团结的精神。治者阶级造作种种风俗,以为防范,一切周旋礼貌、揖让仪式,处处牵掣受治阶级的手足。受治者看着这些"捞什子",往往以为这是社会共同的风俗,并没有阶级利害关系,自然应当遵守的;不知道就此落了治者阶级的圈套。所以受治阶级如果渐成社会势力,必然破除旧习俗而另创新习俗;而且应当在日常琐屑的生活里也自觉的解放自己的行为。——这亦是阶级斗争的一方面。当然,经济进化同时也是共同生活之扩大过程。社会里共同生活的习惯日益积累、日益丰富,——以前在阶级里的风俗虽然消失,而这一点精华必然遗留下去，——做新生活的材料。

风俗之将来

社会真成共同生产、共同消费、无私产、无阶级的之后，人类共同生活的习惯极自然极活泼，丝毫不用约束，而互相相爱变成风俗；而且个性充分自由，行动都合理性，绝不勉强；一切迂腐无聊的成见完全消灭。风俗可以代替道德。

九　艺术

艺术之意义

社会的生产过程里自然而然能造成人类的种种情意，而且引导着他发展：整齐他，变更他，又以为组织劳动之用。古代宗教虽然混传授经验、整齐情绪、联系共同劳动为一，然后调节情感及暗示直觉的分数居多。技术进步之后，自宗教分化而成哲学、道德、风俗、艺术、科学，其中却只有艺术直继宗教之表示情绪及调节情感的作用。一切社会心里都是经济发展之结果；然而既已形成之后，又做经济发展之助缘；艺术亦是如此；既是当代发生于经济关系的社会情绪之表显，又是调节情绪以适应当时劳动组织法之工具。

艺术之变迁

艺术的原始不在于游戏而在于劳动，人类的开始歌唱，正在共同使用工具之时，所谓"劳动声"便是原始时代调节工作的节拍，使共同劳作的人群互相适合。原人时代的歌唱、跳舞、绘画等，无不与当时生产方法有密切的关系。可是绘画与文字很有关系；文字发达而后，智力与体力的分工方才显著，——寄生阶级（贵族、武士、儒牧等）又渐发现，艺术便成了消闲游戏之具；然而巫祝的歌舞，还是大半和宗教相联结，间接与生产过程（祝禳年丰等）及社会制度（史诗民歌等）有关。其实寄生阶级的艺术外，每一时代必有所谓"民众艺术"，不过因为山歌俚曲不值贵族一盼，因此不认为艺术罢了。宗法社会及封建制度之时，民众的艺术都和生产技术密切相关：艺术之中大半是手艺工匠的事，贵族很轻贱他，所谓"雕虫小技，君子不为"；不然呢，便是寄生阶级的消闲品，"倡优所蓄"亦

是奴隶的一种职分。戏剧文艺等最初便和治者阶级的屠杀功绩相结合，所歌颂描画的都是贵族帝皇，那时虽然有平民艺术，原不值得"学者"一顾；古典主义的由来，其实很远。资产阶级初兴时，乃有情感主义：方才觉得市侩小农的身份未必低于贵族，平民的生活亦饶有诗意，而且值得贵族的怜悯的。资产阶级既生既长，所谓民权革命的潮流渐渐高起，浪漫主义出现：歌颂英雄美人和理想生活；那时已经不但自觉其身份，而且进而求颠覆贵族；传寄他的理想，便是资产阶级个性主义或革命情绪的表现。资产阶级生活既成社会的中枢，私产和买卖之弊日益滋长，于是现实派（写实主义）起而指摘，警省资产阶级，使他们赶紧着手补苴罅漏。资本主义发展的末期，隐隐觉得这些罅漏补不好了；罢工战祸四起，资产阶级的社会情绪已近垂灭的残烛；问题已至不可解决，只有置之不问，或者醇酒妇人，或者逃心物外；于是颓废派的神秘主义弥漫全世。可是无产阶级正在兴起，勇猛精进的奋斗精神、刻苦励志的乐观主义和团结协作的坚定意志互相结合，新现实派等也就发现。

艺术与社会改造

虽然如此，治者阶级的艺术在阶级的社会里，往往取得优势；受治阶级自己最初也跟着治者阶级，轻视自己的民间艺术。何况，小农及小手工时代，平民还有独立的经济，所以艺术勉强有些表现；无产阶级的物质生活条件却不容他在资产阶级统治之下就有完全独立的自己的艺术，只能小部分智识阶级代表无产阶级的革命情绪——革命的人生即革命的艺术主义。资产阶级及贵族遗孽正在造作所谓"人生艺术"，以寄生阶级怜悯平民的温情政策缓和革命情绪；或者，提倡所谓"纯艺术"，表现他们对城市文明的苦闷而逃心自然，以促进反动而抑制前进的精神；或者，像那种美国式的教训公德主义及利禄色欲主义的尘俗艺术，表现些个人钻营或幸运遇奇的富贵梦，以诱惑群众，使之堕落而不斗争。所以无产阶级的革命艺术应当竭力振兴，然而非革命之后，这种艺术不能充分发展；艺术能舒畅无产阶级刻苦斗争的精神，增长群众的协作习惯以及能力，振作创造的情绪，以达改造目的。

艺术之将来

世界无产阶级革命期中，各国"阶级的国内战争"在所不免，革命的破坏也必定非常"伟大"。集体主义的无产阶级,既然负有改造世界的重任,那么战胜反革命、饥寒及自然界的限制都是必不可免的事。他们在技术上的建设一定非常之急迫,并且非常之重要。消极的鉴赏自然主义当远离"艺术之宫";而歌颂艺术积极的征服自然主义,必定是近几十年内艺术界之健全精神。共产主义实现之后,就连这自然与艺术对立的问题也要消灭,那真美的综合的艺术人生观将广泛至于无涯。

十　哲学

劳动与智识思想

劳动是人类征服自然的过程,然而征服自然之际,就渐次认识自然;因为征服自然而人类结合之中分工协作的形式日益繁复,于是处理社会关系的工作又使人类渐次认识社会。对于自然及社会的认识,当然增进人类的智识(权力),以助进社会的生产事业,整理社会的经济关系。综合一切已得的智识——对于宇宙及社会的解释,便得一种思想方式,以确定当时人对于自然及社会的态度。可见智识及思想对于经济的关系,亦和情意及行为一样:一方面是经济的产物,别方面又做经济发展的助缘——社会制度里支配人与人的关系及生存竞争里增进人对自然的威权之工具。整理某种智识而成一系统的是科学,整理思想及方法的是哲学。

哲学与技术之关系

原人时代,所赖以传授记忆已得的经验(智识)的——因为技术程度很低——只限于神话歌诀,与宗教往往相混。社会里发现阶级之后,此等智识的传授便为巫祝、儒士、贵族所专有。可是当时综合智识以成思想系统的还不是哲学,而是宗教。城市生活发展(如希腊),贵族阶级能一部分脱离体力劳动,并且不用亲自经营生产或指挥劳动(如战国),——那些寄生阶级才有余暇用智力解释自然及社会的理论问题:于是已从原始技术之但求不自觉的熟练进于自觉的分析的解释。可是,第一,寄生阶级的余暇,完全由于技术进步而社会生产量增多;第二,这些智识和思想都是适应当时技术的需要或维系现存劳动组织(社会制度)之工具;第三,这些智识和技术的发展程度相适应,而且是技术及劳动方法的进化过程

里所综合或反映而得来的。

哲学之进展

哲学最初的问题便是对于宇宙（自然）的解释，其次便是对于社会关系的诠注（所谓"道德问题"及"伦理问题"）。宇宙之所由来，古代哲学家往往妄想推断：说是水、火、四大、阴阳等等；这种哲学其实是一种独断论的科学，不根据于经验的，非归纳的逻辑方法。社会里现已发现治者阶级或生产管理者——商业初具雏形，交易式分配已经实现，哲学家便开始讨论道德问题（仁义孝悌忠信廉耻）；其实这种哲学是一种目的论的人生观，不研究社会现象的原因的。所以资本主义之前，自然科学陷在独断论的哲学泥淖里。社会科学终带着宗教色彩：解释道德之权握在儒士、神甫手里。资本主义生产方法出世以来，技术日趋繁复，自然科学方开始发展；教会式的唯心哲学日趋衰弱，而现代的唯物论出现（始于英国培根）。资产阶级利用批评哲学解放自己。最先受现代唯物论的攻击的便是教会（西欧）与礼教（中国）。教会和礼教是封建制度及宗法社会的强有力的武器。——反对旧教会的运动，在英国大革命中，还依附着宗教的形式，然而已经是正教外的异端了。宗教改革运动始终是唯心派对唯物派的让步。到法国大革命前，唯物论才大占势力。然而资产阶级的唯物论始终是不彻底的。至今唯物论只限于自然现象的解释：资产阶级本只要以唯物论攻击贵族阶级，而要以唯心论蒙蔽无产阶级。再则，以唯物论发展技术科学，对付自然界，以求工业发达而可多得利润；却要以唯心论治社会科学，对付受剥削阶级，使民众的人生观模糊，而可以用温情政策缓和革命。资产阶级这种"两面国"的态度，至多只走到二元论或多元论的折衷主义（存疑主义）为止。然而资产阶级统治之下，唯心论的发展里已经含孕着彻底的唯物论的胚胎（黑智儿）。唯心论的发展的最高点已经探悉人类的观念之流变的公律（互辩律，旧译辩证法，Dialectique——"正反相成，矛盾互变"）。实际上物质世界的发展流变之趋势正和这互辩律相同；哲学家从人类心理现象上测验得之——其实是物质世界反映于思想。无产阶级既不是"两面国"里的人，更用不着敷衍涂砌的两歧的零星散乱的宇宙观及人生观；他更不愿意受哲学家的欺罔：说宇宙间的现象出于心，而心是不可思议的，——那就只能暂时安于受剥削的地位，静待心的"忽而"变成社会主义。所以无产阶级的斗争经验及对于资本主义的精密考察，必然归纳而成综贯的、统一的、因果的、明了物质世界之流变公律，并且探悉心理助缘之影响程度的宇宙观及人生观——互辩律的唯物论，做他的革命斗争的指针。资本主义的末期，垂死的精神已经无暇去做综观的深刻的考察，于是乎或者返于玄想内省，想求真理于已死的中国印度文化，复古保守，以遏制革命心理（玄想派的精神生活论）；或者亟亟皇皇求补苴这将崩的大厦，"只谈问题不谈主义"，蒙蔽群众的远视，只以利于目前的为真理（敷衍派的实验主义）。

哲学与科学

哲学的发展每每是当代阶级关系的反映，又是阶级斗争的工具。然而哲学的分化已经只剩得认识论、逻辑学、互辩律——综合各科学的思想方法论，其实是"科学之科学"，哲学可以说没有了。不过这种综合的总科学——总宇宙观及社会观，必然存在的，还要日益精密的发展进步。因为宇宙是整个儿的，社会也在宇宙之中——不能只有分别研究，各部分的研究，而没有综合的观察和公律，各种自然科学及社会科学便只是各自研究宇宙之某一部的现象。

十一 科学

科学之定义

"科学者，各种宇宙现象及社会现象中之智识，依劳作时之经验所得，较正于实现生活，确合乎客观对象，因而求得各该种现象之因果联系，且已整理而成系统者也"。

科学与生产力之关系

人类对于自然及社会的智识，因技术（生产力）之发展而日益积累；初则寄附于宗教，继则概括于哲学，都还不成其为科学。科学的成立，始于资本主义的初期。各种劳动方法及组织方法技术，因生产力之发展而日益进步，改良技术的需要日益繁复；于是初则积累技术上的实用智识，继则综合分析，以求取得智识的时候可以省力，去适应经济发展的需要，——于是终则组织而成科学。生产力（技术）的状态及需要大足以规

定科学的发展；却并非先从头脑里想出科学原理，再去应用的。譬如机械学里"液体均势论"的发展，完全是由于意大利十六七世纪治山水的需要所引起来的。无产阶级的经济学，科学的社会主义及共产主义，也完全是十九世纪无产阶级的实际斗争运动所引起来，决不是空想的乌托邦或理想的天堂。科学的发展能助长技术的进步，然而必须生产力的状态中已见可能，又必须生产力的发展确乎需要；古今来很多偶然发见的科学公律埋没了几百年，直到技术有必要的时候，方才发展。

科学与共产主义

科学的发生纯粹在资本主义时期。可是资产阶级却不能充分发展科学。因为科学一定要完全根据于纯粹的唯物论，资产阶级却徘徊于唯心唯物之间，所以社会科学终究不能稳固。无产阶级生长在资本主义之下，他的力量在于他自己是生产力之一（工力）。他必然反抗现存制度，而且必然要改造社会——方能解放他自己。所以他的革命运动及改造社会的事业，必需极正确的社会科学和自然科学，以求亲切认识社会及自然，方能自由处置事物。所以无产阶级革命之后，科学当更发达：社会经济渐就规划，资本主义的浪费减少，生产量日增，科学技术自然日益发展，无有止境；其势非使技术程度日高，使我们劳动于物质生产的时间减少到极度；那时人类的体力智力劳动得以兼备于一身——共产主义的社会里人人都是科学家，真正的平等方始实现。

智识阶级

科学家、艺术家等都是现在所谓"智识阶级"。其实智识阶级本来不是一个"阶级"——仅仅因为要表示集合体的意思，所以译"阶级"两字。可是，人类发展的过程里，初有体力智力的分工时，确也有一个时期——智识者在社会里很像有一个特殊阶级的地位：这就是儒士、巫祝或神甫。儒士阶级，因社会技术程度之低，普通民众不易取得智识，于是垄断之而假托于神权、天道、君子小人的"学理"。他们最初不过是公共生产的组织者——这是很自然的事；会组织的人，教他去组织。可是当时的智识，都是知其然而不知其所以然的，只能熟练而不能理解；于是传授方法便是死记背诵或所谓"师法"。——绝不能用理智的，只有一味的服从，因此发生师权或神权。若再加以很固定的宗法社会关系，便事事都成了"家传祖授"的秘方。全靠偶然的遇见取得新智识,全靠师授和熟练传达旧智识,还不能加以综合整理,——那时的智识,如何不带些神秘性质呢?——这都是当时生产力和技术程度使然。这种世袭智识和智识的神秘化——便使有组织能力(智识)的人,永久占据生产管理权,并且世袭生产管理权;智识阶级因此从管理生产而简直享有生产了——他在社会上的地位,便俨然成一阶级。资本主义时代的新智识阶级便不然了。科学发达而智识渐成理智的智识,传授方法变了说理的而不是灌注的了——普通的人都有了解这些智识的可能。技术进步而分工繁密:所谓管理生产,也不是一个人可以了解的事——智识种类多,儒者决不能以"一物不知"为耻,决不能有万全的智识。总之,智力工作(管理组织)之中又要分工。于是总管生产之权便不在智识者而在资本家——只有资本家有钱,可以雇佣种种式式的智识者,监督着他们,使他们分工管理。况且资本主义之下,工力都可以买卖,智力当然也在被买之列。这种新智识阶级已经不能占有大生产的资料及工具。实际上智识阶级对于生产资料及工具的关系,和无产阶级是差不多的了。可是智识阶级往往不单受雇为高等的工人,直接在工厂里组织生产(技师、工程师),并且间接的管理全社会的现存生产制度——被雇而为"兵卒",去替资产阶级使用阶级斗争里的"精神上的武器"(思想家、教育家、新闻记者、现代的牧师、律师、审判官、胥史、议员、军官等)。这是因为:(1)智力劳动的价值比体力劳动的高,智识阶级的生活程度近于资产阶级;(2)智力劳动者的数量少于体力劳动者,资产阶级落得多出些钱,离间体力的与"智力的无产阶级"——"贿买"智识阶级,——不但买他们的智力,并连"精神"、"思想"和"灵魂"都买去,以为压迫真正无产阶级的工具。如此,智识阶级的生活程度像资产阶级,而他对于生产资料及工具的关系像无产阶级,——介乎劳资之间。于此可见,智识阶级在现代已经绝不是一种社会阶级,没有独立的经济地位,不过是职业的差别。所以劳资的政治斗争和经济斗争里,智识阶级没有独立的政策和利益,只能依他思想的倾向,决定他是资产阶级的工具,还是无产阶级的工具。无产阶级的政治及经济斗争里,也需要"思想上的工具",也能用智识阶级,也能产生自己的智识阶级。智识阶级只有两条路:或者为资产阶级用,或者为无产阶级用。

学者和思想家或者以为自己是中立的，或者不承认社会是阶级的，因此自以为代表正义，自以为能以公平的态度、教育的方法、改良进化的手段解决社会问题。其实呢，他们代表原始资产阶级（小资产阶级）的市场上的"机会平等主义"；这种所谓"机会平等"的发展，终竟是要成就大资本主义——无论你想尽种种法律上的手续来帮助贫人取得"机会"，终是没有用的。——不剥夺资产阶级的政权，他们的"机会"终比"贫人"多得万倍。现存的大资产阶级却很感谢这种政策，可以缓和革命潮流，永久维持资本主义——这种智识阶级始终为资产阶级用去了。无产阶级革命之后，科学及技术的应用——改造经济事业里一定非常之重要，对于智识阶级也要买他的智力——至少在最初一期，智识阶级还没脱离资产阶级式的思想和生活之前是如此。随后的发展，必然可以使智识阶级觉得自己的地位：在无产阶级国家里，他们的利益和无产阶级相同的；他们为革命服务，是为全人类将来之光明、自由、平等、博爱、无阶级、无政府、无法律、无道德的共产社会之神圣事业。

十二　社会现象之联系

社会之结构

总上所论，社会的结构可以略示以下图：

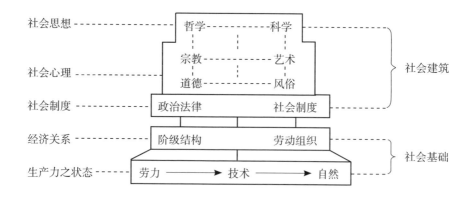

社会生活的总象大致如此。各种社会现象都有相互的联系，绝非独立自在的；而且每种现象既自成其为一系统之后，又各有内部的发展公

律；不过社会是包含这些种种现象的一大系统，他的基础是生产力之状态及经济关系，这经济基础的发展是其他一切现象的根本。可见社会现象之间的联系非常复杂：各种现象的内部发展公律，——社会心理上，如群众心里的自然公律；组织技术上，如生产或行政机关的机械公律等——错综交触，又间接直接的受经济基础发展的影响。评论这些细密的联系及其发展是各种分科的社会科学的事——概论里不能赘述。况且必须以具体的史实或时势来应用，才能切实显示社会现象的公律。概括的笼统的论断，是唯物的互辩法所不许的。然而应当特别注意：各种现象的内部发展公律，——社会心理上，如群众心里的自然公律；组织技术上，如生产或行政机关的机械公律等——错综交触，又间接直接的受经济基础发展的影响。评论这些细密的联系及其发展是各种分科的社会科学的事——概论里不能赘述。况且必须以具体的史实或时势来应用，才能切实显示社会现象的公律。概括的笼统的论断，是唯物的互辩法所不许的。然而应当特别注意：

社会的唯物论之真义

（1）生产力之状态是社会最后的根底——是社会结构内的物质成分（人与自然的接触点）——这是历史的（社会的）唯物论的根据。决不能以经济利益为社会发展的渊源，更不能指欲望、肉欲为社会现象的根本——这是世俗的唯物论。譬如说。"某某因为要吸鸦片而受贿，于是上劝进表，当猪仔，——政局因之而变，所以历史是物质欲望的产物。"这说法其实是唯心论：欲望、肉欲是一种心理现象；如果人类欲望的满足，不曾以物质的体力变更自然界的物质（生产劳动），那时人类的心理状态亦不能变，那时人类社会也不能变。再则，譬如胡适之说陈独秀认经济为物质，不算彻底的唯物论（见《科学与人生观》序）——他的意思似乎要只认化学的原子是社会的基础，才算唯物论。其实这只算得机械的唯物论。诚然不错，社会的基础里，有化学原子的物质；可是这只说明社会存在在自然界里，不曾说明社会生长在自然界里，不能解释怎样从自然界的物质现象发展成社会现象的因果。世俗的唯物论只能限于生物界；那机械的唯物论只能用于死物界。要会应用最根本的无机界的唯物论到生物界，由生物界到社会——才是社会的唯物论。

社会实质之流变

（2）物质世界永永在流变之中：从死物的激动生出生物（如蛋白质——生命）；从生物的劳动生出社会现象（如言语——思想）。经济便是劳动的"积累"，所以经济也在继续的流变之中。变动的速率愈往前愈大；死物的变更慢，生物较死物快，社会比生物更快；社会里原始共产社会变更得慢，宗法社会较快，封建制度又较快，资本主义更快，社会革命后最快，到共产主义的时候人力变更自然的速度必定异常之大。经济的流变可以生出政治、法律、道德、宗教、哲学等，可是亦能消灭政治、法律、道德、宗教、哲学等；经济的流变能生长社会制度、风俗、艺术、科学，更能变更社会制度、风俗、艺术、科学。可是经济往往先变，而政治等每每在时间上落后。经济上的变更，初只是数量上的积聚渐变，积聚到一定的程度，才使政治突变其性质。然后经济换一新方向而进行，仍是数量上的渐变。如果说某种经济永久有某种政治与之相当，这就误认经济是不变动的。章行严说：中国是农国，不应用代议制，便是这种错误；他不知道"农国"客观上尽在流变，中国政治上现在并未有资产阶级的代议制，而是军阀代议制；那经济上的流变迟早要实现到政治上来——军阀的代议制或者先变成买办的代议制（代表外国资本主义在中国的势力），更进而突变成平民的真正民权制。若照章行严说出来，农国便永久要——士农工商的宗法专制国家，万世不变——永久陷在农国的囚笼里，跳不出来了！（这是章行严的囚笼）

基础与建筑

（3）政治、哲学、思想等既然是"社会的实质"（经济）之产物，当然可以求他的因果联系。一切繁复的社会现象，因物质流变的事实而发生，当然不能逃科学的公律。每一种建筑必定有基础，每一种社会制度及社会现象也必定有客观的原因。既有物质的经济基础，譬如是小农交易社会，便必然发生精神的社会现象，譬如孔教、守旧主义、玄想主义；有资本主义的基础，便必然要发生社会革命；既有帝国主义的基础，便必然要发生国民革命运动。如果说社会现象是纯粹心理的，无因果律的，那就错误至于极点。——张君劢的"学说"正是如此："忽而资本主义，忽而社会主义"……"至为玄妙，不可测度"，"人生观起于直觉"，"私有财产制，公有财产制……凡此一切皆以我为中心,而所谓'我'的心是不可思议的。"这真是不可思议的"忽而主义"了。心既不可思议,那么,去宣传教育罢,受社会主义教育的人,"忽而"拥护资本主义了。那时,任何方法,不能变更社会现象,只能听其自然。我一个人睡着做梦,或者可以忽而社会主义,忽而资本主义,忽而赞助新文化运动,忽而受贿举总统。请问除掉这种昏梦状态里,哪里有这种"忽而主义"呢?其实这种昏梦还是有因果的(这是所谓张君劢的昏梦)。可是物质的经济基础产生精神的社会现象,好像树的发叶开花,并非单供给你主观的欣赏,而是有客观的营养传种的作用的。所以政治、思想里当然能返其影响于经济。不过经济是基础,政治及思想等只能做经济数量上的变更之助缘,而不能做经济性质上的变更之动因。至于说:"经济、智识、思想、教育、言论等都是客观的原因,可以变动社会,解释历史,可以支配人生观。"那么,这样不分轩轾,绝无根本与枝叶的分别,势必至于像下列的公式:——"政治之因,为经济、思想、言论、教育……;经济之因,为思想、言论、教育、政治……;思想之因,为言论、教育、政治、经济……。"如此,以至于无穷。其实这样只是陈述叙说社会、历史及人生观,并不是解释社会、历史及人生观。所以表面上看来,似乎这种说法很合科学的方法,实际上并非科学——科学是要解释根本原因的。这不是应用因果律以解释社会现象,而只是叙述眼前见的种种近因(助缘)。这种学说,正如菲希德说康德的"物如"是"象立于地上、地立于象上",——循环无端,万劫不复的轮回(所谓胡适之的轮回)。

进化与革命

(4)政治等是经济所产生,以为变易自身的工具;所以政治等对于经济之影响,实在就是"经济的自变"。大致而论:经济的基础——技术,因人类以之适应自然而日有变易(所谓工业"革命"),经济关系因之而变(城市生活及商业关系的发展),政治制度及法律亦就渐渐变动(国会里的争执及民法商法上习惯的积累);于是社会心理潜伏新潮(文艺复兴前后),久而久之,社会思想就大起激变(启蒙时代);凡此都还只是数量上的渐变,——所谓"进化"。这些根源于经济的变更,逐步帮着经济进化,积累既久,便引起社会上的突变——"大革命"。革命期中的一切激变,并且不限于政治,经济关系也会大变(贵族经济的消灭)。资产阶级

式革命之后,社会性质已经今非昔比,那所谓民权主义的社会又逐渐帮助技术上继续不断的变易,无政府式的经济发展,终至于阶级关系在社会结构里及政治斗争中渐起变化,劳动民众及无产阶级的心理日益趋向于革命及社会主义的思想,于是世界的无产阶级革命必不可免。资本主义发展的终点,已经使社会真成世界的,而政治的"化石"还保存许多国界——因而有帝国主义的竞争及侵略。所以世界的无产阶级革命里,有许多是无产阶级的对内的社会革命;有许多是弱小民族的对外的并对内的民族革命。无产阶级革命之后,社会质性又经一次突变,技术上变易更容易,经济上的变革已成有规划的进化,一直到阶级消灭、政府消灭而成共产主义。共产主义时,社会性质绝对与现在相异,人类才真正能统治自然界的"自然性",并且消灭社会里的"自然性",——从后历史的发展完全可以受人的规划,人的意志方得自由。社会的变革,在共产主义之前,有规划的世界社会没有成立——从原人时代直到无产阶级国家——各地域都不能笼统一致相同的;因为人类原始时代共同生活范围甚小,各地域独自发展,历史上的进程受各该地域自然界条件的限制,而自然界里没有一处相同的;这种发展形势使各地域进化迟速极不相等,共同生活范围日益扩大,因此有许多阶段不相同的社会互相接触,演成种种复合形式——这些复合形式再演成所谓同化过程,以直达于共产主义。

建设与破坏

(5)各阶段里,经济及政治等相互间又有许多极繁复的联系:宗教、哲学、艺术等渐渐分化,分化之后又互相影响,可是这些都是社会的上层建筑,基础交易到一定的程度,不得不破坏这些种种旧建筑。旧建筑愈简单轻巧,破坏的激烈程度愈低,看不出是革命(如自原始共产至酋长宗法社会);旧建筑愈繁复滞重,破坏的激烈程度愈高(如自封建至资本主义),便有显然的革命形势。可以说:革命不是资本主义的特产,资本主义的前后都有剧激的革命。无产阶级革命之后,除非反革命恢复资本主义——社会的旧性质,便不会再有人与人之间的革命;这是因为社会性质已经从无规划的变成有规划的了。有规划的社会是人类第一次全体自觉的最伟大的建设事业。要建设新的,不得不破坏旧的。要恢复旧的,也不得不破坏新的。所以破坏有两种:一是退步的,一是进步的。前一种,退步的破坏的例,可以举罗马帝国——那时奴隶制度之下,农民奴隶的工力及当时的技术——社会的基础自就崩坏。帝国的"政策":一方面收容破产农民土匪去当兵,以缓和革命运动;一方面掠夺其他民族;因此农民恶化(消灭),技术退步,小商社会退化到农奴封建制度。后一种,进步的破坏的例,可以举无产阶级革命——资本主义之下技术程度已很高,工力便是无产阶级占一大部分。无产阶级是不能消灭的,——除非杀尽。假使要消灭无产阶级,必须使完全离开机器,那就退步了。然而无产阶级立刻就要起暴动,用他们的团结力建设新社会;不比农民不能团结,所以不能进化到共产主义。革命的怒潮时期一定有很大的破坏,然而这一种破坏是资产阶级的防御所引起的——是社会之不得已的牺牲,是建设的代价,亦就是建设的第一步。如果社会舍不得牺牲,不是容忍,便是复旧,反而弄得只有继续不断的不自觉的零星的破坏,永久不息的苦痛:无产阶级不自觉的也一定要行改良运动,可是"进一步、退两步",永久不得建设。

社会科学与社会运动

(6)社会的发展律大致如此。然而知道这社会律的人,无产阶级,决不坐待天国的降临;好像电学家决不坐待"雷公"轰毙,而要指使"雷公"做事。人的行为既是社会经济现象的一果,又是以后的现象的种种助缘。人在既知之后,必然更加努力而且有方法在可能范围内造作此"缘",使得最大限度的发展;而且亦决不再希冀妄想不可能的复古或维持现状了。所以"社会运动者"——阶级斗争的倡导者,在思想斗争、经济斗争、政治斗争之中当然要具有真正的社会科学智识。

瞿秋白
新经济政策

> 这是瞿秋白1924年7月14日在"上海夏令讲学会"上所作的演讲。原载《民国日报》副刊《觉悟》1924年7月14日。发表时题记"上海夏令讲学会讲演稿之一"。

一、资本主义与社会主义

（一）资本主义的定义　资本主义之特点有三：
（1）商品经济；（2）资本家私有生产资料及手工具；（3）劳动之使用系雇佣制度。故资本主义乃商品经济，以享有生产资料及工具之阶级（资本阶级）为主体，而以佣工阶级（无产阶级）为对象。资本主义之生产及分配，因此皆在无政府状态中。所谓"自由"竞争，使社会生产与其经济目的不相适合，与社会之需要及可能性（购买力）不相适应：（1）生产力之浪费——生产不与消费相应；（2）生产过剩或生产不足，使社会中常发现"实业危机"与"失业问题"。此种商品经济的性质，其发展乃使小农经济及手工业日益破产，工人日益集中于城市成所谓"工业的后备军"。而私有生产资料及工具之制度，使自由竞争本其无政府的根性蔓延全世界，实业之"危机"与"繁盛"更迭而来，资产阶级之间兼并日急，资本与生产日益集中。

（二）社会主义之经济　社会主义经济之属性亦有三，与资本主义恰相反：

（1）自然经济；（2）社会公有生产资料及工具；（3）劳动之使用系社会自动的性质。因此，生产及分配皆当以社会之生产力及需要量为标准——生产品成为社会消费品而非私有商品。故社会主义乃有规划的经济。有规划经济之要素乃：（1）非商业的分配方法；（2）生产资料及工具之真正公有，而并非仅只"均富"（均无贫）；（3）大工业式之经营生产方法。三种要素之中，"大生产制度"乃资本主义发展之必然结果；公有制度亦唯大生产方有可能；而消灭商业中之"自由"竞争，在资本主义之末期（帝国主义——财政资本，托辣斯制度）；亦已露端倪。唯有规划的经济里方能"各取所需，各尽所能"。资本主义为此社会主义之筹备时期——三种有规划经济之要素都已含孕于资本主义之中。然自无政府的经济状态，进于有规划的生产分配，必经社会革命。

（三）资本主义发展之必然结果——社会革命　资本主义社会里（世界的国际的），手工业与农民日渐无产阶级化。"危机"与"繁盛"更迭而来。每经一次实业界的扰乱，社会中之阶级关系必变动一次，无产阶级增多，而小资产阶级破产。此种潮流，自工业先进国逐次激荡，至于全世界之劳动阶级之生活状况日益低落。革命之不可免，已甚显然（各殖民地之国民革命亦即此世界革命之一部分），况且自由竞争为资产阶级取得利润之唯一方法（自己国内竞争进于国际的竞争，以"国家"、"民族"的名义行资产阶级的战争——欧洲大战），欲其俯首听从国家之规划，必不可能。故资产阶级本其商品经济的天性，已成有规划的经济的障碍——尤非社会革命（使资产阶级丧失政权成受治者）不可。

二、资本主义与社会主义之间过渡

（一）无产阶级独裁制之政治　社会革命之后，无产阶级为治者，资产阶级受治。所谓民主国家本是资产阶级压制无产阶级的政治工具，实际上是资产阶级独裁制。因为社会既有经济上的阶级差别，便有政治的强制机关之需要；无产阶级不受种种法律、警察、军队等的约束，必不自由愿被资本家剥削；资产阶级若享有一切政权亦不甘心受制，诚意履行

社会主义之政策。所以无产阶级独裁制是资本主义与社会主义之间的必然的过渡制度。

（二）国家资本主义（新经济政策）之经济　社会革命能使受治之无产阶级突然取得政权，然不能使小生产一旦尽成大生产。因此，生产及分配的规划，至不易定。此过渡期中（资产阶级虽已受治，然未消灭，虽已丧失政权，然尚有经济力量），必需有无产阶级实行国家资本主义，以为在经济上征服私人资本主义之手段。大生产事业及金融、运输事业可以有无产阶级国家没收管理，可以部分的规划；而小农业、小手工业、小商业，甚至于小工业，国家无从没收——即无从管理，更不易为之设定规划。国家只能凭借大生产与小生产竞争，使小生产日益合并——增进社会生产力，以集中此等小生产，使在社会消费中失其需要；小生产愈减少，国家规划之范围愈广，国家企业之生产量愈增……，以至于分配上可以完全废止商业，社会主义之有规划的经济，至此方得实现。

（三）"新经济政策"乃自资本主义过渡于社会主义的一种方式　无产阶级革命后，采用此种国家资本主义，并非从社会主义退一步而恢复私人资本主义，乃进一步实行社会主义。并非与资产阶级妥协，乃继续阶级斗争。只有无产阶级取得政权镇压资本家，没有资本家之后，方能行国家资本主义——有规划的经济之第一步。决非普通所谓"国家、社会主义"在社会革命之前求节制资本主义之发达者。盖资产阶级享有政权一日，则国有制度终为最大资本家之代名词而已。

三、革命中之国内战争期

（一）资本主义之破坏——国内战争　无产阶级欲实行社会主义有规划的经济，第一步必须自己组织国家，方有无产阶级国家之国家资本主义可行。无产阶级国家又必须没收大地主、大工厂、银行、铁路、矿山等，方能开始实行有规划的经济。然而资产阶级决不肯以其国家及私产拱手让人，因此，必须革命。一切革命都有多少军事的性质。资产阶级见资本主义之受破坏（政治上所谓民主制度之颠覆，经济上私有的生产资料及工具皆被没收），必以种种阴谋暴力来相抵制。如是阶级斗争的焦点，终久必成为国内战争；革命政府初立，反革军立时反攻。

（二）国内战争时之经济管理法　国内战争中无产阶级之革命政府胜，则可以逐渐行经济改造政策，败则"乱民""过激"，仍受统治抵抗，更无经济政策之可言。故无产阶级在经济上只须没收大生产、规划大生产，然在军事上则欲以抵抗资产阶级之一切权力，即有时不得不兼及小生产，集一切能力、军饷、军械、交通、金融等于革命政府之手。此时之经济管理，万不能死守原定之和平时代改造经济之步骤，使资产阶级得利用其余财，颠覆革命政府。

（三）赤俄之"旧经济政策"　俄国革命政府初成立便设一最高国民经济会（由苏维埃及各业工会代表组织），着手于工业中之统一规划，预备整顿工业，分别工厂之种类：何者当收归国有，何者暂留与私人，何者当供给若干燃料及原料，何者当添置生产工具，何者可取去其一部分机器，何者当停止工作……。然反革命军四起，资产阶级不肯服从无产阶级政府的政治裁制，于是实行一种军事的共产主义——工业方面虽小工业、手工业也一概没收，各种工业直隶于最高国民经济会之各业总委员会。所谓总委员会制，农业方面，实行食粮征收法（均配法），尽征农民之余粮以供城市工人及军队。商业处此种状况之下：工业品甚少，均有政府分配，农业品农民亦不能任意出卖——当然暂禁止。此种经济政策虽以赤俄现行政策相较谓之曰"旧"，其实乃新，——虽旧经济政策，其实乃军备供给之规划分配。——一切均为征服反革命之军事而行，非为经济改造。

四、新经济政策之意义

（一）社会主义建设的第一步　有规划的经济，既与资产阶级根本不相容，则劳动平民若欲实行社会主义，必先保证革命政府之安全。故一切军事行动以及为军事而行之经济政策，虽当时无益于经济改造事业，有时甚且有害，而归根究底，始终实行社会主义之必不可免的破坏资本主义之第一步。赤俄反革命扑灭之后，资产阶级始不敢轻视无产阶级之政治实力；无产阶级政府始有能力执行一切建设初步社会主义之法律；于是乃得实行最高国民经济委员会之原定政策——即所谓新经济政策，其实仍

是"旧"的。

（二）新经济政策之内容　国内战争既止，无产阶级政府之实行社会主义，便进于"和平的"建设时期。（1）大工业、银行、铁路、航路、矿山等归国家管理。小工业则分别种类：何者交于劳工协作社，何者出租于私人（资本家当革命之初，既不遵从革命政府法令，又从事于反革命，则原定之"留资"私人之办法，资本家方面自己抛弃权利，已经完全没收，丧失其民法上之继续所有权。故全部工业已归国有，仅仅管理方面起见出租于私人）。（2）农业，实行食粮课税法。——小农得有余粮出卖。同时提倡农民组织协社，使渐去其私有财产者之恶习，而惯于集合生产，又组织国立农场，逐渐实行农村城市之电气化计划，使农业机械化。（3）商业在此种状况下：农民有余粮出售，工业品有国有企业及私人企业之竞争——当然恢复。消费协社又有全国规模的大组织，是牵制私人商业使不得任意剥削。国家所办国有商铺，独占对外贸易。既如此：（1）国有企业、矿山、银行、铁路、关税；（2）国有农场、农业生产协社；（3）国有商铺、消费协社、对外贸易都在国家统一规划之中，以渐次求其集中发展。私人承租的企业、私人商业及纯粹小资产阶级式的农业，便只受国家规划之间接的调节（如租税政策、放贷政策、运输规则等）。所以可以说：俄国的经济是一半有规划的。

（三）赤俄经济改造之趋势——国际的意义　新经济之下私人资本主义亦有相当的发展，然国家的集合经济发展之能力及速度均较强。双方明争暗斗，在此初期过渡政策中尚不能免。无产阶级国家既有必胜小企业之大经济（包括一切运输机关及放贷机关），又有政权足以支配社会活力，当然得最后之胜利。

此中最主要的力量便是经济规划：譬如现时国内需要棉纱很多，而国家不能尽行供给。于是减少棉纱税，运费减轻，放任私人企业发展。同时国家尽所有的能力大规模的整顿棉业，等到国有企业出产日多，价格日廉，便可渐渐加重私人棉纱品的税额及运费，使私人企业衰歇下去。如此，直到私人企业家愿意受雇于国家机关，而不愿自己承租为止。那时一切私有企业的利润必减至极微，不得不破产——他们也想"脱离私产"以求自由了。

农业里的集合制度日益发达,应用电气,变全国成大农场,调剂现代的城市与乡村。于是小农和企业家一样。那时放着极大规模之农产场,每天只要轮流耕种几小时,决没有人反而愿意自己划出十亩廿亩一天耕到晚(因为小农场应用电气或机器都太贵成本不敷)。农工业既如此发达,消费品足够,组织技术精密,运输机关便利——当然可以实现非商业的分配方法,商业消灭。俄国现时的政策正是如此的趋于共产主义的。

虽然,此种生产力之发展程度,断非俄国一国之内所可能:(1)帝国主义列强存在一日,必竭力破坏社会主义国家之建设;(2)一国内之机器、原料未必足供生产力充分进展;(3)社会主义国家之"对外"贸易一日不终止,商品经济之根性终有几分存在。故世界的(各国陆续继起的)革命必不可免,必使社会主义的国家无外可对,成为全世界的有规划的经济,社会主义方能完全实现。

瞿秋白
国民革命与阶级争斗

> 这是瞿秋白1925年12月8日所作的题为"国民革命与阶级争斗"演讲的记录稿,由上海大学学生秦邦宪、崔小立记录。原载由上海大学中山主义研究会主办、1925年12月20日出版的《中山主义周刊》第1期。现选自上海市委党史征集委员会主编,王家贵、蔡锡瑶编著:《上海大学(1922—1927)》(上海社会科学院出版社1986年版,第214—220页)。

今天我讲的这个"国民革命与阶级争斗"的题目,是现在我们大家所最注意的问题,也是全国人都注意的问题。而且这不单是学理上的问题,是实际上的问题。有人说:国民革命是要各阶级联合的,这是不是事实?现在我们为什么发生这个问题,为什么主张国民革命的国民党有赞成阶级争斗与反对阶级争斗的两派?这就不单是学理的问题,而是实际争斗的问题了。

在革命策源地的广东,这个问题尤其很明白的摆在我们面前:广东二三十万的工人、农民,与帝国主义者利害冲突,国民政府领导他们与帝国主义者奋斗。我们在商团事件中可以看出来,因为商团所要推翻的不仅是国民政府,不仅是孙中山先生,而是要推倒代表人民利益的政权。所谓商团,就是中国的买办资产阶级陈廉伯与英国帝国主义者的香港政府互相勾结的一个攻打国民政府的工具。其次,我们从五卅事件以来,可以明白的看出来：当我们一般学生、工人在南京路上大流血以后，总商会不肯立即罢市，好容易磕头礼拜的求到罢市了又不肯加入上海工商学联合会，等到六国委员到上海的时候，马上把工商学联合会的条件修改了。

这几点都是明白给帝国主义者知道：我们中国的高等华人，还很愿意受租借上领事的裁判，受武装海陆军的保护，更使帝国主义者屠杀不止，横行无忌；甚至如入无人之境，给什么国际法庭开重要的恶例。照以上的事实看来，我们试问国民革命，是不是各阶级联合的？从总商会宣布开市，一直到总工会被封以后，学生会为查货的事，不知同他们闹了好久。总商会所豢养的保卫团，天天在压迫工人运动禁止工人的集会。这是不是国民革命中的阶级争斗？有人说国民革命中，是不应有阶级争斗的，那末我们更要问，譬如前天在闸北开市民反段大会，保卫队以马队冲散游行队伍，甚至发枪伤人，从前外国巡捕打死我们的工人学生，我们就罢课、罢工、罢市反抗，现在保卫团来打我们了，难道我们可不反对，还要进一步说，这是对的吗？

国民革命是什么？我们先要问我们主张国民革命的国民党是什么。我们国民党有很鲜明的三个目标：1. 要把全中国民众从帝国主义压迫下解放出来；2. 要从横暴的军阀官僚的手里夺到代表人民真正利益的政权；3. 使占全国十分之八以上的农工群众得到生活的改良。这三点，都是在第一次全国代表大会宣言说得很明白的。这三个目标，就是我们总理孙中山先生的三民主义。

一、民族主义　我们国民党的民族主义，并不是像国家主义把封建时代落伍的幻想所可完成的，并不是像法兰西的革命就是第三阶级把他们的贵族僧侣赶跑就算了。我们要知道现在是资本主义发展到最后阶段的帝国主义的时代，中国的一切经济、政治的状况没有不受国际影响的，所以我们反对帝国主义，不期然而然的要反对世上一切的资产阶级。孙中山先生所说："现在世界经济状况中所发生的战争，不是人种间的战争，不是黄种人和白种人或白种人和黑种人的战争。"是被压迫者和横暴者战争，是公理与强权的战争。所以我们国民党虽然主张收回海关，废除一切不平等条约等等，表面上看来是仅仅我们中国的问题，其实呢，我们如果达到这个目的，这个胜利就是我们全国民众反抗外国资本主义的胜利。

因为帝国主义者决不能以其失却市场或其他剥夺殖民地之权利,而不根本动摇。比如英国若失去香港及中国之市场,还能安然立足吗?还有一点,我们国民党的民族问题,是要国内各弱小民族一律平等、自由,联合成中华民国。所以我们国民革命,是站在全民众的观点上去反抗外国资本主义,而国民革命第一个目标——民族主义——就是代表全中国的民众与外国资本主义去实行阶级斗争。

二、民权主义　我们国民党是反对军阀政治,是要用全国人民的力量,造成真正能代表人民利益的民主政治;但这并不是党纲上这么写了一条就算了的事,一定要从实际上争斗的。这里我们就不能不想一想,到底是我们同哪个去争。因为军阀不肯给我们政权,所以我们要反对军阀,试问这是不是阶级争斗?当然是的,因为军阀、官僚、买办阶级、商团都一样的要摧毁我们爱国运动。若果说我们要抛弃争斗,那就是抛弃民权。比如以工会法的事体来说:广州已争到了可以获得工人自己的利益,而上海、汉口、天津等处还在争斗之中。一般大资本家、工厂主、大地主压迫工农阶级,我们就非去实行阶级争斗不可。若说这是共产党过激派的话,那我们就要问广州国民党政府之下,究竟能不能允许工会的存在?许不许罢工的自由?若允许的,是不是允许阶级争斗?若是不允许的,岂不是违反民权?所以国民革命第二个目标也就是阶级争斗。

三、民生主义　民生主义的二大纲要是平均地权,节制资本。这更明显更纯粹是一个阶级争斗了。孙中山先生说:资本主义之下,一定有阶级争斗,这争斗若要消灭,除非实行新共产主义。虽然孙中山先生也曾说中国患在贫而不患不均,但这是一方面的话,我们要消除阶级争斗,就要实现民生主义。若说中国没有不均,孙中山又何必提倡平均呢?我们深一层说:国民党平均地权,节制资本,是代表哪一阶级利益的?当然是代表农工阶级的,那般资本家、大地主要平均他们的地权,节制他们的资本,他们肯不肯?他们一定要反对国民党,那就要发生阶级争斗。在这方面看来,国民党只有反对资本家、大地主及一切特殊阶级,只有替农工阶级去实行阶级争斗,才能实现民生主义。所以国民革命第三个目标,本身就是阶级争斗。

所以我们应该知道:国民革命是要站在阶级的地位上去实行阶级争

斗的，三民主义就是阶级争斗三方面的表现。我们再举一二事证明就够了。比如辛亥革命是反抗满清贵族的革命。但这个革命是失败了。他何以失败呢？就是没有能推倒帝国主义者及一切军阀士大夫阶级。这是什么原因呢？就是那时没有无产阶级参加。当时虽有无产阶级存在，因为他们没有组织，没有党，农民也不知为自身利益而革命，所以在政治上，我们可以说没有无产阶级。及至五四运动，因为这几年来中国稍有工业的发展，所以也就有工人运动的发生，而国民革命就有新的发展。自从二七事件以致今年五卅事件，中间经过广州商团之役，沙面的罢工，上海、汉口、青岛等处的罢工运动，都是阶级争斗的表现。这种表现是不是破坏国民革命？绝对不是的。比如青岛的罢工，引起上海的五卅事件，有了五卅事件，国民革命的力量，就有充分的表现。因为五卅的要求条件中，一方面要取消领事裁判权，废除不平等条约，收回海关租界等，是反抗帝国主义，也是全中国人民的阶级争斗；一方面要求工人有集会罢工之自由，这当然是阶级争斗。更是国民革命，因为没有工会，工人就不能与帝国主义买办阶级争斗。

近来工人都明了自己所处的地位，农工也有好几处，同大地主争斗。这许多阶级争斗在辛亥革命是没有的，现在有了。在种种阶级争斗中明白了他们自己与帝国主义者、买办阶级、军阀、官僚、大地主相对的利害关系，使国民革命中工农阶级成为重要基础。所以中国革命党真正要实现三民主义，非领导他们去实行阶级争斗不可。在实际上看起来：阶级争斗不但不破坏国民革命，而且使国民革命发展。在理论上我们如果反对阶级争斗，就无异抛弃三民主义，而又反国民革命，除非是以国民革命作口头禅的政客才会说不要阶级争斗。

我们国民党中为什么会分出两种现象？我们先要看帝国主义者侵略我们中国的方法，用不平等条约束缚我们，用外交手段召集什么华盛顿会议、关税会议。但是这些方法太明显了，还有很巧妙的利用中国军阀供给军火，或利用研究系及国家主义者，天天的反对赤化的论调。但中国反抗帝国主义的势力依旧高涨，显见得这些方法又无用了。现在就有一种最新最厉害的方法，就是使国民党内部分裂，有反对阶级争斗反对共产的争执，这么一来就使左派革命的力量分散了，要拿一部分力量来对付右派反

动的行为。这是五卅运动的结果，也是国民革命的结果，这没有别的方法可解释的，因为这也是阶级争斗。

我们国民党是主张联合全世界被压迫阶级及弱小民族的。帝国主义者用甚么方法可以打破这联合战线呢？最好就是阶级争斗的论调。因为这一来就可反对联俄，反对一切外国人，不管被压迫阶级和压迫阶级，使中国的国民革命，减少力量而不至于完全。虽然党中有一部分右派分子不曾有这样明白的表示，提出什么骗人的民族国际，而一样反对共产党，尤其反对共产党加入国民党，以为阶级争斗是妨碍国民革命的。但我们试看广州国民政府，允许工人有结社罢工之自由，人民入党的自由，共产党可以存在，因革命的手段相同，共产党员可以加入国民党，因阶级争斗而国民革命有长足的进步，帝国主义自然很嫌恶了。而在上海就不然了，帝国主义者命令戒严司令部把工会一概查封，雇潘冬林这些人去做工人御用的领袖，这个热烈的反帝国主义运动，就很容易的解决了。我们在这一个观点上来看，反对阶级争斗，反对共产党，除了帝国主义者和段祺瑞、张作霖以外，还是谁得着利益呢？于国民更有什么好处呢？并且这些右派所谓反对阶级争斗，不但理论上站在帝国主义的观点上，而事实上完全帮助帝国主义和军阀的。他们居然在北京开了他们所谓中央执行委员会，我们且不就纪律上说：如中央执行委员会须由秘书处召集及第三次中央执行委员会决议须在国民政府所在地举行等等；且在政治的意义上说，在开会以前，林森、邹鲁电汪精卫谓广州执行委员，违反孙先生的联北主义，而他们现在居然联络段祺瑞在北京开会，这是不是实行中山主义？这不是表示反革命是什么？后来他们通电开除共产党党籍，国民党如何可以越权开除共产党员党籍？又以中央执行委员开除中央执行委员岂非笑话？甚至开除汪精卫党籍，且不准在国民政府行政范围内行使职权。我们试问汪精卫哪一点违背党纲？那一点对不起广东人民？他们都不曾说出，我敢说广州的工农群众没有一个要汪精卫走。要汪精卫走的是谁呢？是帝国主义者、段祺瑞、张作霖。照他们这种举动，事实上帮助了帝国主义者向中国的工农阶级进攻。他们虽然说反对阶级争斗，不知他们自身在实行阶级争斗。

现在国民党的发展与国民革命之伸张并进。我们再试看五卅事件之阶级争斗中，国民党员在广州增加了二三十万的农工的党员。戴季陶说共产党破坏国民党，阶级争斗打破国民革命，岂非笑话。所以我们可以说真正要三民主义的实现，只存在实行阶级争斗，领导全中国被压迫的民众，与帝国主义者奋斗（民族主义）；在军阀官僚及特殊阶级的手里，争到代表人民真正利益的政权（民权主义）；为农工阶级保障生活的安全与自由，与大资本家、工厂主、大地主去领导阶级争斗（民生主义）。

有组织的工农群众完全为国民革命主要力量。在五卅事件中，我们很明显的可以看出来。我们要把主义变成事实；如果没有这主要的力量，国民革命永不能发展而至完成。所以我们要做真正中山主义的信徒，革命的国民党员，除了担负上述三种责任以外，又要加了一种攻击右派反动分子的责任。因为右派这种反对阶级争斗，开除汪精卫，开除共产党等政策，一件件都要使国民党失了工农群众的信仰。

我们只简单地说，工农群众是否需要阶级争斗，改善他们生活的状况；现在的阶级争斗，还只是加资减租等运动，国民党若反对阶级争斗，自然都像戴季陶所说去诱发资本家、地主的仁爱，结果工农群众就是全失了同情。若以反对阶级争斗开除共产党，那共产党一出外去宣传国民党反对阶级争斗的主张，抹杀农工的利益，国民党哪里还有工农阶级的存在？国民党还有什么力量？所以为国民革命计，尤其为国民党前途计，不得不对右派反动分子宣战。我们更应该认定这也是国民党工作之一部，是国民革命之第一步。

我们分析他们的政策，也完全表现了是代表中国资产阶级的利益的。他们的理论，尽管怎样高妙，说什么哲学基础；孙中山先生是继孔子之道统的；因为仁爱，所以不主张阶级争斗。但我们试问孙先生革命，是不是争斗？创设同盟会，是不是要争斗？再问什么人可以施仁爱？对资本家、地主、军阀可以施仁爱吗？被压迫者可以施仁爱吗？在这点，右派居然把革命的中山主义与贤人政治相混淆，把中山先生做封建时代的孔徒，使国民革命的国民党，变成劝圣主行仁政的保皇党。何等荒谬！中山先生确有种种道德，可是他是一个革命的领袖，绝不是希望他去行仁政。比如上海小沙渡或杨树浦各工厂罢工的时候，一方面是资本家，一方面是工人，国民党如果反对阶级争斗，应该站在哪一边呢？工人一边吗？赞成阶级

争斗了；不然，那就被资本家利用去欺骗工人做了一个工贼。所以，我们如果站在革命的地位而讲仁爱便是不通。

　　总之，我们要研究三民主义，要实现三民主义，就应当去实行阶级争斗；使全国的被压迫阶级联合起来，国民革命才可以成功。对于党中的右派，我们就不能不取革命的行动，施以严厉的攻击。因为国民革命而反对阶级争斗，自己不但不是国民党员，而且是帝国主义的工具。我们希望每个中山主义者，真正的国民党党员，去实行阶级争斗而发展国民革命！

瞿秋白
现代民族问题讲案

> 这是瞿秋白在上海大学所作演讲的提纲。现选自《瞿秋白文集》政治理论编第三卷(人民出版社1989年版,第488—511页),收录时略去了"附表"和注释。

第一讲 绪 论

一、氏族、种族、民族之经济基础

1. 氏族为一姓或一"图腾"的结合,血族婚姻时代的部落制度——他的经济基础是渔猎时代的纯自然经济。

2. 种族为部落之扩大或合并,一族之中已经自分姓氏,渐进为异姓相婚制度(五胡乱华及春秋战国时代所谓"某族"、"某人")——他的经济基础是游牧或初期的农业自然经济。

3. 民族为一定地域内许多种族之合并同化而组成国家或有组织国家之倾向的人类结合,——他的经济基础是手工业商业发展后直至工业资本时代之交易经济。

二、民族之发生及发展

1. 商业之发生即民族形成之第一步过程，六、七世纪时阿拉伯人的统一运动即其一例。

2. 商业发展之后，各种族或各省（中国）之中自然发生言语统一运动以及一切风俗、礼教、法律、政治的统一的要求。

3. 工业资本发现之后，这种统一运动——即民族之完全形成便得着了更切实的经济基础，因为资产阶级已有极强的统一需要，要组织成一"民族国家"，以为统一独占国内市场并与外国资产阶级竞争之最有力的工具，如意大利、法兰西、德意志的立国和统一的历史，都是极明显的实例。

三、民族运动之性质

1. 资产阶级革命前，反对封建宗法社会中各种族、各省份的分歧散乱，法律、财政等的不统一，都是民族运动的口号和要求。这确是解放生产力而造成所谓国民经济的必要步骤，所以民族运动这一方面确有进步的性质。

2. 工业资本渐发展而成帝国主义，各国资产阶级的民族主义或所谓国家主义，在经济上便妨碍生产的国际化，束缚生产力的发展，并且互相冲突而引起战争；在社会上便是故意蒙蔽无产阶级及一般平民，离间他们，隐蔽他们的阶级意识，驱使他们为资产阶级的利益而互相残杀仇视。在这一方面，所谓民族运动，已经变成法西斯蒂的运动，完全是反动的性质了。

四、民族是否永久的？

1. 生产力的集中和发展必须打破资本主义的私有制度和国家的界限而成为世界的社会主义的经济。那时资产阶级消灭，各国之间的经济竞争,已无必要,国家当然也没有必要。因此,民族之间的互相仇视,处处强分界限的现象也自然消灭。

2. 无产阶级的革命必然是国际的,必然连合一切被压迫民族共同推翻帝国主义及世界的资产阶级,各国的革命——社会革命及国民革命,势必逐渐汇合,而进于各民族之间的经济合作,以渐进于统一的世界的有规划的经济。

3. 因此,民族并非永久的,资本主义完全消灭后,民族也要随之而消灭。

五、民族之定义

1. 民族之第一要点为资本主义的经济关系,第二为地域之限定——即某国资产阶级专利的市场,第三即此地域内言语文字等文化关系的统一——消灭封建宗法时代的散乱纷歧的状态以利于资本主义的发展。

2. 故民族之定义为:"民族者乃因资本主义之发生及发展而形成之一种人类的结合,有内部的经济关系,即共同之地域以及共同之言语文化等者也。"

六、各派民族学说

1. 资产阶级派——资产阶级之阶级利益,利于民族永久说,可以借以分裂人类民众,使永为各国资产阶级利益而互相残杀。故此等学说之第一要点便是说民族是永久的,说各民族的特性永不会变动。因此,他们常把人种与民族相混,说白种是最高民族,黄、黑种是生来的奴隶(余可类推)。其实,"人种"是生物学上的分类;"民族"是社会政治上的分类。人种的特性,如肤色、骨骼等的变迁是非常迟缓的;民族的特性,如风俗、政制、社会本能(组织力、学术天才等)却随着经济变迁而变迁的。民族人种相混的学说是资产阶级派民族学说的第二要点(如戴季陶的"爱民族当爱自己民族的历史",当力求扩大自己民族的所谓"国民文化"等即第一点之表现及其逻辑上的结论。日本资产阶级及戴季陶之亚细亚民族

同文同种论即第二点之实例。国家主义派所谓国姓亦为一例。）

2. 社会改良派——鲍埃尔说："民族者，人类之一种结合，因命运之相同而有共同性质之联系者也。"或谓："民族者，有共同之思想及言语的人类结合也。"此说之不当甚为显然：此种定义可包括氏族、种族、民族，实太宽泛；并且因此共同命运的观念而欧洲各国劳动党、社会民主党等，竟赞助自国资产阶级的帝国主义战争和殖民地政策。第二说则并经济关系及地域二要点而忘之。

七、民族问题之历史

1. 民族形成之过程中——自发生以至消灭——都有阶级分化及阶级斗争的现象。

2. 资本主义发展而有民族的发展；然资本主义发生即有资产阶级及无产阶级的发生，所以两方政策各不相同：资产阶级要利用民族的形成而保障自己的利益并且排斥掠夺其他一切民族。无产阶级在民族形成的过程里，一直趋向于各国无产阶级及被压迫民族之联合。

3. 因此，随资本主义之发展，而两阶段之民族政策逐渐变更而互相冲突。这种经过，可以分为三时期：一、帝国主义前的民族问题；二、帝国主义时代的民族问题；三、世界社会革命时期的民族问题。

第二讲　帝国主义前的民族问题

一、帝国主义前之民族政策

1. 帝国主义前之民族政策，还是以资产阶级为中心。这时代又可以分为两时期：一、资产阶级反对封建宗法社会的时期——资产阶级引导农民、工人及一般小资产阶级，反对封建诸侯或军阀以形成统一的民族之时期；二、资产阶级统治完成后的时期——资产阶级以民族的名义压迫农工阶级的阶级斗争，并且与外国资产阶级竞争的时期。

2. 第一时期的资产阶级民族政策，在于：（一）统一的民族之形成，反对封建宗法社会的散乱分歧而主张统一的国家、统一的国语、统一的科学艺术；（二）资产阶级极力与外国资产阶级相隔离——以"国家"为前提——而以独占国内市场为目的（关税政策等等）；（三）一国内强大民族的资产阶级必然独占政权，而压迫其他弱小民族。

3. 第二时期的资产阶级民族政策，即资产阶级的国家及政权巩固之后，便丧失那第一时期中的进步性质：（一）资产阶级便以民族为名义而实行阶级专政，高唱"民族精神"、"国民文化"、"国家高于一切"，以此驱迫无产阶级参加资产阶级的国外战争；（二）以民族的名义离间各国无产阶级；（三）如一国内有许多弱小民族，则统治者的民族更要离间他们，使互相仇视，以便于自己的统治他们；（四）以民族利益、国家利权的名义伸张自己势力于国外，而实行殖民地的侵略政策。——贯此两时期之政策，统可名之曰民族主义，在现时中国译文之中尤其明显的代表此政策者，即国家主义。

二、国家主义之意义

"国家主义者——资产阶级之政策，所以分裂平民劳动群众，使成各别的民族或国家，而使之互相仇视互相隔离者也。"

1. 国家主义之思想，即提倡所谓国家主义教育、艺术、经过学校、舆论等等煽惑平民以民族夸大主义。

2. 国家主义之政策，大率在所谓同化政策——一国内的强大民族，因为要侵占弱小民族的市场，便在言语、风俗、文化、教育等各方面输入自己的国家主义，同化这些小民族。这还是所谓和平的同化政策。如果这些弱小民族内亦有自己的资产阶级，能以抵抗强大民族的同化，或者有第三国的资产阶级来掠夺这种殖民地或弱小民族；那么这一国的资产阶级便毫不客气的厉行强力的同化政策——法律上剥夺参政权、教育权、言语权，与以种种限制。

3. 强国资产阶级之民族政策，还有一种特别方法，便是同化一部分弱小民族中的知识阶级及商人，使成为买办阶级，以剥削弱小民族平民的工具。有的时候，譬如强国已将弱小民族完全变成原料供给的国家，不容

有经济上、文化上的各方面的发展,那时,强国资产阶级往往竭力遏制弱小民族的文明化,对大多数民众实行愚民政策——这些都可以称谓进攻的民族主义或国家主义。

4. 国家主义的思想,如在受压迫的民族里,则往往倾向于"保存国粹",保存"国民文化",可是因为这些民族大率在社会进化上是落后的,所以所谓保存国粹,实际上并不足以适应民族的进化,——进于资本主义的文明,反而是保存宗法封建的思想。——这亦是一种民族夸大主义。

5. 国家主义的政策,在受压迫的民族里,往往是"抵制外货","提倡国货",发展"民族精神",主张提倡所谓"国性"、"国魂"、"国光",总之,竭力自别于侵略的民族,可以称之谓"异化政策"。

6. 可是,如果这种受压迫的民族,内部资产阶级的发展过于薄弱,不足以行异化政策,并且觉悟到"保存国粹"只有阻滞进化,堕入强大民族之愚民政策——那时一部分的资产阶级,便主张接受外国文明,所谓"维新以求自强"——这可以称之为"维新政策"(亦可谓之"防御的同化政策")——犹太人中之自己反犹太主义便是一例。

7. 再则,受压迫民族,往往发生幻想的民族主义或国家主义,如犹太人之Sionism,幻想犹太人的返于故国,说天主将恢复"选民"的天国,全人类受其同化等等。戴季陶等希望东方文化普被世界,中国式的仁爱文明救出人类等,也是这种幻想的民族主义或国家主义——这些都是防御的民族主义或国家主义。

8. 国家主义或民族主义之资产阶级性,不论其为防御的或进攻的,都是很显然的。第一,国家主义者所谓国民性或民族性,事实上因所处地位而不同:如俄皇时代俄国学校中之鞑靼儿童,公认是懦怯卑劣的,可是他们在乌兹卑克学校中,便算是强横霸道,勇狠敢为的儿童;亦因经济发展时期而不同:如德国人的性格,在诗人海涅的眼中是懦怯而不善组织的;到了欧战前,在帝国主义学者的口中,便变了世界上第一等的组织人才了。第二,国家主义者的政策,往往因所处地位而不同:如高加索之鞑靼人及亚尔美尼亚人,相互之间互相攻击,都采取进攻的民族主义;他们对俄国则都采取防御的民族主义;亦因经济发展时期而不同:如波兰,最初竭力反抗俄国资产阶级的进攻,采异化政策,主张民族自决(这是波兰资产阶级的幼稚时期,那时俄国的经济锁链还没巩固);随后波兰资产阶级适应俄国资本主义,在俄国经济取得相当地位(西伯利亚的商业),便一变而为防御的同化政策,自愿俄国化,以保持自己的经济势力;最后因俄国无产阶级革命而得独立解放,波兰资产阶级的经济优势甚至在一时期驾德国而上之,于是又一变而为进攻的民族主义,想侵略乌克兰及德国边境。可见所谓国民性乃资产阶级的国民性,所谓民族自决政策,是资产阶级自决的政策。

9. 中国国民党孙中山先生的民族主义,便是革命的民族政策:一方面代表中国国民(资产阶级当然在内)反对帝国主义并且不侵略中国的弱小民族,别方面与无产阶级世界革命中之民族政策相溶合,联合一切被压迫民族——决不是国家主义。

三、纯民族的国家与多民族的国家

1. 民族之形成国家,有两种形式:一是一个民族从封建宗法时代各种族各省份杂乱分歧的状态进于统一的民族国家;二是一个民族逐渐克服许多弱小民族,强制并且同化他们,使成一统一的国家。

2. 资产阶级的发展,在上述的第一形式里,仅仅反抗封建阶级的割据,或仅对同乡主义(省界主义)的散乱,逐渐实行政治上、言语上、教育上等的统一运动,以成一统一的民族国家——如意、法、德等国,皆系纯民族的国家。

3. 资产阶级的发展在第二种形式里,便同时由一最强大民族的资产阶级,在各小民族资产阶级同时发展时,竭力霸占侵凌这些小民族,强迫他们的资产阶级做自己的附庸,结果形成了许多民族合组的国家,如旧俄及匈奥联邦。

4. 多民族国家中,必有一民族独占治者阶级地位;这一强大民族竭力施行同化政策,可是还没有发生资本主义(民族主义)的小民族,固然很容易同化,而已经有资本主义相当发展的民族,便须用强力残暴的征服政策(前者如俄国之于西伯利亚,后者如俄国之于波兰、乌克兰等)。

5. 多民族国家之统一过程中,强大民族的资产阶级必须能以经济政

策制弱小民族的死,遏制他们的工业发展,而使为纯粹的原料供给地或商品的市场。这种经济侵略的过程必有相当成功时,这种多民族国家的统一才有可能。

四、资产阶级国外政策中之民族问题

1. 资产阶级在国外政策中必定用种种方法利用民族主义。譬如爱国主义的宣传,甚至于说他们反对外国资产阶级的战争是人道的正义的解放战争,自己的民族是民治主义的民族,敌国的民族是军阀主义的民族。

2. 资产阶级利用人种、种族与民族的混淆观念,提倡大……主义(大民族主义),以便自己的对外侵略及国际斗争:如德国的大日耳曼主义,俄国的大斯拉夫主义,土耳其的大土耳其主义或大回教主义,日本的大亚细亚主义,美国的孟禄主义等。

3. 资产阶级还利用所谓国教,以侵略弱小民族,破坏弱小民族的民族意识,或者防御外国的侵略,勉强固定古代落后文化中之民族意识,如英、美之基督教,法国之天主教,日本之佛教,俄国之正教,土耳其之回教,中国之孔教等。

4. 资产阶级往往利用小国的民族主义排挤其他国家的势力。例如德、法都曾利用过土耳其的民族主义排挤英国在土耳其的势力;土耳其也曾利用鞑靼人的回教排挤俄国的势力。美国利用欧战后欧洲新独立的小民族之民族主义削弱欧洲列强的势力。

五、资产阶级国内政策中之民族问题

1. 资产阶级在多民族的国家里,往往特别利用民族问题巩固自己的统治,强大民族的资产阶级必然竭力造成自己民族的特权地位:

甲、参政权、官吏、军警等专属统治民族,至少亦占优势(如旧俄之大俄罗斯人,旧匈奥联邦中之德意志人,前清时代之满人)。

乙、经济上则夺取弱小民族之生产资料,尤其是田地,以造成当地之强大民族的贵族阶级（满洲贵族的"跑马圈地"），甚至移殖农民，以解决自己的农民问题。再则，便将移殖去的农民编制成军队，所谓屯田，或驻防。工厂中的工资也不平等（如日本纱厂及各国的华工）。总之，一方面要治者阶级得到巩固的经济地位，别方面赂买少数劳动贵族以离间两民族的劳动者，使互相仇视——以便发展自己的剥削。

丙、统治民族还以强力压迫弱小民族，使受治者民族的教育，说治者民族的言语，禁止小民族的言语、文字及学校。

丁、一切待遇上，特意压迫弱小民族——英国人之于印度人，美国人之于华工，上海的外国公园不准华人及犬入内，俄皇时代塔什干的电车头等里不准土人坐。

2. 多民族国家里强大民族的资产阶级，往往利用许多小民族之间的冲突，故意煽动他们互相仇视，所谓以夷制夷的政策。

3. 纯民族的国家里资产阶级也利用"民族的大帽子"压迫阶级斗争。

4. 纯民族的国家里还利用富农、小资产阶级的私有观，反对无产阶级的国际主义，鼓动盲目的民族夸大主义——破坏农工联合。

（多民族国家里当然也是如此）

总之，资产阶级的民族在多民族国内，都是想把弱小民族的地方变成原料供给地或者商品市场，而遏制当地的工业发展。纯民族的国家，这种政策也是预备往外侵略。

六、殖民地与宗主国

1. 商业资本初初发展的时期，欧洲商业资产阶级便到处寻觅"奇富的东方"（印度、澳洲、美洲、东亚、菲洲等）。于是发现所谓殖民地。殖民地便是受征服国的统治，政治、经济完全服从征服官吏的管理的地方。——中国古代谓之属地。这种征服国便叫做宗主国——中国古代谓之天朝。英国东印度公司之于印度便是这种殖民政策的开始。

2. 美洲、澳洲、南菲洲都是如此的变成殖民地，土人渐渐被消灭或变成奴隶，欧洲人占领这些地方。

3. 后来欧洲居民在这些殖民地渐渐多起来，因当地资产阶级之发展，有些宣告独立，如美国；有些争到相当的自治权，如澳洲及南菲洲联邦。

4. 还有一种所谓独立国，如暹罗、中国、土耳其、波斯、阿富汗等等，也受欧洲列强资产阶级的侵略，渐渐变成半殖民地。

七、资产阶级之殖民地政策

殖民地对于宗主国，第一是采取原料的地方，第二是销售"劣货"的市场，第三是供给贱价劳动力的来源。

1. 宗主国之资产阶级利于殖民地没有工业的发展，如英国之于印度，以前总是从印度运了许多木材到英国制造船只，再为航行印度之用。

2. 宗主国往往用租税及其他政策使某一殖民地变成专门供给某种原料的地方；如印度、埃及变成所谓"纯一棉业国"。

3. 宗主国对于殖民地因此有专卖工业品的权利，工业品的价格便可以特别定得高，因为没有竞争。

4. 宗主国在殖民地上所得的利润，因此超乎寻常的额量度，资产阶级便能用此"超越利润"赂买本国工人阶级的领袖或劳动贵族，以反对阶级斗争而延长资本主义的命运。

5. 宗主国还特意移殖国内的商民、农民、工人到殖民地上去，给他们以特别优越地位，可以奴视土人的劳动者；因此资产阶级又可以反对阶级斗争，而且经过这些"殖民家"管理殖民地。

6. 宗主国的资产阶级在已经有商业资本主义的殖民地上并且利用当地的小商阶级做"洋货商"——形成买办阶级，帮助他们统治，在还没有商业资产阶级的地方，便利用当地的封建贵族、部落酋长（如印度之"拉齐"，乌兹卑克之"亚克塞加尔"，吉尔格兹之"马康"）。

7. 宗主国统治殖民地民族的政治形式，处处求与当地的经济结构及程度相适应：从差不多完全自治的澳洲殖民地到简直是管理囚犯似的统治黑奴。根本政策虽在消灭地方自治，而因弱小民族之革命运动，亦往往须有相当的让步，以求保存自己的统治（如最近之印度）。

8. 宗主国对殖民地之文化政策，大致以阻滞进步及适应宗主国资产阶级需要为标准。——尊重"异教"以保存落后民族之顽固的礼教及风俗。"殖民家"的小说，诗文赞颂弱小民族之"耐劳"、"容忍"、"退让"、"和平"，斥责弱小民族之排外野蛮。有意的输入鸦片、娼妓、花柳病，使弱小民族堕落。或者同时努力宣传基督教，使弱小民族的灵魂也服从白种的上帝。

9. 宗主国派遣白种的驻防兵到殖民地上去，同时却用种种方法（宗教的、贿赂的），组织所谓"有色人种"的军队，以镇压本国的工人阶级革命。

八、"东方"之真意义

1. 帝国主义及资产阶级学者往往对于"东方"有一种特别的解释：东方人特别怠惰，欺诈，污秽，吃鸦片，爱赌博，善偷盗等等。据他们说，不是种性的关系，便是气候的关系。

2. 这种学说的根本荒谬，只要看日本富强，而且变成帝国主义国家便可以知道。再则如地中海沿岸，气候相仿佛，而有落后之摩洛哥及文明之法、意。

3. 宗法社会或封建阶级的学者，自己以为东方文化高于一切，爱和平，行仁义，黜霸道，据他们说这是儒、佛之特别文化。

4. 其实，"东方文化"只是经济落后的原因——封建阶级宗法社会的思想，决不是民族的民众的思想。帝国主义恰好要这种宣传，要东方民族容忍退让！

5. 东方民族落后的真正原因乃：一、当地经济发展只到宗法社会，至多也不过商业资本；二、列强的殖民政策，恐吓、残暴、欺诈的种种手段所逼迫而成。

九、民族解放运动与革命战争之意义

1. 资本主义国家侵略弱小民族，虽然竭力遏制工业的发展，然而当

地的资产阶级始终渐渐产生,何况列强自相冲突,往往与弱小民族以种种机会。弱小民族中之资本主义既发生,有资产阶级起来担负民族革命运动的力量,即以向日列强自己民族独立自决统一的呼声为口号,以反抗列强自己。当地的资产阶级既系争生产力之发展而奋斗,劳动民众自然能赞助他。

2. 况且,列强的殖民地政策,不但造成当地的商业资产阶级,而且一方面行经济侵略而使弱小民族之农民破产,别方面又遏制当地工业的发展,殖民地自然产生大多数游民化的革命群众。

3. 十九世纪中已经有不少实例,如爱尔兰独立运动,波兰等国反对俄皇政府的革命战争等等。

第三讲　帝国主义时代的民族问题

一、帝国主义时代民族问题之性质

1. 资本主义发展后之"民族"形成,最初为进步的人类结合形式,到了帝国主义时代,便成了反动的——障碍生产力发展的形式。于是资产阶级革命时代的口号"各民族有各自组织国家之权",无形的消灭,殖民地制度大大发展。

2. 列强资本主义国家差不多完全变成"多民族的国家",这种国家内部,不断的发生民族战争……

3. 帝国主义时代中各种民族开始混合的过程,如纽约一城各种民族都有;且凡沿海大埠必定是"各族杂处"。中国苦力遍及美洲、南洋群岛;黑人、俄人、犹太人、拉丁民族等布满美洲;欧洲人的殖民家也逐渐遍被亚、菲、澳。

4. 帝国主义时代,无产阶级的运动也就冲破了国界,"各国的无产阶级,联合起来"的口号已经逐渐成了事实。

5. 帝国主义的资产阶级虽然还是尊重"民族"、"国家",可是无产阶级革命潮流高涨,以至于胜利的时候,资产阶级不惜卖国卖民的与外国资产阶级妥协,以维持资本主义(如现时俄国的白党及德国的国民党与国家主义者及大资本家）。

6. 总之，帝国主义时代民族问题的性质是：

甲，世界分成压迫民族与被压迫民族两大营垒。

乙，资产阶级实际上取消一切民族主义的口号。

丙，列强之间与多民族国家的内部发生民族斗争。

丁，世界经济打破国界，而资产阶级继续煽惑民族间之仇恨。

戊，无产阶级联合各国被压迫民族，造成世界共产主义的基础。

二、民族问题与殖民地问题之间的关系

1. 民族问题乃一国内各民族之间的关系问题；殖民地问题乃各国之间的问题。

2. 民族问题与殖民地问题共同之点在于：（一）资产阶级性——一民族之资产阶级剥削其他民族；（二）资产阶级政策——扩大购买原料劳动力的市场，销货投资的商场。

3. 殖民地问题，不过是民族问题的扩大，并且发展上的时期不同罢了，殖民地问题实际上是世界范围的民族问题。

4. 帝国主义发展以来，独立的民族逐渐少下去；各被压迫民族的不同仅在受压迫程度的不同，——欧战之后殖民地政策甚至于施行到德国去。

5. 帝国主义的战争后，凡尔赛和约时候，曾经有"民族自决"、"解放斯拉夫民族"等口号，成立了波兰、捷克斯拉夫、南斯拉夫、奥国、匈牙利、爱斯马尼亚、拉德维、利德宛、罗马尼亚及巴尔干半岛各独立国。实际上他们都受英、法的压迫牵制，他们的外交、预算都在伦敦、巴黎决定。帝国主义者对于苏联的政策，也是想把他变成殖民地。

6. 现在实际上只三四国是完全独立的：英、法、美、意、日、苏联，其余都是受压迫受剥削的。

7. 所以现在世界上是被压迫民族与帝国主义民族的斗争，是全世界的民族问题。

三、殖民地及半殖民地之分配（一九二〇年）

（表中人口及平方基罗密达都以百万为单位）

殖民地平方基罗密达	人　口	宗主国平方基罗密达	人　口
英——39.917	429.6	0.314	46.6
法——12.49	54.8	3.935	38.8
日——0.294	22.015	0.382	55.6
美——0.310	11.79	9.386	106.07
意——1.634	1.55	0.311	37.5
比——2.42	17.5	0.03	7.65
荷——2.026	40.5	0.034	6.95
西——0.312	0.5	0.502	20.95
葡——2.08	8	0.092	6.45
丹——0.88	0.014	0.149	3.3

举例而说，每一英国人有九个殖民地奴隶。全世界在一九一四年时有一六五七〇〇〇〇〇〇人，其中九二九九〇〇〇〇〇人属于被压迫民族。一九二〇年时人口总数为一七二〇〇〇〇〇〇〇，其中有一四五〇〇〇〇〇〇〇人属于被压迫民族。

四、民族解放运动之现状

1. 帝国主义发展的结果，欧战的影响，使无产阶级革命在俄国胜利；同时使各殖民地及半殖民地上之资产阶级得以稍稍发展，而平民之游民化格外厉害。因此弱小民族的解放运动也发生起来。

2. 殖民地上新生的资产阶级自然想领导这一民族运动。虽然"外不亲善"、"民族独立"等口号带着资产阶级性是很明显的，然而这还算是革命的口号。

3. 同时，因资本主义相当发展，而殖民地上也起了阶级分化，农民、工人的阶级利益逐步的与资产阶级相冲突。无产阶级的组织及政党逐渐发生，农民的反抗地主运动，土匪化的现象也日益激励。

4. 无产阶级及农民的争解放运动愈发展，弱小民族中的资产阶级便愈趋于反动，以至于放弃革命解放的道途，而与帝国主义妥协。

5. 反帝国主义运动于是由无产阶级发难，而农民亦倾向于工人，——因为资产阶级始终因自己阶级利益的关系，不能解决农民问题。

6. 殖民地与半殖民地的民族解放运动的总过程大致如此；各国因为经济发展程度及阶级关系之不同，而解放运动的形式也不同。

7. 总之，各弱小民族的民族解放运动已经成了世界史上极重要的现象，成了世界无产阶级社会主义革命的强有力的友军。

8. 同时，苏联无产阶级国家的反帝国主义斗争，也引起各弱小民族的注意，而且帮助这些民族的解放运动。

五、民族解放运动与阶级斗争

1. 帝国主义时代世界上既划分了统治民族与受治民族，那么，列强资本主义国家内的无产阶级革命运动自然和受治民族的解放革命要结成联合战线。

2. 共产主义革命本是无产阶级运动加上农民革命战争，而大多数殖民地弱小民族的人民是农民。劳农联合已经得了革命的胜利于俄国，劳农联合也就要得到民族解放于全世界的范围内。

3. 世界的社会革命之第一步是：一方面列强国内的无产阶级，别方面被压迫民族的民族解放革命。世界的革命根本上是各国无产阶级与殖民地弱小民族的一般平民对于列强帝国主义的资产阶级之阶级斗争。所以无产阶级现时的第一革命职任，便是结合殖民地弱小民族的劳动平民，筑成一伟大的反帝国主义战线。

4. 世界的反帝国主义联合战线同时便要推翻一切地主、资本家的统治，非此不能铲除帝国主义，各弱小民族也就不能得着根本的解放。因此社会革命及国民革命原本是一个过程的两方面，决不能分割而对立的。

凡是以国民革命的目的为仅仅反对外国侵略而不是根本推翻帝国主义的人，都暴露他自己代表弱小民族之资产阶级思想（如周佛海）；弱小民族中的资产阶级大半都是买办阶级，假使革命的进行真能解放一般平民的时候，他们因为要保持自己的阶级地位和利益，终竟要和帝国主义者妥协，或者简直投降，愿意维持帝国主义的存在。

5. 无产阶级革命运动的进行，因为总的反帝国主义战线的必要，当然赞助弱小民族的解放运动，尤其是农民反对地主的阶级斗争，甚至于联合当地资产阶级民治派，以反抗封建军阀及买办阶级——帝国主义的工具。

6. 然而无产阶级必需努力引导一般民众，组织自己的政党，认明世界革命是阶级斗争性质，同时又须与弱小民族的小资产阶级及资产阶级结成联合战线。因此，列强无产阶级应当努力扫除自己劳动群众中蔑视弱小民族的心理——与自国资产阶级妥协而贪图眼前所得资本家赂买工人的小利，反对资产阶级及劳动贵族的国家主义。这是一方面。弱小民族的无产阶级应当努力扫除自己民族的妄自尊大的心理——"外不亲善"的排外主义，"阶级和平"的资产阶级宣传，而引导他们和国际无产阶级结合，以督促国民革命的进行。这是第二方面。必定要如此，民族解放才有可能，现代的民族问题和殖民地问题才能解决。

7. 各弱小民族的经济发展程度不同，民族解放运动与阶级斗争相适应而进行的形式，当然各有差异。然而弱小民族的资产阶级大都只能在一定的期间一定的问题上参加国民革命，而国民革命最终的领袖总是无产阶级——这却是一个公律。

第四讲　无产阶级革命时代的民族问题

一、苏联无产阶级国家中民族问题的性质

1. 无产阶级的世界革命，因为俄国国内民族冲突，农民地主冲突及劳资冲突等帝国主义最复杂的种种矛盾都汇集在一处，所以开始爆发于此。无产阶级独裁制胜利。于是世界史上开始一个特别时期——无产阶级革命时代的开端与帝国主义时代的结尾同时并行互相衔接的时期。俄

国现在的民族问题可以做无产阶级革命时代的民族问题之实例。

2. 俄国本为多民族的国家，无产阶级的胜利，一部分也就得力于共产党"民族自决直至分立国家"之原则。革命既然胜利之后，开始工人、农民大结合的建设期，许多民族间相互关系，没有根据绝对平等自由的原则之正当的确定，这一多民族的无产阶级国内的革命职任——工农结合——便无从进行，因为俄国大多数落后民族都是农民居多数，而且经济发展各不相同。

3. 俄皇资产阶级政府时代，大俄罗斯人的统治地位，遗留许多历史陈迹在劳动民众之间：大俄罗斯的工人自然有些蔑视弱小民族的心理，弱小民族的农民甚至对大俄罗斯的工人也抱着不信任的态度。无产阶级政党的民族政纲便在于一方面扫除大俄罗斯人的自大，别方面消除弱小民族的怀疑，实行真正民族平等的政策。

4. 因此，一方面联合各民族的无产阶级及半无产阶级，别方面结合各民族的农民，保障他们的政治、经济、社会、文化、教育等的实际利益，以此巩固无产阶级独裁制，防止资产阶级的反革命，保证各民族生产力的充分发展，以进于社会主义——这便是苏联民族政策的原则。

5. 苏联民族问题的性质和意义便在于："俄国民族问题的阶级性，包含在旧时强大民族无产阶级与旧时受治民族农民之间的相互关系之正确的解决。"（史达林）

二、苏联之民族成分

1. 苏联民族成分非常复杂，其中大俄罗斯人有七千万，约占半数有余；其余六千五百万为其他民族——其中乌克兰、白俄罗斯、一部分亚奏白裳及亚尔美尼亚，已经有工业资本主义的，占三千五百万。

2. 乌兹卑克、大部分亚奏白裳的邱尔民族、鞑靼、罢史吉尔等简直没有工业，至少只有初期的商业资本。

3. 吉尔结兹、邱大史、赤琛、罢勒加尔、加尔美克、沃腊德、土耳克孟等一千五百万人简直还在农业经济的初期——自游牧至落寨的过渡中。

4. 北西伯利亚诸民族经济程度更低，差不多没有脱离原人状态。

三、苏联之民族政策

1. 苏联民族政策的根本原则，已如上述，即"民族自决直至分立国家"——俄国共产党在一八九八年便规定的。这一原则的意义：

甲、反对民族间的一切强迫政策。

乙、承认各民族有完全自决之权。

丙、民族间的结合必须完全自由完全自愿的，才能巩固。

丁、这种平等友谊的民族结合，只有推翻资本主义之后才有可能。

俄皇政府的同化政策使弱小民族群众反抗革命；少数派，所谓社会革命党的不彻底政策使他们反对临时政府。

2. 苏联民族政策的第一步便是扫除民族间的一切不平等，一切特权——俄皇时代的法律、风俗所遗留下来的。

3. 然而各民族因俄皇及资产阶级的经济、文化政策而有事实上的不平等，却不是一霎那之间所可以消灭的。因此，实际政策便在于：

甲、各民族建立独立的国家。

乙、各民族的国家机关、审判厅等等完全用自己的言语文字，用自己的人员。

丙、各民族用自己的文字发展报纸、剧院、学校、俱乐部及其他。

丁、各民族中还有宗法社会的制度的，使他努力的消除他。

戊、最重要的还在各民族自己能开发当地的富源，发展工业；所以苏联全国的政府应当竭力发展各民族的职业教育，养成工业的人才（体力的及智力的劳动者），应当在各民族中建筑工厂、电站等。

四、苏联的国家组织与民族问题

1. 苏联既是多民族的国家，国家的组织便当然要适合民族问题的解决。何况无产阶级革命的终极目的是世界各国工人及农民的大联合，苏联的国家应当是世界各民族苏维埃共和国的大联盟之模范。

2. 最初是大俄罗斯旧地上的无产阶级革命最先成功，所以以前便先组织大俄罗斯地方各民族的苏维埃自治国及自治区的联盟——称为苏俄——俄罗斯社会主义联邦苏维埃共和国。各小民族依他经济政治的发展程度而独立组织自治国或自治区。

3. 随后乌克兰、高加索等地,无产阶级革命亦胜利了,他们先组织了自己的苏维埃共和国,或者苏维埃联邦。于是他们就和苏联订立军事、外交、经济的盟约,而后改成苏维埃社会主义共和国联盟——所谓苏联。

邵力子
切切实实地多求几年学问

> 这是邵力子1922年10月23日在上海大学欢迎校长于右任的大会上发表演讲的新闻稿,根据《民国日报》1922年10月24日的报道《上海大学欢迎校长》辑录。题目为编者拟加。
>
> 邵力子(1882—1967),浙江绍兴人。中国共产党上海早期组织成员。1922年10月任上海大学中国文学系教授,后任代理校长。

诸君以革命精神改造学校,实可佩服。上海学校林立,优少劣多,所谓劣者,即营业式之学校。营业学校何自而发达,实由于高级学校之佳者学额有定,考取不易,彼等遂得乘机而起,以供学子之需求。今诸君群众一心,推倒营业式之学校,此类学校,当可逐渐消灭。于先生为余旧友,余不欲作标榜语,但深知其进退不苟,七年护法赴陕,辛苦数载,孑然归来,可谓失败,然其失败乃光荣之失败。余以为于先生之精神,实近于易卜生所云非全有则宁无者。现代青年病根在羡慕虚荣,骗钱学校亦即乘此弱点而起,故非称专科,即称高等,或专门,或大学。诸君此次改组大学,只能视为悬一大学之目标以共赴之,万不可遽自命为大学学生。于先生谦言愿为小学生以研究教育,余望诸君亦本此精神,切切实实地多求几年学问。

邵力子
诸同学须注意于开新路

> 这是邵力子1923年7月8日下午在上海大学美术科图音、图工甲组召开的毕业辞别会上演讲的新闻稿,根据《民国日报》1923年7月10日的报道《上海大学前日之盛会》辑录。题目为编者拟加。

诸同学须注意于开新路,如儿童画、通俗画皆可救国。

邵力子
以读书与革命二者融合为一

> 这是邵力子1925年5月10日下午在上海大学召开的追悼胡景翼大会上演讲的新闻稿,根据《民国日报》1925年5月12日的报道《上大追悼胡景翼》辑录。题目为编者拟加。
>
> 胡景翼(1892—1925),字笠僧,又作励生,陕西富平人,著名爱国将领。

本校(指上海大学)已定加入上海各团体筹备之追悼胡公(即胡景翼)大会,今日又先单独举行,一因胡公对于本校深表同情,二因胡公足为青年学生模范。今日诸君皆思打倒强权,屏除障碍,胡公幼年即有志于此,确定革命方针,且以读书与革命二者融合为一,成就今日之伟业。他在幼年时,愤强权侵略,即画鹰日而射击之,此种精神很值得我们青年效法。三因上海方面对胡公尚多误解,吾人固反对军阀,但同时亦需要有主义之革命军人,胡公实为军人之有主义,而又能实行主义者。

沈雁冰
人生艺术底趋势

> 这是沈雁冰1923年7月1日应邀在上海大学美术科图音组、图工组毕业欢送会上所作演讲的新闻稿,根据1923年7月3日《民国日报》报道《上海大学毕业之盛典》辑录。题目为编者拟加。
>
> 沈雁冰(1896—1981),笔名茅盾,原名沈德鸿。浙江桐乡人。中国共产党上海早期组织成员。1923年5月到上海大学中国文学系担任教授。

人生艺术底趋势亦有二:其一即托尔斯泰无抵抗主义,其一即罗曼罗兰之大勇主义。吾以为在事实上合时势上看,无抵抗主义底理想,未免太高,而罗曼罗兰之大勇主义,主张友糟的一方面前进,有时似乎又不免令人失望。所以目下所急迫,还是俄罗斯阿尔支拔绥夫所提倡的对于社会痛恨而努力从事于革命的一法。

施存统
劳动问题讲演大纲

> 这是施存统在上海大学所作"劳动问题"讲演的大纲。原载1925年7月14日《上大五卅特刊》第5期。现选自黄美真、石源华、张云编《上海大学史料》(复旦大学出版社1984年版,第514—518页)。
>
> 施存统(1899—1970),又名施复亮,浙江金华人。中国共产党早期党员。1923年秋到上海大学任教,1924年10月任社会学系系主任。

(一)绪言

一、劳动问题底重要——现代社会问题底中心。

二、劳动问题底意义——全劳动阶级底完全解放。

三、劳动问题底对象——工钱劳动者,尤以工厂劳动者为中心。

四、中国劳动问题发生之原因——(1)战后世界社会不安之影响,(2)生活压迫底过甚。

五、中国劳动问题底特性——阶级性与民族及其相互之关系。

(二)资本主义与劳动问题

一、资本主义底意义——资本支配的社会组织。

二、资本主义底特性——(1)商品生产,(2)资本家独占机关,(3)工钱劳动——新商品底出现。

三、资本主义及于劳动者的显著弊害——（1）役使童工、女工，（2）工钱过少，（3）劳动时间过长及夜工，（4）工厂设备不良，灾害频出，（5）疾病率死亡率增加，（6）失业。

四、劳动问题底必然发生——劳动者要求改善劳动条件及脱离奴隶境遇——资本主义本身底矛盾。

五、资本的帝国主义之发生——帝国主义与弱小民族——促成弱小民族与各资本国劳动阶级底联合——劳动问题底新意义。

（三）解决劳动问题的思想及方法

一、两种解决劳动问题的思想：（1）社会政策——他力主义的思想，（2）社会主义——自力主义的思想。

二、社会政策与社会主义之区别——前者肯定生产机关私有制度，主张加以适当的限制与改良，后者否定生产机关私有制度，主张将一切生产机关收归社会共有。

三、社会政策之派别——自由主义的社会政策与干涉主义的社会政策。

四、社会主义之派别——无政府主义，工团主义，社会民主主义，基尔特社会主义，共产主义。

五、基于社会政策的解决劳动问题的方法——他力的方法：（1）工厂法，（2）劳动保险，（3）劳动介绍制，（4）和解及仲裁制度，（5）净利分配制。

六、基于社会主义的解决劳动问题的方法——自力的方法：（1）工会，（2）劳动政党，（3）消费组合。

（四）工厂法

一、工厂法底意义——灭除工厂生活的弊害。

二、工厂法底适用范围——从童工、女工到成年男工，从特殊工业到一般工业。

三、工厂法底四要点：（1）劳动年龄，（2）劳动时间，（3）工厂设备，（4）工厂监督。

四、劳动年龄底规定——最低年龄自十至十四岁（英、瑞士、荷兰三国十四岁，西班牙十岁，德、比等国十三岁，法、意、日本等国十二岁）——

国际劳动会议定为满十四岁。

五、劳动时间底规定——因职工种类（幼年、少年、女工、成年男工）而不同——幼年工自五时至十一时（挪威五时，英、德六时，法、奥八时，英、意十一时）——少年工与成年女工自八时至十二时（德、法八时，英、意十一时，英十二时）——成年男工，英、意等国无限制，英、法、比等国与女工一样——以上有的包括休息时间（如英），有的不包括休息时间（如法），有的只幼年工包括休息时间（如德）——休息时间与限制时间之关系——一日八小时一周四十八小时制度。

六、工厂设备底规定——建筑、采光、换气、除尘、温度、更衣所、洗涤所、便所、食堂、治疗所等。

七、工厂监督官——监督官与工厂法之关系——监督官之任务：(1) 巡视工厂，处罚违反工厂法者；(2) 讲究预防灾害及疾病的方法，命令厂主行适当的设备；(3) 教育资本家与劳动者协力实行工厂法及预防灾害疾病。

（五）劳动保险

一、劳动保险底意义——用保险的方法去救济劳动者经济上的损失。

二、劳动保险底起源——缓和劳动阶级底不满——工会底自助与国家底强制——国家强制之二重目的——实行改良，压迫革命。

三、劳动保险底组织——(1) 营业保险；(2) 单独保险。

四、劳动保险底主义——任意保险与强制保险——强制保险底二种：强制加入与强制组织。

五、劳动保险底种类：(1) 灾厄保险，(2) 疾病保险，(3) 老废保险，(4) 失业保险。

六、劳动保险实行上的问题——保险费负担，救济条件，救济方法。

七、劳动阶级对于劳动保险的态度——由反对而承认。

（六）工会

一、工会之意义——劳动阶级实行经济斗争的经常机关。

二、工会之起源——蒲列塔诺说与卫布说。

三、工会底职务——斗争、共济、教育、调查——产业管理。

四、工会底种类——黄色工会与赤色工会——职业工会与产业工会——民族的工会及人种的工会——宗教工会——官业的工会——单厂工会。

五、工会底组织——职业别工会与产业别工会——纵的组织（一产业之全国的结合）与横的组织（各产业之地方的联合）——全国的统一组织——工会底行政组织。

六、工会组织底原则——民主的集中制与自由的联合。

七、工会底国际组织——亚姆斯丹工会国际与赤色工会国际。

八、工会底财政——会费与特别捐——经常费与基本金——消费组合。

九、工会底目标——纲领、宣言、决议——主张底具体提出——劳动条件改善——产业管理权——团体交涉或契约权——反对恶法——举行"五一"示威。

十、工会底运动方法——宣传、组织、教育、调查、出版、共济、斗争（同盟罢工、同盟怠工、同盟抵制）。

十一、工会与政治运动——由经济斗争到政治斗争。

（七）劳动政党

一、政党底意义——代表阶级利益实行政治斗争的自由的政治结合。

二、……并以夺取政权为目的的政治结合。

三、劳动政党底二形态——社会民主党与共产党——第二国际与第三国际。

四、真正的劳动政党——共产党——共产党底组织原则、组织形态、战斗方略及其与工会之关系。

（八）结论

一、劳动阶级解放与全人类解放——民族革命与社会革命——劳动问题的消灭。

施存统
研究中山主义应取的方法

> 这是1925年11月上大中山主义研究会成立后施存统在上海大学所作的题为"研究中山主义应取的方法"演讲稿,由上海大学学生马凌山记录。1926年4月发表于马凌山编、于右任题写书名、三民公司发行的《中山主义讲演集》上。

中山先生的主义,现在已成了一个很大的问题:在理论方面固然有各种不同的解释;在事实上亦有了许多的派别在那里争执着。闹得五光十色,使一般人看起来,真是如堕五里雾中,不能明其真相。在这种情形底下,我们每个同志或非同志,都应该负起责任来,对于中山先生的主义,下一番深刻研究的工夫。今天是中山主义研究会开成立大会,我愿意把我个人研究的所得,向大家略说一说。

现在中山主义虽然有许多的派别,因此产生了各种不同的解释;但是,事实上却没有哪一种解释敢说他是完全对的。因为中山主义只是一个,并没有那样许多。我们要研究中山先生的主义,固然不能偏于哪一方面,但是也不应该把他们的解释东拉西扯就算了事。我们应该从全中国民众的需要和中山先生的行为上去研究,才能看出中山主义的真精神。因为我们相信中山主义决不是偶然发生的,也决不是中山先生在他的脑袋中凭空想出来的。在这一点上,中山先生和马克思主义一样,都是受当时社会环境反映的必然产物。我们要明了他的主义,先要认清他的主义的时代背景。

近百年来世界资本主义已发展到最后一个阶段,成了帝国主义,利用他的机关枪、毒气炮来扶植他在政治上的优越势力,以期达到霸占全世界的市场及垄断全世界的原料的野心。换句话说,就是利用他的武力侵略、政治侵略、经济侵略等手段,向全世界的被压迫阶级及弱小民族进攻。这种进攻的结果,把世界上五大人种,灭亡或奴隶了三大人种有半,把世界上五大洲变换了三大洲有半的颜色。中国在这种情形底下,也做了帝国主义者的奴隶,天天在他们压迫下讨生活。这因为中国自从鸦片战争以后,为英帝国主义的势力所侵入,弱点渐行暴露;到了甲午战后,又为日本帝国主义所征服,从此各国主义都看清了老大病夫,不能抵抗,而原料又极丰富,购买力也非常之大,于是就不能不垂涎于这一块肥肉而争欲染指。庚子战败以后,受八国的威逼,订立了极不平等的辛丑条约,赔款九万八千万两。这样一来,许多的生产机关都操在外人手里,中国就完全变成各种帝国主义者的共同殖民地。同时国内又有满清的腐败政府,利用帝国主义的借款和势力以维持他的地位,宫廷的黑幕,官吏的贪婪,又给人民加上不少的痛苦。帝国主义者又借着种种特权,大恣其经济侵略的野心:外国的商品尽量的向中国输入,又给中国民众一个很严重的打击;国内手工业及小农逐渐破产,社会上失业的人就一天一天的加多起来。在这个环境当中,中山先生为适应时势的需要,才创造了他的救国的三民主义。所以他的主义并不是偶然发生的,尤其不是凭空想出的。

我们上面已说明了中山先生的主义,不是偶然发生的,也不是凭空想出的,他是当时社会环境中必然的产物,是有历史的背景的。因此我们就可以明了,中山主义是中国民众反抗帝国主义近百年来压迫的结果。所以中山主义的真精神,就是在反抗帝国主义的侵略,以谋中国的自由平等。信奉中山主义的人,对于帝国主义没有很严厉的精神去反抗,就不配称为中山主义者。我们现在研究中山先生的主义,应该用列宁研究马克思主义的方法,注重社会实际情形,以求主义的实现。不能专靠书本上的理论去研究,应该以现实的社会情形为根据,把主义应用到实际上去。决不要用考茨基研究马克思主义的方法——抛开事实,专讲理论,因为这种方法是没有用的;若是用了这种方法去研究中山主义,不但不配做中山

主义的信徒,简直是中山主义的叛徒。

现在我们应该就全中国的民众的需要和中山先生的行为上,做一番深刻的工夫去研究中山主义,才能根本明了中山主义的真精神。

同时我们又知道中山先生是一位进化论者,不是盲目的革命家;我们研究中山主义的人,也应该明了社会的环境也常常在那里变动着,我们应该用科学的眼光去观察,用科学的方法去研究,尽量的根据新的事实发挥新的理论,创造历史的新生命,继续不断的创造,把中山主义尽量的发挥,使他处处能够适合新的环境,以达到中国自由平等的目的。

但是,我们又要注意,我们的创造却要处处依据中山主义的精神,不能依照个人的头脑去空想;应该根据全中国民众的急切需要,为中国革命而努力,为中国革命而努力研究中山先生的主义。

孙祖基
比较婚姻法

> 这是孙祖基1924年7月在"上海夏令讲学会"上的演讲稿,讲题为"比较婚姻法"。原载《民国日报》副刊《觉悟》1924年7月23日至24日。发表时题记"上海夏令讲学会讲演稿之一"。
>
> 孙祖基(1903—1957),字道始,号岱庐。江苏无锡人。1924年,参加无锡进步社团锡社,并当选为驻沪书记。东吴大学法科毕业,曾任上海学生联合会法律委员会委员长。

今于未入本题之先,请略述英、美、法与中国法基本不同之观点,以明其趣旨。法律之对象为环境,渊源为习惯,此为人人所知者。英、美社会组织,重个人与法律;中国社会组织,重家庭及礼教;所本不一,法例遂异。惟近十年来,中国家庭组织,渐有复杂而趋于简单。而法律与道德之划分,亦将为新式法学家之口头禅。如是,则新律之编订,英、美婚姻法之借镜,岂可再行忽视!用述婚姻比较法,略分以下五项:

一、合法婚姻与惯俗婚姻

二、订婚

三、结婚

    A　婚姻成立的要件

    B　结婚后夫妻身份上之权利义务

四、离婚

五、结论

一、合法婚姻与惯俗婚姻

英美法对于婚姻的解释,认为一种民事的契约,根据两方的同意,达法定年龄,依习惯仪式,与法律不相舛谬,而共同生活,虽父母不能干涉。尚有一种婚姻,男友两方同意共居,并未经过何种仪式。经过若干年限,亦可相对的成立。前者名为"合法婚姻",后者名为"惯俗婚姻"。美国有二十六省准许惯俗成立,有十七省不准成立,尚有六省唯有明令准否表示。

照英国普通法,苟男女两造有结婚之能力,可自行结婚,不必得父母同意。然其后英国实行婚姻专律,载男女未成年者,苟非鳏夫寡妇,若其父生存,当得其父之同意,否则须得监护人或其母或平衡裁判所之同意,违者其婚约为无效。但此法过严,群以为不便,因违法者婚姻即须解散之故。所以其后更定新法,凡不得父母之同意者,应没收其婚姻之中所增殖之财产,但婚姻仍作为有效,美国有数省解释婚姻专律者,谓未成年者不得父母同意,当作为无效。然通常仅作为不合法,而婚姻不因此解散。

中国法对于婚姻,因历史上关系,男婚女嫁,皆由祖父母父母主婚;祖父母父母俱无者,从余亲主婚,其夫亡携女适人者,其女从母主婚;又孀妇自愿改嫁,由夫家祖父母主婚,如夫家无祖父母父母,但有余亲,即由母家祖父母主婚,如母家亦无祖父母父母,乃由夫家余亲主婚。至"惯俗婚姻",上等社会为体面关系,尚少相似的事实;下等社会未婚男女,因经济或身份关系,不能正式婚嫁每因种种机缘,相互合意,共同生活,三年五年后生男育女,他们以夫妇自居,社会亦承认他们的结合,与英美正同。盖惯俗婚姻,在英美法著为成例,而我国重礼教,纯粹先生难言之。

二、订婚

英美法对于婚约,并不重视,因订婚仅为一种简单之契约关系。双方悔盟，自属常事。法庭如欲强制执行，则纷杂扰乱，不可穷究。其理由有几：

（A）契约成立，须得当事人之同意，如强制实行，则成怨偶，两方终身陷于不幸。

（B）婚约改变，实无妨碍，因双方尚未履行契约关系。

（C）财产契约如不履行，法律可以强制，若身份契约，则虽强制而无效果。

（D）法律对已婚者，如有健全理由，尚可批准离婚，则订婚尤无不可之理。

又英美人民习惯，订婚与结婚时期相距甚短，又大多为自由订婚，且双方达成年者为多，故弃盟者极少。否则有一方不惬意于彼方，一经提出，不难立即解除，亦不必定至法庭陈诉。中国习惯，以娉娶为重，一经订约，则男女双方已定。即有不适，亦只自怨自艾而已；法律根据习惯，亦认为正式行为。但按近年来大理院判例，对于此点已稍松动，如七年十一月二十四日上字一三六五号判例云："订立婚书，授受娉财，必须出自订婚人双方之合意，该婚约始能成立。"又九年九月十八日上字一○九七号判例："按现行法定婚须得当事人同意。若定婚当时未得女之同意者，某女自得诉诸解约。"及五年二月十八日抗字六九号判例亦云："父母虽有主婚之权，至已成之婚约，经当时双方合意解除，或一方于法律上有可以解除之事由者，断无反乎婚姻当事人之意思，可以强其不准解除"。

前述英美人民习惯订婚与结婚时期相距甚短，故发生问题极少；英美人民认订婚为"婚姻之准备"，而中国习惯则认为"婚姻之预约"。

虽现行事例，已早禁止指腹及割衫襟为婚，但并未明定如何年龄始可订婚；所以幼童未满十二三岁者，往往赤绳一系，终身已定，于是发生问题乃至繁杂，如"(1) 订婚时未得当事人之同意，其后有一方而不满意于彼方，诉请解约者；(2) 定婚后又为他之定婚或结婚者；(3) 故违结婚期约者，虽现行律例有种种预防，惟民事范围包罗太广，当事人苟自有解决之方，司法衙门亦不加取缔（但刑法及其他特定法规除外）。

三、结婚

A 婚姻成立的要件

婚姻成立之要件,通常分为形式上与事实上两种。

形式上之要件 英美法除惯俗婚姻外,均须向地方官厅领取结婚证书,填写要项,如双方所住地点、年龄、种族、籍贯、亲长姓名、婚男状况、父母曾否同意、有无法律上之阻碍、双方有无疾病、预定结婚在何日何地举行等等,经验明无讹后,始得给予结婚,并向官厅注册;违反以上手续者婚姻为无效。中国现行法并无是项规定,惟按民律草案一三三九条,"婚姻从呈报于户籍吏而生效力";将来如能修订颁布,则与英美法大致相同。

事实上的要件 分下列各项:

(A)无欺诈胁迫之同意 英美法最注意于双方同意,惯俗婚姻之成立,即系本此条件。若一方面有欺诈胁迫之行为,即可作为无效而撤销之。如某男以力劫女,女怵于威,遂行允诺,是谓有胁迫者,如有之可以撤销。若欺诈则须待乎解释,美国意利诺省高等审判厅判词曰:"欺诈者,玷污婚姻以至于双方契约之谓,若一方面之性情社交地位命运健康等,如有错误,不能谓为玷污。"举一例,如某女与甲私,有孕,复与乙结婚,妄以其孳胎为乙所有,则乙可提议撤销相互之婚姻关系;又例,如某女与某甲言,我有嫁赀若干,某男羡其嫁赀之丰,遂与结婚,待某女临门,并无一文之嫁赀,在此时某虽察某女诈欺,然不得以之为撤销婚姻之原因,因财产之多寡,与婚姻之目的,并无关系。中国法大致相同,亦以事实错误者为限。又现行律:"若为婚而女家妄冒者(谓如女已有残疾,却令姊妹妄冒相见,后却以残疾女成婚之类),不追财礼,未成婚者仍依原定(妄冒相见之无疾兄弟姊妹及亲生之子为婚,如妄冒相见男女已聘许他人,或已经配有室偶者,不在仍依原定之限)已成婚者离异。"此种事实,英美法所无,为东方诸国所独有。

(B)须满法定年龄 英美法均定结婚年龄:英国男十四,女十二;美国则各省不同,规定男子十七岁者有三省,十六岁者有六省,十五岁者一省,十四岁者二省(有数省均定十八岁);规定女子十八岁者有一省,十五岁者八省,十四岁者六省,十三岁者一省,十二岁者三省,其中如密支干、新墨锡哥、洼海洼、乌太、佛琴尼亚等五省,如结婚者未及年龄,须得撤销;又有十五省则视审理案件之情形,而得宣告撤销。此均以法权制止人民早婚者,中国法律尚无此种规定。

（C）不得已有配偶　英美法与中国法大致相同,不得已有配偶,但前婚无效,或撤销,或离婚,或一造有死亡时,再行婚嫁者不在此限。

英美法规定一夫一妻主义,无论何造,如于婚姻期间内重于第三造缔婚,彼造可诉请离婚,并呈法庭惩戒被告。中国法上虽有禁止已有配偶而重为婚姻之条(新刑律二百九十一条),但纳妾则所不禁,名义虽不同,实际上娶妻与纳妾究竟有何分别,此为国法上之大弱点,亦即夫妻人格上大不平等之条例。最近北京内务部虽颁布一种纳妾限制条例,并未见诸实行,即实行,亦与英美之精神相去尚远。

（D）再婚者应逾法定时间　中国法,凡女从前婚解约或撤销之日起,非逾十个月,不得再婚,若于十个月内已分娩者不在此限(此条全为防制血统之混乱而设)。

夫妻为恩爱及生存之结合,如两造已经法律手续离婚,或虽未离婚,而夫妇之一造因病亡故后,则与前妻或前夫身份上之关系已早消失,即可再婚,此英美法所不禁。中国法虽未禁止,但习惯上对于女之再婚,常认为不德,于是违反人道之贞操主义以起。

（E）无不得结婚之关系　英美法之规定,较中国为宽。今就美国各省通行之法,列表如下：

（甲）血统上之关系
  （a）凡男子不能与以下所列者结婚
    母　母之姊妹　父之姊妹　姊妹　女　子女之女
  （b）凡女子不能与以下所列者结婚
    父　父之兄弟　母之兄弟　兄弟　子　子女之子
（乙）婚姻上之关系
  （a）凡男子不能与以下所列者结婚
    父之妻　子之妻　子之女　妻之女　妻之子女之女

(b) 凡女子不能与以下所列者结婚

母之夫　女之夫　夫之子　夫之子女之子

以上所列者,乃美国各省所通行禁止者。此外若最近之从兄弟姊妹相婚,或最近之表兄弟姊妹相婚,则有禁有不禁。宾率梵尼省于一九〇二年新定法律,凡最近之从兄弟姊妹相婚,或最近之表兄弟姊妹相婚,当一律作为无效;其他若亚尔刚萨斯省,亦有此法。又异父或异母之兄弟姊妹,与共为母之兄弟姊妹同,即推而至于半血统之叔侄亦关。英国法律,半血统与全血统视同一律;故与亡妻异母姊妹之女相婚者,亦在禁例。

中国则同宗共姓该不得结婚,其虽异姓而系出同源者亦在禁例(如无锡钱陶不能相婚即其一例)。又英美法与异人种人相婚,本不在禁例。然美国南部诸省,往往特设专律,禁白人与黑人相婚,犯者其婚姻作为无效,且受严罚。且此禁不特指纯黑人而言,即白人与黑白人所生之子相婚,或白人与黑白人所生之孙相婚,亦在禁例。然美国人设与别种人相婚,法律无禁止明文,当作为有效。又美国西部太平洋沿岸诸省,往往特设专律,禁止白种人与黄种人通婚;故在此诸省中,中国人日本人与美国人结婚者,当作为无效。

婚姻成立的条件,除以上五项外,中国法尚有二项:

(1) 因奸而被离婚者,不得与相奸者结婚。

(2) 结婚须由父母允许,继母或嫡母故意不允许者,得经亲属会之同意,始结婚。

英美法对于第一项,并无律例禁阻,即为体面关系,亦可迁居他处,重为婚姻。第二项则已成为形式上事。父母即不允许,亦无法禁阻彼等前途之奸合。

B　结婚后夫妻身份上之权利义务

甲、居住　英美法妻负与夫同居之义务,又关于同居之义务,由夫决定,与中国法同。有时夫为正当之事外出,或其力不能携妻同居,及为法律所禁阻者,如身在兵营监狱之类,不在同居之例。又出仕经商游历等项,英美家庭组织简单,夫当携其妻子同往;在中国则不然。

乙、扶养义务　英美法规定夫妻互负扶养之义务,但在习惯法上,夫应赡养其妻,与中国法同。

丙、妇之侵权行为　如夫在场,夫应负全责,妇可免罪,如夫不在场,妇应负法律上之责任;中国法则妇之侵权行为,无论夫闻悉与否,均由夫负责。

丁、第三者对于妇之侵权行为　由妇起诉,或由夫为妇之代理人抗讼均可,因英美法与中国法均视夫妻为一体。

戊、妻之收入　英美习惯法,夫造有管理、使用及收益其妻收入之权,但照新法规,妻服务社会所得之财产,应为其特有财产,与中国法相同。

己、妻之财产　英美法特设夫妇财产制,对于妻之财产,复区分为衡平财产与法定财产两种。衡平财产,在普通法庭之上无地位,但为衡平法庭所承认;法定财产,则为法庭所规定。衡平财产,借以限制夫权,保护妻帑,妻可自由处理其财产,如处女一般;法定财产,则除非得法律上之允许,否则妻不能处理。中国法则无是项规定。第著"妻于成婚时所有之财产及成婚后所得之财产,夫有管理、使用及收益之权;夫管理妻之财产显有足生损害之处者,审判应因妻之请求,得命其自行管理。"

庚、妻之契约　婚姻期中,妻未得夫允诺,不得与任何一边订立契约。

辛、妻之过割财产　妻未得法律上之正式允诺,无权过割一切房产地土,否则作废。

壬、妻于寻常家事视为夫之代理人　寻常家事云者,如柴米油盐等家常琐事。此等事件,妻得为夫之代理人;但妻之代理权限,夫可加以限制。又妻之衣饭等费,夫亦当供给之,但视所处地位,区分必需与不必需两种。普通如钻珠宝物,不能认为必需。妻如遭欠过多,夫可谢绝偿债。

以上(庚)(辛)(壬)三项,英美法与中国法略同。

四、离婚

英美法对于离婚,取干涉主义,如不经法庭批准,不能发生效力,因彼邦结婚易而离婚亦易,则认为社会将永无安宁之一日,故有是项限制;中国法于裁判的离婚以外,尚有协议离婚之一法,协议离婚,并无一定手续,只须双方同意,即能成立,能各立一笔据尤佳,所以登报广告,或经律师证明,或呈请司法衙门备案等等,无非慎重将事起见,并非法律上必经之程序。

又英美法与中国法,对于离婚,均有离异与别居之二法,离异与别居之别如下:

(一)妻之能力限制,虽别居仍然存在;离婚则否。

(二)别居中其妻所生之子,以仍为婚姻中所生之子为原则;离婚则除怀胎在于离婚之前者外,皆与前夫无关。

(三)别居之妻,苟有奸通之行为,得为离婚之理由,且构成刑法上有夫奸罪;离婚则否。

(四)别居后夫妻仍有互相授受财产之权;离婚则否。

(五)别居后夫妻互相扶养之义务,仍当存在;离婚则否。

英美法关于离婚之原因,有以下各种:

(一)奸淫　结婚后之男女,与人通奸,任何一方,均可提出离婚。

(二)虐待　英美法对于虐待,解释颇不一致,有"非常虐待"、"不堪之虐待"、"违反人道之虐待"等等。

(三)遗弃　夫妻之一造,并未经彼方及法权之允许,以恶意遗弃彼造之谓,惟须完备以下各条件:

(1)异居;

(2)满法定期限;

(3)一造确有恶意遗弃;

(4)一造确实未得彼造之许可。

其余如

(1)饮酒酗醉成癖;

(2)被造被裁判有罪及监禁之决定;

（3）不能医愈之疯人；

（4）不能赡养；均能认为离婚理由，提请法庭裁决。

惟有特种情形，此造提出离婚诉讼时。彼造可以提请赡养，如下：

（一）默许　夫造或夫造有足以离婚之行为之先，彼造曾默许者，不能提出诉讼。

如美国蜜苏厘省甘萨斯法庭，审理夫诉妻奸通行为，请求离婚，但妻造声辩彼之奸通行为已犯数次，其夫并未抗诉，则表示默认可知，法庭廉得此情，即申斥不理，盖始则于其行为表示同意，继则以其行为为离婚之原因，是近于故纵其非，故法律剥夺其请求离婚之权。

（二）原宥　彼造提出离婚诉讼时，如因一时气忿，发生意见冲突，虽有理由，但可宥恕时，准许辩护缓诉。但一造得彼造原宥后，不能再犯。

（三）互诉　此造提出离婚诉讼者，应心地坦白，不能同犯罪恶；否则彼造可以辩护。

又美国各省法律不同，但于离婚案件，如一处判决者，无论各地，均为有效，不能撤销。

中国现行律只有"出妻章"，而无离夫之规定，出妻章著"七出"，条如下：

（一）无子；

（二）淫佚；

（三）不事舅姑；

（四）多言；

（五）盗窃；

（六）妒忌；

（七）恶疾。

犯以上七条之一者，又有三不去之例：

（一）曾为夫之父母服三年之丧者；

（二）先贫贱后富贵者；

（三）离婚后妻无所归者。惟妻犯奸时不在此例。

如犯者夫应处六等罚。又现行律斗殴门，妻妾殴夫条载，"凡妻殴夫

者但殴即坐处十等罚,夫愿离者听;殴妻者非折伤勿论"。读者试一思之,夫妻在法律上之地位,何其如此不平等!

现行法则,关于离婚理由的规定,已渐宽放,除协议离婚为法律所许可外,尚有下列各事,足为离婚原因。

（一）重婚　法律规定重婚无效外,又予前妻前夫以呈请离婚之权。

（二）妻与人通奸者　英美法,夫造或妻造与人通奸者,均可提起离婚诉讼,与中国法不同。但妻被人强奸者,不在此例。

（三）夫因奸非罪处刑者,夫即为奸非,若未受刑,为其妻者虽明知其夫有此行为,不得因之请求离婚;惟既被处刑,即非特为家门之玷,即社会公众亦均认为罪恶之徒,而于妻之名誉亦受损害,故在此时,直许其妻得提起离婚之诉。

（四）彼造谋杀害自己者　若果有阴谋之实据,请求离婚后,并得诉诸刑事审判衙门。

（五）受彼造不堪同居人虐待与重大侮辱者　与英美法法大致相同,如故意不予以日常生活之费用,使冻馁,或无故而肆行殴打者,均为不堪同居之虐待;又如妻当众宣扬夫之罪恶,或夫抑劝妻犯奸等类,均为重大之侮辱。但侮辱之事实,须由结婚后发生,若发生在结婚前,而发觉在结婚后者,不在此例。如结婚前与人私通,或曾为娼妓,或曾怀胎,至结婚后而后发觉者,并不得请求离婚。

（六）妻虐待夫之直系尊属或重大侮辱者　夫之直系尊属,即妻之舅姑,及其以上之亲,与"七出"第三条略同。

（七）受夫之直系尊属虐待或重大侮辱者　此条尚须斟酌情形,为离婚之诉。

（第六、第七条在英美法上几不成问题）

（八）夫妇之一造以恶意遗弃彼造者　与英美法同。

（九）夫妇之一造逾三年以上生死不明者　生死不明者,离家之后,久无音信,生死不得而知之谓;若离家虽逾三年,而仍有书信往来,则其生死可得而知,故三年之期限应从接到最后一次书信之日起算。

（十）夫妇之一造有不能性交之生理上不完全之处　昔时均为体面关系,亦讳莫如深,近来常有此项诉讼,已成判例。

离婚后之财产与亲子关系，英美法与中国法大致相同。离婚后妻之财产仍归妻，但依离婚条例，应责于夫者，夫应暂给妻以生计程度相当之赔偿（见三年六月二十日上字四六〇号院例）。此项赔偿，须从妻之身份而定。又离婚后亲子之关系，据大理院判例如下：

"离婚后之子女，原则应归其父，但有特别情形（子女均幼），暂归其母抚养，亦无不可"（七年八月五日统字八二二号解释）。离婚解消之效力，原不及于所生子女，无论离婚以后，子女归何造监护，……于父母之权利义务，并无何等影响；故离婚归母监督之女，其嫁赍仍应归父母供给（五年六月二十日上字四九号判例）。

五、结论

从以上各点所述者，英美法与中国法上夫妻关系，可见一般。兹将可研究之问题，摘录于下，以资采择，并作本文之结论。

（一）合法婚姻与惯俗婚姻，在法律上可以并存否？

（二）订婚是否系必要的行为？

（三）婚姻呈报在中国应否急即实行？

（四）媒妁说婚每为欺诈行为之渊源，是否用法律上可以废除？

（五）法定结婚年龄最低限度，在中国法律上应否统一，抑随各省习惯制定？

（六）纳妾制度如何用法律废除？

（七）女之再婚因以法律规定提倡否？

（八）同性远族及异姓同源可否结婚？

（九）男女当事人同意结婚，父母无故反对者，法律应如何规定防护？

（十）关于夫妻之居住，妻可有主张之余地否？

（十一）夫妻财产之继承，因如何妥协规定？

（十二）夫妻财产制，在中国目前有采用英美法之需要，应否特别规定？

（十三）妻与第三造订立契约及交割财产，有法律之根据否？

（十四）协议离婚，妻造（或夫造）每有被欺诈及胁迫而允诺者，此制

度是否可以成立？

（十五）离婚与别居之利害如何？

（十六）出妻七章完全为一方面之法律，如何废除？

（十七）妻造与人通奸，夫可提起离婚诉，夫造与人通奸者，妻可否作同样之请求？

吴梦非
音乐大意

> 这是吴梦非1923年7月23日在"上海暑期讲习会"上的演讲稿,讲题为"音乐大意"。《民国日报》副刊《觉悟》1923年8月6日、13日、27日,9月10日、17日分期连载。发表时题记"在上海暑期讲习会讲演稿"。
>
> 吴梦非(1893—1979),浙江省东阳市巍山镇白坦村人。音乐教育家、中国美学界奠基人之一。与丰子恺等创办上海艺术专科师范学校,后改名上海艺术师范大学,并出任校长。

一、音乐的趣味

在忙忙碌碌、劳心劳力、为衣食、为名利、惟日不足底现代的物欲世界里,可以使得人们有时忘了私欲,忘了实利,解脱一切,或者潸然哭泣人生的痛苦,或者怡然颂扬自然的宠惠,再或者恍然逍遥于物外,与造化相冥合,——这岂不是惟"音乐"才有这样的力量吗?弹一首琴,唱一首歌,可以使人泣,可以使人喜,可见音乐的感化力实在伟大,所以孔子说:"移风易俗,莫善于乐。"

音乐是最新的艺术,近代西洋音乐组织底复杂,规模底宏大,和古代单纯的乐声,完全不同,但是所以成为今日的伟观,也不过是最近二三世纪的事。考音乐底起源,和人类开化底原始同时发生,据某学者所说:

有曲节的歌谣,在未有言语以前,经发生咏叹的声音了——从这一点上讲,音乐也可说是最古的艺术。现在我们姑且抛开古代的音乐,而言近代发达的音乐:音乐和"绘画""雕刻""诗歌"等同为一种艺术,不过音乐比较的有一种独具底特色,并且他的地位占着艺术界底最高一级,概括的说,音乐没有可看的形体,这一点就和雕刻、绘画等造形艺术不同,却和诗歌相像,不过诗歌单以自然界和人事界底某现象和某事物的状态做观念而描写的,音乐不是模写外界,也无观念,他的目的,在单直接发挥纯粹的感情,这就是音乐和别种艺术所以完全异趣底特质。至于音乐和别种艺术底关系:像雕刻呢,用金属木石之类做材料,造成动植物立体形象的假体;绘画呢,用色彩做材料,把动植物底形象,自然界底状态,人事界底现象,统统描写在平面上,使他表示出立体幻影底假体;诗歌呢,用言语做材料,不问精神界物质界,凡宇宙里面所有的事物,所有的现象,一概做了观念去描写;只有用声音做材料的音乐,没有这样的假体,也没有这样的观念,他所表现的情趣,一些也没有假托,不过直接沥泻就是了。

　　换一句说:雕刻绘画所表现的有空间没有时间,假使要表某事物某现象底瞬间状态,决不能表示出时间的变化来;至于诗歌不论空间时间都能描写,凡是瞬间的情景,变化的状态,都可以做材料;独独只有音乐有时间没有空间,凡是空间所存在底事物,决不能描写,一切表现只不过有了时间底变化罢了——像这样,所以音乐就能够和没有空间而存在于时间里面人类底心情的生活相呼应了。只有寻存底关系,而没有并存底关系底东西。宇宙里面仅有人类底心情和表现心情底音乐,所以一切艺术中惟音乐最能直接的感动人心,因此音乐也可以说是纯主观的艺术。诗歌之所以动人心,因有言语作媒介,人们借此可以想像诗歌中所描写的情景,但是里面多少总带有几分知力底关系;雕刻绘画等造形的艺术品,当人们观赏底时候,要起一种联想作用,并且艺术品与人们仿佛有主客相对之观,所以人们要领略美处,应该超乎艺术品之外。至于音乐不是这样,乐声不要什么媒介,不要什么精神作用,他能够直接入于人们的心奥里,当人们听乐底时候,人与乐声可以浑然融和成一体,譬如听一首旋律,曲中底一高一低,听者仿佛觉得有且浮且沉底感想,假使曲节是悠扬长续底时候,好像心神荡然,情思闲适;如果忽然迫紧,像急调乱下底时候,那又不觉栗然而起惊怖,——像这样的效果,在艺术中也只有音乐,可见音乐的声音,是人类情生活里自然流露出来,也便是自然流露,才能显示出情生活,音乐是纯主观的艺术,因此更加可以明白了。

还有音乐和别种艺术所以不同底地方,在于制作和鉴赏之间,这两者能兼而有之就如演奏,别种艺术的作品,一经作家制作完成以后,公众不过加以鉴赏,所以制作底诗人、画家、雕刻家和鉴赏底一般世人,两两对立,对于作品上一成不变音乐的作品,虽然也成于同诗人画家雕刻家处同等地位底作曲家之手,然而声音随生随灭,决不能绝而再续,所以用声音作成底音乐的作品,就不能和诗歌、绘画、雕刻一样的常常存在世间了,因此作曲家底作品,可说是一成就灭,不过用乐谱遗传世间,等到要复活实现底时候,那非靠托演奏者不可,演奏者虽然不是作曲家,但是他的技术在不论什么时候,总能够复现作曲家所制作底作品,并且演奏者也能跟着复现作品,取鉴赏作品底态度,而享受美的兴趣,这就是"寻存艺术的音乐"底特色。

照这样讲来,音乐底效果是很大,他的价值也是很高的。然而一般世人观雕刻不过作为一块金石,看绘画不过视为线画底错杂,色彩底灿烂,读诗歌不过求言语意义底了解,丝毫不觉得有什么感兴,这自然不能感动心情。如是对于音乐也不见得有何微妙,不过知道是声音底错综断续罢了。可见我们对于艺术品,定要有鉴赏底趣味,才能得到享乐。这种鉴味不是言语所能说,也不是文字所能达,只可根据各人底天禀,和多年底涵养,才能开发出来。虽然,复杂底音乐,忽然出现于新世,当人们的耳目接触未成习惯以前,决非容易了解他的真趣味,现在我们要想了解音乐的真趣味,那又不得不再进一步讲讲音乐的内容了。

二、音乐的内容

音乐的内容十分复杂,到底不是短时间里面所能解释得明白,现在我

们只可举出四种基础的要素来讲讲：

（一）国民的特性

（二）形式的构造

（三）诗的思想

（四）描写

上面这四种要素，不限定是西洋音乐，凡一般音乐都是必要的。但是从音乐理论家与音乐美学者方面，如果用专门的见地区分起来，那是不很妥当。不过对于没有音乐专门知识底初学者，要想速成了解组织复杂的西洋音乐，照上面的区分，也可以承认为最适当的方法。这四种要素，音乐上未必要完全具备，有的特别显著国民的特性，——如俗谣——有的没有形式的构造而极端发挥的思想，——例如休孟氏作的"梦之曲"——还有一种音乐各要素有统统完备的，总之我们要研究有特别进步的西洋音乐，应该先留意各种要素，究竟是怎样的表现？下面就把四种要素大略说明一下：

（一）国民的特性　学问与艺术，是世界的共有物，真理！不论那一国的国民都认为真理；美！不论那一国的国民也都认为美，其中尤以不要用言语作媒介底绘画音乐等艺术品，不论那一国那一人种，一无障碍的都能够直接赏玩，但是这种作品，如果仔细研究起来，那末各国都带有各国国民的特色。照音乐讲：西洋人把日本音乐、中国音乐都称之为东洋音乐，其实照我们中国人听起来，日本音乐和中国音乐完全两样，——日本人模仿唐乐的当作别论——反一面讲，中国人称欧美各国的音乐，也都叫做西洋音乐，其实德意志底庄重，意大利底轻快，俄罗斯底沉痛，法兰西底流丽，各有不同的地方，这都是表示出各国国民的特性。可见音乐决不是模仿自然的音响，乃是用声音来直接或间接表示出人类的心情，因此之故，当然要受各国民各人种底风俗习惯的特质所左右了，国民的特性有最明了底表征的就是俗乐民谣。

音乐上现出国民的特性，简单地说：是从"爱国心"和"风俗习惯"这两个动机而来，现在列成一个表如下：

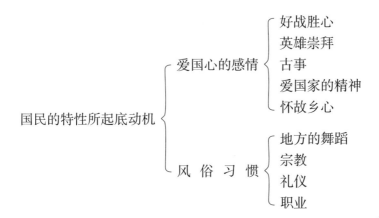

照上面底动机所形成的今日西洋音乐中底俗乐,可分为四大类:(一)舞蹈乐;(二)民谣;(三)爱国的军歌;(四)近世的国民乐。

二、形式的构造　音乐是用种种音组织成功,这许多音并非杂凑乱集,必定要有美的音,并且要可以感动人们,所以想作成这样的乐曲,势必要研究音的组织和音的配列底各种规则了。譬如中国诗底五律五绝七律七绝,以及平仄,西洋各国诗底韵,这都是文学上形式的构造,又散文的起句,结句也是一种形式,可见不论那一种艺术,多少总有形式的构造。不过这里所说的形式是广义的,和普通理论家明说的乐式不同,下面分为四方面讲:一、音色的构造;二、音的强弱底构造;三、音的高低底构造;四、乐曲的形式。照音响学里面所说:一个乐音有音色、强弱、高低三种特性,先把各种性质说明了以后,然后综合起来,成为一首乐曲,像这样的作成法上所现出来底构造,那就叫做乐式。

音色的构造——声乐上各种声音底不同,器乐上各种乐器底差异,和他的组织法。

音的强弱底构造——拍子、节奏。

乐曲的形式——音的高低底构造——音阶和声。

——唱歌,舞蹈曲、组曲(Suite)、独隆(Roudo)、奏鸣曲(Sonata)、交响乐(Symphony)、孔塞笃(Concerto)等。

讲音色的构造以前,不妨先举出一个英德对照的音名表,以备参考:

（独奏与伴奏）现在西洋俗乐以外底艺术的音乐，最重的是和声，不论什么音乐常常用复音演奏，少有用单音的，像洋琴、风琴这种可以用复音奏的乐器，因此就能单独演奏了，□街像人声、梵阿铃、笛、喇叭等只可用单音奏的乐器大概用好几种混合演奏，或者用别种乐器，附加和声，像这样同时混合两种以上的乐器，使他完备和声的演奏叫做"合奏"。单用一种乐器奏主要旋律，用他种乐器附加和声的，这叫做主乐器底"独奏"。但对于附加和声底乐器叫做"伴奏"，人声底"独唱"，也大都要用乐器伴奏的。音色底变化，在音乐的构造上是一件最要紧的事体，所以伴奏中最优秀而且最富于音色底变化的要算是"管弦乐合奏"。用洋琴作伴奏，就不能有这样的价值，所以高等乐曲，通常都用管弦乐作伴奏。声乐上能用这样的伴奏最合宜，"歌剧"尤其应该注意这一点。因为要利用音色底变化的缘故，伴奏乐器以外，有时候也有用一种或几种助奏乐器的。譬如独唱底时候，用洋琴作伴奏以外，同时还有用梵阿铃、赛洛、弗泫脱作助奏，像这样用少数乐器，增加音色底变化，却也是一个有趣味的方法。

（声乐合唱）通例男子的音低，女子和小儿的音高，不过男子中也有高声，女子中也有低声，通常把大体的声音，分为六个区域如下：

人声底种类 { 高音部音域大约从E到G　　　　　　} 通常属于女子
　　　　　 { 次高音部音域大约从C到G　　　　　} 和小儿的声音
　　　　　 { 中音部音域大约从G到D
　　　　　 { 次中音部音域大约从C到G　　　　　} 通常属于男子
　　　　　 { 上低音部音域大约从G到F　　　　　} 的声音
　　　　　 { 低音部音域大约从E到C

上面所举的人声区域,音色各各不同,并且各有各的特色,倘使把各声音部独立分离用的叫"独唱";如组合二音部、三音的、四音部、六音部用的叫"合唱"。合唱中最多用的是"四合唱"(或叫四重唱),他的组织是合高音部中音部"女声"次中音部低音部"男声"四部;但是不同声部的人,用八度高低的声音,唱同一种旋律,这种不叫合唱,叫做"齐唱"。

(乐器底种类)

(一)弦乐器——弦振动出音底乐器:

A. 弹弦乐器——用指、爪、拨、弹弦使他出音底乐器,如 Horp Hondoline Gmtor Banjo 之类是;

B. 弓乐器(摩擦弦乐器)——用弓摩擦弦使他出音底乐器,如 Violin Violin Cellse Contta—Bass 之类是;

C. 打弦乐器——打弦使他出音底乐器,如 Prauo 是。

(二)管乐器——管中空气振动出音底乐器:

A. 笛类——用口吹底乐器,如 Frute piecolo 是;

B. 簧乐器——利用簧的振动底乐器,如 Oboe Clarioet Fagotti 是;

C. 喇叭类——用唇代簧底乐器,如 Horn Cornet Trumpet Trumbone Tuba 是;

(三)打乐器——打棒、板、张膜等使他振动底乐器:

A. 属于振动的,如 Iriaugle Xylophone;

B. 属于板底振动的,如 Cymbal Bell;

C. 属于张膜底振动的,如 Drum Tympani。

(四)有键乐器——备有键盘底乐器:

A. 用管出音的,如 Pipe Organ(就是西洋底普通的风琴);

B. 用簧出音的,如 Harmonium American Organ(这就是我国所用的普通风琴);

C. 用弦出音底乐器,如 Piane。

上面所选举出的管弦二类乐器,有独奏的,也有合奏的,合奏时有一定底组织的叫做"管弦乐"。管弦乐合奏分弦乐器组、木制管乐组、金属制管乐组、三组对立,各成为和声的团体,不过打乐器不能成组,仅仅用以强拍子或装饰曲节而已。下面再把管弦乐上所用的乐器,列出一个表来:

这里面 Re 底值 $\frac{9}{4}$ 比 2($\frac{8}{4}$) 大,所以 Re 要比第八度(2)高,应该低下八度音程,$\frac{9}{4} \div 2 = \frac{9}{8}$ 如是所得的七个音顺次排列如下:

(英名)	Do	Re	mi	Fa	SoL	La	Si	Do
(对于主音底振动数之比)	1	$\frac{6}{8}$	$\frac{5}{4}$	$\frac{4}{3}$	$\frac{3}{2}$	$\frac{5}{3}$	$\frac{15}{3}$	2
(顺次各音间底音程)	$\frac{6}{8}$	$\frac{10}{6}$	$\frac{16}{15}$	$\frac{9}{8}$	$\frac{10}{9}$	$\frac{9}{8}$	$\frac{16}{15}$	

可见顺次各音间底音程,它的振动数之比只有 $\frac{9}{8}$、$\frac{10}{9}$、$\frac{16}{15}$ 三种

$\frac{9}{8}$……大全音(长全音)

$\frac{10}{9}$……小全音(短全音)

$\frac{16}{15}$……大半音(全音阶的半音)

大全音与小全音间底音程…… $\frac{9 \cdot 10}{8 \cdot 9} = \frac{81}{80}$

全音既有大小两种底区别,因此在洋琴、风琴这类有键盘的乐器,构造上很觉得不便,于是有把八度音程分为十二等分,一为半音,二为全音(废去大全音小全音底区别),即就作成现在洋所通告的"平均率音

级"了。

前面所讲长音阶底作法，为简单便利起见，可把长三和弦，作成一个三角形：

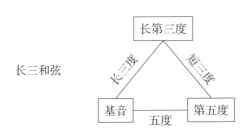

（基音上底长三和弦）（第四度上底长三和弦）（第五度上底长三和弦）

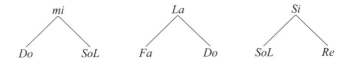

把上面这三种三和弦合并起来，就是长音阶的构造式：

短音阶中有所谓"自然的短音阶"，就是用短三和弦代替长音阶中底长三和弦，现在用La作音阶的主音，构成各三和弦如下：

短三和弦	第 五 度	短 三 度	基 音
基音上	mi	Do	La
第四度上	La	Fa	Re
第五度上	Si	SoL	mi

（英名）	La	Si	Do	Re	mi	Fa	SoL	La
（各音间底音程）	小全音	大全音	半音	大全音	小全音	半音	大全音	

又短三和弦为便利上也可作成一个三角形：

短三和弦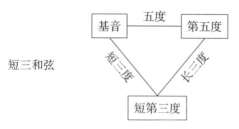

（基音上底短三和弦）（第四度上底短三和弦）（第五度上底短三和弦）

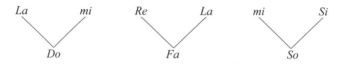

把上面的三种合并起来，就成为自然短音阶的构造式：

还有自然的短音阶中基音上的第七度与第八度虽然为小全音，但是这个半音照和声学上所规定，在第五度上应该用长三和弦去代替短三和弦，如下：

基音上底短三和弦	mi	La
第四度上底短三和弦	La	Be
第五度上底长三和弦	Si	mi

这三种合并所成的短音阶叫做"和声的短音阶"，就是现在作曲上所最多使用的短音阶。

临终要讲讲曲的形式了。乐式本属于作曲法范围以内，简括的说明，初学者决不容易了解，此地只可举出近代西洋音乐上所必要的乐式两三种，解释一个要领。

西洋音乐形式底二大别 { 复音乐……用对位法
单音乐……用和声法

此处所讲的单音乐与复音乐，和通常所说的单音与复音不同，这两者都是同时发出几个声音，不过单音乐他的主要旋律只有一声部，余者都用作辅助的声音；复音乐同时有二种以上的主要旋律进行，在前者底各个声音的组织法叫做"和声法"，后者叫做"对位法"。复音乐在西洋中世纪最隆盛，单音乐从十八世纪到了现在，都很流行。

用对位法作成的复音乐底形式，最简单的是"轮唱"，原语叫Conon，这是第十二三世纪所发明的作曲法，起首从一个旋律，稍迟接上完全相同的旋律，两种旋律相重就成为一种对位法。对位法最有趣味的地方，在乎模仿，这毕竟不是轮唱的形式所能企及，近代器乐独立之后，复音乐也一变而成为近世式复音乐了，在十八世纪德国音乐大家巴哈氏曾经作成许多叫做Fugue的乐曲，这就是复音乐中最高的形式。

复音乐以"模仿"为基础；单音乐则以"对比"与"变形"为基础。对比的形式，句对句相连续，带有几分反对的性质，譬如对长音阶而用短音阶，对快速度而用迟速度，对轻快而用忧郁，对弱音而用强音底方法都是。变形的形式，是把一曲中可作主要基础的主题，加出种种变化，譬如变换他的和声，变换拍子，变换音阶上的位置，或者分割主题施以种种装饰，或者组合各异的部分……方法很多。

对比中最单纯的是"二部形式"，把一首乐曲分为前部后部，各用不同的主题，使前后互成对比，乐曲虽然有大有小，而各部主题则有完全的，也有不完全的，小曲中的二部形式最有名的是"俄国国歌"，他起着用八小节的反复作前部，后用八小节的反复作后部。

对比中还有所谓"三部形式"，一乐曲分为前部、中部、后部三部，前部中部各用不同的主类，互成对比，几部或者照样反复前部，或者用和前部相同的主题，大略加些变化。这种形式在歌谣、舞蹈曲中用之最多，像进行曲、舞蹈曲中部有叫做Tris的，更见得显著。

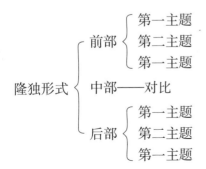

三部形式稍为复杂的,他的前部后部用二个主弦成立,简单一点的从进行曲里面常常看见,这一种形式,可叫做"复三部形式"。

三部形式中前部后部有二个主题,初用第一主题,次用第二主题,再次用第一主题的,这叫做"隆独形式",Rondo是含着像轮那样循环的意思,假定中部为第二主题,则第一、第二、第一、第二、第一,两主题反复循环。近代的隆独,后部和前部完全相同,如代以第一主题、第二主题、第一主题,则单用第一主题的为最流行。

$$
\text{又}\begin{cases}\text{前部}\begin{cases}\text{第一主题}\\\text{第二主题}\\\text{第一主题}\end{cases}\\\text{中部——对比}\\\text{后部 第一主题}\end{cases}
$$

作大曲时,不用主题变形,乃用"主题发展"的方法。主题发展与主题变形不同,变形的方法不论何时总不能离开主题,他的变化范围极快;发展的方法可随作曲者的想象,离开主题,自由自在,不论怎样变化都可以的,所以这种方法很能发挥作曲者底本领,在音乐上确是十分有价值的。

大曲中最高底形式,叫做Sunata形式,这种乐曲为前部、中部、后部三部而成,前部由互成对比的两个主题而成,其第一、第二两主题各为两回的反复;中部是主题发展部,从第一、第二两个主题自由发展,此处最能看出作曲者伎俩,并且全曲的价值也可从这一部分上去估定;后部与前部相同,有第一、第二两主题,但不像前部那样有两回的反复,又前部的第二主题用转调有原调底五度上底旋律,而后部的第二主题与第一主题相同,移调于原调的主音上。

$$
\text{Sonata形式}\begin{cases}\text{前部}\begin{cases}\text{第一主题(主音上)}\\\text{第二主题(第五度上)}\end{cases}\\\text{中部……主题发展}\\\text{后部}\begin{cases}\text{第一主题(主音上)}\\\text{第二主题(主音上)}\end{cases}\end{cases}
$$

要说明Sonata形式的理由，可把前部作问题，中部作解释，后部作回答。既有互成对比的第二两主题作问题，就要有如何解释说明的中部，解释之后于是就有作回答的后部了。因为要取这样的问题、解释和回答底顺叙底手续，理论上就生出许多形式：

二部形式……AB‖或A｜C‖	A…第一主题
三部形式……A｜C｜A	B…第二主题
复三部形式……AB｜C｜AB‖	C……对比部
隆独形式 {ABA｜C｜ABA‖ 或ABA｜C｜A‖}	D……发展部
Sonata形式……AB：‖D｜AA‖	

把上面所举的种种形式，组合几个所成的大乐曲，他的一部分底各乐曲，各叫做"乐章"，组合几种舞蹈曲底大乐曲，就是"组曲"Suite，组曲的各乐程都是同调子，同主音，并且各乐意用互成对比底配列。和曲发达后就有最高乐曲"奏鸣曲"Souata和"交响奏"Symphony出现了，此处所说的Senata与Sonata形式不同，Senata是四个或三个乐章所组成的大乐曲底名词，Sonata形式不过是他第一乐章曲部形式底名称。又奏鸣曲与交响乐两者虽然构造相同，但是奏唱曲仅限一二种乐器——洋琴、梵阿铃、哈拍、管乐器等——演奏；交响乐乃是用管弦乐合奏的乐曲，所以交响乐底发展部分底音色，能够尽量地利用变化，因此形式的音乐中最高尚的艺术，就要推交响乐了。

奏鸣曲和交响乐最完全的为四个乐章组合而成：

第一章——Sonata形式（平常用快拍子奏）

第二章——唱歌形式（用三部或复三部形式，这一章因为往往用徐缓表情的，所以通常叫做"徐乐章"）

第三章——古风舞蹈曲Menuet或Scherzo等（轻快的）

第四章——Rondo形式或Sonata形式（通常用急速的拍子奏）

以上四乐意中也有省略第三章，仅用第一、第二、第四、三章而成立的也很多，不过四章中必须完全具备三章。

室内乐里面有许多作曲和奏唱曲有同样的构造，简直就是小规模的

奏唱曲。还有一种为了要充分发挥特殊的一二种乐器——洋琴、梵阿铃、赛洛、管乐器等——底演奏能力，同时并要表示出作曲者对于那种乐器底技工的技俩所作的乐曲叫做Concerto（可译做同伴乐）也都有相类似的构造，这种曲通常不用第三乐章，是用第一、第二、第四、三乐章而成，并且各章底作曲形式，也很有变化的。

三、诗的思想 音乐既为一种艺术，必须有美的感情底表现，如果仅从理论上具备形式的构造，决不能成其为音乐。譬如前人句"水鸟带波飞夕阳"，如果单从水鸟带波的飞的音响上说明，毫无艺术的意味，不过我们读了这一句以后，忽然觉得有幽雅闲寂底余情发起响来，那这一句才有艺术的价值了。音乐也是如此，他所发的音响除了自身感觉以外，还要有能够引起人们心情里面所发响的余情，这就是诗的思想。

发生诗的思想底动机很多，主要的有下面四种：

（一）爱情

（二）宗教心

（三）幸福

（四）和平

爱情是关于男女间底恋爱，有持欢乐的，有作悲观的，这两种在音乐上有很明了底区别。诗的表现爱情底小乐曲中最著名的为"小夜乐"，此本是意大利国的民谣，因其曲风之美，引起各国的注意，所以各国也都作起来了。

从宗教思想而起的音乐，就是所谓宗教音乐，从古代经过中世近世到了现在这种音乐倒是很多，不过中世纪的宗教音乐。因为十分偏重形式的缘故，所以很缺少诗的思想，我们不妨听听近世的赞美歌那就容易了解了。

所谓和平，幸福也常常从诗的音乐里面表现出来，意大利人陆雪尼（Rossini）所作的有一首歌剧，他的序乐中底"静穆"一部完全表示和平，作曲是用描写法的。

四、描写 这是用音去描写种种现实的事情的方法。先把最单纯最幼稚的所谓自然描写法说说：自然里面的鸟声、风声，以及人的笑声、哭声照样去表现出来，用这种方法以模写为目的的音乐，叫做"模写的音乐"或"描写的音乐"。模写的音乐底趣味为下流社会所欢迎,在艺术上讲起来,毕竟居最下等的地位,所以必须再进一步改用音乐的描写法。但是所描写的现实如果缺乏余情,那末诗的思想又不能充分表现了,因此必须加入诗的想象,而用心中所映底主观的描写法,这就叫做"诗的描写",譬如表暴风用一种恶魔底怒号叱声,表死用大使的音乐,就是个例子,浪漫派的音乐最富于诗的想象。这种方法进步起来,就完全脱离自然的而用主观的了,休孟所作的"梦之曲"就是此例,又近来印象派底表现法是主观的描写法底一种变形。从十九世纪中叶以来有一种所谓"标题的音乐"出现,不用声乐纯粹用器乐去描写出一件事情,这种方法是依作曲者底情的和知的想象而来的一定主义上描出来的,所以标题乐更含有哲学的意味了。

萧楚女
中国底"农民问题"

> 选自中共党史研究室《萧楚女文存》编辑组、广东革命历史博物馆编《萧楚女文存》，中共党史出版社1998年出版，第167—183页。
>
> 1924年7月6日至8月31日，上海举办夏令讲学会，萧楚女应邀讲学会上作了题为"中国农民问题"的演讲（见《民国日报》1924年7月25日《夏令讲学会近闻》之报道）。由于演讲稿原文现已无法考订是否存世，而萧楚女发表在《新建设》第二卷第一期上的《中国底"农民问题"》，与其在讲学会演讲的时间相近，内容相似，本书予以选录，以作参考。
>
> 萧楚女（1893—1927），湖北汉阳（今属武汉）人。中国共产党早期理论家。1925年5月到上海大学任教。

（一）

在任何国家里，"政治"底使命，总不外是给它底组成员——每个男女以相当的生活上的满足。农民，是在任何社会中，居于组成员的主要的而且是大部分的地位的。自来以农立国的不必说；即在工业国中，它对于一般原料和生活上的原质料之供给，也还是立在一个生产过程底发轫点上。故一个社会里底政治底使命之完成，实际上，解决农民底生活问题，便占着主位。所以无论哪个国家，都不可不有他各自的相当的农业政策,以解决它底各自的农民问题。

中国,是个农民占全人口百分之七十以上的国家。自来国家底全部生产组织——全国民的生活,便托根在农业上面。农民生活之丰啬,实绾着全体国民经济之盛衰。社会底秩序,本是经济的产物。那么,农民问题,在中国便自然尤其是一个与社会治乱有关系的根本问题了。

（二）

中国农民问题,关系于中国社会底秩序,我们可以不待深究,便看得出来。近年农业户数及耕地面积之减少,和荒地面积之加多,据农商部所调查（按此数目中,川、湘、滇、黔、粤、桂六省,因南北分立关系,调查颇不完全）,则：（以一万为单位）

年　　次		民国三年	民国四年	民国五年	民国六年	民国七年
农民户数		五九四〇	四六七七	五九三二	四八九〇	四三九三
耕地面积（以亩计）	田地	一三九四一四	一三一九五一	一三八四九三	一二五八三六	一二一七二七
	园圃	一八四二〇	一二二八一	一二五〇三	一〇六八二	九七一九
荒地面积（以亩计）	官有	一九一二七	二二九四六	一九五六七	一四八六七	一四三六四
	公有				二二六七	一七九三
	私有	一六六九六	一七四九〇	一九四六八	七五三二三	六八七三五
	共计	三五八一三	四〇四三六	三九〇三六	九二四五八	八四八九三

四年之间,减少了业农的户数一千五百四十六万余户,减少了耕地二万六千三百八十七万余亩。荒地则增加了四万九千〇七十三万余亩——其中属于私有的,实占全数百分之八十五以上。这些农业和耕地的减少,荒地增多的数目,就是表示着有这么多的农民放弃了农业生活,在农业生产上有了这么多额生产力之减退。但这许多放弃了农业的人,到哪里去了呢？这一部分的生产力,究竟移到什么产业上面去了呢？自然有许多转入了工业或商业方面的,然其大部分要必归于失业。这些失业的农民,以什么为生呢？兵、匪、盗、丐、娼妓、杂业——便容纳了他们。社会上一切犯罪的构成分子,也便全赖他们供给。这是农民问题关系社会治安的一方面。

另一方面,我们又可以看见现在农民底生活状况,是怎么样正在威胁着他们,使他们不得不放弃农业而去转业或为兵为匪……。我们若假定每一户农家,有老幼男女共五人,则据顾复君以江苏无锡地方民国十二年四月之生活品价格为标准所推定的每年的最低生活费,应该如下——

饮食费　一百八十元(内米麦每日三角,每月九元,全年一百〇八元。蔬菜、鱼肉每日一角,每月三元,全年三十六元。薪炭及调味料,每日一角,每月三元,全年三十六元)。

衣服费　二十元(平均每人每年以四元计)。

房屋费　十二元(租费或修理费)。

子女教育费　六元。

交际费　十元(亲友各种应酬用费)。

医药卫生费　十元。

婚丧费　十元(平均十年一次计每次百元,每年摊算十元)。

赋税　六元。

杂费　二十元(不属以上各项之费用)。

总计应得　二百七十四元。

再试计算他们每家每年的收入,看有多少?

作物收入　一百四十元(田地面积十亩,夏作稻平均每亩收一石五斗,每石八元,计得一百二十元。冬作麦平均每亩收八斗,每石六元,计得四十八元。稻麦秆计得二元。共计得一百七十元。每亩肥料以三元计,收支两抵实得为一百四十元)。

蔬菜及饲畜收入　三十元

养蚕收入　二十四元(蚁量六钱,收茧九十斤。每担六十元,计得五十四元。需用桑叶三十担,每担一元,两抵实得二十四元)。

杂收入　四十元(如经营副业,及被雇为短工等)。

总计仅有二百三十四元

前后相较,支出实比收入多四十元。这便是每一农家每年的生活费用四十元无着落。然此犹是以土地有相当的肥沃,收获有相当的年成,一切种子、肥料等所需资本,均系由其自己腰包里拿出,这三点为标准的。倘若遇着土味稍薄,或是水、旱、虫害、人畜病灾,自然不足的又不止次数；倘若一切资本出于重息贷来，则其不足更是不止次数；倘若不是自耕自地而是佃农或半佃农，其收货品尚须听凭地主任意剥削时，那便尤其是朝夕胼胝只落得终年枵腹了！然而在中国现在的农业界，灾害等患毫无抵抗力的；农民借贷于富户，至少的利息，也在年利二分以上，有时被人盘剥，甚至负担利息百分之五十；而佃农于半佃农之多，则据民国六年农商部所统计，又实占农民总数二分之一。统计表如下：

农民种类	户　　　数	百　分　比
自 耕 农	二四 五八七 五八五	五〇
佃　　农	一三 八二五 五四六	二八
半 佃 农	一〇 四九四 七二二	二二
总　　计	四八 九〇七 八五三	一〇〇

这百分之五十的佃农和半佃农，依上文所研究，便是终年乃至于终身徘徊于冻、饿、疾病之中的"候补鬼"。他们除了死亡于穷病之中，不流而为兵、匪、盗、丐、娼妓、流氓，又往哪里去呢？

不但这样，进一层，就是我们所计算的那种以自己底资本劳力，耕自己的十亩之田而表面尚有每年四十元生活费无着落的农户，在经济学上，过细看来，果真只不足四十元么？细加计算，他们岂止不足这四十元？事实上，即令足了，也还是免不了一个亏本。因为在经济上说，一切资本、劳力，都是应当计算成一定的金额，加入生产费中的。中国农人自己所用的资本，从来不打利息；自己所费的工力，从来也不打工钱；所以他们当收获时，才仿佛觉得是够了他一家人底生活。其实，若把他底资本照一般农业界的贷借通利计算一下，把他底工力一个个的估计起来——那么他们底经营，就实在是一个亏得不亦乐乎地"亏本"交易了！据杨杏佛先生引证南京金陵大学农科某教授所计算，中国农民底农业经营即以自耕农论，在精密计算下，每田一亩，每年要亏本到十七元以上。照此看来，试问世界上还有哪种人比中国农民底生活过的还苦！

中国农民生活，在政治上、经济上观察，即已成了这样一个不可不急谋救济的问题；则"中国的农业政策"又应该怎么样定呢？

(三)

要定救济方法，须得先把那农民生活上苦痛的来源，剖析出来，然后才好根据着病源下药。中国农民生活之不良，其来源不外下面的几种原因：

一、由于外国商业的侵略。舶来品年年尽量地输入，近年的输入额要超过输出额三万万元。这每年三万万元入超的结果，一方面，农民所依以为生活上之帮助的许过副业——如纺纱、织布、磨粉、榨油等，均被外洋的大规模机械工业之产品夺去了销路，而日趋于破产。一方面，则社会的生活程度，又随了物质文明之大势的进展而增高，物价昂贵，农民购买力抵减。

二、由于赋税繁重和征收手续的苛虐。中国底田赋制度，非常繁苛。在世界上，恐怕像中国这样征收地税的，少有第二国吧？即以民国改革以后的现行税制说，单只税目，已有七项——什么：地丁、漕粮、差徭、垦务、租课、杂赋、附加税——复杂得很。地丁一项，包含田地税和丁口税。丁口税，在先本是一种对于国家征兵时，所纳的免役金。前清雍正时，按田地算定应出之"丁"，把"丁税"摊入地税之内，统名"地丁"。现在征收地丁时，只照已定之额征收，并不问纳税之户是否应被征兵——你就是一屋寡妇自耕薄田，也得要地丁两税全完。漕粮一项是从前国家对于农民征收实物——米、豆、麦……时，附带叫农民出的一种运费；以便把所征之物，运往京师的。现在交通已便，而所征收的又已换了通币不是实物，此项运费，久应废除；但现在仍然照例征收。其他各项，也都不合国家财政及租税底原理。征收之时，丁漕各项又均照定例折价，或银、或银元、或钱，每每一出一入，农民便受侵蚀不少。对于经手征收的官吏，又有一种所谓征收考成的制度。限定期日，一定要收满若干税款。及格，便赏；不及，便罚。官吏们个个邀功避罪，于是无论如何勒逼敲诈，国家也只好让他去做了！至于某处究有田地若干，那些田地是否肥瘠同等，收获量是否年年一样？这些统统是不问的。遇到灾荒，也不过估一估"灾"，只说减收一成二成而已——哪怕你实际上一粒也没有收到！不但当着"灾"年是这样办法，并且有时还要在今年预征来年或至若干年后的税款——现在四川省便有好多县已预征至民国十八年了！

三、由于耕地分配不敷农民家口的生活。在事理上，农民一家有几口人，便应该有足以养活那几口人的田地，然后他底生活才能有个相当的安定。中国农民在实际上所得到的耕地分配，却不是这样。他们每一户大都只能分配得十亩以下的田地。据民国六年农商部统计全国农民所得分配的耕地数目如下：

十亩以下	一七 八〇五 一二五户
十亩以上	一三 二四八 四七四
三十亩以上	一〇 一二二 二一四
五十亩以上	五 三四八 三一四
百亩以上	二 八三五 四六四
总　　计	四九 三五九 五九一

照这表看来，十亩以下的农户，实占全农民户数百分之三十六强。实际上，凡有五十亩以上的农家，大概都不自行耕种，而把田租与佃户。那么，中国农民简直可以说大部分都是十亩以下的自耕农和佃农了！我们在前面计算有十亩田的自耕农底最低生活，在平年时尚且有四十元的不足；十亩以下的农户和佃农那自然更是不足了！

四、由于现行佃租制度底不良。中国底地主剥削佃户，已是人人所晓得的一件惨酷事。他们不问田地里究竟收获如何，他们总是对于佃户要征收一定的租粮。租额之重，有时竟弄成一个倒三七、倒二八——十分七八归于那不劳而得的主人，常常逼着佃户借债、卖儿女来完纳田租。稍有迟滞，地主们便喝动差役，买通官厅，加以严刑重罚。这样的生活，哪个又能硬撑下去？所以好多农民便自然要去过那较快活的兵匪生活了！中国现行的佃租制还有一层坏处，便是因为佃田人对于田地用益权没有一定的法律保障，遂于作业上不愿尽力整理耕地，只是得过且过。而地主也一样地不肯加意经营——他以为只要每年能逼出那多租来便足。因此生产力有所未尽，生产物亦从而减少，农民生活自然枯窘。

五、由于缺乏相当的农事上之扶助机关与指导机关。中国农人一切听天由命，作业上既无科学的设备与计算，社会的阶级上，又每每加以轻视与欺侮。劳力浪费了，不知节约的方法。灾害之来，尤其不知抵抗。金

融上缓急之时,总不免吃典当和富户的暗亏。产物卖出时,每易被中间商人所播弄、垄断,而不得善价。内伙里一点不知道团结,有事之时一二乡绅可以举手间弄得你妻离子散,或是田地精光。

六、政治上的直接间接的影响。如军阀战争,致令农事失时;官吏舞弊,额外需索等。

(四)

中国农民生活之困苦——农业之衰败,大要的原因,不外上述诸端。那么,现在要谋救济,就当综合那些病源,分为三大对象:

一,对于"农地",应该从政治上和经济上去加以整理;

二,对于"农业",应该从科学上去加以经营;

三,对于"农民",应该从社会文化上去加以训练与教育。

(五)

在"农地"这个对象上,现在所应当整理的,一是税制;二是耕地的分配。耕地分配中,又分两项:甲项是农地之扩张;乙项是取缔现行的佃租制度。

现在,我们先论税制。农民除了以一般国民的资格所应负担的他项负担之外,对于国家便只应负担完纳地租一事。故无论哪国底政治,对于农民总不可在地租之外,更征及他项税款。因为所有他应负的国民负担已经在别处负了;现在又要他在农业上更负一道,那就是不公平,结果必致农民底生活获得,格外较之他项人民为低,因而为害农业。"地租",在财政学上,乃是属于收益税之一种。意思便是说这是由于那收得他所有底土地底利益的人所纳的一种租税。它底性质,是直接的;在学理上,应该实际归于土地所有者负担。因此,课税的方法和税率,便应有一种适当的准则。这事,在农民阶级上,能生很大的影响。我们中国现行的这种田赋课税法,税目既已繁多,税法又没有一定的标准,税率更是分歧百出。实际上,所有国家对于田地的收入,一概均由耕作人负担,地主的负担,自由的转嫁到佃户身上,他自己却逍遥法外,一点儿也没沾着。尽着下去,是使袖手的地主愈得坐食之利;而勤劳的耕农愈负重担了!对于此层,首先是应该绝一切额外征收——如丁粮、漕粮、杂赋等——而规定一个一定不移的课税法;依新课税法,征收唯一的地租。

地租税法,在各国已行过的,大要不外下列五种:

A. 面积法　以面积之广狭,定税额的多少。这法,对于土味的厚薄,则非所计。用于古代,自有土地甚多,而土味也没有经过现在这样提取的时候尚可;现在已有土地私有制度,农业上技术多少不同,土味肥瘠也顿殊了——这法似乎不能适用。

B. 收获法　以田中收获之多少,定税额底高低。现在中国的地主对于佃户所收的租课,本义上原是这种税法,无奈后来渐渐变成了现行的这种硬派的额征。这法根本上有二大缺点:一是收获数量的多少,每每只能由于推定,推定,便容易使征收人上下其手的作弊;二是有时两地收获之数虽同,而因地味厚薄的关系,它们各自所用的生产费不同,一致课税,很不公平。

C. 等级法　看地质土宜之良否,以区别纳税的等级。然一畦田底收获之多寡,虽是由于地质的情况而定;但农具的利钝,资本的厚薄,技术的巧拙,灌溉的远近,也自各有影响。等级法究难必剂于平。而定等级时,也非依赖于官吏底廉正不可。

D. 地价法　此法,系以土地买卖之价格为外形上之标准;实际上还是依那土地底企业收益或佃课收益为率——因为土地底买卖价格,便是代表那土地底企业收益或佃课收益的东西。什么叫做企业收益或佃课收益呢?一个地主在他底自耕的总收入中,除了(一)所纳的地租;(二)购买土地及改良土地所需资本之利息;(三)耕作时所投下的新资本——如肥料、佣金等——所得的纯收益,便是企业收益。一个地主把田租给别人耕作,所得的佃课,便是佃课收益。土地之买卖,为实际上底原资本价格;企业收入和佃课收入,都是他底利息。以原本价格为标准,和以利息为标准,性质并无区别。但此法也有缺点:第一、不移转的土地,便无从定其买卖的价格;第二、土地移转未必都是买卖,有时是承继,有时是赠与;第三、买卖的价格,若非买卖频繁的地方,也不能得正常的价格;第四、即在买卖频繁之地,而买卖的价格也未必与土地底收益成正确的比例。其最大缺点,则为第五、规定某地之地价,必须用强制登记法;而土地所有者所为之登记价格,必非其实际上之价格,然这些缺陷,可以另一个法律,把它弥补起来。这便在地价税法之外,单另规定一种"土地征

收法"与之并行。人民底土地,让他自己定价报官,国家只照他底报价征税;但无论何时,国家也可以照他底报价收买。这样一来,上述五弊便都可以补救了。

E. 清册法　调查土地底纯收益,作成详细的记录,以为课税的标准。此法,第一、要精密测量土地,并一一把地主底姓名、土地位置载上;第二、要鉴别地味肥瘠、水利便否、耕作方法、市场远近、交通状态;第三、还要为之约算一切耕作费用——然后才能算得出纯收益来。此法自较前四法精确,但手续繁重,设备不易——倒不如地价法之轻而易举。

从上举五种课税法中,我们可以看见地价税法实为最善的方法。以此法为标准,对于全国所有土地制定一个一定的法定税额清册——按册征收,则现在的一切繁重苛虐的病农之税(加于农产物而扰及农人的厘金,也一并在内),便可一律取消。

第二、耕地之分配的整理,头一件,便是"扩张农地"。扩张农地可分两方面:一面是积极的"开垦",一面是消极的整理现有的耕地。开垦政策是伴着移殖政策而行。中国现在内地所有耕地数目,与农民户口数目之比例,据民国七年农商部统计是:

耕地总数	一三一四 四七二 一九〇亩
农民总数	四三 九三五 四七八户

平均分配,每户尚不足三十亩。在江、浙、皖、鄂等省,每一农户,有田三十亩,若按上文所计算,则其生活似乎业已很觉可过(第二节所算,系以每户五人,种四十亩为标准);但若移诸北方各省——如直、鲁、豫及关外,则此三十亩之数,实万不足以养活五口之家——一家五口,欲得最低限度的温饱,据北方有经验的人说,非五十亩不可。因为北方多系旱地,土味不同,一切耕作,均较南方多需资本劳力,而收获量反不及南方的缘故。移民开垦满、蒙、藏、新,按地理的自然形态以定每户应得之分配率,在中国农民问题中,实为一种必要政策。然这并不是说我们只专行垦殖一策,便可能解决全部分配问题。我们还应在开垦这一方面之外,回头看一看现在农民所以大多数成为佃农和每户只能得着十亩以下的原因是些什么?显而易见的是除了其他社会的、政治的关系之外,在农民社会本

身上的原因,不外由于:(一)托根于现行佃租制度之上的少数地主,占了多数田亩;(二)所有耕地间及一般作业上,没有经济的、科学的集约管理和经营。故于积极的开垦之外,消极的整理现有耕地,也实为扩张农地之一要策。在这一方面,关于佃租制及科学的农业经营,俟后再说;现在单说关于耕地底经济的集约处理。

耕地整理的目的,不外利用自然,节约劳动。依此二大主旨,规定它所应做的事,是:

甲、土地的分合和交换;

乙、矫正畦塍间的区划;

丙、田径、蓄水池塘、道路等之变更位置或废止;

丁、设备便利的灌溉及排水工事;

戊、一般的农地利用之增进。

依上五项工作,它底结果,便可得到四大利益:

第一,是面积的增加。因为整理中把迂曲的道路,改为直线了;赘余的畦径,开成了田地;如此等类,必可增加不少可耕的新地面出来。

第二,是工力的节省。耕地整理之后,区域太小的,可以使之放大;形态畸斜的地面,可以矫成正形;这样耕作时,自然可以省却许多动物力、器具力和人力。其次,当未整理时,参差不齐的小区域彼此交错着,在交通上最不方便。江浙等省水田间底畦畔非常窄狭弯曲,尤其于搬运耕作两俱有碍。整理过后,道路之数减少,而路线已成直线,路面也放宽了——使用重大农具的和搬运一切农产物,都要格外方便。再,就是现在每个农人所有的耕地每每散在各处,和他人的产业犬牙交错着,事实上极不便于耕作。整理时,可以各以便宜,互相交换——当分的分,当合的合;作业便因而省力,管理上也更觉便利。

第三,是灌溉的方便。中国农人从来不知调节水利,每每因灌溉艰难和排泄不良,影响收获。耕地整理之后,一面迂曲赘余的路径已去,沟洫已较通畅普遍;一面对于水渠的建筑工程若更加以科学的经营,则旱潦之时,自然会要较前应用自如了!

第四,是生产的增多。耕地整理之后,因为地面已由迂塞变为通畅,灌溉排泄施肥工程都较便利,则生产上劳力节省之结果,必致生产费低

减。若整理工程上,对于地中空气流通再加以更多的注意,那么,害物便可因之消灭而肥料底效能必更显著,生产额也必随着增加了!由此更进一步,生产品底素质也可以逐渐改良了!

耕地整理底意义,虽如上述,然着手之先,必须先行举行清丈,调查户口;不然,那分合交换诸事便无所根据了。清丈调查等事,是需要许多时日和很大的经费的,这是一大难。次之,整理时,对于农民有时必需取些强制手段,此中不免使经手办理者有所舞弊,这是二难。整理之后,恐怕不久因为土地所有权之转移,还是不免于要仍归于复杂分歧,这是三难。整理的工作,不是短时间所能了事,进行中不免要使农民坐着等候,致旷农时,这是四难。但这四难,并不是怎么不可解决的。农民问题为国家经济上最大的根本问题,对于解决农民问题之耕地整理,使国库支出巨额经费,事理上是应当的。国家对于此事,因经费浩大而不进行,那便是一个愚蠢,而且是放弃责任,违了政治的使命。况耕地整理以后,因地价增高和农产物加多两事,国家所收的租税和国富上的进步,实际上,抵销此项经费,已经多多有余。二三两难,可以详密的法律补救,且施行时纵小有压制人民从中作弊之事,也不过和他种行政中所有一样罢了,更用不着因有小弊而停止大政的进行。至于旷误农时一层,可在施行整理时,用轮流法限期择农隙时急进。若仍有万不可避的牺牲时,旷业的农人,可使被雇于整理工作,以劳动所得,补偿农业上的损失。

耕地整理,固然可以使一般农民在实际上得到一部分的分配的扩张。但若听现在这种状况,让那少数的地主们,占着多数田亩,且以很不公平的掠夺手段坐食佃租,则农民生活问题,根本上还是只当没有解决。所以另一面对于现行的佃租制,必须严加取缔。不然,那耕地整理,岂不反成了帮助富农和地主们殖财方法?

取缔佃租制,并不必在佃租制底本身上想法;从地主们底土地所有权上加以限制,那就抽了他们釜底之薪了。限制土地所有权,要在规定一种土地法,限定每个国民所能私有的土地底最高限度。同时,应用地价税法和土地征收法,对于私有土地施行一种累进率的地价税,并厉行国家收买土地之政策。这样,地主底所有权,就止限于一定的法律范围之内,兼并的掠夺便可有相当的防止。另外,再规定一种土地使用法,对于自耕者、地主、佃农，加以详密之规定——予佃农以经济上的保护。现行的佃租制，在这样的几方面立法之下，尚何患其不自就消灭？

（六）

政治上、经纪上整理农地，从国民经济上看，到底还不过是一个消极的办法。积极的前途，应该是努力于生产之创造的激进。目前中国农业所以衰微的原因，大概不外下列四事：

一，农民固守旧法，不知根据学理，从事改良他们底生产方法，以致产品劣而收量少。

二，缺乏农业的金融机关，致一般农民没有凭借以为改良之资。

三，农民知识浅短，文化程度太低，以致阻碍进步。

四，没有农民的团体——互助的组织。

三、四两项属于一般的农村组织问题，容俟后论。一、二两项关系农业经营之根本，必须国家代为处理，靠农民自身是不行的。对于第一弊，国家应该规定一种系统的辅助农民的政策；使农业生产完全科学化。应此政策之施行，国家应设下列各机关：

A. 农事试验场及采种场。

B. 农业技师及农业指导员。

C. 兽医院及农具制造贩卖所。

D. 其他机关。

譬如研究良好的方法，培育优善品种，以推广于农民；应农民作业上之需要为之扶助指导；驱逐害虫，保育牲畜，供给并修理新式科学的农业机械——都由这些机关担任。此外，农业行政上，更须设一种农业警察，散布田野间，专为农民视察一切灾害及临时发生有害农事的事情。

现在有许多相信马尔沙士学说的人，抱着杞忧，总以为生产是不足的。殊不知向来的农业经费，并没有经过一种真正的科学经理。中国自不必论，即欧美也难免还是有许多浪费地力和人力之处。倘若我们真能把一切农业上的品种，加以科学的研究，某物应如何改良种作，某物应如何改良品质，某物应当努力使之发达，某物应当停种以省人工地力。举所有农事，一皆纳诸人生实用的轨范中，而又尽量地应用科学方法和科学器具，我想因为生产力底扩大，生产量一定要比现在的产额增多若干倍——

它底增加率纵然不能成就几何级数,但总也决不止是现在这样!生产界底创造的余地正多着哩!科学的探海灯还没有照着大洋波浪之一角,生产不足的杞忧,哪里值得放在心上!

关于生产力扩大这一层,现在俄国是决定了要行全国农业电气化。我们现在的农业经济,和俄国比,虽然有些情形是不同,但却也有些情形是很相同。俄国底农民知识、农业技术,有些地方实在和我们差不多。若拿我们底满洲、蒙古、新疆及北部诸省底地势和气候与俄国相比,那就尤其有相同之处。电气化政策,在中国似乎也有些施行的可能与必要。现在我们固不敢说马上便须必行,但我们总觉得这个政策,至少已有了我们必须研究的价值。倘若果能如俄国那样实行起来,那便不止在农业上是科学化;且是把全国民经济拿来社会化了——这不是我们对于未来的世界经济之趋势,尤其应该预为注意的么?

农民缺乏金融机关,对于农业经营上极有影响——每每有些必须兴作之事,因为无钱遂不能不望着它白放过去。中国农民吃此亏则更甚。当青黄不接之时,因购买肥料、种子,常常弄得无可奈何。富翁、劣绅从而剥削之,重利短期,竟把好多自耕农降为半佃农,降为佃农,降为纯粹的农田雇工。欲救此弊,除了在农村组织中,奖励农民自组互助的信用机关外,当由国家设立农业银行,对于农民为种种长期的有抵押品或无抵押品之贷借。并设农业仓库,收藏农民底收获品,发行仓库证券,以资农家经济之活动。

以上所论两节,均为生产上从事于创造方面,使农业经营为开发的激进的。但世界经济既已进化到了今日,全世界经济组织几乎成了一体,彼此之间,一举一动,都要互生一些影响。中国农业衰微,在内的原因上,我们是已经指出上述四弊了,然此外也还有外的原因,外的原因是什么呢?这便是我们中国现行的这种协定关税制度的不好了!协定关税被列强底条约所束缚,对于一切输入输出物品的税则,毫无自由伸缩之权。国内农产品和外国农产品一样完纳同等关税,对于妨害本国农业之输入品,不能利用关税加以禁止;对于本国农民有利之输出品,也不能利用关税加以奖励与保护。今后中国农业不求发展则已;若求发展,在国家底财政行政上,相当的保护贸易的关税政策是必要的。不然,则不但农业终无达到

"独立的生产"之望；即一般工业也还总只是与人家的工业相倚——而全中国领土只是永远做人家生产品的一个销场罢了！

关税改正之后，粮食底产销，方能得到平均分配的调节——这一层又是很有关于中国底农业政策的。因为中国税制最病民的是厘金，厘金对于一切懋迁贸易，都有很大的阻力。而此为民阻力之厘金，现在却和关税生了一个不相干的固著关系，望着不能废除。所谓"裁厘加税"已成一个财政系统；外国一天不允许实行增加关税，中国政府便一天不能废除厘金。厘金一日不废，农产物底产销便多少总要受它底挟制。故关税之改正，又为调节国内农产，均配民食的一个间接钥匙。

农产物产销之不能调节，除了厘金和协定关税在内地各口间所生的阻碍外，奸商和新兴的交易所之囤积垄断也是一个原因。对于此层，国家应有一种特别的立法，严行取缔。一面广设农业仓库，协助农民通融资金，屯积农产品；一面奖励农村中互助的贩卖团体。

（七）

依前节所论，中国农业之衰微，一半是因为农民底文化程度太低，没有知识，不知团结；则对于农民施行一种教育，实为目前一宗应办的急事。然农民底文化程度之提高，决不是狭义学校教育所能奏效的；它底真正的办法，还是在使一般农村社会化。换句话说，便是要对于农民施行一种普泛的广义的社会教育。自然，农业学校，及农民补习学校，还是应当急办。然主要在改良农村组织。中国农村中，除了每年清明祭祖和二月二做土地会之外，简直毫无一点组织，他们既没有组织的习惯，现在一旦去要他们如何组织，必须多少仍要利用他们原有的一些乡俗，从"俱乐部"这一类性质的组织入手。大概对于一般农村之改组，可以分为三期。第一期专从娱乐一方面着手，从事宣传与教育。如演剧、电影、通俗讲演、有兴味的设计的补习教育及图书馆等——诱之使渐渐深入。一面从感情上，使他们相信了宣传者（无论是个人或国家，都须如此。农民们不可与之讲经说法，只可以感情联络），指导他们入于第二期——自治。在第二期中，国家应以法会规定农民自治之一般法例，使他们在国家的善意的指导之下，去组织：

一，农会；

二，乡村自治公所；

三，佃农和雇农公会；

办理他们产业上、地方上和他们本身底一切事情。并在一种的社会的意义上，使佃农和雇农们，自己能以阶级的觉悟，和地主们抗争——以遏土地兼并和剩余价值的掠夺。这些事，在可许的范围内，应该尽量地让他们自己做去——但在必须要加以纠正或指导的时候，国家仍须担任辅导之责。到了他们自治的训练，有了素养，且他们已经明白了国家政治的系统和他们自治的意义之时，然后才入第三期。第三期为农人完全独立自治之期，国家便应一切放手，让他们自己做去。此时，于原有的自治组织之外，应该在必要上使之发生种种组合，以与国家底一般农业行政相并行——如信用组合、贩卖组合、购买组合、生产组合等，在农业经济上都是很重要的机关。

（八）

综合上文，所有中国农民问题的解决方法，便是国民党党纲对内政策中所标明的这几句话：

"严定田赋地税之法定额，禁止一切额外征收——如厘金等类，当一律废绝之"（党纲乙项九）。

"清查户口，整理耕地，调整粮食之产销，以谋民食之均足"（党纲乙项十）。

"改良农村组织，增进农人生活"（党纲乙项十一）。

"由国家规定土地法，土地使用法，土地征收法及地价税，私人所有土地，有地主估价呈报政府，国家就价征税——并于必要时，得依报价收买之"（党纲乙项十五）。

萧楚女
外交问题

> 这是萧楚女1924年8月在"上海夏令讲学会"上的演讲稿,讲题为"外交问题"。原载《民国日报》副刊《觉悟》1924年8月7日至9日。

一

关于中国外交上历来经过的情形,有系统而详细的解释,应属于外交史的范围,今天无讲述之必要。我所讲的题目,是外交问题,就是研究"目下中国所有外交上一件一件的事实,我们应当怎么办,现在中国的北京政府又怎么办"。

(一)临城劫案

我们中国的外交,在历史上总是失败;外人要中国怎样,没有不"低首下心,唯命是听"的。以前一国一国地单独向中国进攻,尚可以勉强对付;自民十以后,——一九二一华盛顿会议以后,列国改取一致包围的态度,中国便入于死的状态,永无复超生之望了!这个包围事实的表现,是始于一九二三的临城劫案。

去年五月五日,津浦快车,深夜二时五十分行至山东峄县境内沙沟、临城两站之间,车行渐缓;突然间,枪声大起,车身倾倒,土匪千余人,蜂拥而上,大肆强劫。从一、二等车中,掳去中国人二百余,西人三十七,并

毙英人一名,劫去财务无算,只是没有一个日本人,他们把掳去的人绑到抱犊崮,——土匪的巢穴——明目张胆,大向北京政府索赎。抱犊崮倚山环水、险峻异常,仿佛和《水浒》上的梁山泊一样。他们恃险负嵎,洋票中有一个美国的大资本家,竟勒赎至数万元之多,没有进步的中国人,像这样强劫的手段,确算特别新奇了!当时日本报纸,首先大肆攻击,且指为义和团再起。但上海报馆,却接到了个被难美籍教士的电报说:"肇事之前,曾有日本浪人多名,往来津浦线临城一带,踪迹非常暧昧;到了肇事的时候,津浦车中一个日本人也没有,好像已预先知道一般"。这样看来,劫匪徒生,日人不与,而抨击中国,却是他首先发难,此中大有蛛丝马迹发寻,不过中国有匪,才被外人利用,军阀拥有那许多的兵,而听迹可横行至此;真个令人伤心!现在且看临案发生后各国的对华主张:

英——谋占天津德旧租界。

日——要求黎元洪亲至临城与匪议和。

葡——要求设护路军由使团监督。

法——提议立扣关余盐余。续索庚子赔款。

意——主张如庚子故事,联军入华。

美——盛唱严惩中国,停止增加关税,保留领事裁判权。

像以上所列各国的意见,无一项不是蔑视我国家人格的,倘使没有将他们的人一个一个地都救了出来,中国早已成了共管之局了。再看土匪对北京政府的要求,和北京政府对付他们要求的态度,他们的条件是:

一、除每人估价赎还外,将匪军改编为师,由孙美瑶自做师长;

二、官军不许进攻抱犊崮;

三、划滕、峄、邹三县一带,为匪军驻防地。

果然,北京政府除换汤不换药,该师为旅外,对于上列条件算是完全承认了。似此情形,土匪如果要做皇帝,要复辟,要霸占一切,不是都可以承认吗?不过我们要知道,他们并不是怕土匪,实在是怕得罪了洋大人,没有法不得不如此啊!

洋大人既被救出,太上政府——外交团——的训令又来了!八月十日十六国通牒的要求是:

一、除死者赔偿二万元外,每个人被掳外人赔偿损失八千五百元，——共三十五万元。

二、保障：

（甲）对于负责人员，加以相当惩罚，并保留在通商租界内驱逐犯罪人员之权。

（乙）改组护路警队，以特别编制之中国路警，受辖于外国军官之下；又保留路警详细办法提案权利。

（丙）鲁督田中玉免职，永不叙用，并革去一切官勋；兖州镇守使何锋钰免职，永不再任为军官；津浦路警局长张文通免职，永不与以任何管理路警之权；快车警长赵德昭免职，永不录用。

这样一来，国家的耻辱，将永无洗清之日。官吏的任免，是国家的特权，绝不容他人干涉，堂堂封疆大吏，岂可因他人的意旨而任意撤换，北京却正想以承认此案要求为使团觐见曹锟的交换条件，——哪里还顾到国格，洋大人放屁，亦奉命唯谨，像这样的外交，中国只有任十六国包围宰割了！

（二）六一案

日本在我民国四年要求二十一条，好像把中国当一个肥猪，二十一条就是一根一根的绳子，层层捆起，拿去自由宰杀一样。总是我们的学生不好！有良心！去年五月二十九、三十两日，长沙学生，接着了汉口学生会请执行被查日货的电报，更列队到码头监视。三十一日，船尚未到，他们就在岸上演讲起来。湖南朋友向来能干，有热血，不怕事；那日几乎同日人冲突起来；幸得警察的维持，才算幸保无事。六月一日上午，湖南外交后援会游行演讲队在码头演讲，适武陵丸由汉口开到；我们贵国坐日本船的先生们，怕学生干涉，不敢登岸。日本人急了，就从他们的军舰伏见丸上调到海军二十余人登陆，都用乱棍痛打学生，伤学生工人多名。下午日轮金陵丸又由湘潭抵埠，市民与学生大起不平，日兵更大逞其凶，刀枪并施，打死市民二人，重伤七人，轻伤三十余人。湖南交涉司杨宣诚很能奔走力争，不遗余力；但是日人方面，不但不自认过，反加中国以不当反对二十一条罪名，说打死人应由中国人自己负责。可是因为交涉司的努力和湘省民气的沸腾，交涉渐有头绪。正在双方争持的时候，北京的电报来了，叫湖南政府把交涉移到北京去办。迁延到了现在，已一载有余，还

是在那里搁着,不得解决。北京政府事多!只记得有利可图的金佛郎案,德发债票;又闹什么头发呵,马蜂呵,民国十二年六月一日中国人民的奇耻大辱,恐怕早已忘在脑后了!

(三)九一案

日本人办教育,从小学起,便大灌输其帝国主义,说朝鲜人是敌党,中国人是他们的仇人;所以日本国民从小孩子的时候,便满藏着敌视朝鲜人和中国人的心理。

去年九月一日,千浦火山喷火,东京、横滨、箱根等处发生很激烈的地震,因地震而起海啸,因走电而起大火;当这样重灾发生的时候,他们因为仇视朝鲜人,说东京大火是朝鲜人放的,浪人和青年团,大肆搜索,不问鲜人华人,男女老幼,一律惨杀。中国留学生,跪在他的面前,自认是中国人,结果仍是要杀。事后统计,中国工商学生,被害者一百七十余人,这又是谁之过?中国人该死吗?日本政府做什么去了?可怜的中国,临城劫案,对于被掳的外人,牛乳、面包,不停的供奉;出来了,还要赔钱!中国人被杀了许多,一个钱也不值!上海人杀猪,每斤肉也要卖四角钱,可怜的中国侨民,连肥猪也不如呵!中国人哪里去了?没有长嘴,不会说话吗?北京外交当局,置之不闻不问,只有留日学生会提出要求:(一)惩凶,(二)赔偿,(三)道歉,(四)并保证以后不再有此等事变发生等四个条件;国内的学生,打了几个电报,没有丝毫效果。到了现在,我国民的五分钟热度,早已退得干干净净了!

(四)威海卫案

威海卫是我国扼黄海、渤海口的军港,不但在我国要算第一,就全世界论,也应推为良港。前清光绪二十年,李鸿章做北洋大臣,当时朝鲜两党争持,一派亲日,一派亲华,袁世凯想做大官,利用亲华派捣乱,急电李鸿章请派兵入鲜。李不懂外交,忘记了自己与伊藤博文所订"两国派兵,须先互相照会"的条约,冒昧进兵,遂酿成甲午之战。战败的结果,订立马关条约,台湾澎湖,失去不计,又把辽东半岛,割让与日。俄国因为势力范围关系,起来干涉;德法强作调人,说南满洲是中国皇帝的老家,强迫日本退出,换去了三千万两银子。交涉既终,俄国又起来索酬,他们的手段更高,欺负李鸿章不懂外交,假俄皇加冕为名,把他骗到圣彼得堡去,当作小孩子玩弄。密约成功了！断送了满洲路权，又把胶州湾让与俄国作军港；密约换文，听说当时除三个当事人——李和俄国商务、外务两大臣——外，绝对没有第三者知道呢！不料《泰晤士报》，探着了这个消息，立刻发表出来，列强不服，群起而争，密约虽因以取消，而其时适有山东曹州德教士被杀之事发生，德国派兵舰五艘，强占胶州湾；中国因受了日本的教训，哪里还敢申辩，只有双手奉送！于是大家援例，俄租旅大，英又援俄例租威海卫了！租期二十五年，去年期满，照例应无条件归还。北京政府，并没有想到去办接受的事，因为国民大闹起来，没法只得派一个专门卖国的梁如浩去接受。英人起初百般抵赖，不肯放弃，后见我民气激昂，已肯让步。不料梁如浩首先承认立约，英人窥知其短，竟提出种种名为退还实仍占据的要求，条文太烦，不能详述。单就其中一两项说，威海卫城，从前不属于租借范围，现在一并加入了！从来中国兵船可以自由入港抛锚，现在也受限制了！梁如浩是留学生，会说洋话，也懂得法律，难道不知道丧失主权？甘心卖国，究系何故？副督办陈佐卿，愤而辞职，并将密约内容完全宣布，有人说是分赃不均之故。至今尚是悬而未决，这个外交问题，是怎样重大，全国只有山东开了一次国民大会表示反对，其他各地，至今寂寂无声，大家都认为是山东人问题，我们可以不管，我想上海的学生也未必甘心不管吧！最近风闻英国准备稍稍让步，促成签字，我们的主权，又将断送！大家注意呀！注意！！

（五）俄发债票

民国二年上半年，袁世凯已存了打倒国民党、推翻民国的野心，就以善后为名，并不提交国会，即向英、法、德、俄、日五国银行借款二千五百万镑。其中俄国担任一部分为五百万镑。当借款成立时，因为正是债票尚未制就，乃先印预约证交付五国经理银行先行发售。民国六年，正式债票已制就，仍由政府发交五国银行，令其与预约证交换。当时正值欧西大战，俄国方面因战争紧迫，债票虽已送到，捆在财政部里，没暇顾及交换。一九一七年，多数党推翻政府，列宁宣布否认一切外债，人民最高委员会又宣言放弃帝国时代在华所得特权，然而此项中国正式债票，却已不知如何，竟以极廉的价格，落于日本正金银行之手。巴黎和会的时候，日人竟持票向我索还，说他已经垫付了十二万二千三百五十三镑的利息，硬

将十一年十二月份及十二年一月份盐余十二万七千五百八十五磅四便士扣留；声言如承认俄发债票，即放还此款。其时汇丰银行亦收有此票；财长赵恩源向该行挪用德、奥赔款，该行故意以未统一增内乱后为反对，实在暗示如能承认正金要求，即可在利息项下拨八万磅应用；刘只要有钱的不问利害，就此承认，五百万镑俄债，不但重付十二万余利息，并须二倍还本，本利合计，总共约达一万万以上。这实在是北京政府卖国的一个铁证，听说还有交换承认贿选的意味呢！

（六）德发债票

一九一四年，协约对德宣战，那时日本因为要夺取青岛，强迫我守中立，到一九一七年日本又怂恿我国加入战争旋涡，我国因此向日本借了一大批的参战借款，没有派去一兵一卒。欧战告终，居然也挂着战胜国的招牌，向德国索取赔款。这样的举动，照公理上讲，可谓丧失国格，仿佛和拆白党的行为一样！偿额二万零四百万元，是梁士诒内阁定的，因为东交民巷太上政府的非笑，才将军事赔偿放弃，改为一万二千万元。可怜战败的德国，生活太高，金融紊乱，要几万马克才得抵换中国一元，无钱可偿，只有将津浦、英德二次借款和川粤汉借款来抵，两相消却，退票了事。这种倚强凌弱的举动，我们本应根本反对。现在姑且退一步，只知自私自利，承认要钱是对的，但德国赔款，究竟完全收得了没有呢？

津浦、英德、川粤汉等债票，究竟总额多少，不得而知，只是两两恰好抵消，却有一点奇怪！退还的票子，照例应当焚毁，北京政府，却仍旧宣告通用；以四五千万抵偿德侨损失，其余七八千万，仅拆作一千五百万，交由德华银行经售，此中六千五百万的损失，当然中国是负担了。将来欠一个还一个，吃这样大的亏，北京政府何乐为此？因为借债向例，须储存定款担保，德债基金，存在英京汇丰银行的一万三千余万元，北京政府正闹穷荒，王克敏看着了这一笔大款，自然不惜违反民意，公然承认了！但是，北京政府究竟将此基金完全领回了没有呢？折折扣扣，最后只得到八百九十二元。钱尚没有领回，军阀电报已如雪片飞至，洛吴鄂萧，张三李四，共计起来，已经九百万，军费已应接不暇，遑论其他。据报纸记载，某国会议员研究此案前因后果，合计要损失两万元。王克敏身为财政总长，岂不知损失之大，且一拿到手，即被军阀朋分，然而他不顾一切，挺身去做,不是受了金钱的暗示,何至糊涂至此!

(七) 金佛郎案

前清光绪二十六年,北方人民,因为自中日战争失败以后,直到胶州、旅大、威海卫尽被攘夺,其间中国所受奇耻大辱,真是一言难尽,便不禁由爱国而激起排外之心理。可怜他们太无知识,迷信一种神教,以为披发仗剑,口中念念有词,便可抵得住枪炮,慈禧太后及朝中权贵,竟以为是雪耻得好机会,杀洋人,毁教堂,无所不至。洋人愤极,八国联军,共攻中国,破天津,入北京,清帝后出走,外兵焚掳劫掠不计,又索赔款四万五千万两。此款分期三十九年还清,本利合计,约达九万八千余万元,强占海关税收作抵,是为辛丑条约。款中法国应得部分,约占百分之十三——即一万五千四百七十万九千五百八十二两余——各国货币制度不同,非两换不可。当时价有一定——即海关银一两抵法币三佛郎七五生丁——不论金币纸币,年年照价偿付。欧战时,列国要求中国参战,以缓付庚款五年为条件,现在限期已满,应仍旧照章付款。不料因欧战原因,法国纸币大跌,从现在起,算到第三十九年止,折扣下来,以纸币偿还仅须规元三千五百万两——即四千九百万元——即可偿清赔款。法国纸金比价,为三与一之比,若用金佛朗,非一万五千万元不可,至少要吃一万万的亏。"贪多务得,人之恒情",法国要求用金,我们亦不能怪他。只是中国当局,有条约而不知据理力争,却是十分可耻了!近来因人民反对,尚未正式承认用金,但口头早已允许,迟早终于承认,只不过是时间问题。现在我们且研究王克敏何未甘心卖国,绝对主张承认:

战前中法合开中法实业银行,资本各认总额之半;中国方面的股票,差不多有十分之七八落于王克敏手中,名义上是两政府合办,实际上确为王氏私有。欧战中,中法银行倒闭,因为中国政府曾向该行借款一千万元,王克敏想提出复业,以便将本人所有股票高价售出。不幸这件事没有成功,而王氏终不甘受此重大损失,虽不惜丧失国权,勾同法人,互相利用,来作这件卖国的交易。由法国退还赔款之一部,办中法教育事业(即文化侵略),及恢复中法实业银行,以交换承认用金。不料内阁总理孙宝琦,与王氏意见不洽,始终不肯联络一气;王氏因有曹锟的后援,但孙氏也有洛阳的后援;两相争持,今日我请假,明日你辞职,暗斗了一月之久,

结果仍是孙宝琦失败。现在颜阁不日而立,此案恐终于承认了!

（八）关税会议

民国十年十二月二十八日,华盛顿会议议决,中国财政紊乱,应裁厘加税以救济。各国原来协定的税则,名为值百抽五,实际不及百分之三;此次除实行切实值百抽五外,如中国能裁去厘金,即实行一九零二年中英条约规定之值百抽一二点五,原约闭会后三月,各国均派代表来华开会,讨论加税的方法。果真能够实行,对于中国也有些利益,因为各省厘金,尽被军阀截留,关税由税务司直接付诸中央,既利政府,又益商人,间接的还可发达中国产业。但是洋人对待中国,向来没有诚意,仿佛和哄小孩子一样;哭来便说给饼子他吃,好了便立刻取消前议。他们天天说开关税会议,延展二三年,还是没有开成;临城劫案发生,又给他们一个好题目。现在索性连说也不说,小孩子已不哭,饼子依旧不能吃了!

（九）收回公廨

收回领事裁判权,也是华会所定,当时议决,由与会八国,各派代表于华会闭幕三个月内来华,调查中国现行司法状况,于一年内缮具报告,以便各国放弃领事裁判权。北京政府不行,偏要说自己的司法尚未完善,阻止代表来华,恰好正中各国的心理,从此闭口,不谈此事了。不但旧失的不能收回,新来的又还要增加,智利也要求裁判权了!中国商人,入了智利籍,在中国犯法,当然应由中国办理,他们却送交智利领事审理了。许多人说:"华府会议,使中国地位提高",我不知增高之处,究在哪里?

（十）无线电台案

华会不是也通过了各国在华所设一切无线电台,一概撤消的议案吗?法国建筑在顾家湾的电台,不但不立即裁撤,每日仍将中国消息向外国传报;中国政府向之交涉,不成,自亦无法;这且不必讲。日本虽与中国有约,华会之后,当然等于废纸,然而日商三井洋行已在双桥建设电台一座了。美国亦曾与交通部有建设广州、上海、北京、哈尔滨四处电台之议,而未立约;美为召集华会的国家,应如何尊重条约,但也居然与北京政府订立无线电台大借款合同了。此日、美两国,均含军事作用,将来日、美有事,我即欲中立而不可得。作茧自缚,北京政府何不明利害至此!

二

其余悬案尚多，不能一一举出，且简单述其较大的：

（十一）李义元案

李义元是北京的士兵，在东交民巷城墙上游眺，英国巡捕不许，将他捉到牢里去。他虽没有知识，但很有志气；出狱后，遇着洋人便打，伤了西人康白尔。但李亦被康殴伤。由大兴县判决，偏袒洋人，李不服，已上诉。

（十二）刘魁元案

刘魁元是北京邮局指导来往领取包裹的巡士，英人威比德时常漏税，被刘察出，已非一次。后来实行上前干涉，威氏老羞成怒，竟将刘氏毒打，自乘汽车，不顾而去。刘向英人提起公诉，判决只罚威氏洋二十五元，威尚不服肯。已到上海英国按察使处上诉。

（十三）田仲香案

汉口日商本多洋行经理某，将价值百三十余元的手表，带了出去打猎，该行日人，疑是西崽田仲香偷去，强逼承认，棍棒交加，竟将田打死。后来行长打猎归来，才知道错误。湖北政府，向之交涉，日人始终不肯承认，至今未得解决。

（十四）贾邦敏案

贾邦敏是汉口某日商的伙计，该商因欠东孚洋行大班鸟羽田藏款不能归还，私自逃脱。鸟羽硬将贾送到押至令自缢身死，日领宣告鸟羽无罪。

（十五）叶胡陈案

六月二日的晚上，汉口日商一二洋行门首，由乞丐叶惠元、胡兴发、陈树生三人睡觉，日人儿玉保木，向他们辱骂驱逐，他们因气愤不过，也回骂了几句，儿玉大怒，竟持刀将三人杀伤，至今仍未解决。

总而言之，大概日人横行中国，较其他国家为多，全体讲来，恐怕两三天还讲不完。只提一件，可例其他。从前扇面上写了"五月九日""收回旅大"等字的扇子，日人也硬强迫中国政府禁止，现在已不能出售了。

(十六)万县船户案

四川万县,向以民船装运货物,船户以此为生;自日轮通行,他们饭碗均被夺,无法为生,便思雪愤,纠众万余人阻止轮船运货,正当双方争持的时候,英船主华利,忽然失足堕水淹毙。他们却归罪船夫,英国驻万兵舰司令,开炮要求惩办船夫会首,会首闻讯逃逸,中国驻万军官,硬捉杀船夫二人,以谢英国。后来华利出殡,又勒令全城士兵,披麻戴孝,送上坟山。英国议会为此事曾提议质问政府,中国政府呢?中国议会呢?

三

以上所讲,没有一件不是惨痛的余痕,诸君的肚子,大约快将气破了。但中国究竟有没有三项胜利外交呢?据我所知,只有(一)粤海关事件,孙中山先生主张广东关余应为广东政府提用,经帝国主义者派军舰示威,而孙先生仍宣言说:"明知不敌,也愿开战,以寡敌众,虽败犹荣",帝国主义者虽然蛮悍,终于将兵舰完全开退,结果虽只允以关余浚治西江,而精神上固已完全胜利了。其次美商违约售械事件:罗拔洋行借词欠款未清,将广东政府购定之兵工厂制造机器,违约售给北方,雇定日船高知丸装运北去,广东人民大愤,首先是工人反对,不肯搬运,继之各方响应,广东政府因有人民后盾,更严重交涉;政府虽经济困难,人民却热心援助,商会各团体大家集资,结果机械购回,外交胜利!又如最近的沙面苛例交涉,人民固一致坚持,政府亦据理力争,我敢断言结果完全胜利。

自道光二十二年鸦片战争以至现在,所有外交无不失败;可说胜利的只有最近广东几件交涉。广东政府地无北方之大,兵无北方之多,何以外交偏能取得胜利?因为它有后盾,工人、海员、巡捕、学生,都是他的后盾呵!

总之,二十世纪的政治,是民的政治,立于民众基础之上就胜,不则败。北京政府是二三军阀官僚分赃自肥的公司,况有民众的基础;广东政府的建设民众基础之上,处处为人民利益而奋斗,就是没有知识的人也认得十分清楚。他们能够互相合作,如打锣鼓唱戏一样,两方面都能合得板上,自然无往而不利了!现在金佛朗案、无线电案,……等问题,解决

近在目前了,诸君呵:
    我们要努力!
    我们要参加!!
    我们现在便要参加!!!

萧楚女
中山主义与国家主义

> 这是1925年11月中山主义研究会成立后萧楚女在上海大学所作的题为"中山主义与国家主义"的演讲稿,由上海大学学生马凌山记录。1926年4月发表于马凌山编、于右任题写书名、三民公司发行的《中山主义讲学集》上。

一切的国家主义,都是资产阶级保护自己阶级利益的一种政策,中国的国家主义者——醒狮派、孤军派等——自然也不会是例外。因为他们都是小资产阶级智识阶级,没有固定的经济基础,很容易被统治阶级所利用;他的思想是政治上落后的群众心理之反映,不明白民族革命运动的真意义,就以错误的思想来解释这个运动;并且时时以错误的观念摇动一部分落后的群众。这样一来,国家主义在客观上自然会变成资产阶级有力的工具,资产阶级利用这个工具,就可以紊乱无产阶级的觉悟,和缓阶级斗争的高潮,以保持他们的地位。所以国家主义者非难中山主义,反对国民党,攻击共产党,这并算不得是什么奇特的事,因为他们与中山主义、国民党、共产党的意志截然不同,根本就立于反对的地位。关于这一点,我们有很多的实例可以证明:他们骂中山先生顽强,反对中山先生召集的国民会议,称赞广州商团为陈廉伯张目;他们攻击共产党,反对国民党联俄,认苏俄为赤色帝国主义,非难中国民族革命运动与世界无产阶级势力联合战线。他们要分别对付各个帝国主义,不愿同时反对一切帝国主义。他们讴歌德意志帝国主义,不许蒙古民族自决。这些事实,我们在他的机关报——《醒狮》报上都可以很明显地看出来。然而他们却偏要故意装腔作势,说他们并不反对国民党,不过防止赤化,攻击共产党是他们的使命,因为国民党容纳了共产党,所以他们就不同情于国民党。甚至厚其脸而地说中山先生的主义与他们的国家主义是一样的,以欺骗一部分思想落后的群众。还有许多国民党右派不明了中山主义的分子,亦竟与他们合作,自言国家主义与孙先生主义相同,相借此勾结一部分势力,以联合反革命的战线。在这种情形之下,许多落后的群众,难免不受他们的愚惑与欺骗。所以我们今天对这个题目有详细解释的必要。

一、中山主义的内容

中山主义是二十世纪最伟大的一种主义,是救济中国的唯一药方,他的目的是要促进中国之国际地位平等,政治地位平等,经济地位平等,使中国永久适存于大同的世界。绝对不是像狭隘的国家主义,想把中国造成一个帝国主义者去侵略其他的国家,统治其他的弱小民族。我们现在先说中山主义的内容:

(一)民族主义 中山先生的民族主义,在不明了主义的人看起来,似乎与国家主义相差不多,因为这样,所以就容易使一般人误会,以为中山主义与国家主义相同。其实我们若把中山先生的民族主义分析研究,就可以知道他的主义与国家主义不但不是一样,并且立于绝对相反的地位。中山先生的民族主义有几个特点,我们应该彻底了解。

甲、中山先生的民族主义,是反国家主义的民族主义,他说民族的形成,是由于血统,生活方式、语言、宗教和风俗习惯五种力,这五种力,是天然进化而成的,不是用武力征服得来的。用中国的政治历史来证明,自然力便自王道,用王道造成的团体,便是民族;武力就是霸道,用霸道造成的团体,便是国家(民族主义一讲五—六页)。由此我们可以看出中山先生的民族主义,是反国家主义的民族主义。

乙、中山先生的民族主义,是承认阶级争斗的民族主义,中山先生

曾说：就我个人观察已往的大势，逆料将来的潮流，国际间大战是免不了的。但是那种战争，不是起于不同种之间，是起于同种之间，白种与白种分开来战，黄种与黄种分开来战，那种战争是阶级战争，是被压迫者和横暴者的战争，是公理和强权的战争（民族主义一讲十六页）。因此我们可以知道中山先生的民族主义，是承认阶级斗争的民族主义。

丙、中山先生的民族主义，是为要达到世界大同而提倡的民族主义，我们只看下面一段话，就可以明了。中山先生说：现在世界上的人类分成两大阶级，一种是十二万万五千万人是被压迫阶级，一种是二万万五千万人是压迫阶级，这些压迫人的人，是逆天行道，不是顺天行道。我们去抵抗强权，才是顺天行道。我们要能够抵抗强权，就要我们四万万人和十二万万五千万人联合起来。我们要能够联合十二万万五千万人，就要提倡民族主义。自己先联合起来，推己及人，再把各弱小民族都联合起来，共同去打破二万万五千万人，共同用公理去打破强权。强权打破以后，世界上没有野心家，到了那个时候，我们便可以讲世界大同（民族主义三讲七三页）。

丁、中山先生的民族主义，是反帝国主义的民族主义，他曾说过，我们不但是要恢复民族的地位，还要对于世界负一个大责任。如果中国不能够担负这个责任，那么中国强盛了，对于世界便有大害没有大利。……中国强盛起来，也要去灭人国家，也去学列强的帝国主义，走相同的路，便是蹈他们的覆辙（民族主义六讲一四〇页）。这不是更显明地告诉我们要反对帝国主义，不要自己变成帝国主义么？因此我们可以明了中山先生革命是为爱人类而反对帝国主义，所以他的民族主义也建筑在反对帝国主义的精神上。

我们把中山先生的民族主义综合起来，就是国民党政纲宣言中所明白表示的三点——

　A. 中国民族独立解放，

　B. 中国境内各民族一律平等，

　C. 世界各被压迫民族联合起来共同谋解放。

（二）民权主义　中山先生的民权主义，是反对军阀政治，要用全国人民的力量，造成真正能代表人民利益的民主政治。同时也不许资产阶级垄断政权，要采取直接民权，使人民有直接选举、创制、罢官、复决等权，以监督政府。这样，才能使政权不至为统治阶级所占有，全民政治才有实现的可能。现在为容易明了起见，我们可以分做以下几点来说明：

甲、形成的原则 中山先生的民权主义，完全建筑在自由、平等两大原则上，我们要了解他的民权主义，首先要认清他所根据的原则：A. 自由——他对于自由的解释，是个人不可太自由，国家（民族）要完全自由。所以他要求大家牺牲个人的自由，以完成国家的（民族的）自由（民权主义二讲五七页）。B. 平等——许多人对于平等有一种误解，以为平等就是截长补短，所以就闹出平分财产与脑子不能平均等笑话。中山先生所讲的平等，是要求全社会人们在政治上的地位平等，所以他说革命以后，必要各人在政治上的立脚点都是平等——即经济上生活竞争的机会平等——那才是真平等，才是自然之真理。

乙、组织的大纲 民权主义在组织上，中山先生主张把权和能划分清楚，人民要有权，政府要有能。因为这样，人民的自由，才不致受政府的束缚，政府的行动，才不致受人民的牵制。中山先生又主张政府力量要大，以便他的成就也大；但是同时又要人民有力量，以便管理政府。所以他要把国家政治大权，分做两个：一个是政权，这个大权完全要在人民手里；一个是治权，这个大权完全要归政府的机关之内。孙先生是反对间接的代议制——德谟克拉西，所以他以为人民的权力——政权，只是选举权是不够的，同时要有罢官权、创制权和复决权。政府的权力——治权，除普通所谓的司法权、立法权、行政权之外，再由立法权中分出监察权，从行政权中分出考试权；各使之独立而成五权宪法。这样就可以免去立法机关滥用权力与行政机关任用私人等弊病。其组织大纲，可列表如下：

（民权主义六讲一九五—二〇〇页）

丙、实现的方法 中山先生的民权主义,不是一种空想的计划,他完全是根据事实对症下药的,并且有很科学的方法狠精密的步骤,实现他的计划。他的方法,就是组织一个坚固雄大的党,实施他的计划,就是所谓以党治国。他进行步骤,分为军政、训政、民政三个时期:在军政时期,要用武力压倒一切反动势力,使其不能复起;在训政时期要训练人民发展自己的权力,以作民政时期的预备。这两个时期与社会革命过程中的无产阶级专政时期是一样,乃社会进化上必经的过程,绝对不能避免的。若不经军政时代,则反革命之势力无由扫荡,而革命之主义,亦无由宣传于群众,以得其同情与信仰。不经训政时代,则大多数之人民,久经束缚,虽骤被解放,初不了知其活动方式,非墨守其放弃责任之故习,即为人利用陷于反革命而不自知。前者之大病,在革命之破坏不能了彻;后者之大病,在革命之建设不能进行(建国大纲宣言)。并且中山先生还说:俄国新发生一种政体,这种政体,不是代议政体,是人民独裁政体。……这种人民独裁政体,当然比较代议政体改良得多(民权主义四讲——九页)。由此我们可以知道在训政时期,就是革命党人专政的时期,可见中山先生的民权主义,并不反对革命者的专政。

(三)民生主义 中山先生的民生主义,是因为中国的农民和手工业者受了帝国主义经济势力的压迫,纷纷破产失业,社会上增加了许多的兵匪流氓与无产阶级;新式企业下的工人也是困苦不堪,全国大多数人民都陷入贫乏的苦境。中山先生要想把这些人民从苦境里解放出来,得到平等的经济地位,所以就创造民生主义以期实现他这种目的。民生主义的内容,我们可以分做以下两点来说明:

甲、民生主义的纲领 民生主义最要的原则,是平均地权与节制资本。平均地权是由政府规定地价税法,地主将价值呈报政府,国家就价征税,并于必要时以报价收买。节制资本,就是凡本国及外国人的企业,有独占的性质,或规模过大,私人的能力所不能办的,都由国家经营管理。运输与交通机关公有,直接征税(累进率的所得税)可以限制私人资本的扩大;改良社会工业,使国家资本得以发展;由国家设立合作社,使分配成社会化,可免机会主义者的操纵。这些都是民生主义实现的必要条件。

乙、民生主义的根本见解 我们要明了民生主义的根本见解,应该根据中山先生的民生主义讲演去研究。他说：共产主义是民生主义的理想，民生主义是共产主义的实行，两个主义并没有什么分别，要分别的只在方法（即程度的不同）（民生主义二讲五二页）。他又说：社会的文明发达，经济组织的改良和道德进步，都是以民生为重心。……民生主义就是共产主义，就是社会主义（民生主义二讲六三页）。在这两段话里，我们很可以看出中山先生对于民生主义的根本见解是怎样。他决不像那代表资产阶级说话的国家主义，视共产主义为洪水猛兽而妄加排斥。中山先生还这样说：民生主义，就是要四万万人都有饭吃，并且要有很便宜的饭吃。要全国的个个人都有便宜饭吃，那才算是解决了民生问题（民生主义二讲八五页）。这一段话，更可以证明中山先生对于民生主义最后的目的，一定是要实现无阶级财产公有的社会。何以呢？我们知道，在财产私有资本制度存在的社会里，不但个个人没有狠便宜的饭吃，一定会有许多人没有饭吃。要个个人都有便宜的饭吃，只有在财产公有阶级消灭的社会里，才能做到。这一点中山先生的民生主义虽没有狠明白说出，我以为他对于民生主义的根本见解一定是这样的。

总之，我们根据以上推论，可以知道中山先生的民生主义，就是社会主义的开始实行——也可以叫他做中国的新经济政策。

二、中山主义的综合

上面我们已将中山主义的内容，分述了个大概；现在我们再把他归纳起来，做一个综合的说明。

A：中山主义在政治上的最后目的是"世界主义"。在这一点上他并不是反对阶级斗争的。

B：中山主义在经济上的中心对象是"社会主义"。在这一点上他并不是反对唯物史观的。

C：中山主义在行动上是有计划，有步骤的一个革命的体系。他并不反对革命党人在过渡时期中专政。

D：中山主义在策略上有几个要点，我们应该彻底了解。

（甲）民族主义是手段不是目的，因为要求世界大同而主张民族主义。

（乙）民生主义是适应环境的产物，不是中山先生最终极的理想。最终极的理想还是共产主义。中山先生未说平均地权节制资本以后的办法，当然还另有个理想系统在——因为中山先生极推崇原始时代的共产。他说：自有人类以来十万年中，只有五千年是私产制，其余九万五千年都是共产制。

（丙）根据以上两点，就可以明了联俄容纳共产党为农工谋利益，都是为了促进革命的成功，并不是要在此时赤化中国。

（丁）三民主义完全是以爱全国国民，要全世界人类为动机而出发的一个主义。

三、国家主义的分析

什么是国家主义？据他们主张国家主义的报纸——猩狮、孤军、大江……等——和国民党右派中少数糊涂分子，都说国家主义与中山主义相同，没有许多差别的地方，所以我们现在对于国家主义，应该很详细地把他分析一下，看他究竟是一个什么东西。

（一）出发的理由 国家主义出发的理由是什么？据他们提倡国家主义的人说有四种，其实在我们看起来都是不成其为理由的。现在我们把他所说的理由分述于下：

甲、为本国的文明而提倡国家主义 他们以为中国是东方的文明古国，有很高的文化如礼义忠信廉耻等，因这种文化产生了许多的伟大人物，所以他们以为提倡中国固有文明，可以激发起人民爱国的心理。固然，中国在东方的确是一个文明国，只有埃及印度可以比得上，然而这都是小生产制度下的文明，已经随着小生产制度破坏而不可恢复。在今天还要讴歌什么古代文化东方文明，这与从前一般书呆子好谈封建井田是同样的愚蠢。文明的古国不努力求所以适应于近代的文化，到底要归于衰败灭亡的一条路；我们只看今天中国的国家地位与埃及印度的国家地位，就可以知道所谓古代文明东方文化并没有什么可贵的地方。就拿礼义忠信廉耻来说，这不一定是中国人所特有的，也并不是每个中国人都有的，有什么可以骄人的地方？伟大的人物决不是单由文化而产生，我们并不说马克思是德国文化的产物,列宁是俄国文化的产物。至于说提倡中国的固有文化,可以激发人爱国的心理,这简直是一个空想。爱中国的文化与爱国并不是一件事,有许多所谓东方文化派尽不爱国;有许多爱国的人却不是尊重东方文化者。我们拿事实来证明,中国历年来的爱国运动,一般国粹学者和老而不死的经生,每每总是不以为然的,有时还要设法阻止蓄意破坏;毕竟还是他们所骂的离经叛道的新学家,比较热心得多。近来反帝国主义运动,一般谈东方文化的人也是置之不闻不问,或者还要消极的反对,然而实际上为民族独力而奋斗的,倒反是他们所视为洪水猛兽的过激派。我们再看满清初入关时,汉人还有不少反抗的行动,自从满清把中国固有的文明演为圣谕十六条,大提倡其稽古右文的风气,于是一般汉人中的士大夫,都歌颂满清的深仁厚泽,再也没有一点反抗精神了。由此我们更可以知道,提倡中国的固有文明,不但不能激发人民爱国的心理,并且足以转移人民爱国的精神,使他们为了文明而忘却国家。我们要不以文明为标准,才不致因崇拜他人的文明而外国化,才不致因夸大中国的文明而压迫他人。

乙、为历史的光荣而提倡国家主义　他们以为中国有数千年来光荣的历史,可以引起国民共同的回忆,生出一种爱国的感情。我们知道,统治阶级的历史,有时可以引起被他所欺骗的一般人共同的回忆;但是我们试一考察这些历史所引起的共同回忆,内容是些什么东西。在中国历史上,他们所认为最光荣的,自然要算是黄帝的开疆拓土与汉唐的外侵,所以征服土番同化异族一类的史迹,都是他们时常的共同回忆。这能算光荣的史迹么?若果认为这是光荣的史迹,那便列强加于我们的横暴侮辱,也能算,他们国民历史上的光荣,而时常起一种共同的回忆吗?况且中国历史上不尽是这类强盛的事,也有许多受人蹂躏的时候,如宋明屈服的史迹,能说他是光荣吗?其次,在中国史上曾脍炙人口的,就是说有许多的忠臣、孝子、节妇、义仆的故事,这些被压迫者奴隶道德行为,在今日还值得歌颂吗?由这种故事所引起的共同回忆,可以为提倡国家主义的理由吗?我想要是头脑清醒的人,绝对不会承认的。

丙、因人民有爱国的精神而提倡国家主义　他们以为国民自然有一种与物质生活无关的爱国精神,这种精神可为国家主义理论的根据。其

实何尝是这样,人类的感情是依着物质生活为变迁的,除了受统治阶级历史欺骗的结果外,并没有什么与物质生活无关的爱国精神。就经济的进化说,游牧时代需要结伴移徙的部落生活,人类易于爱部落;农业时代需要聚处并耕的家庭生活,人类易于爱家庭;工商业既兴,需要贸迁有无的都市生活,人类易于爱都市;到了交通发达,经济关系频繁,都市不复能独立自给,于是全国成一共存互助的经济单位,人类亦进而爱国家。由此以进,经济的发展,使各国都彼此相需相赖,国家亦渐不复能独立自给,于是必须全世界成一共存互助的经济单位,人类将更进而爱世界。这可以证明人类由爱部落以至于爱国家,爱世界,都由于经济的需要,决不是一种与物质生活无关的精神。再就中国的现状说,经济发达的情形,有些地方,还未出都市自给经济的地位,他们与别的都分不生关系,所以中国人还有很浓厚的爱乡爱省的感情;同时有些地方,固然已经脱离了都市自给的地位,他们与外国发生经济关系,又与国内他处更为密切,所以中国人又有些倚附外人的心理。在这样情形底下的中国,决不能回复到以前闭关时代,断绝一切国际间的经济关系,把中国造成一个独立自给的经济单位,所以以爱国的精神为理由,在今日的中国提倡国家主义,不但不合理,并且已经不是时候了。

（丁）因中国有自卫的必要而提倡国家主义　他们以为中国受强国的压迫,为自卫计应该提倡国家主义。但是我们要注意,"自卫"这个名词,很容易为侵略者所借口,欧战时德奥的兴兵,欧战后法国的占领德境,及最近日本的进兵满洲,无不以自卫为说辞;国家主义的自卫,只是扰乱和平的工具而已。在今天真要为被压迫者谋自卫之法,最要是考察压迫者的性质,而研究被压迫者有甚么把握的切实自卫的力量。现在居于压迫者地位的,本来只是产业进步国家少数资本家与他们的走狗,他们在国内压迫工人与一般平民,在国外压迫殖民地的弱小民族。所以压迫弱小民族的并不是英国、美国或日本,只不过少数英美日本的资本家与他们的走狗。要反对他们,不是讲国家主义,拿一国去敌对一国,因为他们国内的工人、平民,与我们并没有什么仇怨。反过来说,今天被压迫者要反对他们的仇敌,还应当使殖民地弱小民族与产业进步国家的工人、平民联合起来,以共同向那些资本家与他们的走狗进攻。国家主义者不在这里努力,以求被压迫者能够真正自卫。为什么却要高唱国家主义,把殖民地的被压迫者与产业进步国家的被压迫者分开呢?为什么提国家主义,把经济利害绝对不同的产业进步国的资本阶级劳动阶级合做一块,而把经济利害上同样要反对那少数资本阶级的人反分做几块呢?这是被压迫者的自卫吗?这是提国家主义的理由吗?这不但不是被压迫者的"自卫",简直是被压迫者的"自杀"。不但不是提倡国家主义的理由,恰好是反对国家主义的理由。

（二）纲领　国家主义的纲领是内求统一,外求独立,主张全民革命,所以他们的口号是"内除国贼,外抗强权",不主张打倒帝国主义,打倒军阀。他们唯一的理由是以为打倒帝国主义,是要推翻资本制度,根本改变社会组织的,是第三国际通令各国共产党一律采用的口号,所以他们就要反对。他们以为中国只要把英国在香港的势力推翻,把日本逐出满洲以外,英日两国内部的组织如何,我们不必过问,只要我们得到统一与独立,资本制度依然存在,帝国主义仍未打倒。可见打倒帝国主义,乃是世界革命共产革命的口号,不是国民革命与民族革命所宜采用的。若采用这个口号,就要"内启国民之分裂,外促敌人之团结",将要使国民革命,永无成功的希望。所以他们就主张外抗强权,对外可以避免敌人的联合,对内可以促进国民的团结,这都是他们所根据的理由。打倒军阀,他们也不主张,他们的理由是说可打倒的不仅军阀,祸国殃民的官僚政客,都是国贼,应该铲除,所以他们主张内除国贼。不错,中国的确是被内面的国贼和外面的强权的摧残与压迫,把中国陷入次殖民地的地位。所以每个中国都应该起来,反抗压迫我们的强权,和摧残我们的国贼。但是我们反抗要有具体的方法,断非赤手空拳的呐喊所能奏效。所以就要主张联合全国各阶级的实力,及全世界被压迫的民众——殖民地的弱小民族,和帝国主义国家的无产阶级,对内打倒军阀,对外推翻帝国主义。这样的联合战线,增加我们反抗的力量,才是帝国主义与军阀的致命伤。若是很笼统喊着"内除国贼,外抗强权"的口号,仇视国内工人农人的阶级斗争,拒绝国外的革命势力,单靠上层社会的人物,资产阶级的代表、学者、绅士来领导民众革命,不但不能推倒帝国主义与军阀,反有为他们利用的可能。这样,还能说什么"内除国贼,外抗强权",只是讲起好听,骗人

而已。

（三）方法　国家主义没有一个正确的目标，所以他们的方法亦极不一致，他们虽标榜着对内一切不妥协，对外一概不联络，然而有时又要说说集中各派实力内除国贼；联络弱小民族及帝国主义国家的在野党外抗强权。这类自相矛盾的话，在他们的醒狮周报上常常可以看出。此外他们唯一的方法就是用野战法，施行手枪炸弹的恐怖主义。这完全不明了中国现在的扰乱是制度的关系，并不是几个人的关系，用手枪炸弹的方法不会解决的。且暗杀亦不是革命的正当方法，用这方法是革命很不好的现象。在俄国以前的社会党，曾用这种方法，当时把党员养成一种残刻的心理。他们还想利用民团做革命，这也是一个空想。现在的民团完全是大地主的工具，与军队是一样的不可靠，他们反对与军阀妥协，却想利用民团去革命，又是自相矛盾。

（四）目的　他们的目的，虽是要求中国统一与独立，但是在政治上经济上却并没有具体的计划，只是单纯的想富国强兵。有人说他们是受了李鸿章，张之洞的两大传统思想，用他们的行动来证明，这话到有充分的理由。

（五）论点　我们拿国家主义的报纸来看，可以知道他们的论点是，只在消极的批评他人的办法不对，却并不说出自己对的办法是怎样。他们是专门反对共产主义，在醒狮周报上这类的文章占去了大半。他们对于资本主义，却始终没有看见有一字的攻击。

（六）态度　他们的态度，正可以充分的表现出他们落后的思想。他们还是以新民丛报的感情和日本维新的怀抱，做着德意志帝国的好梦。这种态度，我们可说他是"一个代表未来的中国资产阶级的公车上书"。

我们由以前的分析，可以知道国家主义是这样的一个东西：他出发的理由，是反世界的，复古的，反物质生活的，侵略的；他的口号是笼统的；方法是不正当不一致的；目的只是单纯的富国强兵，论点是专反对共产主义，不说明自己的主张；他完全是资产阶级的态度，想把中国造成一个帝国主义的国家，我们现在已明白国家主义的内容再把他同中山主义来比较，以便更加明了。

四、国家主义与中山主义的相反性

国家主义与中山主义,因为出发的理由不同,所以在行动上亦完全立于相反的地位。现在就其最重要的几点,列举如下:

(一)中山主义是以爱全国国民,爱全世界人类为出发的动机,所以在政治上最后的目的是世界主义,不反对世界革命;国家主义出发的理由是反世界的,复古的,反物质生活的,侵略的,所以主张狭隘的富国强兵,反对世界革命。

(二)中山主义主张阶级平等,在政治上主张直接民权,在经济上以社会主义为中心对象:国家主义主张贤人政治,反对阶级平等,对于经济问题并无主张。

(三)中山主义重视农工利益,不反对阶级斗争;国家主义不在为国家主体的人民身上着想,只空漠的鼓吹爱国家反对工农群众为自己谋利益的阶级斗争,可说是只爱国不爱"民"不爱"□"。

(四)中山主义在策略上主张联合世界上以平等待我之民族,要求被压迫的弱小民族共同解放:国家主义反对联合被迫压者革命,反对民族自决,对外以一概不联络为标榜。

(五)中山主义在行动上有方法,有步骤的一个革命的体系;国家主义的口号笼统,又无实现方法,不主张打倒帝国主义,因为要避免干涉别国内部组织,且又怕因此引起世界革命。

把以上的话,总合起来,我们可以得一个结论:中山主义是有目的有方法,能够救济中国的现状,促进世界革命的一种主义。国家主义是代表中国资产阶级阻挠世界革命——反革命——的法西士蒂,与中山主义完全立于相反的地位。

许绍棣
信用与信用合作

> 《民国日报》1924年8月8日报道《上海夏令讲学会消息》，许绍棣作"信用合作"之演讲。本文选自《民国日报》副刊《平民》1924年9月12日。
>
> 许绍棣（1900—1980），字萼如，浙江临海人。曾任上海大学、乐益女中教师。1925年任《民国日报》副刊编辑。

"信用"两字的意义很广，信用的应用范围亦很大，本篇所讲的信用，单是指放款时债权人对于借贷者有充分的信仰心而言。在放款的时光，放款者对于借款者的人格具有充分的信仰心。自己情愿拿多余的款项借给他，这种放款就叫作"信用放款"。放款者所以肯将款子放给借款者，无非因为借款者平日在社会上有种信用是已。倘是借款者的信用不充足，使放款人要疑心他将来不能还债的，那信用放款就不能成立了。

信用在社会上的功用很大；商界中倘是没有信用制度，商业就会立刻停滞，实业界中倘是没有信用制度，实业亦会立刻停滞。譬如有一个甲公司向一个乙制造厂定购一万元的货物，如果一定要拿现金付给乙制造厂然后可以得货，那么，费时费力，周转不灵得很。如果由甲公司付给乙制造厂一张期票或汇票，那就方便得多了。乙制造厂肯接受甲公司的期票或汇票，无非因为相信这种期票或汇票可以变换现金、或是当作现金用的,这亦是一种信用放款的性质。以上不过举一个例,仅言其大概,实际上的手续,自然不止于这么简单。

不但大规模的工商业需要信用,就是小商家、小制造家,以及小农户,对于信用亦极其需要——他们占社会上一大部分的人数,以一国的生产力全体而言,信用对于他们的需要,亦许可以说是比之对于其余一小部分的大商家大厂主的需要,还要急切。话虽如此说,但实际上"信用"的利益,几乎全部分为有资本的人享受,中产以下的人,一向对于信用的恩惠是可望而不可接的。有时即偶然得到,亦不过很小的一部分,仿佛大旱时一望无际的稻田中,偶然有一二处枯苗沾到甘露一般。其实这种不普遍的甘露滴下来,于大体上没有甚么利益。世界上有无数的可靠工人、农人,以及小商家等,单因为受经济的压迫不能发展他的生产力,对于全社会的幸福与安宁,实受莫大的影响。他们的幸福与安宁,亦可说是全世界的幸福与安宁,所以适宜于中产者以下的信用制度,不但是中产以下的人所急需的,而且即是全社会所急需的。

环顾现在的金融机关,直可说是没有一个是平民的金钱机关。这无须高谈学理和举出例证,凡是稍注意社会上实情的人都知道的。邮政储金,名虽平民的金融机关,但实际上只不过吸收平民的现款,拿去作各项的投资,或甚至于拿去作政治上的卑鄙运动,而平民自身,仍得不到甚么利益的。简单的说一句,现在的金融机关,是有产者的金融机关,断不是中产者以下的金融机关。有产者的金融机关,将永远拒绝无产者得享受利益,所以中产阶级以下的民众,为自身着想,不得不有种由自己组织的平民金融机关。

平民既然得不到资本家的帮助并且还要受他的压迫,论理论势,平民自救的唯一方法,自然只有靠他们自己通力合作了。应本着互助的精神,共谋互益的结果,这就所谓通力合作,这一种精神,就是"个人为全体,全体为个人"的合作精神。根据这个精神,于是发生了信用合作,信用合作社,就是解放平民的经济上束缚的平民金融机关。

信用合作社,亦称平民银行。他的定义,简单说就是平民自行组织的金融机关:本互助的精神,谋全体社员经济上的发展,以求各得人类应享

之利益为宗旨；其方法即以集合社员的零碎款项，借给社员用诸生产的事业上"。

信用的重要既如上述，而信用合作社，又是由平民组织为平民所有而且为平民着想的金融机关，可这信用合作社是平民所急需的了。

杨贤江
教育问题

> 这是杨贤江1924年7月29日在"上海夏令讲学会"上的演讲稿,讲题为"教育问题"。原载《民国日报》副刊《觉悟》1924年8月15日至18日。发表时题记"上海夏令讲学会讲稿之一,唐公宪记"。
>
> 杨贤江(1895—1931),浙江慈溪人。中国马克思主义教育家。1923年到上海大学任教。

一、绪　言

通常讲到教育,不是讲教育的理论,便是讲教育的方法。但是我不是一个专门研究教育的人,也不是具有实地经验的人,所以什么教育的理论和方法,是我所不能讲,也是不敢讲的。现在我只就中国眼前的教育状况里找出些问题来谈谈。

我这次讲演共有八小时,可把它分为两部分:

一、中国现在的教育状况怎样?

二、怎样改革现在的教育?

二、中国现在的教育状况

三十年来底回顾

我们要知道中国现在的教育,先要看一看二三十年前中国历史的大概。当一八四〇年(道光二十年)鸦片战争以前,中国是一个闭关自大的国家,以为什么都是中国好。从鸦片战争及中法战争失败以后,才知道中国是不及外国,但还以为是军备方面的不及,所以那时曾国藩等便提议固海防,制军火,开矿山,办铁路;以外便无所知。其实派人出洋留学,也以学习军事为重。到中日战争、日俄战争以后,才觉悟到中国不仅军队不及外国,尤其是教育的不及,才有主张废科举、兴学校的提议。

到了一九〇五年(光绪三十年),才成为中国教育上一大革新的纪念。自然,在这以前,也就有了许多萌芽,如在一八四二年(道光二十二年)订结《南京条约》以后,已有许多教会学校,北京且设同文馆,上海、广东等处也有;中日战后,北京大学也开办了。此外如一八九八年(光绪二十四年)的预备"立宪",兴学堂、废八股。翻译外国书籍,那也可说是教育上的革新,惟当时未及完成。到一九〇一年(光绪二十七年)清廷下谕各省设立学堂,不过一方仍存科举。直到了一九〇五年才完全废除科举旧制,所以叫它做中国教育史上革新的大纪念。同时政治上亦有变更,派五大臣出洋考察,他们回国后,改组中央政府,并添设"学部",专办教育事宜。

一九一一年辛亥革命后,蔡元培先生做教育总长时,曾颁布新学制;直到民国十一年,又有全国教育会联合会议决的"新学制",经政府公布施行。我们的回顾,大概如此。

民国以来的教育趋势

以前的可不必再讲了,现在我们看一看从民国以来的教育趋势怎样。依我说,大概有五种趋势是很显明的(前四种根据刘伯明先生的意见)。

（一）社会的意识　从前的教育，只为私人的，没有为社会的；辛亥革命以后，新教育发生了，大家知道现在已是共和民主的国家，不专靠皇帝一人，什么都应有群众的力量，所以教育也不可偏于个人的修养，而应有社会的兴趣，以便实现民主的理想，这种意识底表现，像"民八"的"五四运动"，就是一个好例。那时全国青年，知道了读书不是为个人，应该是为国家，为社会的，当时还有句很时髦的话叫做"社会服务"，这就可以表示一种"同性"的发达，是由于有了社会的意识而起的。

此外还有两方面可以注意的：（1）为"义务教育"的发达。除学生有义务学校外，其他如山西一省，据说已有百分之六十的人受过义务教育，不过内容怎样，尚难知悉。（2）最近"平民教育"的风行。据说这一年中已有五十万人受过平民教育，可见发达甚快。

（二）自由的意识　这一点是从新文化运动得来的。新文化运动，发生在民国五年《新青年》创办时。此后大家对于社会遗传下来的种种习惯、风俗、学说，以及一切制度，都起了怀疑、批评，不肯一味信从，所以如贞操、拘谨等道德观念都打破了。至在教育上的表现，则民国八年美国杜威博士的来中国，很有些影响；他到处讲"本能"、"兴趣"、"自动"、"自治"等等，当时有许多校长教职员们真怕得很，以为这样要不得了，学生要不能管了。以后在教育上的确又发生了许多新的现象，如学生自治、选科制、学分制、设计教学法、道尔顿制等，都是发展个性的表现。此外更实行男女同学以表现人类的自由。又提倡文学革命，普及语体文，以解除历来文字的故障。

（三）职业教育　从前中国读书人是不做生产事业的，以为是一件卑下的事；到了革命之后，为时代潮流所趋，西洋工业制度的输入，于是知道生产事业的重要，于是教育上就发生一种职业教育。职业教育近来很是盛行，民国六年组织了一个"中华职业教育社"，现有社员四千余人。据他们的调查，全国职业学校数在一九一六年为五一三所，一九二一年为七一九所，一九二二年为一三五三所。到现在职业教育的势力已经很大，在"新学制"里占有一定位置，而且不论什么学校，都可设置职业的课程。

（四）科学的精神　这是在教育上近年来发生的一种好现象。从前中国人极少有科学的头脑，故思想总不免笼统含混。科学的精神，在于

（1）是虚心的，不肯武断；（2）是诚实的，不能杜造；（3）是真确的，事实怎样表现，就怎样记载。这些都是中国读书人以前所没有的。现在以科学的方法应用在教育上的，有如（1）教育、智力等各种测验；（2）用科学的方法整理国故。

此外如（1）孟禄博士来华，调查教育实况。（2）推士讲演科学教育的教法和材料。（3）麦柯尔论制测验材料。（4）张仲述研究中等学校课程改造，都是教育上科学化的表示。

（五）政治的空气　以上四种趋势，是根据刘先生的；但还有一个趋势——第五个趋势，很可注意的，就是"政治的空气"。从前教育与政治，毫不发生关系，有一种"教育不该干与政治"的谬误观念。民国以后，教育与政治，自然的生出关系来了。如民元革命时的女子北伐队、学生军、开办法政学校等。不过那是都还是一般青年学生，不是全体教育界。教育界与政治发生关系，开始于民国九年；这年七月里，北京教育界胡适之先生等有一篇《争自由》的宣言发表。到十一年五月，有《努力周报》出世，他们又提出要好政府的主张，实际虽无影响，但也总可以表示教育界干涉政治的一点。实际上发生问题的，就是"六三"惨剧；这事是为了政府（？）欠薪至三月之久，国立八校于三月十四日决议停止职务，到六月三日尚未有解决，于是八校教职员奔赴总统府请愿，与守护冲突而流血。教育界所以干与政治，也是不得不然的；但是现在还有许多学校不准学生与闻政治，实是可笑呵！近日报上又有北京八校代表发表宣言，做"废约运动"，他们明白了中国所以弄到这步田地，都是受外国帝国主义的压迫。这虽是只举一个北京的例，实在别处也都有这样觉悟。知道政治非我们去干与不可；这实是一个教育界很好的现象。

以上五种趋势，都是从好的方面讲，但坏的方面也很多，说起来便可把这些好的现象完全推翻。

从数量上观察中国的教育

现在我要讲一下中国教育在数量上究竟怎样，讲起来是很可笑的，也是很痛心的。据《中国教育统计概论》一书的记载——从一九二二年五

月到一九二三年四月,除天主教办的学校外,其余公立、私立、教会立都在内——如下表:

  小学学生数——六 六〇一 八〇二

  中学学生数——一八二 八〇四

  专门大学学生数——三四 八八〇

  总数——六 八一九 四八六

这里面有耶稣教教会学生,共二〇四 〇〇〇,内含:

  初小学生——一五〇 〇〇〇

  高小学生——三五 〇〇〇

  中学学生——一五 〇〇〇

  师范学生——六〇〇

  专门及职业学生——二 〇〇〇

此外天主教教会学生总数为一四四 三四四。

  再看全国女学生的数目,那更是寥寥无几了。下表是从一九二二年到一九二三年的统计,教会学生都不在内。

  初小学生——三六八 五六〇

  高小学生——三五 一八二

  中学学生——三 二四四

  师范学生——六 七二四

  职业学生——一 四五二

  大学学生——二三六

  总数——四一五 三九八

再男女同学的女生数——一九二三年调查。

  北大一一 东大四四 南开大学二三 北京师大一六 北京中大一四 厦门大学四 上海商大四 广东岭南二三 上海沪江九 长沙湘雅二 总数一五〇

  中国女子教育,真是可叹!全国共计一 八一一县,内中有四二三县没有初小女生的,有一 一六一县没有高小女生的。男女同学发生期间还很短,以民国九年北大收旁听生始,后来南高、广高等也实行男女同学了。依学制最初的规定,只许初小同学,但到一九一九年中学校也有许多同学

了，小学更不生问题。

现在我们知道中国只有这样一小部分人得受教育，究竟为什么？我们只要一看全国的教育经费怎样，就可知道。以民国八年的预算，全国教育经费只有六 二〇二 〇六五元，政军费却有六四七 六七一 七八九元。这样看来，教育费不及百分之一，教育怎么能够发达？依各国例，教育费应有百分之二十。所以一国的政治不改良，教育是办不好的呀！

教育上不好的趋势

教育上好的趋势，我们已经说过了，现在我们把坏的一方面来看看，那实在是一桩痛心的事！这不好的趋势，约有三种。

（一）商业化的教育　近年来中国教育，已成为一种商业化了，这实是学美国讲"效率"，求"速成"的结果吧。中国的教育固然也需要着"效率"，但专注重知识的授予，对于人格精神的培养，毫不顾到；教员只教书本上有限的呆板的知识，永不会知道使学生怎样做人，完全是那商店店员对于顾客的行径。还有一种所谓教育家（？），他们简直说学校就是商店。教职员就是店员，学生便是顾客，你们不愿来买货，尽可跑到别家去；这真是笑话了！

（二）复古运动　这是最可怕的一种不好的现象。它是时常想出来的，真是一种捣乱鬼。我看这复古运动可分为三期：

第一期、民国成立后就发生的，就是那什么"孔教会"，后来袁世凯要做皇帝，便利用他们，提倡什么"忠孝节义"，颁布"尊孔命令"，要学校注重"读经"；到民国七年，"安福国会"更要把"孔教"定为什么"修身大本"。还有那反对新潮的湖北教育司干涉女学生更是岂有此理；说什么二十岁以上的女生定要穿裙；衣要长至膝下，鞋要用青色，袜须着白色，如其违犯即开除学籍，或永远驱出学界，更有那不通的教育部，也发出同样荒谬的禁令，如：（一）不准剪发；（二）不准无故请假，结伴游行；（三）通学女生不得过十四岁；（四）不准自由结婚。如有违者，记过、斥退，甚至罪及校长，这是可怪极了！

第二期、是新文化运动后所发生的，这是新文化运动的反响：

（一）是反对语体文，仍用古文；（二）提倡节孝，还有什么"同善社"提倡迷信；（三）旧有的顽固派依赖势力，压迫新潮，禁止学生买新书。这都是岂有此理的复古呵！

第三期、最近时期发生的，像北京方面，有失势武人要北政府（？）令各省学校读那江希张做的《四书白话解说》，好在这书被教育部批驳了。各省军阀也有提倡尊孔，读死书的，如某督军亲自考试全省中学生是。他们以为中国现在的不安，是由于"人心不古，世风日下"，所以非学古不可。此外还有所谓新教育家，全国有名的美国留学的女教育家，竟反对提倡"性教育"，并主张女生外出必有人跟随。最近奉天省长禁止用语体文、注音字母，并不许学校有童子军。更有什么中学校要学生考策问式的国故。这些都是违反教育原理和时代潮流的荒谬主张。这样，可见有了新的运动，也有旧的势力起来反抗；不过到底究竟是新的战胜。

（三）教职员的不称职　我们现在再看中国现在办教育的人究竟怎样？据东大教授汪懋祖先生说，现在最时髦的教育家可分为六派：

一、学究式的教育家——胸襟狭窄，只管自己。

二、乡愿式的教育家——自己毫无研究，以别人的是非为是非，表面却是很恭敬的样子。

三、小贩式的教育家——能懂得一点外国文，常译些外国书，请名人作几篇序。

四、商人式的教育家——用商人的手段，广告的方法，请几位名人讲演。

五、江湖卖技式的教育家——从外国留学回来，便在报上大登广告，什么博士、硕士等，并有那商人式的教育家为之宣传。

六、政客式的教育家——这一种最坏，大多是地方土豪，并不懂得什么教育。

以上这六派，在事实上的确如此，所以就介绍了来。现在我个人还有点意见，我觉得现在中国的学校，不论大学、中学、小学，实在都太坏了！就大学方面讲，我以为一般的大学教授实在太容易做了，差不多不问学问如何，只要有钱的人跑到外国去一趟，拿一个所谓博士、硕士回来，就都是大学的教授。中学教育，那更悲观了，不但教学法不良，实在已失了办学

的宗旨,只不过知识的授受,绝没有品性的陶冶。所以学生自治弄到现在,还不见有成绩,实由于教职员不负指导责任的缘故。现在中等教育,我以为有二大缺点:(一)不能使学生知道怎样解决自身问题;如"升学问题","婚姻问题","职业问题"等,教职员都未注意到,或者他们也还不懂得,不配去指导学生。(二)读书法的缺少,现在许多中学生,只知呆读死书,教员永也不教他们怎样研究的方法。说在小学方面,孟禄博士虽称赞中国教育小学最好,不过他这话是不可靠的,因为他所见到的只是几个大都市里几所本来有名的小学;内地小学,他并没有知道。要知道中国的乡村小学真是坏极了。小学是国民教育的基础,应该是很重要的。以中国人民四万万计,至少应有四千万受这国民教育的,但据上面的统计仅六百万光景,只有百分之一四,相差何远?小学教员以每人教四十学生计,至少应有一百万,但现在只有二二三二七九人;而且里面还有许多没有小学教员资格的。据浙江新昌县民国十年的调查,全县小学教员资格:高小毕业生有百分之三八,科举出身的有百分之二三,师范毕业生仅百分之一三点五。还有一层,小学校的报酬实也太少了。据说浦东一带每年仅四十元的很多,所以往往因生计困难,不能久任其职;浙江宁绍一带的调查,小学教员任职年数,平均两年不到。

诸君,请仔细想一想,究竟为什么缘故,中国的教育现在弄到这步田地?在这样的教育情况底下,提倡教育可以救国是对的吗?

三、中国教育上的几个特殊问题

中国的教育上,有几个特殊问题是别的国家所没有的,就是:(一)教育界风潮问题,(二)留学生问题,(三)外国人办的教育问题。

教育界风潮问题

现在我们先讲第一个教育界风潮问题,这是很重要的一个问题,内容包含:

(一)教育经费独立运动,

（二）教职员的索薪运动，

（三）对于政治的运动，

（四）学校风潮。

教育经费独立运动，从民国十年起到现在尚未解决。"六三"后虽有组织经费独立运动委员会，全国教育界也注意于这种运动，但是究竟一点没有效力，因为向军阀政府去求教育经费独立，无异是个梦想。我们如有能力，还是向另一方而去努力吧！

教职员的索薪运动，虽经流血，但到现在也还没有解决，究竟是什么缘故？

对于政治的运动，这是从"五四"时学生界所发生的。他们觉悟政治与教育是很有关系的，在不良政治下，是绝对不会有好教育出现的。所以教育界干涉政治的运动是很应该的。

讲到学校风潮，这是一件很可痛心的事，近年来差不多每年每月都有得发生。常道直先生在《教育杂志》上有一篇《民国十一年学校风潮的研究》，说得很详细。他有一个统计表，现在写在下面：

民国十一年学校风潮统计表

学　　　校	学　校　数	起　　　数
小　学　校	一〇	一一
中　学　校	六六	七一
专门及大学	二四	二四
总　　　计	一〇〇	一〇六

这还不能说是全数，只可说是极少数；因为他只根据了上海、北京的报纸所载，还有未登过报，或登报而未见的，一定还很多。

学校风潮发生的地方，实是全国都有；它的性质从小学到大学，从私立到公立，以至什么教会学校也都有。这种风潮的发生，究竟是谁负责，——教职员？学生？我们请看下面学校风潮发生的原因，就可以明白。

学校风潮起事的原因，大的可分为二种：（一）对人问题，（二）对事问题。如果再仔细的来分，可有下面十二项：

一、反对旧校长，拒绝新校长；

二、反对旧教职员，拒绝新教职员；

三、挽留旧校长；

四、挽留旧教职员；

五、反对考试；

六、反对学校当局处分；

七、对于学科制的要求；

八、对于经济公开的要求；

九、反抗增加费用；

十、反抗辱没人格；

十一、反抗学生自相争哄；

十二、学生因一时急奋，破坏学校器物。

现在风潮的起因，我们可以知道了，更要明白他们的处置是怎样。他们现在通行的方法是：用军警压迫，把学生当作强盗，开除学生，驱逐出校；有的当风潮初起，校长当即逃避，置之不理；或则用利诱方法，使青年堕落。这样的处置是对的吗？会有好结果的吗？一般人对于学校风潮的批评，可分为二派：（一）以为学生嚣张，（二）学校和教职员的不好。我们如以教育的眼光去看，学校发生风潮应归教职员和当局负责；因为学生来学，本要教职员指导、训练，如果教职员平时很和学生接近，时时热心的、诚意的去指导学生，学校内部一切，都向学生公开，那断不会发生风潮。而且学生所以起风潮，必因学校有缺点。现在有些人说学生是受别人利用，实在总是当局有所不对，所以从根本上说，教职员是应该负责的，——不过有些学生闹风潮，一动便发宣言，宣布罪状，似乎也不很对。我们理想的学校，学生和教职员应该是很和气的，彼此都能原谅，那便可没有风潮发生；但教职员总必须是可以胜任的人。

我们再来看看，学生闹风潮的结果怎样，可说是徒劳无功，毫无结果，所以我以为这样下去是不值得闹了，这有许多事实可证明，如最近的北洋大学、厦门大学等，在现在的军阀官僚，资本主义压迫之下，是没有什么方法可想，要想改良是做不到的。那么，我们只有一条路可走，大家向这一条大路——革命——前进，那才可以完全解决。有些人说，我们不要读书了吗？不是的，读书不一定要在学校里关起门来的，实在随处都可以求学，关门读书是一件做不到的事，也是青年不愿意做的事。

留学生问题

中国有许多留学生，也有许多崇拜留学生的；但照他们的成绩看来，实在使我们失望！故这个问题值得讨论一下。中国所以每年派学生出洋，是要他们到外洋去学些实在的学问来，以谋中国学术的提高乃至独立，不料事实刚与理想相反。我以为讨论这个问题，有二点要注意：

一、这样留学政策是不公平的，国家对于留学生，不但供给了学费，并供给了一切费用，然国内学生自小学到大学，都要自费，同为国民，同有享受教育之权，彼此相去这么的远，实不公平得很。

二、是不经济的，如清华毕业学生，到外国去还是在大学二年或三年级。总计要在外国大学拿一张文凭，每个留学生终要八千元以上，这实在是很不经济的办法。

有人说，只要他们成绩好，也配得上这样的不公平、不经济。但是我们一看事实，他们的成绩在哪里？看那江苏省长训令教育厅的文："……近来本省欧美官费学生学风之坏，愈趋愈下，竟有因爱情关系无端离合，中途逃学者；亦有号称硕博，因细故轻身及肢体残废，犹复流荡不归，妄肆无理要求者。苟不务学业，蔑弃报告，负笈八九年，惟冀侥幸诡得者，更比比皆是……""……官费生中，固皆学具专门，造诣远大，只以人数既多，品类易杂，有借每月学费为饭碗，留学十余年，尚未毕业，反在法国娶妻生子者；或毕业已六七年，久在巴黎得有馆地，而仍按月领取学费者；或不求入校肄业，而受法人影戏团雇用，演华仆侍候其洋主人吸鸦片烟之状者；或者尚未在大学预科毕业，已自称为法学博士者。奇形怪状，无不包罗于我极庄严之留学界中。虽然为少数分子之极少数，然闻之者固已叹息不置矣！……"由这种地方，可见留学生在国外的行径真有不堪问者。

再看留学生回国后怎样？可说大多数只是享受个人的快乐，且把中国人的精神也丧失了。至于学术上，留学生做的有系统的研究的著作，

除胡适之底《中国哲学史大纲》,郭任远底《人类底行为》外,实不多见。究竟为什么缘故?这有几个原因:(一)原来中文不通,或英文程度也不够。(二)原来非研究学问,只望回国后得一位置。(三)完全外国化了,看中国什么都不好,只有他留学的那个国为最好。还有一种留学生,以为自己懂得一点外国文,做教员时,便把什么历史、地理、自然科学等,都用外国原文,这更是国民精神上一大缺点。总之留学生养成一种个人享乐主义,不管国家社会事,甚至为求个人的享乐而卖国亦所不惜,这或是他们的成绩。但一般社会还非常羡慕他们,这样前途真是很危险而可悲痛呵!

外国人办教育问题

外国人在中国所办的教育有二种:(一)日本在南满一带所办的教育;(二)英美法各国在各地所办的教会教育。日人在南满办的教育很发达,民国十年的调查,已有三万以上的中国人受他们的教育。那班受过日本教育的,简直把中国的历史完全忘了,以日语为国语,以中文为汉文,差不多完全变成日本国民了;这就是他们的文化侵略政策。现在东三省已有"收回教育权"的运动,这是我们应该赞助进行的。

教会教育,在中国的现社会里势力很大,实在很值得我们注意。他们的教育势力强大,就是表示我们的教育失败。他们所以来办教育,完全是起源于侵略的野心,最近全国基督教会办的学校,教员西人共一二〇〇人,中国教员一一〇〇〇人,学生数共二〇四〇〇〇人。此外还有许多青年会及别种教育机关。教会学校之所以值得注意,可从他们的毕业生事业方面看出来,他们在社会上多占重要的位置。有人说,这样很好,他们替我们造了许多人材。不过我们要问,是否我们现在需要这种人材?我以为是不需要的。他们哪里是真的替我们制造人材?他们是要使中国变成一个基督教国。日前有一基督教徒对我说:"我们要把各种东西变成中国化,以后到乡间去也要造中国房子。"这可见他们的计划实在不小呢。

教会学校的缺点究竟怎样?第一,禁止学生爱国运动,即消灭爱国心;第二,强迫信仰基督教,连小学生都要他们去做"礼拜";第三,课程编制全为外国化,曾有一教会中学毕业生不能写一张中文的普通条子;第四,养成奴隶性。但有人说教会学校的校风好,风潮所以很少。不错,这就是奴隶性的表现。这种人材造出来,是否我们需要的?当然不需要。教会学校既有如此的缺点,我们实非干涉,取缔不可!尤其危险的是小学和中学,但大学亦很可怕!总之,无论大学、小学,站在国家的立脚点上都该反对。所以对于回收教育权运动,我们应该努力!有反对者说:"教育并无所谓权",这我不信,如其真的无权,他们为什么有这么多的钱来替我们办学校?有人说:"教会学校经费充足",这也不见得,就是有几个学校比较足一点的,也是拿了中国人怎样可怜的情形,向人家去讨了来的。有的说:"教会学校认真,功课好",这实在错了,好在何处?教职员大多数是教士,简直不懂什么。还有的说:"毕业生出路好",这是很可痛心的一句话!要知道他为什么出路好;就是因为中国的海关、铁路、邮政等大权都操在外人掌握之中,那他们要派几个毕业生去,自然很容易了。如果有人为了这点而不赞成收回教育权,那真是一个奴性甚深的人了!

收回教育权,照以上看来,已经是必须做的了,但是怎样可以收回,叫谁去收回?这却又是一个问题。有人以为先调查那确有侵略性质的取缔它。这不对,因为他们早已是侵略的,用不着调查。不过在事实上,尚难实行收回,真正的能够收回,非在现在的军阀政府之下所能做到的。我们只有尽力宣传,希望大家知道这些,一方面用破坏的方法去破坏。

四、怎么样改革现在的教育

我们以上所说过的那些教育状况,究竟要得要不得?实在是要不得的。如果尽管这样下去,中国定要灭亡。现在我们再就上面讲的教育情形来研究,看这种教育造出来的究竟是些什么:

(一)乡愿的——没有是非,妄从他人。一方面是崇拜实力,以实力为转移。

(二)奴隶的——这有二种:(一)在现状底下,自己还过得去,并不觉苦痛,并不想改革的;(二)崇拜洋大人,大多是教会学校出身,很想连

自己也变成了洋人,并不愿意做一个中国人。

(三)酿乱的——现在国内的乱源,有一部分是教育的成绩。每年一批批的毕业生,但有多少能得职业或升学的?有许多就因此变成所谓高等游民;有些便去捧洋大人;甚至有些变成了强盗;这都是生计问题的压迫,使他们不得不如此!所以不想法改革,乱要永远不息。

因此,现在的教育,不但不能救国,而且会亡国。但有些死信教育可以救国的先生们,还以为到底要靠教育的,还有一般老先生们提倡古学,提倡道德。岂知到了民穷财尽,没有饭吃的时候,道德还有用吗?

现在教育的必须改革,这是不要说得了,但是究竟怎样去改?改到怎样?有的人以为是要提倡爱国教育,使得国民都知爱国,然后才可以讲救国。不错,但我们要知道现在的国,叫人怎么去爱?国家的实际已经亡了,人民则本与政治不生关系,故空讲爱国也是没用的。有一派比较切实一点的,以现在国家实太穷,于是提倡职业教育,使各种工业发达起来,以期国家可以富强。但要知中国的贫穷是由于外国经济的侵略,不但海关权操自外人,即国内铁路轮船矿业等也多半为外人所经营。故非收回关税主权,取消别种不平等条约,也将不能发达国内产业。还有一种人以为我们只要为教育而办教育,何必要救国?这是错了,教育是要适应时代、环境和需要的,要与实际上发生关系;换句话说,就是要使得人生的意义更完满、更幸福。故所以教育根本的意义应该要救国,因为现在中国需要救国。我们明定教育方针是救国的,实为非常紧要。不过教育不是直接的救国,也不是单靠教育可以救国,更不是现在的教育能有效于救国。我以为改革现在的教育方法,有二点是重要的:(一)教育的革命;(二)革命的教育。

(一)教育的革命 现在教育的不对,以上已经讲得很明白,我们非把它革命不可。第一要推翻那班腐败的人:军阀、官僚、土豪,他们不懂教育是什么,但是他们的势力却很大。第二要收回教育权,凡是外国人在中国所办的学校,我们都要反抗,把教育权收回,课程改革。第三要打破个人主义,要激发学生一种革命的精神,学校不得禁止学生干与外事,特别注意团体生活。

(二)革命的教育 但教育的革命又不是现在时局底下所能做的,故我们非主张革命的教育不可，就是用教育来宣传革命，赞助革命，不过我们仍须注意，教育不过是社会制度的一种，而社会一切的制度，又都是建设在经济基础底上面，所以非根本的把经济制度改革，仍难达到救国的目的。

五、结　　论

总之，我们要根本的彻底的解决现在的"教育问题"，老实的说，只有一条路可走，——"革命"，就是"国民革命"。因为处在中国现在的地位，已成外国帝国主义的半殖民地，所以在革命未成功以前，什么运动都是空谈，革命的教育也不会实现。

但我们虽不迷信只有教育可以救国，却要利用教育来帮助"国民革命"；这就要在教育上注意于下面二点：

（一）造成革命的领袖人才。

（二）养成社会革命的空气。

一九二四、七、二九

杨贤江
青年问题

> 这是杨贤江1924年8月在"上海夏令讲学会"上的演讲稿,讲题为"青年问题"。原载《民国日报》副刊《觉悟》1925年1月27日至31日。发表时题记"一九二四年八月上海夏令讲学会讲演稿之一,唐公宪记"。

第一 青年问题的意义及特色

这个青年问题,从来没有人讲过,因为这是近年才发生的新问题。我们都是青年,应该很有兴趣的来研究这个关于自身的问题。但是诸位不要希望我能够有完满的解决,我只能够提出问题来和诸位讨论。

这个青年的"青"字,含有很好的意思:(一) 是表示美满可爱;(二) 是表示生长发展。"至于青年期"的规定,依各心理学家而不同,大概是从十三四岁到二十四五岁。这期内青年发达很快,是一个最重要的时期。在这最重要的时期里,有几种特色表现出来,我们可把它分为生理的和心理的两方面来讲。

(一) 生理方面 关于生理方面特色,一般的是:(一) 体高和体重的增进很快;(二) 筋肉甚发达;(三) 性欲最强。各器官的特色:(一) 触觉,容易怕热,而且怕羞;(二) 味觉,食量增多,喜吃硬性和有刺激的食物;(三) 嗅觉,喜用香水,喜吃烟酒;(四) 听觉,喜听自然界的声音及音乐等；(五)视觉,喜看颜色鲜艳的东西;(六)口音,声音变动,喜学他人底声音。

(二)心理方面 关于心理方面的特色：(一)想象作用发达,往往有许多空想,自己描摹出来,视许多高远的理想为实在的事情。(二)爱情的表现,男女特别的意识发生,有怕羞的感情。这时有二点要注意：第一,此时两性的吸引力甚强；惟事实上却有时反不接近,觉得很怕与异性相见,但过了一时,又渐渐接近起来了。第二,青年因恋爱发生,能够不以自己为中心,有一种忘我的感情和牺牲的精神。(三)理性作用发达。什么东西都要盘问考察,以得一概念。此外还有三点：第一,有自知心,能够知道自己要做什么,将来当怎样。第二,有自决心,希望脱离一切束缚,要反抗家庭、学校及社会。第三,有合众心,喜组织团体,但有时因才力缺乏,不能持久。第四,矛盾与冲突：有时很热心,忽变为冷淡；有时很高兴,忽变为烦闷；有时主张急进,忽变为保守；有时很喜交异性,忽又很恶异性而主张独身；……这种种大概可说是理想与现实的冲突。

此外还有许多在青年时期易犯的病,如：(一)消化病,(二)心脏病,(三)弯曲症,(四)吃音,(五)眼病,(六)睡眠不安,(七)神经衰弱或神经过敏等症。

青年期的特色,大概如此。

第二 青年问题的发生

这里有二个问题,我们要知道的：

(一)何以到青年时期才有问题发生？

(二)何以中国青年从前不发生问题？

第一个问题的回答是：因为青年时期以前,自我观念不发达,社会上所发生一切可喜可悲的事,都不能领受,在所谓"不识不知,顺帝之则"的一种状态。到了青年时期,年龄渐长,自我观念就发达起来,种种人世间的事情,都要来萦绕青年的心志了；所以到这时期,才特别有许多问题发生。

第二个问题的回答是：因为从前的青年,生在一种极不自然的、被压制的环境里；从很小的时候,把他关在书房里读死书,大了为他娶妻、生

子,这样地平平安安地过了一生便算了事。现在中国青年所以发生各种问题,原因是环境的变迁:(一)辛亥革命,许多青年学生参与政治,把从前那种压制的环境,渐渐推翻,自己要动起来了。(二)欧洲大战的关系,由民族自觉,引起青年的自决。(三)"五四"的影响,"五四"一来,把青年好动的精神,完全拿了出来,把一切偶像、迷信等观念完全打破,于是从来所无的各种问题都发生了。再简单的说,就是从前在被压之下,一切都照"向例簿"遵行,或受命运所支配,再加以礼教的束缚,专制政治的影响,什么都不准有新意义发生。现在都变了,什么都要问一声"为什么?"了。这可说是中国青年"启蒙时代"的一种好现象。

这样,青年问题的发生,我们可以很明白地知道了。下面再讲它的种类。

第三 青年问题的种类

青年问题的种类,究竟有多少,从来也没有人调查过,而且怎样的分类法,从来也没有人提出过;现在只得就我个人的观察,把它分为八类,对否还请诸位讨论。

(一)关于家庭方面的 青年因家庭而发生的问题,近年来实是很多,大概有几种原因:(一)家庭生活不能合于愿望,(二)父母缺乏教育常识,(三)感受家庭种种痛苦。

(二)关于经济方面的 因经济而发生问题:(一)因经济困难,自己既不能生产,家庭又不肯或无力供给,于是发生烦闷;(二)因不会用钱,有些青年,经济原很富裕,乃浪费无度,以致有时冻饿。

(三)关于身体方面的 青年在身体方面发生的问题是:(一)精神容易疲倦,(二)性欲冲动得利害,(三)不知怎样强健身体。

(四)关于交友方面的 在青年时期最喜交友:(一)希望得异性的好友,常常打算怎样可交异性。(二)有些是不善交友,尤其是见了异性,话也不会说。(三)觉得交友困难,缺乏诚意,于是便不愿交友。

(五)关于求学方面的 这与恋爱一样重要,而且困难。(一)要读书而无钱;(二)有钱而无好学校;(三)觉得求学实在太苦了,自己简直不知道如何读书,读些什么书;(四)觉得自己知识浅薄,又苦无从下手。

（六）关于动作方面的　还有许多问题:(一)对人的态度应怎样?(二)许多旧习惯,应否遵行?(三)对父母怎样去孝?对师长怎样去敬?究竟该不该孝?该不该敬?(四)个人的行为是浪漫或拘谨?都是使青年觉得难以解决的问题。

（七）关于婚姻方面的　一般青年烦闷的大原因,多半在此。(一)不满意于父母代定的婚姻(已成婚与未结婚),(二)觉得在僻地不能得着恋人,(三)有恋人而不能达到目的,(四)恋爱目的达到后,或因经济和性情的关系,又成问题。(五)因恋爱失败,颇抱悼"独身主义"。

（八）关于人生观方面的　青年在这种混乱的世界里,因不能得到正确的人生观,又发生许多问题:(一)不知人生究竟为什么。(二)因不能解决一切而烦闷。(三)深恶现世,深爱将来。(四)觉得人生没趣,很想自杀。

看,青年竟会有这许多问题——上面还不过是举例,其余当还很多。但在现社会里,无论如何,终不会有完满的解决,除非在社会革命完成之后!

第四　中国现代青年生活的病态

中国现在的社会,各方面都不能使得青年满意。于是一般的青年在现社会里的生活,便起了各种的病态,最普通的,就是:(一)烦闷无聊;(二)游浪享乐;(三)闭户读书;(四)信无政府主义和新生活。

（一）烦闷无聊　青年因为不能得着满意的生活,便觉人生没趣;对于人生究竟为什么的问题不能解答;对于外界的不合理又不能反抗;遂终日烦闷无聊,不能自解。青年所以会弄到如此,原因本很复杂,但大概不外下列几种原因:(一)受旧社会家庭的压迫,经济不能自主,使得他一动也不能动;(二)旧社会的习惯不好,青年很不愿做那种拜年、送礼等无谓的礼节,但又无力反抗;(三)受了西洋新说,要求恋爱自由、社交公开,但又不能做到。有了这些原因,不能不烦闷无聊,也只得烦闷无聊。不过根本的原因,还在自身的矛盾。从前不意不识,现在觉悟了;觉悟了,一切都不满意;不满意又无法达到满意,于是只有烦闷无聊。有人说

现在烦闷无聊的青年太多了,我以为能烦闷无聊的青年,还比那不知不识的好些,因为多少总还有一定生机。

（二）游浪享乐　这种青年,倒是很可危险的,他们因为学校不好,无法改良,索性不管,去到社会上游浪,寻个人的快乐,作出种种不好的行为;这虽是最不应该的,但我们也还应有相当的原谅。我们应该要恳切地勉励他们,劝告他们,使得他们仍走归正路来。

（三）闭户读书　这种青年,现在很多,关起门来读死书,一面要整理什么国故,一面还讲修养,尚纯洁,绝不干与外事。我们并不反对读书和修养,不过像他们这样做法,实与现社会无益。因为这种青年,大多是"拘谨"的,所谓顺规导矩的好学生,学校怎样,他就怎样;社会怎样,他也就怎样;这实是一种顺俗的青年,把活泼有作为的气象完全丧失,少年而老成,所以把中国变为一个病夫国了。

（四）信无政府主义和新生活　这是关于思想方面的病态,比前几种更利害。无政府主义和新生活者,理想更高,实际更难实现,无政府主义者,第一反对强权,强权本很不好,但你不用强权去反抗,那强权也不会消灭的;第二反对有强烈性的团体组织,这是根据反对强权来的。但是知道要改革现在的社会,必须有强大的团体组织。个人自由也不是在现社会里所能获得的。至如新生活者的主张,以现在社会不好,自己去创造另一个社会,造成一种新生活,试问事实上办得到吗？老实说,这是一种自私自利的个人主义,不是现社会的需要,讲不到社会的改造。如其一般青年都这样地空想着有绝对的自由平等的社会实现,而不知根据事实,想出方法去干,真是太无意识了。

第五　青年的恋爱问题

恋爱问题,在青年是一个很重大而切身的问题。现在把它分做三层来讲:(一)恋爱在青年生活上的位置;(二)中国青年的恋爱问题;(三)怎样解决恋爱问题？

（一）恋爱在青年生活上的位置　恋爱在青年身上究竟说占有什么地位？生物学告诉我们说,人生有两大欲望:一是食,一是性;食为维持个体，性乃繁衍种族。所以反对恋爱，实无异反对吃饭；因为食与性都是不可否认的事实。可是对于恋爱，实有许多人非难它。这有两派人：一是旧派的禁欲说，他们反对一切新名词，怕见"恋爱"的字样；这实是不通，根本自己否定是人。二是新派的小事说和救国说，以为恋爱是小事，救国才是大事，青年应当专心学习，应当从事救国。但要知道，青年未得性的满足，实与饿肚一样的苦痛。恋爱是青年的权利，他们既已发生了这个问题，硬要禁止，无异叫饿肚者不要吃饭。自然，我们该得告诉他们：国家危亡的时候，救国是青年的责任；你们决不要专心于恋爱；而且我们还得告诉他们：在现在这个时候，要满足恋爱的欲求，也有许多不可能的地方，你们应该先把这些障碍除去。

我以为恋爱并不是小事，乃是青年切身的大事，虽不是唯一的大事，总也是一件大事。所以我们要重视恋爱，总括起来，可说有二大理由：（一）这是青年时期很重大的事；（二）是青年对于这已有许多问题发生了。

（二）中国青年的恋爱问题　这里可注意的，有下面的六点。

一、恋爱与已结婚者——这本该不生问题，但事实上却发生许多问题，由离婚事件的多可以知道。离婚的发生，定是双方有不适合，我们主张，夫妻有不适合，还是爽快离去的好，但事实上却做不到，因此有逃婚等事发生。我以为在现在社会里，除万不得已，只好双方牺牲外，能够不离是最好；即离去，男的也应该对女的设法，使不受过分的痛苦。

二、恋爱与已定婚者——这不是离婚，乃是退婚或解约。近来发生这种问题的更多，但得着完满解决的很少；这是因为家庭的压迫甚严，而且常以停止学费的供给来恐吓，于是乎只好青年受牺牲了。

三、恋爱与未定婚者——现在一般尚未定婚的青年，当然是不满意再由父母代定，必须自己去找同志。所以天天打算，我怎样可得恋人？有了恋人，怎样可以进行结婚？怎样可以使得对方满意？这种问题，都要自己想法去解决；因此恋爱与未定婚者的关系，格外重要。

四、恋爱与社交——这问题关系很是复杂，近年来社交稍为公开，恋爱便随之实行，好像社交必恋爱而且结婚。其实不然，社交是社交，恋爱是恋爱，只可说恋爱必须经过社交，社交结果可成恋爱，并不是要恋爱才社交，社交一定要恋爱。不过社交真的公开了，男女接触的机会多了，当

不至于有找不着恋人的痛苦。嘉宾特说："男女一见面之魔力很大"，所以社交是应该留意的，不要一见面便能恋爱。

五、恋爱与经济——这是一个最重大的问题，因此发生的反动和谬误很多。有许多青年男女，问他们为什么不结婚，说是没有钱，要自己经济独立了才可以结婚。这固然是不错，但他们竟承认这种事实而不肯加以思考，乃是大错。我们先要明白恋爱与经济一般的关系；人生两大要求，是"食"与"性"，两者是一样重要；一方面不能不吃饭，一方面就不能不求爱。但是在现存经济制度底下，恋爱是完全受着经济的支配，在这种资本主义组织的社会里，什么也成了商品化，人也变了商品，可用金钱去计算价值；恋爱也用钱去买，没有独立的恋爱可说，都是附带在经济之下。因为如此，恋爱便有许多变态的现象出来；（一）不得恋爱，因为无钱只好不结婚；（二）勉强结婚，而经济不够，处处不自由；（三）宁愿独身，违背天性；（四）性欲冲动，即行堕落，男为嫖客，女为娼妓，这是何等可怕的现象呵！所以要讲恋爱，实非根本的改革现社会的经济制度不可。

六、恋爱与独身主义——一般青年就因为得不着满意的恋人，索性主张独身，这是一种反动的、不好的现象，把人生一半的要求抛弃了。而且这种态度，实是一种勉强的、消极的办法，不是根本的解决，痛苦仍不能免。更有把这种独身认为一种主义，那更为可笑。惟真有特别情形，自愿独身，像爱伦凯那样也还可说。

（三）怎样解决恋爱问题　上面说过，恋爱问题，有各方面的困难，我们究竟怎么去解决呢？解决的方法，可分为几方面：

一、社交公开——增加恋爱的机会。

二、教育平等——增加有知识的女子。

三、婚姻自由——由青年男女各自选择。

四、经济独立——这是最重要的，免除一切的压迫，实现自己的理想。

不过在现社会制度之下，这些方法怎能办得到？试问教育何时能平等？经济怎样能独立？所以无论如何，应先改革社会制度。诸位！眼光远大些，为根本着想，只有革命是解决的唯一方法！

第六　青年的求学问题

青年对于求学方面，近年来可说有一种好现象。中学毕业生一年多似一年；入大学的，出洋留学的，也年年增加。但这是表面的观察，实际里却也有很坏的现象。因为在现社会里做事，都要讲"资格"。如能在大学毕业，甚至能留学外国，加上一个硕士、博士的头衔，那就引为非常荣幸的事。因此，向上读书的现象，表面是"知识欲"的发达，里面实是"虚荣心"的逼迫，于是"资格"与"学问"便成为两件事。这不能不说是一件很不好的现象！

以上是我对于一般的观察，究竟这问题——求学问题——的本身怎样？发生的原因如何？说到问题的内容，大概不外乎下面的几种：（一）没有钱入学校；（二）家庭不肯供给；（三）觉得学校不好，愿自退学或转学；（四）学校经费没有，不能开学；（五）觉得现社会太坏，不能安心读书；（六）本来应该读书，但良心不安，想到社会上去活动。这许多都是现在青年所发生的求学问题。现在我总括的提出二个问题来讲：

一、无产者的求学问题——这个关系重大些。

二、能升学者的求学问题——还是埋头读死书，还是兼做活动？

依我说无钱只好不升学，这就是解决第一个问题的方法。因为现在的学校根本不是为无产阶级办的，科学也非为无产阶级设的，就是去学了也无用处，所以还是老实安分点，不想升学吧。否则只有打破了现社会一切制度的一个救济方法。

不过，求学与升学是两件事，青年尽可不升学，但一方面尽可以求学；因为求学问实不必一定要在中学、大学或外国去的，实在青年尽可以自学，不是不入大学就不可以做人。中国有几所大学，怎能个个青年都能够入大学？我们尽可以换了求学的方法——实行自学——所以不升学，也很有做学问家的；并且还该明白，你们所以不能升学，也不能去怪谁，只能怪社会不好，这一点是青年们应该觉悟的。自学实是一个很好的方法，一面做事，一面读书。但有人说，这方法究竟靠得住吗？要说一定可以学到怎样，我也不能说；但总有好处，或竟比在大学更有好处。自学成

功的，在历史上有许多事实告诉我们，像中国的孔子、孟子，外国的富兰克林、林肯等都是。就是近来也有许多学问家，全靠自学成功的，他们甚至连中学都没有入过，不过只看各人用的方法如何，决定他成效的大小。我是相信这方法是有效的，只要能够专心、吃苦。我有一位朋友，他的英文知识完全由自学得来，他竟能翻译杜威的书籍，没有错误。但是自学困难的地方，当然也有，只是不能升学者，别无他法，这一条还是可走的路。——这方法，我还以为并不限于无产青年，即有产者如不满意学校，也可这样办。要知道求学问的目的是在明白做人，这便是还要在实际社会上去观察、调查，才能亲切地了解。

有反对自学的人说："仅仅一个中等学校的毕业生，学问不够，不能自学。而且在求学的时候，不能同时做事，他的能力薄弱，也不能做什么事。"这种观念完全错了：（一）是把求学和做事看做两件事。就是把知与行分开了，要等学成功之后再去做事，试问何时可以学成？（二）这样永远也不会有实行的时候，因为学实无成功可言。有许多学要从做事获得的，从来"未有学养子而后嫁者"，如今一定要说"女子未养小孩就不配生小孩"，这岂不是笑话！况且书本上的知识都是死的，必从实际经验上得来的才是真实的学问。至于说做事能力薄弱，我们并不希望他能做天大的事，只要各尽所能好了。

说到有钱而能够升入大学的，那当然也好。不过他们应该知道怎样的学习功课，才能够一面帮助其余不能升入大学的青年，这是他们的一部分责任。他们更要明白，不是他们有特别的才能，可以升入大学，实是所谓他们的运道较好，生在有钱的人家，所以大学生应该拿出他底良心来帮助贫苦青年，并替社会做事，他们还须要学与行一致，譬如学医的，就很可替贫民医病；学工程、新闻的，都很可以帮助改革现社会；这是我们希望一班能受大学教育底青年的话。

第七 青年的职业问题

职业问题，就是生活问题，照理论讲，职业的标准是：（一）应以个性为主；（二）要按照家庭的情形；（三）顾到现社会的需要。但是实际上，有不能按此种标准去做,如一个工科毕业生,因为社会上的工业界不能用他,他为生活起见,不能不另择他种职业。即使有了什么相当的地方,也非运动不可,不能很正当的、光明的进去这种地方,便觉得十分痛苦,不能实现自己底理想。这虽是一部分由于青年的理想太高,但实是社会太坏!

现社会里已发生的谋生困难,实有出于我们意料之外的,竟有所谓大学毕业生也找不到饭吃。前年——一九二二年——上海商务印书馆招收校对员,名额只有十名,报酬每月二十元,还须自备膳宿;程度要中等学校毕业。不料登报后,报名与考者百余人,竟有许多专门学校和大学毕业生也来报考。专门和大学学生,不能说没有才能,但区区二十元的报酬也去竞争,可见社会生计之难已达极点;更可见中学以上的毕业生无事可做的真多;还说留学生闲居无事的也正不少!这样怎能怪社会上有许多高等游民!

现社会里选择职业之难,已不消说得了,况且有许多事业,简直是无用的,有害社会的,稍有觉悟的青年便又不愿去做,于是更加困难了。

实在现代的职业更无高下贵贱的分别,总之无非为了吃饭。什么做教员、编辑、店员……都一样的不得已,甚至与娼妓的一样,同是卖了身体去换饭吃!在现状之下,决找不出理想的职业;决没有可供你快乐的地方,都是一样的痛苦;决不能由你去作自己愿意而有改造创作的工作!这样,只有老实不客气的说,我是骗饭吃的;但是在这骗饭吃的时间,必须一面去做我愿意而有益于社会的工作,才稍觉得问心无愧。

原来工作即是生活,应该很快乐的;一天不做工,便一天不能吃饭。青年不愿饿死,谋饭吃的本能起码要有的,我愿一般青年快快预备起来!

总之,我们现在做事都是骗饭吃。试问在现社会里到底谁不是骗饭吃?不过我们青年应该另有改革的责任,一面仍应做社会的事业,千万不要忘记肩上的重担——改革现社会!

第八　青年的道德观念

这问题很不容易讲,现在旧道德已经破坏,新道德尚未建设,实在

无从依从。但有几点是很明白的,现就我的意见,分别的来和诸位讨论一下。

（一）道德是变迁的　道德的标准,实是依时间和空间而变迁的,没有什么"天不变,道亦不变"的蠢话。一、以时间论,在君主时代,臣子当然以忠君报国为道德;儿子当然以显亲扬名为道德;妇女当然以贞节为最高道德,什么"男女不相授受"都是道德。现在却都不然了,君主推翻,改为共和;认定人是社会的分子,不专是父母的儿子;男女同学,社交公开,自由恋爱;这都是应该的了,也就都是道德的了。二、以空间论,杀人原为不道德,但也有娶妻须先杀人;有父母死后用棺埋葬,也有用火烧,或抛在山上给鸟兽吃的。可见全世界的道德,没有相同的,各因它的习俗环境而异。所以我们现在的青年,对于旧礼教,实可不要遵守;对于古圣贤,实无再崇拜的必要了。

（二）道德是阶级的　人类依了经济的地位而异其道德观念。如处于现社会有利地位的,以拥护、维持现制度为道德;反之,处于现社会不利地位的,则不以拥护、维持为道德,而以反抗为道德。譬如平民对于军阀、政客、外国人,都用不着奉承、恭维、忠诚、效劳,一切都要反抗。还有那教士,以祷告尊重上帝为道德,不信教的则以反对上帝为道德,所以那种军阀、官僚、外国人所信奉的道德,我们青年并不要遵守;我们否定了现社会制度,应该反对压迫阶级的道德。有良心而觉悟的青年,当自愿帮助被压迫阶级,反抗一切压迫阶级。

（三）道德是社会性的　青年不能单讲个人的道德,因为道德并不是属于个人的,是有社会性的,我们中国人从前专讲个人的修养,不管社会;要知道社会的道德不好,不管个人怎样的好也是无用,终为恶势力所同化。所以社会的势力,很能影响于多数人的道德的。如中国以穿长衫、作揖、跪拜等为道德,外国则以穿短衣、脱帽、握手等为道德。因此那种独善其身的个人主义,不管个人的品格弄得如何的高尚,在不好的社会里,终要堕落的。要防止个人的堕落,只有靠团体的扶持、督促,实行改革现社会。因为要现社会里,保持个人的纯洁品格,徒然增加压迫阶级的光与力,替他们捧了场面,这实是"为虎作伥"!

（四）道德不是空想的　道德是活动的、实际的,不是静止的。什么读格言,静坐,反省,安分守己,修身养性,守身如玉的人们,算不得有什么道德,因为他们对于社会并无影响,好也好在他个人。从前历史上的什么忠臣,到国家亡了即以自杀了事,这与社会有何益处?如其大家都以一死了之,社会还能改造吗?所以我们评判一个人的道德,要以客观的态度,从实际上看他做出来的事业,以定他道德的高下。个人的私德,可不必十二分注意……因为单讲修养、卫生的人,不见得有用。如一个专讲理论的人,而行为却同拆白;一个专讲克己复礼的人,一到都市便患花柳病;一个专讲家庭和睦的人,却天天和家人相打骂;这种人实比那不讲道德的还要坏得多。所以我们说道德不是空想的,是要实行的。

总之,我们青年的道德观念,应该具有上面讲过的四种,尤其要明白道德是有阶级性的。所以青年社会里,要讲道德,防止堕落,只有结合同志,借团体的力量,互相勉励,努力进行,切莫做安分守己的奴隶!

第九 青年的人生观

人生观,又是一个很大的问题,有人以为非哲学家不能解决,也非哲学家不配来讲。我却以为不然,木匠、乞丐,都有他们自己的人生观,根本各人有各人的人生的见解,不一定要哲学家才配讲,我虽非哲学家,但亦可以和诸位来讨论。

依我以非学理的来解决,这是很容易的,就是不可以厌世。照人生二字的意义来讲,已很可以明白:一、人是一种动物,就是"人应该活动的",不动便是泥菩萨;二、人是一种生物,有求生的欲望,向生的一条路上走,去想生的方法;三、人是进补的,这是人的重要条件,如单是活动一生,不知求进步,那与一般动物无别了;所谓"人为万物之灵",就全在能求进步这一点。实在不但进步,还须革新,这样论来,人是活动的、求生的、进补的;青年的人生观就该依据这条件去努力——发达生长,永远保持着这种青年的精神。

青年有了这种向上的人生观念,对于正当的欲望,必求满足,努力以求满足,不该自己消极的制止。青年应有这种勇气,努力奋斗,不顾成功或失败,即失败了,亦是有益的。青年应该根据了这种不怕难的,勇敢的

人生观,去努力做一切事情。

第十 青年应有的生活习惯

此外,还有几种生活习惯,青年应该注意的,我再来讲一讲,以作本问题讲演的结束。

(一)身体的锻炼强健 青年第一要紧,应把身体培养得健康,能够忍劳、耐苦。否则,身体力量不够,虽有努力工作的志愿也不能达。锻炼的方法,与现在讲体育和卫生者不同,他们要许多器械、设备,这是资本家贵族式的,不是各个青年办得到;我们只要不费钱的方法,如同走路、做劳苦的工作,可随时利用,一切衣、食、住,在相当的限度内以最低为最好。一般身体的强健比较,我们中国人比外国人相差远了,这是最要注意的。

(二)工作的学习专精 有了强健的身体,但是还必须要有专精的技能,认真、细心地去做,一个人,对于起码的生活技能,一定要有点;尤其是知识阶级,将来生活的危险,恐比工人还不如,因为他们只靠俸给生活,收入有限,社会生活程度日高,本来已不够开支,再如没有工作,便无办法,真只好"坐以待毙了"!

(三)兴味的发扬浓郁 这一种是很重要的,做事有了兴味,才不会厌烦。中国的青年,受了从前那种所谓规矩的教育,竟有连笑也不能,到处表现着一种死板的脸孔,一点兴味没有,还说什么"文质彬彬",把青年原来的活泼性、趣味性,完全消灭了,青年的兴味,不怕浓郁,越浓越好;青年应该恢复了那要笑便笑,要哭便哭的本能!

(四)团体生活的训练成熟 中国人向来是主张个人生活的。所谓"各人自扫门前雪,莫管他人瓦上霜"。要知道,我们做事非有团体不可,要防止个人的堕落,也非有团体不可,因为团体是有一定的秩序,一定的纪律,大家须严守纪律,维持秩序;这样就是一个坏的人,经团体的监督,也自然会好起来。我们中国人很缺少这种团体的生活,看,不论什么团体里,都有不依章缴费,不依时到会,不实行决议案的弊病;我们青年,绝对不该如此,平时应注重团体生活的训练,使它纯熟起来。

最后,我还有一句话,就是我们青年究竟应做哪种人?站在哪个阶级？现社会里可分为二种人：一是"人上人"——资本家、军阀、官僚等——即所谓压迫阶级。因为有了"人上人"，便造出"人下人"来了。"人下人"是专替"人上人"工作，为他们的奴隶。如果愿意做"人上人"的青年，那是绝对错了，但是"人下人"又个个都不愿去做。既然这样，我愿你们且去做"人中人"，大家平等，没有阶级。"人中人"就是与"人上人"为敌，与"人下人"为友，打倒了压迫阶级，使"人下人"脱离被压迫的地位；换句话说，就是要对现社会反抗，实行革命。

话讲完了，祝诸君努力！

杨杏佛
劳动问题

> 这是杨杏佛1923年冬在上海大学所作"劳动问题"系列讲座(许为民《杨杏佛年谱》,《中国科技史杂志》1991年第2期,第44页)的演讲稿。《民国日报》副刊《觉悟》1923年12月至1924年1月连载,由高尔松、高尔柏记录。1927年上海商务印书馆出版单行本。
>
> 杨杏佛(1893—1933),名铨,字宏甫,号杏佛,江西省清江县(今江西省樟树市)人,祖籍江西玉山。近代经济管理学家,辛亥革命社会活动家,中国人权运动先驱,中国管理科学先驱。

第一章 绪 论

第一节 劳动问题之意义及其与社会问题之关系

我们要讲劳动问题,应该先要知道劳动问题之意义。劳动问题的意义,有广义的和狭义的二种。广义的是指一切人类,凡是做事的,不论劳心劳力都是劳动者;而且天下没有完全的所谓劳心者和完全的劳力者的。那些做文章的学者,可算是劳心者吧?可是不能不用些腕力来执笔写字,常常有些人做起文章来,要嘴巴歪斜的,头要倾侧的,脚要摇动的,

杨杏佛 劳动问题

那不都是用力的表示吗？所以完全的劳心者是没有的。讲到完全的劳力者也没有的。那些拖车子的苦力，可算是劳力者吧？可是他也不能不用心的。他们倘使一个不用心，就要车子和车子碰了，或是翻了的；当他在拉车子的时候，他真是切切用心，留意着来来往往的人们和车子呢。所以完全的劳力者也是没有的。这是广义的说什么是劳动者，劳动问题是研究差不多全人类的问题的。狭义的说劳动者就是佣资阶级，完全以自己的劳力，得到有限的报酬，直接的以时间计算佣资（salary）的。Salary一字中国人常翻做薪水，但也不一定的。譬如一个小工问他薪水，要叫"工钱"的，倘使你去问大总统"工钱"有多少，那大家不是要笑吗？大总统的薪水要叫"月俸"的，大概薪水多的叫月俸，中等的叫薪水，少的叫工钱。狭义的劳动者是专指以佣资糊口的人，劳动问题就是研究这些人的种种问题的。但是那梅兰芳等就不能算劳动者的，因为他所得佣资，不是仅仅能够糊口的，就是工厂里的工头，也不能算劳动者的，所以在同一阶级里也有劳动和非劳动的分别呢。总之，劳动者的生活，终是很困难的。这些生活很困难的劳动者，在中国约有百分之九十的数目呢。我们的农夫、工人、下级的商人、兵士……都是劳动者。这最低的一级，人数却最多呢，那全人数好像下面的一个塔，这个塔不是很高的，平低的，因为它的基础非常之大。下面一级黑的就是占全人数百分之九十的劳动者，上面顶上一些白的就是非劳动者。劳动者的人数，实是很多呀。我们所讨论的，就是关于这些人的问题。

我们已知道劳动者是那些人，劳动问题是什么，现在可以讲它和社会问题有什么关系了。研究社会问题者又有二派：

1. 社会改革论者——进化论派
2. 社会主义论者——革命论派

1. 社会改革论者对于劳动问题的观察　他们以为这社会有了病，但是社会本身是健康的；这个病虽是不可免的，却可以慢慢地改良的，终有一天完全好全的。但是社会为什么有病呢？他们以为了经济组织的紊乱；所以要改革社会问题，不能不先着手于经济组织的改革。但经济组织为什么紊乱呢？简言之：就是为了"自由竞争"和"私有财产"。这

样,因此富者愈富,贫者愈贫了,资本家和劳动者中间的距离,一天一天地远离了。经济组织也因此紊乱了,所以他们要改革经济组织,不能不着眼于把劳动工人经济上的分配,重新分配一下,因此就不能不先注意于劳动问题了。

上面的一派是想从经济组织方面去行社会改革的,还有一派想从政治方面去实行社会改革的,也非常注意劳动问题的。他们以为法律和政治能够为人民作权利自由的保障的,才能算是好的法律、好的政治。劳动阶级占全人类有百分之九十以上的,假使那法律和政治不去保障这全人类的大多数的劳动阶级的权利自由,那只是少数人的私有品,于是法律和政治就变成少数人压迫弱者的工具,社会就紊乱了。所以那主张从政治方面去实行社会改革的人,也不能不注意到劳动问题的。

但是究竟那些社会改革论者为什么都要注意到劳动问题呢?他们中心的原因在那里呢?他们——社会改革论者——都是中产阶级的人,都是主张保守的。所以倘使有什么方法能够缓和劳动阶级的反抗和风潮的,终愿顾全劳动阶级一些面子的;其实,他们是补救他们自己吧了。什么说呢?倘使劳动阶级起了反抗,有了风潮,他们不去想法缓和它,那阶级革命就要发生了,他们因此就要损失不少了。所以他们的注意劳动问题,不过为了自己的私利吧了。

2. 社会主义论者对于劳动问题的观察　社会主义者的眼光就不同了。社会为什么要有病?他们以为是不卫生,住居的地方空气不好,穿的衣服不适合,吃的食品不洁净,一切生活状况都不好,所以要一切都改革的;而劳动阶级所受的病最重。劳动阶级最重的病,要算(一)资本私有和(二)佣资制度了。其实,社会上无论那种病,都为了资本私有和佣资制度而生的。人们没有了职业,就不能生存的,所以不能不去卖劳力来换得生活费;而一部分人呢,因为有私产的缘故,可以不劳而生存的,并且因此他们不一定需要劳动者替他作工,就是没有劳动者替他作工,他也能安然生活的,所以他对于劳动者的劳力,看得很轻,对于佣资减削了许多;那些劳动者为了生活所迫,竟也不能抵抗了。劳动者因为是被佣者,最无资本者,所以受害最重;果然,那社会上一切制度,政治,家庭……等也受了它的毒害,应该推翻的,但劳动问题却是最重要的。总之,他们——社会主义论者——要把一切被压迫的阶级,直接生产的劳动阶级,能够得到生活上和教育上的平等;使全人类所恃以安居乐业的种种物品,能够真正平均分配。那他们的注重劳动问题,也可想而知了。他们唯一的运动的手段,就是鼓吹劳动阶级知道他们自己所处的地位。

我们看劳农俄国的法律,知道劳动者就是国民,国民就是劳动者;所以劳动问题就是我们国民的问题。

大概社会问题可以分别许多问题,好像妇女问题,劳动问题……不过底下的问题,就很难分了;因为那些问题都是互相有关系的。家庭问题中也有劳动问题的;甚至在婚姻问题中也有劳动问题在内的呢。因为劳动者也是人类的一部分,所以全人类的问题和他们都有关系的。劳动者有家庭的,于是他们也有家庭问题了;他们有婚姻的,所以他们也有婚姻问题了。总之,他们是人类,他们有全人类的问题。反转来说,社会问题是大的劳动问题,劳动问题是小的社会问题;其实,劳动问题和社会问题没有什么分别的,一而二,二而一罢了。

第二节 劳动问题之祸源

劳动者为什么发生问题呢?凡是发生问题的,一定是知道不对了,须要设法改良的。譬如说,火车发生问题了,那一定是出轨了,或是两辆相撞了;否则,火车好好地在轨道上施行着,说它有问题了,那不是笑话吗?所以劳动者倘使生活安宁,那就没有问题了,现在为了有意外的事,有病了;但既有病,它的病源在那里呢?现在且把劳动问题之祸源详细地说一说:

(一)工银制度 工银制度就是卖买劳力,资本家是买主,劳动者是卖主,工银是价格,劳力是商品。果然,卖买劳力,要是双方平等的,那也没有什么反对的,因为互相平等的,可以卖,可以不卖;可以买,也可以不买的。譬如到商店里去买东西,他们的商品和价格相等,那我是可以买,可以不买的,这些平等的卖买,我们原是不反对的。但是为什么要反对卖买劳力的工银制度呢?因为在它制度下面有(1)经济自由,(2)个人订约,二个要素。因为在工银制度下有经济自由的,所以倘使有了一百万

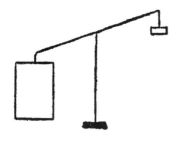

的资产,他就要了不得的;那政治、法律又是帮助有产者,保护资本家的,因此,无产的劳动者受到莫大的毒害。因为在工银制度下有个人订约的,不承认团体的,所以一个无财无力的劳动者和一个拥有百万财产的资本家相订起合同,那能够平衡？劳动者那能不吃亏？一个劳动者不过是一个资本家的千分之一、万分之一,和那资本家相比较,不相等势力的订约,结果,都是把劳动者的劳力的报酬减削下去,由几千元减至几角钱也有,还有减到不能维持生活的！譬如一个二十岁的工人,他在二十年内至少也要用去二千元吧,倘使每年以一分利率计算,那他也要有每月二十元的工资,可是现在只有二元！这是何等的苛虐呵！劳动者,其实,只要做六小时工作就可生活了,但资本家要他做十二小时十四小时的工作,才给他生活费,勉强的能够生活！并且资本家有时竟可使劳动者不能生活,因为资本家可以不买劳动者的劳力,而劳动者却不能不卖劳力的。所以在工银制度下的劳动者,简直不如牛马！牛马有了疾病,主人还要设法去医治的,因为牛马是主人财产的一部分,失去了牛马,就是失去了他财产的一部分;但是对于劳动者呢,一些没有什么顾惜的,合则留,不合则去,随你有什么病,什么患难,和他是没有关系的。劳动者的价值,真是牛马都不如呀！——在工银制度之下。

社会主义者,不论最激烈的到最和平的,都反对工银制度的,但是有些实际的改革家,好像 J.A. Hobson 这些人,以为工银制度可以奖励人类向上和进取的精神的,倘使没有了奖励,人们就不做工了。要增加人们的工作,不能不要实行奖励的工银制度。工银制度虽是有许多坏处,但有一个最有益的好处的,就是行奖励作工,使社会上的文明,也一天一天的进步。霍勃孙又主张由工银制度变成合作的性质,这个不是社会主义的主张,社会主义者主张统统合而为一,由国家管理的;那主张合作的不过把工厂内合而为一吧了。但是这个仍是不能算彻底的办法。

补救工银制度的祸害,只有二个方法:(甲)舆论的鼓吹,(乙)劳动者的团结,这是无论对付什么问题所必需的方法。罗素在他底"宣传和文化"里,他主张以舆论来改造一切的制度的,那舆论的力量的大,也可想而知了。美国工人不但和资本家发生卖买关系,并且还要被迫信仰他们的所信仰的宗教,赞成他们的所赞成的党派;在入一工厂做事的时候,他们有一张表格,内中开列许多问题,强迫你要答出来的,倘使你和他们的信仰不同,意见不同,简直不能工作的。这种不正当的干涉,也惟有靠舆论来改革!

现在那些资本家对于劳动者有些畏惧心,完全是为了劳动者还有一些团结力吧了。劳动者合了几千个或是几万个去和一个资本家争,那也可得到好的结果吧了。譬如下面的天秤似的,百个劳动者不及一个资本家,那可加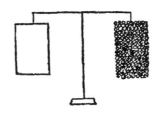
到千个,倘使不够,再加到万个,终有平衡的可能吧。"合则存,散则灭",真是宝贵的格言呀。倘使许多团结的劳动者和一个资本家争,那社会必能表同情于劳动者的;因为社会是以多数为是的,一个和许多,许多的终容易得到社会的同情心的,为了得到社会的同情心,更容易和资本家相争得胜了。倘使一个工人和一个资本家争,那资本家在社会上势力当然比劳动者要大的多,社会当然容易同情于资本家了。所以劳动的团结,实是不可忽略的。

舆论的鼓吹,是社会的、外力的补救法;劳动者的团结是内力的补救法,这两个方法,都是非常重要的。

(二)资本制度 二十世纪的文明,是从资本制度产生出来的,它的有益于社会,果是很大;可是照现在看来,它的罪过于功了,我们再也用不着它了。资本制度是科学家和劳动者所造成的,它的资本什么地方来的?简单的说就是:"生之者众,用之者寡"吧了。自从产业革命后,资本主义勃兴,到现在,在这三百年内,大部分的劳动者生产的很多,而用去的却很少;自然,少数的资本家常常浪费浪用,但终比不过劳动者生产之多。好像一个劳动者,他有十分的生产,他自己只用去〇点五分,余的九点五分资本家拿去了,但是资本家也不过用去了一点五分,还有八分余下的,这个余下的,就是资本,造成资本制度的原素。科学家利用劳动者造成的资本,尽力地去研究、发明,造成现在的文明。但是资本制度越发达,在资本制度下的文明越进步,劳动者越受苦痛呢。资本制度发达了,

各种大规模的组织，日渐增加，各种机械，也是一天一天新发明，于是从前要十百人在长时间内做成的，现在只要一二人在短时间内做好了，无数的劳动者都因此失业了，就是有不失业的，也不能不迁就资本家的意志了。不但劳动者受害，就是小资本为了无力购买机器，也不能不附和大资本家了。这样，资本只是集中于少数的大资本家手里了，其余的人，都是生活飘摇不定呢。从前在独立工作的时候，劳动者非常利便。好像是一个皮匠，他挑了一副担子在人家门口来往，倘使有人要他补双皮鞋，他就停下来，讲了价钱，倘使价钱讲不对，他就挑了担子到别处去了，这是何等自由！但是后来渐渐扩大了，开皮匠店了，……设立了工厂了，那时候就不遂皮匠的便了。资本家说，你要来作工，每天二角五分；你不愿意，就不必来。但是他不能不到工厂里作工了，否则，便可饿死！就是开学校，现在也不容易了。从前蒙馆的时候，一个先生随便弄间房子，教教书；可是现在不能了，小学教员要检定，教员要有资格，学校要有设备，而且还要有基金。倘使不能合式，就要勒令封闭呢！现在再说劳动者生产的资本，被资本家收括去，那我们果然要反对的，但又有些人说劳动者的生产，不是属于资本家，是属于社会的，我们人类是社会中的一分子，那何必去反对自己的社会有资本呢？但是这也不对的。社会，横的方面有许多阶级，纵的方面有许多职业，现在的资本，不是在全社会手里，而在少数的高阶的、某种职业的资本家手里吧了，所以我们也不能不反对的。为了资本集中于少数人手里，就成了利害截然的劳资两阶级的仇疾，酿成现在很难解决的劳动问题。

（三）工厂制度 工厂制度是资本制度下的产物，既然知道资本制度的罪恶，那又何必再说工厂制度呢？不过工厂制度实有特别的罪恶的，不能不详细地说一说：

1.儿童和妇女的工作问题 儿童不去工作，也是要在学校里读书的，现在不过不去读书到工厂工作；妇女在从前的时候，在家庭里也有许许多多的事情要做，忙得一天到晚的，现在有了工厂制度，不过舍了家庭里的工作，去到工厂工作。他们的工作仍是一样，那有什么问题呢？可是儿童们为了要工作，失去读书的机会，失去预备将来的大事业的机会了；而且他们身体没有发育完全，劳力过度，妨碍了身体的康健。妇女们吧，为了要工作,失去家庭的快乐,在家庭里虽是也工作的,但都是互相帮助,快意的;而且为了生活所迫,在孕育期内也不能不去工作,因此有流产的,甚至伤及性命,那不是悲惨的景象吗?儿童们妇女们自从工厂制度勃兴了,劳动者失去了讨价的能力,收入骤然减少,为维持家庭经济起见,不能不也到工厂里去作工,但是他们的体力那能及得男子和成年人呢?那些男子和成年人无论什么粗力的、污秽的事都能够做的;但那些微小而瘦弱的儿童和妇女们要去和他们比较,那能及得?在学校里读书,同学们是和善的、愉快的、相爱的,在家庭里作工,家人是互相帮助的;可是一到了工厂,和善愉快之气散去了,相爱相助之精神淹没了,只是满布着刻薄、相竞、……的厉气,洁白的儿童,柔弱的妇女,那能够接受呢?于是他们——儿童和妇女——精神上都受到不可言状的痛苦了!

2. 工业上之危险　工厂里作工比从前家庭工业危险得多,意外的生命危险在工厂中常常听得的。机器无情的,一个不留心,就可送命,还有开矿的也常常有死了多少,死了多少的;化学工厂中的许多药品,都可使人们的生命危险的。不但这样,那些儿童和妇女,就是没有那样的危险,当然的,他们也是同样的受机器的危险,而那无知的儿童更多危险,常常为了空气的不流通,食物的不卫生,……使他们生命发生危险。大概自然的工作很好的,而那超过人力的工作是容易使人生病的。工人的寿命比农夫要短三分之一呢。在工厂里,四十岁的,或是五十岁的工人,很少很少的;田家的白发老农夫,那常在每一村子里终能找到的。中国人常称农夫叫老农的,那可见农夫寿命的不短了。在工厂里的工人,果然为了机器的、空气的各方面,以致危及生命;但工厂设备不完备也是一个原因吧。

3. 失业问题　资本家只以赚钱为目的的,所以有不能赚钱的工厂,不讲这工厂需要不需要的,就关起门来,去做别种事了。这样,工人们忽然失业了。上海近来纱厂工人有十几万失业的。近来日本大灾后中国要想运华工去做工,可是他们却不要我们去,他们说,食粮也好,衣服也好,终不必运工人来;可见虽是日本受了大灾,死了许多人,但还没有缺少工人之患,这全因原来失业者太多,工人过剩的缘故。工人过剩了,失业者多了,社会秩序因之愈为紊乱。欧洲有人以为劳动者失业问题,应由政府去

负责的。

4. 工厂规则之严苛　工厂规则完全是保护资本家的利益的；对于工人们底幸福方面，剥削殆尽！工人的独立人格，工人的自由权，在工厂规则里，完全淹没了！不愿意做的，也要做的；有些完全无关于他的工作的事，也要叫工人做的呢，甚至在工厂亏了本的时候，也要在工人身上想法的。所以工人在工厂不感觉什么乐处，只是觉得不自由！行动不能自由，衣食也不能自由，吃水是不准的，于是有些渴得不可开交的；吃烟也不准的，于是有些人带了烟草来吞下，结果成了肺痨！工厂规则，真严苛呵！

（四）社会上少数人的统治权　商业渐渐地发达了，资本家操纵社会经济权，同时，一切的政权也被他们少数人握住了，因为政治是跟从经济状况而变更的，政权只是有经济权者所执的。经济阶级是直接的或间接的可以控制我们政权的。中国的所以十几年还没有革命成功，因为经济阶级没有受到痛苦，不想去革命；他们——握有经济权的商人——只是唱着和平，所以终不能革命就成功。好像辛亥革命时，就是为了全国经济阶级都相助了，所以成功的。经济阶级可以左右国家最高议会的；一切的政治都是经济阶级造成的。大家想，美国钢铁大王，他有一百多万的票子，倘使有什么选举起来；所以选举大总统的时候，只要几个大王不愿选他，那他的大总统就做不成了。但是在大王下面的人，政治能力都失去了，只是唯命是听的。在资本制度下面的劳动问题所以成为世界上难解决的问题，就是为了资本家有政治上的势力的缘故。

第三节　劳动阶级之进化

现在的所谓工人，怎样来的？是不是就是和现在平民一样的？在英国和罗马等国宪法上，都能看出工人是从奴隶变化下来的。这个来历，非常早的。我们在历史上可以看出工人的进化是：

俘虏——奴隶——农仆——工人

在野蛮时代，有二个民族相战争，那当然有一个胜的和一个败的，胜的民族就把败的民族的人捉了来,这些捉了的人,就是俘虏。最初人性非常野蛮的,把俘虏一律惨杀;后来他们觉得惨杀俘虏不大好,但终不会叫他一天到晚不做事来享福的,他们以为还是叫他作苦工较为经济。自此以后,俘虏也成功一个阶级了。俘虏生来的子女,不是俘虏了,但是他们也一样的没有一些自由和独立的人格的,这些人就是奴隶。奴隶是世世相传的,奴隶的子女,也是奴隶;孙子孙女,也是奴隶。人民程度日高,奴隶的范围也日广。最初本族里也有奴隶,甚至本村里也有的,后来慢慢广大起来,同种是没有奴隶了,以为很野蛮的,拿异种来做奴隶也是很少了。现在英国对于印度,法国对于安南,不是经济上的奴隶,是政治上的奴隶。印人所以做英国政治上的奴隶,因英国有保护他的责任的。在奴隶时代,没有工人的,工人就是奴隶,奴隶就是那时的工人。这时代,大概有一千年以前了。奴隶制度的下一时代,就是农仆时代。中世纪后,英国封建时代的诸侯,地田很多,自己决不能把自己的产业使得出产,所以把奴隶解放了,给他多少田,由他自己去耕种,每年把多少成数给田主。这种制度就是现在钱粮赋税的变相。这些农仆,地位没有自由的,地址不能迁移的,比奴隶好的,只是算脱离了主人。从农仆再变下来,就是工人了。

从俘虏变到农仆,可算都是经济的关系。平常,俘虏没有什么用处的,除了作工以外,主人不可把他和别人交换什么东西的,奴隶却可以互相卖买了;就是不卖去,在没有用处时,也可转送人家,这是于经济上何等便宜呵!但是奴隶的人格、生活,牛马也不如了!由奴隶变到农仆,也是经济的关系。因为驾制奴隶,非常不容易的,所说有用绳索牵着作工,也有手里拿了棍棒监工的,所以主人们为了自己便利起见,给他们耕些田,由他们自己去管理,每年收些税,倘使收成好,主人也多收些。这样,觉得便宜得多,所以就打破了奴隶制,代以农仆制。

但是农仆制度为什么又变到工人制度呢?

(一)田主之自计　中世纪时,社会发达,沿海各国都通商了,消费量因之增加,于是农仆制度就不适合了。农仆们对于工作,只要能够生活就不做了,所以生产额不能应求者需要;还有些农仆们在暗底下想别种方法做别种事情来富足他底生活的,因为做别种事业不必出给田主租税的。因此田主为自己便利起见,不如解放他了,或者把田卖给他由他自己去支

配。这是一个原因。

（二）舆论之援助　德谟克拉西的呼声高了,农仆也知道爱自由而恶束缚了。宗教家,尤其是耶稣教徒,他们是抱博爱心的,对于那被迫的农仆,那能不表同情心？那能不起来反抗这制度呢？就是回回教,那时也竭力的反抗呢。那时的道德家,也为了保护农仆的人格而反抗了。一时因舆论的援助不能不改去农仆制度了。

工人制度到十七世纪才有一些影响,十八世纪末叶十九世纪初期英国才有劳动法律之订定。

从上面看起来,我们可以知道从前是没有工人的,那国家所订定的法律,只是参考了奴隶的农仆制和野蛮的兵法而定的,现在的工人是有独立的人格,完全的自由权的,对于奴隶式的规则怎能适用呢？

欧西劳动阶级,最初是由于俘虏,所以工人阶级一直被人家轻视的,但是我们中国则不然。中国国民分士、农、工、商四级,农、工都在商的上面,而且农人在中国非常重视的。中国也是没有工人的,所有的工人,就是农人,附属于农人的,单独而脱离农人的,竟是很少很少的。工人有二种的：一种是常时工,一种是暂时工。中国简直没有常时工的。江西的景德镇,陶器很有名的,以为那里一定有许多工人了,可是你实地去一看,没有一个真真工人的,所有的工人,就是那里的农人。自从新工业发达了后,才有常时工呢。所以在中国,从来没有工人制度的,现在的工人,从前都是有自由权,有人格,被人家所重视的(中国历史上法律上,都定了许多奖励农夫,工人也属于农夫的条例；对于商人非常刻薄的。因为中国的商人,原来都是充军的罪犯。在汉朝的时候,他们的衣服和装饰,也有一定的规定的在法律上更是限止地位,增加赋税等的苛则的),现在却也受了奴隶式的工人规律了,因此,劳动问题,在中国,更为重要！

第四节　资本制度之进化

很多人以为中国还没有资本家,没有什么钢铁大王的,也没有资本制度的；其实,他们还不知这什么是资本制度,那样是资本家呢。资本制度不必有大规模的工厂。自然,有大规模的工厂的是资本制度；反转来讲,就是有小规模的工厂也可以成为资本制度的。资本家不必是要拥资巨万的，就是没有巨万的家产也可以成为资本家的。只要劳动阶级和资本家分开了，有了整天劳动而还不能过生活的和不劳动反可安坐而食的人，就是资本制度；能有方法把资本聚集起来的，不论他怎样聚集，就是去抢得的，也是资本家。那吗，中国有不有资本家，有不有资本制度？

资本有二种来源，我们可以知道的就是：一种是生产的，是建设的；一种是消费的，是破坏的。生产的是由于经济上的关系而进化的，消费的是从别种方面进化的，好像是为了政治的和武力的而进化的。现在我们先要讲生产制度的进化。

生产制度的进化是：

手工业——家庭工业——发生制——工厂制——资本主义

手工业是个人自由的工作，以个人为单位的，生活非常简单，用得到的东西有的，用不到的没有的，所以除了工具外，其余没有什么东西的。这种手工业，在欧洲十六世纪时候还有呢。继手工业起的就是家庭工业，因为个人作工觉悟非常孤单，不能不需要互助，所以就组织家庭，分配工作。这样男耕女织，子女也做事，在中国周朝的时候，已是这样了。家庭工业的时期为各种工业时代中最长久的，所以它在生产进化的历程中，可说是一个极重要的阶级。农业的出产和工业的出产都是互相卖买的，在中古时候农人还可以兼商人，把自己的出产自己去卖，可是十六世纪以后，各种事情都复杂了，城市距离乡村渐渐远了，农人再也不能常常把自己的出产拿到城市里出卖，结果，把从前农工商三业合并的时代，变为农工合并，商业独立了。农工出产的物品，因为别地的需要，所以不得不去那里出卖，比如南京出产的要拿到上海去卖，在从前没有车船的时候，至少要费去半个月的功夫，到那里却可于一天内卖完，那农工人为了出卖自己的东西，不是要白废了半个月的功夫吗？而且他一天所卖去的钱，也许不够他半个月的用费呢。因此，时间的经济，财力的不经济，一定要有专责的人，聚集许多人的出品，然后去卖，于是有一部分的农人专门做卖买的事情。这些农人，现在是商人了，他们在春天的时候到乡下去，把原料

或资本供给农人,等到出产了后,又去收下来出去卖掉,这样,他们也容易赚到许多钱。这样的就是叫发生制,但是在发生制时代,家庭工业仍旧保存的,不过,一小部分的人单独去做商人吧,而且时期也很短的。家庭工业到现在还是保存着,好像上海那里,许多人家都靠了做火柴匣,钉书……等工业活命的。再说,那做卖买的商人,渔中取利,觉得利益很丰,为什么不开个工厂,叫他们到我工厂里来作工,只要给他们能够生活的费用,其余的钱都是我一个人的了,那不是很好的吗?于是他们互相开起工厂来了,于是资本制度便完完全全地成立了。在发生制的农人,流动资本是别人的;但固定的资本终是自己的,所以自己还有支配的权力;可是在工厂制的工人,固定的、流动的资本都不是自己的了,所以他们和工厂差不多没有什么关系的,除出了在作工的时间内,各种权力呢,也因此完全失去。

我们不是说工厂制发达了后,资本制度就完完全全地成立了吗?但是在工厂没有以前,资本家和资本制度也是有的。在奴隶制之后,欧洲有种农仆,农仆解放了有工人,可是工人二字太混,因为那时的工人有二种:

1. 工人(workman)
2. 职工(journey man)

工人是平常作工的人,职工照原文journey man的意思是手艺的意思,好像铁匠、皮匠……等,他们都有专门的技能,单独生活的。照普通社会上说来职工是非常卑贱的;但是职工却不容易做的,在资本主义中也是一个重要关键。技术界都认职工为尊贵的,所以铁匠的儿子,他的名字就叫什么smith,木匠的儿子就叫什么carpenter了;就是中国也有这样叫法的,譬如有巢氏,他不过做了个居住的窠,就叫他有巢氏了;还有燧人氏,也为了他打出了火来,所以叫燧人氏的。职工的起源是在农仆中能够作工非常精巧的人,他们好像是打铁的,那有的工人打得很精巧,与众不同,于是成了打铁的专门家;又像做皮匠的,那有的工人做得皮制物特别精美,成了专门的皮匠,这些打铁的专门家和专门的皮匠都是职工。后来,他们,工人的先进,各成各的职业,收起徒弟来了,定起规则来了。在十六十七世纪之后,职工渐渐发达起来,他们于社会上要维持地位,个人能力有限,所以就想把同行结合起来,这种团体,就是基尔特,有些人叫他"行会",和我们中国所有的"会馆"差不多。行会里首领,大概是资格最老的和年纪最大的人做的,其余的人,无论谁,都要绝对的听他命令的。倘使有人要入会呢,他们也有一定的法律的,收入会金哩,拜师哩,请大家吃酒哩,……都是一定的规则。这种行会的首领就可说是资本家,他有专制皇帝似的权力的,可以抽行会会员的税的,他有富足的财产的,可操纵一切;倘使有得罪他的,他就可大发雷霆,不准他满师。不准满师是一件最难受的事,因为不能满师的,出去竟不能活命的,他的不准满师,简直是不准活命,那是何等严厉的责罚呀!被罚者设法,只好点了蜡烛,放着燃炮向他请罪,求他饶赦了。所说workman工人,不过是他底助手。后来觉得职工不好,大家起了革命,把基尔特推翻;现在的合作团体,乃是把前制改良而复兴的。

基尔特究有什么好处,据某英人说有下列几种:

(一)制度简单　他们的制度非常简单,使同行能互相通一,为商业竞争场中不可少的。而且在那单一的团体里,意志很一致的,譬如有二个广东人在码头上为了不知什么事情,打起架来,那些事,就是用改治的方法去解决那也没用,要是他们行会,就是中国的会馆的长老出来说几句话,就可了事了。

(二)感情融合　凡是在一个行会里的人,无论等级高下,都很亲密的,因为他们是利害相关的。在每一个行会里,每年常常有一定时期开会,迎菩萨,作乐的。在专制时代,帝皇不准人民结合开会的,他们没有方法,所以去找个菩萨做他们的崇拜者,有的找得太慢,找不到适当的崇拜者,就拿了关武圣做崇拜者。这果然是他们联络感情的方法,但这也是他们推辞的方法,譬如他们在集合作乐的时候,有人说你们做甚,他们就可说"我们敬神,敬神是敬不得的吧",因为敬神是可以的。

(三)免除竞争　在同行里的出卖货物,价值是公议的,所以没有什么竞争,致使双方吃亏。还有他们是各有承师,后进的学徒,都有一定的进程的。倘使谁犯了规则,就要受罚的。不过因为他不许第十一人加进去,当一个团体只限十个人的时候,所以那十个人容易懒惰。这是不竞争的流弊。

(四)出品精良　因为有了行会,师父对于徒弟,都肯尽力传授的。

因为他们非常重视牌子和信用的,所以对于自己的出品,更不能不精益求精,以维持或增加自己的信用和发扬自己的牌子。

（五）劳力分工与组织　在基尔特制度之下,各个基尔特中,都有组织很完备的劳力分工互相的规约的,所以他们做起事来,有收事半功倍的效力的。

（六）训练真挚　从前在基尔特的时候,情感都非常亲密,工师之于徒弟,恰像读书人拜先生一样的尊严,天地要通知的,三代祖宗要告诉的,以为这是一生中了不得的事,其实也真是很大的事,拜了一次先生就是终身的先生了；徒弟的拜师父也是这样,好像把全生命交给了师父似的,一切自由都也牺牲了,骂也可以,打也忍受的。我在小的时候,在蒙馆里念书每天要替先生买点心、泡茶的,以为这是应该的。所以师父对于徒弟,也是非常亲密,好像自己的儿子一般,那吗,那时师父对于徒弟的训练,当然比现在要真挚的多,所以出品也当然好些。而且师父对于徒弟责任负得很大的,徒弟将来出去就要用师父的大名的。譬如学医的拜某某做师父的,他将来就要挂起某某传的招牌了,师父名气大的,徒弟也可生意好些的,就是有些错误,也容易得到人家原谅的,好像南京木匠大家说唐某某最好,大家以为他底徒弟做的东西也终要比别人家好些,也许有不满人意的地方,知道这是他底徒弟做的,也就不去骂了,倘使别一个做的呢,一定要大大地挨骂一顿呢。为了上述原因,所以师父不能不真挚地训练他底徒弟,否则也要累及他自己的名誉的。

但是无论那一个制度,终不是完完全全,一直可以传下去的,因为人类文明日新月异的,昔日的良法善策也许已和今日的文明不合了。基尔特制也是这样。虽是在起初有上列六个优点,但到了十三世纪以后,各种劣点便渐渐暴露了。它的弊端也分成六种,是:

（一）把持行业　基尔特行会中,后来在工商业上有专营专卖的特权；那不在基尔特行会中的人简直不能在工商业上占一个位子。还有各种货物的市价及品质,也要由行会办事人指定,无论那个会员不能自己规定什么条件,或不遵守它的行令的。总之,无论什么事,个人都没有一些主权,完全的主权在行会中的；因此有不能使实业有新发展或有不劳而食的分子产生了。

（二）世袭艺术　基尔特行会中的世袭艺术,简直是把艺术毁灭!什么说呢?在行会中的人,艺术是世袭的——父传给子,子传给孙……——父是做什么行业的,子也是做什么行业,因此,有了自私心,把艺术不给别人知道,不传别人,只是很秘密的一代一代世传下来。但是艺术,也因此要毁灭,或是损失了!我们想,艺术是守秘密的,一定要传给子孙的,倘使他不幸而没有子孙,那他仍旧抱着艺术是秘密的、世袭的,不传给别人,他一天死了,不是把艺术也带去了吗?艺术不是就因此而毁灭了吗?再想一想,就是他是有子孙的,但是他的子孙是否个个都和他自己一样的聪明,或是比他更要聪明,不但能接受他的艺术,也许可以使艺术更加精密些?倘使有的比他愚钝的,那他的艺术不是就要一代一代的损失了吗?况且艺术不公开,只限于个人的智力或是少数人的智力去做,其结果终不及公开了,使大家合力共同研究,进步的快。总之行会中的艺术世袭,是毁灭或损失艺术的!你看,中国历史上有许多制造品,都是世袭的,现在早已绝传了,不是为了这个原因吗?上面都是说艺术世袭对于艺术本身的害处;还有一个旁的害处,就是摧残个性。我们人类个性是各别的,做合于个性的事业,那他对于工作可以更加发生兴趣,于事业上有极大的进步;否则,他使一些不高兴做事了,但是在世袭艺术下面的子孙,没有使个性适合的权利。父是做木工的,子也必须做木工的,就是他个性不合于木工的也没有方法改易,因此他对于行业不发生兴趣,于艺术上间接受到损失的影响!

（三）学徒收费　学徒从师工作,不但没有工钱,反而要给师父学费;在加入组合的时候,又要纳什么入会费,什么会费的,所以学徒的家庭,培养一个学徒到也要许多不应该废的钱呢;而且对于工师,要尊若君父,一些不得违背,倘使有些不是处,苛严的责罚就要来了,弄得学徒死气沉沉,一些没有向上的精神。这些,收纳学费,不许违背,都是使学徒增加痛苦,养成奴隶习性,于人道上很说不过去的。

（四）限制出品　人性多喜逸恶劳,能够少作一些工好一些的,同时又不愿因为少作了工就少拿钱的,他们,在基尔特制下的工人,常常希望作工时间要减少,代价却要加多;所以就想乘势利用基尔特的政策,不许别人作工,或是同行中不许多作工,那自己也可以少作些工,同时因为出

品的减少,供不应求,价值可以增高,那他仍旧可以拿到和从前相当钱银。比如铁匠制刀,依理可以于每天的劳动时间内出刀五把,但是他要减少作工时间,只做出三把,一方以基尔特名义不许别人多做,市面上因为刀少了,供不应求了,刀价也就涨了,他呢,仍旧可以收入相当的钱,所以基尔特制实是使出品减少,遗害社会。

(五)规则繁重　基尔特制的规则,非常繁重,我们上面已经说过。对于学徒,那更是严重了。入会的时候,要向师父礼拜,并且誓言不做七年徒弟,不能完全自由市民和有从事各种职业的资格。倘使为了触犯了行规,那他就可被罚不许满师,没有从事各种职业的资格,于是他在社会上就可失却独立的地位。还有必须做七年徒弟才能满师,那也不是一种合理的办法,因为人智有聪明和愚钝的,有的聪明的,不必要七年的长时间来学他的工作的,有的愚钝的,七年也不能学完他的工作,那吗,照理应该允许那聪明的在学完了工作的时候就满师,那愚钝的再延长时候,使他学完了工作才允许他满师,这样,一方可使聪明的不致浪费时间,一方可使愚钝的不致满了师仍是不能工作的完满;但是基尔特规则不然的,不满七年,虽你聪明,不许满师,满了七年,虽你愚钝,也许满师的。再说,有了资格以后,没有经师父和同行的许可,仍不得在社会上做同一的独立事业的;倘使经过了他们批准,在正式营业之先,一定要大宴师父和同行老辈,那些小兄弟们,也必须要请请的。这种繁严的专制手续,中国内地现在仍多存在着。

(六)阶级严划　因为在基尔特制下,那些大老板领帮等依了规则繁重和可以把持行业,所以就成为一种特殊的阶级。他们可以指挥一切的会员,可以享受一切特殊的利权,他们可以不劳而食,更可以有高尊的权势。俨然好像一个小皇帝!和现在的资本家和贵族,没有什么二样;也许他们的罪恶,比现在的资本家和贵族还要重大呢。因为他们有种种特权,成了一种特殊阶级,所以不和那些被压迫者、伙计徒弟等相交了;犹如现在的资本家和工人、贵族和平民,一样的不相往来!这个"阶级严划",也就是基尔特受人们最攻击的一点。

从上面各种情形看起来,我们知道在基尔特制下工人升降的阶级,最初是学徒,满师了后就可独立行业,做别人家的伙计,但是至此就不能再上进了，因为他们规则非常严重，受那些领帮的限止，伙计终不能再升高了，因此有了两个阶级，在十六世纪还很发达盛行的基尔特制度，一到十七世纪，在英岛就被人们推翻了，不过大陆方面，到十九世纪才消灭殆尽的。现在又有许多人提倡基尔特社会主义了，但是这个基尔特不是从前的基尔特，乃是二十世纪的基尔特了。自从在十七世纪初叶推翻了基尔特后，社会上仍旧有了两个阶级，——资本家和劳动界——互相竞争，自然劳动者是被压迫者。那些劳动者觉得单个的和资本家竞争，终是争不过他的，所以想组织团体起来，合力而争，现在基尔特就是担任这个使命的。所以现在的基尔特是有利于被压迫者，反抗资本家的团体；从前的基尔特是有利于领帮老板，——就是现在的资本家一样的——来压迫学徒伙计的团体，那吗，这二时期的基尔特，性质上不是完全相异吗？

我们不是说现在工厂制以前就有资本家吗？资本主义不一定要有了大规模的工厂才成立的吗？现在可以明白了，在基尔特制下的老板领帮，不就是资本家吗？学徒和伙计不就是劳动界吗？他们的制度，不就是资本制度吗？虽是，它终不及有了工厂制后的那样作恶的深，来得明显，但终是一种资本制度。

英人霍勃生研究资本的来源，资本主义的造成，有五个必不可少的条件：

（一）剩余财产之存贮　资本的起源，自从生产中的一部分，没有去消费的，节省下来的。资本不能从生产值直接发生的。譬如劳动者种了许多农业产物，除了消费了后，所余的都是财产，但不能就算资本的有个农夫，他每天劳动的结果，可以供给他三天的生活，那他消费了一天应该的劳动值，所余二天的生产，他可以卖了，再去买了农具，雇几个农人替他作工。这样，他也可渐渐地把剩余财产存贮起来，成为一个小小的资本家。这里，我们还要明白财富不是单指银圆钞票；那衣、食、住……各种都是财富。

（二）依赖工作之工人　单靠一个人，就是剩余财富存贮了，但没有依赖工作之工人，可以利用，那他一人也难于存立；所以要有第二要素，就是依赖工作之工人。依赖工作之工人，就是自己不能独立作工，一定要靠别人的资本才可作工的，简单说一句，就是没有资本的劳动者。有些小

资本的,把剩余财产存贮的,招收少数的工人,渐渐地把剩余财产扩充成大规模的工厂,那资本制度就完成了。还像我们把银洋存诸银行,便有利息得到的,这种利息不是银洋本身会生出来的,乃是使社会上依赖工作之工人利用了这项银洋去作工,我们得到的利息,不过其中劳动结果的一部分。因为财富必须要有劳力,才能使用,所以倘使没有人愿供给别人用,那资本制度就不能成立。

（三）应用科学之实业发明　各种化学上的,物理上的发明,制造出许多机器,在大规模资本的工厂里,可以生产了数百倍于人工的劳动结果。那些科学家费了无数心血,无数时间,间接生产物品,因为他造出了机器,机器就可生产了。这种机器越进步,资本主义也越发达,也可以说这是代表资本主义的征象。最初工业是用人手做的,后来用木器来做工,觉得进步一些了;再后用铁来做工,又觉得进步些了;用机器来做工了,那是很进步了;但是又用机器来制造机器,增加做工数的增加,那真是进步极了,同时资本主义也发达极了! 我们晓得一个人使用机械,可以替代数十百的手工作,从经济上讲,机械所生的利息,比较平常人工的,约如原数自乘之数;那应用科学之实业发明,助成资本主义的发达,可想而知了。

（四）有购买力之市场　工厂就是有了极多的出品,资本家就是有了极丰的财富、劳力,但是没有消费的地方,替你把东西销售出去,那你的东西,仍是和废物一样。所以有购买力之市场,是资本主义发达中的重要部分。本国生产的东西,在本国常常销不完,那不能不想到外国去设立市场,把本国生产的输运出去。有的竟为了市场的竞争,引起了大战,那也是常有的。譬如在欧战期内,英德货物停滞,因此日美在远东就得大为拓殖;但是后来英德恢复原状了后,日美的过剩物品,就受到极大的恐慌,工厂因此停闭。于此,我们可以知道市场的重要了。

（五）有进取贪得之资本家精神　实业界的领袖,必要进取的精神,同时,还要有贪得无厌的精神,才能成为资本家,才能造成资本主义。从没有成功的资本家有姑息别人,以为自己钱赚得够了,现在不要的,凡是资本家终是杀人不怕血腥气地收括别人的钱银,永远没有足够的一天。东方人大都以为这种行会非常卑鄙的,不可告人的,可是这种精神实在非常重要的,没有了就不能成了资本家,而且使社会上还不能成为资本制度!

以上所说的五个条件,实是造成资本制度不可或少的要素。

但是为什么最大规模的工厂在十八世纪以后才成立呢?在十五世纪前后,就是在十三世纪时候,造成资本主义的第一条件已备,可是没有依赖工作之工人。那些奴隶或是农仆,也不和依赖工作之工人相同的,因为奴隶和农仆,是主人财产的一部分,主人也不愿使劳役过甚,以致短命,仍旧自己损失,但是对于工人,他有自由卖买的权,他可以把契约订得很刻苦,因为工人就是死了,和他一无关系,他可以另雇一个的。这是大资本不发达的第二原因。那时第二个大资本主义不发达的原因,就是十八世纪科学不发达。——这是造成资本主义的第三要素——第三个原因,就是那时国际贸易没有发达,没有购买力的市场,第四因为个人主义和国家主义没有发达,没有精明强干的精神。到了十八世纪末叶,四大发明出现——一七七○年哈各里夫发明更有力的纺织机械,一七七九年克鲁穆敦发明纺织走锤和精纺机,一七六九年瓦特发明蒸汽机关。——依赖工作之工人,为了解放农奴以后也有了;资本家的进取精神,因为那时个人主义非常盛行,那些个人主义者常常有一人奋勇漂流出去,自成殖民地,创家立业,资本家受了个人主义的影响,也勇敢起来,有进取的精神;还因为国家主义的发达,使资本家养成了贪得无厌的精神,……于是大规模的生产来了,大资本主义成立了。

我们还要知道造成资本主义的五条件,有互联的关系的。有了第一条件,剩余财富的存贮,那生产渐渐增加,渐渐发达,生产越发达,资本越集中,因此资本越集中,入于少数人之手,那许多人的资本渐渐被少数人剥夺,以至完全无有,于是他们就堕落了,依赖工作之工人有了,第二条件完备了。资本现在越弄越多了,已经有很多的钱了,可以叫贫穷的科学家,来替他制造增加生产的机械了,那些贫穷科学家看见有钱财来了,就用了全部心血替他发明造成资本家的速成机。真的,那有钱的资本家好像吸铁石似的,把一切的科学家吸收了去。资本家,现在可以说他资本家了,资本越发多了,海外去设立市场了,自然,有了钱什么事都可做到了,那欧洲的资本家,渐渐到红海了,太平洋了,全世界了,……资本越多,势

力也越大。至于进取贪得之精神,那也渐渐养成了。所以资本家的造成,到也是一种自然的趋势。现在资本家的剩余,实是惊人的,竟是不但一成二,二成四……比这个速力还要快呢。好像英国,他们原来只有三岛,可是资本主义很发达,他们更富有进取贪得的精神,所以到了现在,他们的资本,全世界都有他们的国族,没有一时不照着太阳的。

以上所说的,都是关于生产的资本制度方面的,现在再把消费的资本制度讲一讲:

消费的资本制度,并不是辛辛苦苦地收括银钱,完全以消费的手段来聚集资产的。其实就是抢来的。经济学上的消费者,其实和浪子一样的,他们同是把别人家的生产用去,不过倘使你把消费者名字加之于浪子身上,那他非常满意,但不知消费者和浪子有什么分别? 消费的资本制度,其实就是掠夺的资本制度,所以他的罪恶不亚于今日之资本制度,也许有过之无不及! 中国人讲中国现在没有大资本家,没有资本主义,这是不通的。资本主义并不限定要有资本多少,才可称为资本主义了,只要他是使用劳动者,把钱银压迫人家的,把钱银据为私有的,不论他放在自己家里或是放在银行里。试问中国现在有这种人吗?

自从人类有了国家,就有消费的资本主义的,自然要以君主制度和封建制度的国家为最盛。例如古代部落的酋长,常有一种特殊的势力,征收赋税,以供一己之享用,中国从前的帝皇也是这样,所谓"富有四海","四海之内,莫非皇土",那他的钱何等多? 清室慈禧太后把海军费千万金拿来建造一个供给少数人娱乐的颐和园,这虽不是工厂,但也一样的吸取社会财富,使多数人受苦,同是资本主义下的特产! 总之,消费的资本主义制度,就是把可以生产的资本,用在不可生产的地方,同样的使多数人受苦。

英人萨巴德教授考察欧洲中古时代消费的资本主义的来源,约分下面的五种:

(一)罗马教皇　罗马教皇在中世纪时在欧洲最阔,权威极盛,教会财产,归他管理的,所有教徒还要给他征收什一税以资挥霍。教皇宫室,穷奢极丽,居世界第一。在罗马时代,教皇还可以干涉政治,统制各国,他的权势,可想而知了。并且他是不会有失势,资本不会倒的。在中国也可看得到。在中国团体势力最大的,莫如天主教,因为他们有很大的资本,他们在中国土地更是广大。南京有块大地,人家都买不起,独有天主堂里出了十四万块钱买了;徐家汇有一块几千亩的地,也是天主教堂的;汉口也有一块大地是他们的。……他们在中国,从土地上每天可以收入一万块钱,这是否资本制度?而且无论在那一国,他们终有极大的资本。

(二)欧洲之武士 欧洲武士好像中国的公、侯、伯、子、男那样的,各有一定的俸禄和世袭的食邑,在他们的封地里,有全权可以征收赋税……的,因此他们也得到了很大的资本,成了资本家。

(三)各国的皇家 欧洲小国似的很多,他们都是皇家后裔,有世袭的领土,对于本国,没有纳税的义务,在自己的区域内,也和武士似的可以征收赋税,以供享用的。武士是有功于国家的人,皇家不过是皇帝自家人,他俩都有一定的封地、一定的食禄,能够成为资本家的。

(四)封建时代之贵族 封建时代的贵族,都是不劳而食,穷奢极欲,搜括民财的。我们读历史的,可以知道法国革命前的贵族凶横;他们人口虽少,领地却占全国之半,并且苛收重税,苦害人民。但是到了十八世纪末叶,工业渐兴,资本主义渐渐发达,那贵族就渐渐衰落了,因为贵族给工人工资比较工厂的来得少,那工人自然都到工厂里去作工了,于是他虽有贵族的势力,也没有用了,渐渐的只剩了一个空名,实际上非常贫穷。贵族常常受犹太人的欺了。到了十九世纪,迫不得已,把土地也卖了;可是他们原来是受民供养的,惰性已成,终也不能有法谋生了。好像中国满清倒后,一般八旗人民,不能自给,常有自尽的事发现(我们假使留心看看报纸的,可以常常看见旗人自尽的新闻;最近十月八日的《民国日报》上,也有旗人常瑞全家四人投河的事。——记者附志)。欧洲无耻的贵族,甚至拿了那种贵而不富的头衔,到美国欺骗那富而不贵的女子结婚,借以自活,其中还有非贵族的,也冒了贵族的头衔,其实是不富而不贵的,去骗人。就是中国也有这种情形的,在前清时候,有位留学生姓王(Wang)的,他后来想着"王"字不要翻为Wang字,不就是Prince吗?所以他在名片上刻了Prince某某。后来有女子,以为他是公子,很快活的和他结婚了,不知伊上当了。还有一个满洲人,在德国留学的,也骗到一

个女子,那女子以为他是皇族,非常阔气的,所以在回国的时候,伊就大请客,用去不少的钱,伊的丈夫虽是在暗地里叫苦,却不敢说出来。后来回国了,他在北京教书,每月不过得到薪水二百元,那能够供给他的夫人,虽是东寻事做,西想法钱,弄得身子很苦,还不能满足他的夫人的意思。结果夫人回德国去了,他自己气死!

（五）重要商业都市的公产　自由都市之中,都有公产的,这种公产原是全城所公有,不过后来渐渐为少数的绅士掠夺了,好像就是他们自己的似的。我们中国社会上也有公产的,但是所谓公产大都被经理人侵占的资本国,也许能够呢!

不过资本制度在进化历程中,不可免之现象,我们知道它的弊端,想推翻它,也只是想把它缩短时间,使劳动者受苦时间短一些,它在进化历程中占一个较小的地位;一方赶紧想一个合理的制度来实现,使劳动者得有人的生活,劳动问题得有适当的解决。

第二章　妇女和儿童劳动问题

第一节　妇女和儿童在经济社会的地位

中国现在的妇女和儿童劳动问题,和英国十六十七世纪的时候差不多。

在中国现在的劳动问题中比较的最能引起一般的人注意,使一般人都有同情的,莫过于妇女和儿童问题!因为妇女和儿童的工作最是使他们受身体上的痛苦,种种待遇更使人尽其伹们精神上也受有极大的苦痛,所以在劳动问题中最腐败的,莫过于妇女和儿童的劳动问题!人们都承认男子比较应该作工的,自然现在工人生活也太苦了应该改良的,对于妇女和儿童的作工,认为不人道的,伹们原来在家庭里的时候,何等快乐,可是一到了现在在工厂里作工了,快乐都没有了,悲哀却随之而来了!这种忽然由快乐的家庭堕到悲惨的工厂的妇女们和儿童们,我们哪能再视之无睹,不去注意呢?

关于妇女和儿童工作问题,有许多人以为妇女和儿童从来没有工作的,不过从工厂制发生了才开始的,其实不然。从工厂制发生了后,妇女和儿童的地位低下了,所以发生了一个重大问题;但是妇女和儿童的工作,不因有了工厂才有的,自从世界上有了妇女和儿童就有的。伲们底工作是一个问题,伲们的地位又是一个问题,不要因了伲们在工厂制下受了苦痛,就误认为从前没有工作的,伲们的工作,从近代开始的。

妇女和儿童,从来就有工作的。在很早很早,男子打猎的时候,女子是耕植的,在第二时期,男子游牧的时候,女子也帮着助理一切事情,到了家庭制度发生以来,家庭中的工作,妇女和儿童都占重要位置。男子出去做农、工、商……妇女在家里担任纺织、烹调、缝纫……等职务,其余各种零碎的事,大半都由儿童担任去的。于此,可见妇女和儿童工作在家庭里的重要了,而且有些事情,好像主持家务,购买零星物件等,男子所不能做的,还是他们底专职呢。

在从前家庭分工的情形之下,男子在外工作,女子和儿童在内工作,同是一样忙碌地工作,但是一般人只认男子的工作,而不认妇女和儿童作工的;不过我们要知道社会是由家庭而合成的,在家庭里工作,就是为社会而工作。一个是直接的为社会工作,一个是间接的为社会工作,那这两个人有什么分别?——一样的为社会工作,并且儿童们除了在家庭里做零碎的事情外,还要受教育,负这个家庭教育的责任,一大半在妇女身上。于是我们可以知道妇女和儿童在社会自有工作的地位,不过没有说伲们是工作吧了。

最近四五十年以来,有些教育的家庭的女子都有工作的,但是也有不工作的。现在不作工的是谁?就是小姐太太们,——所谓上流社会的妇女。社会上有了不作工的人,是社会的病,好像生了一个腐肉似的;社会上应该每一个人都要有工作的。那些小姐太太们,都享着天大的福,……其实非常可怜的,物质上的福,虽是受到一些,但精神上受到无限的束缚!伊们只是一天到晚,一事不做的困守在家里,有的没有事情来消费光阴,还要做"赌博","吃酒","看戏"……等不道德的事,外国的女子也有以跳舞靡费光阴的。伊们不但不能生产,还要用去社会上的物质,使别人增加生产率,或是使人家不能满足消费物品,这是对于社会上是何

等不经济呀！社会上有不作工的人是自然的吗？是正当的吗？我们无论在社会学上，或是从历史上观察，妇女是作工的，不能不作工的！——只有在不经济的社会里。

总之，妇女和儿童，无论在中国或世界上任何国家，都可以看出他们的有相当工作和相当的地位。在现在的乡村里，我们还可以看见那种家庭中分工的情形。所以妇女和儿童，在工业革命以前的经济社会里，实在已经有了很重要的地位了。

可是自从工业革命以后，关于妇女和儿童的工作问题，就发生了，大家认为重大了。原来，妇女和儿童在家庭里面，为家庭而作工的。丈夫底衣服妻子做的，破了伊补的；儿子做做杂事；当他出外工作的时候，烹调、纺织等事妻子都在家里做了。他们的工作都为自己而作的，自给的，很自然的。到了家庭工业发生了后，就不同了。人家拿生活来给佢们做，佢们做了给人家，向人家那里拿做钱，佢们的工作不是为自己的，为人家的了。缝衣服不为伊底丈夫，伊底儿女了，为不知谁去做了；纺织也不是为自己了，养桑缫丝的女工自己是不会有穿着的希望的。……但是他们的家庭，仍旧同住着，家庭的幸福仍旧保持着，佢们还觉有些安慰，而且佢们的工作，又没有人管理的，至多家长来干与干与。工业革命了，一切的工人都从幸福的家庭里赶到工厂里了。妇女和儿童，佢们在很小的，空气非常污浊的，墙上没有窗子只有在屋顶上开一个小天窗，放进一些免强够用的光线的房间里作工，作那有危险的工作；儿童们还要做和成人相等的工作，使他们身体的发育有所妨碍。工头们势利的很，抱着"非打不可"的主义来看管着他们的作工；倘使有人打盹、偷懒，……木棍、藤条就要飞上去，务使没有一个人敢偷懒，驯驯服服像牛马、奴隶似的作工！家庭里的和乐的神气，完全没有了，现在的，只是刻薄的、严厉的障气！佢们底地位，堕落了，佢们没有从前那样的尊贵了！大家见了这种情形，都觉得很不道德，妇女和儿童的生活，实在是悲哀的，就是旁观的，也觉得他们底悲哀，生活的不愉快；从此，妇女和儿童的劳动问题就发生了。

我们以为妇女应该有空气充足的房间，风景优美的场合，精神愉快的环境中作适合个性的工作，像纺织、烹调、缝纫等，才能算合理，才能算人道！可是伊们现在的作工室是污浊不堪的,环境是愁闷悲哀的,工作是危险的,还有如虎似狼的工头的监管！伊们有在大茶场中作工的,那更是吃苦。六七月的热天,要在火炉边整天的守着；衣服汗湿,因为不能去换,以致变成黄色,这种工作,真也过悲惨了！讲到儿童们,他们的时代是受教育的时代,预备将来做大事业的时代；可是为经济所迫,不能不到工厂里作工。他们在学校里或是家庭里,和人们是何等和气,精神何等愉快,但是一到了工厂,友爱是没有的,只有恶狠狠的监工看守着,不能有一些的错,错了就要不客气,打下鞭子来了！这又是何等悲惨的事！而且为了经济所迫,不能不做成人似的工作,做自己不能做的事,以致阻碍了身体的发育,遗害一生！

上面所说的,不合情理的事情,究竟为的什么？为什么工厂制度下的妇女和儿童,受到这样的痛苦？社会为什么容许这种悲惨的景象,使它继续不断的下去？……因此,妇女和儿童的劳动问题,在社会上变成一个重要的问题,一个急待解决的问题。

妇女和儿童的劳动问题,发生于工业革命后,工厂制形成的时候,它的影响,社会上也受的很大：

(一) 家庭的破坏　自从工厂发生了后,家庭制就渐渐有破坏的趋势。它的原因,大约有三个：

1. 破坏经济的平衡　在家庭制度之下的工作,所得的薪水,都由家长保管的,而且也没有什么入不敷出的事情发生的。但是到工厂制度时代,工厂里作工的多了,男子在工厂中工作,工资渐渐减少了,减到只能供给一个人的费用,因此,家庭里的一切费用他不能担负了,但又不能脱离工厂,另求工资更多的生活；于是不得不使家庭里妇女和儿童也到工厂里去求生活。因为工人多了所以工资减少；因为工资减少,所以工人渐渐增加,这是循环的,现在也不能说定是为了工人多而减少工资,还是为减少工资而工人渐多的。总之,为了一家男女儿童,都到了工厂里求生活,实际上家庭中的人没有经济上的关系了；形式上,家庭中没有人了,那不是无形消灭了吗？

2. 发生工作的竞争　家庭中的男女儿童,应该互助的,的确是互助的,但是在工厂里,那适得其反。在工厂里的男工和男工竞争,因为人数

究竟不多，虽是有些竞争，也不能有极大的害处；但是现在男女竞争起来了，在同一地方父亲和儿子竞争了，丈夫和妻子竞争了！因为女工和男工在同一地位，作同一的工，伊可以拿少数的钱，不过可以拿到三分之一那数目，于是男子们也只好从原有的定价向下递减了。小孩们也加入工厂，他们虽是年轻，但是作工也有及成人的十分之七，而所得的工钱只有五分之一，甚至十分之一！自然，工厂里可以说小孩子在工厂里，我们常常还要留心他，防他无意地受意外危险，所以我们常常还担忧呢！这样，以"保护"的名义，可以减少他的工资了。妇女和儿童既是都入了工厂，又是工资很少，当然的，那男子的工钱也不能不减少了。佢们都竞争了，佢们都排起队伍：男的和女的，成人和儿童相争了，但是佢们都忘了男的队伍里有伊底丈夫，女的队伍里有他底妻子，成人的队伍里有他底父亲，儿童队伍里有他底儿子了！佢们一切都忘了，什么是"敬"、"爱"、"尊"、"慈"，佢们都不认识了！间或一方面得胜了，非常得意；一方在那里哀哭呢！妻子加了一些工钱，伊是很得意了，洋洋自得地回到家里，那不知他底丈夫垂头丧气地在那里，为了被工厂里减少工资呢！工厂里不会多拿出钱来的，这里加了，那里去减少些，他们那肯损失自己一些的！因为佢们竞争不已，工资就渐渐减少，但是工资少得不能生活了，不能不增加工作时间；那么竞争问题、工资问题、时间问题，相继发生了。男子虽是身体强些，占些优势，但也满腹牢骚了；妇女们争不过男工，作工时间比男工长，而工资又少，工作又是苦难的，那得不一腔怨望；儿童们天性全失，只是过他莫名其妙的生活，又无一息时间的游戏，来爽爽精神，也是如醉如痴，一家之中，充满了郁闷的空气，什么是"互助"，什么是"相爱"，都不在话下，这种家庭，虽免强的维持着，也等于没有一般。

3. 丧失家庭的幸福　家庭所以能够存在，全靠家庭中有幸福可享。在从前，女子和儿子不到工厂的时候，那男子做完了工回到家里来，晚饭也预备的很好，可以吃了；衣服也洗清楚了，可以换上了；儿子们欢天喜地地"爹爹"的叫着，这是何等使他精神上受到安慰，虽是一天的工作，做得很苦，但是现在一切都忘了，只是充满着愉快；但是在工厂制下的男男女女怎样？他们都去作工了，一天到晚在工厂里，没有在家的，就是工毕回家的时候,男子很疲倦地,妻子也是这样,蓬头散发的,你向我打盹,我对你打盹。饭也没有烧好,不能就吃;衣服没有洗,只好把污秽的衣服再穿着;儿童们也是同样地疲倦,没有可爱的,使人奋兴的"爹爹""爹爹"的声音了;家庭里因为没人料理,器物杂乱不堪;美术的陈饰又没有;触目都是使人增加烦闷,使人在家庭里没有幸福,使人不爱家庭,不须要家庭!男子们做了工,他们都好像"功高望重"似的,无论谁都是这样的,回到家里终要享享福了,但是在家里的人,都是板着苦脸向他,他心里那能不没趣!反过来讲,那妇女和儿童们,也是做了整天的工,也是"功高望重"似的,但也没福可享,于是伲们意见渐渐相冲突,吵闹了,打架了,……甚而至于离婚!男子们以为你们有钱,我也有钱,我又何必给你们用,于是他出外买饭吃,买酒喝,赌博去,看戏去,自寻一己之快乐。有些男子喝醉了酒,就睡在街上,于是有感冒了风寒,以致于死!至于妇女们以为丈夫如此,我又何必把钱保存着,乐得把自己的血汗钱用用;儿童们没有人管束,他也做工的那些钱了,但要钱做什么呢,不如也去买些糖来吃吃吧。这样的家庭,在家庭里的人员,都没有幸福可享的,对于它也无需要的,那和没有有什么两样?

以上三种,都是能使家庭破坏的,纵使不能立刻消灭,那消灭的趋向已很显明了。还有因为工人在家庭中没有愉快,生活乏味,常常飘荡在社会上,自寻娱乐,耗费过当,到发生经济恐慌,使社会不安,那也是连及的影响。

(二)人种的退化　第二个受到工场制的影响的,就是人种的退化。我们知道人种的进化要有二个条件:(1)衣食住达到充满的地步,(2)人们有乐生创造的精神,创造并不是发明的意思,是有优游自得的神气。前一个条件是物质方面的,后一个条件是精神方面的;可是现在人类中占大多数的劳动界怎样?有充满的衣食住吗?有乐生创造的精神吗?人种改良,最要紧的是胎教。妇女在产生时候,前后二个月不能作工的;但是女工们那能不作工?伊们因为生活问题,不能休息;工厂里又没有优条件的,伲们在怀胎的时候,也许比平常还要辛苦呢,工厂中不讲卫生,那也不必说得。这样生下来小孩子,那能有聪慧的强壮的?可怜的小孩子,他们是无罪无恶的,但是身受了永久的虚弱,或是种种病根了!他们都是比父母倭些的,这就是特征呀!到青年发育时了,他作工还不够;他底精神,他底滋养料都被作工用完了,那里还有剩余的来发育身体呢?我们到工厂里去看看,那倭小的人,问问他贵庚,都要三十来岁了!他们何以这样年老身短的呢?我们终该明白了吧。他们有些常常把东西顶在头上搬运的,于是他底身体不能向上升高,只好向横的方面发展了,这是身体倭阔的原因。那掮东西在肩胛上的,因为他要重心点和地心吸力相和,所以不能不把背往下曲,于是习惯了就变成驼背了!工厂制底使人退化,真痛心呀!

据调查所得,人种退化最多最速的,就是劳动阶级。智识阶级的生育是有限制的;劳动阶级的生育没限制的,所以优秀的种渐渐减少,愚钝残废的种渐渐增加。好像下面的塔似的,上面一些是智识阶级,将来智识阶级渐渐减少,劳动阶级的人渐渐增加,不是要把全塔都被他们,劳动阶级,占据吗?人类各族不是要退化了吗?现在美法等国为了这个问题都悲的不得了,罗斯福还发令凡智识阶级有三个儿子的给与金牌。第一个小孩,国家不帮助什么,全由父母管理的;第二个小孩,国家给与津贴;第三个更加多津贴。……后来的,有全由国家供给保养的了。还有人以为不作工的社会,社会上充满了智识阶级,也是很危险的;我们要使人类进化,宜根本上着想,使大多数的人都进化。这也是很好的方法,但很难的。总之,工厂制是使人种退化的。

工资问题,也是很困难的问题。儿童和妇女的工资,本是很低的,资本家利用了佢们就去牵制男工,减少男工的工资,男工为了工资的减少不能维持生活,所以就增加作工时间,或加作夜工;但是女工也因此受着影响了,不得不也增加时间,或加作夜工以维持生活。可是妇女的增加时间,加作夜工于社会上道德上都妨碍的,这个不能不归于工资问题的。

时间问题,也是很困难的。在中国无论男女儿童,每天几乎要作十六点钟或十八点钟的工,除了吃饭睡觉,有时睡觉也没有充足的时间,以外,简直没有一刻空的,现在虽是有减少至十四点钟的,但工资又怎样呢?是否也要被减少的?所以这两个问题,应该同时求解决的,一方要减少工作时间,一方要增加工资,那才有完满美善的一天。

总之,妇女和儿童在现在社会上作工是一种不自然的现象;我们并不是反对伲们作工,我们是反对伲们作不自然的工;我们也不反对伲们作相当的工,我们是反对伲们作无保护的苦工。我们要想法,阻止男女工的竞争;因为男女工的竞争,是使资本家利用一方面,抵制另一方面的,使男女工中间有不平等的景象,使妇女和儿童处于极困苦的地位的。现在英美各国工人的团体,有不准妇女加入的,他们以为伊们是他们的仇敌,不知他们真真的仇敌是资本家!你们应该都要联合起来和资本家力争的,伊们虽是能力薄弱,但终比没有好些吧!但是他们现在以为妇女加入了,要减少他们的工资,加重他们的负担的,不应该许伊们加入的;这果然是很不平等、很愚笨的方法,但倘使工资和时间有了规定,那里有这种事情发生呢?

第二节　妇女和儿童劳动问题发生的原因

讨论妇女和儿童的劳动问题,可以拿英国做代表,因为英国工业发达最早,后来渐渐推到欧洲大陆,以至美国,所以各国的工业,都是受英国的影响的。它的工业革命,更是使各国受到它经济恐慌的影响。英国的工业革命在历史上和法国大革命,有同样的价值,同样的重要。各国因为见到英国工业革命后,知道英国处置不好,于是力求避免恐慌,所以不致如英国当时那样的扰乱。中国呢,工业还在萌芽时代,受工业革命的影响很小;但受那外国资本家和国际资本主义的压迫反而重大呢!

（一）英国妇女和儿童劳动与工厂法的来源　英国的妇女和儿童劳动问题,在经济上或法律上,都有极大的影响。关于这点,在赫青斯和哈利生著的"工厂法令史"(*A History of Factory Legislation*)里,说得很详细。因为他们工业发达最早,所以劳动问题发生也最早,劳动法律也规定的最早,在以利萨白时代,已通过"贫民律"了。照历史上讲,儿童工先发生,妇女在后面的。最早,社会上有些孤儿、贫儿,可以被人买卖的,或是流落在社会上,做乞丐,做奴隶;因此那社会上有良心的人,觉得这样实在不对,提议想救济他们,才有"贫民律"出现。"贫民律"是救济流落的

贫儿或孤儿或是恐怕他们流落的,由国家来强迫他们,使他们各操一种职业。但是职业一定要学的,学职业也要有钱的,你没钱吗,只好受些虐待了! 教会里的慈善家,因为这样仍旧使孩童受苦,所以就建设各种工场,好像纺织场……等,专收容那贫儿孤儿的。这种由宗教家办的工场,名叫慈善工场。儿童在慈善工场学成之后,由他们介绍到营业工厂里去作艺徒,自谋生活。因为当时教会势力很大,所以被救护的儿童很多;一般人觉得教会以慈善为本,对于儿童又能介绍使他能够独立生活,真到再好没有了,好像问题不会再发生了。

到十七世纪十八世纪时候,儿童劳动问题又发生了。什么问题呢? 就是救济的不普遍和在工场中作工的苦况。凡是受法律上保护,都是贫儿,他们所指定的贫儿;可是不是受他们指定的,却又享不到这个法律的权利。还有,他们规定,三岁到五岁的儿童,是受教育时期;但是过了五岁,作工时间就要开始了,大概在夏天从上午六时到下午六时,在冬天从上午七时到下午五时。我们想,儿童时代是受教育时代,不宜有什么工作的,但是却要他们作工了,那不是使他们痛苦吗? 而且还是作长时间的工作,那也不是可以说是惨无人道吗? 当时工场情形,不但儿童很苦,就是成人,尤其是妇女,都很痛苦的。现在把他底缺点说一说:

(A) 时间太长　在十六世纪末叶,工作时间大概都是十六小时,这种长时间的工作,在那时各处都差不多的;有时工作忙起来,还要加夜工,我们现在觉得每天应该作工八小时,做十六小时的工作是不应该的,但是实际上上海现在仍旧有作十五小时的工呢。我们又觉得,每天应该有十小时的受教育,那些儿童们都应该这样的,在幼稚院里小孩,每天作二小时的工,而且这种工还是跳跳的工作,不是闷人的工作,但是那时的贫儿呢,每天要作十六时的苦工呀! 关于工作时间问题,马克斯在他底资本论里,说得很详。

(B) 工资太少　当时每个人的工资,少到要用十二分的力去作工,才能维持生活;但是他有他底家庭,用费又哪里来呢? 因此,他们感受很大的痛苦。关于这一点,在血汗制里还要详说。

(C) 劳苦过度　工人们因为工资太少,所以不能不又于很长的时间上再加长工作时间,以维持生活;生活虽勉强维持了,工人因劳苦过度,身体上大受影响了。

（D）缺乏受教育的机会　那时工人每天工作要十五小时或十六小时，当然没有一些余暇了，就是睡觉时间也不够呢！倘使每天工作八小时，那除了饮食睡觉以外，也不过余下二三小时，在这时间内还应该有休息呢。在这种制度之下，工人是没有希望读书的；况且那时既没有青年会的补习学校，又没有什么平民学校，他们就是有时间来读书，也没有机会给他。

（E）家务的放弃　一家男女老小，都到了工场中作工，家庭里事情没人管理，家务完全放弃，它的结果使家庭破坏，这层我们上面也讲过了。

总之，无论是精神上、身体上、道德上，对于儿童和妇女的待遇都是不妥当的；而且那时还有夜工和矿工呢，夜工和矿工制，对于他们最为不道德！最为不适宜我们一个人应该多受日光的，尤其是弱小的妇女和儿童；当伫们在发育自己或是发育未来的国民的时候，尤其需要日光；可是做夜工的妇女和儿童们，他们晚上日落了的时候，六点钟，就进厂作工，到日光没出来的时候才出工厂，所谓"两头不见日"；于是伫们皮肤渐渐变成黄色，生病了，或竟是死了！还有矿工，英国也最早，所以他们底商业也最发达，但对于妇女和儿童更是不宜。矿工们要走进暗无天日，几百尺进深的矿里去，那是何等的不卫生和危险呵！而工厂里还有苛虐的规则。有些工厂，雇用男女矿工的，强迫女工也穿男工衣服的，他们以为男女工在一起作工，外边人看上去不好看，什么男女混杂不清的，所以叫女工也穿了男工衣服，可以免去这种观念了；但是久而久之，有的女子自己也忘了自己是女子，有的连自己人格也牺牲了！——这种制度，影响于社会上风化匪浅！从一六○一年以来经十七世纪，十八世纪都是继续着这种不正当的情形的。一直到一八○二年才有第二个劳动法令的议案通过，就是"艺徒卫生道德律"。这个议案，专指当时由教堂所建工场中造成的艺徒而发，因为他们在教堂所建工场中，待遇很好；一到营业的工场中，卫生道德，就有许多不合的地方发生。社会上察觉这种不正当的待遇后，提出方法来救济，这是第二个劳动法令产生的原因。

第二个劳动法令通过后，对于儿童卫生和道德稍稍改良一点；但是当时还有一层困苦情形，就是作工时间的无限制。儿童每天作十二小时

到十六小时的还加夜工,差不多和奴隶一般。一八一九年有个议员叫披尔鉴于这种苦状,提议限制艺徒工作的时间,这是第三个劳动法令。在这个法令中限制九岁到十六岁的儿童,每日作工不得过十二小时,从施行日起,渐渐缩短,到一八三四年六月后,各工厂一律不准雇用九岁以下儿童作工,在限制内,儿童作工的空时,工厂应请人教他们写字作文和数学。除这个议案通过之外,社会主义家涡文也说当时艺徒作工时间太长。他以为作工时间,每日至多不得过十二小时,并连吃饭的时间,也包括在内,十岁以下的儿童,绝对禁止入工厂作工。这种主张,在他自办的工厂内已经实行了的,不过别的工厂,因为资本家的反对,还没有完全采用。

彼披尔的提议通过后,艺徒的待遇,比较前好多了,但是十九世纪初年,科学的发明,应用于工业,酿成工业革命,电力汽力增加生产速率和程度,机器的制造,破坏家庭工业手工工业,妇女和儿童受此影响,向日在家庭工作的,现在都出来到工厂作工了。这种妇女和儿童,是从家庭里出来的,不是从教区送出的,所以不得受劳动法令的保护;于是资本家利用这些妇女和儿童,去抵制旧工人。竞争结果,种种痛苦又发生,复渐渐返到十七十八两世纪的原状,尤其是家庭不能赡养的儿童,贩卖于工场,待遇得更苦。因此种种情形的发生,社会上又感觉得是大悖人道的事,慢慢有人表示反对了;而当时政府,鉴于舆论之激昂,派人到各工厂中调查,所得结果,确是如此,并有医生证明,说工厂中有二万三千余儿童,是十八岁以下的,在这二万多儿童中,有一万以外是六岁,此外五岁四岁的也很不少,他们作工的时间,普通都是每天十二小时到十五小时,甚至有延长到十六小时的。政府看这种情形,非改良不可,于是通过第四个劳动法令,对于普通儿童,一律适用第三劳动法令年龄时间的限制——就是禁止九岁以下儿童入工厂作工,每日工作时间,不得过十二小时;此外又加每星期六下午放半天假的规定。这个法令,因为有医生证明,所以资本家不能反对,但议案虽通过,工场中实行的很少。

一八三一年,好布浩司提出第五个劳动法令,要求通过,议案内容,是不准二十一岁以下的工人作夜工;九岁的到十八岁的工人,每天作工的时间,不得超过十一小时。这个劳动法,也曾通过;只是工场还未完全实行。

到一八三三年,有人觉得从前通过的议案,多未实行,应想法去敦促,所以第六个劳动令出现。在这个法令中,通过两件事:(1)由政府设置常期工场视察员,随时到工场中考察,看是否有不遵法令之处;(2)强迫作工儿童于作工暇时,上课求学。从这个议案通过后,各工场受政府的督促,以前通过的法令,才见诸实行。

以上的劳动法令,都是指普通工场中说的,但当时英国矿工,仍然很苦,十八岁以下的儿童,占总数之半,其中又有一半,是十三岁以下的,可见差不多有四分之一的幼童,在矿洞中作工。又据一八四二年,人口调查,有六千妇女作矿工,六千之中,有一半是二十岁以下的。因此种种,才有一八四二年第七个法令产生,专于禁止妇女和十岁以下的儿童在矿场作工。这个议案,为妇女和儿童谋得幸福不少。从此以后,劳动者的争点,从人的问题移到时间问题上了。

第八个劳动法,是一八四八年通过。这个议案已经很久,在一八一九年涡文就将这议案提出,不过当时没通过。在这议案中,规定妇女和十八岁以下的儿童,每日作工时间不得过十时,十三岁以下的儿童,每日作工不得过五时。这是关于时间的规定。——以上六段,参录王李两君笔记。

上面的第八个法令,虽已通过,但是只适合妇女和儿童,没有影响到普通工人。到一八七八年,根据上面的法令,议定一个关于普通工人的法令,使全体工人都受它的幸福的法令,英国底工场法,也完全成立了。到一九〇二年,又通过一个议案,规定作工之年岁,以十二岁儿童为最低限度。工厂法更觉完备了。

英国现在普通有十五岁为限的很多,那美国呢,比英国还提高一岁,就是十六岁的儿童才许作工。

我们要知道为什么英国工厂法会成立的呢?这不能不归功于舆论的,英国舆论素称稳健的,可是非常诚恳,倘使为他们所赞同的,必努力鼓吹的。那时提倡劳动法最有力的人,要算涡文和披尔。涡文原是大资本家,披尔是议员,是贵族。他俩都是富贵者,又使人非常敬佩的,一个在社会上把劳动阶级暗黑的地方宣布出来,鼓吹舆论,制造空气,一个在议会提出议案,力争通过。他们自己是社会主义者,同时又是资本家和贵族,

他们自己有大工厂,他们很容易知道劳动界真实的痛苦的,把自己工厂里工人的痛苦宣布出来,那听的人如何能不感动?有他们在社会上固有的势力,又把实情宣布出来,那能会不有良好的结果呢?所以有人说,提倡劳动法的社会主义者,自己并不是受痛苦者;他们所以竭力的提倡,也不过是为道德观念所督促成的。这话真不错呀。我们再看英国劳动法的规定,每一次都是在舆论鼓吹之后的,社会上看到种种工人的痛苦提出改良,然后订定规则,那是一定历程;所以倘使没有舆论的鼓吹,劳动法不会有现在那样的完备的。劳工的惨状,也是使劳动法成立的大原因。关于工人的痛苦,马克斯在资本论中说得很多。有一段说:"厂中管理女工的女主人,对于女工是非常虐待的。一个纱厂内有一个女工,生了很危险的传染病,因为工作忙,不准请假,那女工一面病生的很重,一面仍旧要勉强作工,于是就惨死在机器的旁边。女主人得了这个报告赶来,第一看看伊已经纺多少纱了,第二看看伊是否尽力工作,和原定工作相差多少,第三才放伊过去了;至于怜惜之心那是没有的。"那女工所受的待遇,何等悲惨呵!还有一件事,就是上面已经说起了,某矿场中女工要穿男工衣服,马克斯批评这件事说道:"结果必至女子失掉自己的尊荣,有妨于道德。"依以上的事实看来,可知英国当时工人的惨苦了。那些社会主义者,有良心者的所以痛骂工厂主人,都是有所根据,不是乱说乱骂的呵!

英国现在童工还有,因为英国不用强迫手段的,劳动法令虽通过,仍旧要厂主自觉的。现在大部分的工厂,儿童在十三岁以上的,普通每天作工九小时,有些不开通的工厂有十小时作工的,最进步的也有八小时工作的,不过九小时最普通。作工时间问题,英国比美国来得退步。

(二)美国妇女和儿童劳动问题的发生　美国情形和英国完全不同的。英国是受资产关系,所以劳动问题由儿童发生的;美国呢,开始是一片荒野,移来的人民都去开矿的,那时到美洲的都是男子,女子非常少的,就是现在有几洲还是男多于女的。因为女子来得少,所以对于伊们,非常尊敬的,以为叫伊们出去作工,是不应该。当男子出去开矿,伊们在家作工,至多担任耕田的事。而且美国见到英国工业革命之后,有所预防,各种缺点,力谋避免,所以劳动问题,来得和缓些。

(1)英美劳动问题之不同　我们既知道英国和美国的起源完全不同

的,所以它们的劳动情形也是不同的,劳动问题也不一致。现在把两国不同的地方,分述在下面:

(A)第一就是人民不平等的。在英国有叫"贫民"的,不能和贵族受同等待遇;但在美国没有的,他们是共和国,他们都是一律平等的,就是工人和资本家一样的在国内有权利的。

(B)英国有艺徒的,这最容易引起罪恶的来源;但在美国是没有的,所以罪恶较少。

(C)英国在矿场中作工的男女老小都有的;但是美国没有女工在矿场中的,矿场中作工的,完全是男工。——在后面再详说。

(D)美国工业发生在英国工业革命之后,他们看见英国种种不适合的地方,一切设备建筑等,都改良起来,比英国工场都来得完善。

(E)在英国,如儿童作花边业的,儿童打扫烟筒(上海也很多的)的,美国都没有的;英国女工随地都有,美国就不很多的。

(F)英国女工工资少;美国因生活程度高,和一向尊敬女子的,所以比较男子的工资来得多。

(G)美国工厂律成立很早,不是等发生了问题才规定的;英国则被贵族们把持着,直到不得不然的时候才定的,因为美国是共和国。

总之,英美两国所以不同的缘故,全为了开始情形就不同的。

(2)美国初期的妇女工作　美国女工,在十八世纪末叶才发达的。因为美国人民都是英国移殖过来的,所以在最初时候,殖民都单身,不带妇女来的。后来经济丰裕了些,立起家来,那么,妇女在当时当然不作工的。美国女工少,矿场中没有女工的,就因为女子来美的不多。男子在矿场中作工,女子是不去的,因此伊们多趋于耕稼,从事农业。从事农业在风景上、卫生上,都很宜于妇女,而同时又可在耕作的邻近地面上建立家庭,享受家庭的幸福。可是到后来英国的资本家,也渐渐来了,他们是用惯女工的,没有女工好像不惯似的;但是美国那里有女工? 于是那些纱厂主,贴起招收女工的广告来,好像学校招生似的,说出许多好处:(一)女子工价特别增加,(二)城市生活如何利便,城中如何繁华;引起妇女们羡慕城市生活而厌恶乡村,(三)城市中智识高尚,文明进步,乡村则反是;使妇女们厌恶乡村;(四)工厂中环境如何优美,设备如何

周到。……因此妇女们都想去享福了。可知当时妇女到工厂作工，并不是像英国那样迫于生活而去的。后来，工厂中工人渐渐多了，英国工人渐渐运来了，各国工人也来了，于是工厂中工资渐渐减少了，作工时间渐渐加多了，待遇一天一天地坏了。

（3）新环境的影响　一般人反对以工人当作商品，那是在原理上，或是讲人道主义者都是这样的；可是在现在的经济制度下过活的人们，不要说是工人，无论什么人——社会上所重视的读书人、文人和农商……都是一种商品，受资本制度支配的。文人吧，他要生活，不能不把自己的光阴出卖，替人家做文章，或是教书，那也不就是商品吗？在社会主义制度里，那就不是这样的。无论谁都做同等的工，受同等的生活费。作工和生活，完全是自然的，并不是要生活才去工作的。现在怎样？因为这种工作做的人太多，那种工作人太少，缺乏人才，所以就学了那种事业，以供需要。其实所谓"缺乏"，简直是不通的！我们应该以"有用和没用"做作事的标准的。倘使某地赌风很盛，赌具非常缺乏，那以"缺乏"为选业标准的，不是要去学做赌具的吗？我们要认识赌博是不该，是于社会没用的，做赌具去供给赌博是不应该的，于社会没有用处而有害的，那末，虽是缺乏，也不要去做！但是现社会经济制下的人们，能够以有用没用做标准吗？这是有用的，但是不缺乏人，你又怎样能插足其中；没法，只能选缺乏的事做做吧。教员也是这样，现在理化教员很少，大家就去学了。所以一切的人类，不能受社会经济环境的支配的。劳动问题，也是这样，随着环境而变更的。美国妇女和儿童的劳动问题，起先是一无重要的，觉得没有什么问题发生；但后来环境改变了，劳动问题日益重要，I.W.W.党就因此而生，鼓动全美的劳动者。什么新环境使劳动问题日益重要呢？

（A）侨民迁入　因为外国工人，——意大利、希腊、中国……等国的侨民渐渐迁入，工人增加了许多，而外国的工人，他们一些不知什么的，于是工厂乘机虐待他们，他们呢，远离祖国出来的，自然只好忍受了。他们虽是受苦，工作仍旧肯做的；那本国工人因此受了极大的影响。他们再不能依以前那样可以优待了，也不能不忍受工厂的虐待，工资的减少了，否则工厂就用不到你，自有别人来的，为了生活问题，无法逃去这个虐待的了。工厂的定工资,以最低价钱来做标准的,譬如有的工人每天只要二角的代价就可以过去了,有的一定要三角四角的,那工厂里的办事者,当然情愿招收二角钱一天的工人了。这样,工厂里有了工资低少的工人,所以要影响到全体的工人呢。

(B)交通便利　在交通不便的时候,各地工人之多少,工厂中人不得而知,就是知道了那里有剩余的工人,也没法招来,所以这块地方起了大变化,别处一些也不关的。譬如中国南方因天气不好,今年收成不好,各处闹荒;但在四川等省,收成非常丰富,可是因为交通不便,没有法子去调剂,假使交通便利的,那不是就可以把四川等省剩余的物产运到南方去吗?现时的工人,也是这样。在交通便利的地方,好像旧金山等沿海的地方,待遇工人终比较来得坏,现内地交通不便的地方,对待工人好的多,而且也不能坏;可是现在交通便利了,他们可以拿别处的工人来抵制本厂工人了,倘使你不合意工厂,你们尽可完全脱离工厂,他们重新再招一批新工人好了,于是待遇无论怎样坏,不能不听了,工资不论怎样少,不能不忍受了。一次大批的工人来了,就减一次价。还有,交通便利了,农人于暇时也想出来试试,偷暇赚些钱,因此种种,工资渐渐减少,待遇渐渐坏了;但工人为生活计,不得不受苦!工厂招工,每在人烟稠密的地方,因此竞争很厉害,结果终是工人自己吃亏,待遇条件,愈趋愈下!还有因为交通便利,他们消息也灵通了,他们待遇工人也平衡的,一样的,所以工人在这厂里觉得不好,那你无论跑到那里,都是一样的;因此工人不得不安心于虐待条件之下受痛苦了。

(C)南北战争的影响　南北战争损失很大,那男子是养活一家老小的主宰,可是战争起了,不幸而阵亡了,于是那幼弱的妇女和儿童,不能不自己去谋生活了。可怜的妇女和儿童,他们那能还逃出痛苦的环境呢?

以上三种,都是新环境影响于妇女和儿童劳动问题,使我们不料的,妇女和儿童竟得到这样的痛苦!

(4)美国妇女和儿童作工的统计　因为新环境的变迁,使妇女和儿童作工的日渐增加,我们且看美国的统计——这统计是从 Adam Smith 做的书上译出来的。

1880年和1900年妇女儿童作工人数

年　　别	十岁以上的妇女	十岁至十五岁的儿童
1880	2 647 157	1 118 356
1900	5 319 397	1 750 178

1880年和1900年妇女儿童作工人百分比

年　　别	妇　　女	儿　　童
1880	14.7%	16.8%
1900	18.8%	18.2%

照上面二表看来，在这二十年中，妇女和儿童作工的人，一天一天地增加起来，这是什么缘故呢？人口是一天增加一天的，妇女和儿童当然也一天增加一天的，好比"水涨船高"，那是一定的。譬如中国人口从三万万增加到四万万，那士农工商同时也都在那里增加的；不过在美国妇女工作，比儿童成男的增加率要快，比妇女人口增加率也还要快。儿童虽不如成男作工人数增加之快，比同年龄的人口增加率，也快的多呢。所以在美国现在有一种趋势，就是妇女和儿童渐有代替成人作工的倾向了；于此，我们可以知道妇女和儿童作工地位的重要了。

（5）美国劳动律　美国和别国不同，妇女和儿童劳动律，有二个困难：（一）美国除宪法外，关于劳动哩，商业哩……等法律，由各州制度的，中央政府没有管辖权的，所以美国劳动律不能一致；（二）妇女和儿童的劳动律在法律上根据不能巩固。因为各州法律不一致，所以种种混乱情形就发现了。好像离婚问题，因为各州法律不同，有的定的非常严的，不可随意离婚的；有的很容易离婚的，因此我们不能知道那一省的离婚案最多，那一州最少了。譬如有二个夫妇，佢们要想离婚，可是佢们的理由在本州法律上是不允许的，于是佢们就迁到那法律上能够允许佢们离婚的州里去住几天，提出离婚，离婚了又回到本州。这样，那能知道那州的离婚案真的最多，或是最少？工厂也是如此。倘使本州里不许你有这样的工厂律的，他就跑到别一州能够允准他的地方去注册立案，在那里设立一个总公司，在本州设分公司，而他全部精神都用在分公司里，总公司呢，只是挂了一个招牌。这样，本州政府就不能干涉他了。妇女和儿童的劳动法也是如此。作工时间，有些地方不限止的，十八小时也有，八小时的也有。因此，在规定八小时作工的各州里的工人，都到能够作十八小时的州里去工作了。所以为了各州劳动律的不一致，劳动者仍不能得到进步各州的好处，退步各州的坏处到是保存着的。

还有关于法律上的根据，也是不很可靠的。儿童方面的有条"州政府为无告儿童之父母"，所以地方官可以管理儿童一切事情，是儿童的保护者，因此，工厂中有什么虐待的事情发生，州政府不答应的，要出而行施父母保护儿女的责任的。儿童的幸福，所以还不差。但是关于妇女方面的，法律上只有一条最没能力最没势力的"警察治安法"以作保护。政府要保护妇女吧，同时又要保护男子的。女子很需要休息室的，政府应该替伊们向工厂交涉的，但是中央政府有一种阶级律，不准一州对于一种人订立特种的规律的，所以州政府要保护女工，要工厂设休息室，那同时也不能不替男工提出相当的保护。男工大都吸烟的，设立吸烟室吧，但是男子不需要吸烟室，他们愿意走走谈谈，吸吸烟的，那有愿坐在吸烟室里去吸烟的，所以工厂里就可以说男工不要吸烟室，而替女工设休息室，觉得不平等，有碍阶级律的，于是警局便没有方法了，女工便不得保护了，休息室仍旧没得。这是二层；还有一层妇女比儿童来得苦，容易受资本家虐待，就因他们可以自由订约的。美国国民凡在十八岁以上的，都有自由订结条约的权利的；妇女大概都是十八岁以上的，都有自由订结条约的权利的，所以伊们入厂作工的时候，都是自己和资本家订了条约了；一旦有虐待的事情发生，警察简直没有方法去干涉，倘使你要干涉，那资本家就可堂堂正正的说这是我们自由订约的，伊们情愿这样的，伊们要来作工，做这些事是伊们底自由，人民不是在十八岁以上有自由订结条约的权利吗？现在竟要来干涉，夺伊们底自由，还了得！于是警察局又没有方法了，只好听妇女去受苦了，他实在没有能力呀！警局保护女工条约，一定先要得到资本家同意了，才能实行的；那这种保护条例，一定要社会上有了激烈的舆论，资本家怕了才肯承认的呢。所以美国的儿童比较还好些，那妇女实在很苦的，因为他没有法律底保障。美国底法律比较德国比国……来得不能风行，尤其是劳动律没有一致的，比欧洲小国都不及。

美国各州，开化迟早不同，所以劳动律也大不相同。北方几州，白人最多，开化最早，文化程度也最高，所以它底劳动律也很进步，很完备，比英国的还要好些；可是在南方的，黑人很多，还是像十八世纪的气象，很退化的，它的劳动律，也是退化的，不及欧洲小国的。因为他们各省各省自己定的，所以全国的劳动律，还没有；但是照全国普通情形而论，内容大概是：

（A）年龄 普通作工年龄，以十四岁为限，但相差也很大的，有的以十岁为限，八岁为限，就是以六岁为限的也有。年龄的限止，大概和各地经济状况和文明程度相关的：在文明程度较高，经济状况较宽裕的地方，年龄的限止大一些；在文明程度较低经济状况较窘迫的地方，年龄的限止，那就低一些，八岁的，七岁的都要定出来了。普通的工作，大概以十四岁为限的，十四岁以下的儿童禁止工作的；不过特别的工作又不同了。譬如矿工等有危险的工作，要十四岁以上的儿童才允许去工作，因为年轻的儿童不知什么危险，常常有性命之虞，所以非得有些经验的才可。轻易的工作也有不限止的，十四岁以下的儿童也可以去做的，好像信差等的工作。但在更进步的地方，一切的工作，好像商店的店员、招待、电报局员、信差、……等容易的工作，都不准儿童去做的，因为儿童的时代是受教育的时代，不可以去作工了牺牲求学的。

工作分二种：

（a）危险的工作 开矿、化铁炉、铁路、火药……等都是属于危险工作的，有性命出入的，所以限定在十八岁以上的儿童才可作此种工作。

（b）普通的工作 这种工作就是比危险的工作危险的好一些，不会有一时的性命危险的。机器厂、化学厂、铅厂……等是属于普通的工作的，因为机器厂里作工的，可有手脚折断的事发生的，在化学厂里气味很坏，很能伤人的，在铅厂里，一时不易知其有毒，但时间久了也要生病的。这种工作，虽没有性命出入，也有伤身体的，所以限定在十六岁以上的儿童才许作这种工作。

（B）工作时间 工作时间，最少八小时，这是现在人类最高尚的希望了，谁还有梦想七小时的工作，一般人都觉得八小时工作，还有些希望，八小时再少是难了，也许做不到了！在美国九小时工作的为最普通，十小时的也有,八小时的要算最进步了。十八小时的也有!我们看看美国真是伟大丰富,洋房如何的高,街道如何的阔,又是如何的清洁!但是在地洞底下的无告工人,住在污秽的黑暗的矮小的地洞里,做些劳力大而工资少的苦力。在地洞里,无论什么事都有,裁缝也有,木匠,泥水……都有,他们都因为失了业,无工可做的所以在这里。在地洞里的工厂,没挂招牌的,守秘密的,因为他们恐怕警局来干涉!这种地方,妇女和儿童比较少些。总之,儿童工作因有法律上的保障,所以比妇女还要待遇好些,不致作长时间的工作。

(C)教育问题 美国没有所谓强迫教育的,不过倘使你没有知识,一定限度的智识,就不给你有职业;大概有了一张高小毕业文凭就够了,不像德国那样,倘使小孩到入学年龄还不入学读书,父母有责任,要受罚的。所以在美国街上,游玩的儿童很多的。后来年龄大了,要到工厂里作工,倘使不许他,那他还要说,在家庭里的时候,国家尚且不强迫受教育,你工厂要强迫我吗?所以政府命令普通工人入工厂了,工厂方面当给以相当的智识,但是这又要使资本家拿出钱来了,他们那能情愿呢!结果,规定给每个工人受四星期的程度,那是非常浅肤的。或者入厂的时候,验查学校毕业文凭,可是这样规定了后,个个人都有文凭的,那又为什么呢?因为有些学校的文凭可以买的,还有些人专代人去考文凭,好像交易所似的。于是就没有办法了。有人主张入厂的时候要考试,受造句的试验,这样那可以没有弊端了,可是太使工人苦了。自然,假使你是高小毕业的应该能够造句的,但有些人真的毕业了,因为隔了好久已经忘了,或竟是虽毕业也不能造句,那又怎样呢?于是办事上又起了大困难了。

(6)劳动律执行的方法 劳动律定了,但怎样执行呢?怎样使劳动律实行呢?大概有五个方法:

(A)年龄证书

(B)医生证书

(C)学校证书

(D)工作时间的布告

(E)工作儿童的名单

上面五种方法,是政府督促工厂要实行的,可是也有许多困难,流弊丛出

的,现在略说几句:

(A)年龄证书　美国各州年龄是不同的,假如限止十五岁以上的儿童才许工作的,那你到工厂里调查的时候,看见有的很长的,有的很矮的工人。你问问那很长的工人现在几岁,他也许是十六岁,或者问问很矮的工人,他也许是十八岁,或是已经二十多岁了。那你不是要疑心吗?怎的矮的年纪倒大,长的年纪反小?不明明是有弊端吗?但是他们那不可以说长的因为发育的快,矮的因为滋养料吃的少了吗?于是工人的年龄,就没有方法使它正确了。后来要教堂的证书来证明工人年龄,因为小孩生下来后,要到教堂里去受洗礼的,教堂给他的证书注明生日,所以这张证书,实是最好的证明工人的年龄。但是到后来又不兴了,三四个兄弟的年龄都是相同的,有的弟弟的年龄比哥哥的来得大,那为什么呢?它的唯一的原因,就是家庭贫穷,不得不希望子女早作工,所以在养了一个小孩的时候,到几只教堂里去受洗礼,于是他可以得到三四张证书,他底未来的弟弟也已有证书了,等到假使三四年后生了弟弟,他已经有三四岁了。这种证书,实在没有一些用处。

(B)医生证书　医生证书以证明儿童的身体和所做工作是否相宜,什么工作不可做的,一方可与年龄参考。假如有不适宜的工作,就可设法禁止;但是这种医生应该是由国家指定的,不过因为经济关系,不能自己去实行,只好限制工厂必定要有医生吧了。这样,医生不也是工厂雇用的一员吗?他又怎能不有舞弊,替主人出力,把自己真真的责任忘了吧?

(C)学校证书　我们已经说过学校毕业文凭可以买的,而且有些靠不住的学校,专做这行生意,只要有人去买,他就把文凭出卖的,所以要靠学校证书来证明工人教育那是不可能的。

(D)工作时间的布告　工作时间布告了,可使儿童自身了解自己是受法律的保护,以求免受痛苦的机会,限制工厂舞弊。

(E)作工儿童的名单　儿童名单必要详细,存为档案,置于容易看到的地方;如有人到工厂调查,发现不合法的儿童工作,可以根据名单,向儿童直接询问,以求得真相。

(7)工厂视察　上面所说的固定方法很靠不住,弊端很多,所以后来改用工厂视察员,好像我们中国的视学员一样的,随时到各工厂视察各种情形,有不合劳动律的地方,随时指正;因为美国劳动律虽是设立,工厂的实行与否,政府仍不得而知,或是工厂里执行的正当与否,都应该有人去监察的,所以政府里设立工厂视察员,实是一件不可或免的,对于工人有极大的利益的。现在再分说一下:

(A)视察的组织　(1)工务局,略如工部,设于美国中央;(2)工厂视察部,属于市政厅隶下,专以视察工厂为职务;(3)警察局,也是以视察工厂为职务的。视察员因为经济的关系,所以不能充足够用,又因为他没有直接干涉的权力,所以有许多不及警察视察的方便。比如警察到工厂去视察,有不适合的地方,即刻可解到局里去查究;假使是视察员呢,他看出了有不适合的地方,自己不能就把他解到局里,一定还要去喊警察来,那吗,在这个时期里,他们也许调换一个人了,到了警察局,口供不对了,那有什么法子?所以警察视察比较好的多,他对于妇女和儿童工作的情形,可以随时干涉,因此工厂虐待的事情,发现的少了许多。麻省和纽约二处的警察局,都兼任工厂视察的责任,办得很好。

(B)视察的困难　视察的困难,上面也说过一些了,现在再分别说一说:(1)原来设视察员的,觉得人数太少,比如每个工厂每月视察一次,每个视察员一天视察了一个工厂,一月每个视察员可以视察三十个工厂,那倘使一省里有一万个工厂的不是要有三四百个视察员了吗?倘使每个工厂每个月视察两次,那不是要有七八百个视察员了吗?那这七八百个视察员的经费要多少?而且因为视察员太少,每个工厂每月视察至多二次,所以工厂可以预料视察员的来期,从事预备的,真相就不能得到了。不过用了警察任视察的责任,那上面的困难就可以没有了。(2)我们不是在上面说过儿童年龄难以确定的吗?这层也使得视察员和警察感得极大的困难。(3)因为妇女有许多痛苦不能对男子说的,男子无从知道,更是梦想不到的;所以要知道伊们底痛苦,不能不设女子视察员,但是女子又不愿意做的;所以那占全工人百分之四十的女工的痛苦,无可告诉!(4)各种证书,都可作假的,所以在视察的时候,也很难得到真相的。

(8)工业委员会调查结果　现在美国工业委员会调查的结果,有三个必要的条件:(A)各州劳动律应该一律,换句话,就是应该由中央政府规定,免得使在规定作工时间少的各州的工人,跑到可以多作工的地方;使儿童也驱于最低年龄的一州。(B)儿童作工年龄,限止以十四岁为最低额。(C)执行补习教育,或儿童普通教育,当以十二星期为最低额。

美国妇女和儿童的职业多是由农而工,而商,渐渐至于专门事业,所以现在伊们底职业非常复杂的了。近来妇女为商店店员的很多,又像打字,接电话,作工程师、医生、教员……等,以及消耗的事业,妇女也非常的多;就是儿童,也有许多不同的工作。所以各种工作,各种待遇也不同,那都要有人去视察的,实际上真是一件很难的事。美国在六七年前有专门唱歌的歌女,大家看上去以为伊们非常快乐的,衣服又穿的很好;可是实际上很苦,工资是很少的,而且因为地位关系,在繁华的场合里,不得不衣服穿得好些,因此照调查所得,差不多有百分之百是人格堕落的。——吃的也苦,每日只有一二顿面包,伊们从各处省下钱来撑场面,那真是苦极!

美国妇女工作,纺纱和缝纫的为最多,不过天天伛身作工,容易得肺病;至于儿童,多作不道德的工作,如吹玻璃等。妇女在商店作事很多,比较也好些,不过工资不多,且也要像歌女那样的装饰些,以广招徕;因此不得不在伙食里省下来,每天也只吃些面包,这样生活,那能不短寿呢?妇女工作中地位最好的,要算教师了。又据统计所得,美国各职业中的妇女,以本国白人最占优越地位;他国白人,则稍次一等;至于那些白人和别色人所生的和黑人等,大概都不能得到好地位的。

(三)中国妇女和儿童劳动问题的起源 以上都是讲英美两国的妇女和儿童劳动问题发生的情形,现在再讲中国妇女和儿童劳动问题发生的情形。

(1)中国妇女和儿童劳动问题与英美的异点 中国和英美的国情不同,所以妇女和儿童的劳动也大不相同。它的不同,是:

(A)中国妇女和儿童习惯上的职业 中国妇女的管理家务,缝纫烹调,简直是伊们底专职;中国儿童的做学徒的和童仆的,也就是儿童劳动者。这些工作,在中国习惯上是妇女和儿童的专职;但是英美却没有这样的。

(B)中国过渡时代的工作 中国和英美根本不同的,就是:英国现在的劳动问题是由革命下来的,革一次命,改良一次,是新陈代谢而成的;美国的劳动问题是忽然地来的,昨天没有的,今天忽然发生了,因为它是新世界,劳动问题也很新的;中国却不然,劳动问题发生,同时还有手工业家庭工业存在,既不是美国那样的新,又不是英国那样的旧,是英美混合的。中国工业的旧比英国还要增加十倍;新呢,到比美国还要新,美国劳动问题起源于五十年前,中国只有二十五年的经历,但真真的发生劳动问题,不过是十二三年内的事,所以新得不得了。中国的旧,好比一个四千岁的老头子,中国的新,好比一个十二三岁的美少年;这种现象,过渡时代的现象,实是少有的。新的设备新式引擎的大工厂,旧的还有用双手做的,真是一幅中西合璧的工业景象,也可以说,世界上没有发现过这样的现象。我在汉阳时,看见一家小人家,对门就是大工厂,这小人家呢,有做镜子的,把水银放玻璃上弄弄就成功了;还有把印花在纸上,左贴右贴,贴成了一个小儿玩具;在屋后面的场上,又在那里种菜,到是化学工业,……足足有十多种工业在这小小家庭里,就是在上海,家庭里的妇女们,在家里帮火柴厂做火柴匣的也很多很多。这种情形:前面一看是大工厂,后面望望是手工业,旁边又是不中不外,又中又外,不新不旧,又新又旧的工业,真是"前见古人,后见来者"。所以中国的劳动问题,旧的有旧的劳动问题,新的有新的劳动问题,不新不旧的有不新不旧的劳动问题;那旧的工业以为新的劳动问题是无的放矢,新的对于旧的以为过去了的,其实中国现在的劳动情形,无奇不有的,研究劳动问题者,要从各方面去观察才是。

(C) 中国妇女和儿童的地位　中国妇女在家庭里很苦的,中国的旧家庭是一个专门制造寡妇孤儿的大工厂,同时使伲们受苦,受经济的逼迫不能不出去作工,因为旧家庭不许女子再嫁的,所以伊不能有所靠,只能自己去谋独立了,伊底儿女呢,因为母亲尚且要自己去谋生活,当然也只好自谋生活了。儿童就去做学徒,或是做人家的书童,好像丫头似的。讲到他们的地位,英美的女工虽苦,而人格上还没有问题,中国妇女在社会上的地位却很低的;在外国有法律保护伲们的人格,禁止卖买的,但在中国法律上没有这种规则的,在社会上卖买女子和儿童是平常的事。近来我有个朋友,他忽然从福建写信给我,托我在南京替他买二个丫头,因为

他知道南京来得便宜,他不知那里听来的,我到不知道;还有我新近到一家朋友家里去,他家里有大小丫头十八个,大的二十多岁也有,……这些丫头,长大了有的卖了,有的好的(色的或是生活的)主人就自己当了小老婆,或是送给他的朋友亲戚,当作一件礼物,或是当作敬奉别人的。伊们的人格在哪里?真是糟蹋完了!那在工厂里的童工,地位要算好的了,他身体终是自己的,有时被工头打了,我们也竟无法干涉,倘使我们要去干涉,他反问我打了他二三记,你就要干涉;你为什么不去干涉那富人们家里一天到晚挨打的丫头的主人呢?——那真没法可说了!再说,英美的儿童是从教会慈善关系下来的,中国的学徒就是古代的职业教育;名义虽是学习,其实因家长不愿意雇工人,使儿童去代替了。所以英美的儿童,大家都承认是痛苦的,设法去救济的,中国的学徒,却从没有人注意到,直到欧美思想输入了后,才有人注意学徒儿童的痛苦。

(D)中国女工和童工工资很低　中国妇女和儿童作工,工资向来是很低的。在欧美,男女工资之比,大约是九与六;在中国不过是五与一之比,或是四与一之比。实际上女工作工时间还比男工要长呢。讲到儿童,欧美都有工资的;可是中国的学徒,平常终是没有的,也许反要津贴钱的,说什么学习费的,总之,就是有一年也不过一千或数百钱,什么都不够用。现在说一说女工工资低廉的原因吧:

Ⅰ.人格的不平等　因为女子人格的不平等,所以工资有很高的,也有很低的,有的以为神圣的,也有不值一文的。同一工作,有时女子做了,比男子做的价值高的多,有时男子做的比女子价值高。譬如仆人,男的每天不过做八小时工,而且没有什么工作的,他跟着男主人外面走走,非常快活的,有时叫他买一元东西,他就剩了三角钱;但女工却不是这样的,伊是一天到晚做工的,因为伊有足不出户的女主监工的,当女主人早上起来的时候,伊应该早已起来了,当女主人晚上睡觉了以后,伊才可以去睡觉,在这个很早的起来了到很晚的睡觉中间的时间,完全是工作的时间,而且不能有一些怠忽,因为倘使你怠忽了,监视着的女主人立刻知道,要苛责了,所以伊每天至少要整整的做十二小时的工。但是讲到工资呢,男工可以拿到六七块钱一个月,女工只有二吊钱(约一元五角),有时四五角钱也可以用一个女工的,因为主人还可以说佢是负教育的责任的。上面是女工比男工工资得的很少，在同样的工作时；现在再讲在同样的工作时，女子的工资比男子要高的多。一样是一张字，倘使是女子写的，一样是幅画，倘使是女子画的，那价值就要贵了，而且买的人也多呢。男子写的觉得很平常，倘使是女子写的，那就奇特了，人家要称它好了；同是一张画，男子画的觉得很平常，倘使是女子画的，那就好了，人家都争先地去买了。这是很平常的现象，譬如前几年吴女士的字，大家争先去买，其实不是伊自己写的；倘使那个写的人用了自己的名字来卖，那就不会有人来顾问了，其实，字仍旧是一样的字。这种好像是重视女子，其实是轻视女子，以为女子都不会写好字，画好图的，现在居然也有些平常的很的字和画，大家都惊异了，认为好的不了，以为奇货了，好像现在人留心女子得到博士的，计算现在有三个博士了，四个了，却没有算算男子现在已有多少博士了，只以女子得博士为奇异。因为人格这样的不平等，所以有的女工工资就得到很少了。

Ⅱ. 效率太低　女工工资低廉，还有因为大家认女工效率很低，所以工资也随了效率低微而低廉。效率为什么低呢？他们以为：(a) 体格的柔弱　大多数人终迷信女子的体格是柔弱的，不及男子的，以为女子是"弱不胜衣"的，外国也有这样的话，说女子是：weak and fair "弱和美"的，其实女子体格不见得比男子弱，在欧洲有女子当兵的，在历史上我们也可以看到有女皇的，大力的女子等的。我们要知道男子中的最强者和男子中的最弱者相比，同男子平均的体格和女子平均的体格相比，男子与男子间的相差要大的很呢。所以说女子体格柔弱的，于生理上是不通的。我们再举一个例，可以证明女子体格并不比男子来得柔弱：在无论什么地方，在公司里或是工厂里，照男女工请假的统计，男工请病假的比女工要多，这不是可以看出女子体格并不比男子柔弱吗？所以实际上，男女体格是相等的，现在有些女子体格不健全的，不是性的问题，可以判定男强女弱的；因为这种体格的不健全，是个人的问题，是为了不卫生或是别种缘故，决不能以此论断全体的。(b) 智慧　人们还以为女工工资的低廉，是为了伊们欠缺智慧，没有创造力。因为伊们受教育得少，所以工资也应该少些。但是女子的智慧和作工的工资有多大的关系呢？作同一样的工作，在同一样的时间内作完，做得又是同样的美满，或是同样的不好，

在这种情形之下，那无论是受教育怎样高的，或是没有受过教育的，伫们的成绩终是一样的，与教育的高低没有什么关系吧？与工资也不能因此而分高低吧？可是现在不然！果然，受高等教育的男工，做了高等的成绩，当然可以受高等的工资，但是照上述的情形中，男工为什么也比女工多拿钱呢？我们果然不反对男工这样多的工资，但女工做了同样的工作，为什么拿得这样少的钱呢？我们要晓得女子的智慧和工资没有关系的，只要看他的成绩这样来定他的工资，有什么智慧不智慧呢！（c）工作时间　因为女子工作时间没有一定的，忽然就停了，所以要给他工资少些。女子是一种偶然的工人，忽儿出嫁了，要停止工作了；忽儿有儿子了，要领小孩了；忽然家中要回去了，于是就停止工作了；所以女子在十六岁到四十岁，这个时期内（十六岁以下称童工，四十岁以上的，工厂内很少很少的，因为在工厂中竞争很厉害的，年老的妇人，那能得到胜利？所以都淘汰了），伊们的地位，变化很大，因为伊们常常停工，工厂里不能不另招新工，但新工都生手，先要教伊的，所以工厂里多了这番训练的功夫，于经济上有损失的，但工厂那里肯损失自己的一毛？他们于是把女工的工资减少，说是为了伊们常常停工，使工厂受损失，所以不能不减少工资！

Ⅲ．意外之补助　女子所得的工资，以为是意外之补助的，所以工厂给伊工资很少，伊也很快乐了。男子是一家之主，他是负全家庭经济的责任的，所以女子和儿童作工所得的工资，不归入家庭中的，伫们可以当作自己的，因为家庭经济的责任，伫们不负的。伫们所得工资，妇女的节省得做嫁时的嫁妆和嫁衣，可以自己掌掌场面，儿童的，买些东西吃吃，或是买衣服来穿穿；这些都是可以表示伫们的作工，不为了要吃饭，只不过是赚些"小货"，是家庭中意外的收入，所以可以不论多少给些伫们，伫们都很满意，很快活的了。

Ⅳ．可得工作之外的钱　还有一个大原因，就是女子可得工作之外的收入。在美国，这种风气也很深，有所谓 street girl 的，和娼妓差不多，操不正当的营业的。就是上海丝厂里的女工，也很多操不正当的营业的，工厂知道你另有收入，当然可减少你工资了。

Ⅴ．没有团结力　我们知道无论什么事，有团结力的终可得胜的，但女工们却没有一些团结的。我们上面已讲过有许多工团认女工是他们的仇敌,所以不许伊们加入;而伊们自己又没有能力组织团体,所以工厂里要减少工资哩,要虐待伊们哩,伊们竟没法抵抗,更没有大结合的大罢工做强有力的后盾,所以只好听工厂去吩咐,工厂要减少工资就减少工资了。

(E)中国家庭习惯　我们上面已经讲过,中国家庭是家长制,全家庭的经济责任全由家长负责的,其余的人一切都不要去管的,所以儿童们做学徒时,不必有工资,就是有,也不必拿到家庭里供给家庭经济,因为他是没有责任的,他能够有很少的工资买买零食吃,已很快活了;讲到妇女,也是如此,好像不必要的,所以工资也很少。但欧美不然,妇女和儿童的工资也要归入家庭经济中的。

(F)无法律上之保护　这层在"中国妇女和儿童的地位"一段也已讲过了一些了。我们知道欧美妇女和儿童作工,近来法律上已有保护,在十六岁以上的女子,有自由订约的全权的,中国怎样?妇女和儿童在法律上是没有什么保护的,没有独立的根据的,在社会上,中国妇女是属于夫,或是父,或是儿子的,也是没有独立的根据,不过是一个附属品!最特别的,是没有财产权和承继遗产权,结果使女子在社会上无根据独立生存,所以要保障妇女作工,必另定新的法律。讲到儿童,是父母的所有物、附属物,更无根据独立,因此无法律的保障。所以中国妇女和儿童作工的,比较英美特别痛苦。

(G)国际经济的压迫　中国受国际经济的压迫,本来不止是妇女和儿童劳动问题,无论什么问题,都受得它的压迫。譬如我们中国劳动律有什么有益于工人的,可是倘使那工厂在租界上的那就不能施行了。所以中国工厂中的工人,有的比在外人办的工厂中工人地位还好一些的,因为后者还有国际间压迫。因此,中国工人们对于外人办的工厂和办事人恶感很深,譬如工头打了工人,好像是很平常的,可是倘使被印度巡捕打了,那就要激起风潮的,不知中国人常常被土匪乱兵拷打杀戮,到也不说什么的。不过中国工厂就是虐待工人,也情有可原,为什么呢?我们知道工厂里的人无智识的人居多,有些不合法的,还可以拿"缺乏教育"的话来搪塞;但外国人在本国怎样的?外国工人在本国地位也很好的,比如英日人所办工

厂中,在佢们本国,照劳动法每天作工也至多九小时,可是在中国佢们要中国工人作十二小时的工的,这样,似乎不兴吧!因此,我们假使有了每天作工九小时的劳动法,他们也不遵守,那真没有法子了。现在的劳动问题,和国际问题合在一起了;要解决劳动问题,不能不由全世界改革起,因为劳动问题不是一国的问题,是国际间同一的问题。好像一个pap,代表世界,国际是直的,社会问题是横的,这个国家的社会问题,和那个国家的一样的,有连带关系的,一个国家不能单独解决的。所以我们中国受到国际经济的压迫,使劳动难以解决的,应该觉悟到劳动问题是国际的问题,作进一步的全世界运动。

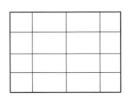

（2）中国妇女和儿童劳动问题的起点　中国妇女和儿童的工作,在农业时代是不发生什么问题的,因为在农业时代于精神上或物质上,他们都很安适;一直到工厂制度时代,才有妇女和儿童的劳动问题发生。中国工厂,发生在二十五年间,起初为外人营业时代,南京条约成立,外人在中国设了工厂,才有女子作工的。可是中国很旧的时候,也有妇女的劳动问题的,妇女和儿童的劳动问题,早已根深蒂固了。五六十年前的茶场,已经有今日工场的雏型,那时的茶场,专用女工,一天到晚,无论冬夏,都在锅上炒茶;晚间多睡在屋檐下;此外磁场等等,都有劳动问题的,不过那时没有人注意罢了;又如贫民场,作不进化的工业,迁善所或监狱内的工场,都很野蛮,常有种种劳动问题。我记得我在九,十岁的时候到安徽徽州去,看见那些很苦的女子做采茶等工作,大概在五、六、七、八月的时候,由各地方招来的,在最热的天气中,从天亮了一直做到夜,夜里没有地方可以睡,都睡在街上,而工资呢,每天只有四十小钱!——比现在的乞丐还要收入的少呢。这些也都是劳动问题,在很早的时候就发生了。现在所谓劳动问题,在工厂里看得见的,很厉害的;不知中国早已有劳动问题发生了。凡是一个问题大家知道了,认为问题了,那就可有解决的希望;最可怕的,就是谁也没知道是一个问题,而痛苦很厉害的!还有中国妇女劳动问题的注意点,第一是在道德上伦理上的痛苦,对于物质上的痛苦到次一级;就是第一要争待遇上的改善,增加工资却不是急务。

（3）中国妇女劳动问题的现状　中国妇女和儿童劳动问题的现状怎样的,我们不能不知道的。现在先讲中国妇女劳动问题的现状。

（A）旧制度下的劳动问题　在旧制度下的妇女,都是业农的,从事农业的约占全工人百分之四十;有七千万之多。伊们没有资本主、经理、工头;有则就是伊们底亲爱底家长或丈夫。所以伊们精神上很愉快的,虽是也工作的很苦,日间作农事,暇时还要做家务和纺织等事。伊们布衣蔬食,日出而作,日入而息,很有自然的情境;又因为家庭间非常亲密,没有什么阶级,也没有感受痛苦,所以伊们也并不希望有改革。可是在经济上讲,那中国农人是很苦的。我们不是常常可以看见江北的农人成群结队地到各处讨饭的吗?我们中国因为田赋很大,又加之还给田主的租米很大,有的要一半,有的竟有三分之二的,这样,农人所余的米也勉强能过得一年,倘使遇到收成不好,那就难以活命了。农人有米,收成丰富,田主要他许多米;倘使收成不好,农人饭也没有吃的时候,田主也没东西给你吃的。所以在收成不好的时候,因为他们没法积蓄,只好出去讨饭了。但虽是经济很苦,精神上他们却很快活的;因此大家说农人生活最愉快,真是"看人挑担不见苦"呀!

（B）半新半旧式工业下的劳动问题　照民国五年的统计,中国旧式工业下的妇女有二百万人,已与新工业相接近;如做草帽鞭、缫丝等工作。这种工业都是半新半旧的,在这种半新半旧的劳动妇女的生活是:

Ⅰ. 时间　江浙的丝业,大半是妇女做的,但伊们多在自己家里做的,所以不限定时间的,有时倘使家里有人生了病或是发生别种事故,伊可以自由停止工作的。时间是不一定的,倘使伊要一天做十四小时,别人也不管的,倘使伊今天不高兴做,那就可不做;所以伊们到很自由的。也有在工厂里做的,每天大约是十小时到十三小时;但也不像现在的工厂有人监视着不许一息的休息的,一定要手不停止的作十小时到十三小时的工的。总之,在这种半新半旧的工业下的妇女工人,不能算虐待的。

Ⅱ. 工资　工资没有一定的,各地也不同的,大约南方的工资比北方贵。江浙工资,纺织缫丝等工作的,比较贵些。工资大多是计件的,江苏广东为最多。伊们工资,因为不是维持家庭经济的,是补助的,所以也很

少,每天有一角的,也有一天八分的。至于工人,寡妇和闺女为最多,因为寡妇无所依赖,要自己谋独立生活,所以去作工,闺女想赚些做嫁奁费和装饰费,所以也去作工。《新青年》杂志上载南京妇女作工的,有三分之一是寡妇,三分之一是闺女,其余的三分之一是有丈夫的和别种妇女。在这种工业制下的妇女,比现在新工业下的女工自然要愉快得多;但是为了要谋生活而作工的,不能不受些制限,所以比旧式工业下的乡下农妇,那就觉得不愉快了,正如古诗中所说:"苦恨年年压金线,为他人作嫁衣裳",可知其心中所受的痛苦了。

(C)婢仆　婢女和女仆可算在妇女劳动者中占最多数的,伊们大概出身从农家或很贫穷的阶级中的。在农事不振,在荒年的时候,那农人一方为田主所迫,一方更为生活所迫,不能不叫妇女们出去做婢女或女佣,一方可以减少家庭中的消费,一方还可赚些钱来帮助家庭经济。所以每一次灾荒,添加许多婢女和女佣。中国最野蛮的,就是虐待婢女,伊们侥幸遇到和蔼的主人还好,可是不幸而遇到凶暴残忍的主人,那就苦不可言了。种种虐待的情形,我们实难言喻!我们在报纸上也常常可以看见,主人虐待婢女的种种情形,有的不能耐而逃走的,有的自己吊死的,有的竟被主人打死的!什么作工时间,什么工资都讲不到,伊们自己的生命也在主要手里,伊们是主人的奴隶,主人要叫伊作多少时间工,就作多少时间的工,伊们工作时间是无限止的;主人要给伊多少工钱,就拿多少工钱,大半还是没有的,所以伊们的工钱是在主人手里,伊们自己也不知道自己有多少工资。讲到女佣,比较好一些,因为伊还有自由的身体,不像婢女那样把身子卖了的。伊们的工资,以地方生活程度为断;有的地方生活程度高的,如上海地方,每月大约也有三四元,自然不是都这样的;在生活程度低的地方,如小镇上或是乡村里,也有每月一元二钱,或是一元还不到的。女佣中,奶娘的工钱为最高,待遇上也比较好一些。总之,这类婢女和女佣作工时间很长而工资很少的。还有一个特别的现象!普通的男子大概是养妻子的,所以他作威作福,倒也情有可原;但是做女佣的,十个中有九个是养活丈夫的,养活了丈夫,反受他的虐待!我家里的女佣,常常调换的;这因为伊们底丈夫常来和伊吵,发脾气,甚至打起来了,没有法子,只好请伊走。伊们不知道什么解放,不知道有经济独立了可以自由的,更不知自己的人格。凡是想改造社会的,对于上面二阶级应该特别注意,去补救它,解放它。

（D）娼妓　娼妓在中国古时的来源,约有二种:（Ⅰ）为俘虏,（Ⅱ）为犯罪者,此中常有许多是功臣志士的妻孥,因为犯了罪,没法生活,流为娼妓的,如唐诗教坊官妓、宋时官妓,明时官妓等等,许多功臣妻妾,很不应有堕落的,这种人当然不能视为青楼等名词的人,因为伊们道德上一无缺憾,至于后来卖身为娼的,不过为了贫穷所迫。伊们生活很苦,很少活过四五十岁以上的,其最大原因,是生理关系;限制生育。生活苦痛、抑郁,都是重大关系。且以人格为玩物的,如南京的秦淮,简直可以说是历史上帝王的淫威和良家妇女的血泪的结晶体。在外国,法律上不许有的,他们叫做"白奴"的,倘使有人买卖了,就有很大的罪的;但中国怎样?倘使卖了一个女子,买者不交出钱来,官厅还帮着卖者去追钱的,这是什么现象!在中国法律上是承认娼妓的地位的,就是道德上竟也承认伊们底地位的!一般文人也以为社会里必要有娼妓的,伊们于道德上有所损失,也不算一回事。因为娼妓不算是劳动问题,所以上海有娼妓二十岁的甚至有十四岁的,十四的还有一个孩子,有些地方规定不许作工的,而况做娼妓!——却没有人去注意,去禁止!伊们于物质上好像享受的很好,可是于精神上则有大大痛苦呢!娼妓一阶级是地狱,但是却可由地狱升到天堂的,不过人种却因此坏了。"名父有名子",这是一句很普通的俗语,但中国有名的人家为什么不出好儿子呢?——坏的多呢?因为他们的母亲大都由地狱里跳出来的,道德方面,才学方面,都不能培养出好的儿女的。娼妓问题不但是劳动问题,那于人类学也有关系的。研究劳动问题的,研究妇女问题的,不要轻轻放过。

（E）新工业下的劳动问题　中国业农的,约占全数百分之七十,就是有三万万农夫,内中有一万万女子。但是新工业发达以后,女工有日渐增加的趋势,在那新工业最发达的江苏、浙江、安徽、广东……等省,女工都比男工多。在江苏女工有百分之六十九,在安徽有百分之五十九,在广东有百分之七十二。总之,在新工业愈发达的地方,女工也愈多。据民国五年的调查,全国女工平均占全工人数的百分之四十二,有二十三万人。虽比旧工业下的数目较少，但是每年有增加的趋势的。在新工业下的女工，伊们一切环境、待遇、工作性质，中国妇女都不惯受，所以比较旧工业来得苦，这是应该注意的。现在再说女工在新工业下的情形：

Ⅰ．时间　作工时间普通的有每天十小时到十二小时的，极新的则九小时，如上海商务印书馆（自十六年六月一日起一律改为八小时）益中机械公司……等；还有延长到十七小时的。总之，中国工人的作工时间，在世界上要算长的了。妇女尤苦，伊们还要整理家务；所以每天连睡觉都不能睡足！至于放假，中国工业界，大概没有星期的；外国普通的星期日当然放假，星期六下午也放假的，所以每星期只做五天半的工，而不作工的时候，在例假日时，工资仍旧发给的；但在中国不然！除了大的商店和浦东的大工厂外，天天要作工，只有"初一""月半"二天放假的。在汉口每二星期放假一天，所以轮到放假的那个礼拜日，工人们叫它做大礼拜，轮不到放假的那个叫做小礼拜的。但是，放假的日子虽这样少，在放假的时候，并不付给工资的；所以仍旧要操生活费的心，终不像外国工人在放假那天可以快快乐乐的过去的。

商务印书馆男女工工资比较表

	男 工		女 工	
	至 多	至 少	至 多	至 少
每　日	$3.30	$0.55	$0.85	$0.45

益中机械公司男女工工资比较表

	男 工		女 工	
	至 多	至 少	至 多	至 少
每　日	$1.20	$0.76	$0.30	$0.22

Ⅱ．工资　女工工资比男子差得很远，至少有四与一之比，或九与八之比。我们看了商务印书馆和益中机械公司他们男工比女工要多四，五倍呢。江苏女工工资要算在中国为最多，但最多每天也不过四角多，少到五分也有呢。直隶则只有一角，甚至少到五六分。还有一层，女工们感受很苦的，就是要把伊们工资中一部分工资存在公司里的，叫什么押金的，

倘使你们要罢工了,他便把它充公,倘使你们做了件不正当的事,他便把它充公;总之,这种押金还的很少,他们看见押金渐渐多了,也必寻事将工资充公。倘使你要辞职,他也不给你这项押金,因此弄得女工一无自由。但男工就很少有这种情形了,因为他们是很凶的,不好欺的,一来就要罢工抵抗的。

Ⅲ.年龄 在新工业下之女工,大约是十六岁到四十岁的。在十六岁以下是童工;四十岁以上的也非常少,这为什么呢?因为在新工业下之工人,竞争很厉害,没有强壮的身体,伶俐的官觉,实不能插足其间,四十岁以上的女子,恰好身体渐渐衰弱了,官觉渐渐失灵了,那能竞争得过,不淘汰呢?

此外待遇上还有很苦的,如:

一,工场规则 工场规则,是压迫工人的利器。它的内容是:

(a)罚金 罚金是工场里一件很平常的事,如损坏了物件等,但也有意外,很不平的,现任说个例:在杭州,女工做丝的很多,但是这丝和空气湿度很有关系的,在湿度高的时候和干燥的时候,丝的重量相差有八分之一或十分之一的,假使在天气潮湿的时候,从工厂拿了丝出来,后来拿进去的时候天气却很干燥,因此丝两少了,于是工厂要工人赔了,工人竟是无法答辩,因为这是很显明的,缺了斤两了。其实这真是冤枉呀!要免除这种冤枉,那必定要工厂里看湿度表,拿出拿入的时候,互相计算,但工厂里不懂,那有什么办法呢?就是棉花也是这样的,因天气而轻重的。

(b)搜查 工厂恐怕工人偷东西,所以在工人出厂的时候,搜查一下,这是很不应该的;外国却没有这种荒谬的举动的。至于搜查女工,更不应该;而且用巡捕搜查的,所以常常有意外的事发生。

(c)打 打是工厂刑罚中的最盛行的。工头的用皮鞭打工人是他底优先权、特权。在外人工场中,巡捕尤喜打人。女工中以十六七岁的轻年的最苦。

(d)锁闭 将工人锁闭在一个屋内,不给饭吃,这也是一种责罚工人的方法;在外国工场中,这种情形更多。

(e)斥革 斥革工人,一无标准的。如说工人不勤,所以斥革,其实

怎样是勤,怎样是不勤,也一无标准的;总之,工厂要想斥革工人,那终是很容易的事。斥革工人也罢,他们还要通告别个工厂,不准收留;好像从前学堂里斥革学生了,要行文全国,叫大家都不要再收他,必得要他换名改姓了才有入学的可能,其实那可不许人自新呢?工厂也是这样,好像汉口工场斥革工人,除通告其他工场外,又在警察局注册立案;上海工场还把工人照片分送别工场,那真不人道之极!

二,工头专制 工头专制,在英美当十八世纪时,也有这种情形,现在中国工头,非常可恶。他们都是没有受过教育的人,一旦得了威权,更是无理用权;因为他们自己也曾被压制过,得了权,自然想报了,这真是没知识极了!工厂里的什么经理、工程师、……其实都不管事的,所有和工人接洽的事,都由工头去做的,他上面可以蒙蔽工程师……下面可压迫工人,这是工场中最有权力者,一切的工人出入权也在他手里的。前几年上海有个工头,是某大书馆经理的侄子,对于女工有不道德的举动,工人恨极,买动流氓,将他打死于工场门外,于此可见工头的专制了。还有女工头也是这样的,很可恶的,名为那摩温,伊们常在工厂里做寿,受贿赂;倘使谁送伊礼物很好,那伊就待伊很好,各处都照顾,不使伊吃亏;可是你不送礼了,那伊就要用种种方法虐待你的。伊们还收得许多干女儿,对于干女儿特别优待,结党偏袒,此种事情,很多很多。前年上海有某工厂,工头欺凌女子,女子之兄,去保护竟被杀。还有女工和工头打架,竟重伤而死。所以有人说做一个工头,比做县知事还要快活自由些。

三,疾病问题 平常的时候,似乎无此问题;其实有疾病发生时,非常痛苦。中国工场,从来请病假就没有工资的;平常请假是不会准的,婚丧喜事,也有限制,过了限期,就要斥退。他们有了病,自己去调养,又不如欧美有疾病保险,可以免生活费的痛苦(外国工场中,常有工人自己工场的疾病保险,工人有病,可以领保险费去作医药费)。而中国工场没有,且在工场请病假,须要经理和工头验明,不像欧美只凭医生记书的。此外尚有因公得病的,而在工场中,完全没有保障的。

四,死丧问题 所谓死丧问题,就是指工人因公而死的;个人病死,当然和工厂无关。因公而死的如在机器上操作致死,论理应该有抚恤的,然而在中国工厂,那是不负责任的,工厂里好像挂了"性命危险,各自留心"的牌子似的。工人因公死了,必要其家族出来证明和要求,才有抚恤金。某工厂工人在升降机内,那上面的绳子是有十多年老了,工厂里也不去修理的,在第一层滑铁炉时,绳子忽然断了,工人也都跌死了,而每人只抚恤五百钱！我在汉阳,亲见同时死七八个工人在煤矿中,可谓因公而死的,后来抚恤金,每人止十块洋钱！此种例非常之多,工场愈大,黑暗愈甚。汉阳工厂,工人因公而死的,普通抚恤金是每人二十串钱；开滦工场是三十块；上海简直无一钱！

五,人格问题　人格问题,和上面种种都有关系的。有不正当的风气,使工场女工趋向于娼妓行为。纺织工场里女工喜修饰,其原因即媚工头,为工头所侮辱,可以少作工多得工资。无论上海、汉口工厂里都是年轻人作轻便的事,不以勤惰为标准；而以娼妓关系去定好坏,这都是人格问题。工厂中常常发现人命案件,也都是不注意人格问题。

（4）中国儿童劳动问题的现状　以上讲过妇女劳动问题,现在讲儿童劳动问题的状况。中国没有儿童劳动统计,所以只能够简单的讲讲。在旧工业下的,大概农业工作及家庭工作为多,工作轻小,无问题发生。此外为艺徒,各行都有,不论什么事都做,时间毫无限制,而且打骂无常,时有逃师的。逃出之后,无所依归,只有两条出路：(A) 乞丐,(B) 为人拐骗贩卖。可见旧工业下的儿童劳动,实有改良的必要。至于新工业下,分两大类：(A) 工人　儿童作工,同男女成人的时间一样。工资,比女工还要少；普通每天一角到八分。年龄,大概都是十四岁以下,低额几乎无限制。不过中国这种童工尚不多,比较纱厂中最占多数,每天作工十五小时,月薪至多五元,工资所以少的原因,第一因为男女工人太多,儿童无立足余地,第二因为儿童顽皮,不容易管理。(B) 搬夫　此类比较作工的要多；如拉车子的都是。他们赚钱很少,除掉车费、修理费、税项外,每天最多不过得到七八百钱,愈是小孩愈是苦；因为人都不愿意坐他的车子,结果,车价低落,不足生活,只有去讨饭。怎样能使之不受痛苦,于是儿童劳动问题发生了。上海工厂已实行取缔,然实效很少。还有一层,应该要注意的,就是我们以为取缔童工是对于他们很有益的,其实不然；他们不但不感谢你反而要反对的。譬如怡和洋行不收童工了,他们底父母都去要求洋行仍旧招收童工,这是什么道理呢？因为他们实在养不活小孩子,要

是不招收了,只有去做再苦的工作——拉车子——或竟没有法子去做讨饭,所以我们要救济他们,不能一味禁止,要有方法使他们不发生生活问题才是。

(5)妇女劳动问题统计　现在中国工业制不完善,统计人数很少;而分别男女的尤少。现在不过就可考者写出为一参考;若说如何确法,也不敢说。

现在只有新工业下的,——即工厂中的,略有统计;至于旧工业下的,完全不得而知;所以我只能把新工业方面的一些统计,列表出来:

第一表——工厂中男女工人比较表

年别＼姓别	男　工	百　分　比	女　工	百　分　比
元	421 304	63.9%	239 790	36.1%
二	413 304	66%	212 586	34%
三	391 126	62.8%	233 398	37%
四	403 448	62%	245 079	38%
五	334 152	58%	231 103	42%

(注)上表是据民国五年来的调查所得;于此,可知结果是女工日加,男工日减。

第二表——各省男女工人比较表(所列人数以在三千以上者为限)

| 省别 | 人　数 | | | | 工　资 | | | |
| | | | | | 男 | | 女 | |
	男工	百分比	女工	百分比	最多	最少	最多	最少
直隶	39 339	91.7%	3 515	8.3%	$0.29	$0.14	$0.09	$0.07
江苏	44 266	30.5%	100 594	69.5%	$0.53	$0.23	$0.35	$0.28
安徽	11 080	40.5%	16 204	59.5%	$0.24	$0.16	$0.21	$0.16
江西	36 197	62%	22 309	38%	$0.25	$0.15	$0.15	$0.09
福建	17 202	83.6%	3 434	16.4%	$0.37	$0.21	$0.22	$0.12
浙江	53 263	67%	25 902	33%	$0.28	$0.17	$0.24	$0.14
湖北	22 992	76.5%	9 083	23.5%	$0.32	$0.15	$0—	$0.12
广东	16 146	27.5%	42 255	72.5%	$0.46	$0.23	$0.22	$0.14

第三表——各业男女工人比较表（民四农商统计）

业别 \ 性别	男 工	百分比	女 工	百分比	总 数
油	1 204 310	92	146 073	8	1 350 383
酒	748 052	96.9	23 792	3.1	771 844
糖	913 139	97.9	19 899	2.1	933 038
茶叶	281 660	82	63 765	18	345 425
淀粉	913 468	80	122 220	20	1 035 688
罐头食物	88 333	93	7 300	7	95 633
丝织	122 489	69	56 247	31	178 736
棉织	1 157 944	55	954 848	45	2 112 792
麻织	80 291	60	120 196	40	200 487
毛织	56 470	98	1 478	2	57 948
丝棉交织	3 482	46	4 045	54	7 527
编物	24 401	41	35 058	59	59 459
胰皂	11 267	80	2 618	20	13 885
蜡烛	151 984	95	7 968	5	159 952
漆	26 904	97	768	3	27 672
蜡	25 801	92	2 185	8	27 986
靛青	621 156	43	21 627	57	142 783
火柴	77 412	84	14 273	16	91 685
玻璃	3 166	96	124	4	3 290
砖瓦	686 767	98	17 970	2	104 737
薄荷及樟脑	887	89	700	11	987
纸	274 987	92	23 551	8	278 538
皮革	199 385	98	2 339	2	261 724
化妆品	5 176	82	1 166	18	6 342
工业用药品	13 709	99.5	152	0.5	13 861
陶瓷	509 155	93	38 891	7	548 046
漆	107 656	98	2 449	2	110 105

（续表）

性别\业别	男 工	百分比	女 工	百分比	总 数
五金制器	384 676	97	11 039	3	395 715
眼镜	2 278	99	19	1	2 297
钟表	1 240	100	0	0	1 240
雕琢器	53 619	99	626	1	54 245
杂工	741 113	65	400 808	35	1 141 921
总数	7 980 000	80%	2 102 006	20%	10 082 000

第四表——各类新工业男女工人统计（民五）

性别\类别	男 工	百分比	女 工	百分比	总 数
织染	114 813	42	162 496	58	277 309
机械及器具	25 821	98.7	275	1.3	26 096
化学工业	96 781	87.5	13 718	12.5	110 505
饮食物	70 626	57.5	51 782	42.5	122 408
杂工	24 968	90	2 812	10	27 780
特别（电灯自来水）	1 137	98	20	2	1 150
中央直辖（兵工）	23 605	99.5	109	0.5	23 712
总数	334 152	58%	231 103	42%	565 255

政府近鉴年幼工人，从事工作，戕害身体，特发布年幼工人条例。现经上海工界调查年幼工人之现在确数，如下：

第五表——上海幼工统计

公司	国籍	职工总计	年幼工
发电所	工部局	一二〇〇	—
祥泰木行	英	七〇〇	—
美纶公司	美	六〇〇	—
怡和冷藏	英	一〇〇	—

(续表)

公　　司	国　　籍	职工总计	年幼工
上海纺织	日	四〇〇	六五〇
三新纺织	华	五〇〇	八五〇
振华纺织	华	八〇〇	一二〇
永安纺织	华	一五〇〇	四二五
纬通纺织	华	一〇〇〇	一八〇
厚生纺织	华	二〇〇〇	三二五
恒大纱厂	华	一二〇〇	二〇一
恒丰纺织	华	三〇〇〇	五〇〇
怡和纺织	英	五〇〇〇	八五〇
杨树浦纺织	英	四〇〇〇	六五〇
老公茂纺织	英	三〇〇〇	五〇〇
东方纺织	英	三〇〇〇	五〇〇
总计		三七〇〇〇	五 七五〇

上表中之年幼工人,在本国公司工作者一千七百五十人,在英四公司者二千五百人,在日一公司者六百五十人。此等年幼工人,约当杨树浦纱厂工人总数六分之一。在苏西亚圣德公司者,月得工资五元,一周须工作十五小时。

(若以六分之一为比例,则全国新工业中之幼工约在十万人左右。全国新旧工业合计当为一百七十余万人,其在家庭工业及农业与学校者不在内,其数亦可惊矣。)

第二章参考书:

一, Adams and Summer: Labor Problems, Chap. Ⅱ.

二, Carl Marx: Capital, Vol. Ⅰ.

三, Hutchins and Harrison: A History of Factory Legislation, Chap. Ⅰ, Ⅱ, Ⅲ.

四, Commons and Andrews: Principles of Labor Legislation, Chap. Ⅶ, pp.305–320.

五, 马鸣颚译《妇女劳动问题》

第三章 血汗制

第一节 血汗制之意义与范围

在五四运动以后，有许多人讨论血汗制，可是没有什么结果。血汗制是在工业进步工厂比较之国中的最无人道的寄生业。英文名Sweating System，中文翻为血汗制，意思还算不坏，有的叫做绞汗制的。

在欧美，一般人对于强壮的工人以为没有什么问题，不必去代愁的，因为他们一来就要反抗，势力很大，就是资本家也要向他低头的，所以他们是自己可以打江山的；我们所要救济的是一般妇女和儿童的劳动者，和在血汗制下过活的劳动者。

血汗制最初发生的于十九世纪初叶，英国政府所设的军服工厂。他们不用招工人到厂里去作工，用包工制的；把所有军服用投标方法，招工头去收领，那一个工头价值最便宜，就叫他去做；或是分给几个工头领去，每人各领几千件。工头们大家投标竞争，能够得到工厂同意的价值，就和工厂订合同（contract）；订合同的人，就叫contractor。他领收了衣服和靴鞋等，譬如衣服每件十元的，他自己下来不是自己去做的，再招人投标，分散出去，那个的价钱能够得他同意的就和他订合同，这个人叫做second contractor，第二订合同者。第二订合同者领收去价钱，自然不能仍旧每件十元了，否则，第一合同者，何必烦扰自己，白费手脚？所以他只能得到九元，那一元就是第一合同者所剩的。第二合同者既包下了许多衣服，自己也不做的，他于是再招投标，那自然必须要再改少至八元一件，这样下去，竟自七元、六元而至于五元的。经过一次的投标，中间人得了一次余利，就相差的一元。这个差，每次由中间人拿去的，都是工人血汗的结晶。这样的制度，就叫血汗制。血汗制也有叫绞汗制的，因为工人的血汗，被中间人绞去了。好像一把手巾，你绞一下，挤出一些水（这个水，就是工人的血汗），这样我一挤，你一挤，挤得手巾上水量很少，所有显润的水，都被人挤去了。

最初血汗制不过是政府和工头的合同,后来社会上人看见很有利可图,可不劳而发财;于是成衣店也不开了,只要分发出去做好了;工厂也停止了,不必叫工人在厂里了。最初还不过是成衣店实行了血汗制,因为做衣服不是专门事业,不论什么人家的女子等,都能做的,所以实行很容易;那专门的行业,像木匠等,也没有行血汗制的。到了十九世纪中叶机器渐渐的发明,大工厂里的工人,因为工厂用了机器,都失业了。在大城之中,人口稠密,谋生更难,于是一般失业者,只要有地方可吃饭,不论什么工作时间的长短,工资的多少,都愿屈身去做事,于是一般人以为有利可图了,乘机实行血汗制,把工作给他们做,自己坐收不劳而获的渔利。同时,无论什么行业,都看见这条发财的路非常好走,也相率而去;于是血汗制,遍行于各业中了。

中国和外国的情形又是不同的。欧美的大工厂不是这样黑暗的,他们有劳动规则,有法律上的地位;不过在暗底里的工厂,不挂招牌的,才有十分虐待工人的,实行血汗制的。所以一般的人,也都承认血汗制是不人道,不应实行的,对那实行血汗制的工厂加以相当的攻击。中国则不然;所有的工厂,都不受法律的裁制,无论你做什么,都可由你自由;所以血汗制在中国工厂中没有什么限止的。外国的工厂,实行血汗制与否,视那工厂是否受法律保护的。受法律保护的工厂,营业有关,不敢行血汗制,所以它不是行血汗制的工厂;不受法律保护的工厂,都在暗底里作事,所以它是可以,也就是行血汗制的工厂。中国的工厂,都不受法律裁制的,所以也可以说都是行血汗制的工厂。

现在再说血汗制的定义。血汗制的定义有广狭之分:广义的血汗制包括无论那一种的驱使工人用过高速度工作之制度,换句话说,就是没有适当休息的工作,都是广义的血汗制;这样,就在法律之下的工厂,也都是行血汗制的了,今日中外的工厂,也不能免的了。狭义的血汗制,据亨利利革特(美国成衣工人联合会总干事)的定义,说:"在一定时间中,不顾工人的健康和便利,以极少的工资驱使工人作极多工作的制度,是叫血汗制。"在这个定义里,我们可以得到血汗制的三个特点:

(一)工人不能得到适当的工资,仅仅能有糊口的低工资。

(二)时间特长,常有作工二十小时一天的。马克斯曾发现有个工人

一起作了三十六小时工,没有休息片刻。

（三）极不卫生的。工人们底吃饭、作工、睡觉都在一起的,一个房间里的,所以卫生很不讲究。

上面三个特点,是血汗制下的工人一定受到的;还有一个间接的而又最重要的特性,就是：社会上用血汗制出品的有受病危险。因为工人都有病的,把细菌黏贴在出品上;用了这种出品,工人的病就传上了。于是工人的病,满布于用他出品的人间了。

现在我们再看看血汗制的范围。血汗制最普通者在欧美为发出制度和家庭工业二处,因为在发出制度下可以容纳很多的工人,在家庭工业可以随便作工的,他们的作工情形,都是不易使人发现的,不为工厂法之力所及到的,所以黑暗的事情就开始了。但除此——在发出制度和家庭工业制下——以外,还有三个要素,能使血汗制存在的：

（一）人口稠密　无论在什么地方,人口愈稠密,必得要发生二个现象：（A）平民增加,（B）大资本家减少,因为"平民增加"和"大资本家减少"的比例相差很远,所以失业工人就日增,血汗制就容易发生了。在人口稠密的地方因为要饭吃的人过多,所以找事最难;好像到上海去找工作,往往比内地还要难,自然,上海事情很多的,地位也多的很,但不知一个地位,已有二十来个人修补了,要在二十个修补人中夺得这个地位,不是难的很吗？这些没得工作的候补,工作虽没有,饭是要吃的,衣是要穿的,那怎样办呢？于是一般人看见可以利用了,就给他们工作,渔中收利,血汗制就实行了。

（二）包工制　包工制下最容易发生血汗制。在直接制下最多定价里赚些;不过在包工制下,工头们只要说几句话就可以得到十分之一了。不过这不是说不在包工制下不可以实行血汗制,在包工制下的不过容易发生,多一些罢了。

（三）贱价之机器　欧美的大工厂很自重,守法的,但小工厂不然。那些很小的制造家,自己开了一个小工厂,门口不挂招牌的,后门通的,他买了些贱价的机器招些工人在里面做,所以别人都不知道的;倘使被警察发觉了,进来搜查,他就弃了机器,从后门逃了,本来他的机器价钱很便宜的,让他们拿去充公,他自己在别处再去开一个好了。这种情形在欧美常常发现,也是千篇一律的。

上面三个原因,都可以使血汗制存在的,但也不一定要有了这三个要素才能算血汗制的。

在中国,却又不同的。中国人口并不稠密,但血汗制盛行的。这因为我们中国无论什么工作都缺少,不但是城市里的工商业,就是乡村间的农业,也是人多工少;因此,人口虽不稠密,血汗制仍可成立,因为失业者仍旧很多。中国的行血汗制的,不在乎是否是包工制,因为中国工作都发出的,所以就不是包工制,也是血汗制。还有第三个要素——贱价的机器——也一无关系的。中国的工厂不受法律干涉的,不像外国有了黑暗的事情要受警察来干涉的;所以尽不必去买贱价的机器,预备逃走,尽管买很好的机器,那怕法律来干涉他的黑暗事情!因此,在中国不是买贱价机器的工厂也是有血汗制的。

中国本没有什么工厂法,近来政府里虽颁有简单的工厂条件,可是没有人执行,那也和没有相等;现在中国的工业界,除了警察治安法外,再也没有受别种法律的拘束的,但是上述法律中也没有关系血汗制的条例呢。所以正统派经济学家所主张的经济自由,在中国可算达于极点了。在欧美有血汗制的,一般人都看做是工业中的黑暗地狱,这是我们已经讲过了;但在中国,那真遍地都是,所差的不过有些大的,有些小的罢了。在中国,比较的,在租界或通商口岸的大工厂的待遇工人,比较内地的或小工厂的确好些,这是不能一笔抹杀的。

在血汗制下,为什么工人都驯服地去吃苦,不起来罢工反抗呢？那不是一件很奇怪的事吗？其实,这也有理由。那些工头,或是叫他"绞取血汗者",也就是小资本家,他是在自己行业里很有经验的,非常老成的,更是非常精密的,他家里开设工厂,有很大的威风,他可禁止工人们说话,他可使工人们忙得不开交;他自己如虎似的监视着,那个工人敢说一句半句话,偷懒一息,或是思想什么？他们连闲想的时间也没有;他们真是不但不罢工,连罢工的思想也从来没有到过他们的脑子里呢！在欧美六七人的工厂也有罢工的发生,在血汗制下的工人,那是不会有的。最大的原因,他们没有团结的机会。还有一个原因,工头们雇用的工人,大概是妇女、儿童和外国人。有人说:"要没有风潮,不要用二个同国籍的人。"这

真好方法呵！因为国籍不同，言语也不同，工人大家不懂，倘使一个人和工头说了什么，大家以为他也许在我不勤工作罢，于是又拼命的作工了，这样，那里有罢工反抗的可能！这个"不用一团体的人，也不用一国的人作工人"的方法，真是劳工政策的最好方法了。工头们所雇用的妇女和儿童，胆子很小，不敢有所反抗；外国人因言语不通，更是不能反抗，所以他们很能够安安稳稳的过去，没有罢工的事情。

第二节　血汗制之原因

平常大家以为血汗制之原因，都归罪于居间人，绞取血汗者；但这是倒果为因了。居间人本身原也是堕落的工人，自从工业革命以后，也因此而变为失业的工人，不过他们比一般失业工人有些本领，所以能够联合其余失业的工人来拼命去反抗大工厂。至于他们道德上的好坏，那是另一问题。总之，他们也是失业工人的一分子，比较的有本领的工人。还有居间人是绞取别人的血汗的，渔中取利的，这果然不差；自然的，照表面上看起来，一方面和工厂订合同，一方面叫别人去做，自己一些也不做工，反而得到钱的，其实，他们也费了许多苦心的，也是必须要有很深的经验的。我们晓得没有工人，一些事也做不成的，但要有工人，那必须要靠工头调度得当的，工头们的支配工人和调度工人实是很劳苦的事。还有，在旧时那些工人，一定先要做学徒，从有专门技能的人（就是后来的工头）为师父，得了证书，请了客，才能做生意，这不是麻烦的很吗？血汗制发生了后，工头们想了一个简便的方法，一个工人只做一样东西，合了许多工人经了许多工人的手，才做成一个整个的东西，所以他可以每个工人只教几句话，工人也只要知道了这几句话，做他一件东西的一部分，这样他不是很便当的收了许多学徒吗？工人们也很便当地学成了吗？这些我们且不讲，总之，我们不要以为血汗制的发生是由于有了居间人，我们要晓得他们也不过是工业革命以后的堕落者，失业的工人；血汗制不是有了居间人才发生的。血汗制发生的真真原因，大约有三：

（一）大多数佣工者缺乏竞争之能力　血汗制发生，直接的由于工业革命以后，机器渐渐进步。工人中，智巧的工人因此更得到优越的地位，一方那用力的工作都用机器代作了。于是人多事少,结果,使工人堕落失业。工人的所以愚钝,不智巧的缘故、原因很多,有的是因不得受教育,有的是天智愚钝的,有的因为是外国人。这些缺乏竞争能力的工人,结果,不能得到地位;为生活所迫,不能不去做迁就的事。那时,就有一般人利用他们不能得到地位,为生活所迫;就压制他们做长时间的工作,给与很少的、仅能糊口的工资。据十九世纪中叶英美专家委员的调查,在血汗制厂作工的都是愚钝的工人;精于技艺的工人,绝少有在血汗制厂作工的,因为他有精密的技能,可以自由选择职业的。

（二）小厂与大厂的竞争　这种竞争,倒也是资本和非资本之争;小工厂的雇主比劳动者自然是要有些资本,但比之资本家那就变成非资本家了。这种竞争,一方以劳力做工具,觉得太忍心,不合理的;但一方以很小很小的资本和大资本家去竞争,那倒也是一件快意的事。大工厂的所以能够存在的大原因,和它所以现在能战胜小工厂,因为它能"多量制造"。可是实际上大工厂制造成本未必较小工厂低廉。譬如大工厂里出品一件东西,成本一元一角,小工厂要一元二角;但是小工厂在血汗制下,可以使工人工资低至仅能糊口,时间则无限止的延长,于是成本就变了九角了。这改少的三角钱完全是由工人身上绞下来的。这样,小工厂于是可和大工厂争一日之短长了。小工厂所雇用的工人,大都是愚钝易欺的,好像妇女儿童和外国工人等,因为这种人,自己技艺不精,没法得到好地位,只好受分包工头的操纵了。中国物价的所以低廉,也都是为了工人工资低廉和作工时间长的缘故。譬如一把椅子,中国的只要二元,美国要美金四元,合中国洋要八元,为什么有六元的相差的大呢？平常以为中国椅子的木料比不过美国的好,但不知中国做椅子的木料就是从美国运来,不但木料一样,中国的木料还要加上运费,成本反大呢！那制造出来的东西为什么又这样的低廉呢？——最大的理由,就是工人作工时间长,工资少。我们常常可以知道,老板自己工资是不算的,一切的儿子妇女在里面作工也不算工资的,所算工资的,不过是雇来的工人;因此,他的出品的价值就很低廉了,能与大工厂相争了。还有大工厂有法律问题的,冬天要火炉的,一切消费很大;但小工厂没有什么法律不法律,一切卫生和保安的问题,都置之不问的,那制造的成本,自然也要低廉了。还有一个

原因,也是使小工厂能够存在的;就是普通的所谓慈善机关间接的帮助小工厂的。我们知道工人为什么在这种很苦的地位不起来反抗,一方是因为工人没有能力,这层上面已经讲过,一方就是有慈善机关佑助他,劝他们不要反抗,使小工厂(血汗制)存在的。这话怎么说呢?欧美的慈善机关自以为是积极的慈善事业,不把金钱分给无职业的游民的,必定要有证明你每日有四小时的工作,而不能维持生活的,才可有赐与慈善的可能,到机关里去作工,得到比在小工厂高培的工资。因此,血汗制的小工厂可以利用了,利用工人们在慈善机关内能够得到高倍的工资,自己可以给工人最低的工资,使他们仅仅能够糊口;而工人一方呢,因为慈善机关里一定要有职业的而不能维持生活的人才可允许作工,所以小工厂里工作不能不做的。反转来说,工人在小工厂里不能维持生活,所以到慈善机关里去领些津贴费。这些,慈善机关不是强迫工人,并且津贴他们,叫他们在小工厂里作工吗?不是间接的津贴小工厂,使它存在吗?这真是弄巧成拙,岂是创设慈善机关的本意?

(三)工业的时令性质和工人的雇歇　许多工业有时令的关系,譬如做衣服的,因为衣服有冬夏之分,而一般贫穷的人势不能全年的衣服套套都全的,他们天气热了,把寒衣当了,去做夏衣,天气冷了,把夏衣当了,再去做冬衣,所以每到秋天,做衣服就很忙了。因为有时令的关系,所以有时忙的不了,有时竟空的没事。大工厂的资本富足,所以雇用工人,大都是长期的,因此忙时工人不够用,空的时候给工人吃闲饭,于是工资和别种费用不能不损失了。小工厂,行血汗制的,却不因时令而受损失,反而利用忙时,多招工人,在短时间内制造多量出品,使得极大利益,一到空时,就关了大门,让工人去去,这样那有不赚钱的?还有一个问题,就是他们可以自由雇歇的,要开除就开除,不像在大工厂里有合同的,不可随时开除;所以在小工厂里的工人恐怕今天得罪了雇主,明天就没有饭吃,不能不服从雇主的一切命令在。*Webb-Industrial Democracy*第四百三十三页上有伦敦一爿成衣庄的包工的,常有数百家,仰它鼻息,求得工作的;中国江浙等省的发出制,也有这种现象的。总之,工人能够求得一个工作,已是很感谢那雇主了,那有去论工资、时间?所以自由雇歇,也是造成血汗制的大原因。

上面三个原因,失业工人的众多,小工厂和大工厂的相竞争,和工业的时令性质和工人的雇歇,仍不过是表面上的,总结一句话,"血汗制是由于资本主义发生的",这句话 Hobson-Evolution of Capitalism 在一百三十四页上已经说过了。血汗制是由于资本主义发生的,为什么呢？我们要知道大多数的工人为什么得不到地位而致失业,这是完全因为资本家一天到晚想钱,不管工人的困难,各地租的昂贵,生活费的增加,资本家是不管的。所以资本主义造成失业工人,失业工人多了就造成血汗制,那血汗制不就是资本主义所造成的吗？还说,小工厂要和大工厂竞争,因为资本主义下法律是帮助大工厂的,小工厂没得助手,只好实行血汗去奋斗了；所以资本主义造成小工厂和大工厂竞争,它俩的竞争就造成了血汗制；那血汗制不就是资本主义所造成吗？讲到工业的时令性质,以致工人失业,那是国家的问题,国家应负责的,国家应该去调剂忙闲的；这是社会主义者所最得意的政策。有的街上来来往往的有许多乞丐,有的工厂里多了许多工人,那国家就应该设法使他们都有工可做,有饭可吃,或再兴工厂,或创别种事业。工人好像是兵士,政府好像是大将,大将应有调遣兵士使互相适合的责任的。但是在资本主义国家之下,它那里肯负这个责任！它只要不失资本家的欢,管得工人失业不失业,受苦不受苦！所以资本主义造成工作不能调剂,工作不调剂就造成了血汗制；那资本主义不就是造成血汗制吗？现在我们可以总结一句了："血汗制是资本主义下的特产！"

第三节　血汗制之种类

因工作地点和组织的不同,血汗制约可分为三类：

（一）以家人为助的家庭工作　这类工作在自己家里,以寝室为工作室,家人为助手的,这是纯粹的家庭工业。家长就是包工头,由制造家或批发商供给原料,包工头拿到家里工作的。这类资本最小,也最不卫生,虽是作工的都是家人,没有阶级的分别,但它的愁惨污浊也不亚于其他的血汗制。在一种制度之下,我们常痛恨工头；其实一切的资本家、工头、工人,都是一样的好像从海洋里冲来的；父亲儿子作工,明知不对,但不

作工又怎样呢？所以一切的制度，不是人的关系，乃是社会势力所致，我们要打破某种制度，非打破现社会不兴！

（二）雇用工人的家庭工作　包工的，在家庭工作外，同时也雇用其他工人帮助作工的，这种工作事实上与工厂一样了，所不同的，不过是这种工作的作工和睡觉在一间房里的。这类是血汗制工厂中的最普通的，中国的洋服店、皮鞋店和钱作间等都属于这类的。绞取血汗的就是店东或包工头，他对于本业的技能很是精密的，往往兼师长和工头的地位，所以能够支配工作，指挥工人。南京在花牌楼那里，也有这类的皮鞋店的，晚上八九点钟时候去看，他们还在作工，每天大约要有十四小时的作工。自然，他们卫生是讲不到的。不但工作和睡觉在一室，吃饭也是在一室的，总之，无论什么事，都要在这间房子里做。五六人以至十六七人在一间不通风的斗室中作工，空气污浊，传染疾病的微生物，满布空中，它的危险，也可想而知了。欧美抵制血汗制的法律大都是对这类而设的。

（三）工作间或小工厂　工作间和小工厂是专为实行血汗制而设立的。它的地点，大概在不宜人居的牛棚或背屋，也有在屋顶上和屋底下的。这类工厂比较上资本最大，也有用机器的，大的用电力汽力或煤气为原动力。工作间的规模愈大，工人也愈多，工人愈多，雇主愈专力于监督，以最大能的速度做最长可能时间的工作。在表面上看起来，倒像是一个新式工厂，实际上，不卫生不人道，和上面的血汗制一而二，二而一。它的工资都是计件制，可是定的非常低廉，倘使没有极力至速的工作，实难有糊口的可能呢！

第四节　英美之血汗制与劳动法

英美各国的血汗制，在劳动问题中是一个很重要的问题，除了妇女和儿童劳动问题外，就是血汗制最为人们注重了。现在把英美的血汗制和劳动法讲一讲：

（一）英国的血汗制和劳动法　"血汗制是资本主义的特产"，这是我们已经讲过了；所以它的最早的出产地，当然是在世界上资本主义先进的英国了。十九世纪时,血汗制已是发生了。那时英国自从工业革命后,新工厂日益增加,政府专力于属地的扩张,得到澳洲领土;资本家则努力制造出品,想去独霸国际贸易的市场;因此,工人的失业和堕落,一切被压迫的痛苦,社会上无暇顾及了。到了十九世纪过了一半的时候,一九六四年,才有人觉到工人的痛苦,代为呼吁,议会才有保护工人健康与安全的议案通过。不过这个议案,是空空洞洞的,仅说工厂应该注意清洁和流通空气,详细的办法,仍由工厂自己去定的,那末,它的效力也可想而知。你说工厂里应该要清洁的;但是倘使有个工厂,一间房子里住了二十个人,他却说这样也很清洁,空气也很流通,那你有什么办法呢?这个议案,仅仅是一句空话,没有实行的后盾的。到了一八六七年,有个补充案,才有禁止儿童和妇女在磨切玻璃的工作间里吃饭,和在广轮灰尘的地方须用机械风扇的规定。一八七八年时,因为大家觉得白铅性质很毒,儿童和青年作这类工作很不人道的,所以有了禁止儿童和青年在白铅厂或类似的厂里工作的条文。但同时那血汗制就因此发生了。一八七八年的议案只应用于大工厂,小工厂却不受节制的;因为法律不去禁止,反而使它得到很好的保护了。小工厂为什么不受禁止呢?因为当时放任派在政治上得了势力,主张经济自由,极少主张干涉的;所以上面的议案,对于小雇主和家庭工业特别除外,凡关于清洁免除恶臭和禁止居人过多的条文,小工厂都可置之不问的。这种优待小雇主和家庭工业的立法态度,实是奖进血汗制的原动力。可是社会上反对血汗制的呼声,在一八五〇年已经有金斯来的一篇很重要的论文——贱衣和污秽——了。他说衣服是便宜的,不过衣服背后有许多不卫生的东西,使你"得不偿失"的。他攻击不卫生的小工厂很利害,可惜竟没有人去注意。直到三十四年后,一八八四年,才有第二次的呼号;因为东伦敦侨工人数增加,血汗制的黑暗,社会上渐渐注意了,而衣鞋钉和花边各业为最黑暗。议会对于小工厂和家庭工业的工作情形也渐渐注意,指定调查委员会到东伦敦逐户去检查,其中共有小工厂一千四百七十八所,不合卫生的必须要改良的,竟有九百零七所之多,占有百分之六十,那也很可惊骇的!因此,以后每年有调查一次。一八八七年总检查员复详陈血汗制的弊害,下一年,上议院也组织了调查血汗制委员会,发现血汗制的种种不良现状,因此扩大工厂法

的范围,包括不用动身的工厂和家庭工作,同不用儿童和妇女的工厂,同时又通过了许多议案。一八九一年和一九〇一年的议案,凡是雇用厂外工人的雇主,须要将全体工人的名单和住址呈交工厂所在地的市政会,再由该会转交工人所在地的市政会,使可以随时调查工人的状况,倘使有不合的情形,或是生活太苦了,那也可叫工厂增高工资,于是工厂要负工作情形的全责了。

对于血汗制补救的方法有二:(A)卫生方面的,(B)工资方面的。以前社会上人提倡工人卫生的改善,表面上好像是为工人;实际上的原因是为了于社会上人的性命问题有关,恐怕工人不卫生,把传染病传布开来,累害全社会人民的生命,所以不能不提倡工人卫生,务使传染病的发源地失了根据;警察为了保全社会全体安宁起见(社会上有了传染病,不是要秩序混乱吗?),也不能不干涉工厂,叫他们设法改善工人卫生了。工资问题也是这样发生的。后来,人们觉得单单改善工人卫生,是不彻底的,工人工资仍少,没有方法只能暗地里做更不卫生的工作,其遗害于社会仍是不减于前;所以要工人真真的能够卫生,不能不加增工资。在一九〇一年以前,可算是提倡工人卫生问题时代;一九〇四年以后是鼓吹提高工人工资时代。那时差不多有二个大招牌:一个是"每日作工八小时",一个是"规定最低工资";可是被欧战发生了各人无暇顾此,就搁了下来;否则,也许早已实行八小时和规定最低工资了。最低工资的规定,最先在纽稀兰(一八九四年)发现,那时的资本家反对的很,以为这是干涉经济自由了。在法律上有自由权的人,互相订立合同,别人不能干涉的,譬如我雇用一个人,每星期给他五元,只要他同意,别人是不能干涉的;又好像我家里用个女仆,讲好了每月二块钱,忽儿有个警察来干涉,说你用女仆必得要三元一个月才行,否则不准用,那不是很奇怪吗?但是工资委员会定要干涉的,无论什么行业,它有规定最低工资的权力,譬如这行业至少要多少工资,那行业至少多少工资……都由它规定的。这种规定最低工资制度最先干涉血汗制的工厂,以后渐渐推广出去。它规定最低工资方法是用统计各方工人生活情形,计算工人每月至少需要费用以规定的。但是规定最低工资额,很有人反对,他们以为:(一)规定了最低工资,好的和坏的工人没有分别了,那不是大家都要用好的工人不用坏的了吗？譬如用个扫地的人，最低工资额是六十元，那我当然拣个平常值六十元一月的伶巧的工人，不愿去用那些平常只值四十元或二十元一月的愚钝的工人了。这样，规定了最低工资，不是使愚钝的工人失业吗？（二）规定了最低工资，工厂里所有工资在最低额以下的工人都要加价了，不是要吃亏了吗？无利可图了吗？关门停止营业了吗？（三）社会上的物价，因为工资大了，他制造出的物件，当然也要增加了。上面三个反对规定最低工资的理由，粗看好像都很对的；但是仔细一想，或是看看社会上实在的情形，那就觉得这三个理由，一个也不对的。工资的提高，是随了生活程度的；原来工资有六十元一月的，到了那时那原来二十元一月的现在加到六十元一月了，他也一定不会再拿六十元一月，要增上去了；纵使他的工资不加，坏的工人也不会因技术拙劣而被弃，因为工业渐渐发达，不能不用多量的工人，那技术拙劣些的工人也只好要用了。所以他们第一个理由是不成问题的。工厂也不会因规定工资最低额而致无利可图，甚至关门停止营业的，因为它实在利息很好，稍些增加一些工资，打什么紧。社会上也会受物价腾贵的影响的，为了有小工厂和大工厂互相竞争，不能不减价，那能再加价呢？这样，反对规定最低工资额的理由，不是完全不能存立吗？

最初，创立工资委员会以议定工人工资的，要算澳洲的英国属地维多利亚（一八九六年）。英国看见他们成绩很好，所以也照了它实行起来。在一八九五年的议案中规定雇主须把他厂外工人的工资和工作情形报告给市政府，已渐渐注重工资了。一九〇〇年有工资局的议案，专规定最低工资的没有通过。到了一九〇九年才通过工资委员会的议案。这委员会有规定各业最低工资的权力，倘使它以为这业工资过低不能维持工人生活的，可规定增加工资；但是国会可以修改的。规定最低工资额最初行于最受血汗制痛苦的成衣、纸盒、花边和链索四业，所雇工人，共有约二十五万人。一九一三年因施行后，成效大著，更加入糖果、保藏食物、衬衣和铁器（如铁壶之类）四业，雇工大约有十五万人。那时，差不多所有在血汗制下的行业都包括在内了。第二年欧战发生，经济非常困难，虽有人反对规定工资最低额的，但事实上最低工资的标准，仍旧能够维持，不跌下去，并且成衣业工资委员会还增加该业女工的最低工

资呢。

工资最低额的规定,最早行于血汗制方面的工厂,后来大家觉得这个办法很好,所以所有的工厂都有工资最低额的规定了。这原是一个补救的办法,却造了工人不少的幸福;好像一个治病法,后来竟觉得它是一个卫生方法一样。

最低工资律由血汗制而普及于全工业的,澳洲最早。在英国,一九一二年因煤业工人大罢工,全英受到极大的影响,不能不允许设立规定最低工资额和其他工作条件的委员会。一九一四年乔治首相提议设立土地委员会,根据生活需要,规定农业劳动的最低工资,但没有实行;不过当时社会上无论是保守党和放任派学者都表示同情于最低工资律了。法兰西在一九一五年七月,也有为某种成衣业的女工规定最低工资了。

(二)美国的血汗制和劳动法　美国的血汗制和英国也有些不同:英国最初在血汗制下工作的都是英人,后来渐渐有东方人去替受苦;美国是在血汗制下受苦的都是外来工人——侨民。美国血汗制最初发生,也在成衣业。纽约成衣业最初是英吉利和苏格兰人盘据的,一八五〇年忽为爱尔兰人所夺。后来又被德人所夺。那时侨民大增,血汗制也应运而生。美国雇用工人,终是以关系最密切的先许入国,他们倘使需要工人了,才许与他们关系最密切的人种到国内;否则,在不需要的时候禁止工人登岸的。一八八五年时,工人很缺乏,因此匈加利人、德人、奥犹太人、俄犹太人、波兰犹太人、意大利人,都蜂拥而入;最后中国也进去了。他们,外来的人,大概对于本业都很有经验的,所以第一个人占据了中心点,第二个人来了和他相夺,不能以技能相竞争,因为他的技能也不差的,所以要竞争不能不"减价"了。一八九〇年犹太人就夺得纽约城成衣业的重心点,把别种人都打倒了;就是现在他们仍旧有很大的势力。这样的互相竞争,工资日渐减少,作工反日渐增加,于是血汗制就发生了!

要知道美国成衣业的血汗制,不可不先知道美国成衣业的进化史。大约,成衣业的进化史,可分为四阶级:

(A)专门裁缝　专门裁缝有专门技能的,他一人独自量身制衣,包做全衣工作的,有时也雇人帮助的。这种人很自由的,生活也很安适。

（B）家庭工作　家庭工作和专门裁缝也有些不同,后者是一个包做全套衣服,前者是分工制造的;所以能力差些的工人,也可在家庭里工作。工作情形也不很坏,没有什么压迫的。

（C）工作限额制　工作限额制是美国成衣业血汗制的起源,约在一八七七年发生于纽约,工作最有成绩,但也最为残酷。它有二个特性:(1)规定理想工作标准量　工头先预料一件衣大约多少时候可以做完,就限定在限定时间一定要做完,否则,不给工钱。而且规定理想工作标准量,一天一天增高的;譬如一件东西起初限定三小时要做完的,工人在三小时做完了,工头想也许三小时的规定太宽吧,也许二小时半就可以做完了,因此又规定二小时半做理想标准量了。工人们既受规定了,恐怕不能得到工钱,所以竭力的赶,在二小时半内做完了;工头又想也许二小时半的规定还太宽吧,也许二小时就可以做完了,因此又规定二小时为理想标准量了。最初一天的工作,就是在二天内做完也可以的;可是有了这个规定就不兴了,计算从前五天的工作现在要在三天内做完了。这样的增高工作理想标准,于是使工人们都疲劳不堪,终至于病。(2)分群制衣　第二个特点,是分群制衣,使各群各负专责。譬如有二件大衣,工头就把工人分为二群,一群做一件,这样工头就可以看出那一群人比较做得快和好,工人们恐怕做得"慢"了,或是"不好",要被工头减少工资,所以也竭力的向"好"和"快"的路上跑。工人互相竞争的厉害,工头得利愈多。

（D）工厂制　工厂制是最新式最文明的,也有机器的;可是到争不过血汗制的工厂,通行于社会上。

美国血汗制的最普遍的,是男女成衣业和香烟业,他们中间女工大约有百分之四十至百分之八十之多。讲到工人待遇和卫生,既然称血汗制,那当然是不堪的。工作间大抵是矮小黑暗,密不透气的,有的在屋顶上的,有时在马棚顶上或屋后房间里的,窗门大多紧闭,而俄犹太人所居的更其污浊不卫生。在夏天尤热不可耐,因为房间里还有熨斗炉呢。这样的污浊,容易使工人生病,那当然的了。据拍罗克斯当工业委员会的宣言说,各医生的结论在没有受检查的血汗制厂中工作四五年后,一定没有身体健全的人的,工作时间的长,也是很可惊骇的,照一九〇五年统

计,波士顿的工人工作时间约十小时,要算待遇最好的了。纽约则不然,据某工团的书记调查一百二十五工人中,十六人日作十二小时,八人作十四小时,六人作十八小时,其中四人因为单身刚到美国想多储节些钱来寄家,每日竟工作二十小时的。还有人报告说曾经看见有成衣工人一星期中作六天三夜的,也有连作三十六小时工作而不间断的。讲到工资却是少的很,比他业独少,男工每星期约十元,女工约五元。一九〇五年据调查每人每月至少要生活费六十元,但现在男工每星期只有十元,一月共有四十元,女工每星期五元,一月只有二十元,和最低生活费不是差的远吗?在这种情形之工人,实在难以维持的。间接的社会上受了它很大的害处。

美国所以也有补救血汗制的方法,由于工人太不卫生,最初有一次大瘟疫,大家后来知道这次瘟疫的发生地是血汗制,因此大家才注意血汗制,觉得不能不改良了。血汗的改良是为了社会健康,不是为了工人的痛苦,工人的痛苦,不值社会上的注意的!

英国警察权力很大,美国不然,美国人民的自由权了不得的,警察不能有所侵犯的,因此要改进血汗制也比英国稍难。一八八五年,纽约有禁止家庭制造香烟的法律,但是不能通过;他们以为这是妨碍家庭自由的:倘使有了禁止家庭制造香烟的法律,不是要随时到各个家庭里调查吗?否则,那能知道有制造香烟的?但这是和家庭的自由极相抵触,万万不能实行的。

美国威斯康辛州最新,麻省最旧,他们又非常自骄,自以为世界文化中心点,但是凡各种劳动法都由波士顿人竭力鼓吹,首先在麻省通过的。这也有原因,涡文是英国鼓吹劳动法的重要人物,他和他底门徒、党羽,后来在波士顿,所以当地人士受得极大影响,都以首先通过劳动法为得意的。一八九一年麻省通过禁止不卫生场所制造或贩卖衣服的议案;下一年纽约也通过家庭工厂的规则和执照议案。后来,先后通过相仿的规则的有十二州(一九一五年为康乃狄克特、伊利诺、印第安、娜冯利兰、麻省、密切根、米梭里、纽久赛、纽约、渥海渥、锡凡尼亚、威斯康辛等州),内容虽不尽同,它的大要是:

1.所有家庭工厂,须经政府设立的工厂视察员视察,认为可以设立工厂的,才可营业,譬如工厂视察员认定在这间房间里,可以作工的,那吗,除了在这房间,在别间里就不能作工的。所以家庭中非经过工厂视察员指定的地方,不能作工的。

2. 关于消防卫生等条件,如室中空气容量光明清洁通气和平安门等不能违背;倘使不设完备,不能作工的。

3. 有工人病了,而且是传染病,就要禁止工作;直到证明疾病已好全,或无碍卫生的,把室中熏洗了才可恢复工作。

4. 凡是发出间工作的工人底姓名住址,都要记载保存,以便容易检查。

5. 所有出品,当注明制造者的姓名住址,倘有不卫生的情形发现,不但工厂要负责,工人也有责任,这样可使工人注意卫生。

6. 没有受工厂视察员视察过的家庭工厂,不但不许和别个工厂来往,倘使查出有已经视察过的工厂和它来往了,也有同样的受罚。

7. 违背以上规则者,取消护照,不得工作。

但是要实行这个规则,却是非常难的,因为检查员和时间极有限,不能详尽调查的。譬如纽约城一九一五年领照的有一万三千家,倘使每家一天工作二十四小时,每个检查员监视八小时,一天一家就要三个检查员纽约一城就要四万个检查员了;这还是把已领执照的计算,还有要去检查未领执照的,那不是一件大困难的事情吗?波士顿成绩最好,但它的结果不过使衣业工人多徙往纽约城罢了。所以大家说,二十一年的经验,证明工厂检查的困难,无从解决的;因此,一九一三年纽约州仍通过禁止家庭制造的工具和小儿衣服。

美国对于工人卫生因为比较英国有经验,所以成绩好些,可是工人工资方面的,以最低工资律补救血汗制的运动,在美国却很迟,到一九一〇年才发生,这是什么缘故呢?

(A) 鉴于英国工资委员会成绩的优美,非常有益的;觉得不能不也仿效他们了。

(B) 因联邦劳动局调查妇女和儿童工人状况的报告,社会上大家感觉血汗厂工人受工资的影响,痛苦非常;再也不能再延迟规定最低工资额了。

因为上面二个理由，美国人士觉得非有最低工资律不兴了。虽是当时法律上没有规定，其实公共机关已有最低工资额了，譬如一九〇六年加州规定公家雇用的工人，每天工资不得在美金二元以下；麻省、华盛顿等省也有相似的规定；但讲到私人方面的工资，那就很困难了，因为经济自由是人民的特权，无论谁都不能侵犯的，侵犯了经济自由权，就是违背宪法，所以工资的规定，不过是近十三四年来的事。一九〇九年乃白拉斯卡省议会有一个议案，可是没有通过。那个议案是：

  为保护美国之生活标准，维持工人身体及家庭之健康，子女之教育计，请规定成年男女工人之工资，每小时至少二角，每星期九金元，加工之工资为每小时另加五分。

美国各省中第一通过最低工资律的是麻省，一九一一年委任调查委员会，一九一二年，因调查的结果，就成立最低工资律；继麻省而设立最低工资律的，有：加省、科罗拉多、密里梭达、乃白拉斯卡、倭旅共、由塔、华盛顿、威斯康辛等八省。一九一五年奥坎赛斯和坎赛斯两省加入最低工资律，还有调查预备施行这律的有纽约、米切根、倭海倭等省。一九一四年加省更把妇女儿童的最低工资律列入省宪法修正案中，同年倭海倭竟把一切工人的最低工资律列入省宪修正案，可是到了一九一五年还没有实行。

美国的工资律，我们细细研究觉得比英澳好些，它是积极的，实在的，不是空泛的；但它的范围却比英澳窄的多，它是专对于血汗制中的妇女和儿童而设的，血汗制中的男工也不顾及，不列入血汗制中的工人，自然它不管的，它是一部分的，不是全体的，好像英澳那样。但是美国为什么专注重血汗制中的妇女和儿童呢？

  1. 宪法上的限制　宪法上男子有独立权的，他可以自由和人家订约，别人不能干涉的；所以政府方面虽要救济他们，但有宪法上的限制，也没有方法了。

  2. 妇女儿童力不能自卫　社会上大家感觉得妇女和儿童在无论那方面讲，都不能自卫，不能不需要帮助；因此警察有理由可以帮助他们了。

3. 劳动局调查的结果　劳动局调查机关在几十年内所调查的，大抵在妇女方面；所以伊们的生活情形，人家知道的独详，伊们的痛苦，社会上也具有同情。因此，妇女工人很使人注意。

4. 男工不要帮助　在工团里男工，自信用工团的力量，可以得到较高的工资，所以不愿意有最低工资律，而且反对的。他们不要帮助，不要有法律上的规定，他们以为自己争起来比法律上的还要高些呢。他们很凶的，一有罢工，团体结的很坚固的，不达目的不止的，所以他们有了大罢工，调解的终是大总统，而且没有一次敢说那一方错的，因为工人方面自然是非常厉害的，厂主也难弄的，假使说了一方错，简直没法解决的，于是也可以看出男工的厉害，不必要法律上的规定了。

最低工资的标准　什么是最低工资？我们拿什么做标准呢？照工人生活需要而定吧？那末，仅仅得到个人能糊口的也是工人生活；可以勉强维持一家生活的，也是工人生活；再高些，不但能维持一家生活，还可得享有文明社会一分子的正当需要，也是工人生活。工人生活是这样差别的多的：有的生活费还不够，有的一切正当需要都能享有的，他们家里也有图书馆的，藏了许多书籍，我们中国的中等阶级都及不来呢。这样，要定工人生活的标准，不是很难吗？自然，和社会文明程度和普通生活情形有关的。

最低工资的标准，各国不同的。澳洲的定义是："认普通受雇的有文明社会中一分子的正当需要。"这个定义很是宽广的，倘使照这定义讲起来，那人家有留声机工人也应该有的；人家去看影戏，工人也应该看的；我们在学校里上课读书，工人也应该读书的，……这种种需要都要归入生活费里面，那标准不是很优美的吗？照经济学上讲，生活标准是只以衣食住满足为限的；现在的已高出于经济学上的定义了。还有一个人的需要也是不同的，我们以为冬天的皮袍子是不可缺的，但大都工人们却不必穿皮袍子也可安安逸逸过冬；那我们以为一般穷人没有什么例外的需要吗？不是的，他们在新年的时候也须穿件新衣的，他们认为这是免不来的。所以这个正当需要的标准要依照社会上的习惯风俗的。澳洲虽是定了这个标准，这个理想的标准；但所定最低工资，也不过比仅仅维持生活的高一些。男女工资的标准也不同的，男工以维持全家为限，女工则不

过限于一身的需要吧了。这是第一个规定最低工资的标准,一个理想的标准。

第二个规定最低工资标准的是统计的方法,英国实行的。它是"以平均一区域中之工资至该区最良雇主之标准为率"的,譬如有的工资三十元,有的工资七十元的,把它平均起来每人四十五元。这个方法虽然是统计的,但于事实上实不很适用;倘使这区域内恰好有一半工人的工资是三十元,一半工人的工资是七十元,那末这个平均数四十五元才有价值,才算公允,倘使七十元工资的工人很多,那平均数不是要比四十五元高吗?——四十五元一月,假设是工人一月的生活费,现在不是要超过生活费吗?倘使三十元工资的工人居多,那平均数不是要比四十五元少吗?工资不是要比生活费低吗?这样计算工资,实是不兴!这好像十碗水,九碗是黑的,一碗是白的,把它们并起来,那不是差不多完全变了黑的吗?——假使这九碗黑水比做工资很高的工人,生活非常舒服的,一个是工资很少的,那不是一同可以工资很高吗?都超过生活费以上的吗?再譬如有十碗水,九碗是白的,一碗是黑的,把它们并起来,不是仍旧都很淡吗?——假使这九碗白水比做工资很少的工人,生活费也不够的,一个是工资很高的,那不是一同要工资不够生活了吗?经济学上有"大数隋性"的定律,就是少数不能影响多数的,多数可以支配少数的。所以英国在血汗制盛行的地方,大多数工人的工资很少的,有不能维持生活的;因此他们最低工资的标准竟在维持生活费以下,那不是笑话吗?

第三个规定最低工资标准的方法,美国采行的,是预算的方法。他们的方法是介乎理想的和统计的之间,把"正当生活之需要和维持健康及幸福"为标准的。他们先从事调查工人生活的情形,把调查的事实加以研究,看那种费用是应该的、必需的,那种费用是不应该的、不需要的(因为有些是浪费的),造成一个理想的标准。这标准是根据事实的、经济学上的标准,却讲不到文化方面。对于女子的标准是以一个人,独身的,不帮助别人,也不受别人帮助的需要为率的。麻省和倭旅共的调查结果,每星期一女工至少八金元至十金元。一九一五年的工资调查,多数女工所得是介乎两者之间的。现在把两省的最低工资预算列下:

一九一九年　波士顿一自给妇女的每星期预算

膳　　　宿	五.五〇元
衣	一.三五元
洗　　衣	.二〇元
车　　费	.六〇元
报　　纸	.〇八元
教　　堂	.一〇元
观　　剧	.〇九元
游　　览	.一九元
其　　他	.一七元
	八.二八元

一九一二年　同上朴特兰之每年预算

膳　　　宿	三〇〇元
衣	一三〇元
洗　　衣	二五元
车　　费	三〇元
医　　药	一五元
教堂和会费	一〇元
游　　赏	二五元
教育及读书	一〇元
总	五四五元

上表报纸一项,因为每天大约大洋一分星期日有附张等,大概要二分一份,所以每星期一共要八分。看戏每次只要四五分所以一星期也可以看二次。游览内,好像只有一角九分,其实他们可以离本城乘车到五六十里,合中国有二百里的地方去玩了,所以也可大大的游玩一下。但是我们要留心,波士顿地方的工人不能生病,你看他们预算里没有医药费的,倘使生了病将怎样呢? 生在朴特兰地方的工人还有十五元一年的医药费,倒有些福气可以稍些生一下病! 所以预算时,一项也不能漏去的,尤其是医药费;那一个人能不生病? 生了病那能不药而治? 又那能不要医药

费?还有一层:照上面的预算表是假定工人天天有工作,一天不停的;倘使有了意外之事,或是婚丧喜事,或是罢工了,于平常应有储蓄的,但现在一无准备,那能维持呢?上表虽有"其他"一项,但数目这样微少,不是预备不作工的时候用的,乃是在作工时作"其他"用的。

第五节　中国之血汗制及其现状

(一)中外工业的异同　中国血汗制和外国的相比较,很不同的。在外国,血汗制不过是工业中的一部分,有方法可补救的;中国则不然,差不多全体都病了,要医治它非从全体方面着想不可。英美血汗制的所以限于成衣、香烟、面包、花边等业,因为这种行业机器价钱非常便宜,资本少的也可设立,而且因工厂法的规定,大工厂不肯冒险去做不合法的事情,贪小失大;但中国呢,无论那种行业,那个工厂,我们也不必去调查,就可知道都是行血汗制的,血汗制是普遍着中国工业中的。小工厂不必说,他富有冒险精神,不怕有工厂法的干涉,大工厂也是如此,他不必冒险,没有什么工厂法来限止来干涉的,也可安安地去行血汗制,不会贪小失大的;于是大工厂小工厂都一样的自由在中国行着血汗制。英美所以血汗制限于少数工业,如成衣、香烟、面包、花边等,因为这些行业资本不必要多,都靠劳力的,所以很容易行血汗制;中国的工业,完全是靠劳力的,用机器的很少很少,那自然容易实行血汗制了。

(二)普通工厂与家庭工厂之状况　行血汗制的普通工厂与家庭工厂的状况是怎样的我们现在分别来讲:

(1)厂屋与居屋　厂屋大都是租居屋工作的,就是在农商部注册的,什么一个工人应占多少立方尺的空气,什么一间工作应该开多少窗子和种种卫生的设施,也都不管的。江苏工厂有好几千个,可是真真为了要开工厂而建造房屋的,只有十分之一,也许只有百分之五吧了。他们的工厂,就是民房,他们的工作间,就是房间,原来预备住一个人的房间,现在一起住了二十个工人在里面作工,原来四五人住的房间,现在终要三十工人居住了。上海的弄堂房子,门口挂了个招牌,就算在里面开起工厂来了;倘使一不留心,失了火,工人从楼上挤下来,甚至楼梯也坏了,于是就死了许多工人。这些，法律上都没有干涉的，由你去开工厂在屋顶上或地底下，它都不管的。还有平常我们吐痰是应该吐在痰盂里的，但是工厂里却没有痰盂，满地吐痰，让传染病可以繁殖的快些；不过有些就是有痰盂也不用的，像杭州工厂里的痰盂，不大去吐痰，却放洋灯的，因为把洋灯放在痰盂里洋油可以不弄开来了，那不是笑话吗？工厂里还有关于厕所的，那更糟极了，甚至满地都是粪；汉口某工厂有次有日本人要来参观，于是举行大扫除；杭州也是如此，工厂旁边就是厕所，工人在工厂里作工，简直就是嗅厕所里发生来的臭气，那不卫生也可达到极点了！讲到工人的住屋，工厂的房屋尚且是如上述那样的不卫生，也可想而知了。工人住房除上海吴淞某工厂替工人建造的外，其余都是工人在工厂附近随便弄些房子住住的，卫生不卫生是讲不到的。

（2）健康与安全　中国厂屋的不卫生，上面已经说过了，那工人疾病之多，也是意中事；就是预防救急的事宜，也有一些没有的（大厂除外），外国工厂常备的救急药库，中国是少有的，珍贵的很的。因为中国社会的不进步，倒也看不出它的重要，好像是当然的。现在再说些事实。工人在工厂里，生命也很危险的，机器一天到晚的转动，皮带密布了全房间，在从前有辫子的时候，一个不留心，无情的皮带把辫子揪住，把身子吊了起来，在机器里打个转，就结果了一条性命；不单是为了辫子而轧死，就是衣服等东西，也能做你到死路上去的引导者；女子的裙，从前很长的，也因为容易致死，所以现在束的很高了。现在女子的裙子束的都很高，也许学了女工吧；裙束的高了，一方面可以自己走路便利，一方面可以不致闯祸；却是很有益的。外国工厂对于这方面却很注意，有的把铁丝包的；中国则全不注意，所以我们倘使报章上看看，这些事常常有的。化学工厂又常常有什么药品烧了，伤了工人的事发生。升降机的危险，也很厉害，当升降机还在上面的时候，工人很急促的登在下面，自己以为在升降机里了，那司机人又不知底下有人把机放了下来，于是工人们竟压死在底下！工厂里火灾的保险设备，更没有的；照理，一座有楼房的工厂，应该有二个楼梯，以防发生危险时可以有出路，但中国工厂那里有的？照理，保险门不能缺少的，中国的呢，有些也是有的，什么太平门，一直锁着的，锁得十个有九个锈了，一到了有火灾的时候，太平门是没有用处的，要想逃命

还是走别条路的好。因此,前年上海天津有两纱厂被火,女工死的各有百人以上;近来绥远煤矿的被火,死的有几工人;最近浦东更是大火,烧了几千家;可是仍是没多人注意!关于避火的方法,也该有练习的,那才可临时不致昏乱,手足无措致被火烧死。美国威尔斯学校,有次火灾,全体女生都没有一个得生;因此,在学校里也应该练习;倘使起火了,拿些什么东西,怎样走路,……等,这些,在高小时都应该练习的。

(3)时间 关于中国工人作工时间,可分新旧二种,好像读书的也有新旧二种。旧时的读书,晚上也有课的;好像旧工业时工人也做夜工的,那些在血汗制下的工人,日夜都是继续地作工的,就是有的不作夜工的,日间作工时间的多少也由店主或工头命令的,没有一定的,没有限止的。新的读书法,只有日间在规定时间内上课,晚上没有课的(自然,自己也都在自修的),好像新工业制下的工人工作时间有一定的,譬如有每天作工十二小时似的。新工业制下的工人,好像有规定时间,比旧时无限止的工作好些,其实还要苦些!在旧工业时,工人作工时虽无限止,但不过在东家(店主)同在的时候忙一些,他一离开大家又可偷懒,所以虽工作时间很长,却也不甚苦;在新工业制的工人却不然,每天虽是规定十二小时的,但在这十二小时有工头的监视,一些不能偷懒,比前者还吃力呢。这正像在旧时读书时,时间虽无止限,但先生常要去的,他一出去大家又可玩了,所以也不觉吃力;现在却不然,上课时间虽有一定,但因不能偷懒,够吃力了。这又好像一根绳子的结:从前时候,虽有好几个结,但是很松,不害事的;现在虽只一个结,却很紧实,实是一个致命结。

(4)工资 照理论上讲,工资的标准要比生活费多些才是合理;否则,在生活程度以下的是不合理,不人道的,不过中国全体的人,一切生活都没有标准呢。外国人有许多自杀,他是不是没得吃,他们的工资足够供给他生活,但是他为了现在的生活比从前坏了,或是收入比从前少了,就觉得人生无味而自杀了;中国人怎样? 生命不肯轻易牺牲的,无论苦的怎样,竟是没有收入的,甚至去讨饭吃,讨得到,仍可一直维持生命下去,直到讨不到了东西,饿死了,才算完结,在自己知道一定要死的时候,却仍没有自杀的,这也许是中国的好的哲学吧。有些人,他们有财有势,俨然是大少爷,可是后来大少爷却在上海拖东洋车了,但他仍是一无标准,糊里糊涂的下去的。劳动者更是如此。有的人,竟可算一些也没有活的理由了,他竟在十几年的长时间内,一无正当事业,又没正当收入的活了下去;他们有时讨讨饭,或是做几天工,或是寻了不正当的钱,很安稳的活命;这种情形,世界上所没有的,只是中国的特产。所谓做了三年乞丐,皇帝也不想了;虽然,他们在太阳里曝着暖,没了饭去讨,一无心事,何等愉快!还有广东的工人喜欢赌钱,有了钱就去赌,杭州也是如此,常常打麻雀,这倒是浪漫派人物呢。他们有了钱就用,没有钱了,没法只得拼命去做工,——做夜工。我讲上面这些话是要说明中国人生活没有标准的;因为生活没有标准,所以工资也没有标准。在同一阶级里,工资也有很大的差别:有个前清候补老爷,他后来失意了,家里渐渐穷了,所以他的听差不要工钱,只是吃些饭;现在议员老爷的听差的工资那是大的很,北京有些听差,每年有八百元的呢。北京大人先生的汽车夫,在请客的时候,接一次客人就有一块钱,一天接十个不是就要十元,一月又要多少?所以他们阔的阔得很,穷又穷的要命。有钱时瞎用,没钱时叫苦。——终没有一定的生活标准。在外国,每月有收入七十元的家庭,piano是好像免不来的,报哪,书籍哪,……都是必要的;中国呢,一个大学教授,家里也没有piano呢。总之,中国人的生活标准无定,工资也没有一定的标准:都市中的粗工,每月收入由二元至六元,细工(如纺织、机器、印刷等)由八元至十数元,也有些机器匠,每月有数十元工资的。所以在中国要选一个工资标准,却是难事。现在选了一个长沙铅印工人所提出的工人生活表,写在下面:

米	六.〇〇元
煤	一.〇〇元
油盐酱醋	一.〇〇元
菜	一.五〇元
房　　租	三.〇〇元
衣　　服	二.〇〇元
应　　酬	一.〇〇元
每月总数	一五.五〇元

我们要知道长沙生活程度很高,不亚于上海和汉口的,所以十五元半每月要支持三四口一个家庭的也是很苦的了。我还觉得这个标准,不大合于科学:六元的米,要不到一元的油盐酱醋的,一月二元的衣服费是不够的,还有医药没有,不能生病的。这些,都是物质方面的,尚且还不足;何况于文化方面的费用?

我近来找到一个二千五百年前中国农夫最低工资额现在趁便也讲一讲。

有人以为中国农夫生活很优美的,大家非常羡慕他:不知中国的农夫开天辟地以来就很苦的,在《食货志》上有统计农夫每年收支的数目,以一家五口,种百亩田计算;划表如下:

支 出		收 入	
纳税	450	150	担米
食	2 700		每担三十小钱
衣服	1 500	= 4 500	钱
祭祀尝新	300		
共支	4 950	共收	4 500
	−4 500		
少	450		

上表是一家种百亩田计算的,那"种百亩田"不也是很苦的了吗?但就是这样苦了,收入还不够支出,——缺少四百五十钱呢!况且支出项里什么意外的事,婚丧喜事,都没有的;在发生婚丧喜事时,不又是没法想吗?房钱也没有的,这倒因为那时农家房子大都是自己的。

我们再把他支出项合到现在的价钱,每元兑一千八百文计,大约每家每年共支出二元七角;现在怎样?每家每年终要一百八十元,相比不是要比古时,二千五百年前,大了九十倍吗?在这样长的时间内,二千五百年,农夫生活程度只高了九十倍,实是进步的很慢;好像德国因马克价值关系一天涨了三百万倍,就是英国等自从一九一〇年到现在至少也增加到二三十倍,那二千五百年的时间,不是至少也要五千倍吗?

第六节　血汗制之补救

（一）血汗制之影响　在中国血汗制之影响究竟怎样？血汗制在中国是很普遍的，随处都有的，那它的影响是好的，还是坏的？有人以为血汗制对于中国工业界很有益的，中国工业所以还能和外国相争，占得一个地位，全靠血汗制，从工人身上绞出血汗来做工具。但是我们要晓得中国现在还能以血汗制制造出低价物品和外国相争，占得一个地位，倘使外国发现了一个打破你低价物品，就是他们制造的物品也比较你的便宜，那时还有什么法子呢？不在正路上研究进步的方法去相争，却在窄路上取巧苟存，没有不失败的。总之，血汗制工业的影响，不但于身受其祸的工人不利，就是社会的全体，也受他害的：生活憔悴，人种退化；金融停滞，道德堕落，甚至铤而走险，都是劳动者不能维持生活的结果。有人以中国政治的腐败，都归于兵匪，不知兵匪实是实业不振和血汗制的结果呢。

中国血汗制有二个最不好的现象：

1. 中国的工业不求进步的，只是坐食劳力生产的利余。因为不求进步，工业就不能发达，便难和外人竞争；因为工业不能发达，更难和外人竞争，所以压迫工人更利害，扣工人工资愈甚，但因此销场又少（因为中国制造品大都是中国工人们自己买的，现在工资少了，不能不买的少了）。工厂见销场少，更扣工资，以为可以节省些开销，不知你扣工人工资愈凶，销场也愈少，这是一个循环的道理呀！社会上见到工业的凋敝，也竟表同情于资本家的高压工人和扣除工资呢。不知从积极方面去求工业进步，反用高压手段，减少工资，乃是中国工业的自杀的现象呵！

2. 资本家钱越多，劳动者越苦，中国利源越外溢。比方一个资本家，他今年于纱厂行血汗制赚了二十万，这二十万不是从外国赚来的，是由中国劳工身上绞取的，但是他却起码要把一半的钱用到外国去，什么汽车哩，外国绸缎哩，……他自己纱厂里出产的终不会去用，做衣穿的。总之，资本家是从中国劳动者身上绞取的血汗钱用到外国去。劳动者呢，他是买自己厂里的东西的（中国工业出产品，他们却用了一大半），不过为了工业不进步，被资本家剥削，扣工资，生活很苦，所以买东西也少了，因

为劳动者少买了自己工厂的出产,工厂销路减少,工人工资更减少,劳动者愈苦,但工业也越不发达。这又是中国工业自杀的一个现象!

（二）血汗制之补救法　我们既知道血汗制在中国工业上有二个不好的现象,能使中国工业不能在世界上占得一个地位的,那末我们应该怎样想法去补救呢?

（1）法律的防制　英美的工厂卫生和最低工资律,都靠着法律防制血汗制的;不过法律一定后于社会的鼓吹,更其要社会安宁民治发达,才有施行的可能。现在中国一个最低限度的工厂条例还不能实行,其余也可知了;而且这个工厂条例仅仅限于百人以上的工厂,一切小工厂和家庭工业,都能逍遥法外,不受它的干涉,所以这个法律就是实行了,也不过增加血汗制的机会吧了。我们要的工厂法,把现在的扩大起来,兼顾血汗制的工厂,但是这个不能不靠社会的鼓吹的。

一九一三以后,纽约还有血汗制的出品标识律。凡是血汗厂的出品都要加上特别标识。这个方法,现在欧洲也通行了。它有两个作用:第一政府里施行法律可以便利些;第二就是社会上人一个警告,告诉他们这个有特别标识的是不卫生的血汗制厂做出来,用它非常有危险的,换句话说,就是消极的败坏血汗制厂出品销路之作用。但也有困难的,大都血汗厂的出品没有自己标识的,譬如永安公司先施公司等大店里的物品,不是自己做的,不过物品上都有"永安公司监制","先施公司监制"等字样,那么,这些东西哪里制造的呢？大制造公司,好像美国皮鞋公司等,他们的出品,不愿意用人家监制的标识,由人家去出卖的,他们都要自己去卖,情愿分设分公司的;那么,愿替人家做东西,用人家监制的标识的只有血汗厂的了。血汗厂只要有销路就很欢喜了;一般公司也因血汗厂出品价值便宜,也欢喜它了。我们以为血汗厂是何等污秽,好像微生虫在它的物品上爬行似的;但是在那大公司里,我们认为美丽、卫生……的物品,就是血汗厂的出品呀。中国的地毯,又美丽,又鲜明,价值很贵的;有值几千两一条的;但是看看它的出产的那真可怕极了。所以血汗厂出产的东西,加上一个"某某公司监制"我们就没法想了,这实在是防止血汗厂的大困难呵!

在中国要工厂讲卫生,定最低工资律,也不是一件容易的事。中国的社会先不卫生，比工厂差不多，也许有些社会还不及工厂的清洁呢。那我们在污浊的社会里，要工厂卫生，比社会还要进步，那实是不可能的呵。讲到工资，社会上一切的职业工资都非常少的，而且游民又多。在美国，工人虽多，但需要更大，所以工厂不能不听从最低工资律了。中国不然，游民既多，自然可以由工厂自由调换了；而且工厂的工资，总不能比一般社会上的工资高呀。

照上面所说，我们知道要靠法律的防制，先要改造现在的社会，这是何等妙远的事！我们只能竭力鼓吹，但总不是现在的急救法呵！

（2）大工厂制造经济之改良　血汗厂的幸存，实是为了大工厂不能充分利用多量制造经济的结果。照理论上讲，倘使有雄厚的资本和管理得法，一定能够发达的；反之，工资低，成本少的血汗厂一定不能够存在的。现在拿洋钉业来做个例证。在三十年前，我们所用钉子，不都是血汗厂的出品吗？在最近二十年来美国有制钉托辣斯后，制造出许多的种类，售价的低廉（一个铜元，可买几十个钉子），无论那个血汗厂的出品所不可及的；因此，把一切制钉的血汗厂打倒，制钉血汗厂就没有了。但它为什么能够打倒血汗厂呢？因为美国制钉托辣斯的制造钉子，一切都不用工人的，它把原料放在机械里，完全用机械制造，几秒钟里，可以造出无数的钉子。它的售价比原料还便宜，但它又怎能赚钱？因为它规模很大，它还有各种矿产、专利品，所以它在通盘算起来，已赚得不少了。这样，那个血汗厂能够和它竞争呢？除此以外，还像美国皮鞋公司，规模也很大，血汗厂给它打倒的也不少。这是它善用多量制造经济之结果；它一切都用机械制造的，只有在皮上分配原料的时候用人工去划的，因为在一张皮上多划出了一只皮鞋料，就经济多了。美国还有许多大公司都是利用多量制造以打倒血汗厂的。但是要用大工厂制造经济之改良以打倒血汗厂，也有两个困难：第一要科学发达，机械精良，倘使科学不发达的国家，那是不可能的；第二在经济上的，譬如在贫穷的国家里，人民购买力很薄弱，而大工厂制造出多量的物品，人民用不了这许多，不是价值反要低下来吗？所以那科学不发达，人民贫穷的国家，要大工厂多量制造是做不到的。在中国至少要在二十年后，现在还谈不到。

（3）工团之抵制　工人自身的觉悟，能够起来反抗罢工，比较最容易

最有效。工人也可分为两种：

（A）在血汗厂中的工人自己团结起来和工厂反抗　但是在血汗制厂中的工人，大都没有什么思想的，我们上面已讲过，他们连罢工的思想也没时候去想，那能靠他自己能够组织团体来反抗呢？因此有一般热心的工人，自己投身到血汗厂里去，假做非常愚钝，使工头不注意，他就可运动工人起来反抗了。血汗厂工人的团结，大概都是这些的功劳。不过工厂里也防得很严，好像现在中国防止国民党员一样；但终究是没有用的，反抗工厂的仍常常发现呢！

（B）不在血汗厂的工人表同情的想法抵制　凡是用工团工人的工厂的出品，都加以"工团所制"的标识，一切社会上的工人和他底朋友，亲戚，家人都用有"工团所制"的标识的东西，不用没有这种标识的。在美国这种人数大约有几千万，四通八达，各处都有，就是工团至少也有三四千个呢。用"工团所制"的人既这样多，工厂里也乐得用了。一方他们还运动社会上的人表同情，都用"工团所制"的东西；但也有一部分守旧的顽固的人，因为工团的干涉，反不买"工团所制"的东西，而同情无标识出品的工厂。

（4）社会之抵制　照理论讲，某工厂出品优良，我去向它购买，某工厂出品不好，我就不去买，那是可以的；不过要组织团体，强迫团员不去买某工厂的出品，那于法律上是讲不通的。不过习惯上，势力大了，也就可以了；譬如抵制日货一事，法律上不可以的，但人数多了也就没法处置了。社会上人士的反对血汗制的有组织消费社，对于血汗厂出品派代表去调查，以待遇工人的优劣等条件去定好坏。好的列入白籍，大家愿意去买的；坏的列入黑籍，大家相戒不去买。不过有时因为列入黑籍的工厂，以为毁坏名誉要提起诉讼，所以为避免这些麻烦起见，只用白籍，把自己要买的列入吧了。列入白籍的，有什么样的条件呢？

（A）守工厂法

（B）在厂中制造——并不是在家庭工业中制造的

（C）无超过规定时间之工作

（D）无十六岁以下之儿童工人

上面四个抵制血汗厂的方法，在中国最宜用后面两个：（3）工团之抵制；（4）社会之抵制。现在有一般人以为中国现在应该先讲资本主义，使国家富了然后再讲社会主义；另有一般人以为中国幸而没有资本主义，资本主义是社会上的病，现在还没有病，至少病还很轻，应该就要去医了，何必要使它病深了再去医呢，所以主张直接实行社会主义，一些也不要资本主义的发生。不过工业是跟社会情形的，决不能不合社会而能发达的；所以我以为二者在中国社会情形之下应该合并的，相扶而行的，一方不使社会贫困，一方不使资本集中少数人之手。要革中国工业的命，不是把美国式的资本主义搬了来，或是把俄国式的社会主义搬了来就算了事的，我们要适合社会情形，运用各种方法才有益处呢。

第三章参考书：

一，Adams and Summer：Labor Problems，Chap. 4

二，Eneyclopædia Britanica，Vol. I，26, pp.187-188.

三，Webb：Industrial Democracy，p.433.

四，Hutchins and Harrison：A History of Factory Legislation，pp.213-221.

五，Commons and Andrews：Principles of Labor Legislation，pp.336-338；416-418.

六，《新青年》劳动纪念号各地劳动调查

第四章　贫乏与工资及失业问题

第一节　物质进步与劳动境遇

关于贫乏与工资及失业问题，第一点我要讲的，就是物质文明进步和劳动境遇的关系。

自从十七世纪以来，这三百年内物质文明进步得很快；物质文明是增加人类的物质幸福的，所以物质文明进步得越快，人类的物质幸福也应该增加得多些；可是同时我们发现，不但物质幸福在物质文明进步很快的时候，不普及于全人类，反使产生这物质文明的重要分子——劳动

界——的生活日见困难；各国贫民的数目，不但不日渐减少，反而日渐增加。这种景象不是现在才感觉得，在十九世纪时，马尔萨斯亚当斯密司等，都已知道了。因此马尔萨斯的《人口论》，说人口的增加是几何的增加，好像二变四，四变八，八变十六……那样的，物质文明的增加是数学的增加，好像一——二——三——四……那样的，物质文明虽进步得很快，但人口增加得更快；所以十七世纪以来，物质文明虽日渐进步，人类享受物质文明的仍很难得的。他并且推论将来，以为倘使人类没有意外之事，如战争、瘟疫、地震、水没……等，那地球上要有人满之患的。这个学说，于理论上虽不十分靠得住，究竟地球上现在还有许多空地没有用到，但是照事实上讲，却也很不差的。——现在物质文明的确进步的，大多数人类的确受不到物质幸福。

在十九世纪的时候，一般经济学家和社会学家的研究和呼吁的，都是这个劳动界报施不得其平的问题。贫乏问题在经济学中当然是一个重要问题，经济学家自然都要研究的；社会改造家也以贫乏问题为最重要的问题的，因为社会改造家是要造成健全的社会，不使它有病的，可是它现在有极大的病了，那是不能不要设法医的。他们还说社会是有机体；既是有机体要有滋养料去培植的，但现在大部分的人都缺乏滋养料，那能不去设法救济呢？所以在那时，无论是经济学家、社会改革家以及一切关心社会问题的人都尽心尽力的研究这个问题的。

对于这个问题有三种学说：

第一就是偏于马氏《人口论》的悲观论者，他们以为土地有限人口过量为劳动困苦的大原因；而且以为这是自然的现象，不是社会的病，好像天之起风雨似的。约翰密尔（John S. Mill）是经济学家也是慈善家，他说每一新生的人，有两只新的手，一只新的口，但是要那两只新手供给一只新口的工作，则一天难似一天，因为土地是有限的，机会也有限的，但人口是无限的生下来的。他的结论，也和马氏差不多；不过社会上是不是已经一无工作了？没有吃饭的地方吗？那也不见得吧。

一八八〇年亨利乔治著《进步与贫乏》，他以为人类所以贫乏，都是地主的不劳而获的罪恶，因此就主张单一税。社会生产最重要的是三要素——土地、劳工、资本——乔治以为土地最为重要，假使没有土地，无论你有多大的资本也没有用,没有土地,就有精巧伶俐的劳工,也没有用。开工厂要土地的,……甚至做文章也必须要有一块地,放一张桌子,一张椅子……然后可写字。但是在现在社会里要有土地使用权却难得很。国家的抽赋税,都偏重于生产方面,而不注意土地。这种抽赋税法,实是非常不公道的。贫苦的人做一天工,生产多少,它就抽一天产生的税,做二天工,生产多少,它也增加到二天相比的税,总之,劳动者做工愈多,国家抽税也愈多;反之,那些大富翁一天到晚在家里享福,不作工,不生产,却可免去纳税的义务。这样的抽税,不是太不公道吗?换句话说,简直是反对生产,因为谁生产了就要抽税的,这就是限制生产,这不是反对生产吗?所以,倘使一直这样的继续下去,劳动者一天苦一天;同时,在另一方面,那些资本家,倘使在纽约有几块地他可不劳动而获,做社会上的寄生虫,并且他这样的下去,还可把余利更去买地,钱多了更买,……一直可买完全世界的地田,而作恶的程度也相比增加上去。补救的方法,只有实行单一制,中国所谓土地税的;把一切赋税取消,只收土地的税。抽土地税的多少是和地价相比例的,至少要抽四分之一,譬如这块地值一千块钱的,抽它二百五十元的土地税,使地主无利可图,不要土地了,国家乃收为国有,这样才可使贫乏的日渐减少。这种学说,社会主义者拿了一部分去,不过要说贫乏的原因单是土地,那也太简单了。现在劳动界所受痛苦的原因很复杂的,国家制,……甚至婚姻制,都与贫乏有关系的;所以贫乏好像一个脑子,分了许多问题,实是复杂得很的。在社会学上详细的讲这贫乏问题,一年也恐怕讲不完呢。所以乔治的主张,实行单一税,土地收为国有了后,一切都解决了,实在太简单了。

第三种学说是英国近代经济学约翰霍白森,他的学说是介乎激进的社会主义和保守党之间的。他以为近世物质进步所以不能使大多数的劳动者的境遇改善,实因机器和大规模制造的利益,只有高等工匠才能得到一些,至于在血汗制下的工人与普通的劳动者,那是得不到的。我们知道无论那一个,要享用物质上的幸福,必定要把自己的生活费和收入相比较,倘使自己所收入的,比最低生活费高些,那才有享用的希望,相较的收入更多,享用物质的幸福也更多;倘使一个人所收入的生活费还不够或是仅仅能够生活,那也永远不会有享用物质幸福的希望的。这也有三个理由:

（一）现在工人人数很多，大有供过于求之势；所以物价虽减，工资也减少，因此工人就没有享用的机会了。物质文明进步后，物价渐渐减低，工人似可享用些，譬如原是十元一担米的现在因物质文明的进步改至六元一担，那四元不是可享用物质幸福了吗？但是可恶的资本家看到工人十元钱太多了，也改到六元，甚至改到五元五角，使工人再多做些工！这种情形，在血汗制厂中工人最受其害。不过高等工人因为智识较高，团结力较大，有力反抗减少工资的，所以他们的地位比较稳固些，不受竞争的影响，以致不能享用物质文明的幸福。

（二）机器改良是什么意思。不是使少数的生产变成多量的生产吗？不是使人类享用幸福吗？但是现在机器所能多量生产的，不在生活品上，却都是奢侈品和娱乐品。米的生产量可以增加的吗？为了土地的限制，更没有大科学家能使它从春耕秋收变为春耕夏收使它每年生产二次的，生产量增加些。讲到棉花等做衣服的原料，也没有方法使它生产量增加的。讲到建房屋的木头吧，也是不能使它生长得快些的，中国是四千年的老国，而且人数也不能算多，所以木料还不十分缺乏，不致没有做栋梁的大木；但在美国呢，已觉木料的缺乏了，因为木头长的很慢，等到木头长大了，可以用了后，说句笑话，可以做他的棺材了，所以人家常常不喜欢种的。现在美国因为木料恐怕将来要没有，所以开设大公司，做大规模的营业。还有一层，物质越进步，发明愈好，木料等也愈有用处，因此木房子没得造，只好造草房。所以物质文明的进步，对于生活必需品——衣、食、住，——是没有什么影响的，换句话说，物质文明的进步，不能使衣食住也进步，增加数量的。但娱乐品和奢侈品却大有进步，譬如留声机器似的，从前慈禧太后有了一只好像了不得的，贵重得很；但现在呢，价钱便宜得很，栗子店里都有了，人家有的很多了。但是我们要问这种娱乐品和奢侈品和工人们有什么关系呢？他们生活费还不够，那能去享受这些幸福呢？能够享受的，不过是那富人和优俸的高等工人吧了。

（三）要享受一种幸福，不但是享受幸福，无论什么事，总须要有时间；譬如读书哩，吃饭哩……那一件事不要时间的？所以要享受物质文明的幸福，必先要有闲暇的时候。现在社会上有二部分人：一种是收入多，工作时间少，也许每天只有一二小时的工作，因此他可以在闲暇时间——在他大部分的时间——里享受幸福了。另有一种是收入少而工作时间反多的,差不多一天到晚作工的;因此,他作工的很疲倦了,他就是可以享受音乐吧,他底耳朵也听不进了,他可以享受戏剧吧,他底眼睛也张不开了,要睡觉了。这样,他就是可有幸福享受,因他没有暇闲也没法了。所以没有空暇的下等工人,实没有享受物质文明的幸福的;所能享受的不过是少数的高等工人,工资多而工作时间短的。最近罗素在达尔上有篇文章叫《机械主义与暇闲》,他说,现在的人一天到晚讲什么成功、系统、……为社会谋幸福,倘使社会上个个人如此自己牺牲幸福,那结果就失了人心,变成机械化。我们要晓得暇闲时间比作工时间还多,那才是文明进步。我们要改良机器,使在短时间内生产多量物品,同时要增加暇闲时间,使有享受幸福的机会。作工时间一天一天的减少,享福时间一天一天的增加,这才是物质文明的进步,但是现在怎样,完全相反的,大多数的劳动者作工是一天到晚的,暇闲是一天到晚没有的;这样的要想世界进步,真是自己追自己的影子,永远追不到。

霍氏又说不但下等工人讲不到物质文明的享受,就是社会全体也享受不到呢。因为:(一)专利品地位太大了社会受不到它的利益,只有他自己和他底朋友,亲戚们能够享用或是发财。美国现在有二万的专利品,全社会还有享受的希望吗?(二)商业销售之人数增多,所有幸福,都被中间人享受去了。商业愈发达,手续愈繁,中间人也愈多;譬如一样商品,从美国运到中国,到买主手里,要经过多少人的手,经过一次中间人的手就增价一些,那全社会还有享用的希望吗?因为(一),幸福都被资本家享受去;因为(二),幸福都被中间人享受去。全社会呢,不特下等工人,也都不能享受这物质进步的幸福了。

我们既知道劳动生活与物质文明的关系是背道而驰,物质文明愈进步,劳动生活愈苦,那是什么理由呢?最大的是:(一)贫乏,(二)低工资,(三)失业。这三个患难,实是全世界劳动界的洪水猛兽,劳动者的生死关头;倘使这三个问题能够解决,那劳动问题中也没有问题了。现在分别在下面讲讲。

(一)贫乏之意义 贫乏问题是经济学和社会学中的中心问题,因为经济学是要增加社会富裕的,社会学是要使社会健全的,贫乏适得其反,

因之，经济学者和社会学者竭力的研究贫乏问题，使有法以救济之。但是贫乏的意义，究是什么呢？平常人的定贫富标准，终是相比较的。一个足衣足食的人比之坐汽车住洋房的，觉得自己是贫乏者；但是在另一方面，看看那无衣无食的，那自己就变为富翁了。俗语有："他人乘轿我骑马，回头尚有行路人"，也是这个意思。

现在普通有三种解说贫乏的意义：

（A）经济不平等 这完全是比较的，相对的贫乏年进百万的富翁比年进千万的又觉得贫乏了。这是没有什么限度，所谓"不怕钱少，只要一样了才好"的；觉得太没标准吧。一个衣食住富足的人，见了邻居的房屋美丽，出外坐汽车，不禁也心动了，好似自己太贫乏了，这也不能算他贫乏的吧。这种比较的贫乏，我们不认它为贫乏的意义的。

（B）经济依赖 这些人有工作的，或是没有工作的，但无论如何自己不能养活，必须要靠慈善机关资助的。这也是有广义的和狭义的二种，也可以说是自然的和不自然的。广义的，或是自然的经济依赖者，包括依赖父兄丈夫的儿童和妇女；这些人在经济上虽是依赖者，但他自有社会上的价值，不是真的依赖者。譬如妇女在家庭里，伊也有极大的责任来治理家庭，这于社会上很有价值的；虽是伊所做的不是购买的劳力的服务再进一层讲，伊们也是生产的；在从前家庭中各种鞋袜哩，小儿帽子哩，或是修补衣服哩，……都由妇女们去做的，可是现在因为妇女也出去作工了，这些东西，便不能不拿钱去买了，那伊们在家庭里所做的，不也就是生产吗？所以广义的讲，伊们也是经济依赖者，因为伊们不是直接生产的；其实伊们确是社会上的生产者。狭义的经济依赖者是没有代价的，譬如乞丐的向我要钱，我给了他，他没有相当的报酬的；还像监狱里囚犯，给他们白吃饭，……这些都是不自然的。不自然的意思，是为了这些人为什么要人帮助，一方面更没有报酬的。那些贫儿院的和济良所的等，都是很好的人，佢们只有了一个贫乏的资格来要我们救济吧了。

（C）经济不足 指收入不足维持适当生活标准而说的。这些人不像第一种那样的一无标准，也不是像第二种那样的一无经济力的，这是介乎两者之间的。第一种是没有贫乏的标准的，第二种财产是等于零的；这一种比较的有标准，依收入和生活为标准以定贫乏的。他没有堕落到像第二种那样只有贫乏的资格来求人救济,也不像第一种那样只有比较忽贫忽富的。

第三种经济不足的贫乏,关系社会经济最大,因为它包括社会上最勤俭而受饥寒困苦的劳动者,并且在社会上人数占得最多,大约至少有三分之一。我们既知道他人数的众多,关系的重要,但要明确他底意义,却又很难的。怎样是适当的生活标准?那是因时代的不同,人的不同,地点的不同,生活标准也改变的。现今的生活,当然比从前两样了,把从前生活的标准放到现在来,那是张冠李戴,牛头不配马嘴的;同样,在一时代的人,甲的生活和乙的也绝对的不相同的;再,同是一个人,在甲地的生活和在乙地的生活也不同了;所以所谓适当的生活标准,实难确定的。普通有二个标准:(一)理想的标准。以能维持合于一时代文明程度的生活为限的。理想标准的生活是应有尽有的,不特在物质上有能维持个人及其家族经济效率的衣食住;一切防备疾病失业的保险,精神上应有增进教育,享用艺术,参与社交的机会,也须要齐备的。照这个标准,自然是对的;但是现在的时候似乎还太高远,太理想了。(二)第二种是事实的标准,以能维持一阶级平均的物质享用为限的。但是这个标准实在水平线以下的,觉得过低了。

我们知道以上二个标准都不适合的,那又怎样去定它呢?我们要用社会调查的方法,实际去调查生活状况,再加以学理的研究,这样定出来的标准,那才有价值。现在把美国一九〇一年到一九一四年各地根据调查所得家族预算的标准年费,列表在下面,以供参考:

年 号	地 点	调 查 者	家族人数	标准年费
1901	全国	美劳动局	4.88	$699.24
1902	麻省	麻省劳动统计局	4.8	797.83
1904	纽约城	R. Hunter	5.0	624.00
1903—05	纽约城	Louise B. More	5.6	836.25
1908	Fall River. Mass	美劳动局	普通	731.99
1909	纽约城	R.C. Chapin	5.0	825.00
1913	南美	S. Nearing	5.0	700+100
	北美	S. Nearing	5.0	750+100
1914	全美	J.H. Hollander	5.0	825.00

（上表由 Parmelee, Poverty and Social Progress, Chap. V, II 摘编）

上面的标准因为地点的不同，调查者见解的不同，年别的不同，所以很不一致。大约八百二十五元为理想标准，六百元和七百元为普通的标准，六百元以下的，那只能糊口了。七百元加一百元的意思就是在乡村里七百元可够了，倘使在城市里那就要加上一百元一共八百元才兴。

还有，上面的标准，至少在十年以前，照美国从前，在欧战前，每十年生活程度增加百分之二十，欧战后当更快些，那现在至少也要一千金镑以上的生活费了。但是现在工人能拿到八百元的很少很少呢！一九一〇年的人口统计，每年所得工资在六百元以下的工人竟过半数，农夫的收入更少。尼宁统计美国的劳动界至少有三分之二是不能够享受物质文明幸福的，换句话说，都是经济不足的。

（二）英国之贫乏调查　关于贫乏救济的事，最大的任务就是调查，因为倘使我们不知道贫乏的实情，实无从下手救济的；但贫乏虽是普遍的现象，要去调查却又很不容易的，比人口统计还要难呢。人口统计因为人是看得见的，但贫乏是不易测的，不在外表的。我们在街上看见许多人，有的穿得很漂亮，有的穿得不很好，有的穿得很苦；于是我们就认他们是富，平常，贫乏的吗？这是不正确的，衣服不能表显各个人的贫富的，真真的富人，他未必穿那很漂亮的衣服的，有些节俭成富的富翁，自己穿得仍旧很苦的呢；反转来说，一般贫乏者倒常常想有了钱去买件漂亮的衣服穿穿，他们也有全副家产在身上的，身上穿得很漂亮，在街上走起来很阔，家里却饭也没有呢！所以看身上的衣服而定贫富，那是不对的。还有，直接去问他吧，那也靠不住，富人喜说穷话，穷人喜说大话，实在没有办法的。

调查贫乏的情形，实在很难的；所以现在除了英国，别处没有举行过。他们是费了三四年的功夫，专去逐户视察一城或一市的小区的生活状况的。一八八八年有波士（英国贫乏调查的鼻祖）的《伦敦之生活与劳动》（一八九二年出版）。一九〇一年有鸢曲利的《约克贫乏之研究》。一九〇七年有贺渥斯与威尔逊女士的西哈姆调查。一九一二年有鲍来的旅丁调查，和一九一三的劳森顿、屋灵顿和斯旦莱三城的调查。其中以波士、鸢曲利和鲍来的调查最为重要，现在分别把他们各人调查所得的结

果,分述于下:

波士的伦敦贫乏调查,分居民贫富为八等:

A. 游民(完全没有职业的)偶然工作的人和半罪人(半罪人在法律上没有罪,在社会上则认为有罪的人,如狂人等)。

B. 不常得业之人,工资仅能糊口,且时时缺乏的(这些人有工作时,勉强可以糊口,而且身体也很强壮,很愿意做工的;但常常没得工做,一年十二月,能够有工作的只有三四个月,其余时间,不能不仰给于慈善机关的资助。这类为极贫)。

C. 进项无恒者(收入不一定,有时多些,有时少些,一无标准的)。

D. 进项有恒而过低者(收入虽有恒,但不能维持生活的。上两类为贫)。

E. 有恒业普通进项者(这类在贫乏界线之外了)。

F. 高等工匠。

G. 低级中流社会。

H. 高级中流社会。

前四项是贫乏的,后四项是富有的。波士的所谓"贫"的,每星期收入约在十八先令以上二十先令以下之间,合美金三四元,在美国每星期要有十六元才可生活,现在他们只有三四元,要维持一家五口的,那实是很难维持了。他的所谓极贫,收入更在上述范围以下,所以波士的结果,失了过严,实际贫乏,尚不止此。

伦敦人口之贫富分配

	人 数	百 分 数	
A.(最贫)	36 610	0.9	
B.(极贫)	316 834	7.5	30.7%
C.⎫ D.⎭(贫)	938 293	22.3	
E.⎫ F.⎭(以阶级之宽裕者)	2 166 503	51.5	
G.⎫ H.⎭(中流以上之社会)	749 930	17.8	69.3%
	4 209 170	100	
慈善机关留义者	99 830		
伦敦总人口	4 309 000		

波士调查的结果,和当时人口的分配,列表于下:

弯曲利调查约克——五六六家,约占全人口三分之二。他把贫乏分为两种:

A. 头等贫　凡收入不足维持最低的生活效率的。

B. 次等贫　凡收入勉强可维持最低的生活效率的,但倘使把收入一部分用在别处,不论是有益或是无益的,生活就要不能维持的。

他定一家五口以每星期二十一先令八角(约合美金五元二角五分)为生活标准,这实是过少了,他们连乘车、阅报、通信、吸烟、医药……等费也没有,并且不可停一天工,停一天工就挨饿一天,那生活也太没趣了。虽是他底标准和波士的比较起来,好像增高了,但时代的不同,生活程度也与年俱长的,不能不增高。他调查的结果,约克的工人有百分之四三点四是食贫的,占全人口百分之二七点八四;其中头等贫占百分之九点九一,次等贫占百分之一七点九三。

第三个是鲍来,他所调查比较更可靠,一则因为年代很近,距现在不过十年,一则因为他学问上的地位高些,他是当代的大经济学家。他在一九一二年在旅丁为探数的统计调查,发现该地工人百分之二五至三十是在贫乏之境的。一九一三年更在劳森顿、屋灵顿、斯旦莱三城调查,合四城,总计人口百分之十六以上是头等贫乏。他又估计全英的工人,至少有百分之十三是头等贫的。亚旦姆斯则谓英国城市中约有百分之三十是贫乏的,其中有收入因浪费而不足的占百分之九,收入不足维持生活的占百分之二十一。

但是为什么他们都贫乏呢?它的原因是什么?关于贫乏的原因有二:一是远的根本的原因,一是近的。远的原因我们还要在后面详细的讲,这里暂且不说。贫乏的近因。在上面各个人的调查中我们可以看出都是大致相同的。现在先把各人调查,合列一表在下面,以便比较:

以家数计

贫乏近因	约克	旅丁	伦敦
家长死亡	27	14	
年老病	10	11	62.5
家人过多（子女四人以上）	13	20	
业不恒有	3	4	
失业	3	2	22.5
有恒业工资不足	44	49	
习惯不良（如好酒游荡）			15.0
	100	100	100

（参考 Bowley and Burnett Hurst, Livelihood of Poverty, p.173）

  在这年代不同，地点不同的波士、鸾曲利、鲍来三人的调查中，我们竟可以知道贫乏的近因是一样的。上表前三项（家长死亡，年老病，家人过多）是天灾，在约克城占百分之五十，旅丁城占百分之四十五，伦敦占百分之六二点五，可以说是一样；中间三项（业不恒有，失业，有恒业工资不足）是人祸，在约克占百分之五十，旅丁占百分之五十五，在伦敦占百分之二二点五；这里，波士的调查，因人祸而贫乏的虽是好像少了许多，但他又别一类叫习惯不良（我们可以叫它自祸）。鸾曲利和鲍来都没有这一类，他们都放在人祸中间去的，所以我们把波士的所谓习惯不良放在上面，那百分之二二点五加上百分之十五共百分之三七点五，和鸾曲利、鲍来的也差不多了。所以我们可以知道无论在什么地方，也不论在什么时候，贫乏的原因是相同的。把一地的调查，推考别地的情形，这种调查，叫做抽样调查。譬如我们要知道煤的性质，那我们不必把完全的煤一块一块的去分析，我们只要把一块煤分析了就可决定煤的性质是怎样的了。调查社会也可这样，调查一个社会，就可代表各社会的。假使我们把上海、北京等地方调查起来，结果一定和波士等所得到的差不多的。

  鸾曲利同时又发现最贫的家庭中儿童少而老病者多，所以贫乏的最大原因由于家长的死亡或老病；次贫的家庭中儿童多而收入少，由于负担过重；因此我们可以知道一家的贫富，完全由于家庭情境如何而改变的。最贫，次贫，……次贫，最贫，实是工人生活中不可免的历程。他又

把劳动者的一生分为五个的贫裕轮流时代。

（1）幼孩生而贫的，因为家里那时人口过多，大约到能助父养家为止。　　　　　　　　　　　　　　　　　　（贫）约十四年

（2）十五岁到三十岁他可以入厂作工，可以赚钱了，于是家中收入增加；这时期到结婚为止。　　　　　　　　（裕）约十五年

（3）脱离了父母，自己娶妻生子，用费骤加，而妻子又不能佣资，复陷贫乏之境；直到他底子女能帮助他作工了为止。大约由三十岁至四十余岁。　　　　　　　　　　　　　　　　　（贫）约十余年

（4）子女长大能资助父母，复裕；至子女婚嫁自立，或本人老病不能工作为止。　　　　　　　　　　　　　　（裕）约十余年

（5）暮年之困穷。　　　　　　　　　　　　　（贫）约十余年

（摘录 Eeebokm Rowntree：Poverty, London, pp.136-137）

暮年之困窘，在外国是一定有的历程，因为那时候自己年老不能作工，子女又各自分立了。老年人有许多做房东的，好像上海的二房东。他们并不是自己有房子，他们从别人那里租了下来，再转租给别人，并且为房客扫地、买东西……等事，在其中转租之间，很微很微的赚了一些钱，每星期也不过十元左右，有的还不到。倘使我们调查佢的家世呢，也许佢的儿子在某洋行做总经理，或是别种很有名的人，但是他的子女的富贵和他是没有关系的。中国则不然，在中国宗法的家庭里，五六十岁的老头子，倘使子女富贵，他是不必担忧的。听说江西有个富翁现在八十岁了，他是路也不走一步，钱也不用一个的。他常坐在一张椅子上，倘使要到那里，就有人替他搬动，就是在房间里也是婢女们替他搬来搬去的。他在街上看见有什么东西要的，就说我要什么，那就把那东西给他，所以他从来不化一钱的，不过有人替他付钱吧。这种不用一钱不走一步的富翁，那真是只有中国独有了，外国是梦也做不到的。所以暮年之困窘，在中国不一定的。

鸾氏计算工人的生命至少有三分之二是食贫的，妇女则当能生育之时期内都是贫困的生育期过了，暮境日迫也须食贫了。

（三）美国之贫乏调查　　美国的贫乏调查，慈善机关的统计比较

可靠些,虽是他们也不见得老实告诉出来,但至少可得一部分的真理。一八九一年伊利根据这种记载,估计美国的贫民数约三百万人(他的所谓贫民专指受慈善机关资助的),不过全人数一万万算,那只有百分之三了,不是太少了吗?一九〇三年亨德根据同一的统计,估计美国贫民为四百万,他更进而估计贫乏的范围。

(1) 贫民数

(2) 普通灾难

(3) 被逐离屋的人数　凡是不付房租了,房东叫警察来驱逐出门的人数。中国这种情形很少的,有的房租不付一年之久,房东也竟有碍于情而不驱逐的。在纽约一地竟在贫乏者人数中占去了三分之一呢。也许他们依此可不出房租,譬如这里驱逐了,到那里再去租,倘使那里又要逐出,再到一地去……这样他竟可不出租钱了。

(4) 公家掩埋的死人　数目也很可惊,纽约有十分之一的这种人。

(5) 不卫生的居屋　他以居屋不卫生是表示贫乏的。

(6) 痨病死的　这也和中国不同,中国人差不多百分之九十有痨病的,痨病是普遍的现象,但外国则不然,他们人民所以有痨病都为了劳苦过度和滋养不足。劳苦过度和滋养不足的都是贫乏的,所以生痨病的也都是贫乏的。

(7) 失业者

(8) 或种种业中的意外失事　譬如火车下压死或轮船破裂而死等,他以为这些人冒险出去,以性命去拼,也一定是贫乏者。

亨德调查的结果:美国的贫乏者在旺年(如一九〇三年)约百分之十四,在恶年约百分之二十,人数至少在一千万以上;但实际上这数目不能算多,也不过占全数百分之十。

帕米利的估计一九一〇年受慈善机关辅助的,约今人口百分之五至百分之十,其中真正贫民(即完全倚慈善辅助为生者),也不过一百万人。不过帕米利不可靠的,因为他自己没有实地调查和研究。

从亨德调查以后,至今美国没有一个更精密的调查;不过就财产的分配上观察,也可得个大概。一九一五年美国工业关系委员会报告美国财产的分配,占全人口百分之二的(A)富人,有今财富百分之六十;占

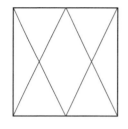全人口百分之三三的（B）中流阶级，有今财富百分之三十五；占全人口百分之六十五的（C）贫人，有今财产百分之五；这个比例好像下面的二个三角形：换一方面说，人数不足二百万的富人所占财富比较其余九千万人的所有还多百分之二十。他们一大富翁的每年收入约一比能（美国为十亿，英国为一兆），足抵二百五十万贫人的财富，这一种情形，实在可惊的。他们国富平均每人约在一九六五金元以上（一九一三年国富一八七比能金元，人口一〇五六八三〇〇〇人），合中国约有四千元（中国国富有人统计每人平均有二百元），照这样分配他们应该都很享福了；但实际上贫人之财产平均不到四百元的，富人则几万万元，贫人也有很苦的呀！

贫乏的原因，以渥那为鲍狄摩尔、纽海贡、纽约、波士顿四城慈善社会所搜集的统计最是可靠（约在一九〇五年）。比英国的调查更较详细。现在写在下面：

近　　因	贫乏者百分数
好酒	15.30 ⎫
无恒, 惰	7.51 ⎬ 25
（以上自祸）	
无业	23.10 ⎫
有业收入不足	6.51 ⎪
死病	22.27 ⎬ 75
老	4.00 ⎭
（以上天灾人祸）	
	100.00

据渥氏的视察，贫人可分三类：

1. 最贫者　人数最少，大抵因老病、死、好酒等致病的。
2. 次贫者　人数最多，因失业或无恒业或收入不足或家累过重而贫。
3. 三等者　人数也多，这类收入本足用，因浪费于烟酒及其他嗜好而贫的。

（四）中国之贫乏状况　中国有两大特点，（一）病和（二）贫，是为世所公认的，政府以借债为生；社会上则有祠堂、会馆以资助失业者养活他们；押店是最雄厚的实业，多得不了，这种至少可以知道中国人很需要它，每年大家终要和它做做生意，在中国去押当不算一回事的，其贫可见了；乞丐是正当的营生；其他如盗贼土匪水旱瘟疫娼妓拐骗更是新闻纸所不绝书的。中国教育政权虽没有普及，贫乏却很普及的。但是这样普及的贫乏，要调查它，知道它贫到怎样的程度，却又难了，现在人口还没有正式统计，贫乏那里能调查呢。现在且把所知的分贫民和贫乏两层来说：

（1）贫民　中国现在只有民国五年山西省编制过社会统计，不过它的用意，不过在表彰山西模范督军的政绩罢了；所以很靠不住的。且把它的大要摘录一些，以供参考：

山西省分贫民为五等：

A. 游民乞丐以乞讨为生活者。

B. 鳏夫寡妇孤独无能力无资产者。

C. 偶失所依，及道旁演艺卖卜叫卖零星物件游方医生等无资产者。

D. 随时服役无一定之收入者（我们所谓散工的就是）。

E. 有恒业而收入一年在五元以下者（五元的收入，一月还不够用，但他的标准竟以一年的收入不到五元者为贫民；那他底标准不太严苛吗？）。

山西贫民总计约二八一五三人，占全省人口万分之二五（山西人口一一 三八七 七三二）。这不是笑话吗？在美国百分之五的贫民数，大家还都说不正确，山西竟只有万分之二五，真不愧为模范者，人民的福地了！在万分之二五的贫民内，男子占百分之七五，女子占百分之二五。分列各表如下：

（一）

等　　第	人数（百分数）
一	21.6
二	34.4
三	11.8
四	20.2
五	12.0
	100.0

(二)

职　　　　业	人数（百分数）
佣　　　　工	34.7
随时服役（无恒业）	3.8
杂　　　　业	5.7
无　职　　业	55.8
	100.0

(三)

贫　乏　近　因	人数（百分数）
懒　　　　惰	13.75
病　　　　痨	11.90
老　　　　弱	44.77
子　　女　　多	4.26
失　　　　业	5.15
无　　　　依	6.87
用　费　无　度	7.68
其　　　　他	5.62
	100.0

（就这表上我们可以知道农工商都不在内，他都不以为是贫民的）

贫乏原因以老弱为最大，因子女过多者不过百分之四点二六。平常都以为贫民多子女，据山西贫民统计无子女的，占百分之七十四，照年龄来讲，百分之九八点五在二十岁以上，这也可反证贫民多子女的不合事实了。大概贫民多子女，容易使人注意，且出常人意料之外，所以所留印象较深吧？

山西的调查实在不可靠；还有华洋义赈会的贫民统计想来总要可靠些，可惜他们还没有公布。

（2）贫乏　中国的贫乏，更不易估计，现在把几件事实（事实的可靠与否，另一问题，现在且不讲），来推测一下：

A. 南京在民国十一年时，人口共三七三五七六人，他们职业的分配是：

职　　　　业	人　　数
议　　　　员	92
官　　　　吏	3 285
公　　　　吏	13 611
教　　　　员	23 323
学　　　　生	23 223
教　　学　　员	2 723
律　　　　师	69
记　　　　者	100
医　　　　生	339
稳　　　　婆	52
农　　　　业	18 742
矿　　　　业	195
工　　　　业	53 637
商　　　　业	31 886
渔　　　　业	2 635
无　定　有　之　业	46 452
无　　　　业	175 271
	373 576

南京的农工矿渔等业完全是贫民,因为没有大工厂使有一部分高等工人;也没有大规模的渔业,使有富的渔人;矿工也都是贫的;农人更不必说都是贫乏的,所以我们假定农工矿渔四业的人都是贫乏的。无定业的都是那些拆字、和尚等,也是贫乏的。商人可以少算些有一半是食贫的,譬如一爿店里,有好几个伙计学徒,老板只有一个的,那些伙计学徒都是贫乏的,所以假使有一半是食贫的。无业的假定有十分之一是食贫的。把上面数目加起来,那南京的贫乏者人数约有十四万,也要占全人口百分之四十以上。但是这个调查不可靠的,他们那个调查从那里来的我都不知道;倘使那个是可靠的,那至少缺了一个教员,因为我先没有被他们来调查呀。

B. 北京人口约一百三十万人,而人力车夫占有三四十万人(他们人多车少,所以三人合一东洋车,每日轮流去拖的,大约一天共十八小时,每人可有六小时的拖车),加上其他苦力,那北京的贫乏者已要有百分之三十与四十了。

C. 中国的工人大约占全人口百分之十五,农人占全人口百分之

七十,共计百分之八十五;其中至少有一半食贫的(实际上万万不止一半,算他一半那是很客气了),那结果也有百分之四十余了。

上面虽都悬拟的估计,不十分正确,但我们至少可以说他是最低的限度,那最高的限度,正确地算起来也许要有百分之五十或是百分之六十是食贫的了。

(五)贫乏之根本原因与劳动问题　贫乏为人类公有的凶患,无论那国是贫富强弱,贫乏问题终不能免的,不过程度相差些吧了;而劳动界更受他的害。所以现在世界各国都在想救济贫乏问题。但是我们要解决这个问题,不能不先要知道它的根本原因:上面所说的如老幼弱病嗜好不良家人过多等近因都是不可靠的,因为在这些原因中,它自己本身就成了个问题。譬如这人因为没有行业了,所以贫乏的;但这失业的本身就有了问题,为什么有失业的人呢?譬如这人因为老了所以贫乏;但这本身又成了问题,为什么年老的人要受贫乏呢?老是人人有的,是生理上的现象,为什么这个人老了不贫乏,反而享福享乐;那个人老了,就贫乏得不能生存,为贫迫死呢?所以这些都不是贫乏的真原因,不过是从远因中推演出来的一种现象吧了。我们要知道根本的原因,因为非常复杂,各家学说不一,不能一说就可明白的;所以现在把各家的对于贫乏的原因的学说,略述一些,以资比较:

(1)社会主义者都以为贫乏是为了资本制度。一切无政府主义、国家社会主义,上自蒲罗东、马克斯,到了近代的克鲁泡特金……不论什么派别,都反对资本制度的。他们以为资本制度是剥削劳动者,使劳动者贫乏的;他们说:"今日之制度,不能供给劳动者以极粗陋之衣食住,以极大之困难加之谋生者,使其获得所需以后,更不能享受生命之乐。……一方为不劳者谋进项,增加专利以添现占经济优势者之势力,更借此以奖励剥削。"(J. Ramsay Macdonald: The Socialist Movement, pp.77-78)马克斯倡剩余价值说,他以为一种物价除去了它的成本和工资,余的叫做剩余价值,譬如一样东西,现在出售十元,它原值价四元,工资三元,还有三元就是剩余价值。这种剩余价值,应该归于全社会人的;但是现在全被资本家拿了去,做剥削劳动者的工具,劳动者因此更贫乏了。有批评社会主义者的贫乏学说,以为照优胜劣败的定律看起来,在社会主义下,那些有恶习的,好像低能儿等也不能免贫乏,自己能养活自己的。这些人在现社会里,讨饭活命,或做很苦很苦的工作以活命;在社会主义下,不作工不得食,就是低能儿能原谅,也至多设立慈善机关给他们去吃,终不会成富翁的。还有自暴自弃的,游手好闲的人,在现社会里贫乏;就是在社会主义下的社会里,也必得要被迫去做工,或是驱逐出去的。总之,在社会主义下,无工的人终是贫乏的,所以就是打破了资本制度,实行了社会主义,贫乏的现象仍不能完全没有的。

（2）主张单一税的,把一切致贫乏的罪,归到土地私有上去。在土地私有的时候,物价渐渐增加,但同时地租加价得很利害,因此工资比较的低下来了。文明愈进步,——富有因为广大的土地得以更富,贫者则被剥削而更贫了。亨利乔治说:"欲求生产力增加而资产反趋极低限度,仅足维持生活之原因乎？其故乃由于生产力增加而地盘之增加更大,故生永久逼低工资之趋势"(Henry George: Progress and Poverty, p.280)。所以他们主张单一税,使有土地的人不能得到利益;弃而不要据为私有,那国家便可收为国有,好好布置一下,这样便可没有贫乏的人了。这种实行单一税,中国国民党也主张的。不过我觉得这种主张太偏了。果然,土地对于人类非常重要的,无论什么人,无论做什么事,都要有一块土地,不论怎样大小;终不能有人能临空站着,不着土地的,也不能离了土地而工作的。但是土地对于人类的关系有疏密的,且也不定土地能使人贫乏的。对于土地发生密切的关系的,那土地的确很能使人贫乏或富有的;但在对于土地没有密切关系的工业国,那就不同了。中国是农业国,农夫对于土地最有密切关系,所以亨利乔治的主张很合中国,国民党因此也极力主张。在工业国里,那就不同了,土地没有多大的密切的关系,自然,仍不能脱离土地而作工的。在一百万资本中,土地仅占百分之一;也有在一方尺的土地上,所放的东西的价值,在几千百万之上;好像口字房(东南大学的一部分房屋,近日被火烧了的),地位虽不大,也有百万价值,谁都看不出的。旧金山不过一个小城,价值可抵几个国家的财产。日本现在所烧去的,比中国全国财产多一百倍呢。所以在工业国内,土地的所有者,即地主,不能像在农业国里那样可使人贫乏的,虽是土地也很重要,但那大资本家的势力。他是远远不及呢,虽是要剥削,也没有能力！因此,我

们可以知道,单一税是救贫的唯一方法,那是不对的;我们只能说单一税也是救贫中的一种方法。

(3)第三种:有人专以耗费为贫乏的原因,好像韦塔斯说:"阻工人使不得享较多之世界美物者,为资本家食物与原料之昂贵稀少,改正此两恶,吾辈人人皆可为助;但须节奢侈,为合理之生活,以真实之需要,为安乐之标准,勿盲从邻人之浪费无度而已"(Hastley Withers: Poverty and Wealth, pp.176-177)。这种主张,比较的好像很可代表中国人的思想,中国人非常主张节俭成家的。所谓生之者寡用之者众;同时生产的人耗费很少,耗费的人耗费得很多;于是所生产的不够用了,人们便贫乏了。倘使大家能够节省些,所有的富人能够节省,那贫人可不贫了,可以不致冻馁了。美国也有戒色主义,节省耗费,以为可以救贫的。其实,这种专以节省耗费以救贫乏的主张,也很偏窄的。自然,我们节省了一些,就是世界上多一些,少耗费一些,原也不错;但仔细来研究一下,那就不能救贫乏,反而有害呢。我们先看贫人的食料和富人的食料是否相同?富人不要吃那贫人所吃的卑微的食料,贫人要吃也吃不到富人所吃的山珍海味!那末,就是富人节省了他的山珍海味,于贫人有什么关系?不但食料,一切的食、住、……都不同,富人就是能节省,贫人也不能享受的。还有,商人最喜谋利,他们所做的交易,只讲能谋利与否,不讲需要与否的。譬如米是最需要的,但因为利少,所以商人做这业的较少,什么香烟哩,化妆品哩,多的不得了;我们说句笑话,富人节省了,不吃香烟,不用化妆品,商人不是也要贫乏了吗?还有,我们倒应该希望富人浪费的好像一个富人,他不知节俭,把所有家产浪费完了,他自己虽贫了,但社会上却多了他的家产了;倘使他节省下来,那他的家产,永远的传下去,在他家里,社会上永得不到他家产的利益,他能节省,不过他能多贮一些钱吧了,实际上于贫乏问题有什么关系!罗素说我们节省了,反有害于人的;倘使我们少睡一下子,多死一个人,我们少饿一下子,多活一个人。这是什么理由呢?我们倘使少睡一下子,那不是能使寄生于我们睡了才得生活的人失去了生活吗?我们倘使少饿一下子,那不是能使寄生于我们吃了才得生活的人多一些生活的机会吗?所以,倘使人们不吃香烟,那以做香烟为生活的人都要饿死了。在现社会制下,这种情形确是千准万准的,但又不能不使我们痛心!总之,单希望节省来救贫,那完全靠不住的。

(4)佛兰克尔分贫乏的原因为四种:(A)愚蠢;(B)工业低效;(C)劳动之剥削;(D)政府保护国民幸福之不完备。这个主张,比较上面的都要完备些。A.愚蠢的人应该淘汰的,无论在什么地方,在什么国家,终不会不贫乏的。B.工业效低以致贫乏的,倘使工业改良了,把现在于工业上荒废的价值多给工资,那便可以没有因工业效低而贫乏了。这种主张,无政府主义、基尔特主义、……都也赞同的。譬如世界上一天的广告费要上千万的,广告的纸没用了的,印刷的人,计划的人,分送的人,……不知费了多少心血,多少财力;倘使科学很发达,能有方法不使这样的费,把节省下来的多给工资,那不很好吗?还有资本家不以社会谋享福的;我们觉得分工制造是非常经济的,但资本家只图一己的私利,不讲什么分工不分工,只要有利可图,就去做了。譬如德人科学很发达,制造许多很好的东西,但各国不愿任他专利,拼命去学他,也同样的制造,费了许多的财力才做成,于经济上实在太不合算。我们希望地球上一种工业在一处制造,那可收事半功倍之效果,工人可改良;但资本家谁肯这样做?于此,不能不更进一步着想了。C.劳动者的被资本家剥削,在现在社会组织下是不可免的。劳动者报酬很少,糊口尚难,想变更地位,就是由困苦的劳动者变得生活优善一些的别种事业的,那更是梦想了。现在的资本家竭力的剥削劳动者,因此资本家愈多,同时劳动者愈受剥削,愈受痛苦,愈变贫乏!我们要使劳动者免受剥削,不致贫乏,对于资本家不能不设法去打倒的。D.关于政府保护国民幸福的种类很多。和平的讲,国家至少要有工厂法,保护一切受压迫的劳动者;激烈的讲,国家把全国人民的财产平分一下,那就可没有贫乏了。但无论如何,一个保护工人的工厂法终不能或少的。

(5)另外又有人社会有机论者,以为社会中有贫乏的现象是社会的病,好像生物身上一部细胞有了病似的,以生物和社会并论的。韦白也以贫乏"视为社会之病;但认为人类幸福之障碍,不认社会为生物的有机体"。他们以为社会是有机体,因公社会由许多有生命的人结合的。社会上的一部分人贫乏了,好像是人身上一部分细胞出了毛病;同样的有

病了。最初极端的社会有机论者,以为社会上的病可以医治的,但不会断根的,好像人生痨病似的,没法使他断根的。所以我们只能希望病得轻些,不希望有长生不老的人,也不能希望无病痛的人。但是这些论调都不对的。人和人与细胞和细胞的关系不同的。国家的土地可割去给人家,也可向人家夺得,增加自己的土地,国家的人民可到外国去,别国的人也可到本国来;但细胞可以吗?能不能把人身上的一部分分开?所以这派的论调,以科学的眼光看起来是不对的。就是现在社会主义者也有反对这学说的。

(6)第二种学说较为哲理一些。他们认贫乏是社会进化中的一个现象,是物竞天择的自然结果,所以没有什么病不病,反对不反对的。他们不认贫乏是社会上的病,更不能有方法去反对的。中国人的生于忧患,死于安乐,也和这派很近的。他们更以为贫富不均是好的现象,倘使社会上都是平等的,一律富的或是一律贫的,那人们一定不相竞争,社会就不能进步了。只因有贫富之别,贫的人可有富的希望,于是努力作工以冀得富;富的人恐怕失了家财,于是也努力的作工以冀保守家财或再增加之;倘使有能力不足以生活的,就可淘汰,那世界上可以剩着最优秀的分子,最有能力的人才,好像人身细胞的淘汰,把柔弱的淘汰,把强壮的保存着一样。这种学说,我们不能完全承认,却也有一部分的理由,有种情形却可因此刺激了努力上去的。中国历史上很有许多名人是由贫乏的环境中奋斗出来的;但在另一方面讲,淘汰和浪一样的没有眼睛的,当大浪起来的时候,无论那只船上有好人有恶人,他是不知道的,他只是一起要扑灭的;淘汰也是如此,那怕你是有才有能,淘汰要你淘汰也没有方法抵御的。所以历史上尽管有许多由困苦中出卒的林肯、弗来格林、……但埋没的很多很多,不在少数!有钱的人,不做事的,应该淘汰的,但淘汰不一定要他淘汰的。所以社会进化说,以为贫乏是社会进化中的一现象,也不能算对的。

(7)渥那以"无能"总括美国贫乏的原因;他以为贫乏的人没有工作有恒的能力,没有适应新环境的能力,没有节制嗜欲的能力,贫乏的都是"自作孽不可活",自己弄得贫乏的。这种学说,自然,不彻底的,我们也不必加以讨论。

（8）霍白森以为贫乏有两大原因：A. 人力的荒废；B. 机会分配的不均。他的学说介乎社会主义和资本主义之间，和上面的学说相比较要正确的多。现在分别把二大原因说一说：

A. 人力的荒废　他以为贫乏的第一原因，就是人力的荒废，因为人力荒废了，所以人民愈贫。倘使人力不荒废，那生产率可增加，就不致有贫乏的现象了。但为什么人力会荒废的呢？1. 资本和土地的闲置　把资本和土地使用的不当，有的地方没有地，闹地荒，有的地方土地多得没有用处，竟让他荒去。中国人也有以为土地少了的，但新疆蒙古等地方成块的荒着没人去理会的。外国也是如此：伦敦城里人挤得不得了，一层、二层、三层的叠起来，但城外呢，人少了。纽约城也是如此，在一百里外已有森林了。资本家钱很多，但他不肯拿出来，那就没有办法了。上海尝有纱厂倒闭的，倘使资本家肯拿出钱来，未尝不可开。因为土地的闲置，资本使用的不当，所以生产率减少了，人民就贫乏了。2. 工人的失业轻用和误用　有的人很有才能的，譬如他有十分能力，但是只用他五分能力，那他其余的五分能力就荒废了；同时，那些一无能力的人，误用了他，不但他对于一事管不周全，还用了他兼顾数职，于是事情就给他弄糟了，生产率因此也减少了。3. 事业的重复和不必要　在同一地方有十个二十个同一行业竞争着，其实重复了反使商业不发达；有种事业不必有的，但为了谋利竟开设了，无益而反有害的小世界、大世界、新世界、……在上海开了许多；一方必需要的事业，反因无利可图竟不开设呢。4. 学识的不得应用　科学可以改良农工业的，但不去用它。在中国知道最新科学的也不少，但没有方法去试行，工厂里用的至少在三四十年前的老方法。欧洲也有这样的，因为机械用坏了再去换新的，那时自然可另用最新的科学方法去试行了；但因机械却不坏，工厂舍不得废去它，因此，一天一天用下来，不能实行最新的方法。以上四种原因，倘使能利用了，不使荒废，那生产将立增三四倍，人力不必加多，这样，不是可不必再忧贫乏了吗？

B. 机会分配的不均　霍氏以为机会分配的不均，因为生产力的荒废和消费力分配的不当，所以他主张：1. 土地的价值和应用应归国有。2. 大路浅道电车道运河应公有，禁止运输会议和把持交通。3. 公共的信

用和保险组织,一方可由国家借钱给农夫等,使他们不致因没钱而不能生存。4. 教育自由。中学以下的强迫入学,中学以上的不强迫,但学费等免收的。5. 法律平等,讼费归公任。不论有法律智识的或没有法律智识的,公家都一样办理;不论有钱的或没钱的,公家一样给他请律师。6. 专利权或其他不平的限制和税则,人民都有权力可以决定的。倘使上面六条都实行了;那机会没有不平等,贫乏也没有了。

上面的设计,不过替一般青年设想;救济目前的贫乏,那必须要推扩公家的慈善事业哩。

（J.A. Hobson: The Crisis of Liberalism, pp.162-174）

第二节 工 资

劳动界最重要的贫乏问题,他的根本原因果然不是片面的学说可以决定的;但是他的近因可以调查出来的,只要把劳动界的工资和生活状况相比较,就可得到的。

（一）工资之意义及学说　凡有资本或管理资本的人,照竞争的市价拿金银购买没有资本的人的劳力,这种实业制度叫做工银制度。凡是受雇的无论用心或用力而得到的报酬叫做工资;换一句话说,无论什么人,凡是用心或用力而得到的报酬,都叫工资。一切用心或用力的所得之报酬,好像资本家的赢利,美术家的润金,……都是工资。这是从广义方面说的。窄义的工资不过是指用体力的而且是受雇的所得的报酬。普通人的见解就是窄义方面的,都以为必须受雇而得到的报酬才叫工资,倘使我自己营业或独作一事所得的余利,却不算工资的。好像我在这里教书是受雇的,东南大学不是我自己的所以我的教书的报酬是工资,倘使我不到东南大学教书,我自己开了一个学校,自己去教,我教书仍旧一样的,但所得的报酬不叫工资了,这是普通人的见解,最窄义的工资说。总之,窄义的工资是被动而得到的,自动的不能算工资;在广义的方面说,不论自动的或被动的,只要是用心或用力而得到的报酬,都是工资。

还有,窄义的工资不一定比广义的来得少,一般人都以为受雇的人比雇人的人低一等,所得报酬也似乎少一些,其实不然。我们看农夫不是自雇的吗?但他一月能赚多少钱?有些五六元,要养活一家呢!再看那般听差不是受雇的吗?而且大家都认听差的职司很低微的,但是他的工资也许比尊为中国主人翁的农夫要多些呢。

现在我们要讲的是窄义的工资,单用体力而受雇的人所得到的报酬。

工资从什么地方来的?这个问题,我们不能不先研究一下。在十九世纪的时候,正统派经济学家如边沁、利嘉多、亚丹斯密等都以为工资是资本中的一部分,叫做流动资本,社会里有一定的数量的。他们这学说,叫工资金学说。密尔说(见所著《经济学原理》第二卷)暂时的工资,因供求而定的;"供"是资本的一部分,可应用来雇用工人的,就是工资金,"求"是求雇工人的数目。社会里的流动资本有限而工人很多,于是工资就减少了,这就是"求"的人过于"供"的资本,资本就缺少了,好像下面的公式:

$$\frac{流动资本(少)}{工人(多)} = 工资(少)$$

倘使工人不多,即"求"的人不多,而一方流动资本却很多,即"供"很有余裕,那工资就可增加了,好像下面的公式:

$$\frac{流动资本(多)}{工人(少)} = 工资(多)$$

自然工资或必需工资,经久长的时期,是看制造劳力的成本而定的,暂时工资那是照这个而涨落的。反对这学说的人很多,以亨利乔治和马克斯两人为最利害。乔治说(见《进步与贫乏》一卷三章)倘使工资金学说是不错的,那工资当和资本的多少成正比例的,但是事实上却不对。资本少时(利息高),工资应低而反高,好像在新大陆那样;反转来说,在欧洲资本多时(利息低),工资应高而反低。所以工资不随资本的多少而定的。他以为工资和土地成正比例的,土地多时,工人可自由行动,工资就高了,土地少时,无地做工,工资就少了;这也不通的。事实上工人在土地多的时候,也不能怎样自由的,譬如中国土地很多,新疆蒙古那里都有很多荒地,那倘使上海工资不高可到那里去作工,但事实上没有这回事的。而且工人行业不易改变的,一个农夫很难变为在纱厂工人的,所以就是土地多,也没甚自由的。不过这学说虽于工业国不适合,于农业矿业等国,那是不错的。马克斯攻击工资金学说更利害。他以为在现在资本社会里,劳动者所得的工资,都以为是劳力的代价,就是把一定数量的金钱,交换一定数量的劳力,所以有叫劳力价值的。平常人又以为工资是一定不易的数量,有单独的价值的。工资有两种:(一)自然的工价(一时一地值多少),(二)暂时的市价(有特别事情而增减的)。市价又以自然工价为枢纽的,好像下面的二条线:

但是物价是什么东西呢?不是社会劳力用于生产的一种客观形式吗?譬如木工出了许多血汗(主观的),把一块木头做成一张椅子,这是客观形式了。量这物值不是把他所含的劳力为标准的吗?但量这劳力的值又是什么东西呢?马克斯以为物值以生产所需的劳力,不以所用的劳力为定的。进一层讲,和金钱交易的不是劳力而是劳动者的本身,劳动所出卖的是他的劳动的能力;当他劳动这劳力的时候,已经不是属于自己,所以不能再由他自由出售了。好像卖鸡蛋似的,鸡的本身已买于别人,它所生产的蛋,就不容它自己出售了。工人也这样,先把劳动的人买了来,预备做工,那在做工的时候,劳力已经卖去了。由此,可知劳力并不是商品。

工人做了工,使一件原料变了形式,增加价值,这个由原料的价值增加到现在出售的物价,这增加的价值就是工资,因为这物价所以能增加到这样,完全是为了工人加上了工作之故。因此,马克斯又发明"剩余价值论"。譬如工人一天作工十二小时,就有十二小时的结果,但是资本家只给工人一半的结果,六小时的结果;其余的都被资本家拿了去,这就叫剩余价值。

上面两个关于工资学说，一个正通派经济学家所主张的，以为工资是资本的一部，由资本家给与工人的，而且工人非有资本家不可的；一个学说，马克斯派所主张的，以为工资是劳力加于生产的结果，劳力能生产的，工资是物价的一部分。这两个学说完全相反，真是针锋相对。——一个是完全偏于资本家方面，一这是完全偏于劳动者方面。第一个学说在二十世纪是没有人再说了，不过马氏的以劳力定物价，工资是物价中的一部分的学说，实际上讲，劳力和物价不完全相等的。马氏以为这一块土地，一直没有价值的，倘使我们去使用了就有价值，这个价值不完全是人力使用的结果吗？再一般人以为原料是代表资本的，生产三要素是劳力土地和资本，但马氏却以为资本是劳力的结果，前人过去的劳力的结果。土地是没有价值的，天地给与我们的，不要钱的，那能在最早的时候出钱买土地，又向谁去买？好像新大陆似的，从前没有什么价值的，后来驱逐了野兽，有了增加，这个价值不完全是由人力造成的吗？劳力是创造一切的原素，也就是一切物价的原动力。但为什么又不能完全代表物价呢？

我们要知道物价不能不要顾到"最后的功利"的，譬如一张桌子，我们不能单从生产方面讲原料价多少，加上劳力价值多少，我们要顾到消费方面的。物价是生产和消费两方的关系，一方要看消费的人愿牺牲多少钱去买，一方要看生产者至少多少才能卖。物价的生产和消费图如下：

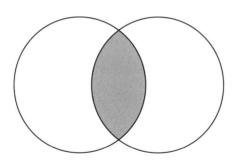

物价可以伸缩终使生产和消费者各得其所

社会上有以为物价完全以个人的欲望而定的。譬如一辆自由车，社会上有（A）（B）（C）三等人对于这辆自由车有不同的欲望，（A）对于自

由车非常有用,或非有自由车不可,所有他的百分的功利;(B)则可有可无,如其有了那自然也好的,有功利六十分;(C)不会骑的而且没有用处,所以他的功利至多二十分。现在要定物价了。倘使以最高的功利来定价,那不是买的人要很少很少了吗?所以以最后的功利来定物价的。最高功利的自然欢喜买便宜货,就是(B)(C)也可买了,那不是买的人就多了吗?这个学说完全偏于消费方面的,也不是完善的学说。譬如米的价值倘使照这学说来讲,那我在吃饱了的时候,对于米一无用处,一些没有价值的,那米的价值就要跌下来吗?倘使社会上常有人(交替的)不需要米,那米价终是不高了吗?再不然,功利是一时一时变的,今天有功利,明天没功利,后天又有了,那物价也这样无穷而又急速的变化吗?这不是大大不通的吗?为马克斯所反对的。

假定物价以劳力来定的。甲乙丙三个木工,甲做一张桌子,只要几小时就可了,乙要一天,丙是非常愚笨的,所以要三天才做好而且做的不及甲乙的精美,倘使照以劳力定物价的学说说起来那丙的桌子价值自然最高,甲的最低,但社会上人谁愿去买"价贵物劣"的东西呢?虽是马克斯以平均的劳力来定的,但总有一大部分的人受着"不平公"的呢。

上面的学说都是偏的,我们已说过了,但究竟怎样呢?最近美国正统派心理家客淮(Carver)以为物价是定于商品的最后功利,所以工资的高下看用商品的愿出的代价而定的,这就是物值和工资都看需要怎样而定的(参观Taussig-Principle of Economics,Vol.Ⅱ,Chap.48,pp.147–157.)。他这学说,可分四层来讲:

(1)个人的工资看他劳力的需要程度而定,一阶级的工资,那是要看这社会对于这阶级劳力需要增减的轻重而定的。这种经济的情形,各社会不同,好像在黄海里那水全是黄的,在黑海里那水全是黑的;不如天文、地文的不会变的。有人要,工资就高,没人要,就跌下了;但是世界上有不有不需要的事业呢?挑夫的工资很低,也许不需要吧,但没有了就不得了,倒又很需要的;唱歌者,那些最阔最贵的都出了许多钱给他,也许需要很大吧?但是我们想挑夫和唱歌者谁需要的大?为什么挑夫的工资比唱歌者来得少呢?兵士和拖洋车的又那个需要?但为什么兵士多得钱？——总之，社会上给那最无聊的败类去定价的缘故。克鲁泡特金、罗素等所以都主张劳力价值的平等。

（2）各种劳力的配合有一定的比例，有和这比例相差的那就发生工资的高下。"物以稀为贵"，所以在一种东西少的时候就可贵了；譬如一个人一共有二角钱，那他这二角钱，看重得不得了，非常贵重了，倘使他有上千上万的金银，那他看这二角钱，眼睛闪也不闪呢。农夫多了，于是报酬少了，地位也渐渐低下，变为奴隶的。还有仆人也是这样，一个人服侍男主人，一个人服侍女主人，那个管厨房，那个管门房，各人有一职司，各职司只有一人，倘使有了二个厨子，那就不兴了，不能不减去一个。这种情形只有现社会制度下有的，但古时，三代时，没有这种问题的，他们各人单独生存的，与人没关系的，自然可以自由了。

（3）劳力的要有难能的技巧的，它的数目常较需要的比例少，所以工资必定高的。这就是讲劳力有性质的以稀为贵。譬如梅兰芳的唱，非常难学，他能唱给人家听，使人家都喜欢，别人是不能够及到他的，所以工资就高了。但是倘使我自唱自听，那有什么好不好，工资高不高呢？在社会主义下没有人终日闲暇的，但现在社会里因为有了闲暇无事的人，于是要看要听，叫许多人去学唱学跳来消遣他们的时间，更定出高低的工资来，这完全是社会的病象呀！中国有粒子麻，上面刻了许多花纹，这是难能可贵的，因此价值八百元；我在杭州时看见有把鼻子吹笛的，这又是稀奇的，于是大家就给铜元他，叫他吹了，吹得好不好是不问的。总之，想尽方法使人难能的，以难为贵。社会上有了这错误的观念，因此人家都不肯作工，不往正当的生产的方面去走，不讲有益的或有害的，只要能多赚钱，就走到无益于社会的事业上去了。

（4）不需技巧的劳力（苦力），人数最多，这因为个个人能有的，除了残废的人，他的工资要看工作的志愿和生活的标准，或养育子女的费用而定的。

（见 Carver: Principles of Political Economy, p.399）

上面四点虽是以劳力为商品，站在资本家方面说的；不过这确是，现在社会的实情，不能不要晓得的。

关于工资的高低，经济学家有二种相反的学说：

(1) 低工资的经济说　在十九世纪初叶,经济学家亚当斯密等都以为人性好懒,倘使衣食住够了就不愿多作工;因此生产率不能尽量增加,我们要生产率尽量增加,使社会得享受福利,不能不叫工人多作工。但是怎样叫他们多作工呢? 工人的所以作工是为了要衣食住,他们的所以不愿多作工是为了所得工资已足够维持衣食住了,所以我们要工人多作工只要减低工资,使他们只作原来所作的工不能维持生活不能不去多作工。于是那时的经济学家都这样主张低工资了。奥少杨的加租改良农田说,以为现在土地的荒弃都为了地税太轻;倘使地税加了,人民定必多作田工的,这也是同一理由。现在多数资本家反对加工资,以为工资加了,工人的嗜好也随之而增加的,用意和上面都一样的。其实,低工资的经济说完全不通的。谁愿有二件衣服而只穿一件? 又谁愿可以得到丰衣美食而去做? 有一个工人,他每天作八小时工可以得衣食住了,但他那又不愿多作几小时工可以多得些工资去好吃好穿的。我们要知道人生不能一直在困苦中过活的,卫生家已告诉我们,常在困苦中寿命就缩短了,能力就薄弱了。他们的所以不多作工,并不是愿不愿的问题,乃是于事实上能不能的问题。中国的人力车工资可算低了,但比美国的怎样? 我们从工厂方面讲,因了工人多作工以致生病,至少效能减少了,那结果不和少作工一样吗? 工厂里又何必费去同一多少的工费,得同一的效果,而反多废时间,使工人吃苦呢? 倘使说为社会谋福利,工人们只好受些苦,但是我们要社会得福利,不是指全社会吗? 现在社会上一大部分的工人为了社会福利而牺牲福利了,社会全体那里还有什么福利不福利! 社会的祸福,依多数人而定的,现在大多数的工人已无福利,那社会当然没有福利可说! 倘使行了低工资,不过使社会上一般不作工的人增加福利,使作工的多数人牺牲福利;那以作工的多数人牺牲的福利加之于不作工的少数人,就算社会的福利吗? ——那不是大不通的吗? 所以低工资的经济说,无论在那一方面讲,都讲不过去的。

(2) 高工资的经济说　这学说始于白雷士来爵士,他是工程师,所以经验很丰富。他从他的经验中(包工制中)知道工资高,那工人的效率也增加,在同一时间可多得出产而成本反轻。譬如印度和英国,英国工资高而成本反低,印度工资低而成本反高;这因为印人工资低了,多作工,精竭力尽,好像一只疲驴,效率自然减低了,英国人不然,饱食暖衣,生气勃勃,作工精神很雄壮,生产率因此增加了。所以高工资和低成本实是可同时实现的。我们中国工资很轻,不及英日等国在我国开设工厂中的工资,但他们的工资又不及他们本国的工资的高,更进一层,他们在本国工厂中的工资又不及美国工资的高;所以它的结果,中国的物品不及日英等国在中国工厂所出产的便宜,他们的物品不及他们本国货,他们本国出产的又不及美国的。讲到中国,土地又多,资本家也不算少,劳力又便宜,理该在世界上可以得到工商业的霸王了,但为什么不能呢?一个很简单的原因,就是工资低了,作工不注意,生产率也随之减低。因此,现在多数经济学家和提倡科学管理法的都主张这学说的。

(二)英美之工资统计与趋势　英美工资的统计,就近几十年来看,差不多每年有增加,不论多少;以全世界论,也没有一国工资每年往下跌的。但是我们要知道表面上好像工资年年有增加,其实真工资增加的很少,所增加的不过是一种金钱工资吧了。货币的增加,物价的昂贵,都是增加工资的原因,但于工资本身一无关系的。譬如,在从前一元一担米的时候,那些工人有了十元工资就够了;现在米价二元一担了,工资也增加到二十元了,但是那工人仍不过够生活,没有一点余剩。这种工资虽加,实际上真工资一些没有增加;这样叫做金钱工资。真工资是从工人生活和金钱工资相比较而得到的,倘使工人所得的金钱工资比生活费高,那真工资才算增加,倘使工人所得的金钱工资比生活费低,那真工资可算是跌下了。譬如在第一时代,工人工资十元,米价每担一元,他能不多不少的生活下去;到了第二时代,工人工资增加到二十元,米价每担二元,他仍旧不多不少的生活下去,这样情形真工资仍旧不增加;到了第三时代,工人工资增加到二十五元,米价每担三元,那他就不够生活,真工资也跌了下去;到了第四时代,工人工资四十元,米价每担三元五角,那他生活就可丰裕,可算真工资增加了。所以我们要知道真工资的增减,要看物价的涨落和工人生活情形怎样的。这样看来,现在欧洲的工资都没有增加,反而减少的,为什么呢?欧洲不是常常有罢工的事情吗?工人为什么要罢

工？不是为生活费不够吗？生活费不够不是为了工资过低了吗？所以我们从大体上着想，已可知道欧洲工资的不增加了。现在把英美两国分别来说：

（1）英国　一八八〇年波士调查伦敦工人中有百分之二二点五（大约四分之一）每星期所得工资在二十五先令以下，百分之二十三在二十五至三十先令之间。照波士的统计差不多有一半工人每星期所得工资在三十先令之下的。一九〇一年弯曲利的约克调查，有百分之四五点一工人，所得在二十五先令以下，百分之一四点七在二十五至三十先令之间，百分之四〇点二在三十先令之上。照这个调查一半工人收入在二十五先令之下；但当时情形，工人至少要有二十五先令才能维持生活，那不是有一半工人都是食贫吗？一八九三年格芬的调查，也发现工人有百分之三五点四所得在二十至二十五先令之间；男子的平均，只有二十四先令七角，女工只有十二先令八角，男幼工九先令二角，女幼工七先令。当时一家的生活费至少要二十七先令，那工资就不足了或者以为可有妻子的帮助（格芬计算约抵工人收入三分之一），然妻子不是一直能帮助的。假定工人百分之五九每星期收入在二十五先令以下，那我们说全人口有百分之三十是食贫的，也不能算过多吧。现在把鲍来，计算欧战前英国金钱工资，真工资和物价的比较表，写在下面：

年　号	金钱工资		物　价		真工资	
一八五二——一八七〇	增颇速	’+	增	+	增颇速	+’
一八七〇——一八七三	增颇速	+”	增颇速	+’	增颇速	+’
一八七三——一八七九	落极速	−”	落颇速	−’	几无上落	○？
一八七九——一八八七	不变	○	落	−	增	+
一八八七——一八九二	增	+	上落不定	±	增	+
一八九二——一八九七	几不变	○？	落	−	增	+
一八九七——一九〇〇	增颇速	+’	增	+	增	+
一九〇〇——一九一〇	上落不定	±	增	+	落	−
一九一〇——一九一三	增	+	增	+	不变	○

（A.L. Bowley: An Elementary Manua of Statistics, p.148）

上面表上"'"号是表很快的意思;"""是表极快的意思;"?"是表不能决定也许有错误的意思。

现在把几个重要的工资涨落的关系,划表如下:

工资增减图表
("----"代金钱工资;"——"代物价;)
("——·——"代真工资。)
(真工资线在物价线上的是增,在下的是减。)

(1)
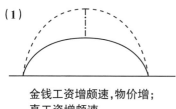
金钱工资增颇速,物价增;
真工资增颇速

(4)
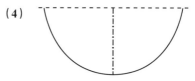
金钱工资不变,物价落颇速;真工资增

(2)
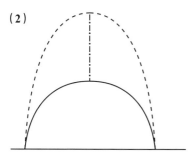
金钱工资增极速;物价增颇速;真工资增颇速

(5)
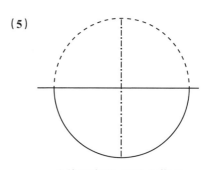
金钱工资增,物价上落不定;真工资增

(3)
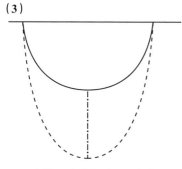
金钱工资落极速,物价落颇速;真工资应落

(6)
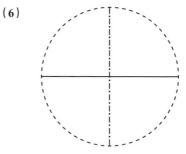
金钱工资上落不定,物价增;真工资落

照上面的表看起来,我们可以知道一九〇〇年后工资渐渐增加,而物价增加得更快,所以真工资就跌下来了;一九一三年以后虽没有正式的调查发表,但从杂志上看,物价的增加更快,真工资的跌下也可想了。

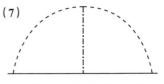

(7)

金钱工资增,物价增;真工资不变

现在英国工党得胜,反对保护政策,为什么呢?保护政策的建议是为了失业的人很多,失业的多是为了外国工商业的侵入,所以倘使把大门关了,不许外国侵入,那失业的人就可少了;但工党竭力反对的,他们以为现在大门不关,物价已高得不了,倘使门关了,那国内资本家更可肆无忌惮的抬加物价,工人更要受苦,所以他们情愿开放门户,从别方设法补救的。于此,我们可以知道物价的昂贵对于工人实有莫大的弊害的。

(2)美国 美国的工资调查,以铁道和农夫为最容易得到,因为铁道是组织很大,农业是由国家管理的。照劳动统计局调查,一九〇〇年城市工人中百分之四九点六八每星期在十金元以下,三四点一二在十金元至十五金元之间,一六点二〇在十五金元以上,工资的中数是一〇点〇五金元,以一年计,减去百分之十的失业消耗,共得四百八十金元。把铁道农业和制造业全体来计算起来,每年约得四百三十六金元,但是生活费远过于此;我们已讲过美国工人一家每星期生活费至少要有十六金元,那一年要有八百元,可是现在的收入只抵一半,其贫乏的情形可想了。美国工资素较欧洲各国要高,但因工作速度过高,工业上的意外死伤也随之增加,一九〇二年铁道工人的死于意外者三千人,受伤者五万余人,幸福就没有了。譬如一月里生了一星期病,但工资虽加高,三星期的工资却不能维持一月的生活,于是反贫了;又如作工一年而死了,但工资虽高,一年的工资终不能养活一家的一生。所以美国的工资虽高,于工人仍没有什么益处。在欧战的时候美国工资大增但据经济学家研究,一九一三年至一九一八年金钱工资的指数,虽由一四九点六涨至二一一点三,而工资的购买力(即真工资)指数反由八六点八降至七〇点四,约跌一九点七;他们的结论:现在的真工资较十九世纪末约少百分之二十至三十,较一九一五年约少百分之十至二十。所以美人不特没有受到欧战的利益,现在反要加工力作，才能维持生活呢。现把一八九〇年至一九一八年金钱工资、物价和真工资的指数划表于下：（下表以一八九〇至一八九九为基的）

年　　号	金钱工资（每星期）	零卖物价	真　工　资
一八九〇	一〇〇.三	一〇一.九	九八.四
一九〇〇	一〇四.六	一〇三.〇	一〇一.六
一九一〇	一二六.五	一四四.一	八七.八
一九一五	一三五.五	一五六.五	八六.六
一九一八	一八七.七	二六六.六	七〇.四

（参观 P.H. Dauglas & F. Lamberson: The Movement of Real Wage, 1890–1918, from The American Eeonomic Review, Sept. 1921）

（三）中日之工资现状　现在再说一说中日的工资现状。

（1）中国　中国的工资，向来没有统计可以做我们的参考的，上海虽有农商部的物价指数编制，可是内容秘不宣布，竟无从用它。现在把他们所发表的粮食一项的指数，写在下面，于此可推见物价增加的速率：

中华民国十年	七月	111.7
	八月	118.6
	九月	122.2
	十月	117.9
	十一月	116.3
	十二月	119.3
中华民国十一年	一月	128.2
	二月	132.0
	三月	136.3
	四月	134.3
	五月	125.5
	六月	127.5

在这很短很短一年的时期内，米价已涨十分之一，米是劳动界支出大宗，关于经济很有影响的，但是工资能否增加的这样？最近二十年来工资

的数目,竟没有大变化呢!

中国劳动界以工资的多少,可分为两种:(一)匠人富有技巧者。这种工人以粤浙苏闽等省人为多,他们工资本来也比较大些,每月约有十元至三十元之间的收入,可抵中下阶级的收入(寻常钞普及小学教师收入约十元至三十元),并且增加的机会多,加起来也多,所以不患贫乏的。(二)普通工人(苦力)。这种工人工资本来很少,增加又少,在这十年以内差不多没有增加,不过因洋价的高增,也加了些。他们每月工资只有五六元至十元,照现在生活程度来讲,勉强能糊口;倘使把长沙铅印工人的每月预算十六元计(上章已讲过),那没有一个工人不是在贫乏线之下了。年来物价昂贵而工资则多仍旧,因此年有罢工;去年一年罢工最多,唯一目的是要求增加工资,今年各地罢工的也不少,仍以加资为唯一要求,去年正太铁路工人的罢工宣言,说二十年来未尝加薪;但这二十年中生活费加了多少倍,工人收支那能相抵?无怪中国贫乏的多了。

工人要求加资,为了生活费的增加,那我们应表同情的,因为他们的收入完全用在生活费上的,生活费的增加多少,工资也应当增加多少的;但是倘使说生活费增加了一倍,做教员的薪水也要增加一倍,那有些说不过去的。做教员的用费,为生活的不过在他收入中之一部,其余都是买书的,娱乐的——等费,倘使薪水加倍了,那买书娱乐费也加了一倍吗?

现在把民国九年市稳君的北京生活调查(见《申报》),列表比较如下,以供参考:

北京物价与工资比较

名	单位	光绪年间	民国元年	民国四年	民国八年
棉织物(布) 粗布 爱国布	一尺 一尺	四五文	七〇文 一二〇文	一二〇文 一四〇文	一四〇文 二〇〇文
洋布 粗洋布 竹布	一尺 一尺	五〇文 七〇文	一一〇文 一四〇文	一三〇文 一六〇文	一四〇文 二〇〇文
米	一斤	四〇文	八〇文	九〇文	一〇〇文
麦面粉	一斤	三五文	五〇文	七〇文	八〇文
猪肉	一斤	七〇文	二〇〇文	二二〇文	二三〇文
牛肉	一斤	六〇文	一八〇文	二〇〇文	二〇〇文

(续表)

名	单位	光绪年间	民国元年	民国四年	民国八年
羊肉	一斤	六〇文	一八〇文	一九〇文	一九〇文
鱼(种类甚多计其平均数)	一斤	未详	三〇〇文	三五〇文	四〇〇文
白菜	一斤	二文	五文	六文	七文
杂和面(玉蜀黍面)	一斤	一〇文	三五文	三五文	四〇文
煤(红煤)	一吨	(未详)	八元	一二元	一三元
煤球	百斤	二〇〇文	四〇〇文	五五〇文	七〇〇文
木炭	百斤	四五〇文	二八〇〇文	三〇〇〇文	三五〇〇文
木柴	百斤	三〇〇文	九〇〇文	一二〇〇文	一四〇〇文
房租(每间)	每月	五角	一元	一元五角	二元五角
雇工资 男工(给食)	一月	八角	二元	三元	三元五角
雇工资 女工(给食)	一月	五角	一元五角	二元	二元
苦力(不给食)	一日	一〇〇文	四〇〇文	四五〇文	五〇〇文

上面的物价太散,和金钱工资不易比较;现在把光绪年间的物价为基数,择重要的各项计算指数如下:

名	光绪年间	民国元年	民国四年	民国八年
米	一〇〇	二〇〇	二二五	二五〇
麦面粉	一〇〇	一四三	二〇〇	二二八
杂和面	一〇〇	三五〇	三五〇	四〇〇
白菜	一〇〇	二五〇	三〇〇	三五〇
煤球	一〇〇	二〇〇	二七五	三五〇
粗布	一〇〇	一五六	二六七	五一一
房租	一〇〇	二〇〇	三〇〇	五〇〇
工资(男工给食)	一〇〇	二五〇	三七五	四三八
工资(女工给食)	一〇〇	三〇〇	四〇〇	四〇〇
苦力(不给食)	一〇〇	四〇〇	四五〇	五〇〇

照上表看起来,这二十年中衣食住的增加约三四倍,工资的增加也不

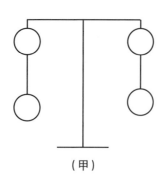

（甲）

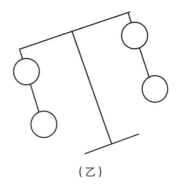

（乙）

少，但是真实工资却很少的。

欧美的工资和物价，原相平衡，增加也差不多的，譬如工资一元，物价也一元，后来物价二元了，工资也增加到二元，总之，物价和工资互相保持相等的（如甲图）；但中国却不然，工人工资在几千年前已经落后了，就是现在能和物价相比的增加，也不能维持生活，好像乙图，工资早已比物价少了，物价一元时，工资只有五角，物价二元时，工资一元，它们相比虽相等，但因工资原来已少了的，所以真工资仍不多的。倘使我们就把极简单的生活来讲，各期的工资，都不能养活四口之家的。譬如以每月吃一担米、住一间屋计：光绪年间月需五角四千文，合三元余，而男工资只有八角；民元年食住约一元八吊，合五元，而工资只有二元；民四年食住约需一元五角九吊，合七元，而工资只有三元；民八年食住约需二元五角十吊，合十元，而工资只有三元五角。以上各期，工资都不及生活费，工人们要免冻馁，只有一法，全家人，不论老小男女，都出家作工，把各人的工资合起来才勉勉强强的过活；但是他们困苦的情形也可想而知了。所以在中国无论什么事，都有人去做的，并且上海工部局竟不能禁止幼年工，倘使禁止了，工人反以为是虐待他们，使小孩子在外游荡吃闲饭呢。因此，我们可以知道要求工资增加比物价的增加更快，是一件当今最重要的事。

（2）日本　日本为欧战中的骄子，在在得渔翁之利，好像国家很富了，但事实上不对，他们大多数的劳动者仍是非常贫困呢。物价增加比工资增加快的多，劳动不能生活，强盗因此增多，白天抢掠的也时有所闻。现把东京的物价指数及四十种劳动工资的平均指数对列如下，以资比较：

年	月	物价（一九〇〇为基）	工资（一九一四六月为基）
一九一四	一二	一一九	一〇六.三一
一九一五	一二	一四一	一〇八.四三
一九一六	一二	一七二	一二〇.〇七
一九一七	一二	二一六	一五一.一〇
一九一八	一二	二七七	一八五.三四
一九一九	一二	三八一	二九二.三七
一九二〇	一二	二七一	二八八.〇八
一九二一	一二	二七六	

（见Economic Journal, June. 1923. p.253–254）

日本在欧战后，罢工风潮时起，他们唯一的目的，就是增加工资；于此可见日本工资的不能使劳动者平安生活了。

第三节 失 业

（一）失业与工作权 在现在的社会组织之下，一般人最怕的是作工，谁都欢喜读读书，谈笑，有丰满的衣食住；但一方却又竭力去钻营，谋得那"最怕的工作"，那不是一很奇怪的现象吗？天津有一百万人民，三十万人是失业的，失业中有的外国人，而学校毕业生竟占三分之一。中国不是最需要教育人才吗？但为什么竟有三分之一的毕业生钻营都得不到工作？我们知道人类的财富，由于劳力加于自然而成的，劳力是生产的原动力，财富的需要无穷，那劳力的需要也该无穷，因为物质需要是人类的目的，要达到这目的，不能不要用达到目的的手段——工作的，但这必要的手段，竟无从施发，那真现社会的特点！人有三大自由，——言论自由，居住自由，信仰自由，但没有工作自由的。譬如这里有工厂，工厂需要人才的，无论管账的，管理机器的，管理工人的，工程师……都要招请的；但是倘使我很有才能的，可以任胜的，去进厂作工，他们竟敢不许我作工呢！我有才能，为什么不许我发展，使用呢？我要衣食住，为什么不许以才能来交换呢？在从前，作工本是自由的，好像哥

伦布似的,他要做什么工就做什么工,从没有人去阻止的。想要房子住了,伐木造屋;想要东西吃了,打猎禽兽;想要衣服穿了,拿兽皮为衣;那是何等自由呵!但是现在的作工自由权,全被资本家以资本剥夺去了,非靠他的资本不能工作了!他有资本,可以禁止人家做工,他有能力,可使人家两足不能站在地球上;于是那不得工作的人,有的因贫而死,有的铤而走险,造成社会上许多罪恶!工作不能自由,它的悲惨竟如此的!况且生产是善事,而工人竟不能自由地做善事;工作是为谋生的,而工人竟不能自由地谋生,生存权不知又到那里去了!一方不能得衣食,而一方制造衣食者又不能工作,这是现在不自然的实业制度的现象呵!

(二)失业之意义　本是无业游民,不是失业,因为他们既没有那能有失?失业是本有职业而不自愿的被停业。失业可分为四种:

1. 有效能及技巧的工人。寻常时期因时令或天气而暂时停工者。好像因年荒,又如农夫在冬时的暂时失业,做电机风扇和成衣匠等事业的不在时令时候的失业。

2. 有效能及技巧之工人,因实业恐慌或式样变更(如发明机械),故用新机,或和外国竞争等而失业的。

3. 不常工作者,道德或身体上(病或无能)不能多工作者。

4. 游手好闲,依赖他人的不能得业者。

上面(1)(2)两种人数最多,在社会上最是需要,但也是失业的最多;一般无用的议员政客反而没有失业的,其实,他们的那能算职业?

(三)英美之失业统计　失业是普遍的现象,无论何时何地工人的供给常比需要来得大。现在把英美做个例:

(1)英国　英国的失业现象,发现得最早。经济学家调查伦敦船厂一八九一年十二月三日的工人为一七八五〇人,到十二月二十四日已减至一一八五〇人,相差为六千人;以全年计最忙时需二万人,而寻常只要万六千人,但求工者却有万二千以上呢?那就在最忙时,四千人得到工作,还多着六千(至少)以上的工人,那不是有百分之十的失业吗?现在再把过去六十年中英国工团工人的失业统计录后,以资比较;不过全国工人的失业数,那是一定比这个数目要大的。

年　　号	失 业 百 分 数
1860	1.85
1	3.70
2	6.05
3	4.70
4	1.95
5	1.80
6	2.65
7	6.30
8	6.75
9	5.95
1870	3.75
1	1.65
2	0.95
3	1.15
4	1.00
5	2.20
6	3.40
7	4.40
8	6.25
9	10.70
1880	5.25
1	3.55
2	2.35
3	2.60
4	7.15
5	8.55
6	9.55
7	7.15

（续表）

年　号	失　业　百　分　数
8	4.15
1889	2.05
1890	2.10
1	3.40
2	6.20
3	7.70
4	7.70
5	6.05
6	3.50
7	3.65
8	3.15
9	2.40
1900	2.85
1	3.80
2	4.60
3	5.30
4	6.80
5	5.60
6	4.10
7	4.30
8	9.0
9	7.7
1910	4.7
1	3.0
2	3.2
3	2.1

（W.H. Beveridge: Unemployment. A Problem of Industry, A.L. Bowley: An Elementary Manual of Statistics, The Brotamica Year Book, 1913, p.520）

上面的统计是由工团得来的，除此以外竟没有法子的；因为调查职业不比人口似一定的，它是时时变化的，看不出的，今天有职业，明天失业了，后天又有了，这样变化的事，非有关系密切的去调查是没有别法的，不过工人在工团中因有特别关系，常要工团的帮助，所以工团里都能详细知道工人们的失业与否。

上表，失业最多只有百分之一〇点七〇，好像很少的，这也有原因。我们在上面讲贫乏时也曾知道英国终比美国少些，英国由百分之十至十五，美国就有百分之三十；因为英国工人不易失业的，他们罢工的势力很大所以比较的容易得到工作。

欧战以前，已经在上面说过了，欧战以后英国的失业人数更多。一九二〇年单讲受政府保护的失业者有七十四万八千人（内男工五十万，女工十八万八千，少年男工万九千，少年女工万一千）。一九二一年失业者更多了，各月份内至少有一百万多，至多有二百十七万多，比之一九二〇又多了三倍呢！下表就是英国劳动局的求职人数统计：

月份	求业者总数	男	女	少年男女
一	一〇六五〇〇〇	六五八〇〇〇	二七八〇〇〇	一〇二〇〇〇
二	一二八〇〇〇	八〇二〇〇〇	三一〇〇〇〇	一〇六〇〇〇
三	一四一四〇〇〇	九三六〇〇〇	三六五〇〇〇	一一三〇〇〇
四	一八五四〇〇〇	一二六一〇〇〇	四四八〇〇〇	一四五〇〇〇
五	二一二二〇〇〇	一四九六〇〇〇	四九七〇〇〇	五六〇〇〇
六	二一七八〇〇〇	一五四九〇〇〇	四七八〇〇〇	一五一〇〇〇
七	一七八〇〇〇	一三五〇〇〇〇	三一七〇〇〇	一三〇〇〇〇
八	一五七三〇〇〇	一一九〇〇〇〇	二七五〇〇〇	一一三〇〇〇
九	一四〇五〇〇〇	一〇七八〇〇〇	二二九〇〇〇	九八〇〇〇
十	一七二九〇〇〇	一三三三〇〇〇	二九四〇〇〇	一〇三〇〇〇
十一	一八四三〇〇〇	一四一五〇〇〇	三一八〇〇〇	一〇一〇〇〇
十二	一八八六〇〇〇	一四五一〇〇〇	三三四〇〇〇	一〇一〇〇〇

一九二二年一月份失业者为一九六〇〇〇〇人，二月份一八三七〇〇〇人，三月份一七四〇〇〇〇人，后面没有正表调查发表。

一九二三年的失业恐慌更甚,最近内阁和国会的改选,他们的争点就是在救济失业问题,可见失业的更多了。

(2) 美国　美国的失业统计,以一八八五年麻省的失业调查为最完备。从一八八四年五月至一八八五年五月的一年中,全省八一六四七〇工人中有二四一五八九人,约百分之二九点五九,在他本业中失业的,平均每人约失四点一一月(怎样叫做失业? 一年三百六十天中一天不作工就是失业吗? 二天不作工是失业吗? 失业的程度,大约要有三分之一的时间没有工作的才可称为失业工人。现在一年十二月中有四点一一月失业的,那已有称失业的资格了)。以全体说起来,约失一点二二月。其中有一〇七五八人有第二职业的,那失业者平均失三点九一月,全体平均约失一点一六月,总计工人失业者约占三分之一时间,全体平均约失百分之九点七。

第二个调查是一九一一年纽约的调查。在百人中能有一定职业的不过六十人,其余四十人都没有一定的职业,今天没有事,也许明天有了的,其中至少还有三人完全无业的,那这种失业情形也很利害了! 倘工资在平日很大的,那就是失业了也不要紧;譬如一天的工资能供给二天的生活,那就是一年中半年不作工也不要紧。但是事实却又不是这样的! 据纽约失业委员的报告二百十一工团的会员,平均每年每人最大的收量当在千元以上,而实际的收入不过是八百元,所失大约有百分之二十;其他没有工团组织的工人,没有什么保护,失业机会更多,其命更不幸! 平均每人所失工作时间约在百分之十一至二十之间;平常虽是一天可有三元(金元)进项的工人,照当时(一九一一年)的生活程度计,已不能一天没有工作了。这些失业的工人,没法,只好以借贷,减低生活程度,或请求慈善机关的辅助而勉强生存了。(N.T. State Commission on Employers, Liability of Unemployment, Report of Committee on Unemployment, 1911.)

一八九七年至一九〇二年中纽约工团工人的失业时间,最多为百分之三〇点三,最少为百分之一三点四。表列于下:

年　　号	百　分　数
1897	30.3
8	24.0

(续表)

年　　号	百　分　数
9	18.0
1900	20.5
1	17.2
2	13.4

一九〇一年麻省工厂中，全年工作日是三百日，但能做工三百日的，仅占工人总数的百分之六七；寻常所雇工人的最小数仅及最大数的四分之一。

欧战中美国工业最发达，可是失业者仍是很多，不异于前日。一九一五年纽约城失业工人估计，五月里男子失业的占全工人百分之一八点八，女子百分之九点二，共百分之十六点二；七月里男子百分之七点一，女子百分之五点五，共百分之六点七。现在把那表写在下面：

	男		女		总	
	失业人数	占全工人百分数	失业人数	占全工人百分数	失业人数	占全工人百分数
五月	三三六二三〇	一八.八	六一七七〇	九.二	三九八〇〇〇	一六.二
六月	一二七八四二	七.一	三七〇九四	五.五	一六四九三六	六.七

另外还有劳动统计局把美国分为二部的调查：(A) 东部和中西部，十六工业城（波士顿芝加哥等都在内）。(B) 落基山和太平洋岸十城（旧金山盐湖城都在内）。据报告，一九一五年的失业统计如下：

	调查之家庭数	其中失业者百分数	家庭数	工人数	失业人数	百分数
A	四〇一五四八	一五.一	一六九四八九五	六四七三九四	七四二一八	一一.五
B	三六五三七	一五.三	一三七九〇三	四九三三三	六三七三	一二.九

上面十六城失业的原因是：

1. 无工可作	九五一	（百分数）八二.五五
2. 病或废	一二七	一一.〇三
3. 罢工或闭厂	六	〇.五二
4. 他种原因	八	五.九一
总	一一五二	一〇〇.〇〇

  上面所讲的都是据劳动局调查的，其他失业者也许比劳动局所统计的更多，那美国的失业情形很可惊的了。

  （四）中国的失业状况 中国本没有什么失业统计的，所以我不能知道失业的程度究是怎样不过我们稍明社会状况的，就可知道失业是中国最普遍的祸患。现在先把失业的种类说一说：

  1. 灾民 这是指各地遇火水旱灾的农民，一时的忽然而来的；但是中国的灾民却年年有的因为中国常常有水旱灾，他们一年的职业收入不足以维持生活，不能不出来要吃了。我们所谓"难民"，就是这些人，现在快又要来了。

  2. 乞丐 完全的乞丐，有人不主张把他归入失业类，其实乞丐为什么要做乞丐？不是失了业吗？况且有许多乞丐，都为了收入不足才去求乞以补生活的，好像浙江的许多乞丐似的。这样，那能不算他是失业者？

  3. 赋闲之政客 就是一般修补官；又称候业的（这不就是失业的吗？），这般人很多，只江苏一省而论，在省署里候业的有近千人呢！有人以为这些人有官了，不是就不失业了？但是不对！地位是一定的，你有了，彼又失了，一失一得，互相交替，所以失业人数终是没大变动的。还是一般阔人，策士，都属这类的失业者。

  4. 退伍军人 打起仗了，败的那方的兵就被解散，但是兵士是不会做别种工作的，变成了无业者。退伍军人在北方最多，浙江也有。

  5. 旧式文人 这般人很苦的，他们虽能做得很好的八股文，但终不及新人物的新花头，而且没有用了。某处有次找一个书记，一月只有十元薪水，愿屈就的竟有千人之多；其中也有前清秀才老爷的；于此，可见他们的苦况了，堂堂秀才老爷现在竟没有法子，只好做书记拿一月十元薪水了，其实，他们实在没用，写封信他们也不知道什么格式呢！这般人也很多,全国有几十万文人,就以十分之一为失业的,那也有几万呢。

6. 土匪　照现在的调查,这些土匪,不是退伍军人,便是失业的农民。

7. 失业工人　人数却很少的。

上面七类人物,都是失业的,估计一下,全国总计至少当占百分之三十以上,但这不过是有职业而失业者的计数,倘使把本无业者一起算起来,那要在百分之五十以上了。或人疑这数目太大,其实是有的;现在找出两个证据来证明一下:

A. 日本大正九年东京市有业者一〇一三六六二人,内男子八二二九〇七人,女子一九〇七五五人,无业者一一五九五三八人,男子三四八二八一人,女子八一一二五八人,约占全人口百分之五三点四。

B. 据南京调查无业者占百分之四七。

以东京南京为比例,那中国无业者的占百分之五十,也许不为太过吧!

一九二三年二月间,中国邮政局调查天津人口共约八十余万,其中无业者五万七千余人（专指男子）,分下列各类:

1. 高级退职军官

2. 退职官吏

3. 富家子弟

4. 学校毕业生

5. 外国人谋事者

6. 暂时失业之工商

7. 退伍军官兵士

8. 苦力　　　　　　　　——见本年四月一日《申报》。

上面的调查无业者仅占全人口百分之七,即假定天津男子占人口的半数,四十万,那无业者也不过占人口百分之十四,好像太少;也许不是无业乃是失业吧,所以妇女不在其内的。

总之,中国的失业范围,一定很广,现在既没有准确的统计,那与其根据零碎不可靠的记载,不如以常识来估计到好些呢。

（五）失业救济方法　据经济学家的观察,以为失业不特为普遍的现象,并且是周期之现象,大约每五年至十年左右,必有大失业的恐慌。美

国约七年一次。美国经济学会征文得第一者研究的结果,以为失业是循环的,失业现象与数量无关而与质量有关系的,所以要救济失业,工作增加是没有用处,必须能工作改良才可得根本解决(William A. Berridge-Cycles of Unemployment in the United States, 1903-1922)。

因为失业问题的重要,所以各国政府于一九一〇年组织世界失业会议,第一次在巴黎举行,以冀联合世界谋失业的救济。欧战以后,失业问题更觉重要,去年美总统哈定特召集全国经济学家组织失业会议以谋这问题的解决。就是日英各政府也在那里竭力对付这同一的失业问题呢。现把各种救济方法说一说:

(1)生产与分配归政府主持　这是一个最激烈而又理想的方法,却是很根本的救济方法呢。这方法行社会主义的国家可以实行,不过劳农俄国现在虽已办了,失业问题仍旧有的,那这方法也许不能根本免除失业吧。主张个人自由者对于这方法非常反对的,因为这束缚个人自由的。

(2)失业救济工作　这方法可算是中国发明的,在唐时已有"以工代赈"的事;英国在十八九世纪时实行;德日等国也都已实行的。这方法就是在有失业的时候,去招集来造路、治水,以为一方能增进建设事业,一方又可解决了失业问题,真是一举两得。不过反对者说,这是社会之罪恶。社会上无论什么事,倘使是必需的那就要做,现在有了失业工人才想出去招来造路、治水,那这条路、这条河既可延迟下来的一定不是必需,这样不是荒废人工财力于无用之地吗?要是那条路和河是必需的,但现在却要有了失业工人的机会才去造路、治水,不是因失业救济而反把必需的事遗误了吗?即使说恰好有失业工人同时又有必需的工作,那虽是很好了;但不知以纱厂工人去造路,机器厂工人去治水,不是学非所用,用非所长吗?——纱厂工人失业而仍叫他做纱厂的事,机器厂工人失业而仍叫他做机器厂的事,那是没这回事的,否则算什么失业?——还有一个短处,就是弃机用人,譬如造路治水可以用机器的,但为了要多给失业者一些工作,就叫他们替代机器,一方虽是救济失业,一方不就是浪费吗?总之,这种办法,是很不经济的;并且要造成依赖的阶级。反对的论调,虽是有太过的地方,救济工作的适当与否,要看当时的情形,不能一概而论的；但这种办法却不过是"头痛医头""脚痛医脚"的，不是根本的办法。我们要问为什么不在失业之前多添工作不使有失业之患，而必于失业既发生了再"临时抱佛脚"呢？譬如人家对于小孩子，为什么在没有走失的时候不好好看护着，一定要走失了后才"沿街敲锣"去找呢？而且这无论如何不是好现象，国家里既有了救济失业工作，就可显出这国家有失业问题，更可显出它不知在事先有好好的处置。譬人去请医生医治，就可显出他有了病了，更可显出他在病前是不知讲卫生的。所以就是这个办法很好的，我们也希望他少些，不要常常发现。

（3）添新工业与扩张旧业或垦荒之类　主张的以为把甲地的失业工人搬到另一地去或添新工业，失业问题便可解决；不知失业是为了社会流动资本缺乏，资本家没钱而关门的，现在去问他你为什么不多开几个工厂使失业工人都有作工的地方，或问他为什么不拿出些钱来叫工人到别处去做垦荒等事，那不是笑话吗？所以这方法于理论上很可讲得过去，事实上却不可能的。

（4）造林与收回公地　英国也试行过这方法。造林工作可多可少，以应工人的需要；时间在冬令，因为那时失业者最多，而工人不必要有专门的技术，资本也不必要怎样大的；而它的利益却很多，工人可以不失业了，天气与土地可以改良，如减少水灾和调和天气等；所以世人现在还深信这个救济方法，以为世界上最完备的办法，莫过于造林。工人既不必要加以技术上的训练，无论谁都可做的，资本又不要多，而结果却很好的。讲到造林，倘使去用平常的工人，那是很难生利的，因为资本虽不十分大，但工资要贵了，一切费用也须增加，一旦失了火，全体毁灭，岂不很危险的？现在以失业工人去做，工资可随便给些，那比去雇用特别的工人经济了。还有造林的收效在极远之将来，所以私人都不愿做的，最好由公家举行。赞成者又谓即使利益不多，失业者终可免于饥寒了。不过造林常在山野中，而工资又少，一般上中级的工人都不愿去做的，但赞成者以为就是下级工人去做，也有好结果的。怎样呢？社会上充满了下级工人，那工资一定要跌下来的，这是我们前面已讲过的，现在把没能力的下级工人搬了去，那在社会里的工人，工资不可增加了吗？所以这方法非特使下级工人不致失业，同时也使中上级工人工资增加，不是很好吗？

（5）改良工作分配以调剂工作　为什么要失业？为什么失业是周期的？这是世界各国都在那里研究的；因为我们不能知道它的原因，何从下手去救济的。譬如上海丝厂的丝价，明天是多少，那是没有一个能回答的，最多能够预知那价值要往下落了或是往上涨了；倘使谁能回答的，那他可做大富翁，开了丝厂不会开门的了。这种价值的涨落是现社会里一种特别现象，是利害相冲突的结果。譬如甲图是一块木头浮在水面上，上浮力和下压力如相等，那就不再浮上也不再沉下；如乙图下压力比上浮力大了，如是沉了下去；如丙图上浮力不知多少，下压力也不知有多少，而且还有左右两边的压力，它们的压力方向乱七八糟，它们压力的数量也不知道，所以这块木头究竟是浮下去呢，还是浮上来，我们就不能预知了。现在的经济状况，也是这样。你为着私利希望增价，他反希望跌价，……各个人有各个人的希望，各个人有各个人的势力，所以物价的涨落为了势力和希望的各别，不能预知了。一旦发生了高价或是……，根本原因，仍旧不知道，以为金融紧了；但金融为什么紧呢？这好像人死了，为了身体坏了；但身体为什么坏呢？譬如一个纱厂关了门，说是管理不良，为什么管理不良？说是……说了许多原因，根本原因仍旧没有说出！和不说一样，我们要把社会经济组织好好重组一下，过细的调查各方的利益所在，寻出一个共同目标，来支配价值的涨落，就这是说一切资本家工人，都联结起来；这希望虽然太远了，但照进化论上讲，那这种实业制度，将来也许有一天实现的。但是各国政府现在至少要觉悟了，无论如何终不希望它国里经济起恐慌的，就是中国政府也终不希望的吧；那在经济状况未重组以前，一旦为了私人实业的失败，社会上发生了失业问题，那政府当怎样处置呢？有人主张政府或公家设立事业，以调剂私人的工业，减少失业人数，或贮款以救济临时发生的失业问题。譬如政府有预先贮款的，一旦那里有了几万人的大失业发出，即刻汇数万款去，或把失业人工运到别种地方，那失业问题不是可立

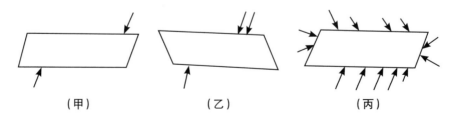

（甲）　　　　　（乙）　　　　　（丙）

刻解决吗？这是非常好的，人们以为公家不以谋利为目的，有牺牲精神的，所以很可做这种事；一方可解决失业问题，一方也许可得利的。但也有人以为这种事很难做的；人们视政府像一个人，有钱有势，神圣的，万能的，无论什么事都可叫它做的，其实它和私人一样的，私人有很多的困难，它更多困难呢。譬如中国的邮政局，可算成效很好的了，社会主义者也以为是社会化的工业，但是中国的邮政局呆得不得了，一切火车轮船来来往往都不要费钱的，它一年还不过赚了一二百万，在美国，政府还贴钱的；在另一方面讲，因为邮政局的邮件在火车里不出费的，那我们坐车的无形中又加了一些价，在轮船里是免费的，于是坐轮船的也多出了些钱，一切的中国人都为了它而出钱，其结果不过每年多一二百万！这还算成效卓著呢！那我们要希望国家预贮钱去随时扩张实业，失业问题发生了，政府即刻汇钱去救济，怎样成功？要人民出钱，但为什么国家要钱呢？说是存在银行里，那是谁也不肯出了；或是人民知道了政府常有余钱存在银行里，那一定要要求减税了；所以政府要人民出钱，常常借了很好的名目，但人民还要监视着用途，伸缩也不能呢。我们要知道政府是最不自由的，民治的国家更不自由；现在要那最不自由的政府去干最自由的事业，那怎样做到呢！还有人以为政府也受私人经济潮流所牵制的，譬如交通事业，那邮政局没有人去寄信，它仍可以天天忙碌着把空袋寄来寄去，一年多一二百万吗？那火车和轮船没有人去坐，它也仍可以天天空车空船开来开去吗？所以政府的一切事业不能脱离私人的，更不能随意去干的。还有人反对的，以为公家所需用的，大都是有专门技术的工匠，如机工矿工和工程师等，未必是失业的人；同时那专门工匠都不易失业的，那什么事能干，什么事不能干的人最多失业，所以公家即使举办事业，于一般失业的人也没有关系！

（6）工人交易所　最有效而易于实行的救济方法，莫过于工人交易所。平常人以为交易所非常不兴的，其实真真的交易所可以调剂恐慌，不特能通有无，且可通缓急。我们只要看交易所多的国家，失业的事就少的，如美国铜铁和面粉等业都有交易所，所以价值上落的很少，失业恐慌就不会发生了。它的最重要的原理是消息灵通，一地发生恐慌了，便可设法补救了；好像人身上血脉似的互相都贯通了，一处伤了便立刻补好。这原理应用到工人交易所，就是有了交易所可以调剂的失业，譬如北京有了大恐

慌，但上海或者很好的，可以应用了；或是纽约有大恐慌竟运到横滨；到一年或是半年那里恐慌平了，就可回去，横是现在交通非常便利，那怕天南地北不久便可到的。其实这工人交易所和中国的煤行也差不多的，不过它的范围要大得多，且是政府所设立的，最好能普及全国。它的任务是：调查各地工人的失业数及状况和各机关工厂对于工人的需要，借此流通消息，调剂供求；同时还编制关于失业的统计。这种工人交易所最早创于德国，一八九四年间已有多所成立了，以前当然已经有了；一九〇九年全国共有九百多工人交易所。英国于一九〇二年也采用这种制度，现在呢，欧洲各国凡有能力的都已实行了。他们还编制"工人潮流"（Labor Current）报告什么地方工人多什么地方工人少，将有怎样的趋势等，简直和气象台一样，说空气什么样了，大风向什么地方吹了。

英国调查德制委员长（D.F. Schloss, 1904）以为德国工人交易所所以能成功，实由下列各原因：

  a. 各公家及政府机关的实力扶助和提倡 无论谁都愿帮助它，这是很重要的；倘使资本家不给它消息，工人不要它介绍，那交易所就可关门。要使无论谁都愿帮助，第一要不取渔翁之利，借介绍之名，取很大的谋费。

  b. 管理交易所都由雇主和工人的联合委员会主持 这可使雇主和工人互相联络起来，好像放他们在一间房里，让它们自己去商量似的。

  c. 它的性质纯为便利实业而非慈善机关 慈善机关的事业要失败的；终要使雇主和工人不能缺少它。譬如你把工人交易所关了，终要使雇主说你关了门，叫我到那里去找工人；使工人说你关了门，叫我到那里去找饭碗呢，那就好了。

  d. 充分利用电报电话邮政等传达消息 要如气象台似的在数分钟内就能够使全国知道，才可很敏捷的调剂。

  e. 铁道对于就业工人的车费免除，至少也要减价。

现在思想最新的人，以为从前的工人交易所是国内的，但应当要全世界都联络起来，那结果更好了。不过这也很难于现在实现的：美国禁止外国工人登岸，日本谢绝了中国送去的工人，……世界上无论那一国都是拒绝外国工人的，这虽是不对的，但事实上又怎能于现在实行全世界沟通的工人交易所呢！

(7) 失业保险　这制度瑞士创设的,于一八九五年前已实行了,后来德英等国也都实行了。这种保险专为救济正当失业的,老病罢工和意外伤毁都不在内。我们现在生命有保险的,但使生命继长的饭碗,为什么没有保险呢？那不很奇怪吗？其实中国早已有饭碗保险了。中国的"摇会",在工人中有的聚集十二人一月各出一元,一年十二元,倘使谁摇得了就拿得十二元,这完全是保险公司的办法；所以有很多工人生了病仍能维持生活,都因他有摇会的,就是他在生病时候不恰好自己摇得,也可和别人摇得的商量一借的。现在再讲失业保险大概可分两种:一种是受助的,一种是不受助的。受助的失业保险,除了会员纳费以外,不够用,更受外界的捐助。但有人反对受助的失业保险,以为我们对于救济失业方法要自立的,不要含有慈善事业的性质；慈善事业是不能久长的,就是能久长,也不过是工业中的一种不好现象。还有人以为我们工人人格非常高尚的要谁来哀怜；所以也竭力反对受助的。第二种不受助的失业保险,由工人自己筹费,专靠会员会费的。它的主意在用互助的方法自救,使工人觉悟失业是全体的负担。因为工人要纳保险费,同时又可要求增加工资。但工人保险费要多少呢？这可和保火险似的,譬如要保一千元的,在容易起火的地方大些,假定是十元,那在很少有火的地方少些,假定是一元。工人失业保险也是如此。在危险多的工团,工人保险费高些,在不大有意外的工团里,保险费少些。所以在工人保险费的多少里,我们可以知道失业的多少,更可以预筹补救方法了,这是失业保险的最大利益。理想的失业保险,要有下列数点:

a.强迫的　这制度要强迫的,不能自由的。倘使规定了本工团里团员每人要出纳多少费,那无论谁不能不纳的。因为人数愈多,支配愈容易；而且最好还要联络各工团呢。譬如甲工团是单独的,那倘使屡起失业恐慌,不就要不能支持吗？这好像人寿保险等不能单保险一个人或一地的人,假使那人死了,不要大亏本吗？所以它一定要保险全城、全国、全世界的人,使就是有地方要赔偿还得余利。

b.受保者必年纳最少限的保险费（或会费）　倘使没有保险费,那里有补助金？所以不能不有一些保险费；但多少是不定的,由各工团看各工团情形而定。

c.失业者所得的补助金,当有限度。

d. 补助金不可过多以防奖励失业　倘使补助金多了，他们都要乐为失业了。好像保火险费大了，竟有放火了想得赔偿的。所以工人失业补助金也当有限制。

e. 当和被保的工业全体联络。

反对者以为失业保险不过使失业者知道应得失业的，违反了优胜劣败而使无能者得以存在吧了！但是我们要知道，失业恐慌大都是全体的，不论优的劣的都包括在内，倘使没有失业保险去救济失业工人，那优越的失业工人，势必同归于尽！况且社会上失业的人多了，就是不失业的工人工资也要因此减少的；所以不救济失业工人，同时就是祸患得业工人。

（参观 The Encyclopedia Britannica，Vol.27，pp.578-580.

I.G. Gibson：Unemployment Insurance，Chap. pp.1-32.

W.H. Beveridge：Unemployment，A Problem of Industry，Chap. Ⅷ，pp.150-190）

（六）失业之根本原因及其影响　失业的根本原因，不外为：（一）实业制度的不完全；（二）工人自身的无效能。但各家意见不一：霍白森以为工人自身的无效能不能算失业的根本原因，乃是社会组织不好所致，所以社会应负有全责的。班恩斯则主张工人自己没能力不该救济的，以为这是自作孽不可活。波士的主张则介乎两者之间，以为工人的无效能在道德上当有所帮助，在经济上那是没有存在的理由的。但是失业之工人，倘使我们不加以援助，那危险很大的。我们知道一个人的失意时代，就是他一生的成功和失败的关键，也就善与恶的焦点；倘使一个工人失了业，他觉得社会上不需要我了，于是就生出放荡的念头了，失业的时间愈长，堕落的机会愈多，因此常有有效的变为无效，无恒业了渐变为无恒心，经济不足，……使人类退化，它的影响是：

一，自甘暴弃如醉酒等　这种情形，我们可于文人中求得；文人在失意的时候，往往饮酒以自安，做诗以发牢骚，好像王荆公的诗，大都在他在苏州被人毁骂的时候做成的。

二，失恒心　"有恒产者有恒心"，这产不是财产，乃是生产（创造）。工人倘使没有职业，就是没有恒产了，那恒心也就随之而失。

三，失固有之效能　我们有句俗话说"熟能生巧"；反转来说，就是生了要忘记原意的，所以常常失业的做起来就要觉得生手，失去固有之效能的。

四，慈善之需要增加　工人失业了，慈善机关不能不设立，但同时工人因此失奋斗力了。譬如这里某处有施粥的，每年有一万多经费，但平民们因此可少作一些工，把施粥也计算在收入里，以为常年收入的一部分，使他们成了依赖心，那不是施粥的本意成了反比例吗？

五，食不足身弱　工人是社会中的占大多数的，现在身体弱了，那一大部分的人不就弱了吗？

六，工人退化家庭受累　因为工人是一家之主，社会也受其祸，因为社会是家庭组织成的，家庭既受工人身弱的累，社会当然也受祸了。并且有流为盗贼的，那更有害于社会了。

（Adams and Summer: Labour Problems, Chap. V.）

第五章　罢工与同盟抵制

第一节　罢工与同盟抵制之意义

上面所讲的都是劳动界的祸灾，好像血汗制和妇女和童工等情形都是不自然的，不该发生的祸灾；但我们既明了了劳动界的祸灾，有什么方法去改良劳动界，免除它的祸灾呢？从历史上说起来最早的方法就是罢工，英国在十四世纪的时候已经有了。

（一）罢工之意义　罢工是实业社会里所不可免的现象，也是为人工作者表示抵抗的惟一利器。它的简单的定义是：

> 受佣于人者，暂时之联合，以全体停止工作为手段，而求达一共同的目的；——大抵为改良或维持受雇之待遇——同时并采取积极之方法以抵制他人占据其虚悬之位置。

从上面的定义里面我们可以得到两个重要点：（一）罢工的目的，不

一定完全在高尚的改良，多数在增加工资；（二）罢工不单是消极的停工，同时积极禁止别人工作的行为，倘使谁去替代他的虚悬的位置，他就要相打，暴动起来了；所以罢工的开始是和平的，罢工的后来是要暴动的。照罢工的性质来讲，人类一天有雇主和被雇的两阶级存在，那罢工的现象也一天不能绝迹的。在资本主义下的工业，罢工当然不能免；就是在国家社会主义基尔特社会主义下的工业，罢工也不能免的因为国家和基尔特虽和私人的资本家地位各不相同，但同是雇主；受雇者对于工作的待遇，倘使有不满意的而又不能达到要求的目的，那他们最后的办法也不过是罢工吧了。譬如国家或基尔特定了每天作工十二小时，我们要求减少作工时间，但它不答应；那我们倘使要达到目的，只有用罢工的方法了。要罢工的不发生，只有使人各自由，工作没有强迫，也没有管理，好像安纳其主义下的社会，高兴的时候多做一些，不高兴的时候就可不做，那就没有什么不满意的待遇，不必用罢工去要求了。但是现在的人类社会能否实现这种主义，那是一个大问题，难以解决的；而一般大言不惭之流，说什么我的新社会主义实行了可以免除罢工，真不知罢工是什么一回事，何太不自量呀！

（二）同盟抵制之定义与来源　这要比罢工更进一层，罢工是两者的关系，这同盟抵制可算是三角关系。罢工的人有时不特和雇主断绝相对的关系，更断绝雇主和他的售货主顾及购料商店（不论什么人）的往来，结果甚至有使雇主绝断饮食等事发生；这种工人的结合行为，便是同盟抵制（Boycott）。这个名词原来没有什么意思的，并不是从什么希腊、腊丁字中脱胎出来的，这原是一个人名字，源于爱尔兰，照现在的意思是隔绝。一八八〇年有鄀爱靠特大佐代替一个资本家到爱尔兰去收地租，因加租触怒了乡人，他们于是发明了个对付方法，一个很文明的方法，和大佐绝交，断绝他一切的交通，没有人和他讲话，也没有人给他东西，遣散了他的仆役，并且绝断他的邮件食物，于是他没有方法对付，只好请兵九百人来把收获运出；但是乡人见他恨极了，结果竟把他在通衢缢死，并且毁伤他尸尸。因此，大家都以为这样的对付资本家就叫 Boycott 了。爱尔兰自由党也常用这方法的，不过英国法律上不许的，要以军法从事的。不久，德、法、俄诸国都采用了，美国工团于一八八六年也采用这方法来抵制一雇主过。后来就普遍全世界了，虽是为法庭所不许，但它的趋势，那是日渐增进，不因此少却的。

（三）罢工与闭厂之区别　由工人自动停工的叫做罢工，由雇主自动辞停工人的叫做闭厂。这定义确是很明了，不过于事实上却很难区别的。要求的条件虽很容易知道那方提出的，但是因谈判决裂而至罢工的，那雇主和工人都可做罢工的主动者的。譬如工人要求条件实在太过分，雇主方面不易做到，而工人则坚持这种要求而至罢工，或是雇主提出要求，并非难得工人不能做到的，而工人故意不答应以致罢工的，那在这种情形之下，条件提出者虽不同，而罢工主动者则完全是工人；反之，工人要求条件并不过难雇主，而雇主故意不允许以致罢工，或雇主提出过虐的条件，工人不答应而罢工，那在这种情形之下，条件提出者虽也不同，而罢工主动者则完全是雇主。所以罢工和闭厂实难清明的区别。有人以为在实业衰落的时候，发生罢工的是闭厂，其实也不尽然的。总之，这是绝对没有标准可说的。在统计上惟一的区别标准是看停工通告那方面发出的；倘使是雇主方面的，那就叫它闭厂，倘使是工人方面自由停工的，无论有无通告，都就叫它罢工。这是一般人所公认的区别标准，美国就根据这个标准制造统计的。但是罢工的主动者往往不能以通告为准的（这是上面已讲过了），所以同一停工，在工人认为闭厂，在雇主又认为罢工；所以英国劳动统计从一八九四年始废去罢工和闭厂的名目，统统叫它"争执"。

第二节　罢工之历史

（一）英美之罢工史略　罢工来源很早的，在工银制度发达以前已经有了。好像古代埃及的奴变，中国的佃户抗租，……都是罢工的雏形。他们的手段是联合同类停止工作，他们的目的是要求改良工作或受雇主的待遇；和现在的罢工都差不多的。不过我们可以看出一个大不同点，在古代的罢工和现代的罢工之间，这就是两者的人种问题。古代罢工的奴隶和佃户是雇主的产业，雇主的附属品，自己没有独立的，不能自由的，所以他们的罢工在法律上叫做反叛；但是现代的却不同了，罢工者都是自由人，他们和雇主的关系是自由意志的合同，在法律上相互平等的，所以他们的罢工是相对的，不是反叛了。现在的罢工，照社会现状来说，是

资本制度和工团组织的特产。

欧洲罢工记载最早的在十四世纪。一三二九年德有普雷斯劳（Brislau）腰带店伙的罢工，一三八七年英有伦敦靴匠的罢工；到了十五世纪时，罢工已变成欧人习见的事情了。美国因立国较晚，所以到一七四一年才有纽约面包工人的罢工；菲城有鞋匠公会于一七九六年一七九八年一七九九年也都有罢工以要求鞋店不许用非公会的工人的举动。一八一〇年又有纽约靴店伙的罢工；但最大的莫过于一八七七年的全国铁道工人的罢工，全国一切的商业交通，都受着影响，以致不得不用中央政府和省政府的军队来武力压制呢。

英美国劳动委员的调查，一八八一年至一九一二年罢工与闭厂一四四〇次。现在把英美重要的罢工摘要如下：

第一表

英	一八九三	煤工（联盟区域）	（人数）三〇〇 〇〇〇
英		煤工（南威而斯与孟毛斯）	九〇 〇〇〇
英	一八九四	煤工（苏格兰）	七〇 〇〇〇
英	一八九五	靴鞋匠	四六 〇〇〇
英	一八九七	机匠与工程师	四七 〇〇〇
英	一八九八	煤工（南威而斯与孟毛斯）	一〇〇 〇〇〇
英	一九一一	铁道	二二 〇〇〇
英	一九一二	煤工	一 〇〇〇 〇〇〇
美	一八七七	铁道工（B. and C.R.）（Penn. R.）	
美	一八八三	电报生	
美	一八九二	钢铁工人（Honstead）	
美	一八九四	芝加谷（Pullman）火车厂	
美	一九〇一	钢铁工	
美	一九〇二	煤工	

——（The Encyclopedia Britannica，Vol.25, pp.1024-1037.）

当各国罢工起初的时候，他们的政府和资本家都是痛心疾首地以为这是工人的犯上妄为，力主以强权压迫制止的；可是到了后来，经验也多了，用压迫手段终归失败的，一方越用压迫手段而工人势力越大，一方又感觉罢工对于工业上和社会上的影响也不是完全没有益处的：所以他们就再不抱那痛心疾首的态度，用那强权压迫的手段而很和平的互相磋商了，并且还有提倡两者的互助精神呢！这不能不说是社会上的一个好现象吧。在现在，就是那般很守旧的西方经济学者和政治学者也没有一个不承认工人有罢工的权利和罢工是改良经济社会的利器了。

（二）中国之罢工　中国是农业国；工业一向不发达的，所以至今大多数的工业还没有脱离手工制和家庭制的阶级。不过在近二三十年来，才有新工业的萌芽，近五六年来，才有经济思想解放的运动。在一九二一年那最接近西方思想的海员，因为中西人薪水额的不平等（外人有三十金元的，而中国人只有八元就是在同一地位，做同一事业的），才有了破天荒的大罢工；它的结果完全胜利。于是大家都觉得罢工是改良工作待遇解决生计困难的唯一方法，一般劳动者更觉得自身工作待遇急须改良薪水的急须增加，一时风起云涌似的罢工了。不过我们要知道罢工的事，在中国也不是现在才有的，譬如农民的抗租，商人的罢市都是罢工之一种，那些业手工的人因为分散各地，而行业又不同，没有共同的利害，所以不能团结起来作一种群众的表示。好像木匠似的，有一百个木匠差不多就有一百个老板，而这一百个木匠又不是在一处的，同时每个木匠对于老板情感都很好的，所以很少有不满意的表示，更也无从表示；而且就是各个木匠的利害不同，甲因老板待遇不好想起来反抗，但乙，丙，……都因老板待遇得很好的，那可为了甲而也反对待遇自己很好的老板？……所以业手工的人在中国工业未发达前很少有罢工的举动的，就是或许有了，也把它当作罢市的一种，从没有人去注意过。所以说中国没有罢工那是不对的。

农夫可以抗租，商人可以罢市，读书人可以罢课，官吏可以罢职，甚而至于疆吏也可以联盟干政，而独以工人的罢工为大逆不道，这不是太不平等吗？这是共和国里所应有的？我不是提倡罢工，所以说这句话；我希望我们对于罢工终要抱着公平的态度，看工人们所要求之条件是否合理而定罢工的当否；假使不问罢工的是非，凡罢工的都以匪逆似的来对待，那千错万错，万万不可的！

民国十一年为中国罢工史的新纪元，以后就接连不断的发生罢工，这

是什么道理呢?

(1) 思想的变更　自从五四以后,青年们都受了思想解放和信仰社会主义,所以在劳动界中,他们便大大地活动起来了。他们觉得劳动界的生活太苦了,都是非人的,牛马的生活,但是他们自己不知道的,这是先觉者责任了,先觉觉后觉,于是就尽力地在劳动者前宣传他们的意志,说破劳动者生活的痛苦,因此罢工就发生了。这种现象很普通的,比如湖南上海等处的罢工,后面常常有青年学生来主持出计的。美国也有所谓 Ring Leader 的,到各地演说,帮助工人进行的。这种事情,在一方面讲,果然好像是少数人在内中播弄;但于事实上到也不可少的,因为工人智慧究竟的还够不到"处事得当",大多数还是不知所从呢!假使没有了这种人,那团体不易坚固,势必不能得到最后的胜利的。

(2) 工团的组织　各业有了各业的团体,更有联合会……等,所以工人罢工有了后援,比如这里工人罢工了就可由工会向别处工会筹款来接济,因此工人便不怕罢了工没饭吃,大胆地要求雇主的增加薪水改良待遇了。

(3) 生活费用与程度之增高　生活费用的增高使工人不得不有要求加薪的举动,在不能如愿时,更不能坐而待毙,不把最后手段——罢工,拿出来试一试的。程度的增高,也可使罢工增多。在从前,困难也有的,但我们不知道,譬如辛亥革命似的,我们处于满清专制政权之下,何尝不受困难?但我们不知道我们所受的困难从什么地方来的,后来有人提醒了我们,因此便大家起来驱灭那困难的源头。罢工也是如此,在从前,工人也受着很大的困难的,不过大家不知道;到后来才有人说破了工人困难的原因,说是薪水的过少,待遇的过薄,……因此便从一向安命的地位中走到奋斗的阵地里去了。这又好像我身体觉得不舒服的很,但不知道这不舒服从什么地方来的,后来有人告诉我说是为了某某一部坏了,于是我就不得不赶紧去求医生,就是费去许多金钱也不顾了。罢工的起源,也是如此。

(4) 海员成功之鼓励　因为海员罢工成功了,工人们便觉得罢工是百利而无一弊,终能成功的,因此对于罢工就很勇敢地蹈进去了。

现在社会上一方工厂一天多一天,资本的势力一天增大一天同时工团也一天多一天,团结力一天增加一天,那两者的冲突一定很多,冲突的结果便发生罢工于是罢工的数量就一定是一天一天地增加起来了。

第三节 罢工统计

（一）英美之罢工统计　英国每年有罢工和闭厂的报告，内容多由厂主和工人方面调查得来的。下表（第二表）是经鲍来教授把各种调查整理的统计，——由一八九三年至一九一三年，约二十一年。

第二表——英国罢工统计（闭厂在内）

年　期	风潮次数	直接应响人数（千人）	间接应响人数（千人）	损失日数（万日）	结果之百分数（次数）			备注
					工人胜	雇主胜	互让或不定	
一八九三	六一五	五九四	四〇	三〇.四七	四〇	三四	二六	煤工
一八九四	九二九	二五七	六八	九.五三	三五	三六	二九	煤工
一八九五	七四五	二〇七	五六	五.七二	三五	三七	二八	
一八九六	九二六	一四八	五〇	三.七五	四一	三三	二六	
一八九七	八六四	一六七	六三	一〇.三五	三八	三六	二六	机匠
一八九八	七一一	二〇一	五三	一五.二九	三三	三二	三五	
一八九九	七一九	一三八	四〇	二.五二	三二	三五	三三	
一九〇〇	六四八	一三八	五三	三.一五	三一	三四	三五	
一九〇一	六四二	一一一	六八	四.一四	二五	四四	三一	
一九〇二	四四二	一一七	一四〇	三.四八	二四	四七	二九	
一九〇三	三八七	九四	二三	二.三四	二三	四八	二九	
一九〇四	三五五	五六	三一	一.四八	一七	五一	二三	
一九〇五	三五八	六八	二六	二.四七	二〇	四六	三四	
一九〇六	四八六	一五八	六〇	三.〇三	三一	三七	三二	
一九〇七	六〇一	一〇一	四七	二.一六	二二	四一	二七	
一九〇八	三九九	二二四	七二	一〇.八三	二〇	四四	三六	造船,煤,织
一九〇九	四三六	一七〇	一三一	二.七七	一八	四六	三六	
一九一〇	五三一	三八五	一三〇	九.八九	二五	三七	三八	
一九一一	九〇三	八三一	一三一	一〇.三二	二五	三二	四三	铁道
一九一二	八五七	一二三三	二三〇	四.九一	二七.五	三〇.五	四二	煤工
一九一三	四九七	五一六	一七三	一.六三	二九	二五	四六	

（Bowley: An Elementary Manu Iof Stutistics, p.163）

我们看了上面的表，可以知道罢工并没有一定的趋势——就是一致的增加或一致的减削。表中每年人数的多少，常常受着一二个大罢工的影响，好像一八九三年联盟区域的煤工，一八九四年的苏格兰煤工，一八九七年至一八九八年的机匠，一九〇八年的造船工人和南威而斯的煤工和纱厂工人，一九一一年的铁道工，一九一二年的煤工……等。还有表中所谓直接人数是指罢工的工人，间接人数是指因他人罢工影响而也罢工的工人，但只以在同一厂所而说的。其实，直接间接也很难分别的，常常有些同情罢工，讲到它的"迹"是直接的，但把它的"情"一方面来讲那又是间接了。上表就罢工胜负来说，雇主胜的好似比劳动者为多；就种类来说罢工次数和人数最多的为矿业。

下表（第三表）是一九〇一年至一九〇七年的七年平均数，我们于此可知各业的比较：

第三表

	次　　数	人　　数
建　　筑	43	8 260
矿　　业	133	87 509
机械制造	95	22 470
纺　　织	90	27 736
成　　衣	36	4 992
他　　种	72	9 047
总　　数	469	157 014

（农人海员与家仆皆不在内）

美国自从劳动局于一八八一年成立以后，每年都有罢工和闭厂的统计的。现在把美国罢工和闭厂的统计、结果和各业分配（由一八八一年至一九〇五年的二十五年中各业分配）分列三表于下：

第四表——美国罢工及闭厂统计

年	罢工			闭厂		罢工结果%（以人数）		
	次数	公司数	工人数	公司数	工人数	胜	部分胜	败
一八八一	四七一	二九二八	一二九五二一	九	六五五	四二.九	一三.五	四三.六
二	四五四	二一〇五	一五四六七一	四二	四一三二	二九.六	四.六	六五.八
三	四七八	二七五九	一四九七六三	一七	二〇五二	三六.八	一一.四	五一.八
四	四四三	二三六七	一四七〇五一	三五四	一八一二一	三五.九	三.四	六〇.七
五	六四五	二二八四	二四二七〇五	一八三	一五四二一四	四七.五	九.八	四二.七
六	一四〇三	一〇〇五三	五〇八〇四四	一五〇九	一一九八〇	三八.五	一四.六	四六.九
七	一四三六	六五八八九	三七九六〇六	一二八一	五九六六三〇	三三.六	七.〇	五九.四
八	九〇六	三五〇六	一四七七〇四	一八〇	一五一七六	二七.八	七.五	六四.六
九	一〇七五	三七八六	二四九七五九	一三一	一〇七三二一	二八.九	二五.一	四六.〇
九〇	一八三三	九四二四	三五一九四四	三一四	二一五五五	四五.一	一三.八	四一.一
一	一七一七	八一一六	二九八九三九	五四六	三〇一四	二七.〇	七.五	六五.五
二	一二九八	五五四〇	二〇六六七一	七六	三〇一〇四	二九.六	七.九	六二.五
三	一三〇五	四五五五	二六五九一四	三〇五	二一八四二	三二.四	五.二	六二.四
四	一三四九	八一九六	六六〇四二五	八七五	二九六二九	一七.八	一五.八	六六.四
五	一二一五	六九七三	三九二四〇三	三七〇	一四七四八五	三九.九	二〇.一	四.九〇

(续表)

	罢工			闭厂		罢工结果%（以人数）		
	次数	公司数	工人数	公司数	工人数	胜	部分胜	败
一九〇六	一〇二六	五四六二	二四一一七〇	五一	七六六八	四一.四	一四.三	四四.三
七	一一〇七八	八九四三	四〇八三九一	一七	七七六三	三八.九	三七.七	三三.二
八	一〇五六	三八〇三七	二四九〇〇二	一六四	一四二一七	四三.三	九.二	四七.一
九	一七七七	一一三一二	四一七〇七七	三三三	一四一八七	五四.五	一四.三	三一.二
一九〇〇	一七九九	九二四八	五四五〇六六	二一八一	六二六五三	二八.八	三八.八	三二.四
一	二一九一四	一〇九〇八	五四九三三六六	四五	二〇四五一			
二	三一六二	一四二四八	六五九七九二	一三〇四	二一七一五			
三	三四九九四	二〇二四二	六五六〇五五	三二八八	一三一七七九			
四	二三〇七七	一〇二〇二	五一七二二二	三二一〇	五六六〇四			
五	二〇七七	八二二九	三二一六八八六	一二五五	八〇七四八			
一九一六	三六八一		三一六六	一〇八				
一七	四三二四			一二六				
一八	三二四八		一一九六九一八	一〇五	四三〇六一			
一九	三四四四		三九九二三三四	一二五	一六二〇九六			
二〇	三一〇九		一三八八九一九	五八	一七六六三			

第五表——罢工及闭厂之结果

	罢工					闭厂				
	一九一六	一九一七	一九一八	一九一九	一九二〇	一九一六	一九一七	一九一八	一九一九	一九二〇
雇主胜	七二七	三八二	四五九	六六一	六三三	二一	一三	六	一九	一〇
工人胜	七三三	六一四	六一二	五六五	三六〇	一七	一七	一五	一六	七
互让	七六六	六九九	六七四	七八五	四二九	一一	二一	一七	一一	六
未解决上工	七〇	一三一	一九〇	四五	一九七	三	六	五	二一	二
无报告	九九	一九〇	一九〇	三六	一六八	二	一	二一	六四	二
总	二三九五	二〇一六	二一三四	二〇九二	一六七八	五三	五八	六四	七〇	二七

（大英百科全书及世界年鉴）

第六表

建　　筑	69 899次
煤	17 025
石　　工	4 450
烟　　草	7 381
衣　　服	20 914
鞋　　靴	1 555
家　　具	1 551
砖	1 476
印　　刷	2 999
造　　桶	1 086

共128 336次,占全罢工次数70.74%。

从闭厂方面来讲,那建筑、衣服、石工、鞋靴和烟草五业共一三七一六次,占全闭厂数百分之七三点九五;拿人数来讲,那罢工方面男占百分之九〇点五七,女占九点四三,闭厂方面男占百分之八四点一八,女占一五点八二(为什么男子怎么多,而女子方面如此少呢?一因女子要罢工和闭厂的机会少;二因女工的数目本来比男子少的多)。讲到胜负呢,工人胜的多,至少在百分之五十以上。

还有罢工在美国是否增加的?照统计上看起来好像是年有增加的,但我们要知人口增加,罢工也应该增加,因为人口增加了,工人也随之而增加,同时那大多数的工人要求物质上和精神上的愉快,罢工也因此增加,而且应该比人口增加还要快呢。可是美国却不然。比如一八九〇年至一九〇〇年总人口的增加为百分之二〇点七二,工作年龄的人口增加为百分之二七点八,实在工人的增加为百分之二五点一,但罢工的次数,一九〇〇年反比一八九〇年少,就是把平均数来算,最初五年共一四〇六次,最后五年共一三九〇次,不是反少了吗?不过罢工人数觉得增加些,约百分之五,前五年共六九二〇〇人,后五年共八五五六四人。一九〇〇年后罢工增加很快,但也仍不及人口增加的快;不过欧战后生活状况和劳动界思想都已大变,倘使还没有适当的待遇和分配,恐怕也不能再像战前那样的乐观了。

第七表——世界罢工损失（一）（国别）
（一九二〇年正月至六月）
（英国 Manchester Guardian 编）

国　　名	人　　数	损　失　日　数
德	一 八六六 三五八	一 八二〇一 六六〇
意	一 七八一 一五〇	二 一六五〇 二〇〇
法	一 一八六 六七〇	一 九三五八 四〇〇
英	一 一一七 〇四〇	六 九二六 九〇〇
美	九五八 七〇〇	一 一二八七 四〇〇
西班牙	七二四 七〇〇	一 一六二 〇一〇〇
澳　洲	三〇三 四〇〇	七六〇二 〇〇〇
瑞　典	一八〇 〇七〇	四七七九 一七〇
比	一七六 九四〇	二〇九六 三四〇
奥	九七 五四〇	九〇二 九〇〇
埃　及	九五 〇〇〇	四四一 〇〇〇
印　度	九〇 〇〇〇	一七八〇 〇〇〇
波　兰	八一 〇〇〇	四二九 九〇〇
瑞　士	七三 三八〇	二 七五三 一六〇
荷　兰	六三 〇〇〇	七九五 三〇〇
阿根廷	六一 一〇〇	六五九 四〇〇
巴尔干	四五 〇〇〇	二 一七六 〇〇〇
南　非	四一 〇〇〇	八〇九 〇〇〇
丹　麦	一七 二〇〇	二四一 八〇〇
葡萄牙	一三 一五〇	二三五 三〇〇
捷克斯拉夫	三 八〇〇	二九 三〇〇
那　威	一 四〇〇	二八 〇〇〇
爱尔兰	一〇〇	二 〇〇〇
总　数	八 九七七 七九八	一一 四八一 四九八〇

第八表——世界罢工损失（二）（工业别）

工　业	人　　数	损　失　日　数
矿	一六三一一〇〇	二〇八三一八〇〇
铁及金属（钢不在内）	一三七七八三〇	二〇七九一八五〇
纺织	三〇三五〇〇	四四四一二〇〇
木	二四二八四〇	三九三二三三四〇
石	六一九〇〇	七七五二〇〇
皮革及纸	四〇〇八〇	六二四六二〇
成衣及洗染	一六〇五〇〇	二四六七三〇〇
建筑	八〇八〇〇〇	一五〇〇四〇〇
食物及奢侈品	二四八八一四	三七七九五二〇
印刷	四八二〇〇	四九八二〇〇
运输	一五四〇一七四	一七四五四〇五〇
化学药品	二六九〇〇五	五五六六八〇〇
钢	一八四一一〇	一〇七二〇六
农	一九七五八〇〇	一六八一九〇〇〇
不详	八五〇五〇	七五六五四〇
总数	八九七七七九八	一一四八一四九八〇

（见一九二一年世界年鉴）

  上两表（第七、八表）是表示世界的罢工统计，英人所编的。时间仅一九二〇年的半年。欧、澳、美等洲都包括在内；不过欧洲最详细，而亚洲的中日俄却都没有。罢工者八兆人，所失日数一百十四兆（约三十八万年）；农和运输都在内。以国别来讲，那德意志为最多；以行业来讲，那矿业运输为最多。其中工人胜的约占三分之一。

  （二）中国罢工统计　中国罢工的内容是怎样的，那是一定要有事实来证明的，可是中国百事都没有统计，这区区的罢工问题自然也没有了。现在以我个人的精力，就各报的记载，编成吾国最近罢工统计，其中有事实缺而不全的，那我就根据了事情，拟为估计来补足它，这果然觉得不很妥当，于事实也，必不能十分准确，但也不会相去太远的。至于精确的统计，那仍旧希望工会和政府来编制，因为这不能一个人的精力所能办的。

第九表——最近罢工统计（十一年九月至十二月共四个月）

业别	次数	人数	工人损失日数	罢工结果以人数计		
				胜	一部分胜	负
铁道	四	一九〇〇〇	一三二〇〇〇	一九〇〇〇		
矿工	四	六〇五〇〇	三三一〇〇〇〇	二七五〇〇	三〇〇〇	三〇〇〇〇
车夫与苦力	五	一二三〇〇	六〇〇〇〇	一二三〇〇		
纱厂	二	五〇〇〇	一〇〇〇〇〇	五〇〇	四五〇〇	
机器工人	六	七八〇〇	七〇〇〇〇	三三〇〇		五五〇〇
烟草	四	三〇〇〇〇	四三八〇〇〇	一四〇〇〇	一五〇〇〇	一〇〇〇
印刷	二	二〇〇〇	二五〇〇〇	一〇〇〇	一〇〇〇	
成衣	二	六〇〇	三〇〇〇	五〇〇	一〇〇	
旧式手工业	十	七四八〇	一四六〇〇	四三八〇	三一〇〇	
其他	二	一一〇〇	九〇〇〇	一〇〇〇	一〇〇	
总计	四一	一四五四七八	三二七四九〇〇	八二四八〇	二六八〇〇	三六五〇〇
百分数				五六.五	一八.四	二五.一

上表(第九表)从民国十一年九月起,在九月前不过有海员的大罢工,所以上表时间虽只有四月,十一年大部分的罢工却都包括在内了。四个月的罢工,共四十一次;罢工者十四万五千七百八十人;罢工者损失日数总计三百二十七万四千九百日;罢工的结果,胜利的百分之五六点五,失败的百分之二五点一,仅得一部分的胜利的百分之一八点四;以职业论,新工业二十七次,旧工业十四次;以罢工人数和损失时间论,也是新工业来得多,这是为了新工业规模较大,团结较易,而共同的利害又是非常显著的缘故。

在一个工业幼稚的中国,四个月内竟有四十余次的罢工,这也可惊人耳目了;但是我们假使把美国每年三千余次的罢工,和日本每年二百余次的罢工来一比,那我们就可知道今日的中国,所发见的罢工,不过是一个发端吧了。

现在再把中国一九二二年九月至十二月的罢工统计和欧美大国一九二〇年正月至六月的罢工统计(见一九二二年世界年鉴)比较一下:

第十表——中国与欧美诸国罢工之比较

国别	统计所包括之日期	罢工人数	损失日数
德	一九二〇年正月至六月	一八六六三五八	一八二〇一六六〇
意	同上	一七八一二五〇	二一六五〇二〇〇
法	同上	一一八六六七〇	一九三五八四〇〇
英	同上	一一一七〇四〇	六九二六九〇〇
美	同上	九五八七〇〇	一一二八七四〇〇
中	一九二二年九月至十二月	一四五七八〇	三二七四九〇〇

上表的比较,因月份的不同和时间的长短,果然不能算完全公允的,但中外罢工的范围,于此也可见一个大概了。

欧战后,欧洲各国的生活比美国困难的多,所以罢工的事也比较来得多。把中国和美国相比较,罢工人数约当七分之一,损失日数约当四分之一,好似罢工的很少;但是中国现在所有的铁道不过及美的四十分之一,每年出口货不过值及美十五分之一,而罢工的比例竟如此!于是有的人以为中国工业将永无希望了,不过我们仔细一想,今日以前的中国,有了勤俭廉直的工人,没有罢工要挟的事情,已是经过了好几千年,近来自从海道开通了也有五六十年,那工业的进步得怎样?——不特没有进步,并且还不能维持,官办的铁道果然"弊端百出",就是商办的大公司也"丑声四闻"呢!工人们很劳苦憔悴了,但工业却一无进步!英美日工价的高贵,劳动界的多事,远过于我国,但他们工业的发达,反一日千里,这是甚么缘故?于此,我们该知只是剥削劳动者而肥职员,于工业是一无益处的。要知工价高了,管理不得不精细,从前原料和时间的耗废及职员作弊的损失,可以没有了;那它的数量也许足以供偿工值的增加还有余呢。一方于劳动者有了足够的工资,生活自然好了,那他做起工来自然也增加他的效率了。现在一般人对于劳工运动要惊慌失措的也可以醒了!

第十一表——各地之罢工比较

省　　别	罢　工　次　数	罢　工　人　数
江苏	一九	五三一八〇
直隶	四	三八〇〇〇
江西	一	二五〇〇〇
湖北	四	一一〇〇〇
山西	二	七五〇〇
湖南	七	五七〇〇
山东	一	四〇〇〇
香港	二	八〇〇
浙江	一	一〇〇

上表以江苏为最,各地中以上海为最;共罢工十四次,罢工者五万一千九百人。上海是全国工业最发达的地方,那罢工的独多,也是意中事了。

以上几张属于中国罢工统计的表,不过是根据于报纸上所记载的,其他如报纸上没有记载的或是记而不详的,那遗漏一定很多的。

第四节　罢工之原因及对付手段

罢工的原因很难确定的,因为罢工的发生常常不止只有一个原因,罢

工后所要求的条件也不止一二项;所以要想把它简单的分类,那真不是容易的事。不过我们可以观察罢工解决时候的条件,也许能分别出那个是主因,那个是附件。照这个方法来研究一九二二年最后四个月的罢工的原因,那它的结果是:假使拿次数来计算,有百分之七○点九是增加工资,百分之一二点二是反对工头,百分之一二点二是响向应别处罢工,百分之四点七是要求承认工会。这些罢工的原因,和英美的都差不多的,就是大多数的罢工,完全迫于生计问题(美国二十年来的罢工原因,平均工资问题佔百分之五十以上;英约百分之五四左右)。现把中英美三国的罢工原因来比较一下:

第十二表

	英	美	中
工　资	54.5	50.63	70.9
时　间	3.6	12.75	
工　食	18.2	6.19	4.7
规　则		3.11	
恢复革工	9.2	0.74	
响　应		3.47	12.2
反对工头			12.2
其　他	14.5	23.14	
	100.00	100.00	100.00

(注:英以人数%算,美、中以公司%算)

罢工的主因,固然何以用上面的方法来求得的,但那失败的条件,也并不是工人所要力争的,不过他们的力量还争不过吧了;所以我们要明白劳动不安的内容,不可不要研究他全部的条件。现把四十一次罢工所要求的条件全部,分类在下面:

要求条件总数
　1. 增加或维持工资　　　　　　　　　　　　三七
　2. 反对管理规则　　　　　　　　　　　　　一五

3. 承认工会　　　　　　　　　　　　　一一
4. 给假休息　　　　　　　　　　　　　一〇
5. 养老抚恤金　　　　　　　　　　　　六
6. 恢复革工　　　　　　　　　　　　　五
7. 反对工头　　　　　　　　　　　　　五
8. 响应他处罢工　　　　　　　　　　　五
9. 减少工作时间　　　　　　　　　　　三

在上面的要求条件中，可以说劳动问题的要素都有了。工资不足维持生活哩，管理规则的严苛哩，工人集会的禁止哩，没有休息假期的规定哩，没有抚恤死丧和养老金的颁给哩，工头专制哩，工作时间太长哩，……这些都是现在劳资两阶级争斗最利害的焦点；我们假使要想根本减少罢工的,那就不能不把这些争点先来解决呢!

前上海中英美妇女会通过函请市政厅取缔童工办法三条:(一)禁止十二岁以下幼童男女做夜工;(二)督率教育委员在各地工厂内创办工读学堂;(三)工厂须讲求工人卫生(见一九二三年二月十一日各报)。他们所拟的范围，虽觉得稍狭窄；但是他们的态度却是非常正当，他们的热诚非常可感佩的。美人艾迪博士和青年会对于我国的劳动状况,也常常有改良的主张表示。他们,欧美的教士和上海的妇女,尚且努力地谋增进我国劳动界的幸福，而我们休戚相关的工商社会反而冷眼旁观,甚致"助桀为虐"，好像京汉工潮中的郑州各界电，长辛店各团体电等似的，那真可耻极了！虽是这些电报也许是别人借名拍发的，可是全国工（指雇主方面）商界为什么很少（或可以说没有）有主张公道的电报呢？那他们的态度，也可想而知了！马克斯学说中的阶级竞争说，在中国最不适用，因为我国没有什么阶级观念，所以也没有什么仇视的坏心；现在倘使各界"互相水火"，"幸灾乐祸"，那不是要马氏的话在中国实现吗？但是，这岂是我们所愿意的！

中国罢工所要求的条件,大多数是工资问题,还有要求给假养老等也是工人所应该力争的权利；换句话说，现在工人所力争的，完全是经济问题。倘使雇主方面能"衡情度理","平心静气",那是很可和平解决的；不幸他们的对待罢工的，大多数都用军警或巡捕的干涉和压迫，以致发生

流血的悲剧！粤汉路罢工死六人，伤八九人，被拘禁者三十多人；开滦矿罢工死六人，伤二十多人；上海金银业罢工被拘禁者三十多人；至于京汉路罢工死三十多人，伤十多人，捕禁者数十人，枭首一人，枪毙一人，那更觉悲惨了！资本家军阀的作恶，也能算超峰极顶了！这样的残酷，虽是美国最激烈的大罢工，也不能及到呢！美国大罢工好像一八九二年的贺姆斯太特钢铁厂工人罢工和一八九四年的婆尔门车厂工人罢工，双方都武装剧战，全城变乱，财产损失有好几十百兆金元，但死伤的人数，也没有这样多呢！至于枭首工会首领，枪毙工会律师，那更是"古今中外"的"闻所未闻"的咄咄怪事哩！中国事事落人后，而独于作恶却很能"出人头地"，这也许是表显我国军阀的奋勇吧？

第五节 罢工之法律问题

罢工法律问题，因新刑律除妨害秩序外也没有什么明确的规定，所以有多数人对于罢工在法律上的地位多有疑问；专横的军人，竟把"惩治盗匪法"来用到罢工者身上，就是比较和平些的警捕，也借口扰乱治安，妨害秩序，来禁止工人开会，甚至拘禁工人。其实，中国多数的罢工，除了停工开会外，很少有伤人毁物的暴动，不特不能把他看做盗匪似办，就是社会的秩序，也没有扰乱一些（现在就是有扰乱秩序的举动，但推其原因，无非是为了警捕的压迫，不能不出面抵抗，以致有了争斗；所以我们可以说这不是罢工者的暴动，乃是警捕叫他们暴动的，也即是警捕的暴动！），然而对付罢工者，却常常惊动警捕；那真"欲加之罪，不患无辞"了！

把罢工的举动来分析，约有三种：（一）停止工作，（二）劝止他人工作，（三）联盟抵制，好像和雇主断绝交际，或竟禁绝他对外的交易……等（以下简称这种举动叫联盟抵制）。

联合停止工作，英美各国都认为合法的，不过对于侵犯他工人的自由，伤害雇主或害及公众权利的，仍旧有应得的罪的。美国法律比较宽松，凡于社会权利没有损害和目的正大的罢工，多认为合法的；有些罢工理由得社会同情的，就是稍有些暴动，法庭也常常原谅它，使它得到最后之胜利。因为多数人民和法官的心理，以为工人不自己来争权利的，一定要失去了所以有原情的主张。舆论能左右法律,那是共和国所常有的(也是应有的)现象(可是中国却不然)。

和平劝止他人工作,也是英美等国法律内所允许的。英国一九〇六年的罢工,对于用武力强迫他人停工者,仍认为有罪。美国也是要以不和被劝止的自由意志冲突为限。实际上罢工的暴动,很多因为禁止他人工作而发生的。当事的工人既已宣言罢工,那雇主一定拿重金贿赂别处的工人代替工作来做抵制的,但又恐怕新雇的工人也要给罢工的所引诱而取同一的态度,所以又要去雇用军警或监工来监视新工人的动作,防止旧工人的接近;于是罢工者虽是要和平方法去劝止,但目的不能达,不能不用武力抵抗来达到目的了。那时新雇的工人,为军警监工的监视,自由意志早已被剥夺了;而一方还要责备罢工者破坏他人之自由意志,那真所谓"强权即公理"了!

联盟抵制有简单和复杂的分别:简单的,一党对他党断绝交易往来,不强迫第三党作同一的举动;复杂的,那同时还要用武力来禁止第三党和所反对的党交易往来。简单的抵制,英美多认为合法,复杂的大多数为非法;但美国也有少数州法律认复杂抵制为合法的。中国罢工者现还没有联盟抵制的举动。那次京汉路工潮,郑州各界的通电,竟用复杂的联盟抵制来抵制罢工者!"从恶如流",那个说中国人是守旧的?

第六节　罢工之经济观

正当的罢工,对于工人的经济方面很有利益,那是一般经济学家都公认的。罢工的影响,有许多好处,现在把较大的几个说一说:

(一)使雇主和工人两方,都有改良他们制造方法的觉悟。因为经一次罢工,就有一次改革;雇主要保持他原有的利益,工人要维持他从前的产额,都不能不努力去改良制造方法了。

(二)因了共同的利害和牺牲,增进工人的合群力。

(三)给雇主一个教训,使他知道有组织工人的势力是不可轻侮的,以后可俯就两方的和平磋商,减省无数不必要的罢工牺牲。

(四)少数罢工者的牺牲,使全体工人受增加工资改良待遇的实益。

英国一九〇二年因要求增资而罢工的，不过一万二千多人，那年因罢工而实际增资的有八十九万多人；罢工者占增资总数不过百分之一有零吧了。美国从一八八一年到一九〇〇年的二十年中，平均每年因罢工失业的三十三万人，但也不过占受他影响的工人（就是能得到增资结果的）总数百分之三。这些都可证明少数罢工者的牺牲，能够增进全体工人的幸福的。

但是，上面不过是把罢工的利益方面说了；在另一方面讲，罢工实也有有害呢！罢工是一种破坏的举动，不特雇主受营业停顿，资本搁浅的牺牲，就是罢工者也要受到贫乏的痛苦和经济的损失呢。美国一八八一年到一九〇〇年的二十年中，工人因罢工的损失，合计三百零六兆六十八万金元（约合九百兆银元）。平均每罢工者损失四十六金元；同时，雇主方面所受到的损失也有一百四十二兆六十五万金元。因美国的人民富庶，资本雄厚，受到这种打击所以还能维持；倘使像我国那样的民穷财尽，雇主的资本魄力，又远不及欧美的资本家，那能受这顿挫所以我虽是一方深信正当的罢工确有益于工人和实业，但一方又热诚地希望工界中人要十分慎重，不到万不得已的时候，终不要轻易罢工那雇主呢，也当抱着"息事宁人"的心愿，"未雨绸缪"，勿逞意气，使"图穷而匕首见！"俗语说得好："佳兵不详，"阶级争斗也是这样呢！劳资两界，大家注意呀！

第七节　罢工和社会问题

社会上一般人对于罢工的发生，以为这是和自己没有关系的，就很冷视它，不晓得劳动问题，就是社会问题的中坚，一人向隅，满座尚且要替他不快，而况大多数的劳苦人民，颠沛流离呢？就从"食德报功"方面讲，那劳动者的痛苦，是出产社会上的衣食日用的；"饮水思源"，对于生产者的生存痛苦也不应该冷视，不留心！我们中国人有一种风俗，有戒吃牛肉的，以为牛力耕一世，替人类制造食物，死了不舍得去吃它的肉，这是算报恩的。倘使我们把报牛的诚心推及同类的人，那我们岂能忍心坐视那般劳动阶级的憔悴呻吟的？

上面不过从罢工和社会问题间接方面说的，现在再说几种罢工直接的影响：

（一）处于消费地位的所感受的不便　好像铁道、电车、电话、轮船和运夫……等的罢工，那交通便要停顿；自来水、电灯……等的罢工，那日用就要感觉困难；工厂和农夫的罢工，那衣服便要昂贵，甚至有缺乏的恐慌。

（二）处于居民地位的所受的惊扰　好像罢工者的暴动，军警的枪弹炮火，甚至有交通断绝，城市戒严；居民于是常常不免"池鱼之殃！"

所以无论直接的和间接的关系，社会上对于罢工决不可抱着旁观的态度。劳资两阶级有了争论，那就应该在中立的地位，抱着公正的态度，来设法使它早些解决。假使听它旷日持久，酿成大乱，那不特劳资两败俱伤，就是社会方面，也要受到不利呢！

我们中国人多有把罢工和社会主义混做一起，以为赞成罢工或表同情罢工的，都是倾向社会主义的表示，有的竟认为过激党人，所以他们都"畏罢工如蛇蝎"，"谈虎色变，惧遭不测！"其实，欧美主张罢工最力的工党，也有绝对不赞成社会主义的；美国工团协会等团体，也极端反对社会主义的自由派（或正统派）；经济学者像卡富儿聂库生等，也没有不承认罢工是工人的正当防护举动。所以社会党人虽都赞成罢工（中国有自命社会党，而同时又把罢工者看做暴民举动的，那这些不过想靠社会主义"来升官发财"，决不可和真社会党人相比的），而赞成罢工的那就未必就是社会党人（社会主义的好坏又是一个问题，这里不必说起），这是一个很明显的道理，却又不可不明白的。

第八节　罢工的补救方法

罢工是雇工制度所不可免的现象，理论上要使罢工永远不发生是不可能的，不过倘使于雇主和工人间能有互相谅解的精神，工作的条件，能和社会生活程度及时代精神相应，那工人不满意的事情，至少可以减到极低限度。劳资两方间如有了适当的联席会议和公判办法，政府有胜任的劳资争端和解和公断机关，那就是有了争端，也不难和平解决，不致迫而罢工，就是罢工了，也不难于极短的时间内解决，使两方不致各趋极端，

成为不可收拾。现在再讲一些这种机关的组织：

（一）厂务会议　这是一厂中的职员和工人代表组织的；定期开会讨论及表决厂中管理和待遇工人种种问题的。

（二）同业联席会议与同业仲裁处　同业联席会议是由一地一业的工人和雇主组织的；定期开会；讨论及表决一业的劳资问题的。同业仲裁处的委员，由联席会议选举的。凡同业中两方发生争端，就由仲裁处去判决调解；这和现在国内各商会所设立的商事公断处差不多的。

（三）政府设立的和解和仲裁会　这种委员会，由政府委任的委员组织的。美国州政府所定的大多有三个：一个是从雇主团体中选出的，一个是从工人团体中选出的，还有一个是由以上两人推荐的。他们的职务，除和解争端和仲裁曲直外，还有执行他们判断结果的权柄。这种势在必行的仲裁，叫做强迫仲裁，和平常私人委员会的仲裁可以自由从违的不同的。我们中国政府现在设立了一个保工局，假使能够于编订工会法和劳动保护法规外，更在各工业中心选任公正胜任的委员来组织工事和解和仲裁会，那纸上空谈，便可成为实在的惠益，劳资的纠纷，也可渐渐减少；这岂是只能维持我国的国际上的地位？（政府设保工局的动机，实为了华会外人的责难）

杨杏佛
从社会方面观察中国政治之前途

> 这是杨杏佛受上海大学社会科学研究会邀请于1925年4月18日在上海大学所作的演讲,讲题为"从社会方面观察中国政治之前途"。原载《民国日报》副刊《觉悟》1925年5月15日、16日,由高尔柏记录。

在最近十几年来,我们要是再谈到中国政治,便觉得悲观得很,没有希望。中华民国成立以前,在满清的时候,一般人以为满清政府是发展民族主义的阻碍物,害众虐民的渊源,所以要是中华民国成立了,光明的时代就到了,对于满清的政府当然悲观得很。到了中华民国,政治仍旧混乱不堪,人民苦难更甚,现在过了十四年,仍旧没有办法,所以一讲到中国政治仍是一个悲观!缩退吗?恢复到专制政治途上,那是势所不能;向前进吗?又没有更好的政体,比之民主政体。但在这里现代最好的民主政体下,为什么我们仍旧不能满意呢?讲到这里,至少有一点我们可以明了:中华民国的国民是否是中华民国的国民?要是中华民国的国民,真真是中华民国的国民,那中国政治便可不悲观了。

中华民国的能够在辛亥年完成,能够实现民主政体,实在是为了孙中山先生的宣传主义和提倡革命而成功的。倘使中国没有孙先生,那一般民众怎能觉悟?怎能向革命之路上去?怎能实现民主政体?所以中国而没有孙先生,至少要迟三十年才能革命成功。可是这位伟大的革命领袖,

把中国革命提早三十年实现的孙先生，现在竟弃我们而去了；那中国政治不更要黑暗，更要悲观？

现在中国的国民大家都睡着，在睡梦中，只有孙先生伸着双手把他们拉上高山，到民治途上；他宣传主义，提倡革命，他打倒阻碍，推翻从前的满清，现在的军阀和帝国主义者。但是不觉悟的民众，不明白孙先生的主义是为他们的，不知道孙先生的革命是为他们的；他们只是愿意安卧床上，不欢喜站起来，也不愿爬上高山，作一劳永逸之计，所以孙先生在这十四年内不绝的受到民众的笑骂、民众的反对。这种中华民国的国民不愿意站起来，爬上高山，以为这种事情是很苦的，那就是中国政治不能达到正轨，要悲观的主因了。

但民众为什么不觉悟不醒转呢？一方固然有孙先生伸着双手，接我们过去，使我们觉悟；同时还有一种催眠我们，麻醉我们，使我们永远在睡梦中的势力。孙先生要民众革命，他们叫民众反革命，告诉他们说革命是不好的；孙先生要打倒军阀，他们自己是和军阀结在一气的，叫民众不要乱动；孙先生要打倒帝国主义者，他们告诉民众这是不可能的。因此民众更昏迷了，无所适从了。孙先生果然伟大，能够唤醒一部分有智识的人，但他们那种旧势力也不小，它至少能够迷惑一般无智识的民众。所以这种旧势力实是中国一切进步的障碍，我们非先打倒他们不可。

认定仇敌和打倒仇敌是革命的两大步骤。我们先要调查我们的仇敌是谁？要是仇敌认不清，那是没有办法的。第二步便要想打倒我们的仇敌了。孙先生在满清时代认定满清是我们的仇敌，是阻碍民族独立，我们便革它的命，去打倒它。到了民国时代，政治仍旧没有希望，于是孙先生又来寻找我们的仇敌了。结果，他知道军阀和帝国主义者是我们的仇敌，孙先生便天天鼓励我们去打倒他们。但是，我们现在虽已知道我们的仇敌是什么了，为什么至今不能打倒呢？因为这些仇敌都是人民的外寇，外寇的侵入，一定有内奸，所谓"物必先腐而后虫生之"。在满清时代，革命党要推翻专制政体，就有汉奸帮助满清来阻止革命压迫革命，所以革命党和这种汉奸势不两立，革命党誓要先推倒他们的。现在中华民国了，我们的仇敌是军阀和帝国主义者，是不是有和汉奸一样的东西帮助军阀和帝国主义者来摧残革命党的？有的，倒戈的将领和帝国主义者之买办等都是内奸,他们在我们队伍里用种种方法催眠有力的革命者,扑灭革命的势力。孙先生对于这种内奸深恶痛绝,觉得非先打倒不可。要是这种内奸充满着中国,势力浩大,那革命是无论怎样不会成功的。

大家都认定北京是中国政治上之陷阱。无论你是一个怎么样的好人,无论你学识怎么样丰富,无论你道德怎么样高尚,更不论你平日是惯发正大光明的言论的,一到北京做了几年官就变了,就坏了:本来所谓有学识的也不拿出来了,有道德的也不成了,正大光明的言论早已放在脑后了。所以章太炎等主张迁都,以为他们原来都是好人一到了北京就变坏了,这不是北京的罪恶吗?要是把京都搬了地方,可以把政治上的魔鬼一扫而尽,新政治才能实现。这个意思,起初听了,觉得很有道理,不过仔细一想,那又不对了。在北京何尝没有好政治?别处何尝没有坏政治?主张迁都的有的主张在武昌,有的主张在南京;武昌从前没有建过都城,但就现在的政治情形看起来,湖北政治之腐败实为全国各省所少有的:那如果建设京都,不是更要坏吗?讲到南京那更不兴了,六朝时如何?真是花天酒地,政治腐败到极顶!要是迁都到南京,也未必比北京好吧。这是从政治情形上面讲的,至于地位不好等那也是一个问题。但北京地方风景精美,建筑宏大,实占全国之首,为什么政治还这样坏呢?为什么和其他地方一样的坏呢?这个我们可以证明在北京的人本来是坏的,在各处已是一样的坏了,并不是到了北京才坏的;不过我们可以说北京是一个洗脸面盆,把本来的面目洗出来吧了。实在北京号令不出城外,北京是北京人之北京;各地的所以也同样的坏,是各地人都已坏了呀!江苏不受北京影响的,仍旧政治腐败,人民痛苦万分,因为它自动的在那里坏下去,并不受了外力的影响。于此,我们可以研究出来,中国政治的坏,坏在各地,各地的所以坏,因为有一种阶级夺取了政治全权,上可以主理全国,下可以欺蒙人民,——这就是绅士阶级,这就是军阀和帝国主义者不易打倒的总因。因为社会中有了与军阀和帝国主义者狼狈为奸的民贼阶级——绅士阶级,我们的革命便不易成功,我们的政治便不易清明。他们势力极大,中国二千年来的专制政治,他们是卫道者,中国二千年来的奴隶道德,他们也是卫道者;无论什么东西,都是以他们为转移的,他们在地方上是代表种种恶势力的,而且无论在什么地方都有他们的踪迹,大地方有大绅士，小地方有小绅士，好像蚂蚁一样的无论什么地方都有的。就是官力不及的地方也有绅士，自然他就是兼理官吏了；有官的地方，当然也有绅士，他们帮助了官通同作奸。他的势力比官还要大呢。我们看儒林外史里面有个严贡生，他不过一个贡生，照现在学制讲起来大学还没有毕业，然而他在地方上绅士势力已很大，无所不为，要娶良家妇女为妾就可做到，地方上人民还待之惟恐不敬！在民国以前，旧绅士只有一条路可以做——就是做官。做过官的，退下来在地方上便是绅士；要是你是个商人那怕你有多少钱，绅士是做不成的，人家是看不起的。好像郑板桥是写字有名的，那时扬州有个盐商请他写字，他以为盐商身份很低不愿替他们写。那个盐商也是有味，定要设法要他写，于是就造起一个很好的花园装起了很好的风景，另外展转请他来游风景。郑板桥是名士，风景是很欢喜的，于是就和友人去游玩了。他们在亭中喝酒助兴，到后来，兴致高了，便要写字，并问这里主人是谁，以便题名；等到写好了，觉得这个名字有人请过他写字的，于是就把所写的撕去；但那个盐商是把撕了的裱起来，以为荣耀呢。于此，我们可以知道从前的旧绅士，商人等都是没有资格的，只有做官的才可做绅士；现在的新绅士却不同了，不止一条路了：

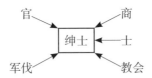

官是当然的，退下来便是绅士，军阀退下来做做绅士那也没有问题的。这两种绅士是由上而下的，因为官和军阀比绅士来得高。还有爬上去的：好像商人在从前是很低下的，官也不得做的，最多捐了一个二品衔头，但也要死了才可戴呢；现在怎样？真不得了，政府经费要向他们借的，善后会议要他们加入了，和从前真是天渊地隔，这样，他们自然也是绅士了。读书人中的硕士、博士，地位高尚，在社会上做绅士，现在是没有问题的，就是没有资格的，东一来，西一去，弄出了一个小名，成了名流，也可爬上去做绅士，这是野鸡的绅士。还有教会，在小地方上势力很大的，它可以判断人民争斗；要是人民在官厅里有了事，它竟可拿一张片子去保出来了。小地方的教会,官厅见了也怕的,其势力可知,其为绅士也狠有资格了。至于青年会更有势力,督军省长是要捐钱的,预防自己失败了,可以全家老小托付的,青年会可以担任保护之责,大人先生都愿与交结,绅士的资格,不必说也很够了。总之,这些退下来的爬上去的绅士阶级,是帮助了官吏军阀和帝国主义者催眠本国民众,使他们能永远作恶,使政治永远不清明!

现在我们再看看他们的罪恶:

(一)结交官吏　绅士和官吏相差一级,因此就向他们拜了,同时在他一级的——士农工商,也要向他拜的。他们对于官吏,终是以接近为荣的。有次我在南昌碰到一个教育会会长,他说:"我刚才在教育厅里谈了三小时,厅长还要请我吃饭。"这是荣耀极了,和厅长谈了三小时之久;厅长还请吃饭,那更是荣耀了!教育会会长,地位何等高尚,厅长是什么东西,不过人民的公仆。乃接近他算是荣耀,不是笑话吗?——卑丑的人类!许多学者,自己有了博士硕士……的衔头,还是以受到官僚军阀一些差使为荣的;要是他在督军署里当了个咨议,省长请他做个顾问,那他在名片上便刻起来了,许许多多差使都排列在他的名字上面。但绅士用什么资格去结交官吏的?——一个很好的资格,全体人民的代表。官厅要敷衍全体人民,只要绅士能帮他忙就够了;同时,人民也承认绅士是他们的代表。在洪宪时,袁世凯也敷衍了绅士,绅士们表同情了,提倡袁世凯做皇帝了,于是一般人民觉得绅士已表了同情,也赞成了。现在的善后会议,里面包罗了许多绅士,于是一般人民以为我们的代表已加入了,不必争了。人民既默认他们为代表,他们又专以结交官吏为荣,一切事业都废弃了!

(二)垄断事业　绅士是介于官和民两者之间的,他一方宣传官的威风,官的伟大,官的重要,官的可怕……于是人民真可怕了,真觉得官的伟大……不敢和他直接近了。有了什么事,最好就请绅士去代表。绅士因此能够随意处理,垄断事业了。中国的实业是在绅士手里的。南通实业算是名闻全国的,可是也不过以状元及第的资本来办的;这种实业,除了他自己住了洋房,儿子去出洋……外,地方上是没得什么好处的。他在地方上好像一个皇帝,自己的房子好像是皇宫;什么公园,简直是私园。——人民一天到晚,苦着作工,哪里有空时去游玩;所以在公园里游

玩的不过几个绅士！所谓"南张北周"，就是说南方有个包办实业的张季直，北方有个包办实业的周学熙。南方北方的实业都是由绅士包办去了，那中国实业不论怎样发达，也不过使绅士发达，人民更加痛苦罢了；中国实业，还有什么希望！我们再看中国的教育，也被绅士们垄断了的。就以江苏省教育会会长来讲，自从中华民国成立一直到现在，一共只有两个——第一个是张季直，他是民国的农商总长，满清的状元；第二个是袁观澜，他是民国的教育总长；这两个伟大的人物，所谓绅士，把全省的教育完全把持了。他们今天提倡平民教育，明天提倡义务教育，后天又提倡职业教育，……提倡平民教育吗？自己先不是平民；提倡义务教育吗？自己不尽义务的；提倡职业教育吗？自己是没有职业的。以不是平民，不尽义务，没有职业的资格来提倡平民教育义务教育和职业教育，试问有什么好结果可得到？这便是绅士垄断教育的成绩。还有大学和专门学校，现在也变为官僚化了。譬如北京国立学校，学生对于校长希望极大，不能满足他们希望，便要被他们打走的。八校中现在有校长的不过五六个，其中还有站不住的。法政大学闹的校长风潮，这个不合，那个不要，可是司法总长来做校长，那便没有问题了。老实说，到法政大学去读书的，都想将来做官的，司法总长自然能满足他们的做官欲，将来得到一个部员或是司长，登峰造极都在于此，为什么要反对呢！师范大学对于范源廉非捉住不可；因为他是教育总长，教育总长来做校长，那真是五体投地的好校长了。马君武是做过省长的，所以能够安然做别人做不下的工业大学的校长了。就是现在东南大学的校长问题，许多人提出张一麐，以为他又有道德，又有学问，又有资望，实在张一麐是做过教育总长，又是齐燮元的顾问，……他不做还有谁可做？这都是中了绅士包办的毒呀！再讲市政，也是如此的。上海特别市督办为什么定要孙宝琦做？反对他的以为他胡须太长了，年纪太老了；可是他们所拟定的也是一个官！市政是地方自治事业，为什么要官来办？也许以为孙等现在不是官了，但为什么定要昨天的官来做呢？因此，陆军总长退下来，在地方上做什么保卫团团总；教育总长退下来在社会上做什么教育会长、校长，农商总长退下来在地方上做什么实业事业。……一切的实业、教育、市政，都给这些绅士垄断了，地方上一切事业怎能兴旺呢？而它的结果，又是：

（三）鱼肉人民　绅士在社会上有独大的势力：什么振兴实业，不过使绅士发财，人民受苦吧了；什么办理市政，不过使绅士多得一个享乐的方法，能够使人民更受一层痛苦吧了！绅士们又有权，又有势，又有军阀政客帮他忙；欺欺人民有什么要紧？搜刮人民，也是不妨！就是社会上的舆论机关，也被他们垄断了，人民受了痛苦，连要发表也不可能呢！他们只知自己发财、享福，那理会得人民的痛苦？为了自己的要发财，要享福，鱼肉人民是顾不得的了！在这样绅士占据的中国，要求全体人民之自由平等，那是梦里也做不到的呀！而且他们还勾结了军阀和帝国主义者来鱼肉我们人民呢！

军阀是绅士造起的！齐燮元是什么东西，他居然做了江苏督军，又做巡阅使；这完全是绅士和军阀勾结而捧成的。张老先生要有军阀的帮助，就自己先帮助军阀，居然把齐燮元由小军阀而大军阀了。知恩相报，齐氏和他的公子拜帖，称他一声"老伯"，自然他要回头一声"齐抚帅"！可是张老先生还不够，在教育会里，议会里，各种场所里，天天替"抚师"歌功颂德，于是一般人民觉得大人先生们都如此说，这位"抚师"终是很好的了。"很好的了"，人民的利益剥夺殆尽，人民的痛苦日增无止；这是绅士老爷的赏赐！他们是人民的代表，凡战前的省议会，战后的善后会议，都是他们活动的场所，是他们分赃的会址。不但他们勾结了军阀来鱼肉人民，自己得到极大的利益；他们把帝国主义者也勾结了的。就把上海扩大租界的事情来讲：运动扩大的，不单是外人；他们为了市场的扩大，商业的发展，自然主张的；可是内幕还有许多中国人也在竭力运动呢。这些中国人——都是绅士，因自己有了田地在租界外面，不能得到最高价值，要扩大租界使自己的地圈在租界之内，价值可以增高呀！他们只要自己得到利益，不顾帝国主义侵略势力的增加，不顾人民被压迫更严重的！帝国主义在中国，代表最著的便是商人。要是外人赶走了，那他们便没有保障，便难以生存；所以他们是竭力要外人侵入中国的。——自然，不是完全的商人都是如此，这不过绅士式的商人吧了。陈廉伯的所以帮助了外人来攻击广东革命政府，就是为了他自己是银行里的买办，靠外人生存的。我们人民要生存，所以要赶走外力；他们商人要生存，所以要外力存在；倒也是一种生存竞争！总之，绅士是军阀的走狗，帝国主义的

买办,人民的内奸;我们要打倒军阀,要打倒帝国主义,非先打倒绅士不可!不先打倒民贼,一定不能一致对外的;他在你前面先替你投降了,你有什么办法呢?

中国的政治,为了有孙中山先生的提倡,奋斗,我说提早了三十年就实现民主政体;戴季陶先生说中国的政治,为了孙中山先生之死,至少要迟二十年才能实现民主政体。现在失去了政治上的领导者,政治要倒退下去,那是不免的。但是我们要补救这个损失。我们要把双手伸了出来,在纯粹的平民队伍里,告诉他们中山先生的主义,指示他们政治上的途径,我们只要使平民明了,我们只要平民的助力,我们不要依靠别阶级,别阶级是侵夺我们的生存,损害我们的政治的!什么绅阀,是我们生存的仇敌,我们政治的乱寇!我们看了中华民国虽已成立了十四年,但革命终究失败了!为什么?平民不完全起来革命,革命靠了别阶级势力而成功,那就是现在政治混乱的总因!我们的平民革命,要平民来革命的,博士、硕士……我们也要反对!我们做事,以人的资格来做的,不是靠了头衔的!十几年来的所谓名流,到而今,不过到善后会议里去活动一下;自今以后,我们不要捧名流,只承认赤裸裸的平民是朋友,是我们革命的同伴!什么太子和元老,什么共产和非共产,我们都不要顾;我们只知道认定孙先生的主义,继续孙先生的革命事实的是平民的友人,是要合力工作的;我们更要合力先打倒做内奸的绅阀,然后进攻军阀和帝国主义者!打倒绅阀,是改进中国政治的第一步;中国的政治前途,全在乎此!

四月十八日在上海大学社会科学研究会讲

叶楚伧
人生是社会全体之一小段

> 这是叶楚伧1923年7月8日下午在上海大学美术科图音、图工甲组召开的毕业辞别会上演讲的新闻稿,根据《民国日报》1923年7月10日的报道《上海大学前日之盛会》辑录。题目为编者拟加。
>
> 叶楚伧(1887—1946),江苏吴县人。1922年10月任上海大学教务长、中国文学系教授。

人生是社会全体之一小段,专认小己,未免苟且偷安。凡我同学,倘不能排除阻力,达致改革的目的,为全社会造幸福,即非吾徒。

于右任
予乃愿为小学生以研究教育

> 这是于右任1922年10月23日在上海大学欢迎会上演讲的新闻稿,根据《民国日报》1922年10月24日的报道《上海大学欢迎校长》辑录。题目为编者拟加。
>
> 于右任(1879—1964),陕西泾阳人,生于三原。1922年10月23日起,任上海大学校长。

予自陕西回沪,极欲投身教育界。但予乃愿为小学生以研究教育,非好为人师。因予自审学力不足,诸君改组大学,前途艰巨,尤非予所能任。予二十年奔走,能得人同情者,惟不随风倒浪,但因此便不能不审慎进退。予实不敢担任校长,但诸君如此诚意,念西哲言互助之义,自动植物以至野蛮人类皆能互助,何况吾辈为有文化之人,自当尽力之所能,辅助诸君,力谋学校发展。改日再当提出意见,与诸君商榷,谨以诚意感谢诸君。

于右任
诸君年富力强,其奋勉毋怠

> 这是于右任1923年7月1日上午在上海大学美术科图音组、图工组毕业摄影仪式上演讲的新闻稿,根据《民国日报》1923年7月3日的报道《上海大学毕业之盛典》辑录。题目为编者拟加。

宋先生(指宋教仁)是一位有预备队政治家。未革命之前,遂将革命时之文告及成功后之建设计划精心预备,彼时我(于君自谓,下依此)方以为迂,宋先生则曰早日准备,他日可不致有临渴掘井之苦。袁世凯、赵秉钧辈何以要暗杀宋先生呢,即以宋先生是位政治家,主张政党内阁,袁、赵辈深忌之,故下此毒手。现谋杀宋先生者(如袁世凯、赵秉钧、洪述祖等)与知宋案真相者(如黄克强、陈英士等)皆相继死去,只剩我一人。现在袁贼虽死,而袁贼化身却布满国中,国事蜩螗如故。我无能,未能有所建树,以慰国民,以报死友。及今思之,且愧且痛。诸君年富力强,其奋勉毋怠。

于右任
上大反抗强暴之外人统治最勇猛

> 1925年6月4日,上海大学被租界当局以武力封闭。校长于右任闻讯,从河南赶回上海并于6月6日假南市西门少年宣讲团召开上海大学教职员及全体学生紧急大会,讨论学校被租界当局武力封闭后的对策。本篇即为于右任在紧急大会上发表演讲的新闻稿。原载1925年6月7日的《热血日报》。题目为编者拟加。
>
> 《热血日报》是中国共产党在五卅惨案发生以后创建的一份日报,也是中国共产党创办的第一份日报,由瞿秋白任主编。这份报纸于1925年6月4日在上海创刊,到6月27日被迫停刊,共出版24期。

我在河南闻上海发生惨杀学生、工人之大变故,故星夜赶回,将努力参加此次反抗运动。不特救济本校学生,且将援助市民之斗争。上大此次首先被封,正因上大反抗强暴之外人统治最勇猛。同学中切不可因学校被封而趋消极,盖吾校学生最早提出反对帝国主义及取消不平等条约之口号,遂受过激之诬。殊不知此乃国民党代表全国国民之正当要求,凡中国国民均当赞成,否则并中国人资格亦丧失矣。吾人当以此义广为宣传,使一般民众咸能努力参加运动,达到解放中国人之目的。

恽代英
孙中山先生逝世与中国

> 这是恽代英1925年3月14日在上海大学的演讲稿,由上海大学学生高尔柏记录。原载《中国青年》第71期,现选自《恽代英文集(下卷)》(人民出版社1984年版,第641—647页)。
>
> 恽代英(1895—1931),祖籍江苏武进(今属常州),生于湖北武昌。无产阶级革命家,中国共产党早期领导人。1923年夏到上海大学任教。

孙中山先生死了,对于他的批评,有的说他好,有的说他不好;但是我们要注意没有人说中山先生的革命是不对的,没有人说中国的内乱是由中山先生的革命造成的。人人都承认中山先生的事业,是引中国四万万人向较好地方走的,没有人说他是引大家向坏地方走的。

现在尽我们的能力来看中山先生是怎样的一个人。归纳起来,可以分八项来讲:

(一)始终为民族独立奋斗 中山先生自中法战后,看到帝国主义侵略中国,满清无力抵抗帝国主义,于是发生革命思想;到中日战后更觉得非即刻起来革命不可。他这种思想,是由帝国主义者进迫而发生的。以前人家不注意民族革命的必要,到庚子以后,才有些人知道中国要革命,跟着中山先生向革命路上走去。辛亥革命军把满清推翻,建立中华民国;那是大家忘记帝国主义者还在那里进攻。中山先生却说,我们还受

制于外国帝国主义者,我们必须要中华民族独立,和外国民族一律平等。中山先生和英美是早已不相容的。他在陈炯明叛乱前二三年就想和德俄联合,使被压迫民族团结起来,和英美帝国主义者相抵拒,所以英美帮助着陈炯明来攻打中山先生。我们全国的海关权操在外人的手里,在民国八九年时,有人做收回海关权运动,可是他们不过几个人讲讲,他们的方略不过向外国帝国主义者请求发些慈悲心而送还海关主权;中山先生却不然,他不去请求,他要毅然收回海关;虽是帝国主义者派了许多兵舰到广州威吓,中山先生竟宣言倘开战时,虽败亦荣,这才使全国人对于关税主权之收回大起注意。去年沙面中国工人为反抗外人苛例,全体罢工,英领事要广东政府干涉,假使是别处的官吏,早已奉命唯谨出而干涉了。这次上海纱厂罢工,日人到中国官厅里去一说,马上中国官厅出来捉工人、枪击工人,他们忘了自己是中国的官吏。可是广东政府不然,广东政府回答他们说:"罢工是普通的事情,没有要我们去干涉的必要;而且沙面租借界是在你们管理之下的,要是要我们去干涉,那沙面就先要取消租界。"帝国主义者恨极了,又想运动广州商团来打倒中山先生。当时汇丰银行买办陈廉伯做商团团长,他私地向外国订购枪械,被广州政府发觉,英领事却在风潮中通告广州政府说,你们要打商团,我们便要炮轰广州城,然而中山先生不怕,反向他们的政府提出抗议。中山先生到北京时,路过上海、日本、天津,一路宣传反对帝国主义;在上海时他对新闻记者说:"我们不用守条约,因为此种不平等条约,是我们中国人的卖身契。"他明知在租界上是要受他们压迫的,但他不怕;他知道帝国主义者的压迫和干涉,将使宣传更有效力。

(二)注意人民生计问题 中山先生特别注意人民生计问题,以为人民生计问题解决了,国家便可有救,革命不过为人民解决生计问题而已。中山先生常常帮助工人运动。以前国民党的工人运动每每是失败的,这只是方法不好,他们每每找几个领袖工人,不肯切实谋一般工人的幸福。所以一般工人亦不了解中山先生是为他们自己的生活而奋斗的,致使革命不能成功。中山先生不但是为国牺牲,他是为我们自己而革命,为了要使我们不受外人的压迫,以求得较好的生活而革命,为了要改良工人、农人们的生活而革命。惟可惜未成功而死了!现在,我们要努力,使国民党继续为改良国民的生活而革命,使国民党继续为改良工人、农人的生活而革命。

(三)有建设中国计划　中山先生《建国方略》第二部,是伟大的建设中国的计划。一般人以为中山先生只会破坏,不知中山先生却是中国伟大的建设家。还有一般人说革命就是破坏,中山先生却告诉我们说,我们是要建设,破坏便是为的建设,我们的革命便是建设中华民国,所以中山先生发表了建设中国计划。中山先生始终认为要建设新国家而革命,革命并非单为破坏现状。

(四)主张造党治国　中山先生始终认为中国非有政党不可,他主张以党治国。人民是一盘散沙,要把这散沙似的人民团结起来,共谋政治的改革,非有政党不可。无论什么地方,少数人团结成为一党,他们便可以操纵全体,就是坏的主张,也能使多少散漫的人无法得胜。中国北洋系有党,交通系有党,安福系有党,……沈恩孚等也有党,所以他们便都多少有些操纵国事的力量;然而这些都是私党,是害中国的党。要是好人不组织政党,中国将永远在私党之手,永远不能得到政治优良、民族独立的地位。中山先生知道要政治清明,民族独立,不能不先组织一个坚固的好人的政党,以打到这班私党。所以他很早就有兴中会的组织,而且他屡次把所组织的政党内容改组——由兴中会而中华革命党而中国国民党。一般人说中国不要政党,或者说国民党怎么坏怎么腐败;他们不知道没有政党,中国便永远在一般狐群狗党手里;至于国民党分子还不十分纯粹,这是因为勇敢有毅力的纯洁分子不加入的缘故。我们要革命成功,必须先要有好的政党,要纯洁的分子入党。

(五)努力于宣传工作　中山先生觉得宣传是革命的最重要的工作,他随处演讲,编著书籍,希望中国国民个个人懂得他的革命目的。他说,我们在满清时代,一个兵也没有,革命居然成功;现在有了上万的兵,而一个陈炯明却打不了,这是宣传功夫下得太少了。我们要努力宣传,使人民知道革命是为我们自己,我们现在的生活不好,革命是改善我们的生活;那末,不但自己的兵士能为主义而战,至死不变;便是别人的兵,亦可变为我们的,以供我们指挥。有些人以为军事运动很重要,果然,这是必要的;但我们更宜注重宣传,有了宣传,有时用不到打仗呢!这次东江之

战,有个陈炯明的军官说:"他们的兵在战斗时到我们队前讲演;于是我们的兵不战而退……"这很可见宣传的功效了。我们应当学着中山先生的宣传精神,使全体国民了解中山先生的革命主张。

(六)主张革命政府独裁　革命政府独裁好似太专制了,人民的自由权也被剥削了,但在事实上非此不可。现在俄国的革命政府就是独裁的。在辛亥年中山先生主张革命后不可放任反动派自由行动,一般不懂革命方略的人反对他,去年中山先生的打倒商团,更有些人痛恨他。其实辛亥年与反革命派妥协,造成十四年反动之政局,去年中山先生对反革命派不加以压迫,那便中山先生只好离去广州,这不都是很显然的事么?旧势力是不容易一刻就消灭的,不把他切实打倒,他们便会死灰复燃,以破坏革命政府。所以中山先生对于这种种旧势力都要去打灭它,认为非革命政府独裁不可,革命政府是为人民而取独裁制,这有甚么疑虑呢。反革命者既是要反抗破坏革命政府,革命政府下的权利,自然没得他们的份;为了全体人民的利益,革命政府不能不这样待遇他们。

(七)联合国内外革命势力　中山先生觉得要革命成功,一定要有有力量的革命团体,所以他一方联合中国共产党的革命势力,一方更联合苏俄的革命势力,以谋打倒帝国主义,因此,有许多人以为中山先生赤化了。但我们要问:帝国主义者已联合进攻弱小民族,我们革命的势力怎样不可以联合?我们要反抗压迫我们的仇敌,对于同是要反抗这仇敌的人当然要联合。国民党既要打倒帝国主义,中国共产党与苏俄等革命势力亦是要打倒帝国主义,我们怕什么而不竭力相互联合呢?要是革命势力不联合起来,反革命者很容易打倒我们,我们的革命工作将永不能完成。所以我们不要再受离间者的间言了,我们要联合起来,继续中山先生的事业。

(八)富于不妥协的革命精神　中山先生在一生中无论谁骂他谁恨他,他是不怕的,他是不管的。他受了四十年的唾骂,受了四十年的反对,但他一切不问的向前进行。黄兴是他很好的同志,但为要改组一个有纪律的党,宁与他分裂亦所不顾。去年亦为改组党的原故,开除了好几个反对此举的老党员。与此,可见中山先生的不妥协的精神了。

中山先生是中国的伟大的革命导师,他的逝世当然于中国的革命势力有极大的损失。不但中国,就在全世界也受极大影响。当他生存时,他攻击国际帝国主义,于世界革命有裨益,全世界弱小民族都蒙其利,所以他死了,世界革命也将受帝国主义者更重的压迫。

在今天,我们要团结坚固呀!危险是一天天要来的,许多人在那里想法子破坏国民党,想借此破坏中国的民族革命。我们要知道国民党是我们的,是我们人民的。已加入国民党的,要团结着;没有加入的,亦要一念中山先生为我们四十年的奋斗,即刻决定加入国民党以谋竟革命的全功。民族革命的导师去了,我们怎能再如散沙般过去呢?中山先生说:"革命尚未成功,同志仍需努力。"现在中山先生的事业,已成为我们的责任了。

中山先生逝世以后,国民党员必须要拥护中央执行委员会。现在虽有许多怪话,说什么推某某为总理;然而我们知道国民党内最高是总理,次是中央执行委员会,现在总理逝世了,当然要拥护中央执行委员会。国民党员要团结起来,团结于第一次大会宣言之下,团结于中央执行委员会之下。有血性毅力的青年国民党员,若能这样团结起来,中山先生之死,决不至损及国民党的前途!

对于国民党的压迫是一定要来的。然而法国未尝不压迫!这无害于大革命的成功;俄国更为世界上最压迫的国家,革命也成功了。"愈是压迫,愈可使那些谋升官发财的假革命者走开",愈可使真革命的党员团结起来。所以压迫是不足怕的,他将使革命快些成功!而且他们的压迫是不久长的,帝国主义与军阀的地位,一年一变,或是几月一变,今天当权的不几天后就要下台,他们都是常常摇动的。我们怕他们甚么呢?他们多一次摇动,我们的革命势力将更进步一些!

能永久团结的只有"主义";自然,"权利"也能联合,但权利关系一变,那种联合便解散了。没有主义的党,不知道中国有多少呢?然而这种党,总是不久便归于消灭。要是中国国民党也不联合在大会宣言之下、中央执行委员会之下,不到几月便亦归于消灭的。中国国民党在民国很多很多政党之中,只有它能继续存在,这全是由于它有一定的主义的原故。所以,我们要认清主义;在这主义之下,竭力去革命,这才可称为能守中山先生的遗训,而继续他的事业的革命青年。

恽代英
孙中山主义与戴季陶主义

> 这是恽代英1925年12月在上海大学的演讲稿,由上海大学学生秦邦宪记录。原载上海大学中山主义研究会主办的《中山主义》周刊第2期(1925年12月27日出版)。现选自《恽代英文集(下卷)》(人民出版社1984年版,第745—756页)。

这个题目是不容易讲的,现在不过就我自信的意见,分别中山主义与戴季陶主义的异同,供大家作一研究的参考资料罢了!

一、中山主义是甚么

中山主义重要的当然是三民主义,然而不仅是三民主义。现在所说的是从孙先生一生的言行中,归纳出几点,拿这几点代表中山主义,比仅说三民主义似乎还赅括些。孙先生一生的思想行为有两句话可以赅括的:

(一)绝对平等的思想　孙中山先生的确是希望世界上绝对平等的,我可以拿绝对平等的思想来解说三民主义。什么是三民主义?(A)民族主义:简单的说是要使中国民族与世界各民族平等,不受别的民族的压迫。但是在孙先生的民族主义里,亦没有要中华民族将来要压迫别人的意思。虽然孙先生曾在留声机片里说什么"千邦进贡,万国来朝"的话,以及在《民族主义》中有些以汉族为主的思想,可是要汉族驾凌别的民族,压迫别的民族的思想是没有的。《民族主义》中曾经提到"这回我们国民党在广州开大会,蒙古派得有代表来,是看我们南方政府对外的主张,是否仍旧用帝国主义。他们代表到了之后,看见我们大会中所定的政纲,是扶持弱小民族,毫无帝国主义的意思,他们很赞成,主张大家联络起来……"(见《民族主义》第二讲三三页)。这很明显的可见孙先生是不主张以帝国主义待国内的弱小民族的。在第一次代表大会的宣言上更明显地说:"国民党敢郑重宣言,承认中国以内各民族之自决权,于反对帝国主义及军阀的革命获得胜利以后,与组织自由统一的(各民族自由联合的)中华民国。"孙先生绝对不是说,对外则应该平等,对内就不要平等,是要完全平等的!(B)民权主义,是要使人民在政治上平等,甚么人在政治上都平等。政治是全体人民的,是不许资产阶级垄断私有的。孙先生的民权主义要采取直接民权,他要人民可以有直接选举、创罢官制与复决等权,要政治不被资产阶级一阶级拿去,要人人平等。(C)民生主义,是要人民在经济上平等。他要平均地权,节制资本,不使地主资本家自由的发展,以至于做到消灭阶级,成功一个共产主义社会。这个社会里没有资本家,没有地主,没有经济上地位高的人,也没有给别人剥削的人。三民主义完全是要平等。平等也就是孙先生所谓王道。孙先生曾说,俄国所行的王道公理,帝国主义者所行的是霸道。所谓王道公理是要平等,要没有一个民族压迫别个民族,要没有一个人在政治上在经济上压迫别一个人。在《民权主义》演讲里,孙先生曾大发挥平等的理论,充分表现反对任何人压迫任何人的思想。

(二)革命的精神 孙先生的革命精神是很容易的看出。(A)他勇于为主义而造党不顾一切,孙先生要一个党——一个为他的主义而奋斗的党——来救中国。但是孙先生造一个党是十分费力的,没有人能够了解他。他的党始终没有造好,他的主义被人漠视,他外面受种种的压迫,种种的谣言,种种的危险,党内又散漫而没有团结,虽说有几十万党员,但是不信主义,不守纪律,真正的主义者还只有他自己一个人。然而他无论怎样,还是设法要达到他的理想,实行他的理想。所以他勇于淘汰不明主义的党员。民国二年改组中华国民党,在前去两年又把党改组了两次,都是

因为他的党员不明了他的主义的原故。他很勇敢的当面骂那些不明瞭主义的党员,有一次演说,骂他的党员为升官发财而跟他的,不是为要实行主义而跟的。他又在许多反动军阀包围之中,办黄埔军官学校,他在校演说:"你们是革命的军人,和别的军队是不同的。"这时候他丝毫不怕刘镇寰、杨希闵等听了要叛变。去年改组的时候,他决定要老党员接受宣言重新登记,他把一切老党员反对的意见置之不问。这样的勇敢是难得的,但可惜因党内旧同志不免妥协,所以改来改去终没有把党改好。他亦是勇于和反对党义的黑暗势力奋斗的,他排满反袁等都是这种精神的表现,排满一事大家知道是孙中山先生做首领。反袁呢,孙先生在宋教仁被刺时就首先主张的。孙先生对于妨害实现他的主义的人是要打的。不过从另一方面说呢,孙先生确是仁慈。一个人肯改悔,他总可以宽容他。但是妨害主义,他就要打,不怕任何危险的。再则他亦勇于联合符合于党义的友邦和友军。如苏俄和共产党,现在都有些人怕,在一两年前更是大家所怕的,但孙先生见到要中国革命非与他们联合不可,便主张要和他们联合。他明知这样下去要受帝国主义者的压迫,他明知要给别人造谣言。但是他不管这些!孙先生在陈炯明打他以前就想联俄的,那时候便派廖仲恺先生出国进行中俄德联盟。他只要以为应当做的便做,他不怕联俄容纳共产党,反而还说他的民生主义就是共产主义。这统是表现他的革命精神,不是别人所能及到的。(B)反对与违反主义者妥协。孙先生是不赞成和反动势力妥协的,他反对袁世凯,反对一切军阀官僚,虽然别人说他和陆荣廷、杨希闵,以及段祺瑞、张作霖等有时有些妥协意味,不过他的意思实在是想利用机会,扩张人民势力。如去年他北上提倡国民会议去和军阀奋斗一样,他并没有与军阀妥协的意思。我们尽管听说什么孙、段、张三个联合等话,但是段、张绝不要孙到北京当执政!便是因为他到军阀队伍中去是为要用人民的力量去和军阀奋斗。所以军阀绝不放心与他一同做事。不过可惜以前人民太不觉悟,不知拥护着他以与军阀抗斗,只让他一个人孤军深入,所以不免失败了。但这两层,(A)为主义而造党不顾一切的奋斗,(B)反对与违反主义者妥协,都是孙先生革命精神的表现。

孙先生的主义,可包括在"绝对的平等的思想"与"革命的精神"之中,但有平等的思想一定要有革命的精神,不然那平等的思想会变成空想。孙先生是要用革命的手段去达到三民主义的。虽然他是仁慈大量,同时他又很富于革命精神,并且他勇于为主义而奋斗。

二、中山主义的背景

孙先生何以有这样的主义呢?孙先生的为人,思想是很高尚的(平等思想是孔子及释氏的最高理想),感情是很浓厚的(他确乎很爱人,时常喜写"博爱"、"天下为公"等句子)。但是孙先生不仅仅如此,若仅是思想高尚、感情浓厚,那他便变成了孔子或者释迦,变了一个教主,而不是一个革命领袖了。他同时是富于革命的进取的态度的人,他是用主义用各种方法为人类奋斗,他的方法是由于他自己时时刻刻接受世界上最新的潮流而制定的。我们可以说他的学识是世界上最进步的学识的集合。他是革命的、进取的,他是不怕一切困难,不丝毫犹豫疑虑,他用革命手段来达到他的理想的。他用各种最进步的方法来实现他的平等的理想。这些方法无论是普通的人所不懂或害怕的,他都是一样可以采用。因此我们看孙先生应从两方面看:一是他的革命进取的精神,一是他的仁爱平等的思想。只从一方面看,是不会能了解孙先生真正的人格与思想的。

孙先生生于封建社会的中国,所以他实在是有些封建社会的思想。他不忘东方道德,他叫人注意东方道德,他讲王道讲公理,这都是东方人的思想。孙先生在封建社会学说教义中,把其中最好的部分便是仁爱、平等的理想接收了。我们说孙先生恭维东方化,这是不错的。不过我们要知道孙先生绝对不是和那些腐儒一样。他是要将封建社会中仁爱、平等的空谈,用近代的各种方法实现出来。孙先生东方思想是有的,但不仅是东方思想。他在三十岁左右,便受到欧美资产阶级革命与社会主义运动的影响。当他到欧美的时候,正是欧美资产阶级革命发展的时候,同时也是社会主义运动发生的时候。所以孙先生赞成资产阶级的民主革命,同时他反对资产阶级的垄断把持政权。他接受了直接民权、平均地权、节制资本的学说。在那时,确是很进步的了。孙先生在晚年又接受了无产阶级世界革命,便是列宁主义的影响,相信世界革命势力的联合,工人和小农的联合,被压迫民族和无产阶级的联合,所以主张联俄及容纳共产党。

孙先生一生都能在各种环境里,接受各种进步的思想。所以他有封建社会的资产阶级的与无产阶级的各种思想。他主张用欧美民主革命及无产阶级革命的方法来实现他的中国的(自认并不是只有中国才有的)仁爱平等的理想。孙先生的思想不完全同与马克思或列宁,因为他有他的复杂的背景。所以他的思想是不能完全合于根据马克思列宁学说的共产党的。不过他虽不说无产阶级革命,他却是要消灭阶级。他要世界上没有资本家压迫工人,没有地主压迫农民,换句话说,他仍旧是要达到共产主义的社会。我们说孙先生要实现共产主义社会,有许多人——尤其是不信共产主义的人——一定很怀疑的,但这只由于他们不懂共产主义到底是什么。共产主义就是要消灭阶级,所以孙先生说:"民生主义就是共产主义"。孙先生学说虽然不能纯粹的同于无产阶级革命的学说,但是一样要达到无产阶级革命的目的。不过孙先生对于资产阶级不一定认他是革命的仇敌,孙先生以为只要他不妨碍三民主义的实现,就不是仇人。这点是和马克思主义者似乎不同的。马克思主义者从经济的观点上认定资本家、地主一定是剥削工农,所以他一定反对消灭阶级的各种企图,因而肯定他一定是工人的仇敌。然而这与孙先生的话是不冲突的么?孙先生以为在不妨碍三民主义实现之时,他不是仇敌,在妨碍时才是仇敌。马克思主义者说他一定妨害消灭阶级的企图,那便是说他一定要妨害三民主义实现的。若使马克思主义者的话证明是对的,那么孙先生也会当资产阶级是仇人。这中间有什么冲突可言呢?

孙先生到临死时,他的学说大概是这样,假设孙先生不死或者迟五年十年以后才死,他的学说是不是还有重要进步的地方,我们不敢断言;但是总有若干变动的余地,这是可以断言的。他是时时接受各种进步思想的。他这种自强不息的精神,是不会便止于现在所成就的。但是就以孙先生现在的学说而论,我们仍可以说是引导各阶级联合进行革命运动的很合宜的工作。现在我们不问资产阶级是否一定是反动的,我们应该联合他们反抗帝国主义者及军阀,所以资产阶级只要在不压迫农工的时候,在国民革命的运动上总是友军。这一点,共产党也是看得很清楚的。有人说共产党不要联络资产阶级来实行国民革命,然而过去的事实证明最努力联合资产阶级的,还是共产党。不过共产党是认定了资产阶级是反动的,国民党则在平日不把他们看做仇人,只要在反对或妨碍三民主义实现的时候方才当他们是仇人;所以国民党比较容易号召他们。孙先生的学说一面是便于去联络各阶级去实行国民革命的;一面又因为不许资产阶级妨害三民主义的实现,所以又是不妨碍被压迫阶级的解放。(这里国家主义就万万不能和三民主义相比拟,因为他们要把农工解放事业完全听之于资产阶级自由处置的),列宁和孙先生可以并称:因为列宁以为工农应该联合,而且以为无产阶级应该联合被压迫民族;孙先生以为中国要打到帝国主义,而且要人民在政治上经济上一切平等,所以要联络世界无产阶级。这两个要求互相联合的思想,就是促进革命成功。若世界上各国都有列宁和孙先生,世界革命就很容易成功了。中山主义不是无产阶级革命的学说,但是他一方面联合世界无产阶级来革命,一方面若是在中国国内必须有一个无产阶级革命,他仍旧不妨碍无产阶级的革命。

我并不说孙先生是一个神圣,一个菩萨。他一生也有吃亏的地方,所以他几十年革命不能成功。他吃亏的地方便是因为他太好了,太仁慈。他实在是大量、仁慈,无论什么人他都容易相信,所以有许多人把他当招牌用,去图谋自己的利益,而他自己上了人家的当。譬如他本来是反对临时约法的(主张军政训政),后来被人利用着去闹了几年护法,便是一例。再则,他以前不很注意宣传,也是失败原因之一。他完全是一个东方伟人的模型。不过这些小事不足为他的大毛病,他仍旧不失是一个革命领袖,因为他勇于改革,见到应做的,马上便做,见到应改的,马上便改。因为他能用革命手段改正他自己的错误,他要用革命手段达到他自己的理想,所以他不失为一个革命领袖。

三、戴季陶主义

要说戴季陶主义,亦须说到他的生活情形。他是一个爱读书而且读书很多的人,他无论什么书都读过一点,同时他是富于情感的。但是他缺少革命进取的精神,他胆小懦弱,有一点纠纷麻烦,他便跑回湖州去。他很容易受刺激,他一时热心,过一下便灰了心,在他热心的时候,听得几句冷言冷语,他又灰心跑回去了。他在《国民革命与中国国民党》里,把右

派的糊涂说得很明白,但是他没有和左派奋斗的决心,把右派赶出去。他说在民国二三年他就想叫国民党起来提倡白话文,若国民党听了他的话哪里有陈独秀、胡适之出风头的机会?但是他却不能在民国三年的时候像胡适之、陈独秀努力的一样促他的主张实现。我们恭维他一点,可以说他是一个道理很明白的人,然而因为胆子小了,有时感情作用太强,所以便有些道理也有不能很明白的时候。他对孙先生很佩服的,而且他很想做孙先生学说的传布者,可是他有许多地方因为胆小了,所以便不能彻底明瞭孙先生的主义。中山主义有两面:(一)是平等的思想;(二)是革命的精神。戴季陶先生因为革命的精神差一些,所以连平等的思想也不能看得完全正确了。他的坏处,他的受人反对完全在此。丢了革命的精神,平等的思想,就是空想;所以我们不能不反对他。戴先生的学说,本来大半是本于孙先生的,不过有四点可以说是他独创。

第一点是限制党员以最高原则。所谓最高原则,就不许别人再比孙先生进一步。他的意思:退一步固然不可,进一步也是不能够。这种办法,活得把孙先生的书看成了宗教经典;就是孙先生活着他自己也不会这样呆滞限定自己不许前进。假若孙先生书上所没有的话就不能做,这不是从前定孔子为一尊一样的么?我们亦可以说最高原则是承认的,但是所谓最高原则只能指孙先生的平等思想、革命精神,不能很具体的列举出来。孙先生没有叫人划定一个地方不许再前进。而且我们因为孙先生的话是救中国的,我们要救中国,所以信孙先生主义,我们不是信宗教。所以像戴先生这样要限制党员以最高原则的办法是不好的,这是违反孙先生的进取精神。

第二点是专发挥仁慈感化之说。孙先生虽有时也说几句仁爱的话,但是不像戴先生那样专门发挥仁爱感化之说。他这样的做,是抛了革命精神而把孙先生弄成菩萨一样。人家问戴先生:"若地主资本家不受感化,不讲仁爱,则怎样呢?"他便被人家问倒。因为他不预备用革命手段打到那个压迫人的阶级;所以若是有一阶级压迫别一阶级,他就没有办法了。国民党若只知发挥仁爱感化的话而反对罢工及农民的减租暴动,将失却农工的同情。这是与革命的意义完全悖谬的。

第三点是借人口问题为侵略主义的基础。他以为世界上经济问题解决了,还不能算安稳,因为人口问题没有解决。因而他说马克思不对,只有孙先生的主义可以解决人口问题。但是孙先生虽说了许多人口发展不发展的话,没有一句提到人口问题的方法。戴季陶却说帝国主义的发达,是由于人口问题不能解决,而不是由于经济问题不能解决。他这种理论,就太可笑了。帝国主义侵略弱小民族很少是为的人口问题,试看外国人在中国的很少,然而他们要陷中国于次殖民地;这不明明可以知道帝国主义的侵略是由于经济问题而不是由于人口问题么？他既认帝国主义的产生一半是由于人口问题,而他所谓解决人口问题的办法,却是要使中国人的血统普及世界,这不是解决人口问题,只是要中国将来强盛之时借这句蕃殖人口的话而变成帝国主义。他只说怎样发达中国的人口,他没有说怎样解决人口问题,使中国不成功一个帝国主义。这明明是给中国将来侵略压迫其他民族的一个借口。这借人口问题而为帝国主义的起点是违反民族平等道理的,所以亦就是不仁的。

第四点是不愿与中国及世界的共产党及苏俄联合。他虽然因为政策的关系不敢明目张胆地反对联俄,但是他对于中外的共产党都是有些怕的。在他的《国民革命与中国国民党》一书上,实在看不出是为什么要怕共产党的理由。他一面说共产党是高尚勇敢的,一面又说共产党弄坏了国民党挑拨党里的恶感。试问商团事件及刘杨事件是不是共产党挑出来的呢？广州哪一件事是共产党弄坏或挑拨出来的呢？就令他书上所举的例,有两三个例是真实的,国民党内共产党有少数人做了不对的事;是不是非共产党就没有这一类的事情呢？孙先生曾说,个人的不好,不好便说这共产党的不好的。我们应该看在革命运动中应该不应该联合共产党,不能说共产党中某一个人不好就不去联合他。他以为共产党员在国民党中使国民党内部常常的闹;假如去年共产党不在国民党内,冯自由、马素及同志俱乐部的人物都在党里,这样好不好呢？假令今天共产派退了出去,邹鲁和汪精卫先生是不是便不大闹了呢？共产党出去了,国民党太平了,但是若因为太平又还了从前的原形,那都是大失了孙先生改组国民党的本意了。右派糊涂,戴先生早便应当将他们闹出去,自己不闹,要等到共产党员来闹,已经很不应该了;现在反怪共产党员闹得不好,难道一定要叫汪精卫、戴季陶诸先生和冯自由、邹鲁等反革命党永远和和气气过几

十年才好么？全国的青年希望国民党成功一个革命的党,广州成功革命的中心,但国民党自己怕改良,说右派糊涂自己亦不去打,别人去打了,倒说打的人应该出去,有这样的道理么？共产党加入了,每一件事他们都上前,结果国民党信用大大的进步,然而国民党的人偏要将一切好事归给共产党,反因为这样不愿与共产党合作。这是违反孙先生政策的,而且亦是不勇。

这四点都是戴先生所独创的。他何以会有这样的四点呢？完全因为他的胆小,怕奋斗,心里虽明白,而怕去干,因之他常在消极的方面说话。而且总要避免革命。为了这样,他这四点所以差不多完全是反革命的。

四、戴季陶主义的必然结果

戴季陶主义的结果,第一是使中山主义改良化、宗教化。他常说平等、王道、公理及消灭阶级,然而没有革命精神,这一切都是徒托空言,永远不会成功的。孔子感化别人,到现在二三千年,还没有成效。戴先生怕革命,把孙先生比作孔子,所以亦便把孙先生平等思想化为空想;同孔子的学说一样了。而且戴先生学说的弊病还会使中山主义完全被反动派利用。反动派有时可以引用他几句话来抵制革命的人。现在所谓戴季陶派,讲反共产以及一切反革命的话,都欺骗人家说是根据戴先生的意思,他们亦说几句好的话,然这不过是一种敷衍手段而已。反动派这样利用他,他也没有勇气出来否认,因此他只有两条路:(一)是因感情作用投入反动派;(二)是不闻不问的躲回湖州去。现在的事实就是这样的。他先为了怄气不管合法与否和他们(反动派)去开西山会议,后来一看事情不对就跑回湖州去了。但他对北京一切的事情,终究不敢表示意见。他的话一定还有很多时间给反动派所利用,而妨碍革命!

现在我们可以做一结论:

没有平等的思想的,不配称中山主义的信徒;所以一切资本主义者国家主义者走开!

没有革命精神的,不配称中山主义的信徒;所以一切戴季陶主义者走开!

曾伯兴
离却人生,便不能有艺术

> 这是曾伯兴1923年7月1日应邀在上海大学美术科图音组、图工组毕业欢送会上演讲的新闻稿,根据《民国日报》1923年7月3日的报道《上海大学毕业之盛典》辑录。题目为编者拟加。
>
> 曾伯兴,原名曾杰,字伯兴,湖南新化人。上海大学中国文学系教授。

离却人生,便不能有艺术,尚望毕业同学在艺术上用功夫,以改善人生。

张　继
个人与社会

> 这是张继1923年4月1日在上海大学所作的演讲,讲题为"个人与社会"。根据《民国日报》1923年4月2日的报道《上海大学昨日之演讲集》辑录。
>
> 张继(1882—1947),原名溥,字溥泉,直隶沧州(今属河北)人。国民党元老。1924年4月《上海大学一览》出版,封面由张继题写。

中国为家族制度所束缚,现在仍未脱离宗法时代。吾于青年时,不知家族之累人,故于改良社会上思想甚为发达,其后日消磨于家庭之担负,前后几判若两人。若略仿欧美家族制度,缩小范围,发展个人伟大之怀抱,再于政治学术上加以研练,足以左右一世,出而为社会之领袖,如华盛顿、林肯诸人,非青年之责乎?

个人对于社会须重精神,不在形式。以自由活泼其志趣,以纪律范围其个人,折衷于英、美、德、日之民性,以药我散漫推诿之痼疾。始终如一,贯彻主旨,若不能超过于列强之文明,吾未之信也。

章太炎
中国语音统系

> 1923年12月2日章太炎在上海大学讲演"中国语音统系",《民国日报》1923年12月1日有《上海大学之特别讲座·请章太炎演讲》、3日有《上海大学昨日之讲演·章太炎讲演"中国语音统系"》的报道。本文选自《章太炎全集(十四)·演讲集(上)》(上海人民出版社2018年版,第382—389页),原标题为《论中国语言统系之演讲》。
>
> 章太炎(1869—1936),浙江余杭人。清末民初民主革命家、思想家,著名国学大师。

中国现在的语言,是从四千年以前,慢慢的变化、慢慢的衍进而来的。语言之为物,决不能突然发明,是经过很长的时期,一步一步的变,或由简而繁,或由繁而简,我们只好仔细从文字学上去追根,便可以寻出他的系统来。今天所讲的,便是举些例来说明这种方法。至于有些语言,是由外国输入的,不在我们研究的范围以内,例如"珊瑚"、"蒲陶"、"骆驼"这一为的名词,都非中国所固有,因为这些东西,不产于中国,"珊瑚"产于红海一带,"蒲陶"产于西域,"骆驼"产于汉时匈奴的境内。我们研究的是中国语言的统系,这一类从外国输入的名词,例当除外。

中国古来的文字,是没有什么样大的变化的,他们的变法,只不过把这个字由名词变为动词,或由动词变为名词,因之而异其绎。至于字形

方面，没有什么显著的变化，所变的不过是声音罢了。现在且从原始讲起。中国最早的文字，就是独体的象形字，如山水这一类的字是。这一类字，只不过是简当的象形，并不是由许多字体合成的，《说文》上大概有四百多的光景。自然古人只有这样少的字，是不够用的，但是那些独体的象形字，并非一字一义，同时一字却含有几种意义在里边。惟其一字含有数义，易于含混，故后来才有许多字衍化出来。我们可以把那些最早的独体字叫做"文"，把随后衍化出来的字叫做"字"。"文"的通则是"依类象形"，"字"的通则是"孳乳浸多"。如果没有"孳乳浸多"这一条通则，则语言统系，简直无从研究，因为字之由简而繁，非由辗转孳乳的结果，我们如何能寻出他的根来呢？

我们研究文字学时，常常撞到下列的两种情形：（一）同字异义，（二）同义异字。比方一个字，形体不变，声音不变（或稍变），但一方面可以用作名词，同时又可以用作动词，意义截然不同。这种字的变法，在六书中叫做"假借"；又一种子，虽有两个，但义同、语同、音同（有时或不同），实际上只能算一个字。这种字的变法，在六书中叫做"转注"。先拿"假借"来说。《说文》上替"假借"所下的定义说："本无其字，依声托事。"怎么叫"本无其字，依声托事"呢？最好举个例来说明他。比方"令"字，最早只含有"发号施令"之义，是个动词，后来假借而为名词，凡是所发的命令，统称曰"令"，更进而连发命令的人，也都称为"令"了，如"县令"之类的名称是。命令、县令之"令"，"本无其字"，乃由"发号放令"之义，辗转引申而出，此即所谓"依声托事"也。更拿"长"字来说，"长"字本训为"高"，是个形容词，后来一变而为长幼之"长"，但还有"高"字的意义在内，因为年纪渐长，身体便会渐高起来，再变而为"长者"之"长"，又变而为"官长"之"长"。这几个"长"字都是名词，意义小有出入。这一类的字，为什么不单独造出，而要假借，这就是因为要求简的缘故了。另外还有一种变声的假借字，如好恶之假借而为好恶，但是好恶二字的读音是后人变的，古人一如作名词用时的读法。像这类假借字的意义多从本字的意义孳乳而出，例如因其好而引起人家的好，因其恶而引起大家的恶，线索井然，我们决不致于弄错的。另外还有一种字，本是从某字假借而来的，但附加一二笔画，意义便截然不同了。

总括以上同字异义的假借字,就是所谓"本无其字,依声托事"。他们的变法,都是有一统系可寻的。"假借"既已讲明,现在且讲"转注"。《说文》上替"转注"下的定义说:"建类一首,同意相授。"这就是说,凡是意义相同的字,可以属于一类的,就叫做"转注"。大概属于转注的字,多为变声或叠韵(凡二字之起音相同者为双声,收音相同者为叠韵),而且是可以互训的。例如"考"、"老"二字,意义是完全一样的,起初因为这个地方,叫"年高"曰"考",那个地方曰"老",形声虽稍有不同,而语义绝无二致,后来我们便把"考"字来解释"老"字,或把"老"字来解释"考"字,这便是"互训"。"考"、"老"二字的收音相同,所以是叠韵的例。把"老"字建为一类,而"考"、"寿"(古音读如畴)等字属之,这正是"建韵一首,同意相投"之意。现在且举几个关于双声的例。比方"无"字,南音读"呒",北音读"没",湖南读若"毛",而这些字都是可以互训的。由双声推出去,这一类的例,举不胜举,像"但"(同袒)、"裼"、"裎"三字,同是裸体之意,义同语同,实是一字。"裼"音同"鬄","裎"音如"听","仄声",他们同是双声。我们从双声叠韵之例去寻,可以寻出许多"建韵一首,同意相投"的转注字来。

　　上面已将古来文字两种重要的变法,"假借"、"转注"约略说明了,现在在此地要矫正一个谬误的观念,就是历来的人,都以为字是仓颉造的,其实甚不可靠,因为语言文字这类的东西,少数人断断包办不来(如果字是由少数人包办的,则转注的字就不会有了)。大概那四百多个独体的象形字,不过经仓颉汇集拢来,像许慎之汇集《说文》而已。且我们知道,文字是随着语言变的,语言不是一二人所能发明出来,是由各地方慢慢衍变出来的。明乎此,一面可以打倒个人(仓颉)包办造字的谬说,一面可以从文字变化的痕迹上研究出语言的统系来。有一种字,他的变化的痕迹,是很显然的,就是由意义相反或相对的关系而引申出来的,例如"乱"之于"治","苦"之于"快","故"之于"今"之类是。像这些字的意义,现在虽然相反,古来却可互训。又如"生""死"、"始""终"、"阴""阳"之类的字,也都是由连带的关系变来,且都属于变声。始终二字,现在的读音,虽有不同,但古人只读这两字的右边,音如冬台,所以也是双声。其他如"文""武"、"长""短"、"疏""数"、"疾""徐"等字,同

属此例。长短二字,也是双声,不过读音有舌头、舌上之分罢了。总括这一类的字的变法,我们可以看出,必是先有了这个字,然后因连带的关系,将双声稍变而有另一意义相反或相对的字,所以这些字决非凭空而来,都是关连贯串的。我们懂得这些例,便可进而研究最初的语言文字了。

上文已经说过,中国最初的独体字,见于《说文》的,约有三四百个的光景。这些字多是依物象形的,例如"马"、"牛"、"羊"、"犬"、"豕"、"雨"之类,这一类的字,简直是写意画,虽不像现在的工笔画那样逼真,可是一望而即能识。还有属于指事方面的字,如"上"、"下"二字是,像这种字,无形可象,所以只好先设一划以为标准,然后加丨以为识别,只要看见丨是向上的,就是"上"字;丨是向下的就是"下"字,犹之于现在有许多厕所的门首,画了一只手向里指着,是有同样的意义与作用。还有一类的字,在《文字蒙求》上称为会意的字,其实也可以说是指事的字。如"捉"字,是指豕的腿被缚住了;"挚"字系指队足被羁;"爬"字,系指犬足为物所绊,不能立行。这三个字通是寓意于事。至于动词也有属于指事的,例如"栖"字,从西是指鸟归巢之状,从卤是指日头偏西而言,日偏西而鸟归巢,正合于"栖"字之义。不过这字也可以说是半象形、半指事的。还有不(不)、至(至)二字,亦属此例。大概古人造字,多喜先设一画以为标准,一画横于上者为天,一画横于下者为地。"不"字上面的一画,系指天而言,下面系象一鸟向天飞去之状,以代表"不"字之义;"至"字下面的一画,系指地而言,上面系指一鸟向地飞下,以表"至"字之义。显然可见这两字是半属象形,半属指事的。另外还有一种因物见义的形容字,如"高"字是拿高楼的样子来象征的;"方"(匚)字是拿盛物之器(如篮子之类,因为这字一方是缺的)来象征的;"曲"字是拿曲尺之类的东西来象征的,因为这些字实在无法把他单独表现出来,势不得不借他物以表现其意义。

以上各种名词、动词、形容词等,都是古来的独体字。古来像这一类的字,仅四百余。虽然古人的语言简当,无论如何,这样少的字是不够用的,于是不是不出于"假借"之一途。我们初看起来,古来的独体的象形字,如马、牛、羊、犬之类,似乎不能含有他义的,其实不然。现在就"马"字来说,"马"音读如"母",含有"武"字之义,大概因为马跑得非常之快,故亦训"马"为"武"。"牛"字读若"利",含有"事"字之义,大概因为那时用牛力的地方很多,牛非常之忙,故训"牛"为事。至于"羊"训为"祥",□义实不可考。记得有一个民族,除酋长之外,小百姓是不许吃羊肉的,他们这样把羊肉看得贵重,"羊"训为"祥",于此或不无关系。至"犬"训为"卷",很易解释,因为犬字本有卷卧之象,故因以得义。这些字之变化,都是一音转,最初只用"马"字代表"武"字,易于含混,所以后业渐渐孳乳出"武"字来。"孳乳"这一条原则,对于研究语言系统,极为要,因为有许多字,都是展转孳乳出来的。比如"马"字孳乳出"武"字,如果"武"字又含有他义,则可以更孳乳出一个新字来,以此递相推演下去,文字便可以繁衍起来了。

还有一条原则,我们应当知道,就是古人造字,多半是近取诸身的。例如《说文》上说"天,颠也",其实古来并无"天"字,"天"字是由"颠"字孳乳而出的。"颠"与"顶"为转注,古人因为人身最高的部分就是颠,故把一切最高的部分都叫做"颠",连天也包括在内,后来因不易分别,才把声音稍变而另造出一个"天"字来。还有一个"巅"字,这字不见于《说文》,大约是魏晋之间造的,因为"颠"字用得太泛了,所以有把山顶另造一字的必要,"巅"字大概就在这种情形之下孳乳出来的。照这样推起来,我们大可以把屋顶造个"巅"字,然而为什么不这样办呢?因为如果这样一来,造不胜造。所以只要不十分含糊,也便算了。再拿"地"字来说,"地"字本单独作"也",《说文》上说:"也,女阴也。"地是生长万物之原,所以最初拿"也"字作"地"字用。"池"字最初亦作"也",后来因为太含混了,才孳乳出"地"字、"池"字来,这都是"近取诸身"之例。

上面所有的例,意在说明古来的字,都是有根可寻的。古来的独体字,只有四百多个的光景,经过上述的种种变法,才有《说文》上的九千字,才有宋朝《集韵类编》的五万字,清朝的《康熙字典》,也不过五万多字的光景。我们若下一番功夫,一定可以把他个个归根,从五万字归到九千字,从九千字归到四百字。然若欲寻出这个字,为什么叫这个字的本原来,恐怕却办不到。例如,"鸡"之所以叫"鸡",很不容易考出他的所以然来。然间亦有可考的,如"鸦"字,大概因鸦的叫声是如此,所以才叫做"鸦"。但可考的究竟很少。至于兽类、植物的名称,尤其难考了。

　　由上所述，我们研究中国语言统系，只有将所有的字，个个归根之一法，然而这事是极不便宜做的。中国的语言，虽不曾经过大的变化，然却也经过几次小变。例如从汉到唐，唐到北宋，北宋到南宋，南宋到现在，中间都小有变更，不过却还可考，然可考的也只是古之正音，方音是无法可考的。无已，只好先就现在的语言，托诸文字者，来加一番"追源溯流"的功夫。因语言少于文字，这是我们知道的，字典里有五万多字，而吾人日常所用的，只过数千字的光景。语言所以少于文字，就是因为从前有好多方言，现在都已废弃不用之故。古来方言虽不可考，但现在的方言是可考的，考之之法，当把全国的方言，调查统计起来，这事固然极难办到，不过我认为是极应当赶快去做的。现在有一班人，主张以北京音为正音，其实是很不对的，试问未做到语言统计这一步，我们却拿什么来做标准？即此一端，亦可见语言统计之重要了。

　　上面虽然说了一大篇，其作只有一个重要的观念贡献诸位，就是研究中国语言统系，应从"寻源溯源"四字下手，因为语言文字，不是凭空而来的，是衍化而出的，是有根的。

周道腴
天才难学，努力易学

> 这是周道腴1925年5月10日下午在上海大学召开的追悼胡景翼大会上所作演讲的新闻稿，根据《民国日报》1925年5月12日的报道《上大追悼胡景翼》辑录。题目为编者拟加。
>
> 周道腴（1875—1964），名震鳞，字道腴，湖南宁乡（今属长沙）人，中国近代民主革命家。

胡公（即胡景翼）以非常之人，成非常之功，半由天才，半由努力。天才难学，努力易学。胡公天资甚高，记忆力极强，读书过目成诵，与友人谈亦久而不忘，十余岁便奔走革命，实少读书机会，然《史》《汉》各书，能对答如流，作数十行之函件，数分钟便成。早年中山先生及其他友朋之谈话，至今皆尚记忆，此固出于天资，然亦由暇时手不释卷及勤作日记。胡又耐苦奋斗，与将士共甘苦。秦俗本尚武善战，从军者多读书人，重以胡爱才好士，故极团结亲爱。昔有父子兵，今之陕军则可称兄弟兵，其能以少胜多，实由于此。胡又能忍辱负重，卒集大功。吾人今日欲救国难，御外侮，皆不能无兵。青年应注意于此。胡公又极爱护教育，甫抵河南，即确定教育基金独立。豫省岁入千余万，今确定教育经费每年三百六十余万，归教育厅等独立经营，此为全国军民长官所不能办者。生平以国家与主义为前提，不治家产。尝有言曰：现在有兵的人就要争地盘，我却不然，我是以主义为地盘，有人阻碍三民主义之进行，我便要打他。此种精神最可为青年模范。